国家清史编纂委员会·文献丛刊

清末立宪运动史料丛刊 ⑯

主编 胡绳武
副主编 牛贯杰 戴鞍钢

吉林谘议局 上卷

孙家红 编

山西人民出版社

本书获中国人民大学"中央高校建设世界一流大学（学科）和特色发展引导专项资金"支持

"十二五"国家重点图书出版规划项目

国家清史编纂委员会出版委员会

主　　任　　戴　逸

执行主任　　马大正

委　　员　　卜　键　朱诚如　成崇德　郭成康
　　　　　　潘振平　徐兆仁　邹爱莲

学术秘书　　赫晓琳　李　岚

《清末立宪运动史料丛刊》出版工作委员会

主　　任　　贾新田　胡彦威

副主任　　姚　军　梁晋华

统　　筹　　蒙莉莉

委　　员　（以姓氏笔画为序）

王新斐　冯灵芝　史美珍　刘小玲　吉　昊

李　靖　李　鑫　张小芳　张志杰　何赵云

杜厚勤　张彦彬　柳承旭　武　静　郝文霞

贺　权　贾登红　崔人杰　阎卫斌　傅晓红

翟丽娟　蔡咏卉　魏美荣

总序

戴逸

二〇〇二年八月，国家批准建议纂修清史之报告，十一月成立由十四部委组成之领导小组，十二月十二日成立清史编纂委员会，清史编纂工程于焉肇始。清史之编纂酝酿已久，清亡以后，北洋政府曾聘专家编写《清史稿》，历时十四年成书。识者议其评判不公，记载多误，难成信史，久欲重撰新史，以世事多乱不果。中华人民共和国成立后，中央领导亦多次推动修清史之事，皆因故中辍。新世纪之始，国家安定，经济发展，建设成绩辉煌，而清史研究亦有重大进步，学界又倡修史之议，国家采纳众见，决定启动此新世纪标志性文化工程。清代为我国最后之封建王朝，统治中国二百六十八年之久，距今未远。清代众多之历史和社会问题与今日息息相关。欲知今日中国国情，必当追溯清代之历史，故而编纂一部详细、可信、公允之清代历史实属切要之举。编史要务，首在采集史料，广搜确证，以为依据。必藉此史料，乃能窥见历史陈迹。故史料为历史研究之基础，研究者必须积累大量史料，勤于梳理，善于分析，去粗取精，去伪存真，由此及彼，由表及里，进行科学之抽象，上升为理性之认识，才能洞察过去，认识历史规律。史料之于历史研究，犹如水之于鱼，空气之于鸟，水涸则鱼逝，气盈则鸟飞。历史科学之辉煌殿堂必须岿然耸立于丰富、确凿、可靠之史料基础上，不能构建于虚无缥缈之中。吾侪于编史之始，即整理、出版"文献丛刊"、"档案丛刊"，二者广收各种史料，均为清史编纂工程之重要组成部分，一以供修撰清史之用，提高著作质量；二为抢救、保护、开发清代之文化资源，继承和弘扬历史文化遗产。清代之史料，具有自身之特点，可以概括为多、乱、散、新四字。一曰多。我国素称诗书礼义之邦，存世典籍汗牛充栋，尤以清代为盛。盖清代统治较久，文化发达，学士才人，比肩相望，传世之经籍史乘、诸子百家、文字声韵、目录金石、书画艺术、诗文小说，远轶前朝，积贮文献之多，如恒河沙数，不可胜计。昔梁元帝聚书十四万卷于江陵，西魏军攻掠，悉燔于火，人谓丧失天下典籍之半数，是五世纪时中国书籍总数尚不甚多。宋代印刷术推广，载籍日众，至清代而浩如烟海，难窥其涯涘矣！《清史稿·艺文志》著录清代书籍九千六百三十三种，人议其疏漏太多。武作成作《清史稿艺文志补编》，增补书一万零四百三十八种，超过原志著录之数。彭国栋亦有《重修清史艺文志》，著录书一万八千零五十九种。近年王绍曾更求详备，致力十余年，遍览群籍，手抄目验，成《清史稿艺文志拾遗》，增补书至五万四千八百八十种，超过原志五倍半，此尚非清代存留书之全豹。王绍曾先生言："余等未见书目尚多，即已见之目，因工作粗疏，未尽钩稽而失之眉睫者，所在多有。"清代书籍总数若干，至今尚未能确知。清代不仅书籍浩繁，尚有大量政府档案留存于世。中国历朝历代档案已丧失殆尽（除近代考古发掘所得甲骨、简牍外），而清朝中枢机关（内阁、军机处）档案，秘藏内廷，尚称完整。加上地方存留之档案，多达二千万件。档案为历史事件发生过程中形成之文件，出之于当事人亲身经历和直接记录，具有较高之真实性、可靠性。大量档案之留存极大地改善了研究条件，俾历史学家得以运用第一手资料追踪往事，了解历史真相。二曰乱。清代以前之典籍，经历代学者整理、研究，对其数量、类别、版本、流传、收藏、真伪及价值已有大致了解。清代编纂《四库全书》，大规模清理、甄别存世之古籍。因政治原因，查禁、篡改、销毁所谓"悖逆"、"违碍"书籍，造成文化之浩劫。但此时经师大儒，联袂入馆，勤力校理，尽瘁编务。政府亦投入巨资以修明文治，故所获成果甚丰。对收录之三千多种书籍和未收之六千多种存目书撰写详明精切之提要，撮其内容要旨，述其体例篇章，论其学术是非，叙其版本源流，编成二百卷《四库全书总目》，洵为读书之典要、后学之津梁。乾隆以后，至于清末，文字之狱渐戢，印刷之术益精，故而人竞著述，家娴诗文，各握灵蛇之珠，众怀昆冈之璧，千舸齐发，万木争荣，学风大盛，典籍之积累远迈从前。惟晚清以来，外强侵凌，干戈四起，国家多难，人民离散，未能投入力量对大量新出之典籍再作整理，而政府档案，深藏中秘，更无由一见。故不仅不知存世清代文献档案之总数，即书籍分类如何变通、版本庋藏应否标明，加以部居舛误，界划难清，亥豕鲁鱼，订正未遑。大量稿本、抄本、孤本、珍本，土埋尘封，行将澌灭；殿刻本、局刊本、精校本与坊间劣本混淆杂陈。我国自有典籍以来，其繁杂混乱未有甚于清代典籍者矣！三曰散。清代文献、档案，非常分散，分别庋藏于中央与地方各个图书馆、档案馆、博物馆、教学研究机构与私人手中。即以清代中央一级之档案言，除北京中国第一历史档案馆所藏一千万件以外，尚有一大部分档案在战争时期流离播迁，现存于台北故宫博物院。此外，尚有藏于沈阳辽宁省档案馆之圣训、玉牒、满文老档、黑图档等，藏于大连市档案馆之内务府档案，藏于江苏泰州市博物馆之题本、奏折、录副奏折。至于清代各地方政府之档案文书，损毁极大，但尚有劫后残余，璞玉浑金，含章蕴秀，数量颇丰，价值亦高。如河北获鹿县档案、吉林省边务档案、黑龙江将军衙门档案、河南巡抚藩司衙门档案、湖南安化县永历帝与吴三桂档案、四川巴县与南部县档案、浙江安徽江西等省之鱼鳞册、徽州契约文书、内蒙古各盟旗蒙文档案、广东粤海关档案、云南省彝文傣文档案、西藏噶厦政府藏文档案等等分别藏于全国各省市自治区，甚至清代两广总督衙门档案（亦称《叶名琛档案》），被英法联军抢掠西运，今藏于英国伦敦。清代流传下之稿本、抄本，数量丰富，因其从未刻印，弥足珍贵，如曾国藩、李鸿章、翁同龢、盛宣怀、张謇、赵凤昌之家藏资料。至于清代之诗文集、尺牍、家谱、日记、笔记、方志、碑刻等品类繁多，数量浩瀚，北京、上海、南京、广州、天津、武汉及各大学图书馆中，均有不少贮存。丰城之剑气腾霄，合浦之珠光射日，寻访必有所获。最近，余有江南之行，在苏州、常熟两地图书馆、博物馆中，得见所存稿本、抄本之目录，即有数百种之多。某些书籍，在中国大陆已甚稀少，在海外各国反能见到，如太平天国之文书。当年在太平军区域内，为通行之书籍，太平天国失败后，悉遭清政府查禁焚毁，现在中国，已难见到，而在海外，由于各国外交官、传教士、商人竞相搜求，携赴海外，故今日在外国图书馆中保存之太平天国文书较多。二十世纪内，向达、萧一山、王重民、王庆成诸先生曾在世界各地寻觅太平天国文献，收获甚丰。四曰新。清代为传统社会向近代社会之过渡阶段，处于中西文化冲突与交融之中，产生一大批内容新颖、形式多样之文化典籍。清朝初年，西方耶稣会传教士来华，携来自然科学、艺术和西方宗教知识。乾隆时编《四库全书》，曾收录欧几里得《几何原本》，利玛窦《乾坤体义》，熊三拔《泰西水法》、《简平仪说》等书。迄至晚清，中国力图自强，学习西方，翻译各类西方著作，如上海墨海书馆、江南制造局译书馆所译声光化电之书，后严复所译《天演论》、《原富》、《法意》等名著，林纾所译《茶花女遗事》、《黑奴吁天录》等文艺小说。中学西学，摩荡激励，旧学新学，斗妍争胜，知识剧增，推陈出新，晚清典籍多别开生面、石破天惊之论，数千年来所未见，饱学宿儒所不知。突破中国传统之知识框架，书籍之内容、形式，超经史子集之范围，越子曰诗云之牢笼，发生前所未有之革命性变化，出现众多新类目、新体例、新内容。清朝实现国家之大统一，组成中国之多民族大家庭，出现以满文、蒙古文、藏文、维吾尔文、傣文、彝文书写之文书，构成为清代文献之组成部分，使得清代文献、档案更加丰富，更加充实，更加绚丽多彩。清代之文献、档案为我国珍贵之历史文化遗产，其数量之庞大、品类之多样、涵盖之宽广、内容之丰富在全世界之文献、档案宝库中实属罕见。正因其具有多、乱、散、新之特点，故必须投入巨大之人力、财力进行搜集、整理、出版。吾侪因编纂清史之需，贾其余力，整理出版其中一小部分；且欲安装网络，设数据库，运用现代科技手段，进行贮存、检索，以利研究工作。惟清代典籍浩瀚，吾侪汲深绠短，蚁衔蚊负，力薄难任，望洋兴叹，未能做更大规模之工作。观历代文献档案，频遭浩劫，水火兵虫，纷至沓来，古代典籍，百不存五，可为浩叹！切望后来之政府学人重视保护文献档案之工程，投入力量，持续努力，再接再厉，使卷帙长存，瑰宝永驻，中华民族数千年之文献档案得以流传永远，沾溉将来，是所愿也！

二〇〇四年

序言

胡绳武

  清末立宪运动是一场全国性的政治运动。这场运动历时9年（1903—1911），波及除内外蒙古、青海、西藏之外的全国22个行省（内地18个省、东北三省和新疆），对辛亥革命前后的中国政治、经济、社会和思想文化均产生过重要的影响。这场运动的人和事，自宣统年间以来不断地有国内外学者们进行研究和评议。由于研究者的立场与观点不同，对这场运动的人和事的评议自然是见仁见智的。但研究者们一致感到研究立宪运动的困难之一在于史料相对缺乏。中华人民共和国成立后，国家重视对近百年历史的研究，在中国史学会的主持下，曾出版过一套《中国近代史资料丛刊》。这套资料的出版对中国近代史的教学与研究曾产生了很好的推动作用，但这套资料丛刊却没有把立宪运动包括在内。

  有关立宪运动的文献资料，除1979年中华书局出版过一部《清末筹备立宪档案史料》外，尚无一套比较完整的立宪运动文献资料丛刊，这给中国近代史的教学与研究带来一定的影响。为此，中华书局编辑部于1986年曾拟定编辑一套《立宪运动》的文献资料，作为《中国近代史资料丛刊》的续编出版，并邀请我作为这套文献资料丛刊的主编。我当时因为正在撰写《辛亥革命史稿》，无力承担此项工作而加以婉拒。当时中华书局近代史编辑室的主任陈铮向我表示这项工作可在《辛亥革命史稿》完成以后再着手进行，并希望我能将此项工作接受下来。当时我的研究生程为坤讲师也希望我将这项工作接受下来，并表示愿意全力帮助我完成文献资料的搜集与整理工作。这样，我就终于将此项工作接受下来，并开始注意有关立宪运动文献资料的搜集工作。1990年以后，《辛亥革命史稿》的撰写工作虽然已经完成，程为坤却已出国留学，我又年近七十，无力单独承担，此项工作遂告中断。其后，我曾争取与中国人民大学图书馆古籍整理研究所合作，希望继续完成这套资料的搜集与整理工作，后因故再次中断。已经搜集却又未经整理的有关立宪运动的文献资料只好堆积存放。

2002年国家清史纂修工程启动后，清史编纂委员会主任戴逸教授动员我组织力量，将《立宪运动》这套文献资料的整理工作作为国家清史纂修工程文献整理项目之一继续下去，争取完成。我考虑到早在1986年即已接受中华书局近代史编辑室委托，承担《立宪运动》的主编工作，中途虽因客观原因中断，但我内心总觉得对学术界和出版社欠了一笔账，不免感到内疚，现在有机会将这套《立宪运动》作为清史文献项目之一列入计划，这是给我完成上世纪中断了的《立宪运动》这套文献资料的一个极好机会，遂于2004年向国家清史编纂委员会正式提出申请，并于2005年获得通过，正式立项。

这套《清末立宪运动史料丛刊》总的要求是，能够较为全面地反映这场运动的发展全貌，对该运动发生的历史背景、酝酿与兴起、发展和声势、它与民主革命运动及清廷预备仿行立宪的关系、立宪团体、立宪派人士的思想与活动，以及该运动对于中国近代社会历史所造成的影响诸方面，均得到合乎实际的说明。

以往《中国近代史资料丛刊》的编辑方法大致有三种：一是按资料的类型进行整理编辑，如《太平天国》；二是按事件发展进行编辑，如《辛亥革命》；三是二者结合，如《第二次鸦片战争》。本套文献资料大体依照第三种形式，从以下八个方面对相关资料进行搜集、整理与编辑：一、立宪运动的酝酿与发动；二、立宪派与革命派的论战；三、清廷的预备仿行立宪；四、立宪团体；五、国会请愿运动；六、资政院；七、各省谘议局；八、有关立宪运动的外文资料。谘议局文献的选编范围涉及12个行省，即顺直谘议局、奉天谘议局、吉林谘议局、山西谘议局、山东谘议局、江苏谘议局、浙江谘议局、福建谘议局、广东谘议局、江西谘议局、湖南谘议局、四川谘议局。参加本项目的成员及分工如下：中国社会科学院近代史研究所李细珠研究员（立宪运动的酝酿与发动、福建谘议局），清华大学马克思主义学院王宪明教授（立宪派与革命派的论战、有关立宪运动的外文资料），首都师范大学历史系迟云飞教授（清廷的预备仿行立宪），北京大学历史系尚小明教授（立宪团体、国会请愿运动、山西谘议局、山东谘议局），中国人民大学历史学院牛贯杰副教授（资政院、湖南谘议局、广东谘议局），北京师范大学历史学院邱涛副教授（顺直谘议局），中国社会科学院法学研究所孙家红副研究员（奉天谘议局、吉林谘议局），上海图书馆上海科学技术情报研究所高洪兴研究员（江苏谘议局），广东警官学院法律系沈晓敏教授（浙江谘议局），中山大学历史系廖伟章教授（广东谘议局），南昌大学历史系黄志繁教授（江西谘议局），四川大学城市研究所何一民教授（四川谘议局）。

值得说明的是，这套文献资料丛刊立项伊始，清史编纂委员会考虑到我年事已高，故建议增加一位项目主持人，我们经过商议，聘请复旦大学历史系戴鞍钢教授为主持人。项目进行期间，他审阅了700余万字的文稿，并提出具体的修改意见，帮助我承担了不少审阅初稿的任务。牛贯杰副教授承担了大量烦琐沉重的学术辅助工作。清史编纂委员会文献组的王汝丰教授、出版组孟超编审对本项目给予了特别的关心与指导。没有他们的帮助，很难相信这套文献资料丛刊能够如期完成，在此表示诚挚的谢意。同时，山西人民出版社的领导也给予了特别的关注，编辑们付出了辛勤的努力，在此一并致谢。

当然，囿于种种因素，我们不可能将22个行省的谘议局文献全部搜求于内，只选择性地摘取了12个行省的相关文献，这些省份涵盖了沿江沿海、中原腹地、京畿重地与清王朝的龙兴之地——吉林与奉天两省。此外，我们对各省谘议局文献的选编原则以谘议局本身文献为主，因此，规模方面无法做到整齐划一，而且数量各有不同。这些不足和局限，衷心期待学术界进行批评和补正。

2014 年 10 月

凡例

一、本文献为类编资料，资料来源均在正文结尾处标明。

二、本文献按照立宪运动发生、发展的脉络分为三十卷，各卷内容为：第一卷，立宪运动的酝酿与发动；第二卷，立宪派与革命派的论战；第三至六卷，清廷的预备仿行立宪；第七至八卷，立宪团体；第九至十卷，国会请愿运动；第十一至十二卷，资政院；第十三卷，顺直谘议局；第十四至十五卷，奉天谘议局；第十六至十七卷，吉林谘议局；第十八卷，山西谘议局；第十九至二十卷，山东谘议局；第二十一至二十二卷，江苏谘议局；第二十三卷，浙江谘议局；第二十四至二十五卷，福建谘议局；第二十六卷，广东谘议局；第二十七卷，江西谘议局；第二十八卷，湖南谘议局；第二十九卷，四川谘议局；第三十卷，有关立宪运动的外文资料。

三、文献史料如有原名，一律沿用；如没有原名，则由整理者自行拟定，文中注明。

四、资料原文所用繁体字，在不会造成歧义的情况下改为通行简化字。某些具体人名、地名不在此限。异体字、通假字尽量保持文献原貌。

五、本书在纂辑过程中，对清末惯用的一些字词，悉仍其旧，如"豫备立宪"、"豫算"、"筹画"、"画一"、"澈底"、"坐次"、"帐目"、"缕晰陈之"、"详晰"、"人材"、"发见"、"札覆"、"叠次"、"身分"、"省分"、"择尤"等。文中还有许多反复出现的字词属于此种情形，不在此一一列举。

六、文献资料均由编者标点、分段与校勘。错别字用（）标出，并于〔〕中标明正确字，脱字以【】标明，衍字以〈〉标明，无法辨识文字和原公文中故意省略之字，均以□标示。

七、原稿繁体竖排，今改为简体横排。原稿中"左"、"如左"、"左列"、"右"、"如右"、"右列"等文字均保留原貌，一律不作改动。

八、为便于读者更好地利用资料，整理者对有必要加注的地方一律加注，以脚注标明。

整理说明

一、本辑收录清末吉林省谘议局及相关史料,共分为五编:第一编,筹设开办;第二编,开局议事、议案及其他活动;第三编,辛亥革命后之变迁;第四编,各属自治会、议事会、董事会、参事会等相关活动;第五编,不确定日期档案散件。每编之下,又各酌情分列细目。

二、为求全面了解吉林谘议局之来龙去脉,本辑所收资料的时间跨度,上自光绪三十三年(1907),下讫民国二年(1913)。与此同时,在收录此吉林谘议局直接史料外,与之密切关联的各府厅州县自治会、议事会、董事会等资料也一并囊括其中,以便给读者提供更为广阔的史料基础,俾使对于清末民主宪政、地方自治运动获得丰富的认知体会。

三、本辑所收史料,主要来源有二:1. 历史档案;2. 报刊旧籍。大致以时间为序,进行排列,并将旧历纪年一律改为公元纪年。其中,前者仅标注档案的形成时间,后者除标注刊载时间外,同时注明文献出处。其中难免因为出版和发表时滞,部分内容可能存在时序错乱,细心读者自能察之。对于史料日期不明确者,大致仍以内容和时间进行归类排列,附于文末,并保持旧历纪年。

四、原稿中"如右"、"如左"等字样,皆保持原貌,不作更动。对于史料原件中的错讹脱落,区别对待。凡错字皆置于( )内,然后将改正后的字置于其后,并加以〔 〕。凡脱落而可以确定者,则径补入之,并在所补文字外加【 】,以作标识。凡脱落严重,或原件模糊不清,无法辨识者,根据行间字数,以□标示。凡衍字,以〈 〉括之,表示删除。

五、本辑之编校整理,由本人独立承担,不假他手。然兹事体大,文字浩繁,错讹诚所难免,敬希读者诸君不吝赐教。

编者谨识
庚寅秋月于北大中关新园

目录

上 卷

第一编　筹设开办

一、设局选举

吉林自治会之请派监督……………………………………………… 001
吉林设立省会议之通谕……………………………………………… 002
吉林朱抚提出拓建圣庙议案………………………………………… 002
吉林自治会之公禀八条……………………………………………… 003
东督吉抚创设吉林省会议…………………………………………… 004
论吉省创设会议所事………………………………………………… 005

吉林谘议局之成立……………………………………………………………… 006
吉林谘议员之被举者…………………………………………………………… 007
吉林自治会周年纪念开会志盛………………………………………………… 007
吉林谘议局发电一则…………………………………………………………… 008
筹办谘议局汇志………………………………………………………………… 008
筹办谘议局汇志………………………………………………………………… 009
筹办谘议局汇志………………………………………………………………… 009
筹办谘议局汇志………………………………………………………………… 010
吉林谘议局之筹备……………………………………………………………… 010
吉抚陈简帅谘议局筹办处开会训词…………………………………………… 011
吉林自治会之变相……………………………………………………………… 013
吉抚札谘议局筹办处吉林府文………………………………………………… 013
吉林省谘议局议员姓名录……………………………………………………… 014
吉林谘议局筹办处成立纪闻…………………………………………………… 015
筹办谘议局汇志………………………………………………………………… 016
吉林谘议局筹办处纪事………………………………………………………… 017
吉林谘议局筹办处议员附贡生张松龄禀请恩准开去谘议局议员
　差使回东留学由……………………………………………………………… 017
筹办谘议局汇志………………………………………………………………… 018
吉林巡抚通札各属文…………………………………………………………… 018
筹办谘议局汇志………………………………………………………………… 020
吉林行省批谘议局筹办处呈据自治研究所呈拟规章分题教授由………… 021
宪政馆与吉林往来电文………………………………………………………… 021
筹办谘议局汇志………………………………………………………………… 022
吉林全省谘议局筹办处批自治研究所呈请在省另招学员由……………… 023
吉省自治研究所呈为呈请将各属缺送员额速饬
　职所照章招考选充由………………………………………………………… 023
吉林谘议局筹办处批自治研究所呈请将各属缺送员额速饬职所
　照章招考选充由……………………………………………………………… 024

筹办谘议局汇志	025
吉林自治研究所呈为通饬各属选送第二期学员由	026
各省谘议局汇报	027
筹办谘议局汇志	028
吉抚奏报第一届筹备成绩	030
督抚宪通饬各属依限赶办选举各项事宜严定功过文	032
严定办理选举之功过	033
饬配定初选当选名额	034
吉林全省调查局移覆谘议局筹办处为派遣学员赴各府厅州县调查固有团体习惯由	034
预备举行复选举	035
吉林府申送补入选举人名清册	036
预备初选举投票	037
吉林行省总督巡抚札为谘议局筹办处总理邓邦述遗缺由谢汝钦接办由	038
谘议局筹办处呈送自治研究分所章程并议决草案文并批	038
各府厅州县自治研究分所暂行试办章程	044
禀留司选员	046
选举志闻	046
吉林谘议局议案预备会咨谘议局筹办处呈选举职员刊刻图记等情	047
初选举开票	048
吉林谘议局宾州厅初选举禀卷	049
吉林谘议局为呈送议员人数公费统计表由	049
复选举重开票	050
吉林行省批谘议局呈送议员人数公费统计表	051
选举琐事	051
吉抚与宪政编查馆之来往电	052
吉林谘议局议案预备会公启	052
吉林谘议局议案预备会简章	055

预备调查 …………………………………………………………………………… 058
吉林自治研究所呈为分别文电饬属依限照额
　　倍送职所二班学员并饬先行呈覆由 …………………………………… 058
吉林全省议员名单 ………………………………………………………………… 059
吉林全省议员名单(续) …………………………………………………………… 060
吉林全省谘议局筹办处批研究所呈请饬催各属
　　赶送二班学员足额应准如呈通饬由 …………………………………… 061
吉林谘议局筹办处札准地方审判厅咨覆金明川一案
　　已准销结饬知该学员安分向学由 ……………………………………… 061
吉林省全省谘议局筹办处批研究所呈请札委京师大学堂
　　仕学馆毕业生傅琛充头班教员由 ……………………………………… 062
谘议局正副议长为注销斗殴议员赵林二员并将遗额
　　速为顶补由(附函) ……………………………………………………… 063

二、日期不明确档案散件

吉林谘议局筹办处章程 …………………………………………………………… 064
吉林谘议局呈覆徐生禀称先皇上宾二周之期
　　谘议局不顾大体开欢迎代表会事 ……………………………………… 066
吉林行省批谘议局呈覆徐生禀称谘议局不顾大体
　　开欢迎代表会事由 ……………………………………………………… 068
宾州厅司选员武桓演说选举情形 ………………………………………………… 068
宾州厅选举白话告示 ……………………………………………………………… 071
吉林谘议局筹办处详据研究所呈请续招二班学员
　　并拟变通办法请候示遵由 ……………………………………………… 073
吉林谘议局筹办处札为各府厅州县造送自治研究所学员由 ………………… 074
吉林省谘议局筹办处批自治研究所呈请续招第二班学员由 ………………… 075
督抚宪通饬地方自治事宜在筹办年限期内
　　应由谘议局筹办处主持文 ……………………………………………… 076

吉林谘议局筹办处总理邓为自治会筹改归并
　　谘议局筹办处办理移会谘议局……………………………………078
吉林谘议局筹办处呈覆遵饬将本处供差各员
　　据实出具考语并加造履历清折各一份请鉴核……………………079

三、吉林谘议局筹办处第二次报告书（选录）

吉林谘议局筹办处第二次报告书例言………………………………082
吉林谘议局筹办处第二次报告书目录………………………………083
宪政编查馆电饬谘议局工程无取过奢文……………………………086
详请督抚宪先向官帖局挪款建筑谘议局文并批……………………086
自治研究所呈报光绪三十四年腊月开支经常费请核销文…………087
札饬各府厅州县查明已未设立自治研究所文………………………088
移旗务处将乌拉城前有自治会积款改作自治研究所经费文………090
依兰府司选员禀陈误填出身原因文…………………………………090
详请督抚宪饬度支司从速拨放筹办处经常费文并批………………091
税务处呈请督抚宪饬筹办处经费照奉省撙节文并批………………093
札发各属选举投票纸并当选执照文…………………………………094
长岭县司选员禀报赴乡演说选举情形并榜示日期文………………094
札各复选监督于当选票额遵照宪政编查馆覆安徽电开情形办理文……095
札吉林府复选监督将桦甸并归吉林为一初选区文…………………096
吉林府详请吉林桦甸相连地方选举人数互抄榜示文并批…………096
批濛江州司选员解释选举章程文……………………………………097
长春府详报分配各初选区当选人额文并批…………………………098
宾州厅详送分配各初选区当选人方法额数及清折文并批…………099
绥芬厅司选员禀陈初选监督距离太远请就商复选监督文并批……100
札绥芬厅初选监督于投票时往司选员办事处会同料理文…………101
札发各初选监督再选应用投票纸文…………………………………101
札发各复选监督初选举再投票规则文………………………………102

吉林交涉使详请督抚宪改委筹办处总理以便钦遵陛见文并批……103
札各初选监督于五月二十日裁撤初选事务所
　　并停发各司选员薪水文……103
吉林府初选监督呈报初选投票情形文并批……104
长春府复选司选员酌拟变通选举办法文并批……106
札依兰绥芬延吉三司选员改用电告开票办法以免劳费文……107
蜜山府司选员呈请解释选举章程各疑义文并批……108
绥芬蜜山两司选员禀陈复选疑义四条请示释文并批……111
札各复选监督遵照宪政编查馆所定复选被选资格
　　演成白话告示俾众周知文……113
详请督抚宪核定提前复选举并改定复选举期限表文并批……114

四、相关报道及其他

论组织谘议局与选举议员事……115
谘议局章程之详议……117
吉林自治会长赴奉之公饯……117
吉抚朱经帅莅宪政研究所开议演说……118
吉林禀陈俄人会议自治会情形……119
吉林民政司谢通行各属并告吉省士民文……120
吉林绅士热心国会……122
吉林自治会对于吉长铁路之问题……122
国会请愿员之将到京……123
吉林请开国会之会议……123
吉林请开国会之会议再志……124
吉林会议集款赎路续志……125
吉林会议赎回吉长铁路之要领……125
国会问题……126
吉林国会请愿员之来京……126

吉人挽留朱抚要电 …………………………………………………… 126
吉林自治会致徐钦帅电 ………………………………………………… 127
吉林自治会接到奉天公电 ……………………………………………… 128
吉林时局之变相观 ……………………………………………………… 128
吉林前自治会长松观察行踪 …………………………………………… 129
谘议厅拟设参事片 ……………………………………………………… 129
遵旨开办吉省谘议局筹办处情形折 …………………………………… 130
吉林自治会改为吉林府自治局并设研究所片 ………………………… 131
吉林遵章筹备宪政依限奏报折 ………………………………………… 131
吉林巡抚之请退 ………………………………………………………… 135
度支部奏议覆东督等奏吉林财政困难情形折 ………………………… 135
吉林调查上年岁出入总数 ……………………………………………… 136

第二编　开局议事、议案及其他活动

一、第一次常年会

吉林谘议局互选志闻 …………………………………………………… 138
吉林谘议局开幕纪事 …………………………………………………… 139
吉林谘议局第一次常年会抚宪开会辞 ………………………………… 139
谘议局成立 ……………………………………………………………… 140
吉林行省批谘议局覆议省城自治研究所案由 ………………………… 141
督抚对于民权发达之疑虑 ……………………………………………… 142
吉林行省批谘议局覆议矿产兴废案 …………………………………… 142
吉抚声明谘议局议事权限 ……………………………………………… 143
吉林谘议局拟请实行城镇乡自治选举以立宪政基础议案 …………… 144
选送资政院议员 ………………………………………………………… 145
谘议局于司道公文之龃龉 ……………………………………………… 146

谘议局议事期届满 …… 146
吉林行省批谘议局拟请实行城镇乡自治选举以立宪政基础议案由 …… 147
谘议局闭会 …… 147
吉省谘议局谣传解散之原因 …… 148
宪政馆与吉林往来电文 …… 148
吉省谘议局议案 …… 149
吉林谘议局纪事一则 …… 149
吉省行政官札覆谘议局议案 …… 150
资政院与各省询答电文 …… 151
纠举弹参牧令案 …… 151
吉林谘议局第一会期议案简目 …… 152
谘议局议案之价值 …… 153
吉林矿产之大计划 …… 153
派员验收工程 …… 154
请开国会之吉林代表 …… 154
澈查捐税积弊之先声 …… 155
督抚宪奏为改设吉林地方自治筹办处裁改一切经费作正开销片 …… 155
奏为吉省谘议局依限成立遵章开会闭会日期折 …… 156
关于谘议局议员选举来往电文四则 …… 157
吉林谘议局己酉年常年会成绩 …… 158
吉林巡抚咨奏吉省谘议局全工告竣咨送经费报销清册由 …… 161
吉林谘议局批答乌拉县民尉功焕等陈请组织粮市社会粗拟简章由 …… 162
代表旋省 …… 164
吉林巡抚为吉林谘议局全工告竣抄录原奏咨行
　　东三省总督请查核施行由 …… 164
添举请开国会代表 …… 165
吉林行省批谘议局代陈优附生李价人抵制强邻八条由 …… 165
志士热心国会 …… 166
请开国会代表晋京 …… 167

谘议局呈明新城违章详委学董 …………………………………… 167
条陈抵制强邻八策碍难实行 ……………………………………… 168
吉林谘议局定期开会 ……………………………………………… 168
路工全用本省人民之驳议 ………………………………………… 169
督抚帅发交谘议局关于财政议案文 ……………………………… 169
吉林谘议局呈覆议关于财政议案文并批 ………………………… 170
国会同志意见书 …………………………………………………… 173
吉林谘议局将访获找扰撞骗黄子正人犯送交吉林府究惩由 …… 174
吉林巡抚为吉林谘议局全工告竣抄录原奏咨行东三省总督
　请查核施行由 ………………………………………………… 175
副议长不日赴京 …………………………………………………… 175
补录吉林谘议局建议全省矿产兴废案 …………………………… 176
补录吉林谘议局建议全省矿产兴废案 …………………………… 177
添举第三次请愿国会代表电 ……………………………………… 178
五常议员富克兴阿筹备振兴实业并关谘议局
　应设会计检查院二议案 ……………………………………… 179
吉省谘议局覆议农安女学管理员陈请审判推事
　破坏公益一案再请查办 ……………………………………… 180
谘议局提倡实业 …………………………………………………… 181
吉林人之刺激 ……………………………………………………… 181

二、第二次常年会

吉林谘议局为发交举办公债一案颇多疑问应照章质问请速批答案 …… 182
吉林行省批答谘议局质问举办公债疑问由 ……………………… 183
吉林劝募常年仓谷议案 …………………………………………… 184
督抚宪整理豆麦斗税议案 ………………………………………… 185
资政院九月二十日收吉林谘议局电 ……………………………… 185
吉林谘议局议决交议修辟官道案由 ……………………………… 186

条目	页码
吉抚与宪政编查馆来往电	187
吉林谘议局为质问依兰府地方利弊呈请批答由	188
吉林谘议局议决清查隐赋案	189
资政院发吉林谘议局电两则	190
资政院来电志闻	191
议员之怪现象	191
吉林谘议局之风潮	192
吉林谘议局提议拟请议员兼任调查案	192
议员之小冲突	193
吉林议决遗产所得两税议案	193
决议矿务议案报部	195
欢迎代表纪事	195
吉林欢迎国会代表之颂词	196
代表报告事件	197
吉林谘议局之近事	197
谘议局常驻员易人	198
吉林谘议局整顿依兰府一带地方利弊议案	198
吉林四次请愿之代表	200
吉林谘议局呈据兴让社人民李品一等陈请所领荒山无出不敷坰捐乞豁免由	200
谘议局呈为胡毕二绅前后两电不符各节既经查明原由请免饬查原函文	202
吉林行省批谘议局呈据兴让社人民李品一等陈请所领荒山无出不敷坰捐乞豁免由	203
请看函请撤销防疫之议长	204
留东全体学生致谘议局等团体专电	205
请开临时会要电汇志	206
谘议局呈覆民人陈请建议事件及由议员介绍一案仍俟下届会期由全体详慎妥拟由	206

吉林行省批谘议局呈覆民人陈请建议事件及由议员介绍一案
  仍俟下届会期由全体详慎妥拟由 ……………………………………… 207
谘议局临时会说 ……………………………………………………………… 208
谘议局拟呈请撤销防疫分卡 ………………………………………………… 208
吉林谘议局为省垣大火呈部院及赵督文 …………………………………… 208
吉林谘议局禀控抚帅避火 …………………………………………………… 210
吉林谘议局因火奏参陈昭常 ………………………………………………… 211
吉林谘议局来函 ……………………………………………………………… 211
吉林谘议局因火灾事来函照录 ……………………………………………… 214
论吉林谘议局因火灾质问陈抚事 …………………………………………… 214
谘议局呈为议决农安县绅民等称长农清赋局催换地照
  索取照费一案由 ……………………………………………………… 216
谘议局呈为议决五常府议事会呈请厘订田房税价值以恤民艰一案 ……… 217
吉林谘议局为将湘省铁路不便收为国有缘由禀请内阁奏罢 ……………… 218
吉林行省批谘议局呈为议决五常府议事会呈请
  厘订田房税价值以恤民艰一案由 …………………………………… 219
吉林行省批谘议局呈为议决农安县绅民等称长农清赋局
  催换地照索取照费案由 ……………………………………………… 219
谘议局议开各界联合会 ……………………………………………………… 220
谘议局呈为议决五常府城议事会呈称人民樊锡堂等陈请
  经征局征收子母税估价太重藉端苛索案 …………………………… 220
吉林行省批谘议局呈为议决五常府城议事会呈称人民樊锡堂等
  陈请经征局征收子母税估价太重藉端苛索案由 …………………… 221
吉林谘议局呈据本局议员郑雨人陈请长农岭三属荒瘠不一
  未能一律加征请鉴核由 ……………………………………………… 221
办理选举之预备 ……………………………………………………………… 224
吉林行省批谘议局议决规复盐斤散商商例作为自治经费
  请暂缓办理由 ………………………………………………………… 224

三、相关报道及其他

督抚宪奏遵章奏报第二届筹备宪政情形折……226
请看各省议员之怪象……228
请派熟悉法政留学生到吉……229
吉林谘议局成立以后之观念……230
饬筹城镇乡自治机关……232
谘议局之与报馆……232
大吏与谘议局之恶感……233
谘议局不议交涉……234
吉林日报电文照录……234
谘议局权限问题……235
议案排斥外省人……235
吉省举定资政院议员……236
关于谘议局两事……236
要请速开国会……237
吉林行省批速记学堂毕业学生王贯之等四名分派任用由……237
擅用刑讯之地方官……238
吉省续举代表将次赴京……238
札发资政院议员执照……239
札发吉林当选资政院议员执照……239
自治筹办处之大会议……239
电饬查报纳税多额之议员……240
吉抚札饬各属实行本年筹备宪政文……241
画一宪政筹备处……243
抚帅致宪政编查馆民政部电……243
度支部会奏议覆吉抚奏长春府审判各厅经费不敷
　请将新放蒙荒地亩征收公费折……244

吉林巡抚陈昭常奏报第三届筹备宪政情形折	246
吉林互选多额纳税议员	249
乱吉林者其官帖乎	250
自治经费有着	251
编辑筹备宪政事实之通饬	251
吉林之豫算	252
吉林干员赴京充资政院委员	253
吉林代表勉之	253
吉抚陈昭常奏报第四届宪政情形折	254
吉林民政预算费之电覆	257
陈昭常主张速设阁会之补志	258
国会代表通告书	259
看看吉林谘议局	260
荣哉万民衣伞之代表	260
官绅研究所之组织	261
度支部试办宣统三年各省各衙门预算总说（摘录）	261
请看代表之赔累	262
吉省地方自治分期办法	262
吉林巡抚陈昭常奏遵筹地方自治情形折	263
再接再厉之国会	265
吉抚管见	265
请愿代表姓名录	266
吉林四次请愿之代表	266
吉抚更调消息	267
会议厅参议姓名录	267
又打了一个告穷电	267
行政会议厅成立	268
吉林地方团体联合会宣言书	268
清赋仍议缓办	270

会议防疫事宜……270
吉林会议修筑商埠之地价……271
资政院议员晋京……271
吉抚陈昭常奏报第五届筹备宪政情形折……272
吉抚陈昭常奏筹办各城乡自治职先后成立情形折……275
直省谘议局联合会之会员表……277
电传吉林之火警……278
条陈防疫善后之政策……278
大火之先声……279
吉林火警志闻……280
道宪奉谕查火……280
协济火灾……281
吉抚电奏火警……281
吉林省垣大火灾详报……282
吉林大火记……282
吉林失火之一面观……284
吉垣大火始末略纪……284
吉抚陈简帅之告灾电……285
吉抚陈昭常因火电陈军机处文……287
民政司火后之示谕……288
时事小言——吉林天问……289
短篇小说——鸡林火劫……289
吉抚奏筹办城乡自治情形折……290
临时官帖实行……292
吉林大火续志……292
火灾之损失……293
吉林大火后之官场热……293
徐中堂捐了一千两……294
吉垣大火损失之确数……294

陈昭常之处分案 ……………………………………………………………… 295
陈昭常罚俸六个月 …………………………………………………………… 295
自治筹办公所有改充度支司署消息 ………………………………………… 295
电询吉省火灾善后情形 ……………………………………………………… 296
陈抚处分尚从轻减 …………………………………………………………… 296
火灾善后之计画 ……………………………………………………………… 297
东督派员赴吉查灾办善后事 ………………………………………………… 297
司使调停质问书 ……………………………………………………………… 298
吉林火后之新规画 …………………………………………………………… 298
张司使来吉会议灾后办法 …………………………………………………… 299
张司使筹定火灾善后办法 …………………………………………………… 300
书记长之热心 ………………………………………………………………… 304
大开会议 ……………………………………………………………………… 304
官绅不睦之原因 ……………………………………………………………… 305
吉抚对于质问火灾之辩护 …………………………………………………… 305
善后局善不了后 ……………………………………………………………… 307
吉会又起铁路交涉矣 ………………………………………………………… 307
吉林火灾之善后策 …………………………………………………………… 308
详记劝募吉林火灾慈善会第一次开会情形 ………………………………… 308
灾民之苦中苦 ………………………………………………………………… 309
吉林灾款作正开销 …………………………………………………………… 310

第三编　辛亥革命后之变迁

一、第三次常年会、保安会、省议会

富锦县知县禀设谘议局选举事务所由 ………………………………………… 311
吉林谘议局呈请奉交筹办府厅州县积谷议案开会议决请公布 …………… 312

吉林谘议局呈为行政会议厅科员李芳不应候补资政院议员
　　请即早更正…………………………………………………………… 315
吉林谘议局呈为议决交议变通筹办地方自治案由………………… 316
议场开会礼………………………………………………………………… 317
吉林行省札为行政会议厅科员李芳仍回原差并以福议员裕
　　递补资政院议员由………………………………………………… 317
谘议局呈据长春五常榆树各城议事会陈请吉省官运办理不善
　　扰累人民请仍归商运商销并历陈积弊之转呈建议由…………… 318
吉林行省批谘议局呈据长春五常榆树各城议事会陈请吉省官运
　　办理不善扰累人民请仍归商运商销并历陈积弊之转呈建议由… 319
吉林行省批谘议局呈请奉交筹办府厅州县积谷议案
　　开会议决请公布由………………………………………………… 319
吉林谘议局呈为议决省城四旗马厂各佃户赵学敏等五百户
　　请愿暂缓出放由…………………………………………………… 320
谘议局呈为议请储官粮以足民食一案请鉴核由…………………… 321
吉林谘议局议场纪录……………………………………………………… 322
续录吉林谘议局速记……………………………………………………… 323
二续录吉林谘议局速记…………………………………………………… 323
吉林行省批谘议局呈提议储官粮以足民食一案请鉴核由………… 324
三续吉林谘议局议场速记………………………………………………… 325
省公署札付吉林省谘议局议决宣统三年地方官治行政岁出预算表…… 326
四续吉林谘议局议场速记………………………………………………… 327
五续吉林谘议局议场速记………………………………………………… 328
六续吉林谘议局议场速记………………………………………………… 329
七续吉林谘议局议场速记………………………………………………… 330
八续吉林谘议局议场速记………………………………………………… 331
吉林保安会之大会议……………………………………………………… 332
吉林谘议局为议决初级完全师范及中学堂均须缓办呈请公布由……… 332
吉林省之保安会…………………………………………………………… 333

| 十续吉林谘议局议场速记 | 333 |
| 吉林行省批谘议局呈议决初级完全师范及中学堂均须缓办由 | 334 |
| 谘议局呈据新城府绅民徐荫州等请愿书称为三年水灾
恳恩援照大租成案蠲免坷捐 | 334 |
吉林国事共济会成立	336
四面风云	336
公署批驳延长会期	337
百忙中之闲谘议局	337
旅奉吉官致谘议局电	338
吉林保安会办事通则	338
吉省保安会之财政真相	339
吉林团体联合会之进行	340
公举代表赴沪	341
吉林府详提学司为乌拉议事会议决索回地方学款议案请查核文	342
组织临时省议会之结果	343
吉垣保卫谈	343
陈请裁撤清乡总分各局	344
保安会参议部开会志	345
督宪电覆英使吉林未曾独立	346
吉林民政司呈覆宪札谘议局所议巡警改充军队一案	346
各界联合会特开大会	348
联合会六次职员会记	349
吉林行省为双城地方官擅用公款札谘议局据实纠举如详办理由	349
各界联合会特开大会	353
吉林联合会开第六次职员会	353
吉林保安会参议部布告	354
吉林陈抚台率同全省庆贺袁大总统电	354
吉议员之提议开大会	355
吉林召集临时议会	355

举定参议员 …… 356
吉林参议员过奉 …… 356
吉林公举参议院议员 …… 356
吉林谘议局之要电 …… 357
吉林之组织省会 …… 357
吉省不承认原选议员 …… 358
吉林不认原选议员之通电 …… 358
各属反对议事会 …… 359
吉垣省议会记事 …… 359
吉林参议员问题 …… 360
省议会风潮可望和解 …… 361
谘议局议员全体辞职 …… 362
吉林省议会选举冲突之详状 …… 362
吉林议员谒见唐总理 …… 363
吉林省议会风潮可望和解 …… 364
国务院电吉林调解议会争执 …… 364
省议会波浪将平 …… 365
省议会员绅之冲突 …… 365

二、相关评论及其他

吉林辛亥俱乐部支部可望成立 …… 366
吉林永合满汉会成立 …… 366
东三省总督赵尔巽吉林巡抚陈昭常奏报第六届筹备宪政情形折 …… 367
吉林大吏电留摄政王原稿 …… 369
吉林公署接奉电文五则 …… 370
吉林公署接北京政府来电三则 …… 372
吉林公署接北京来电一则 …… 373
吉省公署致袁世凯电 …… 374

吉林公署接北京来电一则	374
吉林自治现形记	376
吉省添设巡防队之决议	377
吉林公署致各省通电	377
吉林公署接天津来电一则	378

第四编　各属自治会、议事会、董事会、参事会等相关活动

一、吉林府

吉林地方自治研究会	380
吉林自治会成立	381
吉林考选自治学员	381
吉林地方自治会要求国会启	382
吉林民气又将复振耶	383
禀请设立议事会与董事会	383
自治筹办处札委参议	384
吉林筹还国债正式会	384
国债会已成立	385
通饬各属选送三班自治学员	385
自治筹办处改定章程	386
补考自治生	386
吉林组织自治筹办公所	387
吉林请送速记生未准	387
吉林自治筹办公所成立	388
自治研究所开学纪闻	388
陋规拨作自治经费	389
札选选民	389

自治研究所二班毕业………………………………………………389
自治分所迁移………………………………………………………390
分割自治区域两志…………………………………………………390
区董由议事会选举…………………………………………………391
省垣商业危象………………………………………………………391
呈报自治情形………………………………………………………392
自治会提倡公报……………………………………………………393
再志商会演戏冲突事………………………………………………393
选举议员之怪现状…………………………………………………394
吉绅之国会热………………………………………………………394
吉林自治日报更名旬报……………………………………………395
自治筹办处参事易人………………………………………………395
调查自治岁入岁出各款经费表册…………………………………395
学生之国会热………………………………………………………396
吉林局员之更动……………………………………………………396
商埠人民小暴动……………………………………………………397
吉林商埠居民拦舆诉冤……………………………………………397
绅董公所之会议……………………………………………………398
地方团体联合会成立………………………………………………398
吉林议事会定期开会………………………………………………399
议事会征求议案……………………………………………………399
吉林人民之政治热…………………………………………………400
吉林议事会开设研究会……………………………………………400
吉林议事会开幕纪事………………………………………………400
行政会议处议员……………………………………………………402
吉林公举总董董事揭晓……………………………………………403
公举四次请愿国会代表……………………………………………403
议事会分股审查……………………………………………………404
吉林行政会议处规则………………………………………………404

吉林议事会议决之案一	406
各界欢迎奉天孙议员	407
吉林议事会议决案二	408
吉林议事会议决案三志	409
吉林议事会议决案四志	410
吉林议事会议决案之五	410
吉林议事会议决案之六	411
吉林议事会议决案七志	412
议事会议长易人	413
议员提议者是耶非耶	414
补录议事会议决设立女学案	414
吉林自治研究分所之旁听员	415
吉林联合会六次开会	415
董事会派员巡行宣讲	415
饬办宣讲所	416
吉林议事会议决案八志	416
吉林议事会议决案九志	417
吉林议事会议决案十志	418
吉林议事会议决案十一志	418
吉林议事会议决案十二志	419
吉林全省自治研究所第三班毕业式	420
乡民亦知请开国会	420
邓司使自治研究所第三班毕业学员训辞	421
补录吉林府议事会议决案	422
拟开吉林府城议事会临时会	423
吉林议事会议决案十三	423
吉林议事会议决案十四志	424
吉林议事会议决案十五志	425
议决妓捐创设济良所案	426

吉林自治研究分所授凭改期……427
特开参议会……427
派遣自治研究所学员……428
宣讲员之苦心孤诣……428
吉林议事会议决案十六志……429
吉林议事会议决案十七志……430
吉林议事会议决案十八志……430
地方自治研究分所毕业纪事……431
董事会选举期……432
铜元加价问题……433
限期收回商号凭票……433
吉林城董事会名誉董事力辞公费……434
批答议事会议案四则……434
关于商务之建议……435
批答议事会议案汇志……435
地方自治宣讲所停止宣讲……436
吉林府地方自治研究所学员改派……437
吉林地方团体联合会宣言书（附简章）……437
吉林府地方自治研究分所推广学额……440
变通研究分所章程……441
吉林府城议事会期未定……441
吉林府城议长辞职未准……442
吉林府呈请札发自治讲义……442
挽留议长……442
议事会费款过巨之禀批……443
自治评语……443
吉林挽留议长续志……444
吉林府议会定期开会……444
吉林议员以烟赌被革……445

吉林地方自治研究分所商借房舍	445
组织傭民讲报阅报社	446
创办讲报阅报社续志	447
吉林府筹办自来水议案	447
营私武断者鉴	448
议事会议案二则	448
赠助书报	449
吉林府议事会分股办事	450
提议设立宣讲所	450
准办乌拉镇自治	451
议事会议案三则	451
提议设立市场	452
议长始终辞职	453
吉林府减发地方自治研究分所学员膳宿费	453
吉林府议事会会同调查私塾	454
议案两则	454
吉林府城议事会铜元加价议	455
神州梦	456
请撤防疫卡之批示	456
公举正副议长揭晓	457
请修板道列入议案	457
议立商业学堂	458
商埠住户又要求加价	458
乡镇自治成立	459
议事会阒其无人	460
议事会请开临时会	460
议事会议在糊口	460
国民会代表来吉	461
调查之忙迫	461

吉林自治学员之踊跃⋯⋯⋯⋯⋯⋯⋯⋯⋯⋯⋯⋯⋯⋯⋯⋯⋯⋯⋯462
议员建议不许差役包征钱粮⋯⋯⋯⋯⋯⋯⋯⋯⋯⋯⋯⋯⋯462
挽留议长不果⋯⋯⋯⋯⋯⋯⋯⋯⋯⋯⋯⋯⋯⋯⋯⋯⋯⋯⋯⋯⋯463
粮捐缓期开征⋯⋯⋯⋯⋯⋯⋯⋯⋯⋯⋯⋯⋯⋯⋯⋯⋯⋯⋯⋯⋯463
照录议事会议案⋯⋯⋯⋯⋯⋯⋯⋯⋯⋯⋯⋯⋯⋯⋯⋯⋯⋯⋯464
董事会解散原因⋯⋯⋯⋯⋯⋯⋯⋯⋯⋯⋯⋯⋯⋯⋯⋯⋯⋯⋯464
吉林国事共济支会成立⋯⋯⋯⋯⋯⋯⋯⋯⋯⋯⋯⋯⋯⋯⋯465
吉林通信二则⋯⋯⋯⋯⋯⋯⋯⋯⋯⋯⋯⋯⋯⋯⋯⋯⋯⋯⋯⋯⋯466
吉林保安会之人物⋯⋯⋯⋯⋯⋯⋯⋯⋯⋯⋯⋯⋯⋯⋯⋯⋯466
饬设保安分会⋯⋯⋯⋯⋯⋯⋯⋯⋯⋯⋯⋯⋯⋯⋯⋯⋯⋯⋯⋯⋯467
吉林议事会之成立⋯⋯⋯⋯⋯⋯⋯⋯⋯⋯⋯⋯⋯⋯⋯⋯⋯468
续录吉林拟定保安会办事规则⋯⋯⋯⋯⋯⋯⋯⋯⋯⋯468
组织团体联合会⋯⋯⋯⋯⋯⋯⋯⋯⋯⋯⋯⋯⋯⋯⋯⋯⋯⋯⋯469
吉林保安会参议部议事细则⋯⋯⋯⋯⋯⋯⋯⋯⋯⋯⋯⋯470
吉林府选民数目⋯⋯⋯⋯⋯⋯⋯⋯⋯⋯⋯⋯⋯⋯⋯⋯⋯⋯⋯471
议事会开会志⋯⋯⋯⋯⋯⋯⋯⋯⋯⋯⋯⋯⋯⋯⋯⋯⋯⋯⋯⋯⋯472
吉林各界推举参议员⋯⋯⋯⋯⋯⋯⋯⋯⋯⋯⋯⋯⋯⋯⋯⋯472
照录吉林团体联合会简章⋯⋯⋯⋯⋯⋯⋯⋯⋯⋯⋯⋯⋯473
吉林学界推举参干两部人员⋯⋯⋯⋯⋯⋯⋯⋯⋯⋯⋯⋯474
吉垣联合会互守之信条⋯⋯⋯⋯⋯⋯⋯⋯⋯⋯⋯⋯⋯⋯⋯474
议决地方税拨归自治经费⋯⋯⋯⋯⋯⋯⋯⋯⋯⋯⋯⋯⋯475
拟设法政研究社⋯⋯⋯⋯⋯⋯⋯⋯⋯⋯⋯⋯⋯⋯⋯⋯⋯⋯⋯475
照录禀裁旗务处之文件⋯⋯⋯⋯⋯⋯⋯⋯⋯⋯⋯⋯⋯⋯⋯476
保安会参议部开会志⋯⋯⋯⋯⋯⋯⋯⋯⋯⋯⋯⋯⋯⋯⋯⋯477
公议外省人不得充当教员⋯⋯⋯⋯⋯⋯⋯⋯⋯⋯⋯⋯⋯478
议事会议决解散⋯⋯⋯⋯⋯⋯⋯⋯⋯⋯⋯⋯⋯⋯⋯⋯⋯⋯⋯478
府署之预算案⋯⋯⋯⋯⋯⋯⋯⋯⋯⋯⋯⋯⋯⋯⋯⋯⋯⋯⋯⋯⋯479
取消清乡总局之会议⋯⋯⋯⋯⋯⋯⋯⋯⋯⋯⋯⋯⋯⋯⋯⋯479
乡绅请撤清乡分局禀词⋯⋯⋯⋯⋯⋯⋯⋯⋯⋯⋯⋯⋯⋯⋯480

保安会第四次临时会议……………………………………………481
吉林团体联合会记……………………………………………482
自治研究所开学有期…………………………………………483
间岛归客谈——自治之现状…………………………………483

第一编 筹设开办

一、设局选举

吉林自治会之请派监督

吉林全省地方自治会日前禀请抚宪,派员为会中监督。经抚宪批示,凡自治会上行公事,须由提法司专达,即以提法司为该会监督。后该会长等皆以全省自治会,不能受次级官之监督,因面见朱中丞,请即改自治会为谘议局。中丞答以事已如此,俟后再议云云。按全省地方自治会实代表全省之人民,以谋全省之治安,而为抚宪之监督者也。今乃请员为监,是自贬损而求束缚也。且全省自治会即全省谘议局也,而中丞乃云俟后再议,未知果何日乃议定云。

《盛京时报》,1907 年 11 月 14 日

吉林设立省会议之通谕

朱中丞创设,札饬各局所,略言:省会议所好问察言,集思广益,往古圣主贤臣之政策,即近今议院政社之权舆。况朝廷自预备立宪以来,适吉林改设行省之始,举凡设官分职,析土筹边,地方何以保治安,教育何以谋普及,暨夫旗民之生计,实业之前途,综此上开数大端,措置均不容稍缓。本大臣部院情殷求治,百密而虑有一疏。诸同僚职有专司,实验而自有心得,略仿爰谘爰诹之例,冀收群策群力之功,特于吉林省城设立省会议所,联合地方官吏,暨各局所学堂之长官,逢期到所,集议应兴应革事宜,以为推行新政之预备。仰各遵照发去草章,随时研究政治利病,兴举方略,按期到所宣布意见,共资讨论。外属地方官,遇有兴革要政,亦可函牍相商,以去隔膜,交换知识,确立行政会议之基础云云。

《盛京时报》,1907 年 11 月 30 日

吉林朱抚提出拓建圣庙议案

国家所以统治其臣民,臣民所以受治于国家者,自古迄今,不外两大端:曰法律之制裁,曰道德之感化。西人治国,尚名家言,一切绳之以法,自号其国为法治国,而目中国为德治国。味其语意,若有憾于中国法律之不完备者然。然亦足见我国之风义伦纪,冠绝寰球。饮水思源,瞻星仰斗,盖自数千年以来,我中国朝野上下,无贵无贱,无长无幼,涵濡沐浴于我大成至圣先师之遗泽孔长也。

汉武罢黜百家，表章六经，尼山之道，如日中天。历唐宋元明，以迄圣清，代晋崇封，俎豆馨香，宫墙巍焕，殆所以维系一世之人心，保存万古之国粹。迩来欧化潮流浸淫学界，斯文欲坠，正学将祧，朝廷恤焉忧之，特于去年亲颁尊孔之诏，升为大祀，发内帑巨金，重修曲阜圣庙，典礼如是其隆重。凡我臣庶士民，自束发受书以来，一言一行皆奉圣人为依归，益当发挥而充大之。使者奉两宫之命，镇抚是邦。下车后，即释奠于文庙。庙在城之东隅，湫隘万状，正殿两庑以外，椽舍阒如。以圣朝丰镐之乡，而瞻望两楹，曾内地郡县学宫之不若，使者深以为此邦病，故于今日省会议所议事开始之第一期，特先提此拓建吉林省城圣庙之议题，以与议员诸君共讨论之。其如何构造合制，增备礼器、乐器，附设图书馆，及如何预算决算之方法，愿诸君各抒其意见，以供公众之择采。至于经费一层，拟联合吉林全省官绅商民，量力捐助，非公家之力有未逮，亦藉此以激起一般人民爱国爱教之思想。使者敬先捐二千金，以为之倡，更愿诸君之相助为理焉。谨识。

《盛京时报》，1907年12月17日

吉林自治会之公禀八条

闻此次督帅来吉，吉省自治会公同上禀，要求施行者共有八件。其详不可得闻，但知其重要者有两事：一要求即时改吉省自治会为谘议院，一请将吉省全年所入课税捐各项钱，除去本省例年官费数及解京额，所余公款即以办本地面各新政云云。闻初次上禀，督帅未批。复踵前稿，又上一禀，但未知督帅如何批示云。昨报所称自治会长松毓君被督帅撤去营务总理差使，今访实并无其事云。

《盛京时报》，1907年12月29日

东督吉抚创设吉林省会议

照得好问察言，集思广益，往古圣主贤臣之政策，即近今议院、政社之权舆。况朝廷自预备立宪以来，适吉林值改设行省之始，举凡设官分职，析土筹边，地方何以保治安，教育何以使普及，暨夫旗民之生计，实业之前途，综此（劳劳）〔荦荦〕数大端，措置均不容稍缓。本大臣、本部院情殷求治，百密而虑有一疏，诸同僚职有专司，实验而自有心得，用仿爰咨爰诹之例，冀收群策群力之功，特于吉林省城设立省会议所，联合地方官吏，暨各局所学堂之长官，逢期到所，集议吉省应兴应革事宜，以为推行新政之预备。发去草章，聊代口语，详细规则，议定再颁。除照章另派所长及常任议员，筹备一切外，合亟札饬。札到即便遵照，随时研究政治利病，兴举方略，按期到所，宣布意见，共资讨论。外属各地方官，遇有兴革要政，亦可函禀相商，务以撤去隔阂，交换智识，确立行政会议之基础。本大臣、本部院有厚望焉。

吉林省会议所章程

一、宗　旨

本所联合吉省官吏，协议地方要政，练习政治上之智识经验，为实行宪政之基础。

二、职　员

议长一人，副议长一人，所长一人。常任议员，暂派六人。议员无定员。议场事务员一人，速记员三人，书记二人。

三、资　格

以吉省之实缺地方官，或非实缺之四品以上民旗各官，暨各局所、学堂之总会办监督为限。其外属之合此资格者，作为通信议员。至深通法理，富于经验之员，经议长、副议长之承认，亦得为本会议员。

四、会　场

暂借调查局会议室。

五、会　期

通常会期，月开三次，逢旬之二日为期。其因特别事件，临时招集者，不在此限。

六、时　间

每逢会期，以午十二时起，四时止。

《顺天时报》，1908年1月8日

论吉省创设会议所事

在昔中国行政，关于各地方事宜，大抵遵奉典章，按旧日之则例，宣之于文告，以为为治之准。曰利如何议兴也，弊如何议除也，风化议如何整饬也，文教议如何修明也，民心议如何固结也，国家议如何忠爱也，举其文告视之，安在所行非善政，迨考其实在情形，无一见诸施行者，而其宣谕各条件，要皆照旧例抄之，谁则与之会议哉？惟其无所与议者，是以因循苟且，各遂其私之便，而他人不得过问焉。近数十年之内，议变法维新者有人，议改良政体者有人，内外大小臣工，亦多赞成之者。至于各直省地方，上自封疆大吏，下之州邑牧令，不过仰承谕旨，仍从事于敷衍而已。现以预备立宪之明诏，颁发于海内已久，各直省绅商士民，亦皆念切竞进，以迅速改行立宪，为自强之本图。于是设地方自治局者有之矣，遇有地方公益事起，诸志士开会集议，筹善后之策，持公正之论，绝朋党之私，要使人民等各抒其所见，以期于完备而后已。此盖立宪之肇基也。由是集众思，广众益，国家政治之观念，能勿积长增高乎？而且会议之风，以次推行于全国，则治自进矣。如关外吉省者，本边疆也，风气之开通，视内地犹有间。闻东督、吉抚等特创设吉林省会议所，联合地方官吏，暨各局学堂长官，届期到所集议，于地方应兴应革事宜，务令切实讨论，以为推行新政之预备。即彼外属地方官，遇有兴革要政，亦可函禀相商，所谓撤去隔阂，交换智识者，诚能立行政会议之基础矣。各直省亦则而效之可也。夫该会议所之宗旨，本以联吉省之官吏，使之协议地方要政，练习政治上之智识经验，作实行宪政之基础也。其定章不可谓不善，然据表面观之，仅属官界上之会议，虽曰关于吉林地方事，而吉林省之人民代表未有与之者，则是会议之说，实与谘议局有殊也。盖谘议局之性质，所重者在士民，官吏不得擅其权，与地方自治局之设，本相辅而行。若不言地方自治事，但以官吏之会议为主，于实行立宪无当也。较之昔日行政，仅彼善于此耳。虽然，又有进。因此会议所之成立，再研究地利之实，考察风气之宜，利导人心之机，与时势推行之，使会议所之范围，扩充至于闾里。凡该省庶民小子，得以举代表员，会议此地方事，则个人自治之道，即寓乎其中矣。所谓预备立宪者，不其信然乎？而且人民之精神，国家之思想，即可因之而鼓舞，不使稍安于暇逸，谓非当今之要务乎？有心人谅自晓然。所望于东督、吉抚、各疆吏，宜进而熟筹之便，更祝各直省督抚等慎勿观望周章，而不思进取也。海内诸同胞志士，思欲愤发图强者，已随在有之，为之因势而利导，何难日进无疆乎。敢以质之当道者。

《顺天时报》，1908 年 1 月 10 日

吉林谘议局之成立

省城地方自治会定于十二月初二日，在商务总会开选举谘议局职员大会。拟由会中公举十二人，为谘议局发起职员。其余职员，照章由抚宪委任。日前已经知会各绅董，务临期到会云。

《盛京时报》，1908 年 1 月 8 日

吉林谘议员之被举者

十二月初二日午十二钟,地方绅董在商务总会开选举议员大会。闻被选者七十一人,姓名列左:

李　芳　松　毓　文　元　张文翰　马良翰
文　耆　秦光燎　崇　祺　承　志　赵寿埠
孙树棠　梅士可

《盛京时报》,1908 年 1 月 10 日

吉林自治会周年纪念开会志盛

十一月二十二日,自治会开会时,各次序及提议项如左:

自治会周年纪念会报告提议事件:开会　读祝词　请监督演说　请会长演说。报告事项:一、宣布一年经费,会计课;二、自治讲习所开学;三、报告书已出版四期;四、上制台条陈八条。提议事件:一、议吉长铁路;二、争间岛;三、拟改自治会为谘议局;四、拟由本会组织议会;五、拟请督抚派大员会同本会组织参事会;六、谘议局未成立之先,本会职员仍行各司其事。会员演说:欲演说者,先至书记席报名,以免来宾演说,前后参差。闭会。

《盛京时报》,1908 年 1 月 10 日

吉林谘议局发电一则

十二月十一日正午发电

前日谘议局开会时,提议吉长铁路由政府与日本合办,殊失本地利权。且前年中日会议时,吉长铁路团体曾经达将军与本地绅董合议,向外部声明,吉省铁路许由本省自办。故此次会议拟先集股,再行续议办法。

按:吉长铁路前年经外部与前日本外务大臣小村伯爵议约,归中日合办。当时曾经达馨帅与该地绅董会议自办铁路,而政府未行允准,全系达帅擅专举动。故吉林谘议局虽藉此名目,冀收回吉长路线,恐难达其目的矣。

《盛京时报》,1908 年 1 月 15 日

筹办谘议局汇志

吉林省谘议局,闻抚署有派交涉司邓邦述筹办之说。又闻昨已电调奉天某候补道办理此事。惟吉人谓筹办谘议局,非交涉范围以内事,宜派邓司筹办之说,恐未必确。且谘议局系奉旨官绅合办之举,绅士一方面尚未选派,当必不急急先派官吏,故派某候补道之说,或亦未必确实云。

吉抚陈剑帅因吉省谘议局尚未成立,近与民政司及自治会绅董,磋商组织之法。其客籍政界人员只为该局之顾问,故吉林士绅拟推举松秀涛观察为谘议局局长。

《申报》,1908 年 10 月 17、22 日

筹办谘议局汇志

吉林谘议局筹办处，勘定长公祠东院。刻由民司委员收拾房屋，布置一切，业已将次告竣，择于本月十五日开办。

谘议局总参议，委颜观察世清充当，已志前报。其余各员，吉抚以本地绅士中通材尚少，不得不参用客卿。曾由某司使保举银元局提调鲁太守桢为议员。昨经抚宪传见，闻鲁守极力推辞云。

《申报》，1908年10月23、24日

筹办谘议局汇志

吉林谘议局开办在即，所有议员均由各司道保荐。提学司举张令、王钟、兰德馨，提法司举阎德先、融春、深辉、庆康，民政司举赵寿垣、马良翰、孙榆棠等十员。均由陈署抚于九月十六日加札委派，并咨请前任察哈尔领队大臣峻昌，前任吉林将军富顺，为该局参议。至所有办事课员，亦尽系候补人员，均于十六日札派。又闻该局原拟假自治会为办事所，兹总理严观察恐与该会意见不合，致生嫌隙，故暂迁至长公祠，俟松观察交代清楚，再行定夺。

《申报》，1908年10月26日

筹办谘议局汇志

吉省谘议局筹办处，刻已择定开办日期，通知各处。文云：本月二十三日，遵旨设立吉林谘议局筹办处。是日下午一点钟，大帅降临，举行典礼。所有政界、学界、军界、绅界、商界，各署局所、学堂、司道、监督、总会办、局长、提调诸君，均应同临，以襄盛会。

又闻吉省筹办处参议等员，早经委定，现又添设五科。一、总务科。委分省补用知府鲁桢、直隶试用巡检颜守谦为科员，月支薪水银八十两。二、法制科。委拣选知县高振銮、候选县丞王廷宾、民政司科员马殿甲、布政司理问赵世荫为科员，月支薪水银一百两。三、文牍科。委补用知府鲁桢、直隶试用巡检颜守谦为科员，月支薪水银八十两。四、会计科。【委】候选通判张曾榘、直隶大挑知县周保桢为科员，月支薪水银八十两。五、庶务科。委选用巡检罗俊卿、府经历职衔黄国谦为科员，月支薪水银六十两。此外又设书记二员，委候选县丞王兆勋、选用巡检陈汝言充当，月给薪水银各五十两。各科员均已奉委到差。昨日午后一点钟，举行开办典礼。

《申报》，1908年11月4日

吉林谘议局之筹备

九月二十八日开会，会议其目如下：

（一）选举区域，共分五路。一、省城为中路，以民政司为监督。一、珲春为南路，以珲春副都统为监督。一、长春为西路，以西路兵备道为监督。一、三姓为东路，以三姓副都统为监督。一、哈尔滨为北路，以滨关道为监督。每路所属之府厅州县，各以本管官为初选监督。

（二）选举期限，自本年十月一日开办，为讲习章程之期。十一月，为司选员派出程运之期。十二月，及明年正月、二月，为调查选举人资格之期。即于二月内宣布选举人名册。四月底，行初选举。七月底，行复选举。八月底，议员齐集省城。九月初一，谘议局成立。

（三）选举职员，先设讲习章程会，选明达官员三十五人，限以一月毕业，即派赴各属，会同地方官办理选举事宜。并札知各府厅州县，先择地设立选举事务公所，选出调查员若干人。俟司选员到，即行开办，分赴各区，实行调查。惟此项司选人材，不分客籍、本籍官绅，均给以薪水云。

《北京大同日报》，1908年11月5日

吉抚陈简帅谘议局筹办处开会训词

吉林谘议局筹办处已于九月二十三日成立，是日抚宪陈简帅到场演说训词。兹将训词照登如左：

本日为吉林谘议局并设筹办处之始，而以自治会附之。凡我官绅，咸莅斯会。今日为培植议员之预备，即为组织国会之权舆。恭绎朝廷宣布筹备立宪谕旨，以九年为限，煌煌纶勃，薄海同钦。又以本年第一条为筹办谘议局，第二条为颁布《城镇乡地方自治章程》；三十五年第一条为举行谘议局选举，第二条为筹办城镇乡地方自治，设立研究所。此次以自治局附于谘议局筹办处，均与谕旨两不相悖。本署部院受命伊始，来抚是邦，即以公布政治为先务，而又以研究自治为立宪始基，使全省士民咸知责任，仰维两宫锐意维新之成训，俯察吏治窳败之情形。夙夜祗惧，惟陨越是虞。言念此邦人士，素尚敦厐，尤愿协力同心，共支时局。凡经前抚部院之所建设者，悉继前规。其间有未备者，咸于是乎扩充之。方今谘议局筹办处之设，既无成例可援，尤当慎选公正明达官绅创办其事。凡诸厕身斯列者，自应统计全局，勉为其难，非筹厥大纲，办法终防歧出，非定以期限，贻误即在迁延。矧筹办之要旨在调查，调查之期匪伊旦夕。今日为筹办之谘议局，明年即为建设之谘议局，岁月不居，转瞬即是，使不预储公共智识，则利不知何者宜兴，害不知何者宜革。荐承担任，不知孰贤孰不肖，选举云乎哉？故绝世之资，不如专门之夙习，独得之见，不如众议之参同。《书》曰"询谋佥同"，《周礼》曰"询于外朝"；他如《皇华》之诗，一章曰"周爰谘诹"，二章曰"周爰咨谋"，三章曰"周爰咨度"，四章曰"周爰咨询"，反复详言，不厌其细。古训是式，岂不然哉？是知上下隔阂者，不可以类情，古今不达者，不可与论政。以匡居之处理，验诸实事，其效者不过十之三四；以一己之意见，质诸人人，其合者不及十之五六。又况时势变迁，好恶各异，自非设身处地，乌能随盂水以为方圆也？自非谋及众人，乌能闭户造车，出门合辙也？然则博采舆论者，为讼事之急务。斯局既为吉林最关系之事，诸君即为吉林最关系之人。一切地方义务，举意见之欲表发者，可由谘议局收集之，集思广益，以代表国民。将来考求郡县之得失，咨询士民之利病，胥在是也。然而事关重大，非可骤期，必积岁月之研穷，求见闻之广被，真积力久，冀底于成，故创设谘议局，必自筹办处始。筹备立宪，又必自研究自治始。贵吉林自治（局）〔会〕虽初具规模，尚无成效，应先将吉林府先行试办，将该会改为自治局，俟有成效，逐渐推广，以为国会基础。上之既无尾大不掉之虑，下之亦得相助为理之长。若挈裘领，屈五指而顿之，则顺者不可胜数也。若夫宪法既成立以后，并可备下议院议员之选举，造端虽微，收效甚巨。即考之东西立宪各国，亦莫不由此基之也。诸君勉乎哉！本署部院有厚望焉。

《盛京时报》，1908年11月7日

吉林自治会之变相

吉林自治会解散之后，会长松毓呈请改自治会为谘议局筹办处，所有自治研究所，亦应由官主持，并请派员接办。现经陈新抚核准，札饬遵行。札文略称：吉林自治会即未奏准有案，理合静候部章。该议会长呈请由官主持，派员接办，所筹甚是。应仿照奉省办法，先由谘议局筹办处附设自治研究所，以资讲习，俾作豫备机关。其现设之自治会，即行归并。委民政司谢汝钦奏调吉林差遣，直隶候补道颜世清为该会督理，以一事权。随时招集会中绅董，妥为筹议。并援照前案，该会所建房屋，即归谘议局筹办处备用，云云。现又筹派吉林府张守会同办理，仍附属于谘议局筹办处，其外府各属现设之自治会，应一律改为研究所，以归画一。所有章程节目，均按照天津办法，参以本省风俗，因地制宜，分别缓急，妥议施行。

《申报》，1908年11月7日

吉抚札谘议局筹办处吉林府文

（为自治会改为自治局事）为札饬事。照得本大臣、本署院前将自治会并谘议局筹办处并委该司道为督理，以一事机，业经通饬遵照在案。查各国地方制度，俱有议会以为立法枢纽，有参事会以为行政机关，而监督之权仍受成于官府。吉林甫设行省，凡百肇端，改良政治之始，要在任自治，实行试办，以树风声。现在该会虽初具规模，尚无成效。推原其故，实因章程多出私订，均未奏准。加以学员过多，范围过广，以致漫无约束。若不重订规章，切实办理，任其泛滥，将来徒有自治之虚名，并无自治之实效，甚可虑也。查各省惟直隶试办自治，业经奏准有案。其办法系先从天津一府入手，秩序井然。吉省亟当仿照成规，应先由吉林一府现行试办，将该会改为吉林府自治局。俟办有效验，将来逐渐推广，积小成大，则国家根本屹然不可动摇，长治久安，实基于此。除札委该司道为督理外，并札吉林府张守会同办理，仍附属于谘议局筹办处。至外府各属现设立自治会，应一律改为研究所，以归画一。仰该司道分饬遵照。所有讲演法政官绅，均予调拨任使，俾资练习，并预备分赴吉林府各属，会同地方官办事。另选学识最优者，在局参议佐理。其章程节目，均仿天津办法，参以本省风俗，因地调查，分别缓急，妥议施行。此为宪政先声，亟关紧要。随札照发关防一颗，仰即领用，并将开局日期呈报。切切。特札。

《盛京时报》，1908年11月8日

吉林省谘议局议员姓名录

姜宗义　　吉林府磐石县

庆　康　　原　缺

李　芳　　原　缺

福　咸　　原　缺

祝华如　　原　缺

庆　山　　原　缺

徐穆如　　伊通州

穆锡侯　　原　缺

何印川　　长春府

赵学臣　　原　缺

王玉琦	原　缺
林宝兴	原　缺
郭善成	农安县
张云五	原　缺
赵韫璞	原　缺
梁云嶂	原　缺
李云章	原　缺
王叔槐	五常府
富克兴阿	原　缺
善雒岳	宾州府
萧钟廷	原　缺
福　裕	依兰府
郑雨人	延吉府长岭县
于源浦	新城府
谷嘉荫	原　缺
富克精阿	原　缺
关毓谦	双城府
沈景佺	榆树厅
么瑞峰	同　上
王耀晨	同　上

《东方杂志》第五卷第十期，1908年11月11日

吉林谘议局筹办处成立纪闻

吉抚先于自治局内附设谘议局筹办处一节，已志本报。近闻陈简帅已派民政

司谢司使及颜总参议为该局总理，吉林府知府张瀛为该局协理。并派翰林院编修曹典初、民政司佥事章绍洙、补用同知庆康、荫生孙树棠为参议，月各支薪水银八十两。布政司理问赵世荫、拣选知县高振鋆、补用知县裕康、候选同知衣乃经为法制科员，月各支薪水银六十两。试用通判文耆、附经历衔李芳为调查科员，月各支薪水银五十两。候选训导龚传藩、附生马良翰为文牍科员，月各支薪水银五十两。候选州判双寿、试用通判伊铿额为会计科员，月各支薪水银五十两。补用同知姚崇寿、日本警监卒业恩溥为庶务科员，月各支薪水银五十两。候选县丞程以经、法政卒业史鸿册、候选府经历凌恩为书记员，月各支薪水四十两。均已加札委派。各员于初六日赴院谢委，刻已到局任差云。

《盛京时报》，1908 年 11 月 13 日

筹办谘议局汇志

吉林谘议局筹办处近开第五次会议，由谢督理率同议员，会议事件，如下：

（一）司选员共用二十二人，月薪各五十两，川资按道路远近险易，分一百两、八十两、六十两、四十两四等。

（二）调查须知四十条，限两日内各具意见书到筹办处，以便斟酌。又司选员现仅十五人，在研究所讲演章程，尚虑不敷分布。曾向奉省调取法政学员四十名，迄未来省。因拟变通办法，从吉林法政学堂中挑取。其资格如左：（甲）须本人志愿，不分客籍、本籍；（乙）须本堂监督认可；（丙）由本司面询《奏定谘议局章程》能熟悉者。现闻已向该堂钱监督商酌，不日即当发表。

《申报》，1908 年 11 月 29 日

吉林谘议局筹办处纪事

筹办处二十四日午前十时起至下午一时止开第六次会议。所议事件如左：

（一）议定调查办法及各项表册。

（一）前次草拟关于调查事宜种种办法，已经众议员研究，数目略有更改。随由马君良翰提议，第二十一条内载，"无论寄居年数多寡，均得入选"一则，拟请删除，并草具理由，已经公同议决认可矣。

（一）拟请续举司选员。前由法政学堂内挑取，兹以该堂尚未毕业，改拟再由各议员公举二十一人。于二十六、七两日内研习章程，俟二十八日假研究所当面询问，以便酌用。

《盛京时报》，1908 年 11 月 29 日

吉林谘议局筹办处议员附贡生张松龄禀请恩准开去谘议局议员差使回东留学由

吉林行省总督徐、署巡抚陈批：据禀已悉。该职员研究法理，夙有心得，早为本大臣/署院所深悉，是以派充谘议局筹办处议员，提议筹办一切事件，以资襄助。据言仍欲回东留学，足见有志向学，殊堪嘉尚，自应勉如所请，将议员差使暂行开去。仰谘议局筹办处转行知照。缴。

1908 年 12 月 7 日

筹办谘议局汇志

吉林谘议局筹办处，考验司选员，前后三次。现已选定二十二名，于十一月初三日在研究所演习选举各法，以便分派各府州县。姓氏如左：

王国璧　马良谟　祖彦理　武庆飏　杨成林　杨玉峰　樊衡
武桓　双禄　刘文科　王宇澂　张希曾　栾钜奎　魏荫棠
王鸣銮　詹兰洲　于松龄　赵立谦　李春元　高桂五　刘广厚
徐家鲁

《申报》，1908年12月11日

吉林巡抚通札各属文

为札饬事。案据谘议局筹办处督理谢署司汝钦、总参议颜道世清详称，查照奏定选举章程，应行筹备事宜，及吉林应行变通办理之处，开列议题，连日集议。业经率同参议、议员、议绅等，共同讨论，多数取决。兹特将议决办法概略，谨为宪台缕晰陈之：

（一）选举区域。查定章，以厅州县为初选区，以府、直隶厅州为复选区。又直隶厅州及府之有本管地方者，均作为初选区。直隶厅无属县者，以附近之府为复选区。经划区域，本极明了。惟吉林甫改行省，东南一隅，初经设治，如蜜山、濛江，虽称府州，而其地方情形，实不如双城、磐石等厅县之较为发达。故定议，凡属设治，不论府县，均列初选，各以设治委员为其监督。又如延吉、绥芬，本无属县，例应以附近之府为复选监督。惟查该各厅最近之府，一为依兰，一为吉林，相去均在八百里，或千里以上，距离既嫌辽远，人民尚称繁盛，似可定为复选区，而各以教佐办理初选。其余区域，胥有定章可循，毋庸再事变更。兹定全省复选区为七，初选区为二十二。另列图系，各守范围，既期不背定章，尤宜合乎事理。此议定同城之大凡也。

（二）承办选举经费。查筹办选举，经年始克成立，所费款项，亦颇不资。除职处经费另案详请筹办外，各属之承办监督事宜者，所有各项费用，应准作正开销，列入交代。其以教佐充当初选之处，动用款项，恐难筹措。一切经费，似应概由复选监督，就近拨用，准其一律造报，方不致临时竭蹶，贻误事机。此议定各选举区经费之大凡也。

（三）添派司选人员。查定章，选举事宜，一律责成地方官，分区办理。原期责有攸归，事无不举。惟恐地方情状，各处异宜，仅恃章程，不足以谋统一。兹拟依照直隶办法，招集明达官绅数十名，另在自治研究所开一特班，与之讲习选举章程，及职处议定各项规则，期以二十日毕业。复令按照章则，演习五日，由职处严加考验。其合格者，按其程途远近，办事难易，分等发给薪资，派赴各区，帮同各该监督，兴办选举，名曰司选员。议定办事规则十九条，饬令遵守，庶几收效迅捷，而办法不致或歧。此添派司选员之大凡也。

（四）选举期限。钦奉上谕，各省谘议局统限一年成立。又查定章，谘议局当年大会须在九月初一。职处开办，已较各省迟将一月。若非勒限赶办，并日经营，势必无及。兹拟定自本年十月初一日起，至翌年八月底止，为本处及各该区应行筹备事宜之期。详列筹办期限表，分【月】计日，各专责成，办理稍有逾越，即惟该承办人是问。此勒定期限之大凡也。

（五）调查选举资格。此项调查，为筹办选举第一要义，亦即筹办选举之第一难事。定章虽由各该区监督，选任专员，担承其事，设无画一办法，不但无所措手，亦将分歧杂出。兹将调查员办事细则，及调查资格表，先为议定。将来派出司选员时，更各与调查须知数份，俾得与各该监督所派之选举调查员，就地讲演，而调查著手之方，或可有所凭藉。此厘定调查方法之大凡也。

（六）编定选举须知。伏查钦定章程，词意简括，地方人民，不易通晓，放任义务，抛弃权利，在所不免。至其究竟，实贻选举以莫大之影响，至为可虑。

兹特议将钦定各项章程，及职处议定各规白话，名曰《选举须知》，按日编登《吉林日报》，一俟全书告成，另册颁行。各属务令广为分送，人手一编，庶于筹办事宜，可收意外助力。此又拟晓谕人民之大凡也。

以上六事，皆职处公同议决，认为可行。除将自治研究所附开特班，并选集听讲士绅名单，另文详报外，所有职处筹备会议办法各缘由，暨拟定选举区域统系，选举期限一览，调查选举资格各表，司选员、选举调查员各规则，理合备由，详请守台鉴核。如蒙照准，即请札饬各属，并将各项表式、规则，随文发给各五份，饬令按照议定限期，预为筹备，依限赶办。此系奉旨筹办事件，钦限綦严，各该复选、初选监督，责有专司，拟请列入考成，共期振作。如有奉行不力，虚应故事者，即予严参不贷，实为公便等情。到本大臣部院，据此除批"详悉。检阅各表与详细规则，条理精密，参绎部颁章程，亦均符合。仰候通饬各属，一体遵照，议定限期，预为筹备，依限赶办。倘有玩延，定行撤参，以期事在必行，而儆玩愒。并候即行分别奏咨立案。此缴。表、则存发"等因，印发暨分行外，合亟检同表、则札饬，札到该□，即将发去表、则查收，遵照章程、表、则所定，责成预为筹备，依限赶办，具报备查。毋稍率延，致干未便。凛遵。切切。特札。

《申报》，1908 年 12 月 11 日

筹办谘议局汇志

谘议局筹办处十月二十五日，午前十时起，至下午一时止，开第六次会议。（一）议定调查办法，及各项表册。（一）前次草拟关于调查事宜各种办法，已经众议员研究数日，略有更改。随由马君良翰提议，第二十一条内载无论寄居年数多寡，均得入选一则，拟请删除，并草具理由，已经公同议决认可。（一）续举司选员。前拟由法政学堂内挑取，兹以该堂尚未毕业，改拟再由各议员公举二十

人，于二十六、七两日内研习章程，俟二十八日假研究所当面询问，以便酌用。

《申报》，1908 年 12 月 15 日

吉林行省批谘议局筹办处呈据自治研究所呈拟规章分题教授由

吉林行省总督徐、署巡抚陈批：据呈自治研究所拟定规章，系照奉、直成例，量为支配，分别两期教授，尚属妥洽。惟另折所开各教员衔名等表目，以薪水而论，诚不为多，以时刻而论，殊觉太少。查省内学堂，法政最为重要，所定薪水大致相仿，而每员担任时刻尚须加增。现在该所各科，既系各员分任，其钟点均已核定。惟有将薪水量为核减，庶与法政学堂互相比较，以昭公允。现当经费支绌之际，尤应款不虚糜，事归核实。仰即转饬该所监督，迅将薪水与钟点覆加酌量，分别核减，开折呈候核夺。此批。清折二件存。（初一日）

1908 年 12 月 23 日

宪政馆与吉林往来电文

吉林巡抚致宪政编查馆电

宪政编查馆钧鉴：《谘议局章程》第三条第五项，五千元以上云云，似应比照他条所定以上意义。其资产虽属共有，无论多至若干，只准一人行使选举权。

惟查浙江解释，若一家有资产万五千元，除本人取得一权外，余得指定未分析之子弟，各以五千元取得选举权。两说孰是，请即裁复。昭常谨肃。养。

宪政编查馆覆吉林巡抚电

吉林抚台鉴：养电悉。《谘议局章程》第三条第五项，五千元以上云云。其资产若未分析，则子弟人数虽多，只准一人行使选举权。浙江省解释，似属太滥，且与一人富有资产，并无子弟，只得一权者相衡，亦未得其平。本馆未接浙省来文，固不得援以为据。此覆。宪政编查馆。沁。

《顺天时报》，1908 年 12 月 26 日

筹办谘议局汇志

东督、吉抚于去腊会奏，略云：谘议局为国会先声，筹办处即省议会基础，关系至重，责任匪轻。臣等遵于吉省设立筹办处，札委试署民政司使谢汝钦，奏调直隶候补道颜世清，总理其事，商定该处办事及调查、司选各规则，并详考各属实情，划分初选、复选区域，遴派通晓法政官绅，分任事务。现已于九月初一日开办，预定明年八月，一律竣事。惟吉林人士，不仅少国民程度，即能具选举知识者，亦自无多。其情形与东南各省悬殊，即较之西北边疆，亦觉夐乎莫及。兹已明举一年钦限，自未便于吉林独请展缓，再四筹议，妥定办法，以短促之时期，为远大之筹备，虽或未能完善，然亦无敢畏难，总期无负朝廷励精图治、勤求舆论之至意。伏乞训示等语。十二月二十三日奉旨：该衙门知道。

十二月十七日，宪政编查馆接吉抚电，云：删电敬悉。吉省谘议局筹办处已于九月初一日开办，现正派员分往各属调查选举资格，并按馆章，明定期限，克日赶办。甫于前日专折具奏，除将所定章程、表册等件，另交咨送外，谨此电覆。昭常谨肃。铣。

《申报》，1909 年 1 月 26 日

吉林全省谘议局筹办处批自治研究所呈请在省另招学员由

呈悉。据称该所开学在迩，各属自治学员多未送到，请饬就近选充等情。本处顷接延吉、宾州、长春、依兰、绥芬各府厅县电开，自治学员业经如额选妥，准开印前到省。临江州电称，多方物色，实无合格人员，请在省选充。其他未覆者，业由本处分别文电催促，俟呈覆到处，再行饬遵，仰即知照。缴。

1909年2月2日

吉省自治研究所呈为呈请将各属缺送员额速饬职所照章招考选充由

吉林自治研究所为呈请事。宣统元年正月十二日，案蒙宪批：呈悉。据称该所开学在迩，各属自治学员多未送到，请饬就近选充等情。本处顷接延吉、宾州、长春、依兰、绥芬各府厅县电开，自治学员业经如额选妥，准开印前到省。临江州电称，多方物色，实无合格人员，请在省选充。其他未覆者，业由本处分别文电催促。俟呈覆到处，再行饬遵，仰即知照。缴等因。奉此，查职所前经呈请宪台，分别文电行知各属，将能否如额依限选送学员，统限去年年内先行呈覆饬遵在案。现在如长春等各府厅县业已电开如额选送，蜜山、临江等处亦已申称无员可送，其余如新城、双城等各府厅州县逾限已久，尚未呈覆，苟非各该属无应选合格之员，定不致迁延不覆。今职所距本月二十六日开学之期为时甚近，即赶紧招考选充，已恐不及同时上课。且学员一班，额只八十，去冬开学，未能及半。倘令正仍不到齐，实属无以宏造就而符办法。按职所规第七条内开所拟额定名数，如该属并无合格士绅可充保送，或不足额者，当由本所考选补足，按额应缴学费，仍由该属认解各节。现如蜜山、临江等自应照章在省另选，即如新城、双城等未经呈覆之各属，亦应按照无员选送，预为另行如额选充，以免（遗）〔贻〕误。拟请速饬职所，即行照章招考。若经宪台此次文电交催，而各属在月内有陆续送到之员，职所即当按照规则第十一条，归入旁听生办理，亦不至令其向隅。至各该属应解学费，无论有无学员可送，仍当照章认解。所有各属缺送员额，拟请速饬职所，照章如额考选。缘由是否有当，理合备由具呈，伏乞鉴核批示遵行。须至呈者。

　　右呈谘议局筹办处

监督　周大烈
宣统元年正月十六日
1909 年 2 月 6 日

吉林谘议局筹办处批自治研究所呈请将各属缺送员额速饬职所照章招考选充由

　　自治研究所如呈将各属未送学员，按照规则第七条，由该所考选开学。查自治学员，年内以本处通饬各属选送，无论有无合格人员，以及能否选送足额，均限令正月以前电覆在案。兹汇查已电覆者十八属，如长春、新城、延吉、绥芬、宾州、长寿、敦化、榆树、农安等九属，皆称照额选送，正月到省；其磐石、长岭两属，则送不足额；依兰虽据称招考选送，尚未报何日能到；双城虽径覆该所，而送到日期亦难预定；至滨江、濛江、临江、蜜山、大通五属，皆称无人可送；此外尚有五常、依兰、桦甸三属未据电覆。现该所已定本月二十六日为开学之期，为时甚近。若待本处再行文电交催，恐亦未必一律如期而至。势难再缓，应如呈按照详定规则第七条办理。除吉林府甫据张守面称，准于二十日行文保送，可视其能否足额另议补送外，其余或送不足额，或无人可送，或虽称选送而无送到定期之各属，概由该所如额考选，以备届期开学而符定章。至各属如有续到之员，亦应按照规则第十一条，归入旁听生，免令向隅。仍俟考选定额开学时，呈报本处查核，以便通饬各属，以缴学费，毋稍疏漏。仰即遵照。缴。

1909 年 2 月 7 日

筹办谘议局汇志

　　吉林长寿县司选员王君宇澂报告筹办处云：十一月初八日奉札后，即束装前往。十七日抵长寿，谒见徐令之庆，商办初选一切事宜。据称并未奉到上宪明文，不知司选为何事。当将委员所奉札谕呈阅，始能洞悉。现暂住自治研究所，该署正在腾挪房间，设立事务所，不日即可移入。一面召集绅士，选举调查员，一面照该县原有生聚教养之巡警四区，作为调查选举区。至二十二日，调查员全行招集，假县署二堂，连日讲演各项章程，及调查细则。二十五日讲演完竣，发给证书册簿等件。于二十六日按区域远近，每区派二三人不等，分途去讫。谨此呈报。

　　旋接筹办处复文云：顷接来函。知该县境内照原有四牌分为四区，已于二十六日派调查员前往各区，分途调查，甚慰。惟称该县徐令并未奉到通饬，不知司选为何事，殊堪怪诧。查本处各项表格，均详请公署通饬，为办选举调查之标准，各属皆经奉到，何以该县独未奉到？岂以各事概未预备，藉此为塞责地耶？务望查明究竟该县已否奉到，据实报告本处，以便澈底饬查，万勿含糊了事。至要至要！除札饬徐令明白呈覆外，特此布覆。

《申报》，1909 年 2 月 26 日

吉林自治研究所呈为通饬各属选送第二期学员由

吉林自治研究所为呈请事。案查职所规则第四章第六条内开，本所研究员额暂定二百四十名，分三期招集，每期招足八十名，即行开班。去岁十一月已开一班，本年三月应开第二班。现在第一班学员业已呈蒙宪台分饬各属选送，到所肄业在案。惟转瞬即届三月，第二班学员亟应照章从速呈请通行各属选送，以免迟误。伏念职所为预备自治人员机关，各班学员即为兴办自治领袖，追毕业回籍，即当责成其担任地方义务，以辅官治之不足。是学员与地方人民之财产、生命具有密切之关系，于立宪前途尤关重要。苟不乘此时研究之初慎为选择，或因公德不讲而假公济私，武断乡曲，或因学理不明而侵越官权，包揽一切，将来贻害，何可胜言。兹届招集第二班学员之期，深恐地方官职务繁重，于考选学员资格未详悉周知，拟恳宪台通饬各属，凡此次选送学员，务须按照额定员数，加倍选送。再由职所覆加考验，果能一律合格，则除列入正额外，其余均作为旁听生；不合格者，概行不录。并饬分别文电，于闰月二十以前先行呈覆。同月以内，一律送齐。惟吉省各府厅州县有甫经设治者，有设治未久者，半属风气未开，通才绝少。即如第一期通饬选送，或竟无员司送入，或送未足额，以此类推，知各属此次选送学员，纵令广为搜罗，势必难如所愿。拟请一面即行饬由职所赶紧于闰月开初择期招考，以为补充缺额之预备。所有学额、学费、学科、学期及管理规则，均拟按照第一班成规办理。惟宿舍则所租长公祠屋宇仅敷一班之用，俟第二班到省，尚须再行指定旅店，以为寄宿之所。其应添教员、监学及按月所需经常各费，当再详细造具预算案，一并另文呈候核示派充。所有拟请通饬各属选送第二期学员缘由，理合具文呈请。是否有当，伏乞宪台鉴核批示，并恳转详饬属遵行。须至呈者。

右呈谘议局筹办处

1909 年 3 月 9 日

各省谘议局汇报

（吉林）

各初选区	选举人数	当选人数	所余零数
吉林府	三四五四	四六	一六
敦化县	八〇	一	二七
磐石县	四七九	九	二
伊通州	一一三九	一二	二六
濛江州	八九	一	三六
桦甸县	一九	不足分除	

以上六区，共得当选人二十八名，尚缺二名。照章应依次归零数较多之区选出。表内零数，惟敦化、濛江较多，则他区零数，应归并濛江、敦化二区，选出二名。

（长春）

各初选区	选举人数	当选人数	所余零数
长春府	二六二三	五一	二二
农安县	二二〇二	四三	九
长岭县	三〇六	六	

以上三区当选人，适足一百名之数。

（新城）

各初选区	选举人数	当选人数	所余零数
新城府	八六五	一五	二五
双城厅	六〇〇	一〇	四〇
榆树县	一九三三	三四	二九

以上三区，共得当选人五十九名，尚缺一名。表内零数，惟双城较多，则他

区零数，应归并双城，选出一名。

各初选区	选举人数	当选人数	所余零数
宾州厅	一一三三	二一	四一
宾江厅	一三四	二	三〇
五常厅	六〇六	一一	三四
长寿县	二一〇	四	二

以上四区，共得当选人三十八名，尚缺二名。表内零数，惟宾州、五常较多，他区零数，应归并宾州、五常二处，选出二名。

《顺天时报》，1909年3月31日

筹办谘议局汇志

吉省筹办处日前公布各区已报到选举人数，并暂行分配数目，照录如左：

现据吉省全区报到选举人总数一万五千三百六十二名（除吉林、宾州选举人数已确定外，其他各区人数尚有更动者），以议员定额三十名除之，应五百十二名选举人得议员一名。再以五百一十二之数分除复选区选举人总数，而各复选区应得议员之数如左：

复选区	选举人总数	议员	所余零数
吉林府	四二六〇	八名	一四六
长春府	五一三一	十名	一六
新城府	三三九	六名	三二六
依兰府	二〇七	不足分除	
宾州厅	二〇八三	四名	三五
绥芬厅	一八〇	不足分除	
延吉厅	一〇三	不足分除	

以上吉林、长春、新城、宾州四复选区，共得议员二十八名。按照定额，尚缺二名，应分配于依兰、绥芬、延吉三处。至于如何分配之法，尚未议定。

吉林应出初选当选人八十名，长春厅应出初选当选人一百名，新城应出初选当选人六十名，宾州应出初选当选人四十名。再以各该复选当选人额数除各该复选区选举人总数，视得数多寡，定每选举人若干名得初选当选人一名。吉林应五十三名选举人得当选人一名，长春应五十一名选举人得当选人一名，新城应五十六名选举人得当选人一名，宾州应五十二名选举人得当选人一名。再以各复选区应得初选当选人数，分配于各初选区，如左：

各初选区	选举人数	当选人数	所余零数
吉林府	二四五四	四六	一六
敦化县	八〇	一	二七
磐石县	四七九	九	二
伊通州	一一三九	二一	二六
濛江州	八九	一	三六
桦甸县	一九	不足分除	

以上六区，共得当选人二十八名，尚缺二名。照章应依次归零数较多之区选出。表内零数，惟敦化、濛江较多，则他区零数应归并濛江、敦化县区，选出二名。

（长春）

各初选区	选举人数	当选人数	所余零数
长春府	二六二三	五一	二二
农安县	二二〇二	四三	九
长岭县	三〇六	六	

以上三区当选人，适足一百名之数。

（新城）

各初选区	选举人数	当选人数	所余零数
新城府	八六五	一五	二五
双城厅	六〇〇	一〇	四〇
榆树县	一九三三	三四	二九

以上三区，共得当选人五十九名，尚缺一名。表内零数惟双城较多，则他区零数应归并双城，选出一名。

（宾州）

各初选区	选举人数	当选人数	所余零数
宾州厅	一一三三	二一	四一
滨江厅	一三四	二	三〇
五常厅	六〇六	一一	三四
长寿县	二一〇	四	二

以上四区，共得当选人三十八名，尚缺二名。表内零数惟宾州、五常较多，他区零数应归并宾州、五常二处，选出二名。

《申报》，1909年4月3日

吉抚奏报第一届筹备成绩

东督、吉抚奏称，吉林谘议局筹办处于上年九月初一成立，遴派明达官绅，总理其事，并分设参议、参事及各科员，叠饬会议一切筹办事件。其议决纲要，如规定该处章程，划分初复选举区域，拣派司选员，并豫设司选员讲习所，妥分筹办细目、期限，厘订调查方法，酌定选举经费。并经该处先后议决，随时禀核施行。以上系关于原奏单内筹备谘议局之事，业经依限举办，于上年十二月十五日分别奏咨在案。此则第一年期已经筹备者也。至第二年期应行筹备之件，约可分为现已筹备、现正筹备、先期筹备三端。

所谓现已筹备者：一、谘议局选举之办法也。吉省风气闭塞，讲演务须详尽。各属辖地辽阔，调查亦较烦难。因督饬各复选员，及各属所添派之义务员，临时随即广为演说。复饬该处，查照馆章，妥定选举、调查各种表册格式，并编辑章程释例，通饬遵办。至各府厅州县之选举经费，酌定限制，准予作正开销。

其司选员川资、薪水，则概由该处发给，不得丝毫累及民间。且查山东设有谘议研究会，湖北设有议员研究会，而浙江士绅亦发起议案豫备会，皆以创办之初，不得不为因时之计。吉省士绅之学识经验，尤难与内地各省同日而语。将来复选竣事，被选议员之程度，既难合格，且皆初次招集，未经历练，于本省应议事件，未必能胸有成算。亟应一面筹办选举，一面预备议案，因责成该处参议等员，协同资望素著之绅士，担任组织，俾关于本省应行调查研究事件，于先时预备妥善，庶他日议员齐集，有所依据，得以在事筹议。虽议员程度稍低，而初次谘议局成立，当不至全无成效。一、创办地方自治之筹划也。前准宪政编查馆咨开，地方自治筹办事宜，归谘议局筹办处兼理。当饬该处妥筹办法，即将年前奏明依照天津办法之吉林府自治局，遵照宪政编查馆原咨，裁并该处经理。就该处原定章程，添设调查、讲习两科。凡调查地方固有团体，及各地方习惯，统归调查科掌习，以为改办自治之预备。凡全省自治之教育，及白话报、宣讲所等事，统归讲习科董率，以为开通民智之先导。至吉林自治研究所，已于上年十月设立，曾经奏报有案。原定学员名额，按各属分别匀配，通饬备费选送。由该所考验录取，以八十人为一班，六个月为一学期。现在头班将届期满，复饬各属照章选送。惟各属通塞不一，士绅资格难齐，届时犹恐选不足额。因一面由该所在省招考，以资变通，一面通饬各属，自行筹设自治研究分所，以期普及。由是逐渐设施，则异日地方自治之成立，庶不至有名无实耳。以上系关于原奏单内举办谘议局选举，及筹办城镇乡地方自治，设立自治研究所之各项情形，业于去冬今春次第筹办，已经施行者也。

所谓现正筹备者：一、人户调查之期限也。吉省地广人稀，或设治未久，或甫经设治，其距离省城最远者，且达二千里以外。调查人户总数，自较内省为难。本年正月奉到部颁章程，当即札饬各属，遵章切实调查，统限八月以前，一律竣事，不准稍涉敷衍，以免临时或有贻误。一、岁出入调查实行也。吉林财政，向极紊乱，既无藩司为之总汇，故管理极为纷歧。复以边省多从便宜，故册籍多不如式。自上年创设度支司，清理一切，备极烦难。经臣等督饬该司，精心稽核，并拟定各项调查表式，通饬各属，核实照填。即甫经设治之依兰、临江、大通、滨江等处，亦饬确查具报。现已由该司将岁出入总数查有端绪，以后预算、决算即可有所依据，而不致更有财政紊乱之弊矣。以上系关于原奏单内调查人户总数，及岁出入总数之各项情形，现正筹备，当可过期无误者也。

所谓先期筹备者：一、审判之机关也。吉林自改省后，即将旧设之裁判所改为高等审判厅，嗣以审判既有专责，急须早定阶级。因于省城增设各级审判厅，以原有之高等审判厅房屋狭小，改为吉林府地方审判厅，并设第一、第二初级审判厅。复另择地段，建设高等审判厅，而于各厅均附设检察厅。又择于省城内建造新式监狱一所，吉林司法之模范于焉粗具。至若长春府，已开商埠，地当冲要；宾州厅发达较早，地颇繁盛，其地方审判厅已于上年秋间、今年春间，先后成立。以外各属，亦皆已定议创设，务期依限一律完备，俾司法之事，得以完全独立。一、巡警之现状也。吉林省城，经前将军臣达桂奏设巡警学堂一所，上年遵照民政部所颁章程，改为全省高等巡警学堂。所有该堂屡届毕业学员，历经派赴各属，分充巡警官弁、教员等职。又于省城设巡警教练所，并通饬各属，一体遵照增设。统计所辖府厅州县，共二十二属。除大通县因划界未定，蜜山府、濛江府、长岭县甫经设治，尚待筹办外，其余各属之城、乡、镇，自三十二年以来，皆已次第举办。虽人数多寡不一，而大致粗有可观。至若省城之巡警总局，及西南乡之乡巡，并宾州、阿什河、农安、延吉、珲春等处，则俱已日臻进步，渐著成效矣。以上系关于原奏单内，筹办省城商埠各级审判厅，及府县、州县巡警规模之各项情形，先期筹备，以冀早臻完善者也。凡以上所陈，其第一年期已经筹备者一项，第二年期现已筹备者二项，现正筹备者二项，先期筹备者二项，总计两年期内共为七项。臣等遵章筹备之情形大概具此。

《申报》，1909 年 4 月 9 日

督抚宪通饬各属依限赶办选举各项事宜严定功过文

为札饬事。照得谘议局选举事宜，前经饬由谘议局筹办处编定选举详细期限一览表并说明书，转饬各属，一体遵照在案。查选举事宜，钦限何等綦严，责任何等重大，乃据谘议局筹办处详称"各属之对于此项要政，其勤勉任事者固属有之，而意存敷衍者亦所不免。如上年十月内，通饬各属选送自治研究所学员，各府厅州县均经指定额数，有迄今尚未选送者，有送不如额者，有学膳费延不呈缴者，有虽送而资格不合、叠催不具覆者。又如选举各区呈送选举人名册，有迄今延未送到者，有虽经送到而填注尚未能合式者，有藉口于道路遥远，指称呈报各册在新颁式例奉到之先者"等情前来。似此种种耽延玩忽，尚复成何事体，自应察其勤惰，明定功过。所有各府厅州县初选监督，其能依限办竣，毫无错误者，当予从优给奖；其有因循玩忽者，即予分别议处。甚或有因一处延误，以致牵掣全局者，则将该管之复选监督，一并参处，以为阻碍宪政者戒。至各府厅之充复选监督者，尤应先劳无倦，表率各区。该守牧之功过，即以办理复选之勤惰为定。除详批示，并分行外，合亟札饬。札到该口，即便遵照前颁选举期限一览表，依限赶办，毋稍延忽，致干咎戾。切切。特札。

《吉林官报》第八期，1909 年 4 月 20 日

严定办理选举之功过

谘议局筹办处近以筹办选举关系重要，而各属对于此项要政有不免意存敷衍者，诚恐限期延误，全局攸关，因详请公署严札各府厅州县，以办理初选举之勤惰，定各属之功过。其能依期办竣，毫无错误者，请从优给奖；其有因循延玩者，请分别议处。甚或有因一处延误，以致牵掣全局者，则请将该管之监督一并参处，以为阻碍宪政者戒。至各府厅之复选监督，尤应先劳无倦，表率各区。该守牧之功过，应即以办理复选之勤惰为衡等情。奉批：选举事宜，期限迫促，各属似此耽延，殊属不成事体，仰候严札行催，依限以重要政，并照来详所拟功过，由该处随时考核，详请照办云。

《吉林官报》第八期，1909 年 4 月 20 日

饬配定初选当选名额

　　吉林全省各区选举人名册，近已陆续报齐，核计选举人总数，共得一万五千三百七十五名。吉林议员定额三十名，照章除算，凡一复选区得有五百十二名选举人者，即可选出议员一名。日前公署特札饬吉林府，以该复选区选举人总数得四千二百六十名，应得配定议员八名。其初选当选人额数，及初选当选人分配之法，应据此八名定额，查照定章第二十六、七两条办理。著由该复选监督即便遵照，将各该初选举区当（区）〔选〕名额分配妥帖，并饬榜示具报。

《吉林官报》第九期，1909 年 4 月 30 日

吉林全省调查局移覆谘议局筹办处为派遣学员赴各府厅州县调查固有团体习惯由

　　吉林全省调查局为移覆事。本月初十日，准贵处移开，调查一科照章应按年分赴各府厅州县调查关于自治一切事务。本年系调查固有团体习惯之期，亟应遴派学识相当之员，俾资分遣。惟自治研究所现办第一班学员尚未卒业，一时难于选派，拟以贵局上年附办调查员养成所毕业学员三十一名送入自治研究所，加习一月，专行研究自治法大意，及固有团体习惯之调查方法，并奏颁自治章程，一俟学成，即由本处酌予津贴，暂行兼办调查事项。并须以三月十五日以前汇造清册，送入自治研究所等因。准此，查养成所毕业学员，已奉派委，现将启行，既准贵移，俾该员加习一月，藉资兼理，并于调查经费亦可稍形节省，事属公益。

敝局自应遵办，将养成所毕业学员三十一名汇造清册，备文移送。为此移覆贵处，请烦查照施行。须至移者。

计附养成所毕业学员人名表一册。

右移谘议局筹办处

1909 年 5 月 1 日

预备举行复选举

  吉省筹办处于二十四日下午四时开第二次会议，其一为复选举期拟提前办理，其议案云：前本处所拟之期限说明书，原定于六月二十一日至二十五日举行复选。惟吉省每逢夏间，阴雨连绵，道路泥泞，盗贼时出为患，行人往来，诸多不便。恐有选举权者，因行道之艰难，遂致裹足不前。此复选期之不得不提前者一也。六月末复选事竣，八月二十以前必须到省，中间不过一月有余。议员之远道至省者，既须一月，一切诸形仓猝，于议案之研究预备，必致茫无头绪。此复选期之不得不提前者二也。因以上情形，故本处拟详请督抚宪，将复选提前。凡复选一切应办事宜，亦应一律提前，另拟复选期限表云云。决议：以提前期限说明书，自五月十五至六月二十日复选，应办之事均可提前，与初选事尚无妨碍。惟须计初选当选人赴选区投票程途，最远者几日。大概最远有十五日必达，故定改为六月初一日行复选举。

《申报》，1909 年 5 月 23 日

吉林府申送补入选举人名清册

筹办处近据吉林府申送补入选举人名清册一本，原文略谓：自上年冬间，议派调查员分赴各区调查选举资格，业经一再检核，饬令补查。但因事属创行，不独乡曲狃于闻见，未免怀疑，即确系合格之家，而迭次访寻，再三解说，亦尚有始终不面，或见而不以实告。虽歆动以选举权利，亦复深闭固拒，逊谢不遑者。当因选举权自甘放弃，虽以法律之力，亦不能强之使从。况期限严急，只得先行赶办。已分别登报，通告张贴，自动告白，并由初选监督，于呈送选举人名册，附具概略，声明情形。然自调查以来，寂不闻有累及闾阎之举。民间观听，又渐为之一变。向之观望不前者，乃渐释其疑，渐增其信，渐有悟调查之非为加派，而知放弃选举权之失计者。于是隐匿其资格者，轻而表露其资格，或对人陈说，或致函通告，类皆藉口于调查之遗漏。当将陈报各姓名，另派调查，复拣村屯稍大、合格较少之处，续派补查。兹据该补查员等，先后呈报草簿，由司选员会同检核，统计可补入选举人名册者，一百零三人。理合备文申送宪台，察核俯准，补入原册，实为公便。

又据吉林府呈报分配各补选当选名额，并桦甸不敷分配变通办理情形，略云：核计卑府复选区选举人总数，遵照《谘议局议员选举章程》二十六、七两条所定，初选当选人额数，应照配定八名之额，以十乘之，共得初选当选人八十名，分配于各初选区。再就各初区选举人总数，以八十名除之，计每初选区得五十三名选举人者，即可选出当选人一名。除卑府暨伊通、磐石、敦化、濛江各初选区，均已照章分配名额，转饬榜示具报，惟桦甸选举人仅十九名，不敷分配初选当选人一名。如因不敷分配之故，致有选举权而不能实行初选，未免向隅。当由复选司选员成惠，禀商守台核示，蒙札饬照宪政编查馆电覆奉天临江办法，附于别区投票。路途较远者，可另设一投票区，票数仍与所附之区总算。该县距卑府稍近，并为一初选区，仍于该县投票，而于卑府开票初选当选名额，亦并入卑

府总算等语。当即转行各该初选监督遵办,另将吉林府复选区分配所属各初选区当选人额数,呈报如左:

初选区	选举人总数	当选人	所剩余数
吉林府	二千四百五十四	四十六	一十六
敦化县	八十	一	二十七
磐石县	四百七十九	九	二
伊通州	一千一百三十九	二十一	二十六
濛江州	八十九	一	
桦甸县	一十九	不足分除,附吉林府互选三十六	

以上六区,共得当选人七十八名,尚缺二名。照章应归零数较多之濛江、敦化二区选出二名,以足八十名额。

《申报》,1909年5月24日

预备初选举投票

吉省筹办处前日接滨江厅呈送勘定投票、开票各所地址图文,云:前奉宪局札发选举期限表,内开闰二月分,各府厅州县应将勘定投票区,及投票所、开票所地址,呈报各复选监督查核等因。奉此,查厅属辖域东西六里余,南北五里余,按依全城划分两区,勘定投票所地址二处:第一处在商务分会,第二处在讲报处。其开票所,仍勘定商务分会院内办理,当照勘定处所,详绘图说,分别注明。除分报复选监督备查外,理合检同图说,具文呈送查核。

《申报》,1909年5月29日

吉林行省总督巡抚札为谘议局筹办处总理邓邦述遗缺由谢汝钦接办由

吉林行省总督锡、署巡抚陈为札饬事。照得谘议局筹办处总理、交涉司使邓邦述，现已调署奉天交涉司缺，所遗总理一差，亟应遴员接办，以专责成。兹查有试署民政司使谢汝钦堪以派委。除札委外，合亟札饬。札到该处，即便遵照，将应行接办事宜，率同原派各员克日次第兴办。现距谘议局成立之期，仅止三月有余，事关要政，毋稍延忽。切切。特札。

1909 年 6 月 21 日

谘议局筹办处呈送自治研究分所章程并议决草案文并批

为呈请事。宣统元年四月十一日，案奉宪台札开："准宪政编查馆咨开，本年三月十六日本馆具奏核覆地方自治研究所章程一折，奉旨：著依议。钦此。相应恭录谕旨，刷印原奏清单，咨行贵抚，钦遵办理可也等因。准此，除札民政司知照外，合亟抄粘札饬。札到该处，即便遵照，通饬各属，一体钦遵办理。切切特札，计粘抄原奏清单。"等因。奉此，查本处于去年十月间自治会归并办理以后，旋设立省城自治研究所，所有章程学课，均经详请宪台核准遵行在案。兹奉前因，当将馆颁自治研究所章程，详加讨论。如第二条以及第四、第八、第九、第十一、十二等条，核与省城自治研究所现行章程，不免互有出入。而第五条讲授科目之繁简，尤多不同。按之吉省情形，似有未合。在宪馆为全国谋统一办法，自当就关内多数行省情形规画大要，而吉林僻处东陲，情异势殊，非酌量变通，实无以广作育而收治效。因事关要政，应博采周咨，征取意见，用特查照本处规则第八章第六十条，召集全体职员开会决议。兹经议决各款，如宪政编查馆原章讲授科目似觉太简，今拟于省城自治研究所仍将从前详定课程加入，各府厅州县分所则酌量增加数科；原章系定八个月为毕业期限，施之于省城自治研究所微嫌过促，拟仍延长为一年毕业，各府厅州县分所则以八个月为期；原章各府厅州县自治研究所学员应就该管境内分别城镇乡区域遴送，现在城镇乡区域尚未划定，拟就乡社区、甲屯堡等固有之范围，以为标准；原章于自治研究所责成将城镇乡应办自治各事宜演为白话，刊布宣讲，此事业经详请咨部，由本处组织自治白话报，责成讲习科办理，以归一律，拟不必再行更动；原章省城自治研究所经费应由自治筹办处筹拨，今以本处现系兼办筹备自治事宜，并未筹有的款，为专办地方自治之用，所有省城自治研究所学员膳宿等费，拟仍由各府厅州县按照选送学员名额认解。以上提议各款，当日悉经议决。又由本处拟定各府厅州县自治研究分所试办章程二十四条，亦复询谋佥同，以为尚无如何窒碍之处。凡所规画，要皆就吉省现在情势，参酌再三，虽办法与馆章略有异同，而宗旨大纲则仍凛遵无违，毫无剌谬之处。除将决议草案，并各府厅州县自治研究分所章程，另行抄呈外，所有遵照馆颁自治研究所章程酌量变通缘由，是否有当，理合备文呈请宪台察奏，并恳咨请宪政编查馆核示施行，实为公便，须至呈者。

谨拟变通奏颁自治研究所章程议案：

（一）第二条，各省省城自治研究所，遵章逐年筹备事宜清单，统限本年年内成立。各府厅州县自治研究所，应俟省城第一届听讲员毕业后，即行派赴各属，一律设立。

按：本处所定分年筹备大纲，以考核府厅州县所立研究所之办法与成绩，属之全省自治研究所。盖以省城所设立者为研究总机关，府厅州县所设立者为分机关，全部与一部之权限，既属分明，提倡与督率之责任即有归宿，办法尚非不合。今拟省城所设立者仍名全省自治研究所，各府厅州县所设立者则名某府厅州县自治研究分所，以示区别。所有分所办法、成绩，以及本地绅士呈请设立者，统归全省自治研究所按时考核，以专责成。

（一）第四条，各省自治研究所，除官设各所作为模范外，其各地方士绅自愿照章设立者，均得呈明该管官批准照办。惟该所所长应由该所公举通晓法政、品学优裕士绅一员，呈明自治筹办处核派。如各地方先经设立者亦同。

按：本处为筹办地方自治最高机关，凡筹办事宜均有统辖稽查之责。各府厅州县士绅自行设立研究所，呈明该管官批准之后，仍应详由本处核夺，方可照办。

（一）第五条，自治研究所应讲授左列各项科目：一、奏定宪法大纲；二、法学通论；三、现行法制大意；四、谘议局章程及选举章程；五、城镇乡地方自治章程及选举章程；六、调查户口章程；七、其他奏定有关自治及选举各项法律章程；八、自治筹办处所奏各项筹办方法。

按：吉林初建行省，风气未开，人民程度之低，较奉天为尤甚。各府厅州县送入全省研究所各学员，虽经严行考验，甄别去留，现在合两班一百余人，计之通晓文艺。明白事理者，仍不多觏。于政治法律之学，平素既一无研究，骤然与论高深，势必扞格难入。若科目过于简单，时间过于短少，必至卒业之后，仍不识国家为何物，自治为何事。现拟除遵照馆章所定外，仍将全省自治研究所从前详定科目酌量参入，庶几讲说既多，浸灌有自，旧日之结习可除，新来之知识稍裕，馆章所谓造就自治职员之目的，不至略无结果。所有拟定讲授各科及讲授方法，悉列于下：一、奏定宪法大纲。二、谘议局章程及选举章程。三、城镇乡地方自治章程及选举章程。四、现行法制大意。五、调查户口章程。以上五科，均遵馆章办理。六、法学通论。本科亦遵照馆章办理。惟以前详定科目，如比较宪政、比较选举法、行政法、地方自治制、户籍法、国际公私法等六项，其纲要本列在法学通论之内，今拟悉行附入，仍逐科分授，详加讲说。惟不独立名目，以冀符合定章。七、政治学。论立宪国之组织处分为二组织：国家之本身，本之于宪法；组织本身之行动，本之于行政法。而行政法之根本，亦自有二：其源渊于国体者，在宪法中；其源渊于政体者，在政治学中。若使研究行政法者仅知宪法，而不知政治学，是仍得其一端而失其全体，不足以言行政法也。夫地方自治为国家行政一大部分，研究地方自治，即不可不研究行政法，则政治学之待研究，自不须言。是以此科亦拟仍旧加入。八、财政学。国家行政之根源在财政，地方行政之根源亦在财政，是科之不能不研究，尤要于政治学，亦拟仍旧。九、经济通论。地方自治应办事务种类虽多，实以劝业一项为其首要。盖国家之能生活与否,国家不能自行解决,而必俟之地方。地方之能生活与否,地方别项事业不能解决,而必俟之劝业。所以列强内政群注意于地方行政,地方行政又趋重于各种实业,有由然也。各种实业之原理与其政策,非研究经济通论,莫由得知,是为地方自治生命之所在,不独吉林当日俄经济竞争之冲,为必要之科学也,亦拟仍旧参入。十、算学。十一、统计学。以上两科,虽只计授其浅近者,然在创办自治之时,亦为切要之学问;且所占钟点无多,亦拟仍旧。

(一)第八条,各府厅州县自治研究所学员,应就该管境内分别城镇乡区域,遴送本区士绅,次第入所听讲,以每区有听讲员为度。

按:划分城镇乡区域问题,关系甚大,非地方面积、户口财产等项调查明确之后,无从着手,一时尤难办到。现在遴选学员,应仍以固有团体,如乡社区、甲屯堡等范围为之标准。

(一)第九条,自治研究所应由所将城镇乡应办自治各事,演为白话,刊布宣讲,以资劝导。

按:撰演城镇乡自治白话,非通晓法政,文笔畅达,且熟悉方言者,莫能从事。此等人才,在内地且不多觏,吉林尤为难得。各府厅州县所设研究分所,恐必不能办到。本处分年筹办大纲,以此事属之本处讲习科,并另组织自治白话报社,按日发行,分布全省。所有办法,已经拟定,今拟仍照前议办理,庶不至因人废事,且可统一全省,无议论歧出,淆乱听闻之患。

(一)第十一条,自治研究所以讲授八个月为毕业期,俟第二届或第三届毕业,即行裁撤。其由地方士绅呈准设立各所,不在此限。

按:馆章第五条所刊科目,仅止八门,其一、四、五、六、八各门又极简单,以八月毕业,原不为促。现以吉省情形与内地迥异,将研究所原定之科目酌量加入,功课既多,非仍照研究所原章以一年毕业不可。惟各府厅州县设立之分所,其科目较为简易,或遵照馆章办理,或更减少两个月,均无不可。其士绅呈请设立者,毕业限期馆章既未限制,应视其功课之繁简,由本处临时酌定。大约至多不过一年,至少亦须六个月。至于届数之多少,在关内各省自可遵照馆章办至第三届即行停止,在吉林则势处尤难,仍当设法变通,以宏作育。今略举数端于下。国家自甲午、乙未创行新政,内地各省兴办学堂,早者在十年前,迟者亦近十年,教育虽未普及,中流社会以上,约皆有普通知识。今养成少数专门人员以为主办，多数者自能群起相助，是有自治学问之人不患其少。虽属少数，已不必虑事之莫办。吉林人民又岂可同年而语？此其一也。内地各省，文化早开，人民繁庶，三家之村，无不有士，十家之邑，无不有绅。凡地方公益事业，向归士绅处理。以自治学问论，虽为闻所未闻，以自治事实论，实非见所未见。咸同以降，长江流域数省士坤之权力，往往凌驾官府之上，所办之事亦恒越出自治范围以外。此时国家即不为养成自治职员，彼欲自行养成亦甚易易，且或不待养成，有人竟集合二三学习法政之人，以为办理顾问，亦可粗具规模。是非其学问之独优，习惯与能力使之然也。如此则届数与人数之多寡，均非根本问题。吉林情形之不同，盖不待烦言而决。此其二也。且政治递升之阶，类皆由军治而及官治，由官治而及自治。军治时代久，人民发生官治思想；官治时代久，人民必发生自治思想。故以军治变官治易，以官治变自治亦易，递及之次序然也。吉林本军治之地，一二年来，方入官治时代。此时欲得多数自治之人，就教育论，已为不易；就政治论，更属难能。若竟欲以至少数自治之人，强至多数以自治，尤为必不可得之事。或谓开通迟者，发达必易，如寒代之树木然，冻塞既久，一感阳和之气，则发叶、开花、结果遂并集于一时，不知此为物理之间，然非可以衡人事也。况论政治，尤无此自然骤进之理。此其三也。在内地各省，苟欲设法变通，养成多数自治职员，其事亦为容易。在吉林则变通之中，且有为难之处。内地士绅既多习惯，变异一府厅州县，除官立一所不计外，可以自行设立数所，招集学员，既不患来者之少，且不患程度之不及。即或因经费不足，不能设立数所，可于一所之中，一届加多班数，一班加多人数，亦不患学员之少与其程度之不及。又或不自设立，即于官立所中加多班数与人数亦无不可，纵或以馆章之届数作为班数，即于一班之中加人数至三百或四百，三班办完，数可逾千，以之分布，一府厅州县亦足敷用。总而言之，在开通较早、士夫较多之处，无论如何办法，均不至无可措手。在吉林则有万不能比较者。现在省城设立全省研究所，于去冬开办第一班，合二十一府厅州县分选学员八十名，迁延数月，竟不足额。今春特行招考一次，所取仅十余名。至闰二月底，截止插班，尚只七十余名。四月开办第二班，虽较第一班稍为踊跃，是否能选满八十名，仍在不可知之数。似此情形，即令加多一班之人数，复加多一届之班数，并多立分所，亦苦于来学之无人。此其四也。是以本处前定分年筹办大纲，再四思维，惟有按年招选，渐次养成之一法。于全省研究所，及府厅州县研究分所，均拟办至府厅州县地方自治一律成立之日，方行裁撤。全省研究所以一年为一届，每届招学员二班，每班均八十名，共招十二班，分作六届。府厅州县研究分所亦以一年为一届，每届招两班，六个月毕业。明知吉林财政支绌，时日愈行延长，经费愈行困难。然为国家大本与地方生活起见，实有不得不尔者在也。又查现在地主自治办法，系为两级制，上级为府厅州县，下级为城镇乡，此法律所规定者。以事实论之，城镇乡之下必更有再下之小团体，如日本市与町村下之区。日本之区虽分自治与行政两种，究皆为补助市与町村之机关，我国组织之大致，当亦不能独异。是在法律虽为两级，事实上固不妨增多一级。三级之中，上级职务重在监督指挥，下级为中级之补助，事繁责重，关系至大者，惟在中级，乃地方自治之冲要，亦即地方自治之中坚。现办之城镇乡三种团体胥是也。夫各级团体既别高下，范围之广狭，权限之大小，事务之轻重，又各不相同，则各级之自治职员，其养成之法，亦必不能一致。所有考选之资格，讲授之功课，毕业之年限，均须分别酌量，与将来所负责任，铢两悉称，庶不致有偾事废事之虞。原拟以全省自治研究所为养成城镇乡各项职员机关，所订资格、年限均特别严重，并别开官绅研究班，为养成府厅州县职员计，所有城镇乡以下各小团体之职员，悉令府厅州县所立之分所养成之。办法规则已经另拟，馆颁章程亦稍有变动，并附入此次会议议决，详请施行。

（一）第十二条，省城自治研究所经费，应由自治筹办处筹拨。各府厅州县经费，由各该地方公款筹办。其选送各员赴省川资，并由该地方官筹给。

按：现在全省研究所经费，除由本处筹拨之外，各府厅州县仍按选送定额，每名认解全年膳宿费一百二十两。目下仍应照办，俟筹办自治筹有的款之时，再行遵改，以符定章。

《吉林官报》第十六期，1909年6月28日

各府厅州县自治研究分所暂行试办章程

第一章　总　则

第一条　各分所遵照宪政编查馆奏定章程，以养成地方自治职员为目的，定名曰某府厅州县自治研究分所。

第二章　组　织

第一节　职教员之定额

第二条　监督一员，以府厅州县长官充之。

第三条　分所长一员，由谘议局筹办处选派全省自治研究所毕业学员充之。

第四条　教员若干员，由谘议局筹办处选派全省自治研究所毕业学员充之。

第五条　庶务员一员，由分所长遴选，呈请监督委充。

第六条　书记员若干员，由分所长雇用。

第二节　职教员之权限

第七条　监督禀承筹办处及全省自治研究所监理分所一切事宜。

第八条　分所长禀承筹办处及监理分所一切事宜。

第九条　教员商承分所长主任授课及试验事务。

第十条　庶务商承分所长办理文牍、会计及一切杂务。

第十一条　书记生分掌缮录、刷印等事务。

第三节　学员选民资格

见奏颁《城镇乡地方自治章程》第十六条及第十七条。

第十二条　各分所学员均由监督招选有选民资格者充之。

第十三条　每班学员至少须满足三十人。

第十四条　各分所得设旁听员若干，凡禀请旁听者，不限有选民资格，惟必经监督或分所长认可。

第四节　学　期

第十五条　每三个月为一学期，两学期卒业。

第五节　学　课

第十六条　分所应授之学科如左：

（一）奏定宪法大纲；

（二）法学通论（于宪法、地方自治制、户籍法三项，须分项详细讲授）；

（三）现行法制大意；

（四）谘议局章程及选举章程；

（五）城镇乡地方自治章程及选举章程；

（六）调查户口章程；

（七）经济学（讲授大要）；

（八）经济政策（分农、工、商三项讲授）。

第十七条　于前条学科之外，应讲述固有团体习惯，并讨论改良方法，以本地绅士熟悉情形者为教员。改良方法当商同自治制员讲授。

第六节　试　验

第十八条　分所试验，分为笔述、口答二种。每月试验，可用口答；学期及卒业试验，须笔述。学期试验分数，由教员评定，交由分所长核阅。毕业度验分数，由教员评定，交由分所长呈请监督核阅。

第十九条　分所试验，以平均九十分以上为最优等，八十分以上为优等，六十分以上为及格。各科平均不及六十分，分算一科不及四十分者，均为不及格。

第二十条　试验分数，仅一二科未及格者，准其就该科目请求覆试一次。如能及格，准其一体毕业。

第二十一条　分所学员毕业试验及格者，由监督给与毕业文凭。不及格者，给与修业文凭。旁听员愿受验者，亦如之。

第三章　经　费

第二十二条　分所开办费及常年经费，由监督会同本地绅士就地筹备。

第四章 附　则

第二十三条　本章程以奉文到日实施之。

第二十四条　本章程于实施之后，倘有须增减更变者，准由监督详具理由，呈请本处核夺。

督抚宪批：据呈已悉。所有决议草案，暨自治研究分所试办章程，仰候咨请宪政编查馆核示饬遵。并即将草案、章程各补缮一份，另呈备案可也。此缴。

《吉林官报》第十六期，1909年6月28日

禀留司选员

双城厅司选员李君春元，系毕业于日本法政大学，于政治法理具有心得。近因办理初选事竣，经该厅禀请留厅委用，以便襄办各项新政。业经公署批准，由谘议局转饬遵照。

《吉林官报》第十六期，1909年6月28日

选举志闻

长岭通信员函云，四月二十九日为长邑选举开票之期，计郑雨人得票七十四，韩庆祥得票三十五，金启元得票三十一，郭福田得票二十九，杨桂棠得票二十七。惟定章本县应选六额，以二十五票为当选。当时尚阙一名，现拟遵章再

选，即以得票二十张以上之李世春、尹屯祥、徐英毓、魏杰三等四名再选，已拟定于五月初四为开票期云。

《吉林官报》第十六期，1909年6月28日

吉林谘议局议案预备会咨谘议局筹办处呈选举职员刊刻图记等情

　　吉林谘议局议案预备会为咨呈事。案查前经本会禀请设立谘议局议案预备会，凡关于谘议局应行预备之议案，互相讨论，以资补助等情。禀奉督抚宪批："禀折均悉。吉省风气初开，谘议局事属创始，将来选举各议员等，其于本省应议事件，倘若全无研究，则亦何所依据，以为讨论之资。该绅等有见于此，拟设议案预备会，先事调查，以资补助，热心公益，殊堪嘉奖。所拟会章，亦均妥协可行，应准立案照办。仰即妥选职员，克期成立，并由谘议局筹办处随时筹商赞助可也。抄由批发。"等因。奉此，遵即选举职员，刊刻图记，于月之十三日开办，除呈报并分行外，相应将原刷章程一本，备文咨呈。为此合咨大处，请烦查照施行。须至咨呈者。

　　计呈送原刷章程一本。
　　右咨呈吉林谘议局筹办处

1909年7月6日

初选举开票

吉林

农安当选人	梁云嶂	吕鸿声	韩明河	张中瀛	邢作宾	卢　芳
	张寿椿	李茂椿	于钟华	王桂龄	张云五	于　龙
	程鹏远	邵国林	王乃钦	王秀喦	李云章	王梦英
	钟云楼	刘文中	蔡辅廷	张儒林	王守业	孙玉臣
	张桂芳	林君洪	高振岩	杜修身	程云鹏	孙仲选
	赵万孚	刘德纯	李希莲	左兆鼎	张　宽	马翰卿
	郭善成	刘万钟	宁凤翔	赵韫璞	于紫峰	孙文焕
	李长生					
候补当选人	朱万选	王成典	刁椿良	孔品金	鲍玉林	
滨江厅	永　辂	曹桂棍				
五常厅	钟　秀	娄文藻	田玉川	富克兴阿	宋乃昌	于庆源
	赫俊堂	邰在田	王耀悉	高步云	刘树桢	陈廷翰
候补当选人	王泽沄					
临江县	王立广	满　福				
方正县	赵凤琳					
依兰府	福　裕	台金图				

《申报》，1909 年 7 月 11 日

吉林谘议局宾州厅初选举禀卷

敬禀者。宾州初选当选二十二人，于五月二十前呈明，应选者仅凌章、冯舜生二人，余皆未呈明应选与否，并未至初选事务所。专马分催数次，至二十一日，又仅到周玉恒、杨培元二人。委员与初选监督商酌，深恐有误复选期限。于是初选监督躬自赴城东北各区去请，委员赴城西南各区去请，至二十八日始陆续到齐。不应选者李庚年、滕绍周、胡德熙、文梁、刘选青等五人，候补第一徐文坡，亦不应选，于是将孙祥东、任在干、周玉恒、高寰、王超五人补入。复选六月初一日投票，初二日开票，以四票为当选票额。足票额者，富克兴阿、王叔槐二名，均系五常厅人。初三日再选，以十票为当选票额。当日开票，足票额者，姜维岳、萧钟廷二名，系宾州人。因无候补者，当又三选，亦以十票为当选票额。投票完竣，即行开票，足票额者三名，冯舜生、任在干系宾州人，娄文藻系五常厅人。因三次选举，拟初五日再发榜一次，以重求贤之礼。肃此虔请钧安。委员武恒谨禀。

1909 年 7 月 20 日

吉林谘议局为呈送议员人数公费统计表由

吉林谘议局为呈送事。案奉督部堂、抚部院札行，"卷查谘议局前送宣统二年度统计各表，只填财政一项，尚有民政统计内之《谘议局议员人数公费统计表》一种，漏未填报。现在民政、财政两项统计亟待汇核咨报，未容稍有阙略，合就札行。为此札仰谘议局查照，应填民政统计处汇案办理，勿稍延误。须至札者。"等因。奉此，遵即依式填造，惟于候补议员人数，上年系由筹办处填报，本局无案可稽，未便含混填列，已于备考内详细声明。理合具文呈送督部堂、抚部院鉴核施行。须至呈者。

计附呈统计表一份。

右呈钦差大臣、东三省总督部堂兼管三省将军事务赵、钦命副部统衔吉林巡抚部院陈

吉林谘议局议员人数公费统计表第六十九					
全体议员数	常驻议员数	候补常驻议员数	候补当选人数	公 费	旅 费
三十人	六人	二人	无	正议长一员，每月一百五十两，常年一千八百两。	临时议员二十一员，旅居每名一百五十两，共银三千一百五十两。
				副议长二员，每员每日一百二十两，常年二千八百八十两。常驻议员六员，每员每月六十两，常年四千三百二十两。正副议长、以上常驻议员，统计九千两。	旅行共一万一千七百六十里，往返每百里八两，共银九百四十两零八钱。以上旅行/居统计四千零九十两零八钱。
备考	查候补当选人数，上年移送筹办处填报，本局无案可稽，未便填列。				

1909年8月18日

复选举重开票

吉林（新城）

　　新城府属当选议员　于嘉荫　富克精阿　关毓谦　沈景佺　么璀峰　王耀晟

候补当选人　王景云　赵成庠　范殿栋　庆　发　萧文荟

《申报》，1909 年 8 月 18 日

吉林行省批谘议局呈送议员人数公费统计表

来牍及表均悉。仰候汇总咨报，希即知照。抄由批答。表存。

1909 年 8 月 24 日

选举琐事

已革候补道松毓，今春因事褫职，此次谘议局开办选举，初复选皆得票最多。惟松君自以革职之人，不便再行干预地方公事。该省绅商学各界，复全体慰留。顷闻宪政编查馆以松毓原参之考语较重，自应夺其被选举权。现已据情咨行吉抚矣。

《申报》，1909 年 8 月 28 日

吉抚与宪政编查馆之来往电

吉抚致宪政编查馆电

宪政编查馆钧鉴：洪据谘议局筹办处案呈吉林府复选区被选议员，内有已革道员松毓，案查贵馆覆南京藩台敬电，乙项云参革职官，惟所有中学毕业及生员以上出身，一并革除。至其它项资格，不在此限。查松毓虽在吉办理公益多年，而其参案，系把持学务、破坏政权等字样，未知与公务成绩资格有无相犯，可否援照覆南京电办理，按公务成绩资格，准其当选之处，恭候钧裁电示，以便转饬遵照。昭常谨肃。

宪政编查馆覆吉林巡抚电

吉林抚台鉴：简电悉。该革员参案既有把持学务等字样，即系局章第六条所指营私武断，自应照章削除被选举权。此覆。宪政编查馆。泌。

《盛京时报》，1909年8月31日

吉林谘议局议案预备会公启

今年九月一日，乃各省谘议局开始之期，亦即我国民恭预政治发端之日。呜呼！我吉林父老兄弟，其亦知之否耶？夫谘议局者，全省舆论归宿之地，而恭预政事之机关也。小而言之，一省之休戚存焉；大而言之，全国之兴衰系焉。我中国国势菱败，至于不可以图存。有一线生机，赖以挽救者，厥惟谘议局。我吉林父老兄弟，视此最宝重机会，不愿其博虚名而诬实际，是吾等所敢断言也。虽然，运用此谘议局，博虚名乎？得实际乎？是又视我吉林人政治能力如何为标准耳。呜呼！谓我吉林人无政治能力者，是讥我吉林人也。非特吾吉林人不承认，恐讥我者亦罔敢执言也。惟我吉林自开国以来，咸栖息于军事部勒之下，雄武之气概有余，政治之经验素寡。今也强悍之质渐失，公民之资格不全，若一旦畀我乡人以参政之权，与闻国事，以为必无此能力，未必皆然。然非举一省明达之士，萃于一堂，就全省应兴应革之事，先事研究之，讨论之，其不临时张皇，一筹莫展者几希。然则，危而不持，颠而不扶，任其垂败，而不思一扶持之耶？此吾等议案预备会之所发生也。

  本会之宗旨无他，惟冀集全省之俊杰，为政治之研究，作谘议局之补助机关，共负参预国事之责任而已。故本会发生之理由有二：（甲）调查本省之事，为议案之预备。谘议局应办之事：（一）议决本省应兴应革事件；（二）议决本省岁出入预算事件；（三）议决本省岁出入决算事件；（四）议决本省税法及公债事件；（五）议决本省担任义务之增加事件；（六）议决本省单行章程规则之增删修改事件；（七）议决本省权利之存废事件；（八）选举资政院议员事件；（九）申覆资政院咨询事件；（十）申覆督抚咨询事件；（十一）公断和解自治会争议事件；（十二）收受本省自治会争议事件。凡此十二端，皆谘议局应办之事，亦我吉林人应负之责任也。夫第一款，议决本省应兴应革之事，范围至大，责任綦重。议员一言之得失，全省之利害所系。况吾吉林地方辽阔，设治未久，各种行政机关，皆在开创之时，诸不完备，其繁（颐）〔赜〕艰难，有十倍于内省者。无论当选之三十议员，未能皆负责任，即使能负责任，试问对于本省一切应兴应革之事，果能成竹在胸、了如指掌乎？不然，将何所凭藉，定一省之大方针乎？又将何所依据，为政府之监督乎？是必就一省之事，先事调查，得其底蕴，悉其利害。对于军政，取何种之政策，对于外交，取何种之方针，对于财政，采何种之主义？以次推之，无论实业、教育、民政，此吾省应兴应革之事，皆有实际之调查，一定之凭藉，然后发为议论，始不为空言，以责官吏。此议案必须预备者一也。第二、三、四、五等款，全属监理财政之范围，吾吉林全省生命系焉。况自改设行省之后，新政待兴，需款浩繁，赋税之增敛，虽倍于昔日，而财政之困难，尤绌于当年，长此终古，不图补救，势必因经济窘涩，阻新政发达，此可耻可畏者也。若空谈以责理财者之不职，理财者固不得辞其咎。然谘议局成立后，负此责任者，吉林人也。往日责诸人者，今日又将责诸己。试问（专）〔对〕于吉林财政，应采何种之方针，对于本省税则，应如何厘定，对于预算决算，应如何议决？凡此问题，皆切己之问题，亦事实之问题也。其不先调查而研究之，果能言必有中，负此监理财政之责任乎？不待智者，知其不能。此议案必须预备者二也。第六、七两款，纯属于立法范围者，兴衰莫不与此有密切关系。吾乡人之荣枯，亦视此为升降。各立宪国人民，不辞流血拼命，所争者，参与立法权耳。今朝廷畀此权于国民，其幸福为何如？虽然对于本省单行章程规则之增删修改，及本省权利之存废，又将何所凭藉而议决乎？是不能不待调查者又明矣。此议案必须预备者三也。第八、九、十三款，一为选举资政院议员，一为备资政院咨询，一为备营抚之咨询，责任綦重，既关于本省，复关于全国。第十一、十二诸款，平自治会之纷争，通人民之情悃，是一省舆论，莫不待谘议局为主持，一省之民权，莫不待谘议局而伸张。凡此诸问题，其不能放谈空论，毫无胜算，遂可□□□□，弃此伟大之责任，又彰彰明矣。此议案必须预备者四也。凡此四者，皆吾等愿与全省明达之士，共研究而讨论者，亦即本会发生之第一理由。

  研究本省之事，供议员之取材，本会同人未必人人有议员之资格，亦未必无一人无议员之资格。惟谘议局乃创始之举，我吉林人虽非人人有此资格，实人人有此天然之责任，不可以袖手旁观，任其颠危而不扶持，自不待言也。且被选之三十议员，八月二十以后，始由各府州县齐集省城，九月初一即为谘议局成立之期。议员之来，远者千里以外，近者亦数十百里，以素不谋面之人，一旦团结在至短之时日，欲解决重大之问题，其不能洞澈利弊，可以逆料。此本会所以先事研究本省应兴应革之事，欲供议员之取材，补此缺陷也。不特此也。我国民栖息于专制政体之下，数千百年，以不闻政事为清高，以放弃责任为本分。是以其政治能力，愈况愈下，永无增进充足之一日。此不但吉林人如此，举国之人莫不皆然也。然则，谁之过与？一言以蔽之，我国民无政治上之经验而已。大凡人民程度，未有无政治上经验而有政治能力者，亦未有富于政治上经验而无政治能力者。惟其如此也，故本会之宗旨，一方面预备议案，供议员之取材，一方面研究与议案有关系者，资议员以经验，调查事实，研究学问，增进知识，此又吾等愿与全省明达之士共研究而讨论之者，亦即本会发生之第二理由。

以上所揭示宣告者，本会发生之宗旨，略具于此。呜呼！我父老兄弟，其亦有阅斯言而兴起者乎？则吾等更愿进一解。我中国之所以垂败岌岌，不足自保者，莫不曰专制政体。而改造此专制政体，莫不曰请设国会，建立宪政。比年以来，海内外高瞻远瞩之士，所号呼而主张者，咸出此一途。影响之速，捷于桴鼓，遂有九年召集国会、颁布宪法之明诏，是诚扶衰救亡不二法门也。虽然，此九年预备，第一件事，谘议局是也。然则，谘议局固宪政之始基，而国会之萌芽也。呜呼！我父老兄弟，其将何以负此艰巨伟大之责任也。况国者省之所积也，各省之政治不良，国家之政治亦莫由及于良善。总而言之，谘议局不臻于良善，国会亦因之而窳败也。吾吉林丰镐旧邦，根本重地，自日俄争战以还，外交之荆棘，倍蓰于前。自行省改设以后，内政之繁赜，待兴于后。利害得失，非仅关于一省，而且系于全国。其在谘议局未召集以前，吾乡人尚可以放弃天职。自九月初一日以后，吾乡人桑梓之谊，责无旁贷，吾等不敏，发生斯会，亦期于国事稍图补救。古人有言，天下之大，匹夫有责。呜呼！父老兄弟，其有表同情吾等者乎？吾等馨香祝之，虚席待之，凡我同志，盍来诸！

《顺天时报》，1909年9月1日、2日

吉林谘议局议案预备会简章

第一条　本会以增进人民政治上知识，调查本省政治上利弊，研究关于谘议局一切议案，供议员之取材，为谘议局之补助机关为宗旨。定名吉林谘议局议案预备会。

第二条　本会调查研究之范围，以关于谘议局议案为主。凡行政官权限，及私人事件，皆不得干涉。

第三条　本会呈明督抚宪立案。

第四条　本会组织，分调查、编辑、讲演三部，部员由会员中自行认定。（调查、编辑、讲演三部规则附后。）

第五条　本会由绅商学界发起，凡系本省人，合《谘议局章程》第三、四两条资格，而无第六条情事之一，且赞成本会宗旨者，皆得为本会会员。将来谘议局各属当选议员到省后，亦均为本会会员。

第六条　本会暂设总干事一人，总核本会一切事务。副干事二人，襄助总干事，总核本会一切事务。书记二人，担任本会往来文牍。调查、编辑、讲演三部，每（长）〔部〕部长一人，主任本部一切事务。庶务员二人，担任本会庶务。会计员二人，掌理本会会计。

第七条　本会拟每月会议四次，以星期六为会期。开会以总干事为主席，总干事不到，以副干事代之。

第八条　本会会费，由发起人年捐十元，会员年捐五元。如经费不足，及有特别用款时，由本地方公共财产内，呈请动用。

第九条　本会暂借绅董公所为会所。

第十一条　此章程系暂定简章，如有疏漏之处，可临时会议酌改。俟被举议员到省后，再开会公同酌拟详细章程。

（一）调查部规则

（甲）调查之职掌

凡本会会员，皆为调查员，对于本会，皆有调查之责任。但公举一人为调查部长，凡调查之事，统由其审定轻重虚实，然后付编辑部编纂。

（乙）调查之范围

以遍及全省为主。

（丙）调查之手续

先由省会着手，以次推及各府厅州县。

（丁）调查之方法

以通信调查为主。不指明何种事件，是为普通调查。遇有特别问题，得派专员调查。必指明何种事件，是为特别调查。

（戊）调查之助力

凡本省调查局、劝学所、商会、自治所及各种社团，由本会通告，邀其允许联络调查，以补本会所不及。

（二）讲演部规则

（甲）讲演之职任

本会由会员中公举讲演部长一人，宣讲员若干人，担负讲演责任。如会员中有质问疑难，均须解释回答。如有熟悉本会情形，谙习法政者，虽非会员，亦可邀其讲演，以取集思广益之效。

（乙）讲演之种类

讲演分为三种：一、关于议案范围以内者。所调查各件，应如何提议，及会员未能解释者，讲演之。二、关于议案范围外者。凡政治、法律、时局学说，有关系于议案者，讨论之。三、关于演说者。演说与提出议案，最有关系。凡会员中有不善演说者，操习之。

（丙）讲演之时期

由会员中公同酌定，但一星期至少须有两次讲演。

（丁）听讲之资格

凡本会会员，皆有听讲资格。如非本会会员，而关心时局者，由会员一人介绍，亦可旁听。

（三）编辑部规则

（甲）编辑之职任

本部设编辑部长一人，暂由调查部长兼任，以期简便。设编辑员若干人，担任本会编辑事务。

（乙）编辑之种类

本部编辑，分调查、讲演两种。凡调查、讲演一切稿件，均分门编纂，以备议员取材。

（丙）编辑之方法

凡调查事件，登录编辑簿外，另订详细表格，以备参考。讲演部所讲演讨论者，亦须择有关系者登录。

（丁）编辑之刊刷

凡编纂调查、讲演两部各件，经编辑部长审定后，认为必要时，可刊刷报告书，以备会员浏览。

《顺天时报》，1909年9月7日

预备调查

吉林谘议局议案预备会，刻拟举员调查各署案件。其呈报公署并移各署文，云：为呈请事。窃查前经禀请设立谘议局议案预备会缘由，蒙督抚宪批准，开办在案。应即遵照宪政编查馆奏定《谘议局章程》，关于第二十一条之第一、二、三、四、五、六、七等款，分别缓急，举员调查，为入手之办法。当即公拟调查简章，于职员内选举调查员，从事调查，为议案之预备。惟本会应行调查各署案件纷繁，深恐各署多所留难，调查不易。拟请饬下各司、局、处、府厅州县，一体知照，以俟本会调查员，持照往查各署案牍。到日，务须派员开诚接待，会同调查员，按照定章，应行调查事件，悉心应付查阅，以重宪政。

《申报》，1909年9月9日

吉林自治研究所呈为分别文电饬属依限照额倍送职所二班学员并饬先行呈覆由

吉林自治研究所为呈请事。案查职所续招二班学员，早经详蒙宪台通饬各属，按照定额加倍选送，统限于本年三月底一律到齐，并饬先行呈覆在案。现在职所二班开课已愈三月，而各属应送学员，除吉林、长春、五常、伊通、农安、磐石、方正等府州县业已如额选送，延吉、滨江、临江、长寿等厅州县已蒙准其倍送，饬所考补，绥芬厅电覆无员选送外，其余各属或并未选送，或送未足额，且亦未经呈覆。与职所详定办法，殊多不合。若再任其延迟，实于研究时期大有妨碍。拟恳宪台分别文电通饬各属，统限于八月二十日以前，一律照额加倍选送到省,俾得详加复试,量予考取。其能否如额依限选送,并饬先行呈覆。倘如限不到,碍难录取,应即由所考补,毋庸补送。理合将各属选送学员数目,详细列表,具文呈请。是否有当。伏乞鉴核批示遵行。须至呈者。

计呈各府厅州县选送学员数目表一件。

右呈谘议局筹办处

1909年9月9日

吉林全省议员名单

吉林全省议员及候补当选人,业已次第记录。本报馆接筹办处抄示议员及候补当选人名单,其间稍有出入,因再录正,以供阅报诸君览焉。

当选议员

吉林府八名

姜宗义（磐石）　　徐稽如（伊通）　　庆　康
李　芳　　　　　　福　咸　　　　　　祝华如
穆锡侯（伊通）　　庆　山

长春府十名

何印川（长春）　　邹善成（农安）　　郑雨人（长岭）
赵学臣（长春）　　梁云璋（农安）　　王玉琦（长春）
李云章（农安）　　张云五（农安）　　赵韫璞（农安）
林宝兴（长春）

宾州厅四名

王叔槐（五常）　　富克兴阿（五常）　　姜维屿（宾州）
萧钟廷（宾州）

《顺天时报》,1909年9月12日

吉林全省议员名单（续）

新城府七名
  于源浦（榆树） 谷嘉荫（新城） 富克精阿（新城）
  关毓谦（双城） 沈景佺（榆树） 么瑞峰（榆树）
  王罗晨（榆树）

依兰府、绥芬厅、延吉厅一名
  福 裕（依兰）

候补当选人

吉林府属三名
  孙树棠   张文翰（伊通） 杨敬修

长春府属五名
  王乃钦（农安） 王成典（农安） 姜云鹏（长春）
  于汇东（长春） 王延世（长春）

宾州厅属三名
  冯舜生（宾州） 任在干（宾州） 娄文藻（五常）

新城府属五名
  王景云（榆树） 赵成辛（新城） 范殿槐（榆树）
  庆 发（双城） 萧文蔚（榆树）

依兰府、绥芬厅、延吉厅三属一名
  张春霖（绥芬）

《顺天时报》，1909 年 9 月 14 日

吉林全省谘议局筹办处批研究所呈请饬催各属赶送二班学员足额应准如呈通饬由

据呈该所二班学员开课已逾三月之久，尚有未经选送足额多处，仰候照表开单，通饬未遂各属一体遵照，从速补送，以重自治要政。此缴。表存。

1909 年 9 月 17 日

吉林谘议局筹办处札准地方审判厅咨覆金明川一案已准销结饬知该学员安分向学由

吉林府地方审判厅为咨覆事。案准贵处移开，案照本处前据吉林府初选监督呈称，"第十区有陈殿甲用刘凤执照投票，自认系研究所学员，金明川托伊顶替"等情。当于五月初三日移请贵厅，传齐三人到案，照谘议局章程分别判决在案。兹据研究所呈据该学员金明川禀称，"除原文简叙外，所有生适在受课之时，恐不时传唤，致生旷废，恳祈转请销结此案，俾生得一意向学"等情。据此查该学员在所肄业，已逾一学期，平时修学，颇称勤奋，品行一端，尤知自励。曾充班长数月，为同班素所推服。所禀各节，似尚属实在情形。现在选举事宜业经完竣，而细思该员案情，究非冒名投票者可比。且吉省风气初开，人民知识尚属幼稚，于此类诉讼从宽处理，似亦得宜。可否免予深究，准其销案，俾得脱除讼累，专心就学。如蒙允准，请即行知地方审判厅，即将此案消结，一面饬知职所，以便转饬该员遵照等情前来。查本处初复选举均已办竣，金明川并未当选，陈殿甲既经逃匿，传不到案，则仅讯金明川一面，似亦难于审断。既据该所声称"该员勤学端品，并无运动冒名情事，传唤频仍，难免作辍，尚属情有可原，应姑准从宽，免予深究。相应备文，移请贵厅，请烦查照可否将金明川免传，俾得专心向学而销前案之处，即希见覆施行"等因。准此，查此案前准贵处移送到厅，即经本厅迭次研审，当以供词各执，究竟金明川曾否冒名运动，自非提同在逃之陈殿甲到案质讯，不足以明虚实。复经各咨准吉林府，以查传陈殿甲无着等因，移覆前来。正在催传覆讯间，复准贵处据情代为声请，自应照准销案。除陈殿甲获日另结外，相应备文咨覆。为此合咨贵处，请烦查照销案施行。须至咨者。

右咨谘议局筹办处

1909 年 9 月 24 日

吉林省全省谘议局筹办处批研究所呈请札委京师大学堂仕学馆毕业生傅琛充头班教员由

据称该所第一班已届第二学期，应添授国际私法及财政学两科，拟派京师大学堂仕学馆毕业生、现充本省法政学堂教务长傅琛充当教员，月支薪水官银柒拾两，应准照行，仰候札饬委充可也。此批。缴。

1909 年 9 月 26 日

谘议局正副议长为注销斗殴议员赵林二员并将遗额速为顶补由（附函）

谘议局正议长庆、副议长赵、庆为移付事。兹于月之十七日，遵奉帅谕，传闻谘议局选举议长之后，有因未中选而寻衅者，竟在宿舍有斗殴情事，殊属不成事体，有失议员资格。应由议长检举，将当日起衅之人查取职名，将该员议员注销，另由候补议员中照章推举，以崇体制等因。遵奉之下，甚为诧异，当即详细调查。此次互相斗殴之人，系长春府议员赵韫璞与农安县议员林宝兴等二名。伊等早有意见，于本月十五日过节之期，林某酒后触起前嫌，肆口谩骂，为赵某所闻，因有互相揪打情事。该二人等一则于筹办处慎重之地，辄即酗酒寻事，一则以不为呈请惩处，辄即私行殴打，均属不合，有失议员体制。应请遵照谕示，将该二人注销，遗额速为顶补，以崇体制而重宪典。相应备文移付大处，请烦查照施行。再谘议局关防现尚未奉札发，此件系借用预备会图记，合并声明。须至移者。

右移谘议局筹办处

宣统元年八月二十日

额穆索探投抚帅钧鉴：前奉大帅手谕，令将互殴起衅之议员，由议长检举注销，照章推补等因，遵将帅谕发交议长查办。兹据移称，查得斗殴之人，系长春府议员赵韫璞、林宝兴二名，彼此互相斗殴，均有不是，请将该两议员一并注销前来，应否照办，敬候裁夺示遵，以便电饬该府监督，以候补前列之王乃钦、王成典二名顶补。筹办处叩。个。

批：照发。（八月廿一日）

1909 年 10 月 5 日

二、日期不明确档案散件

吉林谘议局筹办处章程

光绪三十四年

第一章 总 则

第一条 本处禀承督抚宪，遵照《谘议局议员选举章程》，筹办吉林全省选举事宜。

第二条 本处钦遵谕旨，以宣统元年八月为限，组成本省谘议局。

第三条 本处建立在吉林省城，即为吉林谘议局之基础。

第二章 组 织

第一节 设员及分科

第四条 本处暂设职员如左：

督理：由本省总督巡抚兼充。

监理：由驻省现任司道兼充。

总理：二员，由督抚委派明达大员专任。

参议：无定额，由督抚委派本省公正明达官绅充之。

参事：二员，由督抚派委娴习法理人员专任。

第五条 本处筹办事宜，酌设选举、文牍、总务三科，由总理详请督抚，派委胜任人员，分别充当。额设人员如左：

（一）选举科：科长一员，科员六员，另设司选员三十员。

（二）文牍科：科长一员，科员一员，另设司书员十员。

（三）总务科：科长二员，科员四员，另设司事员二员。

第二节 职务及权限

第六条 督理监理，监督本处筹办选举事宜。

第七条 总理主持本处，督率属员，办理一切事宜。

第八条 参议协助本处参议，筹办选举事宜。

第九条 参事协助总理，参预本处一切事宜。

第十条 选举科科长禀承总理，率同科员、司选员，掌办选举一切事宜。

第十一条 文牍科科长禀承总理，率同科员、司书员，掌办本处文牍一切事宜。

第十二条 总务科科长禀承总理，率同科员、司事员，掌办本处会计、庶务一切事宜。

第十三条 各科分掌事宜及办事规则，另行拟定。

第三节 会 议

第十四条 本处得设会议，集议筹办选举事宜，以总理为议长，以参议、参事、各科长及选举科员为议员。临时指派文牍科员，兼任会议速记生，其规则另订之。

第三章 经 费

第十五条 本处经费，由督抚宪筹指专款拨用，按季造报，作正开销。

第四章 附 则

第十六条 本章程以光绪三十四年九月二十三日实施之。

第十七条 本处筹办事宜完竣时，得由会议酌量情形，再定存废。

吉林谘议局呈覆徐生禀称先皇上宾二周之期
谘议局不顾大体开欢迎代表会事

光绪三十四年十一月

奉公署札,据徐家鲁禀称,先皇上宾二周之期,谘议局不顾大体,竟开欢迎代表会,应如何惩警,出自鸿裁等情,呈覆:

为呈覆事。窃于本月初九日奉督部堂、抚部院札开,据吉林优贡生徐家鲁禀称:"窃以春秋大义,重诛心之条,严防微之律,非故事深刻也。祸起于忽,患伏于隐,不如是则变乱僭妄之萌将不可纠结也。值兹立宪时代,国会缩短,民权将伸,君伤宜树,凡国民所为,情近于无君,势邻于背上者,圣王在所必禁,大吏在所必严。生素在小学担任教责,吉省谘议局开会,从未与议。十月二十日上午十时,接该局公启,本月二十一日在局开国会代表欢迎会,阅之不胜骇悚。《礼记》曰'忌日不用',又曰'乐与哀不同日'。我朝以孝治天下,故于先皇帝上宾之日,永为忌辰,全日优伶停演,所以志哀也。兹日为孝景皇帝升遐二周,人民践土食毛,方追悼之不遑,何喜乐之有?于所开之会,又属民专以欢迎为名,虽值立宪时代,揆诸名义,殊觉未安,登于报端,实贻列强之笑。且兹事非只名词不佳也,当国会萌芽之始,漫无顾忌,有此等动作,使国会已成,民权大伸,充类至尽,何堪设想?夫兹会之开,非必不容已也,将谓请代表报告,前三日业在商会报告矣。将谓欢迎代表,以昭同情与?于代表到局之日,绅商学各界业同迎于郭门外矣。生于该局从无刍荛之献,以兹事有关大体,立即函知,请或停会或改期,以重名义。乃议员等置若罔闻,竟于是日开会,代表亦趾高不顾,竟于是日受该局之欢迎,似此轻躁妄为,不顾大体,失立宪之宗旨,悖国会之方针,薄黎庶爱戴之忱,启桀骜阛干之渐。事有所失甚微,所关甚巨者,此类是也。昔张趯以晋之失政语游吉,游吉讥其在君子之后。生以吉士而张吉绅之失,将毋为太叔之所窃笑。顾言之,忤同人之大忌,不言,贻朝廷以隐忧。事到万难，须放此胆，两害相权，则从其轻。值兹言论自由之日，远念列圣仁民之膏泽，近感主上重士之原意，殊有不容缄默者。至如何惩警，以斥既往而戒将来，出自抚宪鸿裁，非生之所敢赞一辞也。"等情。据此查该贡生所禀情形是否实在，合亟札行该局查照，即日申覆，以凭核办等因。奉此，报告之事而择于触犯忌日，恐朝廷亦无此法律。从来论人是非，总以事实之证据，为得失之判决，而不能以一文一字之间，据为公是公非之定案。本局所出公启，虽用"欢迎"二字，然属文字错误之问题，究非事实错误之问题。论形式上固有欢迎之名词，而事实上并无欢迎之举动，是欢迎者其名，而报告者有其实。且不惟报告已也，于互相报告之中，且寓互相研究之意。要因代表旋省，国会缩短，对于新政进行如何筹备，对于四次请愿如何办理，在在均应研究，自有不能不择期报告者，并非无意义之举动也。且本局此次举行开会，亦有种种之理由，与所以必以欢迎为名者。自上年开幕以来，屡遇士绅集会，辄有乡愚讹传，及外人来窥伺等事，此次若无主名，何能免前项情弊？并且既有欢迎之证据，何者为升旗，何者为音乐，何者为宴会，均是欢迎时万不可少之事。本局当日均无以上事实，是实绅、商、学各界数百人所共闻而共见者。而徐君以文字之欢迎，皆谓实际之欢迎，未免事出误会。所以必用二十一日者，因代表两君于十九日抵省，二十日休息，二十三日为本局开会之期，若待闭会后再为报告，不惟虞事后延缓，且全体议员亦恐不能久待。以国会重大问题，一切筹备又有紧要关系，万不能不趁此时机，共议进行之手续。况各界同人均于忌日为休息之期，尤为便于到会。所以斟酌相当之日，即以二十一日为报告之期。夫以事既仅在报告，而竟责以触犯忌辰，恐朝廷亦无此法律。如谓不知避忌，则本局应于二十一日闭会，焉能二十一、二日不为闭会，必于二十三日始闭会礼节？其无不顾大体及稍涉嚣张等情，当可概见。所以不答来函者，徐君来函，乃与相识某议员之函，既为个人函件，宜由个人答复，全体名义实无答复之理。犹忆该函到局时，当开会之前一日，时已下午，即使有心改期，而数百张之公启，焉能以片刻缴回？尤属赶办不及。此不答复之实在情形也。总之，本局虽用欢迎之名词，却行报告之事实，且一切举动无不在监督洞鉴之中，是否可原，徐生有无误会，理合呈请。

　　右呈督部堂锡、抚部院陈

吉林行省批谘议局呈覆徐生禀称谘议局不顾大体开欢迎代表会事由

光绪三十四年十一月

吉林行省总督锡、巡抚陈批：来呈阅悉。查公启用"欢迎"二字于文字之间，自属失于检查。惟既据声明当日并无升旗、作乐、宴会种种事实，委因闭会时迫，特欲代表到局，报告一切，以资研究，及不答徐生函件之原因等语，尚属实在情形，应即毋庸置议。特尚有一言为各议员解喻者，在徐生之大义责言，意存规避，亦理所当有。各议员自宜引为畏友，不宜恶其真辞。此后务宜和衷共图匡济，切勿以文字嫌疑，互存芥蒂。是为至要。除禀批示外，希即知照。此覆。禀、批抄发。

宾州厅司选员武桓演说选举情形

光绪三十四年十二月

谨将委员在宾州宣讲所演说关于选举事宜，缮清恭呈宪鉴：

今日我告诉你们诸位一个大喜事。现在你们有一个大可喜可贺的事情，是花多少万银子买不来的！你们分文没费就得啦！是什么事情呢？就是现在各省全要立一个谘议局，让你们大家举几个公正有才干的人，作为议员，往那里给你们谋幸福去。凡于你们有害的事必去掉了，于你们有利的事必要举办的。你们想，这是可喜可贺的事情不是？我就为让你们举议员来的。你们没看巡警总局两厦底下贴着那个大榜吗？那就是我调查来有五千圆以上财产的人让他选举议员的，并不是为要租税。我听说你们以为要租税的，要将那榜撕了。今天我将立谘议局让你们公举议员的好处说一说，要不立谘议局于你们的害处说一说。我想你们听见我这两个说，不但不愿意撕那个榜，那榜上要是没有你们名字的，必还愿意添上呢！

立谘议局有甚么好处呢？我给你们说一说。大凡人谋生活之道，谁也没有自己给自己打算的周到。就按着地方官说罢，他虽然为民办事的，然而他那能够于民间有害的事、有利的事知到那们真确呢？所以我们皇上想这法子，立这谘议局，让你们举几个公正有才干的人替你们办事去。那事于你们有害了，那事于你们有利了，你们自己不能办的事，全可以对他说一说，他再对督抚说。如果这回事于你们真有害，或是真有利，一定是要办的。你们想这谘议局要是立起来，好不好？然现在我所说的，不过一点好处，往大处说，那好处大极啦！就还接着方才所说那个好处说罢！皇上家所办的事，于你们竟是有利无害的事。你们自己再好好过日子，家家就可以富了。这一国就是由一家一家成的，家若全富了，国亦就富了。国富，兵就可以强，到了国富兵强的时候，不但咱们不受外国人气了，外国反倒怕咱们啦！你们想立这谘议局的好处有多们大！

我再将不立谘议局的害处说一说。就先按着我们中国现在的时势说罢。往外边说呢，强邻逼处，全想着要瓜分我们土地。往里边说呢，恶党全想着要破坏我们治安。并且你们东三省红胡子是很利害，这个患难，是你们全知到的。然为甚么有这样患难呢？这也是皆因没有谘议局，民间不能议论国事的缘故。你们想，这一国的事情是很大的，是很多的，全仗着作大官的几个人办理，作小官的不过听上边的命令，如何能够为民间打算的周到，一点忧患没有呢？如今有说对待外国的吗？一动就说必得有好办外交的人，必得练强壮爱国的兵，外国就不敢欺负咱们啦！想这话也似乎有理，然人家外国里边呢，君与民结团体，外边呢还跟别的国结团体。国又富，兵又强，人家以君民一体来逼我们，我们只仗着几个作大官的抵挡人家，就让我们办外交的人好，招募的兵强，也万没有操胜算之理。日俄的往事，是你们知到的。俄国以大国为甚么被日本一小国打败了呢？不是皆因日本君民一体，俄国上下离心吗？我们中国现在不如俄国强盛，而外患较比俄国还多百倍，假如要是不立谘议局，民间仍然不能议论国事，上下仍然不能同心抵挡外患，我们中国是永远没有富强的日子了！并且外患一定要一天多着一天，恐怕我们土地不久就全归外国管啦！这就是不立谘议局的害处。然不立谘议局的害处不止于这一点，还有许多啊！我再拣要紧的给你们说一样。

世界的进步，一天进着一天。国家的事情，也就随着一天多着一天。事情愈多，花钱愈多，这是一定的道理。我国现在当兴办的事情太多啦！如立各样的学堂、巡警，练陆军，练海军，修铁道，安电线，奖农工，兴商业，还国债，处处全是当办的，就是处处全得花钱。像办这些事情，花钱要不让民间知到，管理财政的大臣必致于无所措手，不是想着敷衍，阻碍国家富强，就是横征暴敛，勒索百姓们。现今已竟有这样子啦！这还是没有大兴改革，假如到了大兴改革的时候，又该怎么样子呢？

要是立了谘议局，国家兴办一件事，必得经议员认可了，于民间有利的，才能行。民间的穷富，议员知到的，就是让民纳多少租税，也绝不至于让民受困穷。就看人家外国罢。民间一年纳的租税，较比我们多百倍，然民间为甚么不怨恨，国家还富足呢？这全皆因民有所议论国事的权柄，在未办事之先，民间议论好啦！甚么事该花多少钱，民间是知到的，作官的不敢有私病，所以不疑惑，也不怨恨。

今日我们中国也要仿照外国那们办法，让民间也有议论国事的权柄。到了四月二十五日，就让你们大家选举议员，好往省城里谘议局替你们办事去。可有一样啊，你们举议员的时候，万不可有私心，必要举那公正并且有才干的人。别说与你们有亲戚，仍就举他，或是有托你们的看着面子，不好意思不举他。要是这们样啊，所举的是一个公正有才干的人还好，若不是，可于你们有大害处啦！于那被举的人害处更大，不是我说瞎话，你们想想，这个议员是为你们办事的人，他若是不公正，于你们还有好处吗？就让他是公正人，若要是无才干，怎能够给你们兴利除害呢？这是按着你们这方面说，若是按着被举的人那方面说呢，凡议员说一句话、办一件事，必得登在报上，为的让你们知到那个议员替你们说甚么话着，为你们办什么事着。他若不是公正人，哪说一句不公正的话，不但一省的人都骂他，督抚还不饶他！这说的是不公正人这们样。若是只是公正没有才干呢？于他自己也很不好的。你们想啊，他也是这一省的人，于一省有利的事他不能兴，他也受不着利，于一省有害的事他不能除，他也是受害。况且他不能作事，人家给他登在报上，于他名声是很不好听的。你们想想，当初举他的时候，不是为的是他好吗？若是这们说起来，不是反倒害了他哩吗？所以我说，举议员的时候，必要举公正有才干的人。

将来怎么举法呢？到了四月二十五日，凡有选举执照的人，全照着执照上所写的那个区，拿着执照往那区投票所换票去了。换了票，当时就将心里所想举的那个公正有才干的人写在票上。投票所有一个投票匦，就将那票投在票匦里头。这个投票匦原来是锁着的，上面有个口，可以投票。俟大家将票投完了，就将投票匦送在城里开票所去。你们厅官并儒学王老师及我们司选员们，公同将票匦打开。是得票多的人，就让他为当选人。这当选人是甚么用处呢？皆因是应举一个议员的，就得先举出十个当选人来预备着。由此十个当选人里头，再公举一个议员。这是精益求精的法子。

将议员举出来之后，就往省城谘议局去。由九月初一至十一月底，这三个月竟是议论这一省的事情。凡于民间有利的事，就求着督抚举办，于民间有害的事，就求着督抚除去。若是国家有甚么内忧啦，有甚么外患啦，有甚么当大改变的事啦，当议员的全可以议议。你们大家若是有甚么主意啦，也可以告诉议员，让他转告诉督抚，给你们去办。如果于你们有利无害的事，督抚没有不准的。你们想想，若是这们一办起来，你们从前所受的冤屈全可以没了，这是多六的喜事呀！可有一样啊，你们举议员时候，千万要斟酌斟酌那所举的人哪，万不可随便一举啊！

宾州厅选举白话告示

光绪三十四年十二月

谨将所拟宾州厅选举白话告示，恭呈鉴核。

光绪三十四年十二月初九日宾州白话告示：

为出示晓谕事。照得昨于光绪三十四年十月□日奉到督抚宪札文，说吉林省城内开了一所谘议局，要在各府厅州县选举公正绅士充当议员，今年本月就要开办选举了。咱们宾州厅属管初选举的就是儒学王老师，名为初选监督；管复选的就是本厅，名为复选监督。准在本月二十五日就要派人下乡去调查啦！到明年四月二十五日就要投票选举啦！这回事，是我们中国向来靡有的。你们各民人等，想必都不知道甚么叫做谘议局？甚么叫做议员？怎么叫做初选？怎么叫做复选？怎么又要调查？怎么又要投票选举？本厅现在都要件件告示你们。你们民人个个全要明白这个道理，不可疑疑惑惑的糊想乱议。

甚么叫做谘议局呢？你看我们中国一天一天的不如人家外国强盛，这是甚么缘故呢？皆由我们中国向来官府所做的事情都不和百姓们商议，所以中国的百姓们都不知道国家的事情。人家外国就不像我们中国是的，官府里头，要做一件大事，或是要筹一宗大款，或是要除一个大害，都是与百姓们商议，所以外国的百姓们都知道国家的事是那件事要紧得做，那件害要紧得除，那宗款要紧得筹。百姓们都得在场议议，所以外国的国家要做一件大事，或是要除一个大害，或是要筹一宗大款，百姓们靡有不随时赶紧出力相助的。所以样样事都容易办好了。他们国家一天比一天的强盛，也就是这个缘由。现在我们中国去年六月二十四日奉了上谕，也要照他们这样办法，令你们百姓与闻政事，以示大公。我们钦帅奉到这个上谕，实时照办。凡你们吉林省的事，都叫你们吉林通省的绅士到省城里去会议。这省城会议的地方，就叫做谘议局。局内所办的事，全是于你们有益的事。那件事要怎么办法，要花多少钱，都要使你们知道，交你们去议议。这就是开谘议局的道理。所以现在要各府厅州县的民人公举几个公正人，代你们到省城里去议事去。这个代你们去议事的人，就叫做议员。这议员必要你们百姓选择公举，这就叫做选举。管你们这个选举的人，就是选举监督。这就是选举的说法。却又怎么选法呢？是要分两次选举，第一次选举就叫做初选。本月十三日有谘议局派来的司选员来厅，会同初选监督，选派调查员，分赴各乡调查你们百姓的年岁、籍贯、财产、出身、职业等事，看你们有可以举人的资格的，就给一个选举执照。到了明年四月二十五日至三十日，这几日，凡有选举执照的人，都要拿着到初选监督所定的那个投票所换取选举票，将心里想举的人写在选举票上，搁在票箱子内。这就叫做投票。投票完了，初选监督开开票箱子，看看谁是多人共举的，谁就算是初选当选人，榜示大众。这就叫做初选。再行第二次选举，就叫做复选。复选投票人就是初选当选人选举，初选当选人投完了票，再由复选监督查明了谁是多人共举的人，榜示大众，就是议员了。一省的政事，就可叫他代你们去议。本厅因为这事从前你们靡有见过的，所以不厌繁琐，一一告示你们。为此示仰合属旗民人等一体知悉。你们当依着选举章程选举就是了。其各凛遵毋违。切切。特示。

吉林谘议局筹办处详据研究所呈请续招二班学员并拟变通办法请候示遵由

宣统元年二月

　　为详请事。宣统元年二月十八日，案据自治研究所监督周大烈呈称，案查职所规则第四章第六条内开云云等情，据此查该所本为预备自治人员之机关，所有学额、学费、学科、学期暨各项规则，均经禀交在案。兹据该监督援案呈请于本年三月内续招第二班学员入所肄业，复恐各府厅州县之选送者未必均能如额合格，并拟变通办法，一面先由该所择期招考，以为补充缺额之预备。揆之定章，尚无不合。除批"俟如呈转详，并饬将应添教员、监学指租寄宿舍，及按月应需经常各费，核实预算，另详核筹，并通行"外，所有该所呈请续招第二班学员入所肄业，并变通办法各缘由，理合据情详请宪台鉴核批示，并恳饬属一体遵行，分别文电，依限呈覆。须至详者。

　　右详督抚宪

吉林谘议局筹办处札为各府厅州县造送自治研究所学员由

宣统元年二月

为通饬事。宣统元年二月十八日，案据自治研究所监督呈称，查职所规则第四章第六条内开云云等情，据此查该所本为预备自治人员之机关，所有学额、学费、学科、学期暨各项规则，均经详定，并通饬各属，遵章选送第一班学员入所肄业。各在案。兹据该监督援案呈请于本年三月续招第二班学员入所肄业，复恐各府厅州县之选送者未必均能如额合格，并拟变通办法，一面先由该所择期招考，以为补充缺额之预备。揆之定章，尚无不合。除批准，并据情转详督抚宪鉴核批示，并恳饬属一体遵行，分别文电依限呈覆到处外，合将该所原案，详定各属选送学额单，粘抄札发。札到该府厅州县，即便遵照，加倍选送，依限呈覆。事关要政，毋稍延玩，致干未便。切切。此札。

计粘抄详定选送学额单一纸。

札各属府厅州县自治研究所详定各府厅州县选送学员额名数单

计开：

吉林府	定额十名
长春府	定额八名
新城府	定额五名
依兰府	定额五名
蜜山府	定额一名
宾州府	定额五名
延吉厅	定额五名
绥芬厅	定额四名
双城厅	定额五名
滨江厅	定额三名

临江州	定额一名
伊通州	定额五名
濛江州	定额一名
大通县	定额一名
农安县	定额一名
敦化县	定额三名
磐石县	定额四名
榆树县	定额五名
长寿县	定额三名
长岭县	定额一名
桦甸县	定额一名

吉林省谘议局筹办处批自治研究所呈请续招第二班学员由

宣统元年二月

呈悉。查该所为预备自治人员之机关，请遵照禀定规则，于本年三月内续考招第二班学员，入所肄业。复恐各府厅州县选送者未必均能如额合格，并拟变通办法，一面先由该所择期招考，以为补充缺额之预备，事属可行。仰候如呈转详，饬属遵章分送。至应添教员、监学并添租寄宿舍，及按月所需经常各费，并即核实预算，呈候核夺。缴。

督抚宪通饬地方自治事宜在筹办年限期内应由谘议局筹办处主持文

宣统元年二月

为札饬事。照得吉省自治会，前以未奉部章，暂仿天津章程改为吉林府自治局，归谘议局筹办处兼理。现在部章既已颁到，自应照章归并，依限赶办，以重要政。当经饬由该处改订章程，呈请核定在案。查自治事宜现在既归该处兼理，其在筹备年限期内，自应由该处主持，仍随时商同民政司妥筹办理。俟将来自治成立，再统归民政司管辖。除批示并分行知照外，合亟粘抄章程札饬。札到该□，即便遵照。切切。此札。

计抄粘《吉林谘议局筹办处改定章程》

第一章　总　则

第一条　本处遵旨设立，筹办吉林谘议局选举并全省地方自治事宜。

第二条　本处建立于吉林省城，俟依限组成谘议局后，专办自治事宜。应如何改定名称，届时酌定。

第三条　本处一切事宜随时禀承督抚办理。凡本省现任各司道长官暨旗务处总理，皆有襄助本处之责。

第二章　组　织

第一节　设员及分科

第四条　本处设员如左：

总理，由督抚奏派监司人员充之。

参议，无定额，由督抚委派本省官绅及府厅州县长官、全省自治研究所监督充之。

参事，二员，由督抚委派娴习法政人员充之。

第五条　本处筹办事宜，酌设法制、调查、讲习、文牍、总务五科，由总理遴选官绅，分别委充。额设人员如左：

一、法制科　科长一员，科员若干员，另设司选员若干员。

二、调查科　科长一员，科员若干员，另设调查员若干员。

三、讲习科　科长一员，科员若干员，另设宣讲员若干员。

四、文牍科　科长一员，科员若干员，另设书记若干员、司书若干名。

五、总务科　科长二员，科员若干员，另设司事若干名。

第二节　职务及权限

第六条　总理禀承督抚，督率属员，总办本处一切事宜。

第七条　参议协助总理参议本处一切事宜。

第八条　参事协助总理筹办本处一切事宜。

第九条　法制科科长禀承总理，率同科员，掌办考订法规、筹划选举一切事宜。

第十条　调查科科长禀承总理，率同科员，掌办调查关于自治情形，并编辑报告书类一切事宜。

第十一条　讲习科科长禀承总理，率同科员，掌办自治教育及宣讲所、白话报社一切事宜。

第十二条　文牍科科长禀承总理，率同科员，掌办本处文牍一切事宜。

第十三条　总务科科长禀承总理，率同科员，掌办本处会计、庶务一切事宜。

第十四条　各科分掌事宜及办事细则另行拟定。

第三章　会　议

第十五条　本处得设会议，集议筹办重要事宜，以总理为议长，以参议、参事、科长、科员为议员。临时指派书记，充当会议速记。其规则另订之。

第十六条　本处筹办事件，与全省行政有重要关系者，得临时邀请驻省各司道长官及旗务处总理到会集议。

第四章　经　费

第十七条　本处经费由督抚宪筹指专款拨用，按季造报，作正开销。

第五章　附　则

第十八条　本章程以宣统元年三月十四日改定施行。

吉林谘议局筹办处总理邓为自治会筹改归并谘议局筹办处办理移会谘议局

宣统元年三月

钦命二品衔吉林交涉使司交涉使谘议局筹办处总理邓为移会事。案查接管卷内，宣统元年闰二月初二日奉督抚宪札开，照得吉省自治会前以未奉部章，暂仿天津章程改为吉林府自治局，归该处一并筹办在案。现在部章既已颁到，自应照章归并，依限赶办，仍由该处经理，以重要政而资撙节。部章业经札发外，其应如何筹改之处，合亟札饬。札到该处，即便遵照，查照部章，参酌本地情形，悉心妥议，详候核夺等因。奉此，除遵饬另案详覆，筹议归并办法外，理合备文移会贵局，请烦查照，移交接管，具覆施行。须至移者。

右移吉林府自治局

吉林谘议局筹办处呈覆遵饬将本处供差各员据实出具考语并加造履历清折各一份请鉴核

宣统元年八月

为呈覆事。案奉宪台札开,照得知人则哲,惟帝其难,立贤无方,于古有训。三代以上,人材众多尚矣云云。除分行外,札饬该处遵照等因。尚未及办,嗣又蒙宪台札催,前因各奉此遵查本处供差各员,半系奉宪札委充,系由前任总理颜道、邓司使详奉批准委派,署司接管后,除呈明添委法政毕业生刘家荫为宣讲所稽查员,暨分别陆续调委赵世荫、黄可权、殷盘、匡熙民外,其于各科长、科员重要差使,并未敢擅委一人。惟于各员之品行才具,平时均经留心考察。既奉前因,理合将考察各员情形,据实出具考语,并加造履历,分别开单,具文呈覆。仰祈宪台鉴核,查考施行。须至呈者。再研究所及教员皆系统归该所监督,呈请委派应俟周大烈回吉,再为加考续呈,合并陈明。

计呈考语履历清折二份。

右呈督抚宪

附:清折

谨将本处供差各员,遵饬出具考语造册,恭呈宪鉴。

计开:

参事

  王国琛　　学识宏通,才长心细

  周大烈　　品学兼优,有为有守

文牍科

  鲁　桢　　语练老成

科员

黎敬夫　　文理甚优
　　殷　盘　　安详有条
　　王兆勋　　谨慎可靠
法制科
科长
　　赵世荫　　明敏精细
科员
　　裕　康　　心地明白
　　于湛霖　　举止安详
总务科
科长
　　张　鹏　　干练有为
举办科
科长
　　傅钟涛　　通达事理
科员
　　张曾榘　　才具明敏
　　罗俊卿　　勤敏耐劳
　　黄国谦　　办事谨细
调查科
科长
　　黄可权　　学识优长
科员
　　匡熙民　　通达政法
讲习科
科长
　　孙永晖　　深明理法

谨将本处供差各员，造具简明履历清册，恭呈宪鉴。

计开：

王国琛	分省试用通判，湖北松滋人，现供本处参事差。
周大烈	日本法政毕业，附贡生，湖南湘潭人，现供本处参事差。
鲁　桢	候选知府，江苏山阳人，现供文牍科长差，兼管总务科事宜。
黎敬夫	优廪生，湖南湘阴人，现供文牍科员差。
殷　盘	南洋师范毕业生，湖南长沙人，现供文牍科员，掌管收发差。
王兆勋	候选县丞，广东博罗人，现供文牍科员，掌管校对、登记及监用关防差。
赵世荫	候选布经历，直隶遵化人，现供法制科长差。
裕　康	分省补用知府，吉林人，现供法制科谘查员差。
于湛霖	发省补用同知，吉林人，现供法制科谘查员差。
黄可权	拣选知县，湖南长沙人，现供调查科长差。
匡熙民	留日法政毕业，湖北汉川人，现供调查科员，掌管编辑专门各事差。
孙永晖	留日法政毕业生，浙江钱塘人，现供讲习科长差。
张　鹏	道员用署理吉林知府，浙江杭州人，现供总务科长差。
傅钟涛	前直隶即用知县，现供总务科长差。
张曾榘	分省补用通判，直隶沧州人，现供总务科员，掌管会计事宜差。
罗俊卿	选用巡检，四川江津人，现供总务科科员，掌管庶务事宜差。
黄国谦	布经历职衔，广东镇平人，现供总务科员，掌管庶务事宜差。

三、吉林谘议局筹办处第二次报告书（选录）

吉林谘议局筹办处第二次报告书例言

一、本处第一次报告时期，由光绪三十四年九月筹办处成立起，至宣统元年闰二月止。此次报告，由宣统元年三月朔起，至同年六月底止，六月后事迹，则让之于第三次报告。

一、第一次报告之宗旨，重在本处外行之文。此次编辑，间取外来公牍之极有关系于本处者摘录之，以见筹办之真面目。

一、吉林地方初改行省，其办理一切，自较内地为难。故筹办处与各地司选员及初复选监督往来电函，亦较他处为多。采录及此，阅者庶可知初辟边省，钦定谘议局选举章程之正鹄。

一、第一次报告之范围，内分甲、乙、丙三编，甲为筹办大纲，乙为选举事宜，丙为自治事宜。兹编不依第一次分类者，以筹办大纲，再无可言，自治事宜今尚无多可纪，故范围不出选举一门之外。要之，第一次报告书以类相从，略似传纪体。此次报告书，以日为经，略似编年体。体虽不同，而其所采为注重法理适合事实之文字一也。例行公事从略，以免淆目。

一、本处设有调查一门，本年专调查吉林全省固有团体之习惯，以便从事改良。现虽选据各调查员陆续报告，然究多不完不备之处，未便从事采录。仅录调查纲目一册，以见发起之大凡，余俟下刊。

一、谘议局之建筑，最为各国所重视。日本帝国议会，现方支出钜款，使工学博士等调查各国议会之图，俾据为（政）〔改〕筑张本，意至良也。我国地方议会，虽不能与彼帝国议会等类而齐观，倘率尔造作，定来日有许多不便之处，故窃于篇末附吉林谘议局之图，俾有心人观览。

吉林谘议局筹办处第二次报告书目录

吉林谘议局筹办处第二职员一览表

宪政编查馆电饬谘议局工程无取过奢文

详请督抚宪先向官帖局挪款建筑谘议局文（并批）

自治研究所呈报光绪三十四年腊月开支经常费请核销文（并批）

札饬各府厅州县查明已未设立自治研究所文（附填表一纸）

移请旗务处将乌拉城前有自治会积款改作自治研究所经费文

依兰府司选员禀陈误填出身原因文（并批）

详请督抚宪饬度支司从速拨放筹办处经常费文（并批）

税务处呈请督抚宪饬筹办处经费照奉省撙节文（并批）

札发各属选举投票纸并当选执照文

长岭县司选员禀报赴乡演说选举情形并榜示日期文

札各复选监督于当选票额遵照宪政编查馆覆安徽电开情形办理文

札吉林府复选监督将桦甸并归吉林为一初选区文

吉林府详请吉林桦甸相连地方选举人数互抄榜示文（并批）

批濛江州司选员解释选举章程文

长春府详报分配各初选区当选人额文（并批）

宾州厅详送分配各初选区当选人方法额数及清折文（并批）

绥芬厅司选员禀陈初选监督距离太远请就商复选监督文（并批）

札绥芬厅初选监督于投票时往司选员办事处会同料理文

札发各初选监督再选应用投票纸文

札发各复选监督初选举再投票规则文

详请督抚宪委筹办处总理以便钦遵陛见文（并批）

札各初选监督于五月二十裁撤初选事务所并停发各司选员薪水文

吉林府初选监督呈报初选投票情形文（并批）
长春府复选司选员酌拟变通选举办法文（并批）
札绥芬依兰延吉三司选员改用电告开票办法以免劳费文
蜜山府司选员呈请解释选举章程各疑义文（并批）
绥芬蜜山两司选员禀陈复选疑义四条请示释文（并批）
札各复选监督遵照宪政编查馆所定复选被选资格演成白话告示俾众周知文
详请督抚宪核定提前复选举并改定复选举期限表文（并批，附改定期限表）
吉林全省各区初选当选及候补当选人一览表
依兰调查员变通调查固有团体规则并增薪展限文（并批）
札饬各府厅州县转饬乡巡团练保护调查员文
呈覆督抚宪饬核长春自治研究所章程错误文（并批）
札吉林府复选监督酌给本处议决议员旅费文
吉林谘议局筹办处第一次调查员规则（附调查事项纲目）

附：谘议局图样

咨议局筹办处第二次职员一览表

职 名		姓 名	次 篆	官 阶	籍 贯
总 理		谢汝钦	敬之	民政司使	贵州人
参 议		庆山	祝三	分省试用道	吉林人
		牛翰章	墨樵	道员候补知府	吉林人
		杨梦龄	锡九	候补知府	汉军正白旗人
		庆康	锡侯	分省候补同知	吉林人
		罗惇曧	照岩	候选通判	广东顺德人
		万绳武	公雨	准补农安县知县	江西南昌人
		顾次瑛	秉一	候选直隶州州判	江苏人
		章绍洙	鲁泉	民政司佥事	福建四明人
参 事		乌泽声	谪生	留日法政毕业生	吉林人
		王国琛	志齐	留吉补用通判	湖北松滋人
		周大烈	印昆	自治研究所监督	湖南湘潭人
法制科	科长	黄可权	与之	拣选知县	湖南长沙人
	科员	赵世菡	枚臣	候选布理同	直隶遵化人
		裕康	仲安	分省补用同知	吉林人
		于湛霖	东帆	分省补用同知	吉林人
调查科	科长	李穆	宾四		
	代	范治焕	秉均	留日法政毕业生	湖南长沙人
讲习科	科长	孙永晖	寿萱	留日法政毕业生	浙江钱塘人
	科员	毁盘	壮文	南洋师范毕业生	湖南长沙人
文牍科	科长	鲁桢	志刚	候选知府	江苏山阳人
	科员	黎敬夫	芝兰	优廪生	湖南湘阴人
		匡熙民	厚生	留日法政毕业生	湖北汉川人
		程以经	醉六	候选县丞	江西新建人
		王兆勋	文卿	候选县丞	广东博罗人
总务科	科长	张鹏云	衢道	员分省补用知府	浙江杭州人
	科员	张曾榘	兰君	分省补用通判	直隶沧州人
		罗俊卿	廷修	选用巡检	四川江津人
		黄国谦	友琴	布经历职衔	广东镇平人

085/

宪政编查馆电饬谘议局工程无取过奢文

吉林抚台鉴：各省财力厚薄，及谘议局议员人数多寡，各有不同。所筑谘议局议事厅，或从新创设，或就旧改造，均无不可。其新建者，则宜仿各国议院建筑，取用圆式，以全厅中人能彼此互见共闻为主。所有议长席、演说台、速记席，上层旁听席等，皆须照现在该省议员额数加多，以为将来酌增议员之地步。其工程无取过于奢华，而亦须备有规模，以期适用而壮观瞻。宪政编查馆。江。（印）

详请督抚宪先向官帖局挪款建筑谘议局文并批

为详请事。窃本处前奉发宪政编查馆致各省江电内开："各省财力厚薄，及谘议局议员人数多寡，各有不同。所筑谘议局议事厅，或从新创设，或就旧改造，均无不可。其新建者，则宜仿各国议院建筑，取用圆式，以全厅中人能彼此互见共闻为主。所有议长席、演说台、速记席，上层旁听席等，皆须照现在该省议员额数加多，以为将来酌增议员之地步。其工程无取过于奢华，而亦须备有规模，以期适用而壮观瞻。"等因。查省城内外，无大场屋可以改造，本处现修之屋，亦只能供本处办公之用。业将为难情形，面陈宪聪，允其觅地新建。本处嗣于小东门外电灯处北面，觅有民地一区，计四十八亩有奇，依城面江，高爽敞阔，堪为建筑谘议局之基。其建筑方法，及工料价值，已饬民政司营缮科叶科员曦，遵照圆式绘图，估计约须实银七万两以上。此项建筑费，必须预筹，以冀早日动工，方不误九月初一日谘议局成立之期。本司拟先请饬拨市钱二十万吊，以资预备。曾经开折，呈蒙宪台批，由度支司筹款预拨在案，本处自应遵札领用。惟陈司使现尚赴奉未回，询据该司佥事巴哈布面称，实无的款可拨。而本处亟须招工投标，势难延缓。再四筹思，不得不另作通融之计。拟请宪饬官帖局先行借拨市钱二十万吊，为本处开工之用。嗣后不敷之款，再为随时请拨。俟工程告竣，共用若干，统饬度支司筹还该局归款。如此通融办理，本处既免误工，而度支司亦不致筹拨为难。是否可行，理合具文，详请宪台鉴核批示祗遵。实为公便。为此呈乞照详施行。须至详者。

批：据详已悉。谘议局行将成立，所用房屋亟须早为建筑。现在虽未筹有的款，然事关要政，未便久延。所请由官帖局先行借拨市钱二十万吊，作为开工之用，合行照准。候饬该局照数拨发，仰即到局借领，务须核实估计，撙节动用。其建筑款式，必须遵照馆电，无取奢华，但求适用，是为至要。至将来工程完竣之后，用款若干，候饬度支司筹还官帖局归款可也。此缴。

自治研究所呈报光绪三十四年腊月开支经常费请核销文

为呈报事。案查职所于光绪三十四年十二月初九日，呈报十月十一日开支常年经费，当蒙批准核销。十二月十五日，呈蒙宪台发给吉钱一万四千吊，并请将上月余剩吉钱三千零六十八吊二百二十九文，又各属解到常年学费银六百两，合吉钱三千零二十一吊，一并作为按月开支，随时造报在案。现在职所逐月支出各款，均系按照详定预算案，撙节动用。所有上年腊月开支，及应先行核实造报，计自光绪三十四年十二月初一日起，至三十日截止，共支放吉钱六千八百六十四吊二百七十文。其余一万三千二百二十四吊九百五十九文，拟作为下月开支，仍当与各属解到常年学费银两，一并随时核实造报。所有职所上年十二月初一日起至三十日，具文呈请宪台鉴核，俯赐批销，备案施行。

批：据送光绪三十四年十二月份经常费清折，计用市钱六千八百六十四吊二百七十文，核与该所预算案尚无浮糜，应准开销。惟查折内新收项下有宾州厅学费银六百两一款，计合市钱三千零二十一吊，应如数抵支外，实用领款钱三千八百四十三吊二百七十文，余钱归入本年，按月滚接造报，本处现已按照此数，折合实银，汇案请销。该所嗣后册报，应将所收外属学费，于开除项下照数抵除，登注明白，以免与领款牵混，仰即遵照。缴。

札饬各府厅州县查明已未设立自治研究所文

为通饬事。照得地方自治为立宪之基础，城镇乡又为自治之权舆。本处于闰二月初一日，奉督抚宪准宪政编查馆咨，札饬兼办自治事宜，自应将分年筹办顺序，先行规定，以便次第兴办。只以新旧总理，迭次更代，遂尔进行稍滞。查筹备自治，必以培养自治人才为第一紧要关键。省城所设自治研究所，第二班学员早经开课，第一班学员将次毕业，各府厅州县分所接踵而起者，正复不少。惟其组织内容，有具报本处者，亦有仅见报纸登载，本处无案可稽者，办法互歧，殊非整齐画一之道。急应一体查明，以凭核办。为此粘单通饬，仰该府/厅/州/县，即将单内所开各项，逐细查明。境内如有他项公益，在自治范围以内，如中小学堂、教育会、劝学所、宣讲所、阅报所、商务会、戒烟会等，其已经成立者，均应一并附列，统限文到十日内具覆，毋得延宕。切切。特札。

附：各属自治研究分所填表一纸

> 已设立
> 未设立
> 预备设立
> 设立年月
> 设立何处
> 是创设，抑系改设
> 屋舍是租赁抑系假用　屋主何人

创办经费几何

常年经费几何

经费从何筹拨

由官发起，抑由士绅发起

发起士绅之姓氏、年龄、里居、籍贯、职业

所长之姓氏、年龄、里居、籍贯、职业

全所职员之姓氏、年龄、里居、籍贯、职业

职员支薪水或尽义务

职员薪水数目若干

学生现在实数若干

学生年龄至大者若干岁，至小者若干岁

学生程度最高者，试取其平日文字一二篇，粘单送阅

学生分列几班

教授科目，及每星期授课时间

用何种教科书，学生各自备教科书否

教授如用讲义，应将讲义若干篇粘单送阅

学生寄宿否

学生寄宿，每人每日膳宿费若干

毕业期及学期

曾否领取图记

曾否具文详报到省

以上各项之外，如尚有他项办法，亦应一律查明报告。

移旗务处将乌拉城前有自治会积款改作自治研究所经费文

为移会事。宣统元年三月初二日,据乌拉城地方自治研究所员绅荷禄等,禀设自治研究所,请以前自治会款项,提充研究所经费,并改请监督,延聘教员,呈请立案前来。本处查自治研究所原为本年应行筹办之事,该绅等热心公益,首先筹设,尤与新订馆章地方绅士呈准核办一条,隐相吻合,自应准其立案,渐次筹办。惟此项事体关系重大,除请将乌拉自治会前此筹集各款,悉数提充自治研究所经费,不得挪作别项开支一节,系以自治会款项充研究所经费,事属一贯,原为正当办法,自应照准外,其厘订章程,及一切组织之法,应俟本处遵照馆章,参酌吉林情形,规定全省画一章程,详请督抚宪核夺后,通饬各属,一律遵办,以重要政。至改请监督,延聘教员之处,教员应即由该绅等选聘,其监督名称,应归吉林府兼摄。该所理合遵设所长一员,并无庸由本处拣派,即照馆章公同选举明达士绅通晓法律者充当,仍呈候本处核定。除批示并移付民政司,札饬吉林府查照外,相应移会贵处,请烦转行乌拉协领、翼领衙门,一体查照办理。须至移者。

依兰府司选员禀陈误填出身原因文

敬禀者。窃委员业于日前将另造初选举人名册等情形,禀明在案。兹于月之初十日,接到宪台札开,抄批转饬漏注代印,并误将云骑尉世职填入官阶栏内等情,恭读之余,无任惭悚。委员自去年到差后,召集调查各员,研究调查选举章程时,该调查员等即有以云骑尉等世职当填入何项栏内相质问者。委因东省为本朝龙兴之地，亦素称尚武之乡，所有世职自较他省为多。此项问题，故当尤为注意。委员伏查云骑尉一项，例于及岁入学入营后就职，文以知县用，武以守备用。夫既云就职，则前此非实职可知。且京师每季所编缙绅，亦将世职一项列为出身，与科甲行伍事同一律，则是世职一项当列入出身栏内，毫无疑义。复于正月杪奉到宪台颁发之《谘议局章程选举章程解释汇钞》一册，内有黑龙江省以此项质疑于宪政编查馆电文一条，读之益觉了然。所以该府各调查员收缴之资格表，与委员事务所所存之底册，暨该府初次呈送本处之旧式人名册，均以云骑尉世职填作出身。迨奉宪台电饬，照新式另造，该府复司选王委员佑曾已经到差，遂将委员申府核转之册内，载"此项世职不当列为出身"等语，指拨委员，与之再三质疑。王委员矢口不移，并云云骑尉系五品，既列品级，岂有非官之理。不知五等封爵，公侯伯系超品，子爵正一品，男爵正二品。凡此世职，又何尝不列品级。委员虽明知其误，必干驳诘，只以王委员职司复核委员，未便越俎相争，且谊系同舟，更不便与之冲突，致贻旁观笑柄。兹经宪台札饬指谬，钦佩莫名，特此专禀，沥述原因，非敢诿过，谨将所以致误之由，敬陈台端，仰希明察耳。

批：禀悉。该司选员于造选举人名册时，既经注意所有误填云骑尉一项，王委员咎实难辞。嗣后办事，仰仍遵照定章，细心经理，毋得稍存意见，致误事机。切切。此批。

详请督抚宪饬度支司从速拨放筹办处经常费文并批

为详请事。窃照本处经费，经前总理颜道，先后详蒙宪台批饬度支司拨发，本处计共领到实银六万七千一百零四两五钱九分。前于详报上年十二月份支销案内声明，自光绪三十四年九月开办起，截至十二月底止，共用实银三万一千九百三十两零五钱二分九厘，余银三万五千一百七十四两零六分一厘，归入本年用款在案。兹查前领之款，均经用罄，并已挪用商号市钱二万余吊，而本月供差人员薪水尚未发给，加以自治研究所请领第一、第二两班学员经常修理等费，以及各属垫发司选员薪水，纷纷呈请发还。本处万分支绌，无款可发，而又皆无可延缓，应再请领经常实银二万两，以备开支而免贮存贻误。理合具文详请，仰祈宪台鉴核，照案批饬度支司从速拨放，实为公便。为此呈乞照详施行。须至详者。

附：呈本处领用经费银两分别收支不敷待发等项数目清折

计开：

领款项下

一、五次收到度支司拨放实银六万七千一百零四两六钱。

用款项下

一、支研究所，共领实银一万七千一百两。

一、支已裁之自治局，共领实银九千两。

一、支日报社，共领实银一万四千四百二十二两。

一、支本处添买房基，实银五千二百五十四两。

一、支本处开办费，实银九百七十四两。

一、支本处九个月经常费，实银三万零一百二十三两。

以上本处共用实银三万六千三百二十三两，研究所、日报社、自治局三处共领实银四万零五百二十二两，统计用实银七万六千八百四十五两。除已领前数外，共不敷实银九千七百四十两。

待发项下

一、预算本处经常费，自五月至八月底止，每月需实银二千五百两，计四个月，共需实银约一万两。

一、二十二属初选司选员薪水，官价银八千八百两。按随时市价，约合实银五千六百两。

一、七属复选司选员薪水，官价银二千四百五十两。按随时市价，约合银一千六百两。

一、初选司选员往返川资，共需实银一千六百六十两。

以上三项，共需实银八千八百六十两，皆系通饬各属暂垫，汇报本处发还。现在初选办竣，已饬各属事务所，于本月底全行撤停。转瞬各属请领，亟需预备的款发还。

一、初选事务所经费，每区实银四百两，计二十二区，共需实银八千八百两。

一、复选事务所经费，每区实银三十两，计七区，共需实银二百一十两。

以上两项，共需实银九千零一十两。查此项经费，前奉公署通饬，各署作正开销，列入交代，并由本处通饬，径报度支司查核。各在案。惟前奉度支部咨询，筹办经费在于何款项下动拨等因，恐各属开销，款目纷杂，本处及度支司皆难造报，拟仍由本处筹款，发还各属归垫，以昭画一。

一、建筑谘议局，需实银五万五千两。

查此项工程，已绘图招工，估价投标，约需实银四万两有奇。又购备器具、铺垫等项，约需实银一万两有奇。约共需实银五万五千两。此款尤须速筹，开工迟则恐误谘议局成立之期。

一、自治研究所预算，按月经费，需实银二千五百两，计至年底，八个月，共需实银二万两。

统计以上各项，除已领银六万一百零四两六钱外，尚应需实银十一万二千六百一十两，应请饬由度支司照数陆续筹拨，以济要需，仍由本处核实册报。倘将日报社剔开另办，筹有的款，将本处垫发之款如数划还，则可少拨银一万四五千两。至谘议局成立后，实行筹办地方自治各费，不在此预算之内，理合声明。（此清折本系继税务处截发经费补呈者，因便查考，乃移置于此。阅者幸勿谓先后异位。）

批：谘议局事，限期成立，万难待款暂缓。所有预算各款，应即与度支司妥筹的款，陆续拨付，以重要政。

税务处呈请督抚宪饬筹办处经费照奉省撙节文并批

为呈覆事。宣统元年四月十八日，奉宪台批谘议局筹办处详请再领本处经常费实银二万两由，奉批："据详已悉。所有请领经常费实银二万两，仰度支司从速照数拨发，以资办公。原详并发。仍缴。"等因。奉此，本司查设立谘议局筹办处，为立宪预备，无论帑藏如何支绌，断不能因噎废食，贻误公需。查本司前因公赴奉调查，奉省谘议局筹办处报告，开办经费六千两，选举费一万三千七百四十两，每月开支一千五百七十两，每年经常费亦不过一万八千八百四十两。吉省仅州县二十一处，已减奉省一半，财政困难，较之奉省尤著。兹该处自光绪三十四年九月开办至今，已用去由司拨发实银六万七千一百零四两五钱九分。而原详尚称除实银用罄外，并已挪用商号市钱二万余吊，且自治研究所学员修理等费，及各属垫发薪水，均未发给。甫经半年，用款已加奉省全年之倍。来日方长，支款日多，本司窃恐难乎为继，帑藏奇绌，刻实无可筹拨，拟恳宪台行饬该处，查照奉省，撙节办理。或再拨若干，统候宪示遵行。理合具文呈覆宪台，鉴核示遵。须至呈者。

批：仰谘议局筹办处妥议覆夺，抄呈批发。

札发各属选举投票纸并当选执照文

为札发事。案查筹办选举详细期限表，定期于三月内，本处应发投票纸，并初选当选人执照。现照馆颁格式，分项印就，合亟札发。札到该监督，即便按照各投票区选举人数，略加数张，分给各投票所，饬照办事细则，妥慎办理。仍将收到日期，及分发情形，具文报查。切切。此札。

长岭县司选员禀报赴乡演说选举情形并榜示日期文

敬禀者。窃于二月二十七日业将演说未毕，并复造人名册情形，禀呈宪鉴。

闰月初一日，委员复往各区，偕同各该区调查员一人，巡兵二名，赴乡依次讲演。其讲演之法，每至村落较大之区，即令随从巡兵，知会该村老少，与邻村调查合格之人，咸集委员所驻之地，以期对众宣讲。无如屯民知识未开，囿于习俗，每闻官府入乡，不以为催科之来，即以为遣派之役，一经传集，即相戒动色，半皆托故隐避，不敢骤然直前。及与该屯长等倡言，现在国家预备立宪，以图自强，而自强之本，在君民一体，上下同心。凡所谓自治局、谘议局等类，皆使国民有建议之权，而后下情可以上达，永除从前上下隔阂之弊。现左选举一事，是要众人举本地公正之人，以为本地代表，此权最为贵重，最不易得，万不可轻于抛弃云云。众乃相信不疑，自是始陆续前来听讲。讲演毕，即按册给以选举执照，并告以将来投票方法，有始疑而终信者，有始终固执不以为然者，有去年不欲调查入簿，而今则情甘补入者，有闻言兴起自愿入簿，而限于资格者，更有已入草簿，因被剔除，而争执者。委员经历之区，情形各异，周历四区，共演说十八处。于闰月十九日回所，计前后共三十余日，总共耗车马、店饭等费二百五十余吊。随即于二十日将人名长榜，札发各区警局，令其照章粘附木牌，悬挂通衢，以备更正补入。除各区投票所及应用票匦，由初选监督具文申报请领外，谨将赴乡演说选举投票情形，肃禀具陈。

札各复选监督于当选票额遵照宪政编查馆覆安徽电开情形办理文

　　为札饬事。案查《谘议局选举章程》第五十六条内载："当选票额，以本区应出当选人额数除选举人总数，将得数之半为当选票额。"等语。兹由事实上推想，将来初选各区举行投票之时，投票人数恐必不能适如调查选举人名之数，投票之人既少，其票数亦必减少，当选票额若仍照定章除算，恐当选人未易足额，必致有再选之烦。兹查宪政编查馆覆安徽电文内开，所有初选举以本区当选人额数除本区实在投票总数，以得数之半为当选票额。所谓实在投票总数者，即投票时实在到投票所投票之人数也。似此变通办法，合之法理事实，尚不相背，而当选票额亦能如数应选。吉省各区情形，较内省尤为闭塞，亟应援案仿办，以防选额不足之患。除分行外，合亟札饬。札到该复选监督，即便知照，转行各该初选区，一体遵办可也。切切。此札。

札吉林府复选监督将桦甸并归吉林为一初选区文

为札饬事。案据吉林府复选司选员成惠函禀，内称"桦甸选举人数仅十九名，不敷分配当选人一名，照章不能举行初选。夫以实有选举权之人，而不能实行选举，未免向隅，可否变通办理"等语前来。查宪政编查馆覆奉天临江办法电文内开："鱼电悉。查《谘议局选举章程》第二十七条第二项，于初选区选举人数不敷选出当选人一名者，定有明文。临江初选区初选人数，既不敷选出当选人一名，应照章附于别区投票。若路途较远，可另立一投票区，俾便投票。至票数应仍与所附之初选区总算，以符定奏。"等语。桦甸情形，事同一律，应即依照办理。该区距吉林府路稍近，可并入吉林为一初选区。所有选举人名册，吉、桦两处可互榜示，仍于桦甸设投票所，而以吉林为开票地。至分配当选人名额一层，应将桦甸人数并归吉林总算，再行分除若干选举人得当选人一名。为此札仰该复选监督遵照，并速分行吉林、桦甸各初选监督遵办勿延。切切。此札。

吉林府详请吉林桦甸相连地方选举人数互抄榜示文并批

为详明事。宣统元年三月初十日，奉宪台札开，据卑府复选司选员成惠函禀，桦甸选举人数仅十九名，不敷分配当选名额，恐不能实行选举，未免向隅。

可否变通办理等情。查宪政编查馆电覆奉天临江办法内开："初选区初选人数既不敷选出当选人一名，应照章附于别区投票。若路途较远，可另立一投票区，俾便投票。至票数应仍与所附之初选区总算，以符定奏。"等语。桦甸情形，事同一律，应即依照办理。该区距吉林府路程稍近，可并入吉林为一初选区。所有选举人名册，吉、桦两处可互榜示，仍于桦甸设投票所，而以吉林为开票地。至分配当选人名额一层，应将桦甸人数并归吉林总算。仰即遵照速行各该初选监督，遵办勿延等因到府。奉此，遵查卑府选举人名册，早经依限榜示，除补查之五十余名不计，共已二千四百五十四名。如全数造册，送交该县缮榜，恐猝难集事，更误榜示期限。兹将府属与该县相近一带地方之选举人九十八名，抄送该县，一并榜示。该县选举人名册，亦补行录榜，于府属相近之区榜示，庶选举人中才品易于互知，便于投票公举。照此略为变通，似于实际较有裨益，而要致可免稽延。除遵照转行，并抄送吉、桦相近地方选举人姓名外，理合备文，详覆宪台鉴核。

批：据详吉林初选区只将与桦甸相近一带地方选举人九十八名，抄送该县，核与前札两处名册互相榜示办法不同。惟查所抄送之选举人名居址，既与该县相近，则两地人品资望，自必素所熟悉，于选举实际，良有裨益，应准照议办理。仰即录批行知该县为要。抄由批发。

批濛江州司选员解释选举章程文

径复者。来函阅悉。请示《选举章程》第五十四条所云，及解释汇钞宪政编查馆复云贵电"姓名作名数解"等语，诚不能无疑义。查此条"姓名不符"四字之解释，即指开票时，如有选举票所写姓名，与人名册所列姓名或有不符，如姓符名不符之类，均应另册记明，以待查核而言。至放弃选举权等事，如不到所投票，投票簿中或未签字，或到所签字而不投票，及空白投票之类，皆须于检票时，将选举票与投票簿对照。原文本自分明，自经覆电有"姓名"二字应作名数解一语，遂致群疑莫释。即如上海商务印书馆《笺释》，又舍去"姓名不符"四字之解释，而专解释"姓名应作名数解"之一语，至愈解释愈滋疑惑。议论纷纷，莫衷一是。本处按此条"姓名不符"四字，不可援"应作名数解"一语，再为拘牵。至放弃选举权者，必以选举票与投票簿名数，对照查核，始能查出。总之，无论姓名不符，或票数多寡不符，均当另册记明。如此解释，方免疑误。又另函称，该州当选人额尚未奉到复选监督饬知，兹经查询吉林复选事务所称已发去，行知多日，此时谅已收到。本处案于三月十一日发去投票开票各细则，及二十一、二十二等日连发选举须知，及投票纸、当选执照，谅已不日送到矣。希并查照，妥慎办理，无任盼切。此复。

长春府详报分配各初选区当选人额文并批

为详报事。窃奉宪台交到，蒙督抚宪谕示："吉林全省选举人，共计一万五千三百七十五名。按照议员定额三十名除算，凡一复选区得有选举人五百十二名者，即得议员一名。现查该复选区选举人数，应配定议员十名。"等因。奉此，知府当即会同复选司选员，按照定章第二十六七两条，遵将配定议员十名，用十乘之，得一百名为初选当选人额。又以此当选人额一百名，除全区选举人总数五千一百三十三名，得有选举人每五十一名者，即能选出当选人一名。查长春府本管地方，选举人数二千六百二十三名，以五一除之，得当选人五十一名；余零数二十二名。农安县选举人数二千二百零二名，以五一除之，得当选人四十三名；余零数九名。长岭县选举人数三百零八名，以五一除之，得当选人六名；余零数二名。共零数三十三名。至定章有比较各初选区零数多寡，将余额应归零数较多之区选出之。现因已足当选名额，分配零数，固勿庸议。除饬各该初选区迅速榜示外，理合具文详报，伏乞宪台鉴核。须至详者。

批：呈悉。该监督所配各初选区当选名额，核与定章相合，仰即照办。缴。

宾州厅详送分配各初选区当选人方法额数及清折文并批

　　为详报事。前奉抚宪电开："各区选举人名册，业已报齐。全省选举人，共计一万五千三百七十五名。以议员定额三十名除之，凡一复选区，得有选举人五百十二名者，即得议员一名。现查该复选区选举人共计二千零八十名，应配定议员四名。希即按照定章第二十六七两条，分配初选当选名额于各初选区，并饬各该区迅速榜示具报勿延。"等因。奉此，遵查本复选区配定议员四名，按照定章第二十七条，分配各初选区当选人额，当查四区各有零数若干，先得当选人三十八名，尚亏定额二名。照章比较各区零数多寡，应归零数较多之宾州、五常二区选出之，以足四十名当选人之额。当即分饬各区，榜示具报。嗣据申报前来，除详覆督抚宪外，理合将分配各区当选人额数，开具清折，备文详请宪台查核。伏乞照详施行。计详送清折一扣。

　　谨将宾州厅复选区分配各初选区当选人之方法及额数缮具清折恭呈宪鉴

计开：

　　一、吉林全省选举人总数，一万五千三百七十五名。

　　一、督抚宪照选举人总数，以吉省三十名议员定额分配，凡一复选区有选举人五百十二名者，得议员一名。

　　一、本复选区所属初选四区，选举人共二千零八十名，理当分得议员四名。尚共剩选举人三十二名，不足分配。

　　一、本复选区以所分议员四名，按照定章第二十六条计算，每名加多十倍。即应选举议员一名者，必先举出十名人，使为复选举人。故本复选区应出初选当选人四十名。

　　一、本复选区按照定章第二十七条分配各区当选人之法分配之。有选举人五十二名者，即得当选人一名。

　　一、查宾州厅初选区选举人一千一百三十三名，应得当选人二十一名，余数四十一名。

一、查滨江厅初选区选举人一百三十四名，应得当选人二名，余数三十名。

一、查五常厅初选区选举人六百零三名，应得当选人十一名，余数三十一名。

一、查长寿县初选区选举人二百一十名，应得当选人四名，余数二名。

以上四区，得当选人三十八名，尚亏二名。照章应归零数较多之宾州、五常二区选出之，以足四十名当选人之额。

批：详、册、清折均悉。该复选监督分配各初选区当选名额办法甚合，仰即知照。缴。册、折存。

绥芬厅司选员禀陈初选监督距离太远请就商复选监督文并批

敬禀者。前奉宪札："各区一切用款，造送预算表，限文到十日内，一律送到"等因。奉此，自当遵照速办，以符定期。乃本所监督，权篆三岔口，从派为初选监督以来，向未到所办事。凡行文用印，出示晓谕等事，均须送至三岔口，酌核发回，始能举办。三岔口距塔城遥遥数百里，文报不通，旱路险阻，非由俄火车，不易转达。夫由火车专差执送，往返总需十八日，每次车费亦需一百五十余缗。曾请复选监督，将初选监督调塔到所办事，乃又糜费滋多，耗费款项。照奉直筹办处章程，选举经费各准支银三百两之数，愈不敷用矣。试思举行初选在迩，凡宣示人名册，保荐投票、开票、管理、监察各员，及选举告示，设所投票等事，均应依次克期预办。若事事必须送至三岔口，请该监督亲自行文用印画稿，恐往返周折，稽迟时日，不能克期竣事，且有事多隔阂不合章程之虞。拟请以后诸事，就近请示复选监督核办，即行文用印，亦由复选监督代办。可否当行，司选员不敢擅专，理合禀明，请示遵行。

批：据禀初选监督隔离太远，遇事请示，不独往返糜费，抑且诸多迟误。应准嗣后就近商请复选监督核办，即行文用印，亦准由该复选监督代办代行，以资简便。惟届行初选举之时，仍须初选监督于投票期前亲临事务所，经理投票、开票一切事宜，以专责成。抄由批发。

札绥芬厅初选监督于投票时往司选员办事处会同料理文

为札饬事。案据该厅初选司选员詹兰洲禀称云云等情。据此查初选监督隔离太远，遇事请示，不独往返糜费，抑且诸多迟误。应准嗣后就近商请复选监督核办，即行文用印，亦准由该复选监督代办代行，以资简便。惟届行初选举之时，仍须初选监督于投票期前，亲临事务所，经理投票、开票一切事宜，以专责成。除批示分行外，合亟札饬。札到该初选监督，即便遵照可也。切切。此札。

札发各初选监督再选应用投票纸文

为札发事。前经本处查照筹办选举期限表，按期将初选投票纸，并初选当选执照，酌计各选举区呈报人数，札发在案。兹查《谘议局选举章程》第五十七条云："凡因不满当选票额，致无人当选，或当选人不足定额，令原有投票人再行投票。"是再选情事，事前均宜预备。除选举执照，于初次投票时，由管理员签字交还本人，仍备再选。其投票纸，非另发备用，不足以昭周妥。兹照原发投票纸数目，合再札发。札到该监督，即便遵照。倘经一次足额，不须再选时，着将此项投票纸缄密封固，呈交复选监督衙门存储，以备下届选举之用。希将奉到日期，具文报查。再，定章第五十七条所载，原有投票人之解释，业经本处详请公署，电准宪政编查馆覆称，原有投票人应无论初次选举，已到未到，凡在选举人名册内，均准再行投票等因，并即遵照。切切。此札。

札发各复选监督初选举再投票规则文

为札饬事。案查《谘议局选举章程》第五十七条，凡因不满当选票额，致无人当选，或当选不足定额，即再行投票，以期足额。按此项情节，前于期限说明书中，已经筹及，但不规定详细办法，仍恐临事周章，无所依据。兹拟定办法八条，粘单札发各复选监督，转行各该初选监督，俾得有所遵循。为此札饬，札到该监督，即便遵照。切切。此札。

计粘规则一纸。

初选举再投票规则

一、再投票日期，照章在开票后第三日，即期限说明书所定之五月初七日。

一、知会再投票人方法，须于投票日之先，将开票后或须再行投票之缘由，及再投票日期，编成白话告示，张贴各区投票室门首，俾众观览。并于投票之日，谕令投票人暂行守候数日。倘有再投票之举，更当先期一二日，即下传单，著各区乡地按名知会。

一、选举执照，仍用初次收还之执照，换给初选投票纸后，由管理员于首行初选字旁加盖一"再"字红戳，交还本人，以为再投票时换给票纸之据。

一、再投票纸，仍由本处颁发。

一、再投票方法，若初选因票额不满，致无一人当选时，则就得票较多者，按该区应出当选人额数，加倍开列姓名榜示。若已有当选人，而不足定额时，则就未当选之得票较多者，按不足之额数，加倍开列姓名榜示，使再投票人按照榜上所列之姓名内选举。

一、再投票人，凡在选举名册者，皆得一律与选，不限定初选到所投票人。但此次始来投票者，其选举执照上亦应盖一"再"字红戳。

一、榜示再投票当选人姓名，照期限说明书，于五月初八日榜示。

一、再投票未尽事宜，除以上特别规定外，所有选举时之事序，仍照《选举章程》。

若一次不足，则可三选四选，其办法亦得适用本规则。

吉林交涉使详请督抚宪改委筹办处总理
以便钦遵陛见文并批

为详请事。窃本司自奉旨补授吉林交涉使，既经恭折叩谢天恩，并吁恳陛见。兹于四月初二日差弁赍回原折，奉朱批："著来见。钦此。"本司自应钦遵起程入觐。所兼谘议局筹办处总理一差，事务繁重，且现值举办初复选举之期，不可无人主持，应请宪台遴委贤员接办，以重要政，庶本司得以早日起程。所有请委筹办处总理缘由，理合具文详请，仰祈宪台鉴核批示祗遵，实为公便。为此呈乞。

批：据详已悉。该司入都觐见，计程途往返，为日无多。所有谘议局筹办处总理一差，自可无庸更委。其一切事宜，暂由两参事商同办理可也。仰即知照。此缴。

札各初选监督于五月二十日裁撤初选事务所
并停发各司选员薪水文

为通饬事。照得本处于光绪三十四年十二月间，札发各属初选事务所章程，其第一章第三条内开："本所以光绪三十四年十一月十一日起，至宣统元年五月二十日，将初选事务办理完竣，即行裁撤。"等语。现照选举期限表，以四月二十五日至月底为初选举投票之期。投票后，应办之事，必能依限赶办完竣。初选事务所自应照原章，于五月二十日裁撤。惟表内有五月十五日以前，本处发复选举投票细则及复选票纸、执照于复选监督，并饬各司选员齐集各复选区一条。查各复选区已由本处分别委派复选司选员，又有各本区初选司选员帮同办理，似无须他初选区多数之司选员前往。应令于该所裁撤后，随时起程回省，一律限五月底销差，薪水亦截至月底停发。其回省川资，仍应查照前札，由初选监督按等垫给一半，汇报拨还。至延吉、绥芬两厅，即准宪政编查馆电覆，归并依兰府为一复选区。复以距离太远之故，不便赴依兰投票复选，仍令延、绥两区各设复选投票所，举行复选，而以依兰为开票总汇之所。是该两厅初选司选员，仍应留办复选事宜，以资臂助。至新城初选事宜，系派何庆颐兼理，应即撤销初选司选员名目，专办复选。除通行外，合亟札饬。札到该初选监督，与司选员一体遵照办理，毋违。切切。特札。

吉林府初选监督呈报初选投票情形文并批

为呈报事。窃府境初选，照遵宪处期限表所定，于四月二十五日至二十七日举行投票。城内第一、二区，由复选监督张守，率同经历，随时前往布置查察。并经初复选张、成两司选员分投照料，各区管理、监察员均已先期讲演习熟，又复热心公益，恪谨将事，规律甚为严整，投票亦颇踊跃。以十区平均计之，约在过半数以上。现在各区投票匦，业经管理、监察员等先后附报告书，呈送前来。除定期开票外，谨先检齐报告书，恭呈宪鉴。再据崇礼社乡地盛乃田禀称，该区选举人二十余名，赴八道河子投票所，行至中途，闻有大股胡匪，惊怖却回，请将投票所移至烟筒山等处，较为便利。又据第十区管理监察员高甲第等声称，该区选举人亦多因惧胡匪绑票却回，是以投票人数较少，并禀称该区有陈殿甲，于二十五日携刘凤执照投票，该员等因刘凤先已投过，查簿上并无重名，当向诘问，伊认系在自治研究所之金明川倩伊顶替投票，以期多得票额。该员等从宽谕令退出，伊更强横，谓此票非投不可。当交巡警看管，令出具情形保呈各一纸等语。禀请前来。查该两区投票均因匪阻，崇礼社乡地请移投票所于该处近地，未免狃于一偏，自难照准。但应否于再选时另行设法，量予通融，并顶名投票之陈殿甲应如何办理之处，经历均未敢擅便。理合呈请宪台察核批示祗遵。再桦甸县投票匦已经司选员贾席珍等呈送前来，听候开票，合并声明。须至呈者。

  批：据呈初选投票，规律严整，投票踊跃。以十区均计，约在过半数以上。检齐报告书，呈送前来。察核报告办理情形，井然有条，殊堪嘉慰。崇礼社及第十区选举人，均因匪阻却回，致投票人数较少，自系实情。惟请将投票所于再选时通融移设近地，碍难照准。至第十区管理监察员高甲第等禀称，该区于二十五日有陈殿甲携刘凤执照投票，因查簿刘凤已先投过，谕令退出，伊更横强，谓此票非投不可，向诘自认系自治研究所之金明川倩伊顶替，以期多得票额。业由该管理员等送交巡警看管，并令出具情形保呈各一纸等情。足见该员等管理监察，均极认真，所办甚是。查奏颁《谘议局章程》，所订罚则，何等严重。金明川私冀多得票额，竟敢托人顶替投票。陈殿甲通同舞弊，尤敢在投票所使强，实属胆大妄为。若不照章严办，澈底根究，殊于复选前途大有关碍。查局章第九十六条内载："冒用姓名投票者，处二月以上、二年以下之监禁，附加十元以上、百元以下之罚金。"等语。此案正系冒用姓名投票，应讯明情节，分别轻重罚办。又九十一条内载："凡选举诉讼事件，初选应向府、直隶厅州衙门呈控，复选应向按察使衙门呈控。其各省已设审判厅者，应分别向地方及高等审判厅呈控。"等语。此案系该区投票所管理、监察等员当场查询禀报，虽与诉讼有别，然局章既无此项明文，自应以此条比例办理。应由该监督速将该区看管之陈殿甲，及所具保呈，一并移送地方审判厅，传同金明川、刘凤二人到案，照章讯断。查金明川系吉林府保送之学员，顷据研究所监督面称，该学员已请假回籍投票，应由本处札饬吉林府，刻日传送到厅。遵照局章第九十二条，于各种诉讼事件内，提前审判，不得稽延，以重要案。除移请地方审判厅并饬吉林府照办外，仰即遵照。此缴。报告书存查。

长春府复选司选员酌拟变通选举办法文并批

敬禀者。窃职员自奉到改定复选举期限表，当即会同监督，依限赶办，未敢稍误。并谨将按照《谘议局章程》暨解释汇钞，参酌事实上之便利，变通办理各缘由，另缮清折一份，禀请宪台察核批示遵行。须至禀者。

酌拟变通方法如下：

一、查定章七十三条，复选检票方法，按照五十四、五十五两条办理。惟五十五条内规定，凡选举票应作废者，及有选出之人不合被选举资格者一项。若在初选检票时，有人名册为限，固属甚易。至复选检票时，该被选举者，既不以初选人名册为限，又不能以复选举人为限，倘如被选之人出乎人名册之外，是否合被选资格，实难预料。抑或即在初选人名册内之人被选，亦难确定其均不犯局章禁止各条情事。所以现拟将复选举当选人，于经榜示后，即行着该初选监督派员调查，果属合格，仍须该调查员出具切结，并该监督盖印，以凭查核，而昭慎重。

一、查定章七十五条内载，复选当选人名次，仍照五十八条办理，以得票多寡为序。票数同者，以抽签定之。但于此有一问题，假如一复选区内应选议员十名，已有得票最多数者，顺序仅止八名，尚缺议员额数二名。犹有当选票数同者五名，若先以抽签定之，孰为议员，孰为候补，固难区分。可否按照日本选举方法，遇票数同者数人时，先以年长者递补。如二人年月仍复相同时，则以抽签之法定之，抑或用一、二、三、四、五编号抽签法定之。

一、查定章八十五条内载，补选事宜，系因议员缺额，无候补当选人时，惟有补选人一法。若被选人仅足额数，按定章是不必另选候补人。倘被选人种种之不合格，而作为当选无效者时，彼时若再召集选举人，举行补选，又多费一番周章。可否于开票之翌日，除议员额数外，再选候补当选人若干？虽定章所无，而揆之法理事实上，亦不甚相背，并可免日后补选之烦。

一、初选当选人执照，于复选举投票时核对后，应否盖一"再"字红戳，还给本人，以作再选投票之据，抑再选投票时核对后，应否还给本人？

一、知会复选举人时，传知单后，可否将《谘议局章程》第五条及六、七、八等条，各项情事，逐一详列，以便复选举人观览，认明宗旨，选举时不得瞻徇情面？

批：禀暨清折均悉。所陈办理复选变通方法各条，其中颇有见地者，本处亦曾虑及。已分别文电通饬遵办在案，应即查照办理。兹再逐条解说于下。如第一条云，复选被选人不限名册，倘得选者出于名册之外，其合资格与否，无从得知，拟监督派员调查其合格者，并须调查员出具担保，与前发通电相合。所见尚为周密。第二条云，假如某区议员缺额，犹有当选票数同者若干名，应孰为议员，孰为候补当选人，当按定章第七十五条办理，不可另用他项方法。第三条所云，定章第八十五条之规定，业经通饬各区，按照应出议员额数，折半计算，同时选举候补当选人。第四条云，初选当选执照，于复选投票时核对后，盖一"再"字红戳，亦无不合。复选完了后，其执照即当交还本人。第五条云，知会复选选举人，于传单后将《谘议局章程》第五、六、七、八各条载明，俾其观览，以免误会，甚为妥协，应准照办。仰即知照。缴。清折存。

札依兰绥芬延吉三司选员改用电告开票办法以免劳费文

为札饬事。照得本处前因依兰、绥芬、延吉三复选区选举人数过少，均不足分配议员一名，几有不能成立之虞。曾拟变通办法，呈准督抚宪，电咨宪政编查馆，旋准电覆，令将依、绥、延并作一复选区，配定议员一名。绥芬、延吉仍设复选投票所，各就原区投票，以依兰人数较多，定为汇总之地，设一开票所。绥、延之票均送该所，会同检验，已早经本处通饬在案。惟复选被选人，不以选举人名册中所有之人为限，而以本复选区之合格者为限。今依、绥、延既并为一复选区，则三区之人应互相选举，不可仍前之各选各区。应将此情节撰成白话告示，预先广为张贴，俾众周知。又绥、延二区之票，既归依兰开验，投票后，各送甄于依兰，长途解递，时日既恐延误，及至开票检验，若因票额不满，无人当选，仍须将甄送回，再行投票，往返尤属不便。现拟变通改用电告之法，如延、绥二区投票毕，即日将某某得票若干，电告依兰汇总，检验有无当选人，仍再投票与否，依兰即行电覆。倘应再行投票，无论一次或二、三次，均按此法照办，至有当选人为止。仍将两区所投之票并票甄，移送于依兰开票所，以免无数周折。除分行外，合亟札饬。札到该监督，即便遵照办理。切切。此札。

蜜山府司选员呈请解释选举章程各疑义文并批

敬禀者。窃维选举疑义，不一而足，稍昧其真，则临时乖舛，误会其意，则遇事张惶。兹举数端，有为条文所载而未深明晰者，有职员应办而未决从违者。试逐条开列于左：

甲、《选举章程》第十二条，凡办理选举人员，除监察员外，不得与于选举人及被选举人之数。按办理选举人员云者，不知内含有调查员否？调查员既系本地士绅，倘或合格，能否有选举与被选举权？

乙、《谘议局章程》第四条，外省人寄居本省，须满十年以上，有一万元以上之资产，方能行使选举权。昨奉批示，外省人既在蜜山安家立业，即可认作该区住民，是已从宽办理矣。查蜜山外省人，有文童张鹤龄者，寄居仅满三年，虽有产业，而家眷尚未迁入，其人颇通文义，业经填入名册报出，可否准其有选举及被选举权？

丙、《选举章程》第五十六条，初选以本区应出当选人额数，除选举人总数，将得数之半，为当选票额数语。例如蜜山应分配当选人二名，本区选举人总数二十二名，以二除之，得一一之数。再以一一折半为五五，是否得票五张，即为当选？

丁、《谘议局章程》第六条第八项，有不识文义之限制。兹奉批示，各省以能写选举票之姓名者为断。但蜜山选举人名册，除赵联（科）〔纯〕、刘科仲二人资产不符，照例剔除外，余仅有选举人二十二名。职员近又注意访查，实不能写姓名者有十之三四。现在风气初开，其初选当选之票额，若必按选举名册总数核算，势必至多番重选。现拟当选票额，可否不以名册总数算，而以现有投票之实数算？

戊、《选举期限一览表》规定，四月二十五日至月底为初选举投票期，五月初四日开票。查蜜山人数虽少，而区域辽阔，选举人集聚一次，甚非易事。现拟二区设一投票匦，可否预先广告，限一定日齐集投票区，上午投票，下午开票，俾众参观，以免往返之劳？

己、调查须知第三十条应用章程，其书有选举须知之名目。去冬职员禀请发给，迄今仍未接到。可否照选举名册发给二十二本，就近按名散发，用开边民知识？

庚、蜜山距绥芬复选区六百余里，凡填入选举册内者，每以复选时道远为虑。观此则初选投票时，倘有多数不到，抑或初选被选人至复选时再不赴绥投票，此虽自己放弃其权利，恐于事实上多有相碍。初选监督亦虑及此，可否预先示以强迫之意，初复选投票时，皆不准不到？

辛、日前阅报载，有筹办处札发各区选举事务所章程本一节，职员未知系何项章程，及向该府收发处详询，仅有札文，而章程本已失。可否随后再行发给，以便遵办？

壬、前于二月初旬，因蜜邑选举事少，彼时又未接奉批饬，曾函商复选区，代为电禀，赴绥帮办选举。兹接绥邑覆函言，回电暂准赴绥帮办等谕。职员伏思初选期限业已临迩，现在备办投票簿、投票告示等事，渐形忙碌。可否初选举以前，不必赴绥，以免多增往返？

癸、将来初选举完毕后，所有投票匦，与浮余之选举调查资格表等项，是否交初选监督保存，留作下届再用？

以前十条，均为待询，而不可含混将事者。倘蒙按节训诲，俾有遵循，即为公便。除应办事宜另行申报外，所有选举疑义，恳乞逐条解释各缘由。谨具文禀请览核，速赐批示祗遵。

批：禀悉。该司选员于选举疑义，及办事次序，有未明晰者，兹为逐条详加批示如左，仰即遵照。此批。

甲项，因《选举章程》第十二条，有凡办理选举人员，除监察员外，不得与于选举人及被选举人之文，遂疑调查员亦包含在内。此实舛误。查《选举章程》第四、第五两条，明指办理选举人员，为初复监督及管理、监察员，并未言及调查员。是调查员有选举及被选权，已无疑义。

乙项，寄居问题，前曾批示，凡外省人在该府安家立业者，即可认作该区住民。此系比照奉省洮南一区办法，万不得已之举。兹据禀称，文童张鹤龄于该府家居已满三年，且有产业而通文义，即可予以选举及被选权，不必泥于有无家眷。盖已家居三年，即可作"安家"二字之解释也。

丙项，当选票额，照章自应以全区选举人数除算，惟恐选难足额，已由安徽电准宪政编查馆，当复以全区实在到所投票之人除算，得半之数为准。本处已早通行在案，该处岂尚未经奉到耶？折半以后，所得半票，应不计算在内。

丁项，前因该区复选监督报到选举人数只有二名，曾经札饬，令选举人径赴绥芬最近投票所投票。兹据禀称，选举人共有二十二名，与前次绥芬厅申报之数显有出入。至称赵联纯、刘科仲二人资产不符，照例剔除。除查赵联纯一名，即前次申报二名内之一，名册列资产一项，合计确值一万元，何忽谓其资产不符，岂调查时之粗忽耶？抑别有情窦耶？至谓选举人有二十二名，又谓有不能书姓名者十之三四，究有几人合格？亦未声叙明白。似此模糊，影响莫可究诘。该员办事之颠顸，于此可见一斑。不独该监督一人之咎也。昨经电据绥芬覆称，该区名册虽已填列二十二名，其中有二十名不识文义，仍只二名合格，已转该区，仍照前饬，归并绥芬最近投票区，举行初选，毋庸设所投票。

戊项，设所投票，应毋庸议。

己项，选举须知，业于日前颁发矣。

庚项，所虑选举人因路远不赴绥芬投票，亦系实情。惟须多方劝导，不可加以强迫。吉林已有通知单办法，经本处札饬通行在案，可遵照办理。

辛项，据禀称本处前颁选举事务所章程，已经遗失，应禀明该监督澈究。

壬项，该区选举人只有二名，已饬令转告选举人，届期前赴绥芬投票。是该区筹办已无事事，该司选员应即遵赴绥芬，帮办复选。该区事务所，即以四月内为限，一概撤废。

癸项，投票匦及剩余之选举调查资格表等，自应归初选监督保存。

第一编 筹设开办

绥芬蜜山两司选员禀陈复选疑义四条请示释文并批

敬禀者。窃维选举一事，中国系属创办，风气既未开通，人民亦多异议。虽其中利益迭经集众演说，设法讲求，而边境朴僿之区，士绅尚无普通知识，其一般国民之资格，不问可知矣。又况依、绥、延三复选区，其选举人数，统盘合计，仅敷出议员一名。其道里之窎远，依居北，延居南，遥遥千余里，而绥列其间。迨复选时，各区皆设投票所，并以三区所投之票，归依兰汇验检核。是官府之中代为选举人谋者，既恐道远行路艰难，又虑临时胡匪阻碍，体恤之情，无微不至，固已几费经营矣。然此皆法理之变通，而于事实上求之，职员等私计，似觉有诸多未便者，因不能不进质焉。

纵览选举一切定章，皆注意于选举人一方面，而于被选举人并未载有如何详细明文，意谓选举人之资格能高，无论初复选举，均可得极高资格之被选举人。总之，被选得人亦在选举人之相知深而相习久，始能全收其效。惟依、绥、延相距之遥，风马牛不相及，当复选投票之时，依之甲欲举绥之乙，而与乙素未深知，绥之乙欲举延之甲，而与甲从未谋面，不得已，各人选举各区之人，此虽属事前之悬断，要亦情理中所必有。倘开票后，赴依汇检，或因票额不足，无人当选，势必至再行复选。若果如是，其公牍函件之往返，动需时日。虽期限所定，各区之呈报有期，列宪之汇报有期，而逆料三区之复选情形，将必至牵制全省。盖隔离既远，消息既不灵通，加以章程繁难，无论何区，稍有误会，办法必不合一。此似为一大问题也。兹当预备立宪时代，人民程度正在幼稚，关心时局者，遇事不厌求详，职等身负责任，尤未便含混将事。谨将各项疑义，逐条列后：

甲、《选举章程》第六十六条，复选人名册，以初选当选人为限。其册应载事项，除照第十九条外云云。查第十九条，即年岁各项资格。案此似复选为议员者，虽不必在初选当选人名册内，亦应以初选举人名册为限。乃解释汇钞，宪政编查馆覆南京个电云，复选被选人本无名册，自可不拘。又覆四川洋电云，初选被选人自不能出于初选人名册之外，至复选被选人但合第五条资格，则凡属于该复选区者，均可被选，不必以复选人名册为限。又覆湖南真电云，复选当选人不必在初选举人名册，并不必在初选当选人名册。职员等详玩各电，是复选被选为议员者，不问名册内之有无，苟合资格，均可被选。第恐被选之后名册内既无其人，其能合资格与否，何由得知？且依、绥、延三复选区，相距既遥，其被选为议员者，又不以名册为限，似选举人投票时，更觉漫无依据。可否令（伊）〔依〕、绥、延三区之复选被选一名议员，仍以选举人名册为限？

乙、《选举章程》六十五条，复选由初选当选人齐集复选监督所在地方行之。案此则依、绥、延三区，各有复选监督，各区皆举行复选，惟复选以前，是否三区各将选举人名册彼此抄送，互相榜示？

丙、《选举章程》第五十七条，凡因不满当选票额，致无人当选，有加倍开列姓名再选之法。虽复选章程未有再选之明文，而票额不足，要亦必须再选。查依、绥、延三复选区，仅得出议员一名。复选后，归依检票。绥至依九百余里，延至依一千四百余里，倘或因票额不足，照章再选，虽三区通以文件往来，尚须兼旬，将必至耽延定期，有碍全省。此宜作何办法？

丁、《选举章程》第七十四条，复选以本区应出议员额数，除初选当选人总数，将得数之半，为当选票额。查依、绥、延三复选区，其初选当选人总数，共有十名，复选区得议员一名，此为例外变通办法。但复选被选之票额，是否合三区初选当选人之总数计算，得票五张，即为被选？

以上各条，尚祈逐一指示，俾得有所遵循。并乞通饬依、绥、延三区，复选办法画一，临时不致两歧，即为公便。所有请释复选疑义，暨通饬依、绥、延三复选区画一办法各缘由，谨禀请宪台鉴核，速赐批示祗遵。

批：禀悉。据称依、绥、延三区复选，于事实上诸多未便，有疑义四项，请为指示。查阅所谓疑义，本处均经分别文电，通饬在案。兹就所问，再详为解说。甲项云，复选不限于名册，恐被选为议员者，不在名册。其合资格与否，无由得知。此层应于议员选出后，由监督酌派妥员调查，如果资格相合，仍须调查员出结担保。至复选不限名册办法，各省皆然，该三区不能独异。所请仍以名册为限之处，应不准行。乙项所云，依、绥、延三区各区举行复选，三区名册自应互相抄送榜示。丙项云，三区复选，归依检票。倘当选人仍须再选，则三区文件往来，必误时期，此层宜用电告方法。绥、延二区于检票后，即由监督开视，将某得票若干，电报依兰。俟依兰核算票额，某区某人当选，或无当选，须再投票，亦即电告绥、延。丁项云，三区议员当选票额，是否合三区选举人总数计算。既并三区出一议员，当选票额，自然合三区人数计算无疑，但须按三区实到投票人数计算。以上各项，均有前发文电可查，何以尚作疑义，殊属疏忽。仰仍遵照妥慎办理。缴。

札各复选监督遵照宪政编查馆所定复选被选资格演成白话告示俾众周知文

为札饬事。案查宪政编查馆覆山西巡抚哿电，复选被选人不以初选被选人为限。凡于复选区内合格者，均可当选。又查覆南京藩台敬电，初选被选人即为复选选举人，应以人名册所载为限。绎两电意义，在初选则以当选人为重，复选则以选举人为重。盖复选选举人，既为初选当选人，其人之品学资望，已为多数人所信仰，以之选举议员，必无遗误。以故《谘议局章程》第五条规定，议员被选资格，仅有本省籍贯及寄居满十年、年满三十岁以上两项。是复选被选人，本不以选举人名册中为限，只限于本复选区之合格者而已。吉省自当一律遵办。前宪政编查馆所颁《谘议局章程》及《选举章程》，并解释汇钞，已于二月札发各区在案，可以参照。但依兰、绥芬、延吉从前本定为三复选区，后经督抚宪准宪政编查馆号电，将该三区并作一复选区，亦已早行饬知。其复选被选人，凡属三区内之合格者，均可举出，与吉、长、新、宾四区之仍为独立未尝合并者，稍有不同，务当分别观之，不可含混。为此札仰各该复选监督，于复选举期前，将上列两层情节，演成白话告示，并附列《谘议局章程》第五、第六、第七三条所定复选被选各项资格，遍贴通衢，俾众周知。速即遵办毋违。切切。此札。

详请督抚宪核定提前复选举并改定复选举期限表文并批

为详请事。案查本处所拟筹办选举期限说明书，原定于本年六月二十一日至二十五日，举行复选，业经详准通行遵办在案。惟查吉省气候，每届夏令，阴雨连绵，道路泥泞，而萑苻小盗，亦往往乘时出窃，往来行旅，俱生戒心。窃恐有选举权者，或因行道之艰难，遂致裹足不前，而甘愿放弃其权利。又原定期限六月末复选事竣，八月二十以前，各议员均须一律到省。中间暇日，不过一月有余。议员之道远至省者，约须一月，征尘甫卸，喘息未宁，一切诸形仓猝，骤责以议案之研究预备，势必致茫无头绪。有此两项滞碍情形，势非将复选期日酌量提前，不能从容举办。兹经本处会议，拟请改定于本年六月初一日至初三日举行复选，于七月内责令各议员齐集省城，核之初选期日，尚无窒碍，而于上列二项情形，亦可藉以挽救。除将改定期限表附呈核定外，所有拟请提前复选期缘由，理合具文，详请宪台察核批示，并乞通饬遵行，实为公便。须至详者。

批：据详并改定复选举期限表均悉。仰候通饬各属遵行可也。此缴。表存。

附期限表。（略）

四、相关报道及其他

论组织谘议局与选举议员事

中国自诏行预备立宪后，始则令各省设自治局，以办理地方事宜，民心亦渐次开通，知何者为国家要政，相与私议于其间，而思想因之竞进，两宫洞鉴民隐，不惮宵衣旰食，励其精以图治。至本年九月十三日，明诏谕旨于天下曰："京师立资政院，以树议院基础，但各省亦应有采取舆论之所，俾指陈通省利病，筹计地方治安，并为资政院储材之阶。着各省督抚均在省会速设谘议局，慎选公正明达官绅，创办其事。即由各属合格绅民，公举贤能，作为该局议员，断不可使品行悖谬、营私武断之人，滥厕其间。凡地方因革事宜，议员公同集议，候本省大吏裁夺施行。其各府州县议事会，一并预为筹划。"等因。

各省父老子弟，仰念朝廷望治之深心，俯察身家性命之所关，苟非木石者流，谁不交相奋勉曰：亿万年有道之基，其肇于此乎！虽然，民之情已殷矣，其气已知自鼓舞矣，力亦渐自竞强矣，所有持论之事，亦似有所主见矣。特各省所设谘议局，迄今渺无闻焉。有筹办之者自直隶始，未几而风潮大作，声已传闻于海内，果谁使之然哉？究其弊之造端，提倡者非其人乎？抑组织之失其道乎？如昧于组织之道，提倡之又非其人，则多立一局所，官府即多添一耳目爪牙，无论其不筹计地方事也。就令日夜集议，除朘民之脂膏外，谅亦无他长策。何也？所谘者非其人，所议者非其事耳。

夫上谕明曰"省会速设谘议局，慎选公正明达官绅创办其事"，则是提倡之为要也，一失其道则阻力生，开创伊始，安得而忽诸。又曰"由各省合格绅民公举贤能，作为该局议员"，以是思组织之法善，可以立其本，又必选举得人，始能善其后也。若使品行悖谬、营私武断之人，滥厕于其间，其旧日之恶习积深，每日出入往来，以官府为营窟，所生在某地方，即为某地方之（螯）〔蟊〕贼，安知所谓地方治安乎？至令其指陈通省利病，不啻责聋者之审音，饬盲者以作绘也。两宫已洞鉴之矣，然则将奈何？亦曰善为组织，勿使官夺民权，仍重其压力而已。现拟江苏设立谘议局，其组织之大纲，分议事会、参事会两部，其办法至为完善，议事会以合格之绅民，公举贤能组织之，为全省之意思机关，但有议决之权，而无执行之权。揆诸各国地方议会制度，似有同然者，断不容丝毫侵占办事界限。至于参事会，以督抚、司道及公正明达绅士数人组织之，为全省之行政合议机关，于执行之际，实有完全无缺之权，亦断不受议事会丝毫之侵占。拟诸中国行政官之体制，夫岂有所龃龉哉。以是言谘议局之设立、组织之成法，未有善于此者。无论各直省地方，风俗有不同，舆情亦各异，举此法推行之，谅不至多所阻碍也。有地方之责者，宜力为之提倡。所在各地方人士，可不知自勉乎？

若夫议员之选举，则视组织为尤要，盖曰苟非其人，道不虚行也。《周礼》选举兴甿，主于乡老，凡乡大夫、乡吏，皆以致仕之老任其重，故能选举无所失。今考泰西议院之制，其举议员也，略与此同。日本众议院以公【推】议员所组织，所定选举法。议员额数，三百余人，分划各府、县为一选举区，使由各选举区中，选出议员数人。而享有选举权，及被选权者，必有一定之资格。至选举之时，即照选举法定章行之，不使稍有所违。非严为之审定，流弊殊难预防也。即如有心疾者，吃食鸦片者，为不正当之营业者，失财产之信用确有实据未了清者，或因私罪褫革，前犯国律载明之刑罚者，其人之品行不问可知矣，使得与于选举，可乎？又若品行无玷，而现为本省幕职，或为巡警职役与胥吏者，苟令得与选举之列，其舞弊之与否，殊不堪以预料，惟是严为拒之可也。若夫可被选者，或其人兴办实业已著有成效，或绅富热心公益而已有表见，或学术高尚而德望素著，或明习法政有政治经验，凡若此者，举为议员，其于地方事宜，谅有所关怀也。惟其关怀于兹，政治之思深，国家之念切，断不至于相与滋扰，大张其权势，而为阻挠公益之举。

试思谘议局者何谓？《文中子·问易篇》："议，其尽天下之心乎。"《说文》徐曰："议者，定事之宜也。""谘与咨同，谋也，问也。"左氏《传》云："咨亲为询，咨理为度，咨事为诹，咨难为谋。"当今之时，中国人民等念兹时事孔艰，欲为之振兴国势，非上下联为一气，相与集议畴咨，安所得治安策乎？且速设谘议局之明诏既颁，吾知各省有心人，传诵之已熟矣。若不善为之组织，所有选举之议员，概以滥竽充数，无惑乎直隶谘议局风潮之大作也。各直省当道者，其亦上体君心，下顾民言，妥为筹之而已。若谘议局不能成立，则议院无开办之一日，又安能语地方自治哉？所谓预备立宪者，亦属空文云尔。各列强将何以对兹，我同胞其猛省之（便）〔乎〕。

《顺天时报》，1908年1月16日

谘议局章程之详议

宪政编查馆与资政院现正会订各省谘议局章程，参酌东西洋府县会规则，及市町村制，阐明自治制度之观念，故需多日，始克告成。闻于月之十五日已经通咨各省查照矣。

《顺天时报》，1908年1月21日

吉林自治会长赴奉之公饯

吉林地方自治会长兼医务总局总理，拟于近日赴奉拜谒督帅。自治会传知各职员定于二十六日群集滨江楼，开饯别大会云。

《盛京时报》，1908年3月1日

吉抚朱经帅莅宪政研究所开议演说

今日宪政研究所成立，本部院特为诸员绅将宗旨说明。现在朝廷明降谕旨，颁布君主立宪政体，以示天下。何以立宪特采君主之制？盖君主国体，本于宗法者也。中国自三王开家天下之局，宗法极为注重。试观《戴记》"帝系姓"一篇，谓五帝三王，皆为黄帝之子孙；"祭"篇又谓历代祀典国君，各祖其受命自所出之帝，可见宗法之为中国注重，由来已久。盖君主国之本于宗法，与民主之出于国民公举者，迥不相同。但君主政体，每多专制，亦不无流弊。当承平无事之时，大权统于一尊，庶务综于政府，人民不识不知，顺帝之则，亦足以闭关自守。及其敝也，止知有服从之义务，止知有赋税之责任，凡地方之利弊，社会之安危，经济之盈虚，生计之优绌，皆将仰政府为代谋。政府不能亲为之谋，又将责之地方各官。于是官之阶级愈多，而隔阂愈甚，人民之视政府不啻霄壤相悬，其于国家亦复漠不相属，遂变成极黑暗、极萎顿、极涣散之现象。是则上下暌绝，皆专制政体之流弊也。欲救其弊，自宜采用君主国立宪。盖立宪精神存于议会，而在君主国则上下两院之集议，国君得随时命其开闭解散。是行政首长仍是监督，立法部之特权，非如民主立宪政权专操之下院，驯至于尾大不掉也。今日之事实，数千年未有之变局。论外交，非独国际之竞争，个人与个人亦有竞争；论内治，非独政府之责任，个人有个人之责任。而论其立法之要义，总不外上下相维，官民一心。盖人民之与国家，实有其休戚相关之故，国家以人民相聚而成，人民即与国家相依为命。故人民欲保其生命财产，必先能捍卫国家，始可久享其乐利。然欲厚集人民卫国之力，当振起人民爱国之心，当先使人民有政治之思想。人民有政治思想，然后知纳税当兵，一切地方公益，皆为国民之义务。此立宪法文所为分政权以与民，而即厚民力以卫国也。各员绅热心宪政，入所以后，研求自不虑其不专，但入手之初，当定宗旨。现在中国预备立宪，是君主立宪，宗旨抱定，始无误趋。而且研求法理，尤须考察其风俗习惯。盖宪法，其普通者也；风俗习惯，其各国特别者也。果能镕铸各国宪法之精意，参以本邦之风俗习惯，取长弃短，以期其行，乃可谓善讲宪政。尚望各员绅，此后按期入所听讲，将来体验有得，在官者，能□□□行政权利机关；为绅者，组织地方自治团体，培养人材府器，以维新我丰镐旧都，大启文明之景运。本部院将拭目以候其有成。惟各员绅勉之。

《盛京时报》，1908 年 4 月 19 日

吉林禀陈俄人会议自治会情形

吉署据吉林江关道杜学瀛禀，日前晤铁路霍总办，询及自治一案。据称此事未办以前，漏未声明。钦差塞博夫面谕各商，刻下业已举办，势难中止。当告以中俄邦交甚笃，揆之时势，此举殊于中国政权有损，于俄无益。渠询其故，即直答以北满若照此举动，则南满将踵而行之，未免损碍邦交，徒负虚名，而他人因之得渔翁之利。南满势力日益膨胀，则北满何利之有？该总办沉吟不能答，遂散。次日俄总领事刘巴约来局面晤，询以昨日向霍总办所谈各语，瀛则照前述说，渠亦默以为然，谓俄人所创，并非自治，系一公共议会耳。当将辽东各报所载，指给阅看。渠答以报馆误传，请查照会原文，内决无"自治"字样，应即更正。瀛又告以章程具在，名去实存，粉饰何益？该总领事复云：然则章程何以改？又答云：容缓日斟酌另覆。渠始辞去。瀛又密访所有哈埠海拉尔自治会，虽铁路公司扬言已成，实则俄商多不遵允，尚在虚悬云。

《盛京时报》，1908 年 4 月 22 日

吉林民政司谢通行各属并告吉省士民文

为通行事。本司恭膺简命，摄篆是邦，任重材轻，深虞陨越。惟有上布朝廷德意，近承两帅宏谟，退而与邦人士研求法理，商量治术，共抒忠爱，同谋公益而已。窃思民政一职，本之古制，《周礼》司徒地官，掌理邦治，名称虽异，而为政相同。后世去古既远，事多不详，势不能不借镜于东西各国之成规，以资考证。按民政性质，在君主立宪之国，本系地方行政一大枢机。以本司之地位，参日本之规制，比之地方分权，则类于府县知事。日本府县，例同省治，知事秩从二品，与内务大臣相表里而行，故其对于地方行政也，范围甚宽，关系极密，有扶持保卫之责，有监督稽查之权。其对于行政之权限也，曰府县会，曰郡会，曰市会，曰町村会，皆许人民以言论自由之天职。曰府县参事会，则官民共理，厥任惟均。曰郡参事会，曰市参事会，虽属民办，仍隶之于府县。凡入会，必确具议员之资格，故有选举权者，命曰公民会。各有会长，必民选而官为认可，故参事会长名曰公吏。惟会例除国会奉诏令敕行外，其余各会，若不得国家信用，仍可由内务省命令随时解散。盖府、县、郡、市、村、町会者，地方议事之法团也。参事会者，决议而兼执行之机关者也。有议会所以制猾吏之专横，有公吏所以杜奸民之武断，主权明晰，阶级井然，故能上下相继，官民一气，人知礼义，国进富强，断非高语平权，侈谈新法，斗嚣狂怪，凌杂错乱，所能从事而收效。

今我国家预备立宪，诏书谆勉，至再至三，震古铄今，实开四千年非常之局。夫何谓宪法？盖国家公同遵守之根本法典也。查东西各国，君主立宪，皆以三权鼎立为特纲。三权云何？立法，行政，司法是也。如上下两院，专主立法；如农、工、商、内务、外务、财政、海陆军等部，专属行政；如民事刑事之控诉裁判等事，专属司法。行政权汇集于内阁，故谓之中央政府。三权特纲，从之君主，故谓之统治权。行政乃三权之一，民政又行政区域中一大部分，事事与人民利害相接，时时与地方呼吸相通。盖其始作也简，而将毕也巨。凡社会之秩序，国内之安宁，条教之奉行，文明之进化，均于是乎显。本司职守所关，责无旁贷，用是分设五科：一、民治，掌地方行政，地方自治，而保恤、赈救、寺社、宗教等事属之；二、警务，掌警察范围内之行政、司法，而计画一切消防卫生等事属之；三、疆理，掌统计全省面积，编查户口，审定图志，而官地收放、民地买卖等事属之；四、营缮，掌修建城隍、仓厂、河渠、道路，而勘估一切土木工程等事属之；五、厅务，掌不录于以上各科之事。此本司分科治事之大凡也。至于讨论地方得失，研究郡国利病，人民亦有当然之义务。吉省地方自治，已经研究一年。宣讲所、讲习所复次第设立，萌芽甫苗，可望培成，于社会进步不无补助。邦人士热心桑梓，有足嘉焉。若省谘议局，业经奉旨，饬各省设立，以树下议院基础。朝廷即予人民以议政之权，则责任何能放弃。亟宜和衷筹办，并选举各府厅州县品学优长、事理练达之士绅，随时讲演各国议会制度及其组织方法，以为异日推广乡镇市会之预备，以养成实行地方自治之人才。夫人民对于官吏施政之不良，固有迫之使改良之责任。若乃改良伊始，百度方新，则不宜唱反动而隐肆阻挠，更不宜取消极主义，袖手旁观，甘置其身于局外。何者？政治者，地方全体生命之所系也。政治不良，则人民皆受其痛苦，以致于颠连，而上与下均蒙其不利。凡政治上陷地方全体于不利者，此道德之所不许也。今者东三省以兵燹余生，而吉省又为邠岐旧地，疮痍未复，待拯尤殷。邦人士好义急公，夙称敦朴，身家所系，担荷非轻，此正臣仆同心戮力之秋，官吏人民奋励争存之会。而况其为宗室懿亲，天潢枝叶，尤与国家有密切之关系者哉？本司从政此邦，垂二十载，父老子弟，亲如骨肉，闾阎疾苦，情为周知。恐吾民求治之太急也，太急则沸，故以权限相告；又恐吾民故为放弃也，放弃则偷，故复以义务相勉。自今以往，凡本司权限应为之事，自宜次第推行。凡人民义务当尽之端，未可仍安常习陋。四郊多垒，时局方艰，《诗》曰"瞻乌爰止，于谁之屋"，《书》曰"若履虎尾，如涉春冰"，此其时矣。呼将伯而助予，愿同舟之共济，百尔君子，各矢精诚，本司有厚望焉！

《盛京时报》，1908 年 5 月 27 日

吉林绅士热心国会

日前吉林商务总会、地方自治会合词致电上海预备立宪公会，愿联合要求开设国会，电文如下：

阅报知贵会联合各省团体，要求国会。敝会绅商情愿附骥，并候教。吉林商务总会、地方自治会

《盛京时报》，1908年5月29日

吉林自治会对于吉长铁路之问题

吉省绅董为吉铁路屡次会议，收回自办。惟期限太促，集股匪易，拟先由官帖局借款垫办，俟陆续集股归还，已经抚宪承认措借。讵近日忽变宗旨，不欲由官帖局垫借，而使绅商自行筹办，不知所因何故。

《盛京时报》，1908年6月30日

国会请愿员之将到京

河南省开封府绅董此次公举开设民选议院代表人胡汝麟、杨源懋二人,拟日内来京。又闻吉林省城内选举开设民选议院请愿代表刘某及某二员,不日将来京矣。

《顺天时报》,1908年7月2日

吉林请开国会之会议

日昨二十六日地方自治会在商会开会,议上请开国会之愿书,并演说国家人民之关系,刊布国会之演说词。一时在会议员,莫不鼓掌欢呼,颇形踊跃。又行自治学员卒业式。由某君演说,诸学员关于国会之责任前途甚重(式)〔大〕云,诸学员尤皆踊跃欲动。此诚吉省之第一盛会,而民权发达之起点云。

《盛京时报》,1908年7月3日

吉林请开国会之会议再志

　　吉省自治会于日前在商会会议,上请开国会之愿书等情,已经初三日本报。兹闻是日自治会在商会开特别全体会,十一钟开会,三钟闭会。而在会各员,以及官绅学界届时到场者共有八百余人。有该会宣讲员文耆、孙树棠、马良翰、李芳四君登台演说,述及开会情形,和衷共济之意义,并分提议、报告两项事件。惟提议事件:一、要求国会;一、解释国会之意义;一、筹议办法;一、请会员发表意见;一、上海预备立宪公会覆电。报告事件:一、试办地方税成议;一、《公民日报》出版定期;一、宣布民政部准其立案来文;一、自治研究所毕业;一、自治学员应负本会之义务;一、本省昭忠祠经交涉司拆毁事。以上提议、报告各种情形,听讲来员,均附耳静听,无出一言者也。惟昭忠神祠改建一节,已经抚帅允准照办,将名牌暂寄青莲寺,俟后再由寺后觅地修房,安设名牌,以便致祭等情。然此在祀典之祠,不可使之泯没,又关全省妥慰忠灵之处,大可藉资观感,以昭激劝。故该会人员便中报告,以共周知,拟设法变通,恳请速觅妥基,另修该祠,安置名牌木主,而免虚掷。拟在长公祠西空院地方,宽阔足敷此祠之作用,或假万寿庭附近修葺之。然应归由何处修葺,候抚帅批示定夺,再行恪遵耳。又松秀涛观察赴东洋游历,调查地方自治情形,应需川资公费,妥筹办法云。

《盛京时报》,1908 年 7 月 10 日

吉林会议集款赎路续志

自治会及旗民等于日前开会，会议赎回吉长铁路一节，已志前报。兹闻初九午刻，本城各旗民士绅又在观音堂提议吉长铁路办法，拟将通省地亩约数千万垧，每垧出钱一百文，专办路事，并附设银行，首先以旗地作抵，在官咕局借钱一百万吊，作开办之需。其所议办法，传闻如此，未识确否。

《盛京时报》，1908 年 7 月 17 日

吉林会议赎回吉长铁路之要领

吉省旗民官绅等日前邀集在地方自治会开会，议磋商赎回吉长铁路之办法。兹悉有旗民申福咸提倡，于十六日邀集同人，假观音堂开会议。闻议决事项如左：一、定名吉林公民保路会。二、筹款办法，旗产由本管出具印结，民产将文契、大照均交官帖局抵押，借款二百万两。三、举职员总董云祥等八人，次举副董、文书、会计、招待各员，均尽义务。计是日到会者三百八人，认优先股者一千余（每股十元）。次由钟鹏伯、陈佐宾二君，将家产文契登时交押。至于十旗，已有七旗全体认可。此外复有本省女学生张绍春、魏淑贞、何铁梅、何绍仪、李志贞、季淑懿、李玉贞、李贵贞、李彩云、李翠云、赵春兰等恳表同情，并肯担任向女界演说铁路利益，招集股份。未刻，始摇铃循序散会。

《盛京时报》，1908 年 7 月 23 日

国会问题

吉林国会请愿一事,迭志各报。顷得吉省来电,谓现已举定文耆、裕康数君为代表,日内即当起程赴都矣。

《北京大同日报》,1908 年 7 月 23 日

吉林国会请愿员之来京

吉林自治会选举该省国会请愿代表人文耆等,于月之初六日已经来京。该代表等暂住西河沿高升店。现在缮具请愿书,不日即呈请都察院代奏矣。

《顺天时报》,1908 年 8 月 4 日

吉人挽留朱抚要电

吉抚朱经帅奉旨调补皖抚,吉林自治会当率民人等电请徐菊人制军,并政府王大臣挽留。其电照录于下:

奉天徐钦帅钧鉴:顷闻朱抚内调,人情汹惧,如失父母,不知所措。此邦残

破余生，得人而理。朱公抚吉，澄清吏治，扶植地方，事事与民苏息，赖有转机。前者诏改行省，以奉省为宪政试办之始，徐图后效。乃疆寄不过年余，规模粗备，上下交孚。一旦召还，士民觖望，恐非朝廷改制布宪之初意。伏乞速为代奏，吁恳天恩，收回成命，还我寇莱，以固边围。吉省幸甚！大局幸甚！

又电北京军机处：

王爷、中堂、宫保钧鉴：顷闻朱抚内调，人情疑惧，如失父母。此邦残破余生，朱抚在吉，澄清吏治，扶植地方，事事与民苏息，中外镇服。前者诏改行省，原以东省为宪政试办之始，徐图后效。乃疆寄不过年余，规模粗备，正好着手。一旦召还，在朝廷用人行政，自有深谋。庸俗浅测，以为暮四朝三，恐非改制布宪之初意。虽有曾、左诸贤继其后，民未信也。伏望我秉钧诸老，上念根本，下恤舆情，吁恳天恩，收回成命。吉省幸甚！职等自揣越分，惟情迫桑梓，不敢缄默，统希矜宥。

吉林自治会绅商旗民人等公叩。感。

《顺天时报》，1908年8月6日

吉林自治会致徐钦帅电

自治会于二十九日致徐钦帅电云：

钦帅钧鉴：民政司传来电谕敬悉，前意未尽，容再披陈。朝廷行政用人，何敢妄存希冀。惟经帅去留，关系特大，必庶政公诸舆论，可否出自天恩，方释群望。仍恳据情代奏，以顺人心。职等谊迫桑梓，不避斧钺，区区之愚，尚希矜恤。鹄候台命。吉林自治会绅旗民仝叩。

《顺天时报》，1908年8月8日

吉林自治会接到奉天公电

二十九日午前自治会接奉天教育会来电云：

吉林自治会公鉴：现同志拟联东三省绅民，赴京请愿。闻贵省已举代表入京，可否暂缓行期，俾联合三省固有团体，公同入京，而壮声势。仍希赐覆为盼。

覆奉天教育总会公电，自治会当于二十九日午后一钟电云：

奉天教育会公鉴：本省请愿代表庆山、文耆二君，已将到京。尊处拟联三省团体，敝会绅民，仍请附骥，以壮民气云。

《顺天时报》，1908年8月8日

吉林时局之变相观

吉林自治会自经解散之后，由会长松毓呈请，改自治会为谘议局筹办处。所有自治研究所，亦应由官主持，并请派员接办。现经陈新抚核准，札饬遵行。略称：吉林自治会既未奏准有案，理合静候部章。该会长呈请由官主持，派员接办，所筹甚是。应仿照奉省办法，先由谘议局筹办处附设自治研究所，以资讲习，俾作豫备机关。其现设之自治会，即行归并，委民政司谢汝钦，奏调吉林差遣、直隶候补道颜世清为该会督理，以一事权。随时招集会中绅董，妥为筹议。并援照前案，该会所建房屋即归谘议局筹办处备用云云。现又添派吉林府张守，会同办理，仍附属于谘议局筹办处。外府各属，现设之自治会，应一律改为研究所，以归画一。所有章程节目，均按照天津办法，参以本省风俗，因地制宜，分别缓急，妥议施行云云。至停版之《公民日报》，现亦重行组织，定名《吉林日报》，一切规模，皆无甚更动，定于十月十五日出版云。

《北京大同日报》，1908年11月1日

吉林前自治会长松观察行踪

松秀涛观察曾于今岁春夏间禀准领资出洋，游历考察政治，乃为自治会之所牵拘，暂留吉省办理自治会一切事宜。现以自治会解散，而谘议局筹办处亦已成立，故该观察拟于年内离省，遄回本籍，为出洋游历之预备。现正料理行装，摒挡一切云。

《盛京时报》，1908年12月19日

谘议厅拟设参事片

再查《奏定东三省职司官制章程》，内开："谘议厅设议员、副议员、顾问员、额外议员，均不定品位。"等语。现在开办已逾一年，体察情形，该厅掌议一省法令章制，研究本省利病，应行损益各事，实为全省立法机关职务，极为重要。应酌量添设实缺人员，以资佐治。今拟照承宣厅佥事品位，设参事二员，位从四品，佐右参赞筹议一切事宜；参事以下，仍照章设置议员等员，不定品位。又该厅原本分科，今筹办、统计及庶务事宜，亦拟分设两科，以资任使。谨附片具陈。伏乞圣鉴。

《退耕堂政书》卷二十

遵旨开办吉省谘议局筹办处情形折

奏为遵旨开办吉省谘议局筹办处情形，恭折仰祈圣鉴事。窃于光绪三十三年九月十三日奉懿旨："著各省督抚在省会速设谘议局，慎选公正明达官绅，创办其事。"等因。钦此。又于三十四年六月二十四日奉懿旨："著各督抚迅速举办，实力奉行，限一年一律办齐。"等因。钦此。旋于七月间准宪政编查馆咨，以现设之谘议局应改为谘议局筹办处，各等因，并将奏定章程清单、选举票式等件，颁行前来。臣等伏思谘议局为国会之先声，筹办处即省议会之基础，关系至重，责任非轻。吉林自改行省，政教兼施，迭次钦奉谕旨，群情向化，已感殷殷望治之心，草昧初开，亦将睹日新之象，自应照章举办，因地制宜，统筹兼顾，以收速效。臣等遵即于吉省设立筹办处，札委试署民政司司使谢汝钦、奏调直隶候补道颜世清，总理其事。当由臣等商定该处办事及调查、司选各规则，并详考各属实情，划分初选、复选区域，遴派通晓法政官绅，分任该处诸事务，现已于本年九月初一日开办，即豫定明年八月一律竣事。惟吉林远处边陲，初更省治，风气初开，地面荒僻，其人士不仅少国民程度，即能具选举知识者亦自无多，其情形不仅与东南各省悬殊，即较之西北边疆犹觉夐乎莫及。兹既明奉一年钦限，自未便于吉省独请展缓，再四筹议，妥定办法，以短促之时期，为远大之筹备，虽或未能完善，然亦无敢畏难，次第举行，依限成立，总期无负朝廷勤求舆论、励精图治之至意。除将各项章程、表册分别咨送宪政编查馆、资政院、民政部外，所有开办谘议局筹办处缘由，理合恭折具陈，伏乞皇上圣鉴训示。

《退耕堂政书》卷二十一

吉林自治会改为吉林府自治局并设研究所片

再，吉省在前将军达桂任内，曾经本地士绅呈请自立自治会一所，章程出诸私拟，办理未能合法。前准民政部咨开，各省自治局未经奏咨立案，应俟部定章程颁发后，再行遵办等因。自应即饬该会停办，以俟部章。第念该会开办已久，一旦解散，恐滋惶惑。臣等反复筹商，计惟有援照直隶奏准自治章程，先从天津一府试办之例，将原设自治会改为吉林府自治局，官绅合办，专事筹议调查，以为异日实行自治之豫备，及各地推选自治之规模，暂归谘议局筹办处一并经理，俾一事权而便筹备。更另设自治研究所，饬令各府厅州县选送士绅，入所分班讲授，俟毕业后遣回原籍，推广传习，兼就地筹办自治事宜。并通饬各属，凡已立有自治会名目者，概改为自治研究分所，以归一律。均已先后斟酌改办，依次施行。理合附片具陈，伏乞圣鉴。

《退耕堂政书》卷二十一

吉林遵章筹备宪政依限奏报折

奏为遵章筹备宪政，依限奏报第一年期成绩，并第二年期筹备情形，恭折仰祈圣鉴事。窃臣等承准宪政编查馆咨开，光绪三十四年十二月二十一日钦奉谕旨："宪政编查馆会奏遵设专科，考核议院未开以前逐年筹备事宜，酌拟章程折单各一件，著依议。"钦此钦遵。粘抄原奏章程等件，咨行前来。仰见朝廷注重宪政、锐意期成之至意，莫名钦服。臣等遵查原奏考核专科章程第三条，内载：

"九年筹备事宜，责成内外臣工，每届六个月，将筹办成绩胪列奏闻，并咨报宪政编查馆查核。应自光绪三十四年八月起，至十二月底止，为第一届。以后每年六月底，暨十二月底，各为一届。限每年二月、八月内，各具奏咨报一次。"等语。又查原奏单开逐年筹备事宜，第一年期督抚应办者一项，曰筹备谘议局；第二年期督抚应办者八项，除关于资政院、学部同办事件，应俟颁到章程、课本，再行筹办外，其余六项，曰举办谘议局选举，曰筹办城乡镇地方自治，设立自治研究所，曰调查各省人户总数，曰调查各省岁出入总数，曰筹办各省省城及商埠等处各级审判厅，曰府厅州县巡警限年内粗具规模。兹届宣统元年二月第一届奏报之期，谨将第一年期已经筹备及第二年期应行筹备者，敬为我皇上缕晰陈之。

查吉林谘议局筹办处，于上年九月初一日成立，遴派明达官绅总理其事，并分设参议、参事及各科员，迭饬会议一切筹办事件。其议决纲要，如规定该处章程，划分初、复选举区域，拣派司选员，并豫设司选员讲习所，妥分筹办细目期限，厘订调查方法，酌定选举经费等事宜，皆经该处先后议决，随时禀核施行。以上系关于原奏单内筹备谘议局之事，业经依限举办，于上年十二月十五日分别奏咨在案。此则第一年期已经筹备者也。

至第二年期应行筹备之件，约可分为现已筹备、现正筹备、先期筹备三端。所谓现已筹备者：一、谘议局选举之办法也。吉省风气闭塞，讲演务须详尽，各属辖地辽阔，调查亦较烦难。因督饬各司选员，及各属所添派之义务员，随时随地，广为演说。复饬该处查照馆章，妥定选举调查各种表册格式，并编辑章程释例，通饬遵办。至各府厅州县之选举经费，酌定限制，准予作正开销。其司选员川资薪水，则概由该处发给，不得丝毫累及民间。且查山东设有谘议研究会，湖北设有议员研究会，而浙江绅士亦发起议案预备会，皆以创办之初，不能不为因时之计。吉省士绅之学识经验，尤难与内地各省同日而语，将来复选竣事，被选议员之程度既难合格，且皆初次招集，未经历练，于本省应议事件，未必能胸有成算，亟应一面筹办选举，一面豫备议案。因责成该处参议等员，协同资望素著之绅士，担任组织，俾关于本省应行调查研究事件，皆于先时豫备妥善，庶他日议员齐集，有所依据，得以因事谘议。虽议员程度稍低，而初次谘议局成立，当不至全无成效。一、创办地方自治之筹划也。前准宪政编查馆咨开，地方自治筹办事宜归谘议局筹办处兼理。当饬该处妥筹办法，即将年前奏明仿照天津办法之吉林府自治局，遵照宪政编查馆原咨，裁并该处经理。就该处原定章程，添设调查、讲习两科。凡调查地方，固有团体及各本处习惯，统归调查科掌管，以为改办自治之豫备。凡全省自治之教育及白话报宣讲所等事，统归讲习科董率，以为开通民智之先导。至吉林自治研究所，已于上年十月设立，曾经奏报有案。原定学员名额，按各属分别匀配，通饬备费选送，由该所考验录取。以八十人为一班，六个月为一学期。现在头班将届期满，复饬各属照章选送。惟各属通塞不一，士绅资格难齐，届时犹恐选不足额。因一面由该所在省招考，以资变通，一面通饬各属，自行筹设自治研究分所，以期普及。由是逐渐设施，则异日地方自治之成立，庶不致有名无实。以上系关于原奏单内，举办谘议局选举，及筹办城镇乡地方自治，设立自治研究所之各项情形，业于去冬今春次第筹办，已经施行者也。

所谓现正筹备者：一、户口调查之期限也。吉林地广人稀，或设治未久，或甫经设治，其距离省城最远者，且达二千里以外，调查人户总数，较内省为难。本年正月，奉到部颁章程，当即通饬各属，遵章切实调查，统限八月以前，一律竣事，不准稍涉敷衍，以免临时或有贻误。一、岁出入调查之实行也。吉省财政，向极紊乱，既无藩司为之总汇，故管理极为歧纷。复以边省率从便宜，故册籍多不如式。自上年创设度支司，清理一切，备极烦难。经臣等督饬该司精心稽核，并拟定各项调查表式，通饬各属核实照填。即甫经设治之依兰、临江、大通、滨江等处，亦饬确查具报。现已由该司将岁出入总数查有端绪，以后预算决算即可有所依据，而不至更有财政紊乱之弊矣。以上关于原奏单内调查人户总数，即岁出入总数之各项情形，现正筹备，当可克期无误也。所谓先期筹备者：一、审判之机关也。吉林自改省后，即将旧设之裁判所改为高等审判厅，嗣以审判既有专责，急须早定阶级，因于省城增设各级审判厅，以原有之高等审判厅房屋狭小，改为吉林府地方审判厅，并设第一、第二初级审判厅，复另择地段，建设高等审判厅，而于各厅均附设检察厅。又择于省城内建造新式监狱一所。吉林司法之模范，于焉粗具。至若长春府已开商埠，地当冲要；滨州发达较早，地颇繁盛，各属亦皆已定议创设，务期一律完备，俾司法之事得以完全独立。一、巡警之现状也。吉林省城经前将军臣达桂奏设巡警学堂一所，上年遵照民政部所颁章程，改为全省高等巡警学堂。所有该堂屡届毕业学员，历经派赴各属，分充巡警、官弁、教员等职。又于省城设巡警教练所，并通饬各属，一体照章增设统计所。辖府厅州县共二十二属，除大通县因划界未定，蜜山府、濛江州、长岭县甫经设治，尚待筹办外，其余各属之城乡镇，自三十二年以来，皆已次第举办。虽人数多寡不一，而大致粗有可观。至若省城之巡警总局，及西南乡之乡巡，并宾州、阿什河、农安、延吉、珲春等处，则俱已日臻进步，渐著成效。以上系关于原奏单内筹办省城商埠各级审判厅及府厅州县巡警规模之各项情形，先期筹备，以冀早臻完善者也。

凡上所陈，其第一年期已经筹备者一项，第二年期现已筹备者二项，现在筹备者二项，先期筹备者二项，总计两年期内共为七项。臣等遵章筹备之情形，大概具此。伏念吉省疆宇辽阔，外逼俄日，中控蒙藩，且介居奉江之间，尤三省扼要之所。庚子以后，民气凋伤，办理一切新政，厥有数难。吉省人民程度尚形幼稚，在昔科举之时，应举者已属寥寥。乡举里选，尤为旷古未闻。此次创办选举及自治事宜，固不得因边远省份，稍从降格，而综计全省人数，尚不及内省一大郡之多，借才既苦不能，助长亦殊无术。其难一。吉省民户客籍多而土著少，或由流移而来，或由招垦而至。东边一带，复有越垦韩民，相与杂处。其地则绵邈无垠，其人则浑噩殊甚，兼之道路不通，所在阻隔，冬春则冰雪载道，夏秋则林箐障天，调查一切，诸多障碍。其难二。吉省财政奇窘，虽屡经臣等厘剔中饱，入款较前骤增，乃出款则较前尤巨。今庶政正多待理，而出入已苦不敷，揆度情势，与内省之不求开源但求节流者迥不相同。臣等督同度支司，殚心筹划，议定财政大纲，凡属节流事件，无论新旧衙门局所，稍有冗滥之员司，费虽微而必加裁，并凡属开源事件，果能裨益国计民生，确可生利之实业，费虽巨而必事创兴，事体固皆当务之急，经费究同无米之炊。其难三。有此三难，举凡一切新政，莫不受其影响，动生窒碍。惟是根本重地，中外具瞻，无论如何为难，决不敢稍有延误。所幸审判之规制略定，积牍日清，巡警之敷设粗完，萑苻稍靖，以后逐渐措施，尚非全无凭借。臣等忝膺疆寄，责无旁贷，必期益加策励，努力图成，以仰赞朝廷立宪之盛治。所有依限奏报第一年期成绩，并第二年期筹备情形各缘由，除分咨查照外，理合恭折具陈，伏乞皇上圣鉴训示。

《退耕堂政书》卷二十四

吉林巡抚之请退

东省署理吉林巡抚陈昭常,日昨电致政府,因该省事务紧要,该抚才难胜任,故电请政府开去吉林巡抚要缺,而政府准否,尚在未悉。

《顺天时报》,1909年2月11日

度支部奏议覆东督等奏吉林财政困难情形折

奏为遵旨详慎议奏,恭折仰祈圣鉴事。东三省总督徐世昌、署吉林巡抚陈昭常奏沥陈吉林财政困难情形一折,宣统元年闰二月廿一日,奉朱批:该部详慎议奏。钦此钦遵。由内阁抄出到部。臣等详绎原奏,大致以吉林财政出入不敷,而推及于补救钱法,开设银号,并筹办实业、屯垦、开港、通航,暨司法、学务、警章、军政各要端,奏恳饬部妥议。伏查吉林省从前岁拨官兵俸饷银十余万两,嗣因税捐畅旺,经前任将军达桂奏请停拨。而每年由部拨给者,尚有捕盗队饷银四十万两。光绪三十三年十一月,该省因筹办边务,请拨银六十万两,经臣部奏明拨给一次。三十四年十二月,该省续请照拨,臣部即以库款支绌,无可指拨,奏令就地措筹在案。兹据该督抚奏称,吉省岁入二百七八十万两,岁出五百余万两,就三十四年出入核计,不敷银二百二三十万两。加之奉部停拨延吉边务费六十万两,陆军混成一协原饷七十余万两,供不应求,不敷银三百六七十万两等语。照数核计,较上年十二月请拨银两六十万两,更增至三百余万两。以臣部库储匮乏,各省财力艰难,前次请拨边务经费六十万两,已属无可腾挪。此时筹及常年用款三百余万两，更从何处挹注？且查原奏所列岁出各项，如巡警、理财、教育、司法、交涉、实业、军政、边务、旗务、蒙务、交通、禁烟、筹办谘议、自治等费，以及开办建筑，活支用项，均未列细数，无凭确核。至留东陆军第一混成协，原饷七十余万两，既据原奏声明三省分筹，而又列入吉林一省支数之内，是所谓岁出不敷三百六十万两者，不过约举大数，并非实在预算。至原奏称补救钱法一节，查各省官银钱号，滥发纸票，经臣部前于妥议清理财政办法折内，业令各省将各银号限六个月详细列表，送部稽考，并声明官银号发出纸票，各疆臣既浚此利源，自当担此责任等语。吉林设立官帖局，历年发出、缴回、销毁各细数，及积存成本数，且未经报部有案。兹据奏称，此项官帖已发至四千万串以上，为数太巨，自不能不亟图收拾。应即遵照臣部前奏清理财政办法，一面将发行准备数目，经理、协理衔名，报部稽考，一面即责成该省，清查成本，追缴商欠，将此项官帖，设法收回。其换用之银票、银圆票，尤当妥筹准备，勿得任意滥发，致滋流弊。窃维东三省自建设行省以来，臣部历次拨济，及筹给移驻军饷等款，多至六七百万两，实已疲于供亿。今该督抚等又称，吉林一省，每岁不敷三百六十万，无论以边省而经营庶政，并举为难，即部库亦安能每年如数拨给。吉林在东三省中，物力最为饶裕，若将各项新政，择要兴办，徐图扩充，则就地设筹，未始无尺寸之效。相应请旨，饬下新任东三省督臣锡良，于到任后，详细体察，会同该抚妥筹，再行奏明办理。所有臣等遵旨详慎议奏缘由，理合恭折具陈，伏乞圣鉴。谨奏。宣统元年三月二十五日，奉旨：依议。钦此。

《顺天时报》，1909年6月1日

吉林调查上年岁出入总数

调查光绪三十年分本省岁出入总数文云：案查宪政筹备事宜清单内开，第二年调查各省岁入岁出总数，度支部、各省督抚同办等因。本年已届第二年期，自当赶速遵办，以符定制。现今调查章程虽未经度支部拟定颁发，而本大臣部院与有责任，亟宜先事筹备，将本省岁出入总数，查案钩稽，分别列表，以凭咨报，而免贻误。该司为财政总汇之所，综核清理，责无旁贷。为此札饬。札到该司，立即遵照，迅将上年出入款项，详细查案，分别造表，呈候察核，并将现行各项税则，克日汇抄齐全，呈送来院，以备查考。至各属公私出入款项，关系最要，若不澈底清查出入总数，便不确实，自应预为筹议。上年曾将三十三年分此项款目，调查一次。惟据各属填报，互有异同，出入数目，未必尽实。此届应如何调查，方可核实，即由该司悉心体察，拟议办法，详候核奏，通饬办理。事关宪政，期限綦严，奉行宜谨，毋得玩误。切切。特札。

《顺天时报》，1909年10月14日

第二编　开局议事、议案及其他活动

一、第一次常年会

吉林谘议局互选志闻

初二日，吉林电云：吉林谘议局已于初一日成立，举行互选及开票，以庆康君得票为最多，遂举为议长。至副议长一为赵君学臣，一为庆山君，均被选举。是日因抚宪陈少帅出巡，由提法司使代表亲莅议局，提出议案九件云。

《盛京时报》，1909 年 10 月 17 日

吉林谘议局开幕纪事

吉林谘议局于九月初一日午前开局。行礼后，即互选议长，庆康当选，为正议长；赵学臣、庆山当选为副议长。时适吉抚出巡，由提法使代表提交议案九件。

《申报》，1909年10月22日

吉林谘议局第一次常年会抚宪开会辞

今日为吉林谘议局第一次开会之期，本部院得忝召集之荣，与诸君讨论全省政治之得失利病，以谋改良，以蕲发达，曷胜欣幸。顾本部院有不能已于言者。今日之吉林，既苦于内力之空虚，复迫于外患之丛集，语其设施，则经纬万端，语其帑藏，则百方支绌。矧以民智朴僿，地域辽阔，欲因循观望，则势有所不能，欲锐进图功，则力有所不及。凡此种种之困难，皆为行政者所亲尝，而莫可告语。幸我国家焕发大诏，设立谘议局，以为舆论之汇归，行政者之辅助。半年以来，筹办选举诸端，幸不居各省后，粗得成立。自兹以往，全省政治之良楛，皆行政者与立法者共担其责。一省之政治，扩而为一国之政治。二十二行省之政治良，则中国全国之政治良，而吉林之政治，则诸君与本部院以下行改者之职责也，关系顾不巨与？尝综览各国改革之初，无不先着手于内政之整顿。盖内政既经整顿，外力自无由乘虚而入，犹之人身内部之元气既足，外邪自不得而侵也。今吉林人士怵于外患之日亟，而思所以抵御之，然徒扼腕攘臂，空言御侮，无益也,要在于先谋内政之整顿。我之内政既已整顿就绪,则外力之范围,随我内政扩张之范围而日即于缩小,其肩此整顿之责任者,实诸君赞助之力居多。况吉林初辟行省,虽乏前规之可循而无内省之积弊难于厘剔,虽患财政之支绌而有各种之实业可以振兴,民虽朴僿而开通之后不患其叫嚣,地虽辽阔而经营之后皆成为沃壤,凡此皆与内政有密切之关系,而于整顿有莫大之助力者也。夫整顿而专赖诸行政者,则政策之变更可影响于全省之政治。唯立法者以法定之机关有永久继续之性质,一次改选而其所抱定之目的、所执持之政策不随之以俱去,则吉林全省之事业所利赖者实多。于吉林之垦务、森林、矿产皆属永久继续之事业,非可随作而随辍者,试问行政者有变更,能保其事业之不变更耶?而谘议局所豫定之计划,必求达其目的,苟行政者变更其计划,或进行之不力,谘议局可要求其不变更,督催其进行,此征之各国政治之实例,可以知之。各国内阁有变更,而其国内之政况,及对外之关系,一无所变更者,因有议会以维持于不敝也。此在今日之中国,最足以救政策无常之弊;而在今日之吉林,尤足以达永久事业之计划。至于议员应尽之职务,则惟有恪遵上年六月二十四日谕旨,本部院虽不敏,窃愿与诸君于整顿内政一端,共致其力而已。

《吉林官报》第二十七期,1909年10月24日

谘议局成立

本日初一日为吉林谘议局成立之期,举行常年大会,照章督抚宪亲临监督。现因帅节出巡,札委提法司代拆代行。是日上午十钟,即请提法司莅会代表,并请各司道暨各佥事、各局处所、学堂长官,以及筹办处诸参议,同时衣冠集会。其开会礼节次序如下:(一)升国旗;(二)振铃开会,代表以次各就位;(四)议长、议员行鞠躬礼;(五)宣读上谕;(六)代表召集开会词;(七)谘议局答词;(八)谘议局代行总理万参议祝词;(九)谘议局答词;(十)议长对议

员演说；（十一）来宾演说；（十二）议员演说；（十三）督抚代表提交议案，议长接受；（十四）嵩呼；（十五）振铃闭会。是日军乐队设而不作。

《吉林官报》第二十七期，1909年10月24日

吉林行省批谘议局覆议省城自治研究所案由

吉林行省总督锡、巡抚陈批：来呈及议案均悉。查自治研究所系遵照馆章设立，其第一条云"自治研究所就各省省城及各府厅州县各设一所"，又称"前项所称之府，指有直辖地方者而言"，又称"各府厅州县自治研究所所长、议员，即以省城自治研究所毕业员派充"，是省城自治研究所为全省自治研究所之模范，亦即为全省自治研究所师资所从出。所议请将省城自治研究所改为吉林府自治研究所一节，查吉林府系有直辖地方之区，遵照馆章，应自行设立一所，不得稍事通融。所议请减少毕业届数，及以法政、自治两项毕业学员充当所长、教员一节，查吉省文化初开，人民通晓自治原理者甚少，前经谘议局筹办处议定分为六届十二班，嗣以财力竭蹶，改为三届六班。其各府厅州县办理自治分所，亦经谘议局筹办处拟定画一章程，通饬各属照办。现在具报成立者，已有数处。本年年底，必可一律设齐。其分所之所长、教员，则议定遵照馆章，以通晓法政，品学优裕士绅，经自治筹办处核派者充之，并不限于研究所毕业学员。以上二端，皆经宪政编查馆核准者也。综核所议，或失之拘泥，或失之狭隘，于章程、事实两方面均有窒碍难行之处，应毋庸议。著即查照。抄由批发。议案存。

1909年10月25日

督抚对于民权发达之疑虑

【宪政编查馆】又接吉抚陈昭常电云：谘议局现已成立。该局所提议案，诸多逾越范围。该议员等亦大半不明事理，非得钧馆正当之解释，不足以杜藉口。凡除督抚所交议案外，该局自行提议之件，应否先将提议草案，呈请督抚核定后，再行开议。如该局提议之案，有逾越权限，照章不得议决者，应否即由督抚取消，抑俟该局议决之后，再予驳正。又查各国议院通例，政府交议之案，提议在先，议员自具之案，提议在后。今各省之谘议局，虽非各国议院之比，然议事秩序，究属相合，应否即照此办理。统祈钧核，议覆祗遵。

【宪政编查馆】（复电）佳电悉。谘议局议事范围，以局章第二十一条所列各款，及本馆历次解释，并议覆王大臣者所载为准。该局自行提议之案，无庸先呈督抚核定。如有逾越权限，督抚可照章劝告。其不受者，应照局章第四十七条第一款办理。其每日开议，可先议督抚交议之案，再议该局自具之案。应由议长预定议事日表，依次办理。

《申报》，1909年11月11日

吉林行省批谘议局覆议矿产兴废案

吉林行省总督锡、巡抚陈批：来呈暨议案均悉。查吉林矿产甚富，全省人民集资营办，自是节用开源第一要义。但覆议指原来第三条纯属官办性质，不如民办之为愈，言之綦详。须知官办、民办，同一振兴地方实业起见，夫亦何分轩轻。至谓一经官办,资本投下,危险颇多云云,则吉林之官营矿业,实多发起于民力之不足。现在虽极力提倡,犹恐人民裹足不前。果能民力充实,使地无弃利,亦官家之所甚愿。总之,营此矿业,但计其事之成不成,利不利,初不必计官办与民办可也。至自由开采一层,原可照办,按照矿章,仍须遵章领照,方准采勘。又复议拟定保护章程,大都系恐利权外溢,为先事预防之计,然亦微有不合。查矿章第十款,凡为矿商者,除中国人民自应准其承充外,凡与中国有约之各国人民,允愿遵守中国之法律,皆得在中国以与华商合股,禀请承办合律之矿产,作为矿商。但华洋股份,以各占一半为限耳。又原案招生研究矿学一节,用意甚善。惟此乃专门之学,非旦夕所能集事,似目前只可一面招生,一面研究。若开办之始,即欲不假手于人,尚恐无此学术,冒昧从事,危险堪虞,反为扩张矿业前途大生阻碍,亦尤当审慎而后发也。希即知照。抄由批发。议案存。(初一日)

1909年11月13日

吉抚声明谘议局议事权限

吉林谘议局已遵章于九月初一日成立,当将开局及议事章程,并提出各项议案,呈请陈简帅核订。兹奉批如后:"来呈及议事章程俱悉。其中有宜暂从缓议者,有宜分别立论者,如关乎捐税酌减、税契轻重两案。前宪政编查馆核议度支部清理财政章程第十五条,声明各省岁入,当国家税、地方税未分以前,谘议局不得议减执行税率。此宜暂从缓议者也。如军政之预备一案,查陆军之编制,订自中央陆军部,而整顿改良之权则操之外省督抚。前宪政编查馆覆王大臣折内谓,督抚为国家行政之代表,有应行专决者,如军事、外交、裁判等事,断非议员所能干涉。但以人民各具爱国家思想,苟实有所见,不如上书陈请。是谘议局对于军政,只有陈请建议之权,已可概见。如租赋之弊端一案,亦属监察财政应有之事。然但能于经收租赋之人,指其弊端所在,断不能干涉国家正供所入,议其或轻或重。凡此皆宜分别立论者也。至谘议局开会期不过四十日，现在该局所定每逢二、八日期始开正式会议，于议事进行上颇形迟缓，应即加多正式会期，再行呈核。谘议局甫经成立，本部院本有监督之责，故于一切规则，不厌求详，尤愿该员等各于职务和衷共济，是为至要。其已经议决各案，仰即随时呈报，以凭考核。抄由批发。

《奉天谘议局专报》，1909年11月25日

吉林谘议局拟请实行城镇乡自治选举以立宪政基础议案

夫国家强盛，端在立宪，而立宪基础，首在自治，是办自治为当今之急务也明矣。逐年筹备章程，宣统元年，筹办城镇乡地方自治研究所，就此条文解释之，首句所谓筹办城镇乡自治者，当是调查城镇乡旧有区域，应如何分配？旧有自治或法政毕业人材多寡，应如何选？而又恐自治人材之不敷用也，下句接以"设立自治研究所，以期多培养自治人材，预备他日，广为分布"。宣统二年，续办城镇乡地方自治，就此条文解释，确系创设城镇乡议事会、董事会也明矣。盖宣统元年自治学员毕业者既多，又加以旧有自治与法政人才，与游学东洋、西洋者，均学成待用。选举城镇乡议事会议员与董事会会员，当不患无人矣。推之宣统三年、四年，自治毕业者愈多，议员、会员选举益求精善。五年，各城镇乡议事、董事各会早已粗具规模。六年，早已一律成立。总之，地方自治比照逐年章程，当急办不当迟缓，当提前不当落后。北洋天津自治，是吾之南针，亦中国之权舆也。今自治筹办处解释"筹办"二字，似嫌太缓，合六年岁月，全为调查时代，抛掷光阴，殊为可惜。即如派员调查固有团体习惯一节，此事即虚糜经费，又于事实上毫无裨益。盖自治定章，原系官绅合办，其官办必附以绅者，原为绅生长本地，熟悉情形，遇事可以咨询。如于固有团体习惯未知底蕴，面商可也，何必调查？即欲调查，亦应通知各府厅州县地方官，令伊就近派人调查可

也。何必另派专员,分赴各属,糜款逾时?况此项调查员到处高卧无事,其填表造册,皆系倩人缮写,彼不过转呈而已。此等事,大约地方官亦能代办也。又如派员分赴各府厅州县宣讲一节,此事更属不必。盖各属向有宣讲所,所讲者大半均系自治白话,即有未合,宜急饬其改良宣讲可也,何必定又由省派员,徒耗经费,坐失时机哉?他如调查改良,调查组织,合六年有用之岁月,全作为调查时代,如此筹办自治,窃恐吉林无自治之时期矣。兹恳作事务去繁冗,筹办宜求简速,今岁即为筹办年限,明年当为实行日期。拟请我督部堂、抚部院,通饬各府厅州县地方官,于明春先就原有区域,将乡甲、社总裁撤,实行城镇乡选举,设立城镇乡议事、董事各会。俟宣统三年、四年续办自治时,再行逐渐改良,精益求精。总之,地方自治者,不过以地方原有之人办地方原有之事,经理地方原有之财产,断非难事也,似不必过事铺张。今年筹办,明年调查,后年宣讲,又后年报告,又后年选举,又后年方成立,徒为延时误事,莫此为甚。定章所谓筹办者,当是随时筹划,随时改良,随时完备,至宣统六年务期完全一律成立。是催促之语,非缓俟之词,玩其文意,显然可见。用是拟请札饬筹办,速为担任,早日实行城镇乡选举,以符我督部堂、抚部院整顿内政之训词,则吉林之人民幸甚,国家幸甚,大局亦幸甚。并查自治筹办处定章,原系官绅合办,拟恳仍照定章,选举在城士绅十数员,俾充该处参议,遇事可酌商,以图进行,冀收圆满。惟有请求督部堂、抚部院催办施行,特此建议。

1909 年 11 月 25 日

选送资政院议员

吉林谘议局前奉北京资政院来电,东省应选派议员七名,充为本院议员,计奉天三名,吉林二名,江省二名,皆于本月十一日开票选送来京等因。兹闻是日下午一钟时,陈中丞及各司道,均衣冠齐赴谘议局,当即监同投票公举。查惟副议长庆君祝三得票最多，次则为伊通州议员徐君穆如，应即作为举定云。

《吉长日报》，1909 年 11 月 28 日

谘议局于司道公文之龃龉

吉林各司道前因谘议局来往公文，用"咨呈"字样，于体制未合，经联衔函请更正。旋谘议局覆谓：贵司前因公文体制未合，敝局苦无成案可援，馆章亦未克详解，曾函附两项格式，祈议妥示覆。迄今多日，未蒙示准，正无可适从，旋有官运局亦将原文掷还，以不符定章为诘。现在馆章屡易，适奉督抚札文，外用平封，内改札饬为札行，文尾则有"须至札者"字样。敝局对于司道究应如何格式，未便闭门造车，致招陨越，用祈速议示覆，俾得适从是盼等云。现闻陈抚帅为和解起见，特札饬各司道，嗣后如有于该局来往文件，应妥叙堂稿，由公署札行该局，无庸自行直接云。

《吉长日报》，1909 年 12 月 5 日

谘议局议事期届满

各省谘议局定章，议事期年，以四十日为限，从九月一日起，至本月初十，限期已届。吉林谘议局议长特行陈请，以本省应兴应革事宜甚多，原定期限不足集事，当展期十日。刻届十月二十，再限又满，而所议条件大半亦已就绪，当即议定，无庸再展云。

《吉长日报》，1909 年 12 月 6 日

吉林行省批谘议局拟请实行城镇乡自治选举
以立宪政基础议案由

吉林行省总督锡、巡抚陈批：来呈暨议案均悉。查筹办城镇乡地方自治，原贵迅捷。前此刊行分年顺序表，因恐吉省各属通塞不一，与其速而不达，何如缓以进行。嗣经咨部准覆，亦以稍宜提前为辞。现已饬由该处员绅会议，重行编订顺序表，俟核定后，即行通布各属遵照办理。至该处派委城绅，参议一切事宜，业经遴派在案。希即知照。抄电批答存案。议案存。

1909 年 12 月 9 日

谘议局闭会

吉林谘议局延期十日，兹已期满，应行闭会，已详前报。日昨（二五日）十一钟时，抚帅及各司道均衣冠齐莅会场，并照章由议员中投票选举常川驻局之议员。选毕检票，当举定吉林李芳、三姓福裕、宾州姜维岳、农安郭善戎、梁云璋、长春王耀晨六君，应即为常驻之议员。

《吉长日报》，1909 年 12 月 10 日

吉省谘议局谣传解散之原因

前日外间传言，吉林谘议局因与地方官冲突，为陈中丞解散一事。嗣经该局发电辩明，实无其事。兹悉其风传之所自来，闻系因陈中丞致宪政编查馆一信，内有"吉林谘议局议员程度尚未甚高，恐将有与地方官为难之事，应如何办理"等语。宪政馆覆函，谓如有其事，可照奏定章程，停会十日。故外人遂以为吉林谘议局有散会之事。其实则陈中丞方于数日前有电来京，报告议会之成立，并谓各事均有秩序云。

《申报》，1909 年 12 月 14 日

宪政馆与吉林往来电文

吉抚致宪政编查馆电

宪政编查馆钧鉴：据《谘议局章程》第十二条，常驻议员仅能协议第二十一条第九至第十二各款。现在吉林谘议局已届闭会之期，督抚交令覆议事件，尚有未决者，可否以覆议事件为限，援照第十二条办理。请电覆饬遵。昭常谨肃。祷。

宪政编查馆覆吉抚电

吉林抚台鉴：祷电悉。查本馆覆豫抚电开："常驻议员照章无议决督抚交局

覆议事件之权。所有应行覆议事件，如谘议局业经闭会，应由督抚声明缘由，交常驻议员存案，俟下届开会，再行交议。如系紧要重大事件，应开临时会办理。"等语。希查照饬遵。 宪政编查馆。勘。

《顺天时报》，1909年12月14日

吉省谘议局议案

吉林谘议局议案，有纠举新城金守永、桦甸李令庆璋种种违法事。奉督抚帅批，略云：所有纠举新城、桦甸地方官违法情事，候派员确切查明，再行核办。

谘议局呈覆拟设农会一案，奉督抚帅批，略云：该局复议与提议四条，均经认可。惟经费一节，应候该局将所有各宗公产，并江南熟地，及前锋营余款分别调查清楚，声覆到后，再行核议。

《吉长日报》，1909年12月16日

吉林谘议局纪事一则

上月二十八日下午三点四十五分钟，吉省议事会开会。议员到者十三人，不到者十七人。正议长赵君鹤年，于二十七日因病请假两日，是日不俟假满，力疾到会治事。首提议审查单玉祥地亩镠辘案，公决明日请单玉祥到会讨论一切，及考验契据，并最终办法。次提议河东旺道庄学生郭凤舞等之说帖，略谓：该村私塾发达至七处，学生百数十人，而教授一切，均未改良。愿将向有楼房一处，作为改良私塾地址，并请知会劝学所，照章节制，以资改良而谋普及。公决，归改良私塾案并议。次议胡书记建议陈请总督要求审判厅旁听权，及请订审判人员贪枉罚则一案，议长以为此事曾经前届会员陈请，经总督批覆另议，此事似应从缓。次提议自治学员李培等为保全公款公产事，略谓：查得海河挂甲寺、孙家庄等村有地数顷，每年进租数千元，此项大宗进款，乃系镇署经收，为三营绿兵犒赏之用。而三营绿兵早经撤裁，此项进款，能否由贵会请出，作为地方公益。赵议长拟交董事会调查，议员刘君钟霖旁引屈伸，主张缓议，而其理由又欠满足。议长认可，各议员并不发言，因遂将此案注销。次又提议该会建议请工程局改良城厢道路沟渠案，议毕闭会。是日旁听者七人。

《中国报》，1909 年 12 月 16 日

吉省行政官札覆谘议局议案

吉林谘议局呈报议案，内有纠举新城金守永、桦甸李令庆璋种种违法情事，候派员确切查明，再行核办。又呈覆拟设农会一案，奉督抚帅札覆，云：该局复议，于提议四条，均经认可。惟经费一节，应候该局将所有各宗公产，并江南垦熟地亩，及前锋营余款，分别调查清楚，声覆到后，再行核议。

《申报》，1909 年 12 月 23 日

资政院与各省询答电文

吉抚致资政院电

资政院钧鉴：据《议员互选章程》第十条第二项，如当选人不足定额，由互选人再行投票，以足额为止。其再选票数计算之方法，连同前次之票数计算，抑单计算后次之票数，请钧核电覆示遵。昭常谨肃。真。

资政院覆吉抚电

吉林抚台鉴：真电悉。资政院议员再选票数，应以后次之所得，另行计算。希饬遵。资政院。元。

《顺天时报》，1909年12月25日

纠举弹参牧令案

前纪谘议局纠举新城府金守永、桦甸县李令庆璋各种违法一案。兹闻抚帅已派定司马朴查办新郡，廉司马慈查办桦甸，均各接到札委，日内即可首途。并闻新郡一案，如查无实据，该处绅民定行赴京上控云。

宾州厅李丞澍恩，前有廷寄交吉抚查覆，中丞已札史观察菡前往澈查。闻禀覆内，大概以事出有因，查无实据为结束。闻原告绅士不服，谓事皆实证，何谓无实，将再控于京，以期伸辩云。

《吉长日报》，1909年12月27日

吉林谘议局第一会期议案简目

通过议决案十六件：

筹划巡警经费案。

改营业税为附加税，充自治经费案。

办实业教员讲习所，由各处均摊学费案。

拟设农会案。

募集公债，整顿币制案。

（以上五条，均督抚交议之案。）

税契轻重案。

乡巡利弊案。

矿产兴废案。

租赋弊端案。

裁减税卡，厘剔弊端案。

牲畜税尽数提解，化私归公案。

整顿军务，以清盗源案。

拟请城镇乡自治会速开选举，以立宪政基础案。

议员回籍兼任调查，以备将来议案资料案。

依兰府一带地方利弊，陈请兴办沿革案。

陈请复设制造军械局，以戒不虞案。

指陈案二件：

指陈新城府金守永酷刑违法案。

指陈桦甸县李令庆璋违法徇私案。

人民请愿二件：

保路会陈请筹补善后欠款，与吉林铁路善后办法，批覆驳议。

学生祖国光陈请押己产借款赴比留学,批覆驳议。

交覆驳议一件:

吉林外交失败,请求质问解决案。

陈请案一件:

陈请长、农新加车款,碍难承认,请归旧章,以除民累案。

《吉长日报》,1909年12月28日

谘议局议案之价值

关于缩短国会期限一节,刻闻某大员建议云:此事须视各省谘议局提议之案,及议决之案如何,方能定夺。盖须察视各议员及现在国民之程度后,方能作准也云云。

《吉长日报》,1909年12月28日

吉林矿产之大计划

议案预备会移交谘议局议案,内有矿产兴废议一条,略谓:吉林有固有之财产,不仅木石渔猎已也,复有五金矿质之大宗:(子)夹皮沟金厂;(丑)黑背金厂;(寅)珲春大肚川;(卯)珲春盘岭;(辰)宁古塔大石桥;(巳)宁古塔花脸沟;(午)珲春凉水泉;(未)宁古塔香磨烧锅;(申)乌拉东圈山子;(酉)省南小丰门山。吾吉林每遇发明一矿,即有押款若干万,未获寸益,先费巨本，民力实有未逮。如委诸官吏，则视为利薮，消耗折扣，中饱私囊，累及公府，故开如不开。今欲保我利权，其办法须仿照皖之铜官山矿事，由省民全体合办，仿美之菲律宾矿，由官雇人采取，不认股份，以免分润。谘议局复议谓：开采一节，初不必拘定民办之条，第当严杜外人资本。现就调查明确者，先行报部立案。其未经发见者，俟后随时调查，随时呈报。

《吉长日报》，1909年12月29日

派员验收工程

吉省谘议局经抚帅派员在东门外修筑洋式楼房若干间，早已竣工。昨闻抚帅特派法政学堂监督李道致桢，前往核实验收有无偷工减料之处，以便奏咨核销。

《吉长日报》，1910年1月1日

请开国会之吉林代表

各省选举代表赴沪集议，请开国会。吉省谘议局举李君芳为代表，于月之初三首途，并携带吉省五十日内局内所议决各种议案，以备提议咨询。昨接该员来信，现已到沪云。

《吉长日报》，1910年1月2日

澈查捐税积弊之先声

昨开度支司奉抚院札交，据谘议局提议长春、宾州、农安等处局卡有需索小柜包头，截征沿途斗税等弊；又牲畜一税，有征溢于额之弊，扰累商民，莫此为甚，亟应澈查等情。闻陈司使拟于日内分派委员，前往密查，以清弊端而恤商民。

《吉长日报》，1910 年 1 月 3 日

督抚宪奏为改设吉林地方自治筹办处裁改一切经费作正开销片

再前准宪政编查馆咨开，以各省地方自治事宜暂归谘议局筹办处兼理等因，当将吉省原设之吉林府自治局裁撤，归并该处兼办，并经奏报在案。本年九月初一日谘议局成立，所有该处筹办事宜业已告竣，用即遵照馆章，改为地方自治筹办处，专办自治事宜，以期名实相符。另行刊发木质关防一颗，用昭信守。其处中原分各科名目有未符者，并令酌量裁改，一切经费，仍请作正开销。除分咨外，谨会同东三省总督臣锡良附片具陈，伏乞圣鉴。谨奏。

《吉林官报》第三十五期，1910 年 1 月 11 日

奏为吉省谘议局依限成立遵章开会闭会日期折

奏为具报吉省谘议局依限成立，遵章开会闭会日期，恭折仰祈圣鉴事。窃各区当选议员齐集省垣，适臣将有延吉之行，用即先期选定分省试用同知庆康为正议长，分省试用道庆山、内阁中书赵学臣为副议长，并饬筹办处妥为筹备。旋届九月初一日，如期成立。照章招集常年大会，由提法使吴焘代诣该局，举行开会礼节。将臣先期豫备各项议案，提交该局，分期集议。并派明通法理，富于经验人员，作为行政委员，逐日莅会，以资质问。至十月十一日会期届满，因臣出巡甫经旋省，所交各项议案尚有未经议决，并须覆议之件，故于是日选举资政院议员之后，复令延长会期十天，至二十三日始行正式闭会。并照定章，选定常驻议员六名，常川驻局办事。其各项议案，有由臣交议者，有由豫备议案会移交者，有由该局自行提议者，有由民人陈请者，均经该局先后议决，呈报前来。由臣覆加核定，择其可行者次第施行，不可行者交令覆议。其因闭会期近，未及集议者，则令存案，俟下届开会时再行会议，现均分别办理就绪。查吉省僻在边隅，风气闭塞，去年筹办选举之初，种种困难，方虞贻误，所幸在事员绅，设法劝导，竭力从事，竟获依限成立。开会之后，秩序井然，具有可观。各议员等均能恪守定章，略无侵越情事，足见时会所趋，地方渐就发达，而亦朝廷德化有以启之。除该局建筑经费，及常年所需经费数目，应俟核收豫算定妥，另案奏咨办理外，理合会同东省总督臣锡良恭折具陈，伏乞皇上圣鉴。谨奏。

《吉林官报》第三十五期，1910 年 1 月 11 日

关于谘议局议员选举来往电文四则

资政院钧鉴：

据《议员互选章程》第十条第二项，如当选人不足定额，由互选人再行投票，以足额为止。其再选票数计算之方法，连同前次之票数计算，抑单计算后次之票数，请钧核电覆示遵照。常。谨肃。真。

吉林抚台鉴：

真电悉。资政院议员再选票数，应以后次之所得另行计算。希饬遵。资政院。元。

资政院鉴：

奉省宗室、觉罗互选事宜，业已遵章派员筹办，先事调查。惟查前准院章，议员以年满三十岁以上者选充，而此次《选举章程》并未声明年岁，是否无论互选当选人员，均以年满三十岁为合格，抑年满二十五岁者即得有互选权。又，一户父子兄弟均属合格，是否同有互选权，及得为当选人，抑每户只许一人有互选权，并乞示覆。良。元。

奉天制台鉴：

元电悉。互选资政院议员，照章以年满三十岁者为合格。一户父子兄弟均属合格，应同有互选权，并得为当选人。惟选定议员时，如查有父子同列者，应令以子避父。其缺额依次选补。资政院。咸。

《吉林官报》第三十五期，1910 年 1 月 11 日

吉林谘议局己酉年常年会成绩

吉林谘议局自九月初一日开会，至十月十一日本应照章闭会，嗣因复议事件尚多，延长会期十日，至十月二十一日闭会。会期凡五十日，议决者凡二十八案。兹将提议、议决、批复各缘由，简单叙述如左：（一）关于民政者五案。其由督抚提议者二：

甲、筹划巡警经费案；

乙、改营业税为附加税，以充地方自治经费案。

甲案之理由，因吉省巡警经费，其中惟坰捐一项，各属办法参差，或妥筹画一之办法，或别辟税源，以维持于永久，亟宜决定。谘议局议决：各属坰捐应归画一，因拟定五项办法：（子）各就各属现行钱法，至多以八百文为率；（丑）裁撤冗员；（寅）撙节局费；（卯）酌减薪饷；（辰）地方官督催收款，自治会经理收发。批复略谓：坰捐以八百文为限，有窒碍难行之处，其丑、寅、卯三项已经实行，仍当随时稽察，不使稍有滥费。辰项俟自治成立后，再定办法，并抄全省巡警一览表，及坰捐数目表，交令复议。

乙案之理由，因吉省向有营业税，分归巡警、学务、商会、自治四处之用。今因筹定自治经费，欲将营业税改为附加税，以符本税之性质。其所收入，或全数拨充自治经费，或仅以三成提解，而另筹补助之法，亟宜决定。谘议局议决：当国家税、地方税未分以前，营业税暂仍其旧。至其分配之法，则以一成归学务，一成归商务，其余二成统归自治，并由各属商会征收。批复略谓：营业税改为附加税，有三种便利，且但更改税名，并非增加税目，亦与上年所颁宪法大纲所谓臣民现完赋税，非经新定法律更改，悉仍照旧输纳者，不相违背。至其分配之法，应仍依旧以三成拨归自治经费，其余七成分归商务、学务、巡警之用，并询有无公款公产可以拨充自治经费，交令复议。

其由谘议局提议者三：

甲、巡警利弊案；

乙、速办城镇乡自治选举案；

丙、变通自治研究所办法案。

甲案之理由，因吉省乡巡流弊甚多，因订改良乡巡章程十条：（一）设置；（二）选举；（三）经费；（四）收发；（五）预备；（六）游击；（七）权限；（八）教练；（九）功过；（十）附则。批复略谓：所拟各条，多有可采，但有已经筹办者，有正在计划中者，俱已一一签出。其切实可行各条，俟饬司逐渐推行。

乙案之理由，因现在自治筹办处所定分年顺序表过于迟缓，恐于自治之进行有碍，因请于今年筹备，明年实行选举，尚未批复。

丙案之理由，因省城自治研究所由各属选送学员，既劳往返，且各属所负担之学费亦属不赀，拟于各属设立研究所，自行教授，毋庸送省。批复略谓：遵照馆章，各省省城应设立自治研究所，为全省研究所之模范，亦即为全省师资所从出。所拟裁撤省城自治研究所之处，实难照行。

（二）关于财政者六案。

其由督抚提议者一：

募集公债整顿币制案。

提议此案之理由，因吉省官帖充斥，银价日涨，欲收回官帖，发行银元票。而发行银元票，必先筹有货币费，因拟发行一千万元之公债，以救本省币制之急。谘议局议决：自昭信票国民损失信用后，募集公债恐非易事。且吉省官帖充斥，即使强迫急公，亦不过以官帖塞责。因请创办实业，发行股票、彩票，并增发官帖一千万吊，以为补助，尚未批复。

其由谘议局提议者五：

甲、税契减轻案；

乙、租赋弊端案；

丙、裁减税卡厘剔弊端案；

丁、牲畜税尽数提解案；

戊、不认长农新加车捐案。

甲案之理由，因吉省新定税契章程，凡典卖各契吉钱一吊，作银三钱，概照库平解缴。因请税价、契价均作为三吊三百文，毋须用现银缴纳，并请展缓典契、税契年限。及远年旧契，分期投税，现时新契，随时报纳。契纸一章，仍旧收钱十吊文等语。批复略谓：税价以三吊三百文计算，按之实银，一两不过六钱，恐干部诘。斟酌本省银价涨落情形，税价自应按市价折算，以便报部。契价亦应斟加一吊，以利民生。以后无论涨落，均照此价核算。俟金银本位定后，再行改良。至典契请缓，核与定章不符。此外各条均可如议。

乙案之理由，因各属浮收过度，请规复每垧纳官钱六百六十文之旧制。业请以官帖交纳，其零数则以银元、铜元交纳。批复略谓：所议自是正办。惟查前将军长奏定民间定纳大小租，凡地在二十垧以上，征收八成银款，二成钱款；二十垧以下，听民自便。凡地一垧，征银以一钱九分八厘计算，征钱以六百六十文计算，按之当日银价，每两不过二吊有余者，尚有平余，为地方官办公经费。今日时殊势易，若改为征钱，不特与奏案不符，且放款须银，全恃各属征银、解银，以为挹注，概行折钱，则公家之亏损实非浅鲜。且现在地方官经征租税，其一切因公开支，断非六十文之小租所能敷用。应行明定经费，以资办公，而免赔累。

丙案之理由，因吉省自设立统税以来，凡从前之局卡即应裁撤，乃现在长春等处尚有局卡，并有加底补码诸弊。其斗税一项，亦私行设卡，希冀多收，应请于扼要之地设立。批复略谓：自上年十月裁省税捐，各局归并统税，凡有可以归并者，均经先后饬裁。其余局卡，皆关于扼要稽征，及杜绝绕越，势难再为省并。至票底钱文，现值清理财政之际，已经和盘托出。现在每两仅准市行加收二百文，较前已减轻过半。其斗税向系就各处市场买卖粮石，按数抽收。惟长春头道沟因系铁道界内，每有私运之弊，乃设分卡征收。原议谓各卡需索小费等钱，及长春以外各局卡有沿途截征斗税之弊，应饬司查明办理。

丁案之理由，因吉省向有之斗税、山海税、烟麻木税等，今皆归统税局尽收尽解。惟牲畜税向归地方官经理，每年以定额解省，其余尽归中饱。即以农安而论，自去年十月至今年六月，共收八万六千五百六十九吊。其余帮款、票钱、底钱、印子、罚款等又有二万五千吊，其解省一千五百九十二两，其余则据为己有。应请仿照奉、黑两省之成规，及新设治各州县之办法，将全省牲畜税尽归统税局征收，以为全省行政费用。批复略谓：所议自是正办。本部院早经筹及，是以于临江州、啦哈苏苏业经委员前办。所称长春、宾州、农安等处溢收八倍之多，应俟查明办理。近来各省庶政繁兴，公家既无筹款之方，地方官不能不藉此挹注，若尽数提解归公，势必多所赔累，恐新政诸难举办。现值清理财政之际，各地方官公费尚未核定，势难责其枵腹从公。拟自宣统二年正月初一日起，分别地方……（整理者按：原件残而未完。）

《吉林官报》第三十五期，1910年1月11日

吉林巡抚咨奏吉省谘议局全工告竣咨送经费报销清册由

奏为建筑吉林谘议局全工告竣，恭折仰祈圣鉴事。窃查前准宪政编查馆电咨，各省谘议局均应略仿各国议院规模，毋取奢华，但求适用等因。当经臣督饬前谘议局筹办处人员赶速筹备，在该局开会之先，将议事厅等要工一律筑成，业于奏报该局开会闭会情形折内声明在案。兹据该处呈报原勘省城小东门外地方，按照原图半圆式议场，正楼并前楼、过楼等项，共计造成楼房四十一间。又查《谘议局章程》第三章第十三条载有"议长、副议长、常驻议员均常川驻局办事"，又第九章第五十条、五十一条"置书记长一人，书记四人"各等语，则自议长以次各员既应常川驻局，即应各建宿舍。因在议场正楼左右，从三面建筑办事处及各项宿舍三所，连同梯楼、饭厅、厨房、号房在内，共六十一间。再省城地窄民稠，除小东门外原勘地方，此外别无相宜之处。惟该地原有文报局房在内，欲求适用，势不能不令迁移，复在该局墙外东北隅造文报局房十间。统计建筑楼房一百一十二间，加以围墙、马路等项，需用吉市钱二十四万五千八百余千。其议场并办事处及议员宿舍购置一切器具、铺垫等项，需用吉市钱二万一千千有奇，二共需钱二十六万六千九百余千。按照本年八月现银市行，每两以吉市钱五千一百四十文合算，统需实银五万一千九百余两，委系核实动用，较原估核减五万五千两之数，尚属有减无增。并声明本年夏间大水之后，瓦木等料价值无不日见增涨，难以预估确数，是以必待工竣，方可核计等情。臣逐细复核，均系属实。查此项经费，先由官帖局借拨，应即饬令度支司将该款迅速筹还，作正开

销,奏咨立案。除将局图及建筑经费报销清册,另行分别咨送宪政编查馆暨民政部、度支部外,所有建筑吉林谘议局全工告竣缘由,谨会同东三省督臣锡恭折具奏,伏乞皇上圣鉴。谨奏。

1910年1月20日

吉林谘议局批答乌拉县民尉功焕等陈请组织粮市社会粗拟简章由

查所陈全省设立粮市社会,条理甚为明晰,足征热心公益,以供社会资采。惟条开宗旨,以抵制出口为目的,现已海禁大开,凡非食料品,均为各国公认出境,列为专约。如果实行,必致酿成交涉,应俟将来各处自治一律成立,个人俱有公益思想,自必量收为出,亦只不禁之禁,似勿庸专立此等社会。应即批答。

附:请愿书原文

谘议局公鉴:

请愿者,窃日俄衅开,东三省之精华泄尽,铁轨通达,亿万姓之食积全空。近来东西洋商,连年购运我东三省元豆一千余万石,此不独利权外溢为可虑,实绝我国民之命脉,更可畏也。东省铁路交通之后,人烟日稠,土地渐窄,于是粮价逐年昂贵。至日俄战和,满洲铁路以长春割让日本,日人将彼得手,在长春、奉天量力购运我东省元豆,历年确有六百余万石。前年又添英、美、德、法四国,争贩出口,数目确实增至一千余万石。去冬又复调查明确,仍购运元豆千余万石。查我吉省昔年丰收,虽有外人购运,尚可敷衍。至去年洪水为灾,秋收粮米实不足地方食用。四外乡村,类多室如悬磬。今年春秋不接之际,嗷嗷之惨,更不堪言。当此荒年饥岁,外人仍争购我吉林之粮食,何如绝我吉省之民命。官商各界,立于旁观之地,全不顾问。吾不禁大声而疾呼曰:我省之官商当力求保护之道，我省之人民宜急筹抵制之术，否则不堪设想。为我省粮石似此外运，关系最重，吾愿有心人如求保全抵制之方，必须公民结成团体，方可以御外人之购运。虽系亡羊补牢，未为晚也。前闻绅民以年岁荒欠，纷纷禀请保护粮食外运，抚宪饬开官粮店以为保护之道，计非不善。惟官粮店成立，即是官家性质，不但不敢抵制外人购运，反恐多起交涉，而公民亦必受官粮店把持垄断之压力，似于商民多有掣肘之处。欲求保护粮食外运之利权，莫如人民组织粮市社会。地方公举名望素孚公正绅士，热心筹办，以不轻卖与外人粮食为宗旨。粮市社会成立之后，凡我国官民买卖粮食，必须在会内交易，以便监视调查。对于本国人民买卖粮食，社会只有监视调查之责任，无拘管行市涨落之权限。买卖价值，听其自由，庶免把持愚弄之弊。如遇外人买我粮食，统归社会经手讲价，照本国人民买卖价值，必须相机酌量每斗格外增多数百文。此项仍归卖主实得，社会不得扣留，以昭信实而秉大公。此社会果能办有成效，普通实行，只以价值逐年递增，渐渐加至极点，外人之贩运必日见其少，东省之粮石自日见其多。嗣后即遇欠收之年，不至有饥寒之迫也。然粮市社会，必须省城先立总会，各镇乡设立分会。将来如能三省联成一气，认真调查，实效必著。此后粮市社会办有端倪，筹款尚不为难，尤可藉以兼办农务社会，互相维持，两有裨益。盖粮食出自农民，当思耕种之艰难，必不忍轻易出售。如逢年景欠收，粮米不敷，地方食用，无论外人出如何重资，亦必顾全我吉民之性命，不肯售与外人。此即粮市、农务两社会并立之机关也。查元豆之物质含养分最多，食品中为最有益于人生，满洲产尤最优，故东西洋各大商来购者，年有增加，深惜我东省商民如醉如梦，毫不关心。焕于前年冬间游历东洋，调查明确，我祖国之产物，如上海之江北棉花、满洲之元豆、青麻、线麻，为东洋之绝产，尤为东洋历年必用之物。江北棉花虽我国之产物，业早受其把持之影响，此刻已难于挽回。现在满洲豆、麻两宗，如不为求保护，不久亦受其把持之害也。东西洋购贩上海之江北棉花，作成棉纱线即洋线，织成粗布即打连布、花旗布，仍销售我中国，夺我利权。东洋购运满洲元豆，豆饼作肥田料，豆腐、青酱皆日日需用之物。日本青酱销我中国，已占大宗之数。海运开禁以来，我国产物出口之品，多利权外溢，迄今一无挽回，良深可异。吉省之豆、麻两宗万不能不急筹挽回之策，焕等不揣谫陋，谨将组织粮市社会情形，粗拟简章二十七条，以抒管见。是否有当，录呈鉴核，伏候明裁。是所盼祷之至。

吉林乌拉公民文衡/尉功焕　谨上
宣统二年正月初七日
1910年2月17日

代表旋省

去冬谘议局所举请开国会之吉省代表李议员芳，赴沪会同各省代表晋京，面谒各军机，并由都察院递请愿书，嗣奉谕旨，仍遵九年筹备之旨，各代表遂回原省。李君于客腊廿五日旋省，闻本年各省尚拟接续请愿，期在必成云。

《吉长日报》，1910年2月19日

吉林巡抚为吉林谘议局全工告竣抄录原奏咨行东三省总督请查核施行由

钦命陆军副都统衔、吉林巡抚、会办督练处陈为咨行事。宣统元年十二月二十四日，本部院会同贵大臣具奏建筑吉林谘议局全工告竣一折，除俟奉到朱批再行恭录咨行外，相应抄录原奏，咨行贵大臣，请烦查核施行。须至咨者。

计抄奏一纸。

右咨钦差大臣、东三省总督兼管三省将军事务锡

1910年2月20日

添举请开国会代表

吉林谘议局公举李君芳赴京请开国会,曾于年终回省。现闻拟由政商各界内添举代表一人,随同前往。所有经费,由商务会、劝学所、教育会三处担任,以资应用。闻于元宵节后定日举行。

《吉长日报》,1910 年 2 月 26 日

吉林行省批谘议局代陈优附生李价人抵制强邻八条由

吉林行省总督锡、巡抚陈批:呈折均悉。查所举八端,空廓阔疏,未易仓猝举行。如第一条请设元豆公司,此事为拘回利权起见,固须官为提倡,然亦必商界具有极大之资本,组织巩固之团体,先于产豆之区及其销场之衰旺,均须切实调查,详晰计划,方有把握。否则冒昧设立,或轻于尝试,财力不充,终不能与外人争胜。第二条请设转运公司,与第五条请改修土路二项,互有关系。意在修筑土路,从事转运,以抵制南满铁路。然人情趋利而就便,孰肯舍其轻捷之铁路,以就迟笨之土路?即使日人增加车价,而计其运费,土路未必能低于铁路。设或日人骤将车价减轻,人必争趋,恐后而土路几同虚设,又将如何?且建筑有费,置车有费,保路有费,尤为创始时所不易筹划。第三条请改秦王岛为税关,查日人经营大连,不遗余力。东省商务,几全为其所吸收,固应亟筹抵制之策。但兹事体大,非统筹全局,未易策其成功。且东省货物,由大连出口,其势直以捷,由秦王岛出口,其势行以徐,两两比较,恐亦未能远操胜算。第四条请开阔

连山湾海口，意在抵制旅顺，但此事关于军事计划，应由部察度情形办理。第六条请将军需自行转运，所虑甚是。但此事实重在自行制造，而转运一层，尚属第二义。苟军械之制造不仰给于他人，斯军械之秘密，自不至于漏泄。前该局请筹设制造军械局，已札饬军械局会同银元厂妥议详覆，意即在此。第七条请将官盐改由民车转运，于官运之弊指摘綦详。第吉省自改行官运以来，为公家增利至百数十万。凡举一事不能有利而无害，要在当事者徐图补救而已。现已由官运局订定改良章程，饬属遵照在案。至民车载运官盐一层，本部院前经会同徐前大臣奏办官运折内，业已声明，招雇民车，饬运官盐，是此事久已实行矣。第八条，请举办乡团以自卫，固属当今要图。但议者仅知曾、左以乡团起家，而不知曾、左之所以克奏霄功者，实在于召募，而不在于乡团。当时绿营腐败，不堪复用，改用召募，以济其穷。今则召募已成弩末之势，正当仿行各国征兵之制。其征集也，类于乡团，而其训练也，无异召募，庶彼不至有所挟以自重，可收整齐严肃之效。当咸、同间，各省举办乡团练，固足以保卫乡里，而其流弊亦不可胜言。试读《王闿运与曾文正书》，历言乡团之弊，自可了然。以上八端，皆于东省时局能见其大，但凡事宜求切实可行，不必侈言高远，必先调查详尽，不可徒托空谈。谘议局为决议机关，议一事必生一事之效力，若如旧日条陈故套，深愿该局力除之也。又常驻议员照章可开会协议，此项陈请，虽出于该优附生一人之意见。但既经该局转递，即为该局全体之同意。以后凡系人民陈请之事，经该局协议转呈，此应用该局名义，不得仍用个人名义，以清权限而归画一。抄由批答。议案存。

1910 年 3 月 21 日

志士热心国会

吉省第二次请开国会代表，前已公举文耆、李芳二君。兹定于本月十五前后，束装赴都，会同各省代表，再行请愿。省中士绅，对于此事，极为注意。近又组织同志会，宗旨在继续要求缩短国会年限，为赴京代表之后援。即于本月初十日假商会提议一切，昨已刷印公启，分布各处。

《吉长日报》，1910年3月25日

请开国会代表晋京

谘议局请开国会代表李君芳，前次随同各省代表赴京请愿，旋奉谕旨，仍遵九年筹备期限，当即旋吉，会同各界绅耆，组织同志会，公举绅界代表文君耆，以继后援。昨闻李君芳业于本月十六日由省束装赴京，如事不成，则文君等当继续请愿。

《吉长日报》，1910年4月1日

谘议局呈明新城违章详委学董

新城府金太守永详请提学司委派劝学所总董，经该处议员呈报谘议局称，前经谘议局议决，劝学所总董应由本地选举公正合格绅士充当。此次金守详委派人，于议决章程不合。闻已由局呈明抚宪，札饬该守遵照定章，仍令本地公选合于部定资格者充任。

《中国报》，1910年4月8日

条陈抵制强邻八策碍难实行

长春府优附生李价人条陈谘议局抵制强邻八策：（一）请设元豆公司；（二）立转运公司；（三）改秦王岛为税关；（四）开办连山湾商埠；（五）改修奉长土路；（六）购运军需统疏转运；（七）转运公司兼运盐务；（八）举办乡团。就中不无可采，而窒碍难行者亦多。由谘议局代呈抚宪，昨日逐条签批，发交谘议局，并饬嗣后决议事件，当取切实可行，不必轻言高大，蹈向来条陈之习云。

《中国报》，1910年4月8日

吉林谘议局定期开会

谘议局议长庆康，前因三省谘议局会议，当于上月赴奉。现于本月初九日事竣旋省，特于十三日假谘议局柬邀各界人员，宣布一切事件，并闻有酌商之件。

《吉长日报》，1910年4月28日

路工全用本省人民之驳议

前省垣谘议局呈，绅民陈佐廷等陈请兴修吉长铁路，土木各工全用本省人民，以工代赈之策，经公署札饬吉长铁路局议覆核夺，曾志本报。近该局申覆，以铁路一切工程，系照部章，用投票法，包与殷实而有经验之商人办理。所需小工，自应由承揽之商酌量招雇，本局碍难限定。俟全路告成后，需用少数小工，安放道木，或垫筑石块，可以由局招雇，届时再行禀办云云。

《吉长日报》，1910年5月18日

督抚帅发交谘议局关于财政议案文

吉林官帖局发行官帖，原为周转市面，补救钱荒起见。比年以来，信用日广，发出渐多。凡吉省商民贸易之资本，日用之应付，胥赖乎是，裨益诚非浅鲜。所惜者，当发行之始，系依社会习惯性质，以制钱为本位。自铁道交通以后，凡外省及外国物品输入已盛，无一不须银币购买。从前吉省市银，每两仅须三吊以外者，今则贵至五吊以外，银价愈昂，帖价愈贱。而俄之羌帖，日之老头票、正金票，又皆以银为本位。我之银价涨，则彼之币价亦涨。是同一纸币，彼以银为本位之故，而升于积极地位，我以钱为本位之故，而降于消极地位。（记者按：俄日皆已改用金本位，此文大误。）吾民持此消极之纸币，以与彼积极之纸币相颉颃，盖不待货价盈亏，即此币价之升降，已隐罄吾民之财产而不觉。今欲求挽救之法，非变换吉省纸币，改钱本位为银本位不可。虽然，变换之策，其难有三：一、官帖流行已久，商民借用甚多，若一旦收回，则商铺必群相倒闭。二、依前条之义，则收回官帖，必先发行银元票，以调剂之，然非筹有实本，则银元票不能虚发。三、外府县向用屯帖，不但银元票素未通行，即官帖亦所罕见，故羌帖、头票乘虚而入。今欲通行银元票，非抵制私帖外币（指外国纸币而言）不可。综上三难，则银元票之发行，必先求通省之信用，欲求通省之信用，必先求票本之充足，断断然矣。今以吉林全省贸易状况约之，人民需用纸币，通计至少须四千万元左右。今姑以折半而论，亦须二千万元。欲发行二千万元之银元票，至少须备票本一千万元，方足以应支付，而敷周转。查各国整顿纸币史，必先筹一专款，名曰货币费。其筹货币费之法，不外两端：一曰募公债，一曰募外债。然募外债，则一切利息为外国人所得，自不如募公债为便。盖以地方之资本，整顿地方之币制，商民既受其益，利源复不外溢。数年以后，币制本位变换完全，公债偿还亦非难事。以吉林全省人民之众，爱国思想之热，担任此一千万元之公债，以救本省币制之急，当无不乐与赞成者。此提出本案之旨意也。

《吉长日报》，1910年5月28日

吉林谘议局呈覆议关于财政议案文并批

查我国家自兵连强结以来，各省皆有艰窘不堪之象，惟吾吉林为尤甚。委因庚子、甲辰而还，新政日颁，税捐日重，地方出产有限，商家生计日穷。加以行省改而建筑大兴，新官设而人员辐辏，铁路兴而洋币输入腹地，赔款重而京饷断其来源，以致商民交困，几有岌岌难支之势。其尤甚者，商民借用官帖，无力偿还，不能不以产业入官。倘外人援二成付元之例，持官帖而追索现货，今日二成，明日又二成，不数日而十成圆满，而官帖局无力偿还，势不能不以收存产业，藉抵外债。此尤切肤之灾，并居民产业亦可渐入外人之手者也。我督部堂、抚部院洞悉此弊，殷殷以募外债、集公债为询，仰体德意，实可为变钱法、固根本之一助。但合之地方情【形】，实有难达目的者。即如以集公债言之，自昭信票、国民捐影响后，商民已有异言。再与劝言公债，微论贫户力不能任，即素丰之子，亦恐呼应难齐。并且吉省情形，系属官帖世界，即使强迫急公，亦不过以永衡官帖，聊以塞责。夫变通钱法，原应以银元现银，为培固根本之计。若仅凑集官帖，是徒费周折于钱法之实在毫无补助，此募集公债之势不能行者也。以招集外债言之，此次拟募外债，原为变钱本位为银本位，藉抵外币起见。一经招募，则外洋之银元、纸币，充斥而来，是欲杀其势者，适以张其焰也。并且每借一款，年利若干，中费若干，折扣若干，均系必不可少之需。我省之如何偿还，尚未可知，而先有此按年加厘之利，日增月长，岂不更为地方之累。加以新政亏款，为数甚钜，借款之后，必须弥补。弥补之后，仍有开支，不三四年，恐实货外溢，仍剩一永衡官帖世界。彼时欲作偿还之计，奈实项成空，其以地方抵耶，抑以矿产质耶？似均难免其累。此募集外债之非徒无益者也。

  为今之计，欲变钱法，舍筹备实项而外，别无善策。欲求实项，舍招徕邻省，及外洋之实项，而兴办实业，绝少良图。应请将通省岁入各款，通盘核计，某项收发现银，某项收发银元，某项收发官帖，将一切收款，仍按历办银钱本位，照旧征收，俾免民累。将所有发款，均以官帖为率，不必搭放现银。银元遗出，所收现银、银元，统作官帖资本，再行出具官帖一千万吊，设立实业公司，或银行一所，以劝业道为之监督，以本地公正绅士为之执事。先由林业入手，随山皆可刊木，卖木皆须抽厘。并在珲春及天津设立分行或分司各一处，专备出卖中国或外洋木植之用。嗣再推及于矿务、荒务、农业、蚕业、粮石、烟麻以及制造等事。一俟基础已定，即行刷印股票。按十元为一股，分寄各省，听凭华人购买。幸而股票畅销，则一千万之官帖，登时可以收回。不幸而销路壅滞，而有一千万之股本，亦无虑有母无子。更有进者，农工商部奏定《富签彩票章程》，更为开通实业，补助钱法之良图。吉省亦拟推广试办，其票额拟设十万张，每张售价一元。出彩后，以一分奖彩，以二厘报效，以八厘公费，以八分作股，另开各项实业，则数年之后，渐变而为金银市面，何患官帖之不消极耶。惟有各项股票、彩票，如能由督部堂、抚部院咨请全国，提倡于上，由谘议局分寄各省，鼓吹于下，区区数百万金，似不难一呼而至。徐菊帅前言暂用各省之财，培养东省，异日即可得东省之财，协济各省者，老成谋国，实属远大靡遗。但吉省已成官帖世界，再为行使官帖一千万吊，其商界之论势者，必以钱数愈滥，银价愈昂，百货愈贵为虑，【殊】不知官帖已销七八千万之多，再增一千万之数，不过十分中之一，于官帖之泛滥无关也。其官界之食饷者，必以暗受亏折，养廉不足，诸事棘手为虑，殊不知以本地习惯之钱，办本地当兴之事，顺势利导，当无阻滞。除汇寄亏折外，于公事之得失无伤也。其度支司之发放薪饷者，必以禁止现银、银元，非官帖一项所能敷用为虑，殊不知官帖已有收回二成之示，力求节俭，挹彼注此，自可通融，于薪饷之发放无碍也。总之，我吉省钱法至艰极窘之时，正我通省官绅尝胆卧薪之日。而况有官帖以为先声，更有股票、彩票以为后援，是否用至一千万之数，尚未可知，并非行险徼幸，固勿庸长顾而却虑也。已经全体决议，敢请督部堂、抚部院允准施行之。

　　督抚宪批：来呈暨议案均悉。查吉省币制，以钱为本位，相沿已久。在从前原属比户可封，今则时势不同，固未可胶执而论。试以吉省与他省相比较，他省以银为本位，以本省之钱，易他省之银，银价平犹可也。若现在银价，较前贵一倍，是本省现银输入，不啻以从前两倍之钱，易他省一倍之银，孰利孰害，其理至明。然此犹言与彼省之关系。至吉币与外币相比较，羌帖、日洋充斥市面，其银价涨力，皆视吾现在银价之涨力为比例。彼以一倍之银货来，吸吾两倍之银货往，所以然者，彼亦本位以银，又有一定之准备金。所发纸券，可抵实银，故能处处皆实。我之本位以钱，而又滥行官帖，将使钱本位名目，复处于空虚之地位，故不免处处皆虚。既贵贱之悬殊，复虚实之各判，宜乎不战自北，酿成今日之重重危险现象。长此不理，后患靡穷。然则急起直追之法，惟有舍钱本位，而用银本位，或可救其弊而补其偏。然而，银价不平，虚存银本位无异也，依然钱贱银贵耳。平之之法维何，非收回官帖，改发银元票不可。夫发行银元票，何以有利，发行官帖，何以有弊？曰：银元有准备金，虽多发，与现银何异，官帖无准备金，虽少发，不但无益市面，银价更足以受其影响。是则欲收回官帖，改用银元票，非筹足准备金不可。然而，又有难焉者，毋论筹措数千万元之准备金，目下万万无此财力，即令立集巨资，扫除官帖，而向来倚官帖为出入之商户，必致被其牵肘，相率倒闭，市面不堪设想。故本案以整顿币制为入手办法，而整顿币制又以募集公债为入手办法，至兴办实业，吸取外货，虽当次第举行，而撄以目前挽救之方,究属缓不济急。议者于此等处,皆未能悉心体贴,故所陈不无敷泛。据筹议各节,一则曰招徕邻省实项,再曰广招股份,仿行彩票,而于募集公债一层,仅以呼应难齐四字,轻轻抹煞。然试问吉省币制,棼如乱丝,邻省之人,谁肯携实银换虚币,而冒此险耶?各省彩票,势成弩末,招股分司,尤无信用。然此所谓股票、彩票诸办法,又岂有实在把握耶?以本省应行担任义务之人,尚为此因噎废食之论,遑论邻省。以目下应行整理之币制,尚未着手,遑论实业。昔赵军帅招致富商,经营东三省实业,比至沈阳,则要求种种利益。论事势固宜倍极优崇,论政体则又深防喧夺,头绪纷烦,谈何容易。故议者对于本案之募集公债,务宜共矢热忱,广征意见,以副本部院实行厘剔币制之苦心,而为吉省次第推行实业之预备。至推广林业,抵制外币,及垦务、矿务、制造诸大端,自应另案提议。再此案之迟迟未经批答者,以兹事体大,断非率议所能洽当。现在又值闭会期内,因特重申意见,由局存案,俟下届开会时,再行提议可也。希即知照。抄由批答。

《吉长日报》,1910 年 5 月 29、30 日

国会同志意见书

昨自治筹备公所接到吉林谘议局公函,内叙本月十一日接到北京代表团国会请愿同志会意见书,暨代表团孙君洪伊等敬告各省国会同志书,并郭、徐两公断指刺臂血书数十字。详阅一过,足见郭、徐两公用志之坚,用心之苦,足为我四万万同胞观感奋发。用特随函寄呈意见书一册,公启一份,血书两份,仰该所接阅后,希即选择热心公益、办事慎重之士,公同一阅,仍祈格外慎重,勿令以讹传讹,致令稍涉嚣张为盼云云。

《吉长日报》,1910 年 5 月 30 日

吉林谘议局将访获找扰撞骗黄子正人犯送交吉林府究惩由

为移送究办事。兹以本局于本月二十日，曾有双城府人刘凤云为伊父辨冤，备具愿书，陈请到局。当以所请各节系属个人诉讼，又兼所举各款并无证据，遂将原书掷还，不为建议。又因本局为民人代表，断不能不格外审慎，以期无负天职，随即派员侦探。不意刘姓等均已回府，未能侦探明确，反侦得有伊亲黄子正于中藉端煽惑，假冒本局名义诈钱一千二百吊。当于二十五日晚八钟被原差引领到局，公同面询。据黄子正声称："民人榆树厅人，年三十九岁，素以务农为业。于本年春间，因至亲刘凤云父叔被押在案，托民人代为安置官司。于三月来省，曾在高等审判厅呈控二次，未蒙批准，随即旋回。于月初又同来省，共寓客栈，另行安置。随诓刘凤云年幼无知，唆使在谘议局陈请。凤云随找同寓齐先生代写愿书一纸，化钱三十吊。民人曾说，谘议局尚需化钱一千二百吊，不然决不能收。凤云无奈，交给民人帖钱一千二百吊。后因伊父叔身故，凤云即不认化，随向我索回钱九百五十吊，其余二百五十吊系刘某交我，作为川资。"今经侦询，实欲假谘议局名先行诈钱，后又退还，仅得二百五十吊。各等情。据此详查该民人黄子正，胆敢假冒本局名义，在外勒诈乡民，竟至千余吊之多。是否全赃入手，因刘凤云业经回籍，无从确查。惟以全体名誉攸关，若不澈底根究，惩一警众，将恐接踵效尤，是非莫辨。相应备文移送贵府，请烦查收提案，研讯究办。是为公便。须至移者。

计移送撞骗黄子正一名。

右移吉林府

1910年6月3日

吉林巡抚为吉林谘议局全工告竣抄录原奏咨行东三省总督请查核施行由

钦命陆军副都统衔、吉林巡抚、会办督练处陈为咨行事。案查宣统元年十二月二十四日，本部院会同贵大臣具奏建筑吉林谘议局全工告竣一折，业经抄录原奏，咨行贵大臣查核在案。兹差弁赍回原折，于宣统二年正月十三日奉朱批：该部知道。钦此。相应恭录咨明。为此合咨贵大臣，请烦查照钦遵。须至咨者。

右咨钦差大臣、东三省总督兼管三省将军事务锡

1910 年 6 月 10 日

副议长不日赴京

吉林谘议局接到各省谘议局函，拟于六月间在北京开一共同研究会，各举一人，齐集都门，研究一切进行方法。吉林谘议局派副议长赵君伊田前往。此事与国会代表不同，彼以早开国会为目的，此以研究议案为目的。前次奉省开临时会，该局曾委四人前往参观，不日即可旋省，俟该员等旋省后，（张）〔赵〕君即行赴京。

《吉长日报》，1910 年 6 月 27 日

补录吉林谘议局建议全省矿产兴废案

吉林草莱初开，天产丰富，久为外人垂涎注目，所以未被其席卷已空者，仅以各国虎视鹰瞵，未能公认其利权独享之故。现在吾吉省财政困难，急求吾吉故有之财产生发之，否则腹地数千里，人民数百万，而不力极保我利权，讲求实业，一旦拱手献人，吾吉民将血食矣！矧以吉林固有之财产，不仅木石渔业已也，复有五矿之大宗，试详如左：

（子）夹皮沟金厂，现在官私合办。

（丑）黑背金厂，早为私开，归北洋，厥后始归吉林。

（寅）珲春大肚川，金苗畅旺，土著私挖。

（卯）珲春盘岭，苗线绵长，尚未开采。

（辰）宁古塔大石桥，产金钜薮，为各处所无，拘于风水未开。

（巳）宁古塔花脸沟，金、银各矿均未开采。

（午）珲春凉水泉，久被匪党私挖。

（未）宁古塔香磨烧锅，金线早经发现，未开。

（申）乌拉东团山子，金、煤两苗，至今未开。

（酉）省南小风门山，金、铁苗线，现由股东试办。

案吉林金矿数处，而犹有经济困难之问题者，委因人情畏难而趋易。每遇发明一矿，即有押款若干万，未获寸益，先费钜本，民力实有未逮。每委诸官吏开采，则视为利薮，消耗折扣，中饱私囊，只富一人，而累及官府，如不开等。今欲保我利权，其办法有三：

（一）依照皖之铜官山矿事，由全体合办之；

（二）招集本省大资本家出股专办，由官监理，按以几成上税；

（三）仿美之非猎滨矿，由官雇人采取，不认丝毫股份，以免分润。

《帝京新闻》，1910 年 6 月 29 日

补录吉林谘议局建议全省矿产兴废案

复议。查矿产为生财之源,生之众者用自足,源之远者流乃长。吉省矿产富饶,自当急于开采。况值此经济困难,财用奇绌,尤以开矿为刻不容缓之事。倘不急求办法,力图振兴,外人将起而干涉之。如皖之铜官山矿,其前鉴也。惟办法必求妥善,提倡必须有方,方免利权外溢之患。如第一、第二两条,办法均属可行。至第三种,纯属官办性质。核之预备立宪时代,尚应斟酌办理。考东西各国,皆用人民自由开采主意。日本现在矿山,率听人民自由开采。惟英、法二国,尚有归官办理。此以从前相沿,尚未改革。推原其故,盖古时非立宪国体,故矿权专在国家,人民不得私开。近世皆知官办之弊,不如准人民自由开采,藉可广收矿税。此其中有种种理由,西人已详言之矣。谓矿由官办,辄不认真,徒饱私囊,无补公益。民办则资本攸关,必能详细管理。此矿业不如归民办者二。谓开采需钜大资本,古时人民资力微薄,不能担负。民情涣散,苦难团结,近世则以社会上之经济发达,富民日多,集合之力正大,政府之财力间有不足以敌之者。此矿业不如归民办者三。谓矿物零星复杂,以出售亦甚繁琐,国家既难经理,且易滋流弊,人民则众擎易举,无虑复杂繁琐,此矿业不如归民办者四。谓矿业之获利,变动无常。甲年之所获,不能作乙年之比例。且对于资本投下,危险颇多。如归国家,倘有亏折,则于政体经常之经费必大有妨碍。此矿业不如归民办者五。据各国之学说,仿东西之办法,本局议决,采用人民自由开采主意。凡吉省境内所有之矿产,无论何处何项,其土地或为官有,或为私有,均可由本省人民开采,外人不得而干涉之。或集股,或专办,均属可行。应请札饬各府厅州县,出示晓谕。凡吉省人民,能备具资本,采掘某处某项矿业者,准其来劝业衙门,呈请立案,查验资本,官府担监督之责任,开采者负纳税之义务。至其详细办法,及纳税额数,悉遵部定章程办理。兹将已经调查明确之矿产,并全境未经调查之矿产,拟定保护章程。如左:

一、吉省矿产，不准外国人开采。

二、吉省矿产，凡系本省及他省之中国人皆准开采。

三、凡中国人开采，不准与外国人合股。

四、凡中国人开采者，亦不准借外债以作资本。

五、中国官吏对于吉省矿产，亦不得私许外国人开采，及招集外股。

六、中国人如与外国人合股，及借用外债，开吉省矿产者，从严惩办，并禁止开采。

七、中国官吏如有私许外国人开采，及招外股，吉省全体人民概不承认。

八、吉省矿产繁富，现就调查明确者，先行报部立案。其未经发现者，系随时调查。

《帝京新闻》，1910 年 6 月 29 日

添举第三次请愿国会代表电

日前吉林谘议局为第二次请愿国会，业奉明诏，仍俟九年，故代表团中现正拟续举代表，举行第三次请愿。电本郡自治筹办处，现闻该处即拟商酌核覆云。

《吉长日报》，1910 年 7 月 2 日

五常议员富克兴阿筹备振兴实业并关谘议局应设会计检查院二议案

提议振兴实业

我吉省财政困难,以实业不兴故也。非实业之不兴,又以未定农办、民办或商办故也。夫商民开办,虽属无丛生之弊,而于行政上之进款,固寥寥无几焉,亦不过助起三五商民之巨富而已。不若官兴实业,各给薪水,或督之以防营私,以杜中饱,而免所设不敷所失之弊。除薪水之外,所获利益,以补行政之经费,则全省同沾利益焉。况我吉省垦矿林渔,在在数十余处,采其易者而先开,其不易者而后办,陆续兴起,生财有道,何虑财用之不足,何虑亏款之无补哉?若不急于振兴实业,大开财源,虽目前能节财流,亦未必能有济也。特此建议。

提议者:富克兴阿

提议设立会计检查院

查《谘议局章程》第二十一条第二款"议员有议决本省岁出入豫算事件",第三款"议员有议决本省岁出入决算事件"。夫谘议局之议决豫决算案,所能监督财政者,仅在开会时耳。而况我国之议会所开会之限期,只在四十日。虽展期,亦不过十日尽限期。凡政府财政上一切之支出、一切之收支,必也置常年会期内骤然提出豫决算案,而付之于谘议局议定,不知会期仓猝间,果能议决分明否也?果能审查无违否也?是不能不设会计检查院焉。依会计之法,以查一切之收支,以济议会之不逮。此鄙人提出议案之节略也。

提议者:富克兴阿

1910 年 8 月 2 日

吉省谘议局覆议农安女学管理员陈请审判推事破坏公益一案再请查办

为覆请事。窃查本局前以农安县女学管理员左兆鼎，暨议员李云章等，联衔指陈该县审判李推事，证明前案破坏公益，无辜罪及士绅张文浚等情一案，当经本局协议，代请澈查究惩。适奉批答："来牍阅悉。查审判厅章程，凡不服下级审判厅判决者，准其再向上级审判厅投诉。该厅审判此案，如果心不甘服，即由该女学管理员等查照定章，自向上级审判厅呈诉可也。"等批。奉此，详查此案李推事故翻前案，破坏公益，该绅等以学务攸关，因之呈请来局。本局亦以事涉学务，因之据情转请，本系陈请建议之事，与个人诉讼者截然不同。批谕如果心不甘服，即由该女学管理员自向上级审判厅诉讼。按之民人诉讼章程，实应遵办。但该绅等对于此案，不过因公立论，代鸣不平，骤令自行上诉，谁肯因公受累。该绅等既不肯代为上诉，则此案之是非曲直，终不能明。孙中清之有心讹诈者，难免不愈长刁风。张文浚之奉持公益者，难免不终滋拖累。李推事之裁判违法，更致肆行无忌，实与教育前途不无影响。兹经协议公决，应照章说明理由，仍请俯采舆论，澈究原案，分别惩办，以儆官邪而维学务。理合具文覆呈督部堂、抚部院鉴核，查办施行。须至呈者。

右呈督部堂锡、抚部院陈

1910 年 8 月 5 日

谘议局提倡实业

十三日，谘议局邀请商会总理暨议董等开办实业研究会。当经议长演说，以本省农林、矿产甲于全国，历经兴办，终无效果，究其原委，总以风气不开，地方人民不知联合资本举办，并以商会牢守旧法，未能随时改良，以致天然利权，竟任外溢。此特联合商团，振兴实业。议长讲演后，众商无不欢迎赞成。现正筹议办法，不日即克实行。似此举动，不惟吉林之商务前途大有希望，即全省财源亦开其源矣。

《盛京时报》，1910 年 9 月 22 日

吉林人之刺激

吉林谘议局因日俄协约、日韩合并等问题关系吉省命脉，感触甚深，特于初八日，借该局开会，召集各绅商讨论方策。闻散会后，各议员又秘议取决办法。云：日俄协约，无论有无秘密条件，均于东省不利。吉林东南一千五百余里，逼邻韩、俄，今韩国灭亡，唇齿相连之吉林，危在旦夕。同人等既不忍祖宗庐墓沦陷于外人，非速行教育普及，不足以增进人民知识及爱国思潮，一面再添练陆军二镇。综核教育及军事常年用款，除将已有之巡防前路，及通省旗缺之款筹补外，每年尚须二百万两。吉林原野，半属荒芜，森林矿产，概皆荒弃。今谋保存，急应招集大宗资本，开办兴业银行，使天产振兴，而地租及林矿各税自因之畅旺，庶教育、军事不难举办。时多数议员谓此议虽近迟漫，揆诸吉省实情，亦只可如此办理。

《帝国日报》，1910 年 9 月 30 日

二、第二次常年会

吉林谘议局为发交举办公债一案颇多疑问应照章质问请速批答案

为呈请事。窃查局章第二十六条第一项，内载："谘议局于本省行政事件，及会议厅议决事件，如有疑问，呈请督抚批答。"其第二项又云："若督抚认为必当秘密者，应将大致缘由声明。"各等语。遵此现奉督部堂、抚部院发交举办地方公债一案，是为本省行政事件，全体议员审查至再，未能洞悉原委，对于原案颇多疑问：一为募集之原因。各国或以天灾地变有万不得已之事故，或为营造永久有利益之场合，或为偿还旧债之场合，原案未及提出。二为公债之信用。各国募集之初，必须指明抵当金及偿还之期限，俾昭信用。原案并未提出偿还期限，并抵当之基本金，仅云以大清银行为承办之机关。究竟该号能否担负？三为公债之作用。原案仅云拟由本省募集五百万元，俟议决后再行分别妥拟，究欲举办何项新政，开办何种实业，原案未及提出。本局既为立法机关，必须慎重言权，凡有疑难之处，未便含混决议，应即照章质问。理合具文呈请督部堂、抚部院鉴核，迅即批答，以备决议。是为公便施行。须至呈者。

右呈督部堂锡、抚部院陈

1910 年 10 月 7 日

吉林行省批答谘议局质问举办公债疑问由

来呈暨议案均悉。举办公债一案，业经议员等全体赞成，惟尚须于施行手续有所质问等语，自应查照本案所称，俟议决及再将办法交议一节，并参照来呈质问各条，批答于左：

一、募集之原因，系为内忧外患，时局迫切，更甚于天灾地变，有万难缓办之事。是以有此提议。

一、公债之信用。甲项抵当之基本金，本为公债之要点。惟本案所发行之公债券，既准完纳租税钱粮，即可流通市面，已有确实之信用。惟为应募踊跃起见，自当预筹确实可靠之款，以为公债之保证。但本省公款奇绌，各项税捐、杂款皆已指供各项行政，尚复不敷拨给。若任指一款，殊不足以昭确实，势必致蹈北洋公债抵捐铜元余利之覆辙。本大臣/部院拟办此项公债，雅愿与吾民开诚布公，共踏实地。现饬司筹议，决定于牧畜税、官运余利、斗税、烟酒木税各项之中，每项抽拨二三成，拨作本案基本金。约计现在总数，已逾五十万。各该项如整顿就绪，收数必加畅旺。再行加成匀拨，益资巩固。至大清银行只为承办之机关，于本案担任一层，本属无与。乙项偿还期限一节，此等流通公债票券，本系随时转移，期限无妨从长。现议拟用长期，约以十年、二十年为度，应俟下条规定后，再行决定。

一、公债作用，不外筹办实业。但以垦荒、林矿而论，仅此五百万，岂能同时举办？即以一项而论，亦岂能全属兴举？现拟仍视应募实数，确定上列各项入手办法。

总之，本案关系全省命脉，既与昭信股票等指定兴办之事业者不同，亦与北洋公债专供消极政费者迥异。对于本省内治外交，具有重要关系，希即悉心讨论，迅速议决，呈候核办。此覆。

1910 年 10 月 7 日

吉林劝募常年仓谷议案

窃惟积储之法，预备不虞。古昔贤于常平社仓，无不再三注意，诚以足食之经，即为救荒之策。吉省上年猝被水灾，省仓谷米悉数散放。查省仓所积，系官庄地租，按年缴纳，始获积成数，一旦散给灾民，则规复旧额，尚需时日。而民间自受灾以后，户少盖藏，设或再逢歉岁，何堪设想。是积谷之举，不能不先事绸缪。吉林惟农安一县，谷尚存仓，他如吉林、新城两府，榆树一厅，悉皆变价生息，仓无颗粒之粮。其初皆因出陈易新，将新谷变价，继则新谷昂贵，不敷买补原额之数，但将本利银钱存放商铺。其余各属，经光绪十七、十八两年劝办，当时因未建仓廒，劝捐之谷仍存民间。有汇存富户者，有尚存原捐之户者，官中但司册籍，以为某某等户存谷若干而已。在丰稔之岁，尚相安于无事。一遇饥荒，富者既解余粮，贫者何从缴谷。虽有积谷之名，仍复同于画饼。本年据吉林府绅民禀请行提积谷，据该府暨敦化县，以民力未逮，请俟秋后再缴。不知仓谷以备凶年，若秋收既已丰收，则又安用此仓谷为哉？夫偏灾流行，事所常有，保息之政，不能不从长计议。查民间存谷，历十余年，民户贫富消长不一，或原户将地转卖，迁移他处，既难按籍而征，或地虽未售，而耕获所入，仅敷糊口，安能呈缴远年存谷？是从前劝集之谷，势不能符原额。即吉林、新城、榆树三处，其常平谷价，本利未动，若义仓谷价，成本虽未短少，而息款则大半挪作地方公用。即使将款提回，买补如额，亦属为数无多。自应酌量续劝，先不求取数之多，亦不求见功之速，但冀日积月累，要议久长，庶几廪仓丰盈，有备无患。惟是提倡之责任在官，担任之义务在民，应如何买补提追，如何续筹劝募，尚希各抒谠论，以备采择施行之。

《远东报》，1910 年 10 月 18 日

督抚宪整理豆麦斗税议案

查吉省税务，素称紊乱，所定税则，亦复纷歧。欲言改良，当以整理为第一要（议）〔义〕。顾整理有道，或按之地方情形，有须划归一致者，或按之今日时势，有当酌量改征者。即如头号税中元豆、小麦二宗，从前所定税额，元豆系属粗粮，每斗征中钱十文，小麦系属细粮，每斗征中钱三十文，定额本属微薄。且定则之初，价值尚廉，今则征之一倍或一倍以上，而税率仍旧，是亦论税务者改良征收之一端。兹拟元（旦）〔豆〕每斗征中钱二十文，小麦每斗征中钱三十五文。按之前后价值，适得其平，并无加增之举。且小麦列于细粮，原征三十文，本不为过。今加以售价之长，而又仅加六分之一，亦尚相宜。况此豆、麦二项，均为食物品类，非如高粱、包米等为民间日用必需之品。又系本省特产，每年为出境大宗。比照闽茶浙丝之（列）〔例〕，本可特定税则。兹专就整理定之，上可以裕库帑，下不至于妨生计。惟事关税率改征，应俟议决施行。特此付议。

《远东报》，1910 年 10 月 18 日

资政院九月二十日收吉林谘议局电

资政院钧鉴：预算案仅交岁出，无岁入，并无分表，碍难决议。现已送还，乞饬催速将岁入并交是恳。吉林谘议局叩。

《国民公报》，1910 年 10 月 26 日

吉林谘议局议决交议修辟官道案由

否决之理由：

案地方之盛衰，与路政有直接之关系。路政不修，举凡行政、用兵、商业、行旅无不受其危害。原案以吉省路政荒芜不治，拟将东北、东南两路从事修辟，分为干路六、支路三，并以工程重大，非一蹴之可及。如何递年筹款，如何择要兴工，预为经画，以免周张等语。本局对于此案，确有三难，谨详举如左：

一曰路款难筹也。按由依兰至方正路工，现拟修筑，以二百余里之路计，用款一万四千余两。现统计此项干支各路，不啻数千里。有依兰之前鉴，其需款之巨可断言也。当此地方凋敝，民穷财尽之时，似此巨款，即递年以筹，亦恐无此财力。官家既不能协商，民间复苦于拮据。其难一。

二曰土路之不足恃也。按去岁东南路以工代赈，曾经建筑土路，未久旋即坍坏，此次议建各路，恐徒靡巨款，不能经久。其难二。

（整理者按：此处夹一签云，"查依兰至方正路线，本年四月初间督抚宪始发下银壹万肆仟两，刻下才动手修筑，工程尚未告竣，土道尚未筑成，今遽言不足恃，且已陷坏等语，果何所证据而云然。倘公署反而诘问，将何词以对？此项似宜删去"。）

三曰路线尚宜酌核也。按由和龙沿图们江上游以达奉省安图一线，虽昔年曾有此路，然荒废已久，且又逼处朝【鲜】。当此日韩合邦以后，骤辟此道，似有未便。至由虎林沿乌苏里江以至绥远一线，紧附东清铁路，即事开辟，似亦不能畅行。兹事体大，擘画未尽合宜，不能兴此大役。其难三。

按以上三难，是本局认为不可行事件，请勿施行。并以路政系属自治范围，将来地方议事、董事各会一律成立后，再行责成担任筹款，合力修筑，庶有豸乎？

1910 年 10 月 26 日

吉抚与宪政编查馆来往电

宪政编查馆钧鉴：

篠电敬悉。会议厅规则已见八月十七日官报，当饬行政会议处遵章开办。惟尚有疑义之处，谨条列于后。一、规则第三条第一项，及第四条第一项，所称司道府厅州县官，是否仅限现任？二、规则第九条第二项，照原条文义，凡行政大小事件，必经参事科议决，方能实行。既虑贻误事机，复恐滋生窒碍，应请明定事限，俾本厅与行政官各有遵守。且原条所称以不经谘议局议决者为范围，但查《谘议局章程》第二十一条所列，如第一、第七等项范围甚广，经议决者既难确定，不经议决者便无依据。应请将本条已定范围，再行明示。再谘议局会期每年不过四十日，其非在谘议局开会期内，凡行政事件，合于局章等事十一条所列各项者，应否交局议决？三、规则第十三条，会议日期由督抚指定，又第十九条常年会期之长短，由督抚详细具拟。细绎两条文义，以本厅会期每年仅止一次，而按诸第九、第十、第十一各条，两科平时各有应办事项，均系立核施行，势难专待每年一次之会期，并时议决，应请明释。四、规则第十九条，所称会议细则，是否指本规则施行细则而言？以上各条，统祈分别详释示遵。昭常谨肃。庚。

吉林抚台鉴：

庚电悉。第四条一项，道府以下官，应先选现任者充之。候补各员，亦可酌委。参事科为赞助督抚机关，本馆前覆江督范电，声明督抚对于两科议决事件，不以为然，可另定办法，交令再议等语。自可按照办理，无庸再定遵守事限。谘议局议事范围，已于去岁本馆覆王大臣折内，明定限制。其不在覆折权限之内者，自应统由督抚分别交科议决核办。凡照章有应交谘议局议决事件，非在会期，又事属急行者，自应交厅议决核办。俟该局开会时，再行宣布。十九条所定，常年会如系创行，各属地方官会议则常年可行一次或数次，自须酌定会期。若会议厅通常会议，则每月一次或数次，及召集临时会等，均可由督抚参酌情

形，规定办理。至细则即指本厅规则而言。此覆。宪政编查馆。啸。（印）

《盛京时报》，1910年10月26日

吉林谘议局为质问依兰府地方利弊呈请批答由

为呈请批答事。窃查本局上届会期提议依兰府地方利弊一案，曾奉督部堂、抚部院批答大致缘由在案。惟查原案提议四条，关于依兰利权应兴者二，关系地方积弊应革者二。其如依兰东沟金矿宜扩张一条，原案以资本太少，请拨官款，渐次扩张各情。奉批"以财政困难，官拨无力再拨，应俟侯丞将本年所收官金解到之后，察询核办"等语。究竟侯丞已解到官金若干？究应如何核办？该矿是否扩张？此必须质问者一也。如乌苏哩江渔业宜保护一条，原案以乌苏哩江逼近俄国海滨省，该处富有渔业，每因人民渔猎其间，俄人时起干涉，请急保护，免为间岛之续各情。奉批"准饬官山、临江两属详细调查，再行招商举办"等语。现在是否查覆？能否举办？如何保护？此必须质问者二也。如江关税宜免重征以恤商艰一条，原案以商人由哈埠送货到依，已在哈埠总关输纳置本税，及至依兰落地销售，并不出口，而江关税局又复重征，请饬蠲免各情。奉批"以该两关办法不同，究竟是否重征，抑为征收销场税之处，应行饬由哈、依两道体查情形，妥议详办"等语。查此项关税率，该关依旧重征，实系就货物落地，按值征收，夫货物既不出口，似不应征收子口半税。且既由江关经征，又不分销场名称，况哈埠与依兰相距咫尺，不出省界，重复征收，商累实甚。究竟两道如何详办？是否重征？此必须质问者三也。如蠲除斗税陋规，以纾民困一条，奉批谓"候饬由新城府查明具覆，再行分别办理"等语。现在如何查覆？此必须质问者四也。以上四条，俱系应行兴革事件，迄今已逾年余，并未将兴革手续答复到局。本属自应提出，照章质问，已经全体议决，理合照章呈请督部堂、抚部院鉴核，批答施行。须至呈者。

右呈督部堂、抚部院

附：批

吉林行省总督锡、巡抚陈批：来牍阅悉。所议依兰府一带地方利弊各项，业已逐条签说，另纸抄发。仰即查照存案，一面当分别饬查核办可也。此答。（十三日）

1910 年 10 月 27 日

吉林谘议局议决清查隐赋案

按现当宪政毕举时代，财源异常匮乏，而未来之要政，尚有待于振兴。原案拟清查隐赋，俾重正课，经本属全体公议，以为清查隐赋，裕国便民，固是正办。第此等政策，不但上无以裕国，而下正以扰民也。何以言之？吉省土著人民之有田地者，以首户论之，充其量不过有地千余垧，次者数百垧以至数十垧，然此等首户每城能有几人？究以中户、次户占其多数。况历经清查，即有隐匿，究亦有限。当此时局艰难之际，骤然挨户清查，正恐所得无几，而民间先已扰累不堪矣。况吉省近来银钱异常艰窘，自创办新政后，学捐、警捐各项，民间不胜负担。现在清赋放荒局停办未及一年，遂起清查隐赋之议，不止事出无名，且恐愚氓误会宗旨，转多窒碍。兹本局对于此案所执持之理由：

一、清赋局甫经奏停，一旦遽议重查，民间势必惊扰。

二、原设清赋局经查之地，固不敢谓尚无隐赋，然既经查过，或经民户自报，其每户之隐匿者，亦未必尚有许多。现议重查，徒滋繁费，正课所增，究亦有限。

三、原设清赋局丈地各员，营私扰民者屡有所闻。即如双城荒务各员，全体因案被控奏参，其他之舞弊营私者，亦不乏人。此次重事清查，所派如不得人，未免仍堕昔日覆辙。

四、吉省田地，固以膏腴著称，然瘠苦者实居多数。原议拟从繁盛地域举办，偏僻之地次之。夫一省之中繁盛、偏僻之地相间，一城一邑之地，繁盛与偏僻相间，将来清查时，于通省中将分别办理乎？抑于一城一邑之间其办法亦有分别乎？章程既未画一，民间恐未易服从。

五、吉省地亩名目繁多，而旗地为尤甚。且有彼此争执，缠诉多年，而究无成案可稽，案悬莫结，多人因以破家者。此次一经清查，势必群起缪轕，正恐田赋未增，先以多事。

六、此次清查所增之地，势必照章加租。现在坰捐、亩捐，民间已以为苦。且比岁雨水过大，民地十九被灾，再令加租，恐不胜其担负。

七、吉省地亩向有大、中、小坰之分，而小坰究占多数。此次若将弓数通变一律，其多数究以何者为适中？若按七千六百弓合计，旗地无论，若小坰之民地亦须如此办法，变小为大，租额宁不亏折乎？若按三千六百弓合计，吉省旗地亦占多数，当此裁撤旗务之时，屡奉明诏，筹划旗人生计，一旦将自己地如十坰者加为二十坰，租赋骤然加倍，旗户其何以堪？一省有一省之风气，即各有一省之习惯，强杞柳以为桮棬，庸有济乎？

以上各节，实系为难情形。纵以宽大为主，然实非宽大之政。况于繁扰之中求宽大，正不如其已也。本局据此理由，认为不可行事件。乞勿施行。

1910 年 10 月 28 日

资政院发吉林谘议局电两则

本年试办明年预算，各省报告岁入数目，有无多少不符，或遗漏款目，望各就所知，查明电覆。一面详细申覆，以备参考。

电悉。经询度支部，覆称已通电各省，将地方行政经费，送交局议。并将预算全册,送供参考。其中,岁入俟划分国家、地方税后,方可划定。

《帝京新闻》,1910 年 11 月 5 日

资政院来电志闻

日昨谘议局接北京资政院来电,一为预算即行交局议决,一为本省行政出入费如有遗漏,请即报告。议长接电后,旋即当众提议,经各议员互相讨论,至二小时之久,仍未议决。至如何结果,容俟访明再志。

《远东报》,1910 年 11 月 8 日

议员之怪现象

本省谘议局自成立后,向分两党,一为城党,一为乡党。议长居城为城党,以故局中职员全系城党耳目。每遇一事,乡党竟莫敢谁何。今悉举常驻议员时,乡党预结团体,彼此互举,竟占优胜,故常驻议员六,而乡得五,城得一。举定后,乡党势遂盛。昨由各常驻议员,调查局中全城用费,其间冒滥甚多。乡党大动公愤,聚议一室,拟即呈明各宪,旋为城党查觉,竟主使某议员出言痛骂,势将用武。其时前之发议者竟噤无一声,莫有敢撄其锋者。后经众职员劝解,闻被骂者尚拟重整旗鼓,背城一战云。(新)

《远东报》,1910 年 11 月 11 日

吉林谘议局之风潮

吉林谘议局议长庆康,与议员平日即有意见,遇事又极把持。现闻该省议员,因谘议局经费等事,与之龃龉,全体反动。刻下庆康已暂行请假,将来尚不知如何结局云。

《帝京新闻》,1910 年 11 月 14 日

吉林谘议局提议拟请议员兼任调查案

谘议局提议拟请议员兼任调查案

查谘议局为一省立法机关,议员在谘议局有言论职务。但凡事知之不详者,其言论必不能确。言论不确者,则立法必不能精。然则欲知之详,言之确,追源溯本,议员应有调查之责任矣。兹拟闭会后,其非常驻议员,各归各府厅州县,理应专任调查其本属界内应兴应革事务,及岁出岁入一切财政。其无议员区域,由各自治研究所所长代为调查。盖事分则易举,地近则情通,以备下次开会时,积群策群力以为讨论,合众见众闻以为知识,庶几四通八达,耳目不致壅蔽,旁搜博采,提议皆有根源,且借此亦可养成议员之眼界,开拓议员之胸襟,以为发言之预备。应请我督部堂、抚部院通饬各衙门,以及各局所遵照。除国家行政外,遇有本局议员到署调查各种事项,理应随时优待,准予调查,不得隐密拒绝,藉端遮掩。如此则官民一体,性情浃洽,而议员定能指陈通省利病,筹集地方治安。特此建议。

1910 年 11 月 17 日

议员之小冲突

全省谘议局自今岁开通常会后,由各议员提议,双城府金守历任以来,草菅民命,屡经被控有案。去岁业提出作为议案,嗣经禀请各宪,竟无效果。现于开会后,复由局作正式公牍,行知提法司,要求查办。刻于十月初九日,经提法照覆,略(为)〔谓〕地方官之黜陟,政府自有权衡。谘议局为立法机关,不应参预等语。于是各议员大动公愤,当时由富议员名克精阿者(系新城府议员)倡首拟全体停会,并即日移出谘议局。一时附之者十余人(皆系省城北各府厅议员),尽行搬出局外。即日事为抚院所闻,当派民政司邓亲赴谘议局,会同议长,招集各员,立为劝导,并允由提法司派员详为查办。经各员认可,次日复照常开议云。(新)

《远东报》,1910 年 11 月 19 日

吉林议决遗产所得两税议案

本省谘议局前经抚台交议之议案,有遗产税及所得税两案。刻经该局议决,其遗产税一案(议驳)(所得税应由官提倡)。现将两案开具原议理由,呈请督抚公布。闻两院已准其所议情形,不日当照奉施行云。兹将两案照录于下:

甲(遗产税请勿施行)原案称:以吉林财政困难,入不敷出,舍举办新税,实鲜他策。拟仿英、法、德、日相续税办法,举办遗产税等因。查遗产税为各国通行者,以社会主义既经发明,各种机关亦甚完善,且民法见诸施行,其相续人均有法律之规定,故能推行尽利。日本明治二十三年实行立宪,以当时民法尚未

颁，故至三十八年始行相续税，亦职此之由。中国夙重家族制度，旧例既无家督相续与遗产相续，以及遗产之明文。而逐年筹备大纲，又载宣统三年核定民法，宣统五年颁布民法。现在登记未立，法律不完，遽议施行，必致紊乱，是未有民法以前，决不可举办遗产税，以启讼端，而招纷争。况遗产税纯为国家税性质，国家法律尚无此项规定，尤觉碍难举办。是以此项遗产税，准全体议决，请勿施行。

乙（所得税应由官提倡）原案称：所得税法，财政学家称为最良。盖以各【国】最通行之税法，吉省可行与否，希即详慎审议等因。查所得税系税其所得，非税其所未得，能使国人负担平均，可补其他租税所不及。且其为力最富，于经济上之交通障害甚少，实为最良税法，故各国亦皆通行。惟其害有二，一则难定所得之额，一则难区别所得之性质，手续且极繁难。查所得分资本、勤劳两项，其种类有三：（一）法人之所得，如官吏人等所得之薪俸是；（二）公债私债之利子；（三）个人之所得，如土地所得、营业所得是。吉省商情困敝，经济惶恐，即前称资本家者，刻已半就空匮。各城工艺又均未发达，而农民亩捐尤复层累叠加，突逾正供倍蓰，如更增添所得税，诚恐扰累实多，势必以烦苛相谯。（尚）〔当〕此筹备伊始，在在需（顿）〔款〕之际，钦限严迫，庶政待举，财政困难，左支右绌，既不能饰词延宕，又不能无果为烦，再四思维，诚如原案所云，欲求收支适合，莫如举办新税。惟欲求所得（纳）〔税〕之推行无阻，宜先从第一种薪俸入手，由官吏作为提倡于前，俟试办有效，再行徐议及民，始克免生阻力。兹经公同议决，举办所得税，请先就第一种法人所得之官吏薪俸办起。凡通省各署局处所、学堂、公会，其领有薪俸人员，无论官绅，均一律征收。惟试办之初，税率不妨从轻。如此则君子德风，使所得税名称意义洋溢乎人民心耳之中，庶几易生观感。二三年后，再议通行，国人自必示喻矣。（新）

《远东报》，1910年11月20日

决议矿务议案报部

公署现准农工商部咨,以去岁各省谘议局所拟关于矿务各议案,咨报本部者颇不完全,致遇事未得藉以参考。本年各谘议局又将届开会之期,因此特咨行各省督抚,转知各局知照。嗣后凡有关于矿务议案,须将决议之件,汇咨本部,逐一核覆,不得稍有缺略云云。(宁)

《远东报》,1910年11月20日

欢迎代表纪事

吉林国会代表李、文二君,现已由长电达,须十七日到吉。省中各团体及谘议局、商会、绅董公所、教育会、农会、劝学所、筹还国债会、地方议事会、小学研究会各举代表一二人,是日赴迎恩门外欢迎云。(新)

《远东报》,1910年11月23日

吉林欢迎国会代表之颂词

吉林谘议局、教育、慈善、议事、农商各会，自治研究、劝学、绅董宣讲各所，共十团体，因第三次请愿国会代表文君贻珊、李君荫泉，现于本月十八日旋吉。各界集议欢迎，在西关张灯结彩，旗帜鲜明，乐队排列，绅、学、农、商会集二千余人，观者如堵，颇极一时之盛。特将相联及祝答各词抄录于后：

（相联云）阻力重如山，愧我辈排岳无方，将宪政层阶并成一步；欢声腾似海，幸大才回天有术，俾民志愿早达三年。

（祝词云）壮哉二君，以吾国四百兆同胞视线所集之国会两次请愿，未达目的，二君乃以热心毅力，鼓血输于最高之度，决然赴都，联合各省同志，不避斧钺，与政府激战，为第三次血购国会之进行。卒以积诚所至，金玉为开，竟得缩短期限，虽非明年召集，实亦从来未有。今日胜利言归，同人等实无量欢迎。（同呼中国万岁！）勉哉二君，此次出大愿力，唤醒睡狮，既已一新全球耳目，丕振全国精神，开积极猛进之先河，为数千年专制政体之改革历史上发放光明，胆识宏伟，同深钦佩。尤望二君，后此对于筹备各事，更为同胞表率，鼓勇前行，到底勿懈，俾国会早日观成，同救危亡，共享幸福。将来实行筹备，同人等愈无量祷祝！（同呼代表万岁！）

（答词云）此次赴都，深负故乡父老之望。祗以能力单薄，缩短国会期限三年，我二人五中默惭，莫克言宣。今日旋里，又承如此优待，我二人更形愧怍，时间短促，言难宣意，万望原恕云。（合）

《远东报》，1910 年 11 月 25 日

代表报告事件

全省谘议局现订于本月二十一日午后一钟开欢迎会,特请国会代表李、文二君报告此次请愿一切事项,以慰各团体公望。是日到会者人数寥寥,委因前日在商会,李、文二君已将请愿事项报告一次,故此次到会者甚少云。(新)

《远东报》,1910年11月30日

吉林谘议局之近事

吉林要求国会代表李、文二君,李系谘议局议员,文系各团体公举者。二代表临行时,各团体已公认分摊所有一切川资。去后,时日延长,前摊之川资已不敷用。归时,一代表自行垫去若干。惟此钱二代表不便自行募集,刻由谘议局议长提议,此款为数无多,不便再由各团体分摊,即由谘议局自任,亦属分所应尔。乃与众议员磋商,众论不以为然,议长甚觉踌躇。适值二十三日闭会,来宾甚多,当由议长密托农会协理杨君锡九,晤商众议员,总期将代表之川资由局担任等语。嗣杨君俟主闭会席间同饭时,即为道达其事,乃众议员仍执前议,均不认可。后因彼此皆带酒气,愈接愈励,竟至彼此互骂多时,经众排解始散云。

《远东报》,1910年12月1日

谘议局常驻员易人

榆树厅自治团得吉垣来函,谓谘议局开会以后,复举常驻员,现已举定毓吉甫君常川住局,以襄理自治云。(容)

《远东报》,1910年12月15日

吉林谘议局整顿依兰府一带地方利弊议案

吉省应兴应革事件,原不限于区域。即本局所应议决者,必系利弊关乎全省,亦不得偏于一方面琐屑指陈,用渎上闻。但事虽限于区域,而兴一利,于全省之利益不无小补,除一弊,于全省之弊害或有关联。爰就本省依兰府一带地方事之属于应兴者二、应革者二,列陈于左,请督部堂、抚部院,念鸿荒初辟之地,人烟稀少之区,振兴实业,体恤商民,庶可以广招徕,而日跻于富庶也。伤采末议,速赐施行,则地方幸甚。

(一)依兰东沟金矿宜扩张也。

东沟距府三百里,于光绪十六年经官开办金矿,十数年来间,其惟宋道春鳌办理之时,资本较多,颇称有效。其后虽系办法未善,亦实因资本单薄,故尔相率赔累。迨三十三年,侯丞国瑞接办,仅发给公款三千吊,作为采矿资本,为数不可谓多。然每年除开支外,尚能解缴金砂二百余两。此虽办理得法,亦足征该处矿产正旺。但限于资本太少,只就原有矿场照旧开采而已。恳请调查采矿办法,果属合宜,应即再行酌拨官款若干,或于每年应解金砂,限以二年、三年截留该处，添助采矿资本，饬令广招工艺，渐次扩张。将来产出金货既旺，则所应解缴之数，当不止逐年限以二百余两。投资有限，获利无穷，此亦振兴实业之一端也。

（一）乌苏哩江渔业宜保护也。

依兰府东界之乌苏哩江，南自兴凯湖发源，北入波力，迴环千里，产鱼最富。近来渐有华户开垦其地，渔猎其间，因无华官保护，时被俄人驱逐，并加以凌虐。及至去年，将呢吗口迤南划归蜜山府，迤北划归临江州。属界既分，该地方官亦以边徼人稀之故，无从过问。而该处之渔猎为生者，愈裹足不前。且恐长此以往，俄人麇集，贪此渔猎之富，据为己有，难保不为间岛交涉之后续。恳请派员查验该处情形，一面饬各地方官协同提倡渔业。凡沿江及各河口旧有捕鱼者，设法保护。人民有愿充此业者，并广为招徕，兼以开垦荒莱。将来人烟辐辏，非但渔猎出产日富，而界守亦严，即隐消俄人侵越占据之心，其裨益非浅鲜矣。

（一）江关税宜免重【征】，以恤商艰也。

从前依兰府江关，专为检查禁止物品及偷漏等事。自今年改设江关，税户商人，由哈埠运货依兰，即在哈埠总关，按本每百两纳税银五两。及至依兰落地，又得重征关税二两五钱，税重则物价必昂，则销路亦滞。商之不振，实由于此。且该处设治未久，农商多困，急宜设法招徕，以期富庶。恳请饬该处江关，凡已由哈总关统税有票据可查者，免其重征，以恤商艰，则商民之受赐多矣。

（一）蠲除斗税陋规，以纾民困也。

依兰斗税，前由本属商务会包办，除收税外，每粮一石，再抽一升，名曰斗格。即照市价变钱，随斗税一并征收，不归正款。现在斗税既归统税局征收，仍蹈前辙，饬令商家买粮者，亦照每石抽粮一升之数，代为扣留，实属贻累农民。恳请饬统税局，于此项陋规概行蠲除，则农民之感德良多矣。

提议人：福　裕
赞成人：祝华如　富克精阿　姜维岳　富克兴阿　萧钟廷　徐穆如
　　　　王叔槐　庆　山　赵学臣　王耀农　姜宗义

《申报》，1910年12月24日

吉林四次请愿之代表

四次请愿，各省已闻风响应。兹得吉林谘议局来电，该省四次请愿，已举定谷嘉荫、文元、侯保廉、双寿、承志、宋运吉、文耆、澍霖、伊铿额、陈佐宾、刘家荫、杨作舟、李芳、马良翰十四人。日内即由吉动身矣。

《盛京时报》，1910年12月25日

吉林谘议局呈据兴让社人民李品一等陈请所领荒山无出不敷坰捐乞豁免由

为呈请事。窃查局章第二十一条第十二款，有"收受自治会或人民陈请建议事情"等语。兹据兴让社一甲至八甲粮户李品一、姜殿五等十五名，陈请所领山荒无出，不敷坰捐，恳乞提议豁免，陈请前来。详查所陈各节，或属实在，抑有取巧之处，本局无从得悉，拟请督部堂、抚部院遣妥员详细查明。如果属实，即请体恤以舒民困，如系取巧，即可置之不理。兹经协议公决，理合抄呈原书，附文呈请督部堂、抚部院鉴核施行。须至呈者。

计附呈原书一份。

右呈钦差大臣、东三省总督部堂兼东三省将军事务锡、钦命副都统衔吉林巡抚部院陈

具联名请愿事。姜殿五、于海、李品一、刘文盛、赵纯、孙学恩等年岁不一，均系兴让社各甲粮户，为山荒无出，不敷坰捐，请为提议豁免，以舒民困

事。窃于光绪三十三年荒务局派员勘丈山荒熟地，示以自行投报，以便履勘等，谕民等当将山荒与熟地一律步量，据实呈报。委员亦知山荒崖陡，秃劣不保租赋，伏念正在维新需款之际，不敢不共念时艰，而少存便己忘国之私，故亦情愿均按每次以三七折扣，与熟地照章纳赋，同时与熟地合领小票在案。迨今年荒务局将清赋地册移交吉林府，传饬乡正、乡副，催令按照此次地册纳赋之外，每垧前纳警捐八百，民力兼有不逮，又重加五百，共一吊三百文。乃纳赋既系国民必竭守土之恩，抱负肝胆，以输国课。至纳捐一节，诸多与民窒碍。伏查山荒皆系砂石堆垒，不能开垦，间有可养林木者，必待十余年砍伐一次，国课尚恐不足。若以山荒与熟地同纳正赋，又与熟地同纳警捐，岂不雪里加霜。在地多山少者，或可挹此注彼，以解眉急。其山多地少者，岂能缄默久累。又加近年屡受天灾，年景歉收，打粮无几，称贷无门，典质无物，银钱困难之际，合乡号泣，民不聊生。今因催迫紧急，实无出路，是以合词联名恭请将山荒之捐，提议一律豁免，深为德便，不使民等衔结莫报矣。为此虔请谘议局案下允准，提议施行。

宣统二年十二月

度支股谨禀。遵查荒务局先后送到清赋图，山荒大租及银米兼收改征大租各项底册，仅注某户名下纳租地若干垧亩，并未分晰某户内有山荒扣成熟地若干字样。查委员清赋时，既有将山荒扣地一并纳租之办法，必于清赋票内注明某户地内有山荒扣成熟地若干，但票根在局保存，本署实系无凭指查。若非行文荒务局检查票根，则有无不辨矣。理合检同底册，禀候核夺。

计呈阅清抄底册一本。

1911年1月13日

谘议局呈为胡毕二绅前后两电不符各节
既经查明原由请免饬查原函文

为呈请事。窃奉督部堂、抚部院批："开呈悉。长郡中学堂经费困难情形，屡经该府何守具禀提学司，业由该司批饬，会商绅董公同核算，极力裁减在案。所称裁减膳费一项，应由绅董等就近会商，拟定办法，呈由该府禀覆核夺。惟查此案系由胡、毕两绅陈请，何、王两议员介绍，乃现据胡、毕两绅电称，奉派议减各处浮费，实有此意，并无专函，恐有捏造信件，恳向谘议局调取原函饬查，以昭核实等情。应即质问介绍人，调取胡、毕两绅原函，查询明确，究竟此项陈情案何人所具，有无捏名情事，并希呈夺。"等情。遵此正在拟覆间，旋奉督部堂/抚部院札开："案查前据谘议局呈为长春府学务总董毕维垣、胡云藻等陈请裁减该府中学堂膳费一案，前后两电不符各节，当以事关陈请，其中恐有弊窦，即经批发长春府切实查明，详候核覆去后。兹据该府转据该绅毕维垣、胡云藻声称，遵查此案原因本郡中学堂经费万分困难，屡经官绅议决，裁减膳费，当于何、王两议员赴省时，绅等曾以此案再四嘱托，代为陈请。及该两议员到局后，宪台又另有专函，嘱令该两议员特别提议，是以该两议员对于此案，以为既已受托嘱于前，自不必函商于后，又兼闭会在即，往返通信，恐误时期，因而就近介绍毕维垣等拟书陈请。彼时绅等在长，因路远信隔，未悉内容，适闻风说有人反对此案，捏造信件，从中破坏。正在犹疑之际，忽接学务公所电询毕维垣等有无请议裁减膳费信件，其言语支吾。绅等恐信件出于他人捏造，其中容有夹杂破坏之言，于事不利，是以一再回电，未敢确即承认。嗣乃询明实系何、王两议员遵照前嘱，介绍毕维垣、胡云藻拟书代请，并非有外人捏造、破坏信件等情，询悉前覆之误，因急回电述明从前实有切嘱何议员请议之事，致令前后电语不符。详查其故，始因风传误会，故一再回电，致启谘议局之疑，终因询明得详的确，末后回电，据实答告，逾增谘议局之疑。究之何、王两议员介绍代请之案，即长春绅学各界切嘱之案，实即学务总董毕维垣、胡云藻切嘱之案。绅等电语混言绅学界者，以事关全体，公共所认可者也。该两议员介绍陈请，径书毕维垣、胡云藻两人之名者，以两绅为绅学界代表，临行并有嘱托也。所嘱，所请，所议，前后均属一事，并无两歧，亦无他弊。祗以绅等地远未悉，中间遂有此疑误，致使前后电语不符，并非原陈请人故意反复，亦非该议员等无故陈请。现既遵饬逐节查明，函件无事追交，此案自然开解。"等语。并称详查属实等情，具覆前来。查毕、胡二绅前后两电不符各节，既据查明致误原由，其中并无弊窦，自应毋庸置议。除详批示，并札行提学司知照外，为此札行谘议局查照等因。奉此查此案前奉饬查原函，当向何、王两议员详为根究。据覆情形，与此次札内事理，大致相同。现既抚部院查明原由，毫无疑窦，应请将前奉饬查原函之件，无庸戸覆，俾免徒费周折。除通知何、王两议员知照外，理合具文呈请督部堂、抚部院鉴核施行。须至呈者。

右呈钦差大臣、东三省总督部堂兼管三省将军事务锡、钦命副都统衔吉林巡抚部院陈

1911 年 1 月 15 日

吉林行省批谘议局呈据兴让社人民李品一等陈请所领荒山无出不敷坰捐乞豁免由

呈暨来案阅悉。查该社人民所领荒山，前经荒务局清丈，业按三七折扣征收大租，同时与熟地合领小票，照章纳赋，即不得再作荒论。既有大租正赋，自应照纳坰捐。所请豁免之处，碍难照准。惟向吉林府所收坰捐，按照荒务局清丈底册，计亩征收，往往有未经升科而先纳坰捐者，殊属不合。此节原与本案无涉，但经会议厅审查科于本案内连类议及，应候札饬吉林府将坰捐办法重加整顿，按照升科熟地，征收警捐，不得逾于正赋亩数之额，以昭公允而示体恤。希即转告

该民人等知照。此答。抄由批发。

1911 年 2 月 21 日

请看函请撤销防疫之议长

省城谘议局议长庆君锡侯,昨致防疫总局督办函一件,大略言:"本年鼠疫为灾,实为吾国向未经验之症。幸蒙热心民瘼,设法预防,未致酿成惨剧。全体人民,莫不感戴。但当地方多事之秋,水灾而后,瘟疫继之,闾阎元气已衰,对于防疫问题,皆有难色,侧闻道途之口,颇多异词,并因四处检疫各员,未免失之操切,致使乡愚谈虎变色,物议沸腾。我公上奉天语,保卫民生,忧患之忱,无微不至,正应结成良果。好在近日疫毒稍减,民心渐安,急应收缩,将防疫各员赶即撤销,以为将来恢复舆论之地。刍荛所献,未识能邀钧听否。倘不以康言为谬,万祈采纳施行。"

吉林民政邓孝先司使,遂复谘议局庆议长函云:"顷奉台函。具悉种切。尊谕注重之点,在收缩办理,将防疫各员赶即撤销。"数语。现查长春、哈埠疫气尚未扑灭,省城亦日死数人,外属双城、宾州、阿城、五常、榆树、舒兰各处,尤见蔓延。即吉林府四乡各村屯波及之地,据四乡巡警查报到局者,亦复不少。此时遽云撤销,恐难办到。一俟各属看来净尽,自可立将各员撤回,以慰锦注云。

按:此议长尚未调查实际,骤与庸流一般见识,可见其程度之高低矣。(合)

《远东报》,1911 年 3 月 8 日

留东全体学生致谘议局等团体专电

东三省日报转谘议局、三省各报鉴：俄侵伊犁，英占片马，法强索滇矿，若稍退步，全国沦亡，政府无望。已集全力，捐现金两万余，设立救国机关，请贵报提倡，各省谘议局开临时会，组织国民军，以救灭亡。　留东全体学生叩
《民立报》转

附：追录哀的美敦书原文

前俄人借口我国蔑视中俄条约，抗不践行。又谓此次疫祸蔓延，系我国抗阻所致，因要求于科布多等十处添设领事，及俄商自由贸易等条款。旋为我国已有满意之答复，遂归和解。顷由俄报转译当日哀的美敦之原文，特补载于此。特闻此照会中尚有不能宣布之条款数条，与中俄交涉互有绝大关系，而俄亦并不愿与我国决裂。此项办法，盖亦所谓恫吓之故态耳。原文如左：

俄政府以近时中俄交涉，中政府颇不以一千八百八十一年商约为然。中政府之各地方官，毫不注意条约之细则，且有时任意违背条约内原文。然俄政府以中政府对待此先驱之行为，实有不能交好之情。故俄国政府应详细辨明，并请中政府作速照复，愿否遵照一千八百八十一年条约内容，及中俄各条约之总纲办理。

（第一）一千八百八十一年条约，以各项国际协约，除华俄交界五十俄里外，并未限制俄政府在中俄交界贸易纳税之自由。凡两国陆路边界五十俄里内，中俄两国，彼此运出输入物品，一概无税。

（第二）俄人在中国境内，有治外法权，故吏治裁判交涉，专属于俄员。若遇民事讼事，如华俄人之交涉，须由中俄会审解决。

（第三）蒙古及中国长城之外，以及天山左右，俄人有权自由往来、居留及贸易货品，一概无税，亦不得以专利或禁止限制其通商自由。

（第四）俄政府除已设之领事外，有权在科布多、哈密古城设立领事。虽云此

权须经中政府认可,惟现在各该城华俄商人有兴讼之事,显然不能不实行此权。

(第五)凡设领事之处,中国地方官声明,承认遇有华俄争辩之事,不得推辞,与俄员公同裁判。

(第六)蒙古及长城以外各城,俄政府有权设领事署,即库里、得日、楚古查克、库伦、乌里雅苏台、喀什尔、乌鲁木齐、科布多、哈密、古城,以及张家口等处,俄人有权置地建筑。为此俄政府特照会中国政府,若不承认以上六款,一款不欲即可谓之中国不欲遵守前约,敦固善邻。如此俄政府即可自由进行,以便申明条约权限云云。(整理者按:原哀的美敦书刊于该报2月28日。)

《吉长日报》,1911年3月10日

请开临时会要电汇志

吉林谘议局昨有电致枢府,谓:时危势迫,万难支持,请召集资政院,开临时会议,以为后援。同时闽浙谘议局亦有电到枢,语意相同。

《国民公报》,1911年3月23日

谘议局呈覆民人陈请建议事件及由议员介绍一案仍俟下届会期由全体详慎妥拟由

吉林谘议局为呈覆事。宣统三年二月十四日,奉督部堂、抚部院批:"来呈阅悉,此案既经覆查原函致误缘由,与札内事理大致相同,毫无疑窦,所请免其声覆,以省周折之处,自应照准。惟查谘议局定章,民人陈请建议事件,概由议员介绍。如遇有捏名等弊,则介绍之议员自应担负责任,以后究有如何确实凭证,方允介绍,亦当协议规定,以为标准。应由谘议局根据局章,妥拟介绍陈请建议章程,呈候核定施行,业经会议厅审查科照章议决,希即知照。"等批。奉此,查此收受陈请规则,于本局第一次会期曾经全体议员会议至再,原拟仿照内省各局规定专条,悉用介绍,杜绝冒滥。奈以边省地阔人稀,员额太窄,以致一员每跨二三复选区,距隔千余里,若必由议员介绍而后协议,深恐言路壅塞,下情转难上达。并以风气初开,未便钳制舆论,是以全体未认介绍,原为博采舆论之意。将来此项章程规则,关系至重,迨非少数议员所敢专议,仍俟下届会期内再由全体详慎妥拟。现在收受人民请议之件,如果俱关公益,似难以无介绍,置而不议。仍先照章收受,惟须慎审公决,万不至稍逾范围,致违定章。理合具文呈覆督部堂、抚部院鉴核施行。须至呈者。

右呈钦差大臣、东三省总督部堂兼管三省将军事务锡、钦命副都统衔吉林巡抚部院陈

1911 年 3 月 23 日

吉林行省批谘议局呈覆民人陈请建议事件及由议员介绍一案仍俟下届会期由全体详慎妥拟由

来呈阅悉。查介绍建议规定专条,原为杜绝冒滥起见。此项规则,关系至为重要。既称下届会期内再由全体详慎妥拟,呈候核定,至于现在人民陈请建议之件,如果实关公益,应暂照章收受,惟须审慎办理,不得以此项章规未定,稍逾范围,致滋流弊。是为至要。希即知照。抄由批答。

1911 年 3 月 24 日

谘议局临时会说

刻警告四起，中国危亡，将不旋踵。本省谘议局各议员，协商于议长，拟开临时会，群筹救亡之策。传闻如此，未知确否。

《吉长日报》，1911 年 3 月 28 日

谘议局拟呈请撤销防疫分卡

顷闻谘议局庆议长以严防疫症以来，商民实受无限亏损，目下疫已消灭，应即筹议改良办法。昨已由该局转详陈提宪，定三月内将防疫各分卡暨诊验各所均行撤销，以便交通而利民生，未悉能照所议实行否。

《盛京时报》，1911 年 4 月 13 日

吉林谘议局为省垣大火呈部院及赵督文

吉林谘议局为呈请核办事。窃查我国政治机关，疆臣有总揽全省行政之权，民政司又有保卫一省治安之责。一遇水火震灾，即宜颁发紧急命令，竭力拯救，

以尽厥职。如知地方容有不测之为，长官断无不救之理。即或人力不济，亦断无闻警远避，置职务于不顾。奈吉林四月初十、十一两日，因星微之火，酿成全城之巨灾。于初十日午后两点钟，迎恩门外临江街市俸城馆板棚起火，距抚署尚远。当经消防队前往救济，摧枯拉朽，不难即时扑灭。乃陈抚安居署内，忽发自卫之命令，将消防、巡警各队悉数撤回，全护抚署左右。即司道各员，亦分派军警多名，保护妻孥，搬运财物，为保全身家之计，并无一人亲临火场稍尽职务者。始而任其焚烧数家，继而任其蔓延数里，至五钟时分，延烧辘轳把街，火势犹未甚烈。此时公署如（将）〔能〕将水龙分出，赶紧扑灭，犹属易易。乃不惟不救灾变，亦且擅离职守，骤出公署，潜赴劝业道前楼。转瞬间，又乘江轮，游驶于松江之上。民政、交涉、提法各司，俱赴北城外工艺教养所。以致消防终无督催之人，水龙竟成自卫之器，而火势遂不可遏。迨十一日辰刻，火势方见猖獗，由西南直达东北，绵延十余里。其中街巷数十道，局所数十处，商户居民万余家，以吉省数百年之积蓄，荡然一空，繁盛市场，变为瓦砾荒凉。统计全境，所剩者十无二三，仅抚署巍然独存，其外三百街市，无一存者。再就全城被毁之损害言之。长白为国家发祥之地，开国数百年之久，犹有王气之存，疆臣应如何加意护持，以维国脉。乃竟使三百年丰镐旧址为灰烬，陈抚又何以对我国家？当抚院及民政逃避以后，地方秩序无人维持，巡警携械抢掠，监狱人犯无人监守，因而逃走者百余，消防陆军各队，亦有乘关拦劫之举。所尤奇者，度支官银钱号，为通省财币存储之地，一切款项，经手人员已于初十日火势未来之际，均经押解东升当、官盐店等处，暂为存放。乃火息后，捏禀同被火烬，希作倾害地方之计。陈抚又何以对我地方？自陈抚到任以来，吉省商民已三历浩劫矣。始则酿成水患，继则酿成疫患，终则酿成火患，愈演愈惨，竟落得全城烧尽之结局。人民何辜，受此浩劫？！富者贫，贫者益贫，或则焦头烂额，或则蓬首垢面，不流亡于江涯之上，即号泣于北山之下，陈抚又何以对我人民？况以时间论之，初十日以及十一日，历两昼一夜之间，为时不为不久，固非转瞬所能普及。如设法扑救，自有可乘之机，何至演至十一日之惨剧？以区域论之，由西南以至东北，共有十余里之遥，区域不为不广，固非顷刻所能普遍。如设法扑灭，自有得手之地，又何至酿成全城之巨灾？如谓火势剧烈，不可向迩，何以陈抚及民政等不能救护商民之财产，而独能救护抚院之衙署，何以北街之源升庆、河南街恒升庆粮米行及顺成当等,以数十商人之力,尚能自相救护,而万余兵警之力,竟不能前往扑灭?即如提学司居于城之东北隅,正当风火极端之地,曹学使亲率员役,奋呼争先,独能保全一面,而提法衙署亦藉以安全。是提学能救已延之火,而兵警不能救初起之火,揆原祸始,总因自己之念重,地方之念轻,有以致之也。然省垣虽云已毁,而责任终有攸关,疆吏虽能自饰,而舆论终难悉泯。按诸各国通例,于水火震灾,凡于法律上有阻其原因进行之义务,如故意不阻,使其遂生结果者,俱不免刑法上之制裁。并查修订法律沈大臣奏订《刑律草案》第一百九十三条规定,凡火灾、水灾之际,隐匿损坏防御所需之器械,或阻遏防御从事之人,咸科以罪。此次陈抚当火势猛烈之际,突将火场防御军队,悉数调回抚辕,讵无隐匿阻遏之咎?再考《唐律》所载,若见火起,应告不告,应救不救,法所难宽。守卫掌管者,俱不准离所守救火。如吉抚与民政各司,既不能扑救于前,以尽救急之职,又不能坐镇于后,以尽守土之责,恐于法律上殊有未合。本局忝膺代表,难安缄默,惟处亿万生灵之惨,误于一纸奏报之中,用特披沥冒请,并将吉省被毁形势,绘图呈请鉴【核】,俯准奏请,核办施行。须至呈者。

《京津时报》,1911 年 4 月 27 日

吉林谘议局禀控抚帅避火

昨闻谘议局会议,以抚宪陈简帅当失火之际,不急设法扑救,而独避火江南,并将消防、巡警、陆军各队齐调至抚署,自为保护。火燃商铺民户,曾不之顾,以致火势益炽,几至焚毁全省。现已据情缮禀,邮京呈控矣。

《盛京时报》,1911 年 5 月 25 日

吉林谘议局因火奏参陈昭常

陈昭常抚吉数年，只此大火一事，足为纪念。盖火不烧公署，仅烧官钱局，仅烧度支司，仅烧商家。火其大有灵哉！夫烧官钱局，又继之以度支司，而账目表册，尽付一炬。吉林之财政乱矣。他何足云？

有人谓，此火必非无因而起，盖由然。吾不敢不信此语之有斤量。

又有人谓，吉林之消防队，可邀奖励。居然保护公署安然无恙，如何不可奖励？

又有人谓，吉林之火，殆有神意，迨如庚子北京之火是也。

吉林之火，陈昭常仅降一级。然而吉林被灾之家，则实降九级矣。

兵劫而后，继之官劫，终之以火劫，吉林之精华扫地尽矣。呜呼！何幸而为吉林之官，何不幸而为吉林之民！

《帝京新闻》，1911年5月29日

吉林谘议局来函

敬启者。吉省自庚子乱后，元气大伤，加以迩来水灾、鼠疫，已经满目疮痍，不堪救药。乃不意祸不旋踵，复酿火灾。虽则昊天不吊，演此惨剧，实以行政长官有心乐祸之所致。兹于本月初十日午后二句钟，竟于省垣西南迎恩门内之俸城馆，不戒于火，初起之际，仅有微风，若以吾吉之消防、巡警及各军队，统计不下万余，自不难乘时扑灭。讵意陈抚与司道，俱以各保身家为重，视民命为轻，遂致火势燎原，蔓延十余里，全城仅剩十分之二。延烧两昼夜，计户万余家，殊万千载未经之浩劫。而巡抚司道，均皆弃城逃避，始终不救。被毁后，竟致匿灾捏报。全体人民，寒心蒿目，敝局一息尚存，自不敢苟安缄默。除具文呈请核办外，仍恐敝局能力微薄，不足以邀中央采纳，即祈贵社不弃边远，悯恻浩劫，亟力策应鼓吹，不胜哀泣祝祷之至。谨抄原稿，附函送阅，为此飞泐，敬请著安。统希察照。　吉林谘议局谨启

吉林谘议局、城议事会为火灾事质问督抚书

为呈请批答事。窃据吉林府城议事会呈称，吉林自庚未兵灾而后，继之以水患，益之以鼠疫，剥削备历，民已几不聊生。当此呼吁无地，（空）〔控〕诉无门之时，不意本月初十日，突遭火警，延烧一昼夜，由本城西南隅起，至东北隅止。其间数十道街巷，悉成灰烬，数万间房屋，徒存焦壁。此异常之灾变，不惟吉林所未有，抑亦内省所鲜闻。亡羊之后，必须补牢。议员等与列宪现正筹议及之，惟此次火灾情形离奇，议员等识见素隘，尚有不可解之疑七项，用特向督抚宪一质问焉。

消防队原为救火而设，保安警察亦有救火之责。当是日，火警初遇，彼仅敷衍扑救一二小时，旋即去护公署，余火听其自然，以致造成如此惨剧。虎兕出柙，咎归谁任？此不可解者一。

大吏为僚属之表率，亦即人民之主脑。当火警猝至，人多慌恐，正宜力恃镇慑，躬督扑救。军警睹大吏之在即，亦易效命，乃列宪计不出此，见火势争炽，除提学未离衙署，督同员役扑救外，余皆相率内眷，先行迁避，至使全城皆火，竟无救火之人。军警横行，渺闻指挥之令。说者犹谓，各大吏恐革党之暗杀，所以尔尔。然若全城果被乱党蹂躏，岂得省会馆、农事试验场等处遂得无恙耶？抑列宪数人之生命可贵，城内数万人之生命、财产独轻耶？此不可解者二。

钱款为成事之母，当此财政竭蹶之时，经理钱款者，尤应视为生命所系，加意保守。故此次火灾，商家被难者虽众，而其银钱账簿，均早运至他处。独度支司官银钱号所存羌帖，焚毁甚巨。同一经理钱款，何官吏之智虑，反不及市井之商贾？尤可异者，警局存储之枪械之弹，本可由军警预为移出，乃以置之不顾，坐令六百余枝枪械，二万余颗子弹，半付焚如，半任抢掠。其焚毁之事尚小，而

抢掠之患实大。此不可解者三。

监狱为司法重地，罪犯类多莠民，火烈之时，弛放看守所，犹可说也。而罪大恶极之犯，亦多任其逃逸。此端一开，将来积匪巨盗，一经囚禁，其徒党恐有来监放火，以图幸脱者。后患茫茫，何堪设想。此不可解者四。

陆军为国家御外侮，警察任地方之治安，性质虽殊，究其为人民之保障则一。其资格之高尚，责任之重大，诚非普通人民所可企及。在军警，宜如何束身自爱，保卫闾阎。讵料竟有乘此火警，掠民之财物，甚且劫掠不均，两界互起冲突。想人民之竭脂膏以供给者，陆军、巡警耳；所恃以攘外安内者，亦陆军、巡警耳。我吉林之军警，不惟不能保民，竟有如此现象。此不可解者五。

是晚火既燎原，人民财产虽无，生命尚在，乃当其迁避时，均被门警坚阻，闭城不放，令人民尽栖身于火林之内。其意何居？此不可解者六。

近日调查被灾者，岂止万家？何以吉林府示内，注有"本府扑救不灭，致二千余户，同罹浩劫"数语，似此含混，情近匿灾确数。因何所碍，不实填注？但远耳可掩，近目难欺，为民父母，于此灾祲，并不躬亲勘验，自为人蔽，复以蔽人。此不可解者七。

议员等既为人民代表，凡人民之生命财产，直不啻全体议员等之生命财产。列宪以人民生命财产为无关痛痒，而议员等则痛痒相关焉。天职所在，自宜循分以行，公理尚存，尤须平情而论。是以不揣冒昧，用将全体疑衷，具情质问，仰恳督抚宪悯灰烬之余生，原言语之无状，详细答复，以释议员等疑窦，则受赐无极矣。为此具文呈请，转详批答。各等情。据此详查该会因对于此次省城火灾，颇多疑义，质问七项理由，均为本局当场共见之事，诚难曲为讳隐。但不知行政各官，何故见灾不救，纷然远避，致酿全城巨灾。谅必皆有正当之解释，究竟如何寓意，非明白宣示，断难立释群疑。事关全体，存亡所系，自应照章收受，已经协议公决，理合照章呈请抚部院鉴核，迅即批答施行。须至呈者。

《长春公报》，1911年6月4日

吉林谘议局因火灾事来函照录

敬启者。敝省自庚子乱后，（原）〔元〕气大伤，加以迩来水灾鼠疫，已经满目疮痍，不堪救药。乃不意祸不旋踵，复酿火灾。虽则昊天不吊，演此惨剧，实以行政长官有心乐祸之所致。兹于本月初十日午后二句钟，竟于省垣西南迎恩门内之侉城馆，不戒于火。初起之际，仅有微风，若以吾吉之消防、巡警及各军队，统计不下万余，自不难乘时扑灭。讵意陈抚与司道俱以各保身家为重，视民命为轻，遂致火势燎原，蔓延十余里。全城仅剩十分之二，延烧两昼夜，计户万余家，殊属千载未经之浩劫。而巡抚、司道均皆弃城逃避，始终不救。被毁后，竟致匿灾捏报。全体人民，寒心蒿目。敝局一息尚存，自不敢苟安缄默。除具文呈请核办外，仍恐敝局能力微薄，不足以邀中央采纳。即祈贵社不弃边远，悯恻浩劫，亟应鼓吹，不胜哀泣祝祷之至。谨抄原稿，附函送阅，为此飞泐，敬请著安。吉林谘议局谨启。

《远东报》，1911 年 6 月 4 日

论吉林谘议局因火灾质问陈抚事

吉林大火，惨劫也，亦痛劫也！吾人于劫后谈劫，即吾人痛定思痛之意也。当其一炬成灾，可怜焦土，举昔日商务殷繁之地，悉数而变为荒凉瓦砾之场。此在地方行政官目击情形，当亦有恻然轸念者，而奈之何幸灾乐祸，继令祝融氏为虐之至斯极乎？吾读吉林谘议局之质问陈抚书，乃知当日官场实难辞疏忽之咎，

而其捏辞电告政府者，则尤不足据为典要焉。盖以彼等官吏之私心，惟恐潭潭者之将遭波及也，至不惜征集吉省消防全队，以保卫衙署为名，而于市宅民居，则悉听其命运之自然，漠然而不一动念。吾民不幸，乃无自获消防队之助力，各各焦头烂额，各各东西奔突以扑救之，而力少人单，于势已无所及，此即谓地方官之幸灾乐祸，亦奚不可之有哉？吾恐吉省大员，亦将无说以自为解免也。然则吉林谘议局事后之质问，讵得已乎？讵得已乎？！

今无论嘻嘻咄咄，当日之火势若何，而当其初起之时，风力尚微，延烧未广，苟合吾吉林全省之消防军队，并心合力，百计以扑灭之，其灾情必不至若斯之重也。且无论吉林火灾起自江沿，其地去抚臣衙署尚远，即令地方逼近，善于救护者，亦当于火灾猛烈之处，力施灌救，先断其火之来路，而后火线外之完好屋宇，始得免夫延烧，则仍无当于消防之本义者也。吉抚当日但知有一公署，而不知有千万民居，信如谘议局所言，是消防队仅为公署而设，彼茕茕者之身罹浩劫，谓非地方官之所嘉惠者乎？吾人诚为之百思而不得其解矣。且此地方上之所谓消防队者，平居经费，无一不由地方人士担任之，而一至火警传来，官吏命之曰东，消防遂不敢不东，官吏命之曰西，消防队不敢不西，而地方人民乃转不得消防队之实用，于此而欲求居民之幸免灰烬也，在势亦乌可得耶？然则吉林火灾之所由巨者此耳。今谘议局既向行政长官质问矣，吉林大吏果将何以答复之，吾愿拭目以观其后也。

或曰：火者，天灾也。天之降灾，谁能测其所至，而顾可以幸免者乎？使因此而遂归咎行政长官，未免失之不谅。吾国人好谈迷信，无论水火疾疫，均诿为运数则然，此其说亦复不相上下也。自吾人论之，固所不取。何则？火为天灾，救火则为人事。天心茫渺，其降灾与否，诚不敢知。在吾人，则惟尽其人事而已。使吉抚当日果已运用其消防之筹画，则其人事已尽，而祝融氏犹复飞扬跋扈，不肯少休，是真天灾之难于挽救者耳。吉林火警之起，行政官吏果一稍尽其人事否乎？防卫失宜，全城被烧，恐至此不得诿为运数然也。或者又曰：吉省人民迭遇奇灾，大疫之后，继以大火，其情形亦殊可悯。惟民心不惬于官场防疫之办法，第以禁令所在，莫可如何。而适遇吉省前日之火灾，陈抚以下各官，均令无以为计，焚廛灼市，十室而九空，乃遂修其旧怨于长官，谓为救护之多疏，防御之不力。其实吉抚当日，亦何尝不愿火灾之立退哉，而烦谘议局之再三质问也？殊不知救火与防疫，显然判为两事，吾人万不得混而观之。且即如或者所言，使吉抚信有为民御灾捍患之功，当日火光掩映之中，众目昭彰，其救护若何，容有望见贤长官之颜色者，而谘议局讵能一笔抹煞耶？此则吾人之所不敢遽决者。（次）

《远东报》，1911 年 6 月 7 日

谘议局呈为议决农安县绅民等称长农清赋局催换地照索取照费一案由

吉林谘议局为呈请事。窃据农安县绅民公举代表于树荃、张桂芳暨绅民于龙川等先后请愿书称，长农清赋局催换全境地照，索取照费，并将长农全境城乡各房分为三等，概行收捐，另外发给房捐小票，勒索票费，实与原定章程不合，陈请建议转呈，俾予豁免等情前来。据此请详查长农清赋局开办伊始，曾经拟定章程，禀明有案，并经督部堂、抚部院颁发示谕，听凭地户自将浮多地亩赴局呈报，以便给照收执。今果如该绅民所称，该局于长农全境地亩无论是否浮多，不待来属呈报，悉行催令换照，未免显违定章，且与示谕不合。至房捐一节，原亦呈有定章，然如该绅民所称，城邑以房为主，乡间以地为主，似亦不无理论。该局于城邑房捐之外，复又加以乡间房捐，重复征捐，办法已涉笼统。况又颁发小票，每票索费中钱五百文，既据称示谕未经载明，则为该局私行发给，勒索要费，不问可知。总之，该局既据奏明办理，当此款项支绌之际，所有局中经费既由长农照费、房捐项下开支，以本地之财办本地之事，尚非背道而驰，人民亦自乐于担负。惟统行催换地照，及勒索房捐票费，重复征收房捐各举，揆情度理，不过为多收照费起见，迹既近于营私，自应量予豁免，以苏民困。况长农主境房屋甚多，地亩尤称宏富，此项房捐照费，何止数十万缗。该局常年经费共需若干，焉能需此巨款？是否声明有案？至长农主境原属蒙疆，自与内地情形不同，

此次重换地照，如未咨商蒙公，注明"永不增租"字样，设蒙人重议加租，诚有如该绅民所云，无所凭依，为万世无穷之累者，并应详酌办理，以昭慎重。除该请愿书中所称清查隐赋及长农租赋两项系属另案，且均经本局于会期议决，呈奉批答，合免置议外，所有以上理由，业经协议公决，理合抄粘请愿书，呈请督部堂、抚部院鉴核施行。须至呈者。

计附呈愿书二份。

右呈钦差大臣、东三省总督部堂兼管三省将军事务赵、钦命副统衔吉林巡抚部院陈

1911 年 6 月 24 日

谘议局呈为议决五常府议事会呈请厘订田房税价值以恤民艰一案

吉林谘议局为呈请事。窃据五常府城议事会呈请，以该府市钱减色，每于交纳田房、牲畜各税，均按毛价征收吉钱，人民亏折倍蓰。由该会公议变通，无论买卖价值，统按吉钱本位折合税款。并以田房税契已经谘议局请准有案，府属迄未奉有明文。各等情。呈请前来。据此详查田房税契一项，于第二届会期，议呈请督部堂、抚部院批准，税价、契价两项按现银计算在案。该会所称府属迄未奉有明文，且称该府钱法减色，以致投税亏折。买卖田房牲畜各价俱系毛价，如以毛价收税，民间自受亏折，议将买卖毛价统折吉钱本位，投纳税款等情，实属剔除民累之一要务。仍请饬下度支司，速将前案分行遵照，并转饬该处经征局，照议办理，或将该处钱法整顿划一，以苏民困。事关人民隐受亏损之件，自应照章收受，已经协议公决，理合抄粘原案，具文呈请督部堂、抚部院鉴核施行。须至呈者。

计附呈议案一份。

右呈钦差大臣、东三省总督部堂兼管三省将军事务赵、钦命副都统衔吉林巡抚部院陈

宣统三年五月二十八日
正议长庆　康
副议长赵学臣
副议长沈景佺

1911 年 6 月 24 日

吉林谘议局为将湘省铁路不便收为国有缘由禀请内阁奏罢

内阁总／协理大臣钧座：

敬禀者。窃据湖南谘议局电称，湘省铁路政府意欲收归官办，全省人心惶惑等情。查湘省路线系破除全省人民之性命财产，竭奔走号呼之力而始克收归商办者。现计全路告成未久，成效甫经卓著，衡以义务权利之说，该通省人民既尽义务于前，坐享利权于后，是公理所当然，丝毫不容移易者也。即以邮传部铁路章程言之，该省轨路即由部批准商办，且纯系商股，克期观成，亦并无所谓违背章程，致干收回撤销之例。而邮部之意，必欲收归官办，老成硕画或另有政见者存，非颛蒙所能窥测。然就时势论之，近来西藏风云，蒙疆觊觎，片马交涉，东三省逼迫，千疮百孔，外患已觉难支，而更以收揽路权者，拂全湘民望，内忧岂能幸免。尤可虑者，革党虽云消灭，根株并未尽绝，万一乘时煽惑，诚恐发逆之患难免复作。况且此次收路归国之款，系由列国借贷而来，民人对于借款已经啧有烦言。而更以外借之款，夺其固有之利，岂不更激其忿？不宁惟是，我国经济困难已达极点，倘实业无效，归款无力，而列国以我取之于民者还而取之于我，是抵押之外又生一铁路交涉，为丛驱雀，为渊驱鱼，将又如何以善持其后？本局处于旁观之地位，晓晓陈请，迹近越权。但秦越一家，休戚与共，诚有茕茕知其

不可者。是以不揣冒昧，竭诚上告，勿以俯从民请即为滋长刁风，勿以不收湘路即为辱国事敌。敬恳剀切上奏，罢收路之议，挽湘省人心，不胜惶悚待命之至。所有湘省商路不便收为国有缘由，肃禀具陈。虔请钧安，诸维照查。

吉林谘议局　谨禀

1911 年 6 月 26 日

吉林行省批谘议局呈为议决五常府议事会呈请厘订田房税价值以恤民艰一案由

　　来呈暨议案均阅悉。查该府城议事会议，将买卖毛价，统折吉钱本位，投纳税款等情，是否可行，应候札饬度支司查明详覆，再行札覆。希即先行批转知照可也。抄由批答。

1911 年 6 月 28 日

吉林行省批谘议局呈为议决农安县绅民等称长农清赋局催换地照索取照费案由

　　来呈暨愿书二份均阅悉。该绅民等所称，长农清赋局催换长农城乡全境房地捐照，违章勒取票费等情，是否属实，应俟札饬度支司确切查明覆夺，再行札覆。希即先行转告知照。抄由批答。

1911 年 6 月 28 日

谘议局议开各界联合会

谘议局日前接到北京联合会及湖北谘议局两处电称，皇族不应充任内阁与预警事宜一节，已志前报。昨闻谘议局以此事关系大局，非少数人所敢议决，特放传单，通知各界，务于二十七日午后一钟到局，会议商议办法，以便电覆该两处云。（逸）

《远东报》，1911 年 6 月 29 日

谘议局呈为议决五常府城议事会呈称人民樊锡堂等陈请经征局征收子母税估价太重藉端苛索案

吉林谘议局为呈请事。窃据五常府城议事会呈称，据该府尚智、新裕、兴仁三社人民樊锡堂、李凤山、吕殿玺等六十余人联名陈请，为经征局征收子母税估价太重，藉端苛罚，并信用司事董生、杨子丹等在六道岗设卡征税，揹票勒罚，任意妄为，并胪列实据多端，陈请建议前来。据此详查经征税则规定，凡人民买卖牲畜，自应照章收税。至子母税一项，亦有通行示谕在前。凡人民家产牛马骡，均限至三岁始行估价征税，并无家产猪羊暨一二岁马驹亦应征税之说。其从前一切小费漏规，久已革除。果如该会所称，该司事等于正额之外擅自勒索小费数十吊至百吊之多，并擅征猪税暨一二岁马驹税，似属额外横征。若不认真禁止，人民之累伊于胡底。应请饬下该局，速将漏规小费一概禁止。并将该司事等严行惩治，以苏民困而儆贪婪。事关苛敛横征事件，已经照章收受，协议公决，理合抄呈原文，具文呈请督部堂、抚部院鉴核施行。须至呈者。

计附呈原文一份。

右呈钦差大臣、东三省总督部堂兼管东三省将军事务赵、钦命副都统衔吉林巡抚部院陈

宣统三年六月初八日
正议长庆　康
副议长赵学臣
副议长沈景佺

1911年7月3日

吉林行省批谘议局呈为议决五常府城议事会呈称人民樊锡堂等陈请经征局征收子母税估价太重藉端苛索案由

来呈暨请愿书均悉。所称各节，是否属实，应候札饬度支司查明具覆，再行札覆。希即录批先行知照。抄由批答。

1911年7月6日

吉林谘议局呈据本局议员郑雨人陈请长农岭三属荒瘠不一未能一律加征请鉴核由

吉林谘议局为呈请事。窃本局议员郑雨人陈请书称，窃以人民有享受宪法之

权，即有负担义务之责，故于租赋之增加，与捐税之累进，凡系法律法规，不第人民不敢率请蠲除，即谘议局亦不得议减。环球公例所在，民虽至愚，值兹欧风惨淡，美雨逼人，诚有慨助不遑之势，安敢断断哓辩。况议员忝承公选，代表舆论，万不敢稍存私意，破坏全局。然所以凛然服从者，服从法律与命令也。果法律命令而外，无论人民不忍隐受，即我局亦不能曲为协赞。如长岭县此次之增加租赋一事，查长岭虽界乎长、农之间，惟与长、农不可同年而语。以其地考之，因同为郭尔罗斯前旗，蒙荒长、农，藉垦多年，肥美膏腴，子孙乐利有素。今一旦国家增加二百四十文租税，挹注地方办公之费，迨无异议。而长岭腹地，俱系荒沙大漠，十稔九歉，半系不毛之地。如与长农同此增加，势如釜底抽薪，然后无气。以其时考之，长、农设治有年，人烟辐辏，政举业兴，以地方审判之经费，而令地方之人民负担，自属正当之理由。惟长岭甫经设治，住户星稀，地不及十万垧，民不及数千户，草昧初开，绝为吉省难治之区。无论审判未设，人民未便增输，即将来审判设齐，此二百四十文之增加，亦属万一无补。故长岭人民不因安土重迁，早皆背井去乡。此去年以来，为警学各捐，既享保安教育之利，不能不倾囊倒箧，以作输将，究之全体，已存难色。自本年春，添设清赋分局，官府拟兴长、农，画一租赋全色，人民疾首蹙额，势同釜底游鱼，屡次集众筹议，意在蠲免。议员一再开解，关说利害，讵奈群势已见枘凿不投，旋于五月十五日又复全体集议，佥谓长、农、岭三属历年荒歉，早在朝廷洞鉴之中，故未与内蒙哲里木盟各旗新荒一律征租。近年依旧荒歉，长岭较长农独甚。其长春为筹审判经费，奏请于地租增加，诚为国家万不得已之举。而长岭审判一非商埠界内，二在偏僻处所，筹设尚待他年，既不能悬款待事，又不便剜肉医疮，而长岭与长农同一增加者，若非谘议局之代表承诺，官府势不能侵权独断。恭读抚宪原奏，仅指长春一属，蒙地四十余万垧，自宣统二年起计亩征收。嗣经度支、理藩部覆奏，亦准长春一属蒙地征收一百四十文，拨作审判经费，准由抚宪体察情形，并未涉及长岭。此次长岭之增加，谅原奏既指长春一属，行政官自不便于法律之外另生枝节。如经谘议局之承诺，事关全体，生命所系，敢请本邑议员，赴省代请蠲免等语。议员侧闻之下，无任惊惧。当以此案上年会期，曾由全体提议呈请在案。因奉督抚答复，以事关奏案，碍难照准。旋经闭会，议员退于个人地位，究竟原奏是否普同增加，谘议局是否复行协赞，无凭臆断。兹经地方全体，寄托生命，虽刀镬在前，势不敢稍存规避。兹特代表全岭，来局请命。如据该人民之宗旨，未免情词激烈，议员忝系法人，自不敢随波逐流，复同分外之要求。如果抚部院原奏有长、农、岭事同一律字样，请念岭邑僻处边隅，民穷地瘠，其审判未设以前，暂缓征收，以恤民艰。即将来审判成立之日，亦请体察地方情形，倘无荒旱偏灾，再请一律征纳。如始终频年荒歉，其审判经费亦不能因噎废食，所需若干，不妨由长岭人民另有筹摊。如查抚部院暨度支、理藩各部奏案，系指长春一属蒙地，准收二百四十文之公费，而长岭各属，法律未经允许，其清赋各员势难违法苛民，私行清赋。如未通过我局，可否请将岭局取消以守法，抑议缓年限以恤民艰之处，谅清议自有定评。现惟地方人民反抗之声，脱口欲出，议员诚恐事激终变，用特陈请大局，查核建议，转请施行。各等因。陈请前来。准此，查长、农、领各属地项，于蒙地每垧增加二百四十文租赋，本局无案可稽，未便含混置议。但按郑议员雨人陈请，各所称加赋原奏，仅指长春一属蒙地四十余万垧，计亩增加，补助该地方审判经费，并无各属一律加征字样，实有度支、理藩部覆奏原案可考，是法律已经明定，自不能于法律限制之外，另筹办法。矧以长岭地处极边，十年九歉，非商埠佐近之处，其审判尚未刻期成立，似不必与长春同年而语。其长春清赋局在长岭添设分局，未免有违奏案，实难免该县人民群情骚动，集议纷争。该县议员既承公选，自不敢退安缄默，致拂舆情。所陈求缓年限，俟将来审判成立，其全体另筹的款一事，若非熟谙地方情形，深悉官民之难，绝不至不惮辛勤，沥陈一切。已经协议公决，理合照章呈请督部堂、抚部院鉴核施行。须至呈者。

右呈钦差大臣、东三省总督部堂兼管三省将军事务赵、钦命副都统衔吉林巡抚部院陈

宣统三年闰六月二十五日

1911年8月19日

办理选举之预备

谘议局改选事项，早经抚宪札饬自治筹办处办理，以资熟手。闻筹办处拟先将新设自治暨逐年筹备一览表内，已列入偏僻各属，先各派司选员一名，以便会同各该地方官，专司选举各事。刻已物色熟娴自治人员，曾在省研究所毕业者十余人，不日即开临时司选研究班，将《谘议局章程》及《选举章程》等详细讨论。所有疑义，预为解决，免起将来选举上之种种疑难云。

《远东报》，1911 年 8 月 29 日

吉林行省批谘议局议决规复盐斤散商商例作为自治经费请暂缓办理由

吉林行省总督赵、巡抚陈为札行事。宣统三年七月初八日，准盐政大臣咨开，为咨覆事，准吉林行省督抚咨称，民政司官运局案呈，宣统二年七月初二日据吉林谘议局呈报，吉林府城自治筹办公所及自治研究分所呈称，窃维国家税与地方税尚未厘订之际，所有自治经费筹措维艰。前次请将省城营业税酌拨自治经费，仅筹办处认给五厘，月收仅及千余吊。而城自治筹办公所及自治研究分所两处，月需开支五千余吊，所亏尚巨。查省城官运局盐斤，向归总商承销，每百斤于定价外，按照奏章，另加总二角，散商利外，每年吉林府属约收此费四五万元。现将总商裁撤，尽归散商承销，此项总商官利，即为向章所固有，拟请照旧征收，于散商领销时，由官运局代扣月结汇总移送，归府城自治经费。惟自治关

乎全省，各属筹款同一为难。拟由吉林府属与各府厅州县均行开办，俾全省自治可期，早日观成等情，转呈到院。当查宪政编查馆奏定《城镇乡自治章程》第九十二条公益捐内，定有附捐一项，系就官府收入之款附加征收。即从前川省办理官运，亦经酌加滇引盐价，每斤三文，拨充滇边团练经费，以地方之财供地方之用。按之法理，本有不合。惟吉省现在整顿官运，拟裁撤总商，以期减平盐价，若如所请，将售卖官盐每百斤原有商利二角照旧征收，尽归自治经费，并拟由吉林府与各府厅州县同时开办，是总商虽去，商利犹存，盐价何由核减。第念事关公益，既据声称协议公决，未便故拂舆情，应准将原有总商之利，每百斤裁去一角，其余一角作为附捐，留充各属地方自治之用，由各分仓委员于售盐时代收分解。当经札覆谘议局，并札饬官运局查照办理在案。嗣据官运局呈称，查吉省官运盐务旧章，系由总商认领，转发散商售卖，每百斤除官本外，准总商收洋二角，散商转售，再加一角，共计三角，名曰商利。自此次官运改订新章，裁撤总商，改为民贩，将散商加收之一角裁免，原为减轻盐价，杜绝私盐起见，所订民贩章程，仍准照总商之例收洋二角，称为民利。是总商虽去，商利犹存，所减免者仅散商之一角。今拟筹提一角，拨充自治经费。若于民利内提取，则获利较薄，民贩恐将裹足。如于民利外附加征收，又与裁免散商减少盐价之意实相违背。官商既虞阻滞，私贩更将充斥，两者均非善法。惟各属筹办自治，经费无出，亦属实情。究竟如何抽收之处，理合呈请察核示遵等情，呈覆前来。本大臣/抚院以盐务、自治两者均关重要，当即发交会议厅审查科详细核议，以昭慎重。旋据该科全体议决，折中酌定，于前此散商商利裁免之一角，规复五分，作为地方自治经费。如此于民利既无侵碍，于盐价仍可减轻，诚为两便之策。至此项附加盐捐如何收存，如何分拨，除饬官运局合同民政、度支暨自治筹办处妥拟办法，详候核定，通饬遵办外，相应咨请查照立案施行等因前来。查吉省筹办自治，拟就盐务酌抽附捐，将原裁散商商利规复一半，每百斤收洋五分，自系为地方公益起见。惟盐务办法，首宜画一，奉盐营销三省，尤非统筹办理不可。若吉省因自治经费支绌，遂议加捐，则财力竭蹶者何止一省，新政筹备者又何止一端？倘均援例而行，自为风气，必致厘捐重迭，名目纷歧，其流弊何堪设想？且税率参差，盐价即不免畸轻畸重，倘外盐乘机输入，更恐防不胜防。是以吉省前因行政经费无出，请加盐厘每石洋一元二角，江省绥、海、呼三府因审判经费不敷，请加盐捐每斤钱八文或五文，均经本处覆令暂缓办理在案。今吉省复议规复散商商利五分，作为地方自治经费，核与前案事同一律，未便办理两歧。所请立案之处，应毋庸议。相应咨行查照，转饬遵办可也等因。准此，除分行外，为此札仰谘议局，希即转行各城议事、董事等会一体遵照。须至札者。

1911年9月6日

三、相关报道及其他

督抚宪奏遵章奏报第二届筹备宪政情形折

奏为遵章奏报第二届筹备宪政情形，恭折具陈，仰祈圣鉴事。窃查宪政编查馆奏定考核专科章程第三条，内载："九年筹备事宜，责成内外臣工，每届六个月将筹办成绩胪列奏闻，并咨报宪政编查馆查核。应自光绪三十四年八月起，至十二月底止，为第一届。以后每年六月底暨十二月底，各为一届，限每年二月、八月内各具奏咨报一次。"等语。臣于宣统元年闰二月初八日，业经会同前督臣徐世昌，将第一届筹备宪政情形奏报在案。兹届第二届奏报之期，谨查照宪政分年筹备事宜表内所开，第二年期督抚应办各项之已经筹备及现正筹备、现待筹备，并拟变通提前筹备各情形，敬为我皇上缕晰陈之。

一、表开举行谘议局选举一项。查吉林谘议局筹办处，办理初选、复选均已次第竣事，其议案预备会亦早组成。现各属选出议员，已于本月十五日以前齐集省城，相与研究议案。俟本年九月初一日谘议局成立，即行改为自治筹办处，以符定章。一、表开筹办城镇乡自治及设立自治研究所一项。查吉省自治事宜，早经将前有之吉林府自治局裁并谘议局筹办处经理，遵照馆章，筹办一切，并斟酌本省情形，拟定自治分年顺序表，通饬各属照办，以期按时循序而进，俾免有凌躐错乱之弊。至自治研究所先后选考学员，已开两班，俟毕业之后，即分派各属办理自治。其各属应设之自治研究分所，均已札催次第筹设，虽办法间有参差，而基础已立，当不难徐图进步。一、表开调查人户总数一项。查前经将部颁章程通饬各属，遵照调查，又叠经札催，并严定功过，以免或有因循贻误。现查核各属陆续所报，其表册尚皆明晰，不特人户总数已得大凡，即人口总数亦不难按表而稽。惟本限八月以前统行查竣，嗣因七月间淫雨为灾，东南各属，屋舍人民，多遭漂溺，以致调查总数尚未尽能确实。一俟赈务就绪，民户各安生业，即当限期续查，以归一律。一、表开调查岁出入总数一项。查吉省自设立清理财政局以来，分发各项调查表式，通饬照填，严限造报，并分期调取各署局所簿册，逐细对核。凡关乎出入较巨，如造币厂、官帖局、官运局之类，皆经臣亲往，竟日督饬盘查，复逐次裁员减薪，力求撙节，以期事皆核实，款不虚縻。一、表开筹办省城及商埠等处各级审判厅一项。查吉林初仅省城、长春两处，现筹开埠，故其地各级审判厅早已先后遵章组织完备。其他如宾州、农安、榆树、新城等处，虽非商埠地方，而财力尚可兼顾者，亦已于今春夏间次第筹办。再，现在中韩界约已定，准于延吉界内自开商埠四处，并划定杂居区域，所有关系越垦，韩审判准令日领听审，则欲保法权而免干预，其各级审判厅自不可不赶紧筹设。惟该地性质与他商埠地面迥有不同，其筹设审判厅，似不当仅以开埠之地为限，而当以杂居区域为其范围。兹拟于延吉府设地方审判、检察厅各一所，更于杂居区内择地分设初级审判检察厅六所，其四处商埠审判即属焉。已饬由提法司选员前往，即日筹办，务于开埠期内筹议就绪，妥为设立，以免遇有韩民诉讼，外人得以藉端要挟。一、表开巡警于年内粗具规模一项。查吉省现只二十二府厅州县，除蜜山、临江、桦甸三处设治未久，巡警甫经创办外，而已办者计有一十九处，均已规模粗具。即乡镇巡警，亦皆渐次推行。兹复饬由民政司分巡各属，亲历考察，务期认真整顿，一面通饬已办各处，妥筹划分区域，以次推广。未办各处，统限年内一律办齐。并饬各立教练所，以资随时练习，俾警务得以日臻完善。以上六项，皆查照表开之已经遵章筹备者也。

又，表开颁布简易识字课本，创设厅州县简易识字学塾一项。查此项课本，现在尚未颁到，业经由提学司饬吉林府劝学所，先就省城筹设数处，以为倡导，并通饬各属，限于年内设齐。现在除甫经设治之区，人民稀少，财力竭蹶，尚难依限成立外，其余各地官绅协力组织，均有端倪，一俟学部课本编成颁到后，即行妥拟章程开办。又，表开颁布资政院章程，举行该院选举一项。查此项应俟《选举章程》及各种细则颁到之后，再行筹办。以上二项，一则现正筹备，一则现待筹备者也。而尤有宜稍变通，提前筹办者，综查表内所开，第二年调查各省人户总数，第四年调查各省人口总数，又第四年筹办乡镇巡警，第五年推广乡镇巡警，第六年乡镇巡警宜具规模各节，自应按照分年依次筹备。惟查吉省府厅州县本年呈报人户总数，大致已并人口总数一同呈报，而乡镇巡警亦经多处举办，似不妨将调查人口总数及乡镇巡警两事提前筹备。现拟将调查人口总数提前于第三年即宣统二年筹备，乡镇巡警亦以第三年为筹办之期，第四年为推广乡镇巡警之期，第五年为乡镇巡警粗具规模之期，此则拟变通提前筹备者也。所有本届遵章筹备情形，大概具此矣。

　　再查现今时势，尤以延吉之设立审判各厅，并分派巡警，于日本宪兵撤退之时，节节填扎，最关紧要。是以臣特拟于本月亲巡该处，察看情形，筹划一切，总期于照约应守之权利无使纤毫放弃，俾边圉从此巩固，而内政易于设施。臣等身受国恩，忝膺疆寄，敢不益加惕厉，兼顾统筹，以冀促宪政之进行，即仰副圣朝之期望。所有第二届奏报宪政筹备缘由，除分咨查照外，谨会同东三省督臣锡恭折具陈，伏乞皇上圣鉴训示。谨奏。

《吉林官报》第二十六期，1909年10月14日

请看各省议员之怪象

　　吉林议员共三十人，业已齐集省城。中秋节日，选举议长、副议长等各节，曾纪本报。惟该省风气初开，人民程度不齐，以致三十议员之中，未尽才德兼备，而笑话怪剧，日出不已。

如日前长春某甲议员，对众扬言谓：某乙议员是什么东西！彼不过旧时之一书吏耳，今靦颜作议员矣。事为某乙议员所闻，大怒，遂饱之以老拳。某甲议员狼狈甚，奔告筹办处某科员，大声呼曰：大人！大人……

某科员笑而解劝之，拟具禀督抚，将某乙议员斥去云。

又某某议员，原约选举时共举本府某议员为议长，既而仍举他府之人为议长。事后查悉，群叱某为背约败群。某曰：选举为我固有之权，我欲举谁则举谁，公等其如我何？

诸如此类，不一而足。总之，若辈惟知议员之可贵，不知议员之所以可贵。上而督抚，下而人民，苟不力为监督其弊，且等专制而殆有甚焉。

《民吁日报》，1909年10月18日

请派熟悉法政留学生到吉

吉林巡抚陈昭常昨咨照学部文称：图们江新开作商埠之龙井村、局子街、头道沟、百草沟四处商埠，开办时遇有与各国交涉事件，须派有熟悉法律之员，方为妥善。故咨商学部，调查曾在日本留学生内之熟习法政、外交，才擅专长者，将其籍贯姓氏咨覆，以便调吉派充要差。

《顺天时报》，1909年10月22日

吉林谘议局成立以后之观念

吾四万万同胞何幸而为预备立宪国之国民乎？盖难言之矣。立宪者，今世界文明各国之政体，吾国五千年来未有之事业，吾侪乃克见之，可不谓莫大之幸福耶？然推其所以预备立宪之原因，朝廷何以毅然行之，枢臣百执事何以翕然赞之，海内外热心志士何以万口同声而鼓吹之？比及本年九月初一日，各省谘议局何以果克期成立，即吉林僻在一隅，风气号称闭塞，平日一切敷布，大都落于人后，何以独于逐年预备宪政事宜而若出一律？降而至于荒村僻壤，年来设治人民寥落之各府厅州县，童稚妇孺，且悬一"立宪"二字于心目间者，何哉？实外界之风潮，时局之危急，有以迫之。吾为追念宪政之发生，诚有口所不忍言，目所不忍见，耳所不忍闻，笔所不忍述者矣。

而吾又以为预备立宪为莫大之幸福者何耶？则以现在之立宪国与未经立宪之国两相提而比较之，有文野之殊，强弱之异，政治之得失，制人与制于人之利害也。故一念及夫立宪，而心怦怦然以动，跃跃然以喜，亦非谓一经立宪，而野者遂以文，弱者遂以强，失者遂以得，害者遂以利也。然自其一方面观察之，而立宪者所呈露之状态固如彼，非立宪者所呈露之状态固弗如也，吾因之而发起最欣幸之观念。

虽然，是则一方面之观察则然耳。吾所谓追念吾国宪政之发生，有种种难堪之情状者，岂无病之呻吟哉？良以吾国固亚洲最大最强最古之国也。环顾四邻，莫可抵抗，生斯土者，习闻祖宗余论，恒莫不睥睨一世，自以为杰，然独出高拱而握东亚之霸权，远之如日本，近之如朝鲜，僻处如西南荒服各国，后先奔走，咸来取法，亦犹希腊为西洋文明之鼻祖也。文学政治，蔑以加矣。世界之主人翁，相习为固然矣。乃自海禁既开以来，商战而隳，兵战而北，学战而有惭色，二三识时之士，乃一转念而自以为不如，遂群俯首而取法之，又间接而取法之，于是而宪政之萌芽以起。使中国而长为闭关自守之中国，必无宪政发生之一日；

使中国而为居于二十世纪战胜地位之中国，亦必无宪政发生之一日。则今日宪政之发生也，吾因之而发起最悲惨之观念。

审是，则所谓最悲惨之观念者，过去之历史也。所谓最欣幸之观念者，未来之事实也。吾国古来之政治，无论君主之贤否，以一人之意思，为断定之效力，故一时雄杰之主，亦即舍愚民之外，无所用其政策。律以西哲所谓天赋人权，中儒所谓天下之大匹夫有责之义，几如方（柄）〔枘〕而圆其凿，无怪其不相入也。立宪则行政之权在官吏，建言之权在国民，不独无复以命令为法律之弊，且命令法律之体制既分。斯两权屹立，朝廷虽以命令为行政权之用，而要必以法律为司法权之用，自不得发使命令，以更改废止其法律。是自天子以至于庶人，皆立法律范围以内，制良懋也。间尝历考东西各国，虽宪法之体制，国有不同，而其所以变专制为立宪之始，必对外则有无限风潮之激刺，对内则有无限酷烈之冲突。虽其间不无统治之权，制定在上，出以和平之态度，予以人民之权利，而远因之所在，亦无不从伏尸流血而来。故日本明治维新，号为和平改革，而当其攘夷覆幕之际，亦腥风血雨者数年，而规模乃以略定。至今东国之谭宪法者，辄谓视之则平平七十六条之宪法，实则一句一字萃全国英雄豪杰之热血点滴而成。彼其所以言之，而若有余痛者，盖亦犹乎治军之道必哀戚之意，如临亲丧肃敬之心，如承如祭，乃可隐操其克敌致果之券。否则将如黄金横带，而骋手淄渑之间，有生之乐，无死之心，不必交锋，而明眼者已先见其败征矣。吾国立宪之政体其确立也，虽非无因，而以较之东西各国，难易之殊，不啻霄壤。即预备之制，期以九年，而人民之与闻国政也，实自谘议局成立之日始。则谘议局成立之一日，即为由专制政体而入于立宪政体之一日，亦即由过去历史而进于未来事实之一日。当此过渡之时期，如播种之善因，必将获种种善果，如伏种种恶因，必亦将获种种恶果，得失之算，在于微芒，毫厘之差，间不容发。五洲于以注目，万众于以观成，而国家之根本，国民之生命，亦皆于此谘议局是赖。幸而能匡正其偏，补救其所不及，则熙熙攘攘，同登春台，即千百年后，必且悬国旗，奏军乐，薄海人民，扶老携幼，额手相颂曰：夥颐生我者，宣统元年九月一日，后稷之播百谷，大禹之治洪水，与谘议局之成立而三矣。谘议局之荣幸何如乎？匪是则以中国之地大物博，种族之秀伟雄隽，前仆后起，拔帜立帜，如巨灵之擘太华，如始皇之筑长城，终必有委曲以达其美满目的之一日。然或为第二年之九月一日，第三年之九月一日，而此九月一日者，则已如草木荣华之飘风，鸟兽好音之过耳矣。虽非常之原，非一人一时之力，而循因觅果，是亦成败得失之林也。尺璧可得，寸阴不再，不世之功，稍纵即逝，吾于此谘议局成立以后也，因之而发起最恐怖最愉快之观念。（整理者按：原文未完。）

《吉林官报》第二十七期，1909 年 10 月 24 日

饬筹城镇乡自治机关

公署准民政部咨称，准贵抚咨送筹办自治顺序表，以宣统四年上半年始着手组织城镇乡各种自治机关。查逐年筹备宪政事宜清单，内开城镇乡地方自治，限宣统四年粗具规模。吉林于是年始行着手，设立议事、董事等会。全省同时并举，诚恐力有未逮，相应咨行贵抚，体察情形，或于省会先行设立该会，以树全省风声，或先城而镇而乡，次第筹设，庶不致有误限期云云。当即转饬谘议局筹办处查照，克日另拟筹备办法矣。

《吉林官报》第二十七期，1909 年 10 月 24 日

谘议局之与报馆

闻宪政编查馆以谘议局与报馆皆为舆论代表，自谘议局开幕议事，报馆异常注意，或有纪载失实，恐于宪政有阻。除所议议案拟由官报宣布外，各报于谘议局议事时，准其临场笔记，随时登载，俾众周知而免有误，并可互相维持云云。（乃）

《中国报》，1909 年 11 月 14 日

大吏与谘议局之恶感

昨日本报载,某省大吏与谘议局员感情不洽,交提议案,屡起冲突。宪政馆连接禀揭电报,恐有决裂之虞。嗟乎,谘议局何碍于大吏哉?!一省之大,政事之繁,财政则困难,君民则交责。世非平治,为君难,为臣不易。大吏以孑然藐躬,负此重任,功未必赏,罪则必惩,徒有威福之权,身备劳怨之集。今何幸天子圣明,政公舆论,谘议设局,分设议员,一省之政事,一省之官绅共谋之,一省之财政,一省之官绅共筹之,大吏坐揽其成,事分任则不繁,财分筹则不困,上可以对君国,下可以谢绅民,是有谘议局而大吏之获益孔多。若谓大权旁落,有谘议局而官衙等于虚设,有议员而疆吏同于傀儡,由惧而恐,而恨而愤而怒,因之仇视谘议局之念生。吾敢问大吏之恶谘议局,恶其夺权耶?抑恶其监督一己耶?吏而廉明公正也,胡畏人之监督?若罔上营私,则屋漏鬼神,千夫所指,不疾而死,无谘议局,又何补焉?如谓夺权,昔日豪族巨绅,把持官府,何省蔑有?大吏吞声忍气以媚之,何若谘议局分大吏之权,而代大吏负其责任之为愈也?嗟乎,谘议局何碍于大吏哉?!

专制之观念,深中于宦途中而不可去也。边邑卑官,偶烦一割,亦旁若无人,况赫赫封圻重寄之大员哉?吾国虽云专制,而各省分治,督抚如一省之君主,中央并不集权也。风气所趋,民气日伸,遇有大事,各界集议,以谋对待,大吏已深滋不悦。今立宪已在预备期内,大局已定,大吏无可如何,不敢不从朝旨,其心不以宪政为然者,恐不独一升允也。前车已覆,天威难犯,迫于全国舆论,悚于全球大势,不能出反动之言耳。谘议局成立,疑惧交集,观各省与宪政编查馆问答电文之往复,或争权限,或争文诰上之名词,其心已如司马之可见矣。某省大吏与谘议局之不洽,不过显然者耳。后来议案纷起,议员因争一省之权利,不得不侵大吏之权,大吏因争一己之权利,不得不抑议员之权,官绅之交恶,必无时无地不有,势所必然也。盖今日之大吏,犹是专制时代之大吏也。今日之议员，方自命为立宪时代、民权时代之议员也。新旧过渡，程度不齐，官之与绅，乌得无冲突？其结果也，愿朝廷不因此而沮宪政之行斯可矣。

吾有一言，为各省大吏、各省议员告者，专制之观念终必澌灭，为大吏者不必尚存威福之见矣。夫国家之设官，无论立宪与专制，皆为地方办事而已。谘议局为地方办事之人，其目的、其希望皆为地方谋利益而已。所争者，一省之利害，所冲突者，亦一省之利害。为一省而争而冲突，非为一人而争而冲突，亦非为一谘议局而争而冲突。明乎此，恶感情何由生？为大吏者，不必因政权旁落而挟恨，为议员者不可因参预政权而庞然自大，不将顺大吏以除一省之害，不凌轹大吏以循秩序之体，实为今日之首务也。否则，因争权而交恶而偾事，非一省之福也，非立宪之福也。（孺公）

《中国报》，1909 年 11 月 15 日

谘议局不议交涉

（北京）宪政编查馆昨接吉抚电云：谘议局所呈议案，内有关于交涉一事，已经照章批驳，饬免提议。应电咨钧馆查知。

《申报》，1909 年 11 月 21 日

吉林日报电文照录

北京各报馆鉴：近来京津各报，纷载吉林谘议局官绅冲突情事，不知因何误

传，实属全无影响。自九月朔日，谘议局开立，每日照章开议，各界毫无龃龉。久因各报误载，致洋文报纸亦复以讹传讹，实于大局甚有关碍。应请各报更正为幸。吉林自治日报社。条。

《中国报》，1909 年 12 月 3 日

谘议局权限问题

宪政编查馆昨有电来吉云：本馆现覆川督电称，各省向办事件，多属国家行政与地方行政之分，应俟拟定后，通行办理。现在未经区别，以前应暂由督抚酌核，凡属国家行政者，皆由督抚照常奏咨，非谘议局所能置议，自毋庸交局议决。如确系纯属地方行政，不涉国家者，而欲有所兴革，自可提交局议，再由督抚裁奏。其由局提议之件，亦应由督抚审查，如果逾越权限，务剀切劝告。若不受劝告，应即照局章四十七条办理。上年钦奉谕旨，议院未开以前，悉遵现行制度等因。钦此。谘议局非议院可比，尤宜恪守范围，务遵定章。相应迴电各省，转饬谘议局遵行云云。

《吉长日报》，1909 年 12 月 9 日

议案排斥外省人

自治会成立之后，提出议案中，有一条为排斥外省人当各学堂教员一则。经多数议员认可之后，具禀提学司。司署批示，略云：吉省地处边僻，绩学之士既

寥寥无几，能担任高等及普通教育学科之人，殊难其选。外省人虽间有不通语言之人，但任用之时，详加考验，即可以无隔阂之患。方今天下一家，以中国人授中国人，何必更分省界。所请各学校教员不任外省人之处，碍难准行云云。

《中国报》，1909年12月13日

吉省举定资政院议员

吉林谘议局前奉北京资政院来电，东省应行选出议员七名，充为本院议员，计奉天三名，吉林二名，江省二名，皆于本月十一日开票选举。兹闻是日下午一时，陈中丞及各司道，均衣冠齐赴谘议局，当即监同选举，举定副议长庆君祝三得票最多，次则为伊通州议员徐君穆如，充作资政院议员。

《顺天时报》，1909年12月14日

关于谘议局两事

宪政编查馆欲通行各省，将谘议局所议之事件，分别交议、提议、决议三项。每月终，将所议情形，详细开单，汇呈本馆，以便核夺。

摄政王昨（上月二七日）谕资政院堂官云：各省谘议局所议之事，如实为兴利除弊，有益于国与民者，倘有督抚阻挠，不能实行，准各该谘议局径报资政院，为之代奏，请旨办理云云。

《吉长日报》，1909年12月14日

要请速开国会

直隶、江苏两省绅民，联络各省，要请速开国会，商定俟谘议局闭会日，每省酌选数人，于十一月初旬齐集上海，特开全国议员联合会。闻各省谘议局多允如期赴会。会中简章"民气力遏嚣张，国会速求成立"，十二字足以括之。凡到会者，悉以江苏议员为东道主，并闻各省商会亦决定派员到沪，同开全国商界联合会，以为谘议局之后援云。

《吉长日报》，1909年12月17日

吉林行省批速记学堂毕业学生王贯之等四名分派任用由

吉林行省总督锡、巡抚陈为札行事。案准资政院咨开，本院奏办逯记学堂，节经行知各省选送学生在案。现在第二班学生王贯之、孙维翰、刘光寰、金福已于本月十五日毕业，除由本院给予文凭外，自应照章派回原省谘议局任用。查谘议局章第五十一条，办理处置书记长、书记等员，尚无速记职务，现在既有毕业速记学生，应即于办事处添设速记员，专司议场记录之事。将来当差满三年以上，著有劳绩者，并应照案择优配量请奖，以示鼓励。相应咨行贵抚，查照施行可也等因。准此，所有毕业速记学生四名，内刘光寰、金福二名，现留派充行政会议厅速记员；其王贯之、孙维翰二名，即由谘议局任用。除分行提学司知照外，为此札行谘议局，即查照前因办理。须至札者。

1909年12月22日

擅用刑讯之地方官

停止刑讯一事，客岁六月间，曾奉明谕，近又由政府重申前谕，咨行各省督抚，严饬所属，勿擅用刑。乃吉省某府仍旧滥用刑讯，并有刑重毙命之事，业经该府绅民讦禀谘议局，列入议案，转呈公署核办。

《吉长日报》，1909 年 12 月 26 日

吉省续举代表将次赴京

吉省第二次请开国会代表，前已公举文耆、李芳二君。兹定于本月十五前后，束装赴都，会同各省代表，再行请愿。省中士绅，对于此事，极为注意。近又组织同志会，宗旨在继续要求缩短国会年限，为赴京代表之后援，即于本月初十日假商会提议一切，昨已刷印公启，分布各处。

《申报》，1909 年 12 月 30 日

札发资政院议员执照

各省谘议局选定资政院议员,应照章给予执照。日前公署准资政院咨送此项执照格式,当经备就执照二纸,填注当选议员庆绅山、徐绅穆如职名,札行谘议局查照转发。

《吉林官报》第三十五期,1910年1月11日

札发吉林当选资政院议员执照

各省谘议局选定议员,应照章给以执照。吉林议员之当选者,为庆山、徐穆如二人。日前公署准资政院送议员格式执照来吉,即备执照二纸,填注庆、徐二人职名,由公署札行谘议局转发矣。

《中国报》,1910年1月27日

自治筹办处之大会议

昨日午后二钟,自治筹办处开会,研究关于缩短地方自治期限一事。首由万

参事公开提议,言:上次报部自治期限表,失之略迟,当遭驳回。今故另请研究所范监督秉钧改订。所有改拟章程,由范君报告。范即起而述改订之条目并理由毕,谘议局庆议长康问之曰:章程中除宣统元年外,其余四年以繁盛之城、中等之城并镇,次等之城并乡,偏僻之乡四者分配之,为自治进行之次序。若中等之城并镇有热心自治者,欲提前于宣统二年办之,与章程不相刺谬乎?万参事答之曰:期限之所以如此订者,因恐该地人才缺乏,经费难筹耳。然至宣统三年,究不能再迟延不办。如有能提前施行者,则固大吏之所乐闻,决不得因此而有所限制。众均云然。傅参议写忱又起而言:章程中之不周密者数处。众亦点首称可。黄参议兴之则言:划分自治区域,须在宣统元年确定之。区域不分,自治何由进行?范监督答以覆查各属居民口数,须至宣统五年方能竣事,口数既未能确实查清,区域即无由预先确定。日前既假定区域自治,即可因而进行,决无妨碍。众有赞成者,有反驳者,争论约半钟,终以至宣统四年确定为归。此次会议各出席员,俱各竭力主张自己之意见,确与文明国议院之绵审讨论相同,亦我国最可喜之现相也。

《盛京时报》,1910年2月4日

电饬查报纳税多额之议员

应选资政院纳税多额议员,早经公署通饬各属,查报在案。现已逾期,新城府等处尚未查报。昨闻简帅又电饬各该处,限期呈报民政司汇转,以便核咨,不得迟误云。

《吉长日报》,1910年3月1日

吉抚札饬各属实行本年筹备宪政文

　　为札饬事。案照宪政编查馆奏定筹备宪政事宜清单，所列事项，条分缕析，秩序厘然，既计载以程功，复逐届而报绩。迭奉谕旨，责令各省督抚，依限举办，谕言谆诫，至再至三。凡各臣僚，对于单开本管应办事宜，其应如何奋勉图功，始称厥职。本部院抚治是邦，责成綦重，曷敢因循，致滋贻误。上年特在公署内设立宪政考核处，通饬各属，将各项筹备情形，分别已办、未办，按月开单呈报一次，以资查核在案。现届宣统二年，即为筹备宪政之第三年期，综计清单所列，本年应行筹备者，共十四项。其中关于各省之应办者，计九项：一、续办城镇乡地方自治；二、筹办厅州县地方自治；三、汇订地方税章程；六、试办预决算；七、省城及商埠等处各级审判厅，限年内一律成立；八、推广厅州县简易识字学塾；九、厅州县巡警限年内一律完备。此九项中，如续办城镇乡地方自治，自上年地方自治筹办处成立以来，已将分年筹办大纲厘定。今又将各属分办明细表，分配详晰，通饬遵照在案。循序渐进，自不致逾限期。如汇报人户总数，吉省上年已将人户总数表，咨部存案，并声明以宣统二年为调查人口总数之期，以宣统三年为汇报人口总数之期。是吉省查户数口数，较清单所列者提前一年，苟能切实调查，其于征兵、收税诸端，及一切新政之推行，必大有裨益。如覆查岁出入总数，上年清理财政局已将全省出入总数，报部存案。今年为试办预算决算之期，而岁出入总数即为预算之基础。覆查既确，则其基础始能底于巩固。如推广厅州县简易识字学塾，上年吉林府宾州各属已经创办。今年为推广之期，必各厅州县一律观成，始能收教育普及之效。如各级审判厅限年内一律成立，查吉省审判厅不独省城长春、延吉各处已经成立，即宾州、农安、新城、榆树较为繁盛之区，亦已次第筹办。今年为各级审判厅成立之期，除省城外，凡有商埠地方，其已设者，固应力求完备，其未设者，亦应一律组成。如厅州县巡警限年内一律完备，查吉省巡警，不独厅州县粗具规模，即乡镇巡警，亦皆次第推行。苟能力除旧日练会之积弊，以蕲合乎文明各国之警制，则全省警务改良，胥于今日植其基。凡兹数项，皆指上年已经筹备，或提前筹备者，再行切实筹备而言也。如筹办厅州县地方自治，俟奉到此项部章之后，即应赓续城镇乡地方自治办理。如厘订地方税章程，亦应俟部章颁到之后，再议厘订方法。如试办预算决算，应以本省岁出入之总数，为编制预算决算之张本。凡兹数项，皆指本年应行筹备者，亟应次第筹备而言也。以上各节，系按照分年表内所列，参以吉林情形，逐类引伸，反复诠说，但事无止境，亦无定程，苟财力既有充余，人材复敷分布，尽可将明年应行筹备各端，提前赶办，以促宪政之进行，而增省人民之幸福。本部院深知各项要政，同时并举，吉省人民程度既通塞之不齐，地方经费复筹划之不易，各守牧令等之为难情形，固已洞悉。然值此深宫宵旰，勤求治理之日，即我臣僚卧薪尝胆，不容稍懈之时。于凡事尽一分之心，即于民生受一分之益，但期实事求是，原不必过于铺张，但期循序图功，亦不必遽希速效。今吉省各该守牧令中，贤能之吏固不乏人，而玩愒之风亦所未免，应仍遵照上年通饬，将筹备事宜，分别已办、未办，按月开单呈报，以凭考核。并责成各司事，按照该管事项，随时查察。所有地方自治及人户巡警等事，由民政司会同地方自治筹办处，分别催办。岁出入及预算决算等事，由度支司会同调查局，分别催办。简易识字学塾，由提学司催办。各级审判厅等事，由提法司催办。该司局等奉文之后，应即派员分赴各府厅州县，查明筹备事宜是否切实认真，于三个月内汇总，开单详报。如果办理确有成绩，准予存记汇奖。其有迟延不办，或意存敷衍者，小则记过，大则撤参。即以筹备之情形，为各司局及府厅州县之考绩。在各该司局，有督催之责，固已同负考成。在各该守令，有执行之权，尤必力加奋勉。此则本部院所为谆谆告诫，以期毋误夫宪政之前途者也。除分行外，合亟札饬。札到该□，即便遵照毋违。切切。特札。

宣统二年正月□日

《吉长日报》，1910年3月13日

画一宪政筹备处

昨闻锡督、陈抚通饬各属,略谓:宪政筹备,期限綦严。所有应办事宜,均须按照颁定年限,次第推行。前曾仿照奉天行省,于公署内附设宪政考核筹备处,遴选幕僚,分任考核,拟定简章六条,通饬遵照在案。兹查宪政编查馆奏请通饬京外内各衙门,一律设立宪政筹备处一折内开,凡从前已设考核等处,即应改易今名,藉昭画一等因,自应遵章改定。其一切简章,仍前办理。所有各司道处所,及外属道府厅州县等,应仍查照馆颁分年筹备清单,各就主管事项,切实筹备,并照前定章程,按月呈报一次,以凭考核。事关预备宪政,不得视为具文云云。

《吉长日报》,1910年3月26日

抚帅致宪政编查馆民政部电

据地方自治筹办处呈称,现在调查选民资格,亟应依据部章,明白解释,以免误会。惟查《城镇乡自治章程》第十六条第一项第四款云,年纳正税或本地方公益捐二元以上者,所谓年纳正税者,不知是否与日本市町村制纳地租者不设限制额相同,抑或仍须至二元以上?如必须纳至二元以上,则譬若有人年纳正税,或本地方公益捐,并计在二元以上,是否亦可认为合于第四款资格?又同条第二项云,居民内有素行公正、众望允孚者,虽不备第三、第四款之资格,亦得以城镇乡议事会之议决,作为选民。现在城镇乡议事会尚未成立,此项资格自无从议，然亦未便概置不问。究应如何变通办理，似非预先指定，难免争执。又同条第三项云，若有纳正税或公益捐，较本地选民内纳捐最多之人所纳尤多者，虽不备第二、第三款之资格，亦得作为选民。此项资格，照章程文义解释，似从法律所设之公司，及其他法人，均应在内。但无明文，未敢妄决。又第十七条第一项第三款云，营业不正者，其范围以规约定之。现在议事会既未成立，规约自无从发生。调查之初，究应由何处指定范围，以为标准。呈请咨询前来，统祈电示，以便饬遵。民政部复抚帅电：电悉。年纳正税，以二元为合格。如纳正税或公益捐，并计在二元以上，亦可。又同条第二项所指资格，定章既以城镇乡议事会议决为准，现在议事会并未成立，应即暂缺。又同条第三项所指资格，凡照法律所设之公司，及其他法人，均应在内。又第十七条第三款营业不正者，未经以规约指定范围以前，应比照贵省选举谘议局议员时调查营业不正者办法，一律办理。希即饬遵。

《吉长日报》，1910年4月5日

度支部会奏议覆吉抚奏长春府审判各厅经费不敷请将新放蒙荒地亩征收公费折

奏为遵旨议奏，恭折会陈，仰祈圣鉴事。内阁抄出吉林巡抚陈昭常奏，长春府审判各厅经费不敷，请将新放蒙荒地亩征收公费一片，宣统元年十二月二十四日奉朱批：该部议奏。钦此钦遵到部。原奏内称："长春府审判各厅额支经费，无闰之年，计共需吉市钱二十一万三千零四十八吊。开办之初，原议以禁烟局所收票照盈余提拨，现在吉省一律禁种，此项入款遂成无着。统计该厅经常所入，只有由省暂借发商生息官帖、龙圆两项，每月息钱六千五百千，全年七万八千吊，此外别无的款，堪以挹注。查内蒙哲里木盟各旗新放荒地，每垧岁征大租钱六百六十文，照章以四百二十文解归蒙旗，以二百四十文作地方衙门办公之费。

长春本系郭尔罗斯前旗,蒙地因开垦被旱,每垧仅征蒙旗四百四十文,并未征收公费。若照各旗办法,一律征收六百六十文,仍以四百二十文解归蒙旗,以二百四十文拨充审判经费,长春一属计有蒙地四十一万九千余垧,岁可得钱十万吊有奇,既与蒙旗毫无亏损,亦非公家额外加征。拟自宣统二年起,即行计亩征收,拨给各厅核实动用。不敷之数,再行饬属筹补。"等语。臣等伏查吉林长春审判各厅应支经费,与动用款项,均未据该省报部立案。兹据奏称,无闰之年共需吉市钱二十一万三千零四十八吊,其员役名额是否与法部奏定章程相符,并开支钱文有无浮多之处,臣部无凭悬拟。惟查该府上年业经开作商埠,照章本年应设审判各厅,所需前项经费,自应妥为筹措。该省禁烟局票照盈余,现因禁种无着。该抚核计入款,只有发商生息官帖、龙圆两项,每年息钱七万八千吊,请以该府新放蒙旗荒地,照章征收公费,每岁可得钱十万吊,拨充各厅应用之处。查光绪三十三年四月间,据前署吉林将军达桂奏报勘放郭尔罗斯前旗余荒折内声明,每年应征地租,仍照吉林新荒章程,每垧征收大小租中钱六百六十文,内拨给蒙旗大租钱四百文,小租钱二十文,报效国家大租钱二百文,其余四十文作为小租等因在案。是该处新放蒙荒,本应征收公费二百四十文。开垦时因被旱未收,系一时权宜之计。应准由该抚体察情形,自本年起计亩征收,以充公用。仍令将该处审判各厅额支、活支各项细数,分晰开列清折,咨送臣部核定。并将该厅从前用过款项,暨禁烟局禀照盈余收支数目,造册报销。其由省发商生息官帖、龙圆两项,给过成本若干,每月如何计息,暨由何款项下动拨,亦即一并查明,专案报部,以凭稽核。如蒙俞允,即由臣部行知该抚,遵照办理。所有遵议缘由,理合恭折会陈,伏乞皇上圣鉴。再此折系度支部主稿,会同理藩部办理,合并陈明。谨奏。宣统二年三月初四日,奉旨:依议。钦此。

《吉长日报》,1910年4月27日

吉林巡抚陈昭常奏报第三届筹备宪政情形折

奏为遵章奏报第三届筹备宪政情形，恭折具陈，仰祈圣鉴事。窃查宪政编查馆奏定考核专科第三条内载："九年筹备事宜，责成内外臣工，每届六个月，将筹备成绩胪列奏闻，并咨报宪政编查馆查核。应自光绪三十四年八月起，至十二月底止，为第一届。以后每年六月底，暨十二月底，各为一届。限每年二月、八月内，各具奏咨报一次。"等语。臣于上年闰二月及八月，会同升任督臣徐世昌，暨现任督臣锡良，将第一、二届筹备宪政情形，先后奏报在案。兹届第三届奏报之期，谨按照宪政分年筹备事宜单列督抚应办各条，计第二年期内，依限筹备者二项，接续筹备者六项；第三年期内，现正筹备者五项，现待筹备者一项，并变通提前筹备各情形，敬为我皇上缕晰陈之。

一、开办谘议局一项。查上年九月初一日，吉省谘议局如期成立。所有开会、闭会各情形，业经专折奏报有案。其交议、提议各事件，凡关于全省之兴革利弊，时有献替，苟可采择，无不立予施行。并令该局议长，督率各议员，随时调查事实，以为议案张本，俾建议者不至徒托空言，而行政者亦得藉资借镜。好恶同民，端本于是。

一、举行资政院选举一项。查《资政院选举章程》，其归各省督抚办理者，一曰硕学通儒之保送，二曰纳税多额之选举，三曰谘议局议员之互选。其硕学通儒已由臣选送翰林院检讨王闿运。该员高年隐居，学问淹雅，素为士林所推重，且系特授清秩人员，尤与选举资格相合。业经照章开具简明事实，保送学部，应由该部汇集审查。其纳税多额选举一事，臣于上年即饬民政司，会同商务总会总协理切实筹办。先就司署内设立选举事务所，派委互选管理各员，掌理一切选举事宜，并电饬各属，分别调查，凡合于选举资格者，限期汇报到司，俾资互选。嗣以吉省幅员辽阔，文报稽淹，且时值严寒，互选人亦难如期到省，当即电商资政院，展期二十日。旋奉覆电，准照直、苏、皖、鄂各省之例，一律展至四月初十日以前，期限宽展，当不至有挂漏之虞。其谘议局议员互选一事，上年该局未闭会以前，即札行该局，遵照《资政院选举章程》，及该局所定互选细则办理，由臣亲临监督，并详加覆选。选定庆山、徐穆如二员，亦已奏陈有案。以上二项，皆第二年期应行筹备，现已依限举办者也。

一、筹办城镇乡地方自治，设立自治研究所一项。查吉省自治事宜，前由谘议局筹办处兼理，即拟定自治分年顺序表，咨送宪政编查馆及民政部查核。嗣准馆部咨覆，以筹办顺序失之迟缓为言，因饬现设之自治筹办处，另拟城镇乡地方自治逐年筹办大纲表，及各属分办期细表，实较前表益臻周密。当即再行分咨查核，一面通饬各属，先行遵照办理，以立其基础。则本年筹办厅州县地方自治，自不患无所遵循。至省城自治研究所，设立已及年余。上年头班毕业学员，已派往各属办理自治。现正选招三班，以期自治人材，日多一日。其各属之自治研究分所，亦皆次第举办。自治为宪政根本，各属研究所尤为自治导师。此时无画一之办法，即将来无共同之进行，实于宪治前途，大有妨碍。爰饬由该处遵照部章，并参酌本省情形，拟定总、分各章，呈经核咨，馆部核准，通饬遵行。他如创办自治日报，分设宣讲所，皆以培养知识，普及教育为主。盖自治初基，必以官治为先导，然后举办一切，自不至阻力横生。

一、调查人户总数一项。查吉省上年饬查人户总数，各属均将人口总数，一并调查。其有册籍不如式者，皆随时饬令更正，以符部章。当于冬间，将人户总数表咨部存案，并声明以宣统二年为调查人户总数之期，以宣统三年为汇报人口总数之期。是吉省调查户数口数，较分年表内所列，实已提前办理，期于早日观成。于征兵收税诸端，及一切新政之推行，皆有裨益。

一、调查岁出入总数一项。查吉省光绪三十四年岁出入总数，已于上年电经度支部奏明有案。其宣统元年岁出入总数，亦由清理财政局将各署、局、厂、所及各旗署季报，先后编册送部。现正编制各府厅州县报告册，并催办宣统元年冬季报册，及光绪三十四年年报。一俟分别办齐，则前两年之岁出入总数，既可清厘，即今年之试办豫算决算，亦有端绪。

一、筹办省城及商埠等处各级审判厅一项。查吉省审判厅，惟省城、长春两处，成立最先。上年延吉界务既定，所约开放四埠，亦即筹设各级审判厅，均经奏报有案。其余如依兰、绥芬、滨江皆系商埠地方，现已筹有端倪。一俟经费画定之后，即可开办。其非商埠地方之府厅州县，而财力尚可兼顾者，宾州、农安则于上年已经开办。如新城、榆树则于今春可望成立。各属闻风兴起，亦均在筹办之中。似此进行，司法独立之期，计当不远。

一、颁布简易识字课本，创设厅州县简易识字学塾一项。查此项学塾，上年曾由提学司酌拟暂行章程，饬吉林府劝学所先就省垣城乡筹设，以为倡导，并通饬各属，限于年内设齐。嗣据各属陆续详报开办日期。其时是项课本尚未准学部颁发到吉，暂用上海澄衷学堂字课图说，行先编讲。计通省已成立者，约共四十余处。嗣准部颁章程课本各种，业将章程通饬遵办，一面将课本发交印刷，以资应用。惟有塾无师，等于无塾，爰在省城、长春两处，设立塾师讲习所，并通饬各属，一律仿办。吉省文化初开，识字者尚居少数，非从简易入手，则教育难语完全。

一、厅州县巡警于年内粗具规模一项。查吉省现办警政情形，不独厅州县粗具规模，即乡、镇巡警亦次第筹设。惟向来练会积习，未能尽除，上年特饬民政司亲历各属，实行整顿。当将滥劣不职各员，尽法惩治，并订定全省警务通则，俾收整齐画一之效。复恐经费难筹，巡警不能遍设也，则为之预备巡警，以补助之。警员之未尽受教育，或未尽谙警章也，则为之教练所以练习之。凡事力求改良，当可日臻完善。

以上六项，皆第二年期之已经筹备，现复接续办理者也。至第三年期之应行筹备者，除续办城镇乡地方自治，省城及商埠等处各级审判厅，州、县地方自治，汇报人户总数，覆查岁出入总数，试办预算决算，推广厅州县简易识字学塾五项。其现时筹备者，则为厘订地方税章程一项，俟部章颁到之后，乃能筹议厘订方法。其复经变通年限，提前筹备者，如调查户口，既已提前一年。此外如筹办府厅州县城治各级审判厅，应在第四年。现在宾州等处各乡镇，均已遍设。乡镇巡警，【开】办应在第四年，推广应在第五年。现在各乡镇早已筹设，并酌量地方情形，提前办理，以期变通，而资推广。此皆本届遵章筹备之大概情形也。臣惟吉省原系军治地方，向来于民政大纲本无基础，宪政每易滋疑求利，推行难甚各省。惟念圣迹肇基之地，宜有首善矜式之资，臣现拟筹备宪政办法，首注重简易识字、乡镇巡警两端，非人尽知书，则教育无从普及，非内无宵警，则庶治莫语安全。二者为吉省要图，苟能粗具规模，庶可渐求完备，广敷仁政，未敢后于中原。自当督率司道各员，并力进行，竭诚图治，以冀仰副圣朝殷殷厪念宪政之至意。所有第三届奏报筹备宪政缘由，除分咨查照外，谨会同东三省督臣锡良，恭折具陈，伏乞皇上圣鉴训示。谨奏。宣统二年三月十二日，奉朱批：该衙门知道。片并发。钦此。

又奏改设宪政筹备处并恭书上谕悬挂片

再前准宪政编查馆咨行，奏请饬京外各衙门设立宪政筹备处一折，内称凡从前已设督催、总核、考核等处，即应改易今名，藉昭画一。其所派人员，应令开单咨报，以便遇事互相讨论。各等语。查臣于上年仿照奉天行省奏定办法，于公署内设立宪政考核处，遴派本署供差各员，分科任事，办理以来，尚臻妥协。兹准前因，拟即就原设之考核处，改为宪政筹备处，俾归一律。其办事人员，均仍其旧。谨将宣统元年十月十三日上谕，恭书悬挂，仍由臣督饬本处各员，将应办事宜，次第筹备，以期核实而符定章。除将各员衔（各）〔名〕开单咨报外，谨会同东三省督臣锡良附片具陈，伏乞圣鉴。谨奏。宣【统】二年十二月，奉朱批：览。钦此。

《吉长日报》，1910 年 5 月 5、6 日

吉林互选多额纳税议员

纳税多额议员互选日期，原定于本月初五日举行，嗣因外城各互选人尚未到齐展期。初八日，乃在民政司选举事务所投票。是日共到十五人，用记名连记法，照章以实到投票人数三分之一为当选，应以得五票为及格。第一次开票，计得五票者为牛君翰章，尚不足额一人。复开列得票次多数者，再行投票，文君禄得五票，为当选。当由互选监督当场询明，均愿应选，作为确定。已将当选人姓名，及得票数目，电知资政院，汇齐开单，奏请钦选，一面即榜示投票所，俾众

周知。兹将当选人揭示如下：

牛翰章，吉林府人，年纳税额十万另一千一百八十八吊五百四十四文，初次当选，得五票。

文禄，吉林满洲厢蓝旗人，年纳税额二万四千四百七十七吊百十四文，再选当选，得五票。

《顺天时报》，1910年5月26日

乱吉林者其官帖乎

吉省造币厂自奉部文，停止铸造后，金融益见困阻。初时各商家尚奉约束，互相平制银价，以冀新币之出现。无奈现银既乏来源，驯至官帖二成兑现，亦不能得，致银价翔贵奇涨，百物因之倍昂，商农交困。近闻官银钱号不惟自失信用，不按二成兑现，且有将帖价抑低，但作八折（每官帖一吊，只作铜元三十二枚使用），或八二五折之耗（每吊作铜元三十三枚有奇，即铜元一枚作帖钱三十文也）。消息一播，商民疑惧。本年省商亏蚀者本多，闻有数家正思乘此时机，散布谣言，以遂其破坏主义。目下市面所以尚能支持，系度支司、劝业道与商务总会极力维持，故暂不至决裂。但吉林向以官帖为易中之品，若官银钱号果将帖价抑低，则虽有官家维持，恐慌之势仍恐不免。姑志之，以观其后。

《吉长日报》，1910年6月24日

自治经费有着

　　吉林自治经费昨由谘议局会议，由已裁盐商所得二角之利，移作自治之费，足以敷用。省垣每年约进四五万元之谱，其外属亦可类推。此案已呈公署，谅可邀准。

《吉长日报》，1910 年 6 月 27 日

编辑筹备宪政事实之通饬

　　抚宪以宪政编查馆奏派陆京堂来吉，考核宪政成绩，定于五月初间由京起程，转瞬即行莅吉。所有各项宪政筹备情形，自应预为汇核，以便临时接洽。昨经通饬各属，查照宪政清单所开，各就主管事项，检取案卷，将各项筹备之方法，已办之成绩，现办之情形，推广之办法，以及未办之理由，分别详细编辑成篇，并将章程、规则、图表等件抄检齐全，附列篇末，毋稍遗漏。限文到十日内，呈送来院，以便汇核鉴定，纂为总帙，以资参考，勿得逾限迟误云云。

《盛京时报》，1910 年 7 月 10 日

吉林之豫算

　　吉林明年份之豫算表，现已造齐。其内容，则经常岁入七百七十二万六千六百八十五两二钱五分，临时岁入七十一万三千三百九十两一钱三分五厘，两项合计，得八百四十四万七十五两三钱八分五厘。经常岁出六百二十三万三千六百十一两五钱四分，临时岁出九十九万五千八百十九两八钱二分六厘。地方行政项下经常岁出一百七十九万九千三百八十九两六钱五分八厘，临时岁出七万五千四百三十八两八钱四分四厘。自治经费项下岁出二十三万八千四百五十六两一钱九厘。各项岁出合计，得九百三十四万二千七百十五两九钱七分七厘。岁出岁入两抵，尚净缺九十万二千六百四十两五钱九分二厘之数。惟此项经费中，兼有吉林、长春、延吉三处开埠经费在内，其数共九十四万五千六百十九两六钱九分。惟此款本由度支部分年拨助，明年份应行拨助者，额数合六十一万四百四十一两七钱六分七厘。其开埠经费，除去此数，尚缺三十三万五千一百七十七两九钱二分七厘之数。所幸者，开埠之事本定三年陆续筹办，今通盘合算，三年内之收支，尚可适合。即有不足，若将应办各事挪展兴办，亦可弥补。如是则实际不足之额，只缺五十六万八千四百六十二两六钱六分五厘之数而已。并闻抚宪现已将此项豫算表报告于度支部请示弥补之办法，而度支部尚未答覆云。

《远东报》，1910年10月7日

吉林干员赴京充资政院委员

公署日昨准宪政编查馆电开："以资政院应议事件，与各省不无关系，各省亦可赶派一员，兼程来京，以备与政府特派员接（给）〔洽〕，并得在各主管衙门陈述意见，藉资讨论。开院时，亦准附院旁听。惟必须熟悉本省情形，及妥靠人员，方可派遣。如无相当人员，或无陈述事件，亦可不派。如何？希电覆，并将派出员名电知。"等因。并闻督抚宪日昨电覆宪政编查馆，略谓：现已酌派在任候补道、准补五常府知府万绳武来京，备与政府特派员接（给）〔洽〕，及陈述一切。该员在吉办事日久，情形甚熟，惟现有要差已饬赶速交卸启程。到京后，应否径向钧馆报到，抑至资政院报到，并请示遵云云。（宁）

《远东报》，1910年10月13日

吉林代表勉之

昨吉林代表李君芳、文君耆，接得本省谘议局电，谓：此行无异秦庭之哭，实为吉林保障，乞勉力前途。倘有急艰，定必全团策应。又接各团体一电，谓：两君为同胞备受艰苦，我等感佩良深，尚望坚持进行。倘有意外，必当接踵前往。虽牺牲一切，万不敢惜。观此，则吉林人对于请愿一事，有决死之心矣。

《国民公报》，1910年10月19日

吉抚陈昭常奏报第四届宪政情形折

奏为遵章奏报第四届筹备宪政情形，恭折具陈，仰祈圣鉴事。窃查宪政编查馆奏定考核专科章程第三条内载："九年筹备事宜，责成内外臣工，每届六个月，将筹办成绩，胪列奏闻，并咨报宪政编查馆查核。自光绪三十四年八月起，至十二月底止，为第一届。以后每年六月底，暨十月底，各为一届。限每年二月、八月内，各具奏咨报一次。"等语。臣于第一、二、三届，先后会同升任督臣徐世昌，暨现任督臣锡良，将办理宪政情形，历次奏报在案。兹届第四届奏报之期，谨按宪政分年筹备清单，开列督抚应办事宜，除变通年限，提前办理各项，业已节届声奏，不复赘陈外，本年应行筹备各项，其前届之筹备未尽者，则接续筹备，前届之已经筹备者，则推广筹备。谨将本届历办情形，为我皇上缕晰陈之。

一、续办城镇乡地方自治一项。查自治事宜，当以研究所为先导，宣讲所为旁助，而以筹备公所为其办事机关。省城研究所学员，本年二班毕业，仍即分派各属，办理自治事宜。各属之研究分所，凡繁盛、中等之属，均已次【第开办】。吉林、长春、农安、新城等属为最，其他各属次之。间有办法不合，或稍事迁延怠懈者，均经分别记过，以儆其余。并饬由自治筹办处派委视察员，周历各属，详细考查，以为殿最。他如次第成立各属宣讲所，首在繁盛，次及偏僻，均已先后告成。其自治筹备公所，本年春间，即繁盛之城，一律举办，并通饬中等、偏僻各属，苟力有所逮，亦应酌量提前赶办。中等厅县之提前办理者，有滨江、敦化二处；繁盛乡之提前办理者，有吉林府属乌拉乡一处。综核成绩，以镇乡自治区之划分，自治经费捐之规定，则以吉省情形，迥殊内省。凡按之部章，有必须略为变通者，均经电部准行，庶几推行无阻。至《城镇乡自治章程》之施行细则，及自治举事宜之预备，已饬由该处，分别拟办。城镇乡自治规模，业已大定。

一、筹办府厅州县地方自治一项。查府厅州县地方自治，虽较城镇乡略迟一年，而彼此同一进行，即先后自相联属。现经饬由自治筹办处，按照部章，悉心筹议，仍仿城镇乡办法，分年分级，依次推行，业已拟具大纲表，俟将分办细表拟定后，当即咨部查核，以为筹办基础。

一、汇报人户总数一项。查此项吉省系提前办理，业于前届奏内声明。以本年为调查人口总数之期，现在填报者，已有一十九属之多。所未报者，仅只三属，仍分饬依限赶办。约计本年十月，人口总数即可报齐。嗣后当再将迁移生殁之数，随时调查，更注册报。至新设各厅州县，多因界址未分，此项调查事宜，均由原管地方官办理，以免参差。

一、覆查岁出入总数一项。查馆单，宣统元年调查岁出入总数，系指光绪三十四年决算而言。本年覆查岁出入总数，系指宣统元年决算而言。次序分明，本应遵照办理。惟上年试办之初，叠奉度支部催报宣统元年决算各册，爰饬清理财政局，先将本届覆查一项，提前办理，业经编竣元年决算各册，咨经度支部奏明有案。本届覆查岁出入总数，即系追办光绪三十四年决算。现已大端就绪，俟全部告竣后，再行咨部查核。

一、试办预算一项。查是项预算，系指本年及宣统三年预算而言。当试办之始，或款目不免纷歧，或表册不中程序，往还驳诘，稍致稽迟。现已于七月内一律告竣，经臣专折奏明在案。其临时发生事项，现又饬局赶办，追加预算，本月即当咨部备核。至决算一项，系指本年决算而言，业由该局先将本年春季收款，造册报部。现正接办春季支款，夏季收支各款，一俟分别办竣，再行咨送。

一、厘订地方税章程一项。查厘订【税】务，必先将各项税源，一一讲明，方有下手方法。吉省税目繁多，税源冗杂，调查沿革，倍觉繁难。业经饬由度支司、清理财政局，将全省税目，考其源流，辨其性质，何者应属国家税，何者应属地方税，地方税内又析分省税、府厅州县税、城镇乡税，编定划分税目表，咨报度支部，备核在案。兹该局续奉部咨，本届厘订地方税一项，议并入国家税，均于明年办理。是本届应办事项，首在调查两税情形，以为厘订张本。现正由局详细调查，俾臻周密。

以上六项，皆前届筹备未尽，接续筹备者也。

一、推广简易识字学塾一项。查简易识字学塾，原为年长失学及无力读书者而设。吉省风气闭塞，生计艰难，此项人民，实较他省为多，则推广此项学塾，亦较他省为急。叠经饬由提学司悉心规划，转饬各属，各就所管地方，督同劝学所酌量开办。并饬各属，凡办理此项学塾，当专收年长失学，及实在无力入学之人，广为陶成，以期普及。不得率将旧有私塾，及原班学生，改易名称，敷衍塞责。界限既明，教育乃有实际。现查各属此项学塾，成立有案者，计学塾新增一百二所，合之上年，共一百四十六所；学生新增一千九百九十一人，合之上年，共二千七百一十九人。一面仍饬各属，随地随时，再事推广。良以吉省办法，更与内省不同。每年冰冻之期，几居半载，岁晚务闲，等于逸居无教。是此项学塾办法，尤应将识字时间量为加减，冬春倍之，夏秋倍半之。凡属村屯，均用此制。如人数过多，仍当临时添设学塾，以广造就。如是则劳逸适均，就学者当更众矣。

一、厅州县巡警年内一律完备一项。查吉省巡警，筹办较早，并于节届奏内声明，将乡巡提前办理在案。吉省原只二十二属，自上年以迄本年，叠经增改，府厅州县共计三十七属。现在城巡已办者，计三十处；乡巡已办者，计二十六处。城乡巡共分一百七十八区，马步长警共一万一千七百四十三员名，此正巡也。复筹办预备巡警二万六千五百九十一名，以辅其不足；又奏定每属设马步游巡三十八员名；新安镇主簿、赫尔苏州同两分防，各设马步游巡三十四员名，共计一千四百五十四员名。此款内，举有捕盗营、护垦队，改编作正开销。吉省现时警政，虽不足语完全，而保卫治安，尚资得力。由是再加训练，自不难更臻进步。

一、省城、商埠等处各级审判厅限年内一律成立一项。查吉省审判各厅，除省城及长春成立最早外，此外如延吉等处，均于上年成立，即非商埠地方，亦酌饬提前办理，节经分别奏报在案。惟依兰府、宁安府、滨江厅三属，均商埠地方，以经费未充，迟迟待举。现已筹有端绪，务于本年一律依限成立，克日程功，当无贻误。其他关于司法应行筹办者，如改良监狱、创办登记两项，实为切要之图。查省属旧有监狱规制未完，每虞湫隘，至新设各治，尚未筹议兴建。如使每属各设一狱，不特无此财力，且僻小州县，罪犯稀少，徒耗巨资，无补实际。拟以全省分为六区，每区各建监狱一所。全省狱政，既可一律整齐，而筹措之方，亦较轻而易举。此筹办监狱之大要也。吉省客民杂处，遇有民事案件，涉于田产婚姻者，往往奸诈百出，判理为难。延吉一隅，韩侨尤众，杂居无制，交涉愈繁，亟应设立登记，以资稽查。惟登记事项，应附入初级审判厅办理。该厅成立各属，尚未遍及四乡，办理多形不便。独延吉则初级六厅，节节布置，举办登记，较易为力，拟先从延吉入手，再行逐渐推广。此筹办登记之大要也。二者既备，司法前途自可日臻完善。

以上三项，皆前届已经筹备，而推广筹备者也。

统计九项，皆系按照宪政筹备清单所开，本年应行筹备之事。举凡各项筹备情形，略具于是。臣惟国家厉行宪政，原以植议院之始基。其所以需至九年始行钦颁宪诏者，良以逐年筹备，非旦夕可以期功。然使内政大端得以先期成立，提前年限，朝廷岂靳予人民？凡圣主之苦衷，皆微臣所深疚。比年旷观时局，事变益繁，吉省丰镐旧都，尤为根本重地，稍有知识者，无不以速开国会为补亡救弱之谋。其说为天下之公言，即凡事为疆臣之专责，待时乘势，何敢以筹备定限为衡，自当督率司道各员，并力进行，竭诚图治。宪政先一日完备，即国会先一日观成，得以上慰圣明，下纾民望，微臣所以报国者，如是而已。所有第四届奏报筹备宪政缘由，除分咨查照外，谨会同东三省督臣锡良，恭折具陈，伏乞皇上圣鉴训示。谨奏。宣统二年九月初十日，奉朱批：览悉。该衙门知道。钦此。

《顺天时报》，1910年10月19、20、21日

吉林民政预算费之电覆

陈简帅覆民政部电云：八月十六日准大部电开，资政院会期伊迩，所有宣统三年关于民政预算经费，照原送度支部总分表册，及说明书，限期送部，并先将总数电覆等语。当即饬由民政、度支两司赶办，兹据案呈，关于民政经费，如民政司、调查局、禁烟公所、谘议局、地方自治筹办处、官医院、工艺教养所，以及各地巡警学堂局所，共岁出库平银一百四十一万五千二百九十四两二钱九分四厘，此系原送度支部预算册总数。若宁安、临江、伊通、濛江、磐石、长寿、桦甸等处警务分册，现未送到，其经费尚不在内。此外，又有追加预算，关于民政

之巡警教养扩充经费，岁出库平银二十万零四千五百八十七两九钱三分三厘。所有经费，除民政司、谘议局、省城巡警学堂、调查局纯支库款，其余或因所筹之款不足，间赖库款补助，或既由地方筹措，情形略有不同。预算总册乃预算全省经费，凡支领库款者，为预算岁出。其出于地方者，则就其自筹之岁入，以为岁出。统观岁出，为数虽巨，然出于库款者不过十之二三，合将预算岁出总数，先行电请查核。所有原送度支部总分表册，并追加表册，容即赶行补造，约于月底必能送呈。昭常谨肃。

《帝国日报》，1910年10月28日

陈昭常主张速设阁会之补志

吉抚前因阁会事，致各省督抚、将军、都统电云：仲帅主稿电奏，想已如期译发。顷读小帅贵电，于组织内阁，缩短国会期限，具见斟酌审慎之宜，不胜佩仰。惟昭常尚有不能已于言者，谨陈述如下。阁会所以必须同时成立理由，仲帅电屡言之，今小帅欲先立内阁，缓开国会，而援日本为证。查国会之益，在能君民一心，上下一体，而速开之益，则在立拯危亡，与民更始。日本自尊王倒幕以后，民气激扬，民情亦均鼓舞，不必待国会成立，上下观感，已交孚无间。虽缓数年，于其图强图存之机，尚无阻失。中国则上下暌离，民心涣散，已非一日，正宜百方团结，始能一意进行。今后外界侵陵，朝野忧惧，趁此各虑覆亡之日，尚有合谋巩固之心。若再迟疑不决，在政府不过稍缓须臾，而国民则已潜形解体。时机一失，事会难知。此尤不能不同时并举之切要关系也。至小帅电中所举弼德院等各种机关，以愚见论之，若事事求备，则三年犹恐多疏，若立意促行，则咄嗟亦可立辨。即使不及备设，不妨以审计院附属于度支，行政裁判院暂领于内阁，均不难于国会成立之后，逐项分举，再谋完全，似可不必置虑。

且愚见更有进者。内阁初立，必有致疑于权势太重者。若总理大臣，委蛇取容，则于国事何益。若稍有展布，则三年之中，岂止谤书盈箧。吾国历史，昭然可鉴。是国会一日不开，内阁仍一日不固。同列既碍于逼处，国人将议其擅专，无论当之者难得其人，亦何贵乎此三年艰难无补之内阁哉？养电所云，以资政院代举国会之职，似已可为监督。惟资政院系上院基础，接近政府，监督性质殊不完全。且国会之为国民代表，本不能以一院成立，现即暂令代举，而于人民呼吁之私，即难稍慰，国家危亡之局，亦复奚裨？天道人事，后起者胜。他国成例，无庸过拘。愚意仍恳列帅主持，仲帅主稿，再申不必缓期之请，以慰海内翘望之殷。是否可行，立盼大教。惟日期已迫，不及详商。如各帅赞成，或别有意见，即请径电仲帅，是所至祷。昭常。敬。

《帝国日报》，1910年11月9日

国会代表通告书

国会期限，朝命既下，念荃兰之终悟，感灵修之濡时，天阍不可复叩，而忠爱未尽昭鉴。三年为期，日月绵邈，时局瞬变，忧来万端。请吁不诚，良用愧疚，而驰电各省，连翩来告。勉所未至，机会可乘，诚愿复求，哀君父以尽绵薄，今当少俟。敬告同胞，代表名义，理难存在。夫组织政党，左右国家，人民之职务也。研错政治之纲要，发挥民党之精神，国会之先河也。以吾国幅员，西至昆仑，北毗阿尔泰，东南濒海，吾人民宅居鯀息，魁伟鸿达，所在皆有。际合时会，要当川腾壑跃，合涣为群，政党之发生，意在斯乎！意在斯乎！顾纲要所在，精神所属，不有规定，何从进行？而会之处所总部，安宜京师，为中央政团所集，势不可不设机关。同人智能媕陋，迷于所向，甚望海内伟士达人，指示进行方针，则同人不敏，奔走疏附，固所愿也。谨驰书问，以请裁决。

《长春公报》，1910年11月17日

看看吉林谘议局

吉林谘议局议长庆康,与议员平日即有意见,遇事又极把持。现闻该省议员因谘议局经费等事,与之龃龉,全体反对。刻下庆康已暂行请假,将来尚不知如何结局云。(立)

《长春公报》,1910 年 11 月 19 日

荣哉万民衣伞之代表

是耶?非耶?

吁嗟国会未来之现象

谘议局议员李君荫泉、文君颐山,代表赴都,要求速开国会,于十八日晚两句钟回省。绅、民、商、学各界无不欢跃相迎,洗装者相属于道,交口赞扬。各界有公拟制送万民衣伞之说。(觉)

《长春公报》,1910 年 11 月 26 日

官绅研究所之组织

　　吉林自治筹办处前于二十二日开会，与谘议局及当地各士绅磋商，拟俟年底自治研究总所停办后，即在该所旧址创办官绅研究所。以本省官绅为限，定期一年毕业。谘议局及地方士绅均经认可。至详细办法，尚未拟定云。（伟）

《长春公报》，1910年11月29日

度支部试办宣统三年各省各衙门预算总说（摘录）

吉林

　　谨案吉省宣统三年预算，统经常、临时岁入，共银八百四十八万八千六百两有奇，岁出共银九百三十四万二千七百两有奇，出入相抵，不敷银八十五万四千一百两有奇。总岁入之数，以此正杂各税，盐课、厘税为大宗，几当全数三分之二，部款次之，官业、田赋、杂收入等又次之。岁出以军政、民政、财政为大宗，当全数之半，工程、行政等费次之，教育、实业等又次之，典礼最少。本部详核各册，岁入拟增者，有五十一万七千余两；岁出拟减者，有四十七万余两。以限期已迫，不及电商，均暂仍原数开列。该省地处边陲，向为受协省份，矿、林各产，蕴藏莫泄，入款本少。近年内筹新政，外谋边卫，需财日急，剔除中饱，整顿征收之政备举，入款日益，而用款亦因之日繁。如工程等类，亦不免开支过巨。田矿森林之利已辟者，尚不及未开者之多。百产丰盈，迥殊硗瘠，果能核实支用，开拓本利，以庚子以前该省所收，例今之所取，则该省财力之扩充，正未可限量也。所有议增议减各款，均另行咨明核办。如该省全数允认，尚可减去不敷银八十五万余两，盈余银一十三万余两。此外尚有应行增减各款，须俟商准，方能确定数目。至该省此次造送预算表册，总散各数，多不相符。若经电询，期限已迫，只得先将误列各数，另于分表内注明，统俟咨查更正。此覆核吉林预算之大略也。

《顺天时报》，1910 年 12 月 1 日

请看代表之赔累

国会邀准后

代表种种之现象

赴京请愿国会代表李、文二君回省后，将入都所需各款，缮折报销。而该局局长、议员等以为该代表赴都未久，遽耗资若干。第此款本属绅民膏血，千人资助，积腋而成，既系人民代表，当知人民疾苦，应如何节俭，以昭大信，而竟任情挥霍，至使民心疑异，殊属非是。公议此款除由局报销若干外，余均令该代表等自行筹备。

《长春公报》，1910 年 12 月 3 日

吉省地方自治分期办法

吉林省地处边陲，事皆草创，所办自治事宜，有不能不因地制宜者。兹由陈

中丞奏明分期办法：

（第一期）宣统二年十月至宣统三年九月，筹办繁盛各府厅州县地方自治。

（第二期）宣统三年十月至宣统四年九月，筹办中等各府厅州县地方自治。

（第三期）宣统四年十月至宣统五年九月，筹办指定偏僻各府厅州县地方自治。

如此办法，则成效可睹而财力亦济云。

《顺天时报》，1910年12月17日

吉林巡抚陈昭常奏遵筹地方自治情形折

奏为遵章筹办吉林全省府厅州县地方自治情形，恭折具陈，仰祈圣鉴事。窃臣于宣统二年二月，准宪政编查馆咨，将《钦定府厅州县地方自治章程》暨《选举章程》，颁行到吉，当经饬由吉林地方自治筹办处，遵照章程，分别筹办在案。惟查民政部奏定逐年筹办事宜清单所列，筹办府厅州县地方自治顺序，以等级言，则先之以省会首县，次外府首县，次冲繁厅州县，次指定偏僻厅州县，次其余偏僻厅州县；以年限言，则自宣统二年至宣统六年，凡各省厅州县之议事会、董事会，均依所定等级，分年照章成立。在部臣统筹全局，证之关内各省情形，自为不易之办法。而吉林地处边陲，事皆草创，审时度势，似有不能不因地制宜者。谨约举大概，为我皇上分别陈之。

一、地方等级之宜略事变通也。查吉省原设府厅州县，均有直辖地方。比年因幅员广廓，治理难周，复经增改府厅州县各治，概依新章，不相统辖。论职官品级，虽有尊卑，而行政区划，实无差别。故筹办上级地方自治，在关内各省，须别府于厅州县，而于吉林，则须合府厅州县同时并举。现拟仍仿前定城镇乡自治办法，就各府厅州县，分为繁盛、中等、偏僻三项名目，以部定省会首县，外府首县，及冲繁厅州县，须分三年举办者，均纳之于繁盛一级之中，统归一年筹办。其中等一级，则凡次于繁盛，而不得称为偏僻者属之。至偏僻一级，吉省于东南、东北各属，均系区域初分，人民未集。部章于各省偏僻之府厅州县，复区为指定偏僻与其余偏僻两级，所议本极详备。而揆之吉省情形，属于部定之其余偏僻者较多，故与部分等级，实难一致。

一、筹办次第之宜预定限期也。查各府厅州县既依繁盛、中等、偏僻划分等级，自应按照等级之次第，以定筹办时期之先后。拟以宣统二年十月至宣统三年九月，筹办繁盛各府厅州县为第一期；以宣统三年十月至宣统四年九月，筹办中等各府厅州县为第二期；以宣统四年十月至宣统五年九月，筹办指定偏僻各府厅州县为第三期；以宣统五年十月至宣统六年九月，筹办其余偏僻各府厅州县为第四期。如此则分期筹办，虽与部定略异，而依限成立，仍与部章适符。

一、选举机关之宜另行组织也。查府厅州县在国法上为上级自治团体，其区域视城镇乡为大，其选举事务，自较城镇乡为繁。现设地方自治筹办处，系全省自治之总机关，自能专一筹划。若各局则地方官事务殷繁，百端待理，以之兼任，保无贻误事机，似须另立机关，以专责任。拟饬各属遴选公正明达士绅，组立自治筹办公所，专理全属自治事务。至府厅州县选举事宜，按照定章，城镇由总董、乡由乡董管理。当此筹办伊始，除城自治职已先期成立外，其镇乡自治或正在筹措，或尚未举行，是镇总董及乡董并未发生，而镇乡区域势不能不另有管理选举之人。拟于城区仍照章以总董为选举管理员，其余未经成立之镇乡各区，另设镇乡选举事务所，专管该区选举事宜，以期上下机关，承接灵敏，藉收臂指之效。

以上三端，皆于遵照定章之中，参酌吉省情形，分别筹拟。其详细办法，仍饬由地方自治筹办处妥列表式，咨部查核办理。再吉省府厅州县自治，虽拟分四期筹办，惟现定繁盛各属，实不及内省之中等。其中等以下地方，或设治未久，或甫经设治，地远人稀，民贫财困，仅此三五年间，欲责其一例成功，虽有贤智，恐难为力。伏查宪政编查馆奏覆山东巡抚奏陈地方自治请变通章程一折，内称各省地方，果有实在窒碍情形，应准该省督抚将一省中之何府厅州县，一府厅州县中之何城镇乡，胪陈实在情事，并缓办自治缘由，请旨办理等因。将来吉省筹办自治，此等情形在所不免。届时再当胪陈实在情形，援案奏请办理。臣责任所在，自不能不审察时势，先事绸缪，而宪政攸关，亦断不敢稍涉因循，预存观望。兹经拟定分期办法，仍当责成各属，计日程功，切实筹办，以冀仰副朝廷实行宪政之至意。所有筹办吉省府厅州县地方自治情形缘由，除将顺序期限表式，分咨查照外，谨会同东三省督臣锡良，恭折具陈，伏乞皇上圣鉴。谨奏。宣统二年十一月十一日，奉朱批：该衙门知道。钦此。

《顺天时报》，1910年12月20日

再接再厉之国会

吉省国会代表李芳、文耆等，是日前假丹桂戏园开演说会。首向众人宣告国会缩短期限，次言东省危迫现象，并朝鲜亡国原因，最后提及奉天全省人民，齐赴公署，哀恳锡督代奏，于明年即开国会，吉省宜筹应付之策。至午后三钟，始行散会。（公）

《长春公报》，1910年12月20日

吉抚管见

吉抚陈昭常奏办吉省地方自治，请量予变通，并陈办法三端：（一）地方等级，宜略示变通；（二）筹办次第，宜预定限期；（三）选举机关，宜另行组织。（成）

《长春公报》，1910年12月21日

请愿代表姓名录

第四次请愿国会吉林七团体,公举代表十四人,兹悉其所举之代表:
  议事会 伊铿额 陈作宾
  商 会 侯保廉 双 寿
  教育会 刘家荫 杨作舟
  农 会 承 志 宋运吉
  劝学所 李 芳 马良翰
  谘议局 谷嘉荫 福 裕
  董事会 文 耆 澍 霖
闻代表诸君,不日即束装起程云。(日)

《长春公报》,1910 年 12 月 22 日

吉林四次请愿之代表

四次请愿,各省已闻风响应。兹得吉林谘议局来电,该省四次请愿,已举定谷嘉荫、文元、侯保廉、双寿、承志、宋运吉、文耆、澍霖、伊铿额、陈作宾、刘家荫、杨作舟、李芳、马良翰十四人,日内即由吉动身。

《国民公报》,1910 年 12 月 22 日

吉抚更调消息

京函云：闻政府拟调吉抚陈中丞简墀署鲁抚之说，所遗之缺，枢府某大老力保前库伦大臣，现在厢黄旗副都统德都护麟，熟谙边情，才堪胜任。闻已蒙监国俞允，不日当见上谕矣。（安）

《长春公报》，1910年12月23日

会议厅参议姓名录

吉林行省行政会议厅，照章应由地方绅士中公举参议六员，刻经公司举出。在谘议局中者两员，一为李君芳，一为何君印川。此外尚有四员，一为赵君铭新，一为何君雨人，一为杨君梦龄，一为文君录云。（伟）

《长春公报》，1910年12月29日

又打了一个告穷电

吉林巡抚陈昭常昨电致军机处称，吉省时局，困难万分，财政亦困难万分。

现资政院审查各省预算，未与吉省接洽，无从窥其内容，恐一经核减，后日一切筹备，无从着手。请军机处先与资政院协商，以保吉省危局云云。

《长春公报》，1910 年 12 月 30 日

行政会议厅成立

宪政编查馆奏定各省会议厅规则，业经刷印原奏，分行遵照在案。吉省原设之行政会议处，现经督抚宪裁改为会议厅，拟定各项施行细则，组织成立，以便开会集议。所有该厅参事科人员，按照规则第三条，酌定额数，业已遴员派委。

《吉长日报》，1911 年 1 月 10 日

吉林地方团体联合会宣言书

中国今日现象之危迫，吁已达于极端矣。汉、唐、宋、明晚季之病征具备，埃、印、波、韩亡国之悲兆皆呈，真燎堂不足喻其危，漏舟不足譬其险。莽莽中原，几无净土，赫赫神州，靡有宁时。国家几有破产之虞，人民已无生活之据。可惧者，时刺脑筋，可悲者，时触眼帘。将来祸机一动，厄运遂至，则男为人臣，女为人妾，牛马奴隶，任作鞭笞，人生到此，天道宁论，岂不可以痛哭流涕者耶！此为全国统观之现象，既已若是其危险，再以我国一般之心理观之，尤不可恃，更足促国运之无常。黠而上者，不曰厌世，则即悲观，黠而下者，则争逐酒色，务自怡乐，几似待决之囚。愚而上者，徒具热肠，吁嗟自伤，愚而下者，

则僵虫待尽，生气毫无，迥如木雕之偶，人人皆此，观念皆此，思想欲不灭也，岂可得乎？！此非敢将天下志士仁人，一笔抹煞，不过指多数不负责任者言之耳。

天下存亡，匹夫有责。国家兴替，个人攸关。今既暴弃责任者，如是其多，国家现象，如是其险，是以终不免覆灭之惨，僇亡之祸者也。此统全国观察而言。若一反窥我吉林，其危险较于全国，更不止倍蓰焉。

风景不殊，举目山河大异，我吉林庚子之前十年，与迩来十年相较，其忧乐极悲，固亦不啻霄壤矣。近来现象尤不堪设想，全体恐慌，生计窘困，灾殃臻至，盗贼恣行，且人互相忌，众志参差，各自为谋，情意涣散，此内部之概象也。如一观察外界之状况，则更不知税驾于何所，虎狼交逐，逼迩堂室，钩心枯血，争欲染指，宰割之惨，愈处愈迫，锦绣河山，归人附属，若此内外之现象，真遍数全国，无有如此危迫者也。

今由省城各团体发起组织，遵照钦颁《政治结社律》，详订本会执行章程，禀请行政地方官，察核立案。先行巩固基础，再行讨论方法，联合全省各团体，公同加入，以藉增殖势力，且可多相援助。夫政治团体，非得多数之赞同，则不能有力。苟皆膜视如秦越之肥瘠，一委诸他人，而莫或过问，则将来加入此会者自寡，团体势力永无发达，而对于地方之责任，亦永无克践之日。所以联络各团体之加入，尤为最要之手续，不可不急谋方法者也。

今我国国会之招集，为期在迩，督促预备之诏已屡降。今联合会之组织，自在法律范围之内。政治团体，在各国所咸认为国民之公权，而规定于宪法中。今执行此会之事务，倘依据法律所规定，不越溢范围之外，自无基础不坚之可虑，当毋鳃鳃也。

统观以上所述，此会在我吉地方上，自为切要最急之举，不可再缓者。饥而不得食，则无生命，寒而不得衣，则无生命，尽人皆知。今联合会之组织，较此谋食求衣，殆尤甚焉。是以不惮哓音瘏口，以奔走呼号，与诸志士仁人，共相（搉）〔磋〕商焉。地方之团体，一日不联合，则地方一日不能进步，即亦一日不能享安宁之幸福，获熙熙之乐矣。

侧身天地，风雨增陆沉之悲，举目家山，桑土迫绸缪之计。河清难俟，来日大难，忧心时事，怵目危局，尚其于此抚衷振臂，奋起以应之乎？西哲有言，国民恒立于其所欲立之地位。望我全省各团体，诸大君子，俯察此言，深省其旨，则我吉林大幸！我东三省大幸！清全国大幸！不胜馨香拜祷之矣。

《长春公报》，1911年2月11、20日

清赋仍议缓办

吾民之幸！

吉林财政困难，通省蒙旗各地，及陆续勘放熟地，久未清丈，赋税不无隐匿。陈简帅前拟设立清赋局，核实丈量升科，以裕财源。当经提作议案，交谘议局核议。嗣据议决，以吉省民困财荒，该局甫经停止，遽行清赋，恐致扰民，应请暂从缓办。呈奉简帅批答，以立宪政体，财用不足，例有加赋办法。兹仅举行清丈升科，尚非加赋可比，似尚不至苛扰云云。交局再行复议。目前该局于闭会时复经议决，国家立宪，清赋一事，虽在所必办，然兹事重大，若举国通行之日，吉省自应一律，值此连年荒歉，盗风不靖，独吉林一省先行办理清赋，难免民商惊疑，应仍俟国会成立。

《长春公报》，1911年2月12日

会议防疫事宜

吉林行政会议厅刻于月前开第二次大会，为会议关于防疫事项各办法。一系由议长吉抚陈中丞提出，防疫费现已动用二百万吊，若再延一月，用款甚巨，诚宜先事筹措。其次省城因防疫隔绝交通，以致柴米昂贵，小民受累，亟应设法维

持，或由官设卡，于四乡买运入城，或由商会集资购运，或由官定价等办法。其次系安置穷民办法。

一系度支司徐上抚院之意见书：第一条系速筹防疫经费；第二条系储备柴米，救济贫民；第三条系改良防疫办法；第四条系派员密查各府厅州县关于防疫事项，并有无冒领用款及无事张皇等弊。一系本城商民禀由谘议局转呈，持平市行，救恤贫民。闻是日集议后，各职员均有呈陈中丞之意见书，中丞均未置理，惟沾沾于防疫经费一项，甚为著意云。（新）

《远东报》，1911 年 3 月 8 日

吉林会议修筑商埠之地价

商埠局修筑马路，购买地址，因价目低廉，居民多不认可，并要求谘议局转请公署增价。日昨拟抚帅会同民政、提法、度支各司使，齐集该局，会议此项价目。经大众议决，凡瓦房，上等每间七百吊，下等五百吊；草房，上等每间三百吊，下等二百吊；房基，每坰三千五百吊；田基，每坰三千吊，限六个月以内一律撤销。闻兹地居民仍以价廉，皆未允从云。

《盛京时报》，1911 年 4 月 30 日

资政院议员晋京

吉林谘议局近奉资政院专电，饬令该局议长一人、议员一人迅速来京，会议

一切要公。日前议长庆锡侯、议员何月波由吉到长，于四月初一日搭乘南满汽车晋京云。

《盛京时报》，1911年5月5日

吉抚陈昭常奏报第五届筹备宪政情形折

奏为遵章奏报吉省第五届筹备宪政情形，恭折具陈，仰祈圣鉴事。窃查宪政编查馆奏定考核专科章程第三条内载："九年筹备事宜，责成内外臣工，每届六个月，将筹办成绩，胪列奏闻，并咨宪政编查馆查核。自光绪三十四年八月起，至十二月底止为一届，以后每年六月底暨十二月底止，各为一届。限每年二月、八月各具奏次报一次。"等语。臣于第一、二、三、四各届，先后会同升任督臣徐世昌，暨现任督臣锡良，将筹备宪政情形，历次奏报在案。兹届第五届奏报之期，查准宪政编查馆咨行，奏定修正逐年筹备清单内开修正各项，以上年为始。又准宪政编查馆电称，奏报上年下半年成绩，仍应按原单所列办法等因。谨按原单开列督抚应办各项，除前届业经分别筹备外，本届再行接续筹备，或切实推广，或酌量提前各情形，谨为我皇上缕晰陈之。

一、续办城镇乡地方自治一项。查筹办自治，首在划分区域，与规定经费。经饬由自治筹办处，按照部章，分别厘订。其必须略事变通者，亦经电部准行。综计繁盛各属，及中等提前各城镇议事、董事会，均已具报成立。其余城镇，均经通饬，依限筹办。至《城镇乡自治章程》之施行细则，及自治选举事宜之预备，亦饬由该处详晰规订，饬属遵守。所有下级自治规模，于焉大备。又自治研究所一项，单内虽未列入，惟培植人才，实为自治先导。省城研究所，自开办以来，上年已届三班毕业，所有毕业学员，叠经分派各属，襄办自治事宜，已足敷各属自治研究分所职教员之用。即于上年底，将该所裁撤各属之研究分所，在繁盛及中等地方，均已有一、二班毕业。其偏僻各属，本年均须一律设齐，并经通饬，将原定通则，量为变通。一、推广学额。原定三十人，今定以八十人为额。二、延长学期。原定半年为两学期，今定以半年为一学期，一年毕业。三、减少班数，原定六班为止，今定以三班即行停止。盖于储才之中，实寓省时之计。又如宣讲所一项，计繁盛及中等各城镇，均已先后设立，现正推广办理。其偏僻各属，亦经次第普设，叠经饬由自治筹办处，编刊各种宣讲书，以资讲演。凡足为自治补助机关者，略具于是。

一、筹办府厅州县地方自治一项。查吉省筹办府厅州县地方自治情形，业于上年十月间，经臣专折奏明在案。府厅州县地方自治，与城镇乡虽分上下两级，而先后进行，实相联属。兹仍按照城镇乡办法，分制筹办大纲，明细各表，饬属遵行。其筹办公所，责成兼办上、下两级事宜。所属城镇，但各设选举事务所。至现在仅办城镇自治各属，亦但设选举事务所，即隶于此项筹办公所。似此经费较省，手续亦简，办事既联为一气，而权限仍属分明。此外，如组织官绅研究所，以养成一般自治之人材。又如《自治日报》改为旬报，以期筹办自治各事宜，得以分期宣布，实与研究所、宣讲所两项，同资补助。

一、汇报人户总数一项。查原单以宣统三年为汇报户口总数之期。吉省系奏明提前办理，业于去年十二月，据各属将正附户数、男女口数，先后一律报齐。当即造册，咨送民政部查核，并经通饬各属，仍遵部章，随时调查。户数册以两个月编订一次，口数册以半年编订一次，藉期周确。

一、覆查岁出入总数一项。查此项岁出入总数，即系指决算而言，业于上届折内声明在案。

一、试办预算决算一项。查宣统二年及宣统三年之预算，上年办竣以后，又迭次核减改正，均经奏咨有案。决算则光绪三十四年及宣统元年二年，年季册报，均饬由清理财政局按季编送，咨部查核，均于定限无误。

一、厘订地方税章程一项。查清理财政新章，试办宣统四年预算，须划分国家税、地方税，自当先行拟定办法，以为标准。经饬由清理财政局，于编订财政总说明书内，附拟划分两税简明表，并参照奉省规章，于地方税之中，划分省税、府厅州县税、城镇乡税各目，咨报度支部备核，以为厘订税项张本。

一、推广厅州县简易识字学塾一项。查是项学塾，原为年长失学及无力入学者而设，课程既简，筹设宜广。现查吉省各属，于宣统二年下学期内，逐渐推广，学塾共二百一十二所，增加学生共四千六百三十名。复查此项学塾，至宣统三年，始为乡镇筹设之期。吉省则于城治遵章推广之外，兼及乡镇。核其成绩，以吉林为最，双城府次之。其余各属，亦饬由提学司督饬添设，以广造就。

一、厅州县巡警年内一律完备一项。查吉省城巡已办者三十处，乡巡已办者二十六处，共分一百七十八区，马步长警共一万一千七百四十三员名，均于上届奏报在案。现饬各属，将此项城乡巡警统隶一局，藉便支配。缘吉省府厅州县多系近年增设，虽有指定治所，并未置有城郭，殊难强为区别。计全省三十七属，除虎林、东宁两厅，绥远一州，宾州、饶河两县，均系上年甫经设治，续行筹设外，其余三十二属，均一律完备。共分城乡二百零五区，马步长警一万四千三百员名。另于城乡巡警以外，筹办森林巡警，业由方正县先行试办，以立基础。至预备巡警，上届奏报二万六千五百九十一名，现已增至三万一千一百二十九名，仍饬由民政司督饬各该属，生聚稍多，即行赶办，俾臻完备。

一、省城商埠等处各级审判厅限年内一律成立一项。查吉省筹设审判各厅，除省城早经成立外，依兰府、宁安府、滨江厅三处，均系商埠地方，应于宣统二年内一律成立。惟滨江、宁安现因鼠疫流行，防务吃紧，势难兼顾，且道路梗塞，派出厅员，均未能前往。当经专电报部，请将该二处审判厅暂行展缓，俟疫气消除，再行开办在案。依兰府地方，尚无疫气，业将地方、初级两厅，组织成立。饬由提法司，分别拣派厅员，前往开办。其他各属，有改设者，如农安县前设地方审判检察厅，与新章不符，今改为地方分厅，并添设第一初级审判检察厅一所，俾符定章；有提前者，如阿城县地处繁盛，新城府壤接蒙荒，该二属虽非商埠地方，叠据各该地方官绅禀称，司法经费已经设法筹集，厅署亦经修竣，自应分别提前成立，以顺舆情。至全省司法区域，现计划分十区，每区设地方厅一所，计全省应设十所。又事务较简之厅州县，各就本区设立分厅，计全省应设二十二所。又乡镇初级各厅，计全省应设四十所。综计上年业经成立者，共地方厅六所，分厅二所，初级厅十五所。余如双城、榆树、五常等处，亦均筹有端倪，务于第六届期内，组织成立。此外关乎司法事项者，如省城创办司法养成所，即以前设检验学习所归并办理；又如就前设省狱，量为扩充，改建模范监狱，二者皆为司法要务，分端筹办，业已日臻完备。

统计以上九项，均系按年照原单本届应行筹备事宜，或接续筹备，或切实推广，或酌量提前者也。嗣后自应遵照此次修正清单，逐项办理。臣惟宪改为当今急务，国会缩短年限，既奉明诏，则宪政之计日程功，较前尤为迫切。谨按修正单内所开各项，内以巡警及国民教育二项，归入普通行政。详绎修正之（指）〔旨〕，凡单内所列提前各项，固属根本要图，然终以巡警、教育两端，为根本中之根本。原单列入普通行政，具有深意。兹以原单为之基础，而以修正示其变通，并力进行，力期完备。惟臣所夙夜惴惴者，财政困难，民生凋敝，分期筹举，倍觉艰难。自当督率司道各员，淬（厉）〔砺〕精祝，克期求备，以冀仰副圣主殷殷垂念宪政之至意。所有奏报吉省第五届筹备宪政缘由，除分咨查照外，谨会同东三省督臣锡良，恭折具陈，伏乞皇上圣鉴训示。谨奏。宣统三年三月初十日，奉朱批：该衙门知道。钦此。

《顺天时报》，1911年5月6、7日

吉抚陈昭常奏筹办各城乡自治职先后成立情形折

奏为吉林筹办地方自治，宣统二年各城乡自治职先后成立情形，恭折具陈，仰祈圣鉴事。窃查吉省筹办地方自治，前经饬由吉林地方自治筹办处，查照宪政编查馆奏定逐年筹备事宜清单，将吉林全省城镇乡地方自治顺序，拟制大纲、明细两表，分咨宪政编查馆暨民政部查核，并于奏报宪政折内，声奏在案。按照定章，宣统二年九、十月间，凡繁盛各属，及中等提前赶办各属之城议事会、董事会，并提前赶办之乡董，均应一律成立。经臣督饬该处总理，率同参事以下人员，切实筹备，并严饬各属，督同士绅，遵章依限认真办理，以期无误要政。兹将上年各城乡自治职先后成立情形，为我皇上分晰陈之。

一、指定繁盛各属之城。计吉林、长春、双城、宾州、宁安、五常、新城等七府，榆树一厅，伊通一州，农安、阿城二县。查吉林衷居首善，长春地处交通，人民知识稍优，地方财力稍裕，其办理自治事宜，自较他属为易，故该二城之议事会、董事会成立较早。次如双城、宾州、宁安、伊通、农安各属之城，虽方之吉、长，略有逊色，然以各地官绅，争相提倡，故自治各职，亦克如期成立。惟新城、五常、榆树、阿城等属之城自治，成立稍迟，其原因有二：一原于筹办自治，首在分区，该各属地户虽稠，而附郭居民为数盖寡，区域既形褊狭，势须略事扩张；二原于筹办之初，士绅既无经验，人民亦少见闻，按籍调查，颇形隔阂。职是二者，以致成立之期，稍延时日。此上年筹备繁盛各属城自治之情形也。

一、中等提前赶办各属之城，计滨江一厅，敦化、磐石、长春三县。查滨江、敦化均已先后刻期成立，惟磐石、长春两处，前经该处派员调查。据称该两属人材消乏，财政艰难，实难提前赶办。因念办理自治事宜，贵求实际，该两县地居中等，与其早办一年而形式徒具，何如迟成一年而实际稍充。故于上年七月间，即经饬令停办，仍依宣统三年原限举行，庶几克副名实。此又上年筹办中等各属城自治之情形也。

此外尚有吉林府属之乌拉乡，亦在提前赶办之列。其议事会乡董、乡佐均已选举成立。综计上年应行筹办事宜，胥具于此。窃维吉省（均）〔地〕处边隅，风气闭塞，所称繁盛之城，实不逮内省之中等。自中等以次，其难可知。乃一年之间，繁盛各属之城，俱如限观成，中等各属之城，亦提前报绩，并有吉林府属一乡，岿然独立。其卒能致此者，良由筹办之初，明示办法，严定期限。凡邮递不能遽达者，先之以电饬，公牍不能详悉者，继之以函谕。并视其办理之迟速得失，酌记功过，以示劝惩，按限程功，尚无贻误。现在立宪年限，既奉明诏缩短，举凡地方自治事宜，尤宜加紧筹办。自当督率在事员绅，赓续进行，以期仰副圣朝勤求民治之至意。除将上年已办繁盛及中等提前之城户口选民总数，暨自治职员额数，分别制表，咨送宪政编查馆、民政部查核外，所有宣统二年吉省各城乡自治职先后成立情形，理合会同东三省督臣锡良，恭折具陈，伏乞皇上圣鉴训示。再因吉省防疫，遵旨暂停折奏，是以奏报稍迟，合并陈明。谨奏。宣统三年三月初十日，奉朱批：该衙门知道。钦此。

《顺天时报》，1911 年 5 月 7 日

直省谘议局联合会之会员表

各省谘议局拟开联合会,兹将已到京之会员名号、籍贯、住址列表(列)〔如〕下:

姓 名	字 号	籍 贯	在京住址
阎凤阁	瑞 亭	直 隶	崇文门内船板胡同义兴局
王振尧	古 愚	同 上	松筠庵后院
梁庭华	子 春	同 上	西河沿平安客栈
王邦屏	辅 三	同 上	同 上
张汝桐	韵 樵	同 上	同 上
丁宗峄	孟 邻	同 上	同 上
孙洪伊	伯 兰	同 上	李铁拐斜街国民公报馆
汤化龙	季 五	湖 北	同 上
陈登山	芷 皋	同 上	同 上
郑万瞻	云 衢	同 上	棉花上六条中书郑宅
谭延闿	祖 安	湖 南	张相公庙街法部左宅
周煦埏	汝 霖	仝 上	仝 上
庆 康	锡 侯	吉 林	南罗鼓巷福祥寺胡同本宅
萧 湘	秋 恕	四 川	永光寺中街路西民政部曾寓
方 贞	干 周	河 南	米市胡同光州会馆
李良才	桐 轩	陕 西	骡马市高升店
梁善济	伯 强	山 西	高河沿代郡馆
李 素	位 斋	仝 上	国民公报馆
李文熙	缉 奄	四 川	西河沿五斗斋
窦以珏	子 瑾	安 徽	顺直门东太平街云宅
吴赐龄	荫 久	广 西	国民公报馆

续表

姓　名	字　号	籍　贯	在京住址
武支康	焜南	安徽	排子胡同凤阳会馆

《顺天时报》，1911年5月7日

电传吉林之火警

　　月之初十日午后五钟时，道署接奉吉抚由省迭来电话言，今日省城西门里突起火警，危险已极，加以西北风急，烈火愈炽。虽有消防、巡警各队尽力扑救，而水火不相敌，终归无济。由西而东，经过府属，瞬息间，房屋商号以及无量数之财产，全付一炬，可怜焦土。抚署幸未延及，而社会大受影响等谕。孟观察闻此电话，喟然曰：此天灾也，可奈何！（任）

《长春公报》，1911年5月10日

条陈防疫善后之政策

　　一片婆心

　　省城防疫总局书记长李荫稚禀民政司云：窃维天祸东省，瘟疫流行。自去岁以迄今日，人死约二万有奇，糜款至数百万之多。幸赖我大宪竭力筹防，无微不至，近日亦见肃清。虽云天心厌祸，亦人事之足多也。惟元气之伤，必须以善其后。书记长管见所及，仅备一得之陈。窃查各属清册，报告死亡人数，中有疫毙同姓男女孩童十余人者，有八九人者。细阅年岁、住址，是属一家之人，或尽死亡，或尚有一二人存在。其未死者，是老是幼，均未能悉。现时疫气逐渐消灭，而善后办法，犹应预筹及此。此等人家，遭此剧祸，诚为可怜。应饬各属查察一家亡尽，有财产者，如何安置？其未尽死，遗老遗幼，不能生活者，如何设法存孤？现今虽创办城乡自治，而组织尚未完备，此事自应官家举办，庶亡尽之家，遗弃财产，不落于乡徒强横之手，尤免争竞之虞。遗老遗幼之家，无过度者，亦免沟壑之殍。书记长不揣冒昧，斗胆上言，惟望我大宪秋鉴于斯，札饬各属，仔细勾稽，果有前项情事者，均应呈报总局核夺。至于完善办法，我大宪自有高尚筹划，亦非书记长所敢预谋也。鳃鳃之见，何当机宜，惟撮壤涓流，未必无补山海。望我大宪，俯赐采择，曷胜惶恐。

（一）一家丧亡已尽，或遗有资产，宜调查清晰，依《现行刑律》第七条，作为官有。

（一）贫乏之家所遗老幼，宜调查明晰，妥为安置，免致失所。

（一）亡者或有遗孤，其所遗资产，宜调查明晰，官为经理。

以上三项，亦圣人老安少怀之意。想我大宪，恫怀在抱，必能俯如所请也。云云。闻已蒙邓司使嘉纳，抄粘札饬各属照办矣。（觉）

《长春公报》，1911年5月11日

大火之先声

抚院西北隅庙房二间，向为女仆居室。月之初三日午二钟时，因不戒于火，突遭回禄。斯时有某秘书官之女公子在彼小睡，比及惊觉，祝融氏已杜绝户牖。当经披发号救，虽由卫队冒险抢出，然已焦头烂额，狼狈不堪矣。嗣消防队闻警赶到，始行扑灭，未及延焚他房。（觉）

《长春公报》，1911年5月11日

吉林火警志闻

昨接吉林电话，初八日午后二时，吉林西门内某饭店不慎于火，物干风烈，遂致延烧甚远。至初九日午前四时，尚未扑灭，而城市繁华之区，悉成灰烬。各局署尤受灾甚巨，若大清银行、劝业道衙门、巡警总局、度支使署、开埠局、电报局、电话局、巡抚衙署、官银号、邮政局，皆为祝融氏席卷而去。所余者，亦劫灰中之残垣断壁耳。故尔时电机中断，消息隔绝。今电话于十二日已通，往来电信，则十四日可以飞报矣。余再详。（慈）

《长春公报》，1911年5月12日

道宪奉谕查火

西南路道孟观察奉锡督特电，饬查吉林此次起火之原因，有无别项情节。即被火各户共有若干，伤毙人畜、财产若干，详细查核，以为核办云。（五）

《长春公报》，1911年5月12日

协济火灾

日昨吉省火灾，为近来未有之惨剧。所有各衙署局所，多被焚烧。官钱局亦化为焦土。商民等无论贫富，均露立无依，苦难言状。顷闻孟观察接奉抚宪电谕，已协济库钞约一千张，为印刷临时官帖之用，并运送小米三百石，红粮三百石，暂救眉急。嗣后仍陆续协济，以恤灾区云。（复）

《长春公报》，1911 年 5 月 12 日

吉抚电奏火警

又闻吉抚电奏吉林被火情形，大致谓：初八日火烈风猛，扑救罔效，遂致延烧甚巨。局署既同时罹灾，民户商铺又悉成灰烬，哀泣之声，惨不忍闻。乞由政府速拨库款，以备急赈。并恳锡督协济，共拯灾黎。惟此次火警，既不能先事预防，又不能临时扑救，应请交部议处，以谢天下云云。（复）

《长春公报》，1911 年 5 月 12 日

吉林省垣大火灾详报

　　吉省火灾已见谕旨，兹悉初十日下午三时，吉林省城市场西面沿河某铁匠店起火。该处屋宇多木构，延烧既易，且适起大风，更难施救。历烧二十一小时，至十一日午前十二钟始息。繁盛之处，焚毁殆尽。高等审判厅、检察厅、财政局、官钱局、陆军粮饷局、官书局、官医局、图书局，及度支司库、官银钱号、电报局，皆付一炬。长春与吉林间电线亦被烧断，延烧及十余里。监狱亦被烧毁，惟犯人已先押往营中，尚无死伤情事。抚署、提法、提学、民政、交涉诸司，及劝业道，幸获保全。灾民颠连困苦，不堪言状。吉抚陈昭常当急电奏闻，并请拨款救济，并电告新东督赵次珊，一面派兵弹压，以防灾民肇事。东督锡良亦据长春道孟电禀，专电请款，即饬长春道速备食品服用，运往救济，并饬奉天官银号及哈尔滨道筹运银米。现城中尚属安静。日俄领事均告无恙。城外各领事署，亦未牵动。

《顺天时报》，1911年5月13日

吉林大火记

火起之原始

　　四月初十日二点半钟，西江沿小影壁之东路南铁铺，因厨房不戒于火，兼值西北风大作，以致延烧，殃及下坎之木板棚房，一齐火起。红光四黑，射烟涨天，江口尽赤。消防队护救不及，水龙损坏，成此浩劫。虽人谋之不臧，亦天心之肇此祸。被毁约万余，灾户人口三分之二，较之鼠疫，尤为惨烈。

灾民之惨状

官绅贫富，旗民回汉，均受火之影响，满街哭喊声，惨不忍闻。扶老携幼，搬运物件，拥挤不开。东挪西迁，奔命不暇也。有将物送至江心船上者，有堆积路上者，乘机被骗者，乘势抢劫者，真恐怖时代也。兼八门皆闭，不能出入。其离近北门之回民，均在城缺处抛物。

车夫之获利

是日大半雇车搬运什物，以致车价暴涨。马车十五至二十吊，人力车五十余吊不等。无业苦力，亦得微利。

军警之奔忙

消防队自火起，竭力扑救，兼护公署。东奔西驰，至夜半力尽筋疲，不能兼顾。各巡警官长，及陆军、马步巡逻弹压，彻夜忙碌，兼防盗匪乘机窃发。

灾后之布置

十一月大帅出示，奏请颁帑，以恤灾黎，并于北山根巴虎门外，设立两粥厂。早八钟、晚四钟施粥，难民就赈领粥。闻俄领事有调查灾区放赈之举。

物价之高抬

百物昂贵，米面、油盐、柴木价增倍。及卖小贩者，烧饼一枚三十文，尖饼每斤三百文。大难之后，何以聊生？

市面之萧条

满城半空，如入寥廓之野。当铺闭门停质，钱法滞塞。小民既毁于火，又无钱可活，欲典衣物，无处可质，只好坐以待毙。回民尤甚，素指小贩糊口，刻均不能生活云。

《长春公报》，1911年5月14日

吉林失火之一面观

有友自吉林来，述此次失火之原因，决非简单之失火，必有乱党潜匿其中，或因吉林官场防疫太严，人民怀怨，故有此举。并谓前月下旬，谣言纷纷，即有先戕官，后毁署之谣，果不逾十日而火起。且监狱离失火场有十余里之遥，亦被焚及，殊不可解。意其时必数处同时火起，官场顾此失彼，防不胜防，故竭力保护衙署，不暇兼顾救火一事，遂致灾区如此之广云云。

《国民公报》，1911年5月15日

吉垣大火始末略纪

昨接旅吉友人来函，据云此次省城大火，由于各地方官无一人到场设法施救之所致。至于商会则随烧随救，毫无谋划。四处居民，当火未燃着时，又均作壁上观，绝无爱群心、团结力，故酿成如是之奇灾惨祸。兹姑就闻见所及，略述如左：

初十日下午三钟时，火起于江沿一板屋，由东而北，烧去城中十分之七。抚院幸竭力防护，得免。若度支（案卷俱焚失）、电报、邮政、巡警、财政、官钱（羌贴七万元）各司局所，及高等、地方两厅，均付一炬。至于提法、提学、交涉、民政、劝业各司道署，有否波及，因道路中断，不能往探。官运局亦几遭不测。嗣以拆卸民房，开通火道，并雇夫挑水，乃免。是火也，妇女焚死者四五人，房屋计几千百间。各省旅吉人氏，大半遭劫。向之所谓热闹街及精华荟萃之处，今已荡焉无存。所遗留者，仅西北隅贫窭之子破屋数椽与熙春里而已。统计火起至火灭，绵历二十五小时（至十一五点钟始熄），损失殆不下几千百万。朝为富家翁，夕作乞丐儿者，比比皆是。瓦碟砖块，触目伤心。当火势正炽时，陈帅将消防队及各营兵均调回防抚院（其时火离抚院尚远），以致无人救火。商民又相顾错愕，不知所措，故事后颇有烦言，而官家则归过于天，以为非人力所能挽回。且不妥筹善款之策，致令大股胡匪日来，逐渐窜入境内，每晚在城内外任意抢劫，人心尤觉惶惶。加以当日巡警携军衣枪械而逃者五十余名，监犯越狱者二百余人，此等监犯、巡警未始不是为地方害，倘不亟筹善后方法，恐吉省祸患犹未已也云云。

《盛京时报》，1911年5月16日

吉抚陈简帅之告灾电

锡清帅鉴：省垣顷被火灾，全城焚毁过半，业将大概情形，电请军机代奏。文曰，窃查吉省旧习，每因砖瓦不便，辄架木板为屋，沿江一带尤甚。初十申刻，昭常与司道议员正在公署办事，突闻离公署二里许江沿之铁店失火。旋据行营中军官、巡警局局长先后驰报，江沿木板堆积如山，火势甚盛。又值是日西南风大作，直扑沿岸街市，江水挑灌维艰，骤难施救。昭常立即督率文武，驰往救护。维时风烈火猛，沿江木屋，见火即燃，蔓延极速。又因自沿江以迄西北各大街道路，均系木板铺成，上下接连，火威尤厉。随即赶向设法保护公署，未及数刻，火已扑到公署。卫队及陆军各队伍，舍命抢救，幸获保全，公署、抚署、督练公所均未延烧。而署外东、西、北三面房屋，皆已焚尽。时风忽转正南，遂由江沿转扑街心，官书局正在公署之后，相隔咫尺，立被焚烧。东西街道，同时起火，已成燎原之势。官银钱号逼近江沿，四面受火，陆军粮饷局即在对门，度支司署内附清理财政局，又在其后，均当火势之冲，极力扑救，人力难施。两处库房，同时被毁殆尽。旋又延及度支司署东北，以致官医院、图书馆、巡警、电报两局，均被波及。至高等审判、检察两厅，吉林监狱，本在吉垣东北城隅，相离几及十里，断不虞其连烧。孰意火势猛扑，亦经焚毁。省狱未焚之先，即派陆军队伍驰往，先将犯人押往第二十三镇，严行看守。时已天亮，火势稍衰。提法、提学、民政、交涉四司，及劝业道署，均当火冲，竭力保护，幸均无恙。计自初十下午三时，延至十一早十二时，延烧至二十一小时之久。焚毁民居商店甚多，虽保全之处尚不为少，而吉林街市繁盛之区，则已大半荡尽。穷民被火，无家可归，扶老携幼，流离道左，满目疮痍，伤心惨目。拟于火熄后，即派员分投安抚，编查户口。其无亲友可归者，暂假祠庙为栖止之区。一面购运粮米，按口授食。吉林财政，本极困难，至去岁防疫以来，更属库空如洗。一旦复遇天灾，度支司、官银号两库既被焚毁，吉省又向恃官帖流转，突被焚如，实属束手无策。除电商东督，赶紧协款接济外，拟请仰恳天恩，颁发帑项，从速拨解，以拯灾黎。一面饬部迅速维持官帖，以救市面。此次天灾惨酷，聚诸当地绅耆，较之光绪十六年大火，将军住宅被焚，更甚数倍。当时火挟风势，四路蔓延，人心异常惶惑。昭常即躬亲督率文武，分途镇抚，派遣队伍，将城门出入处严行稽查，杜绝匪党因火造谣，滋生事端，并预先赶派军队，将军械局严密防范，以备非常。目下市面人心，尚称安谧。日、俄两领事馆，以在东西关外，距城较远，均获保全。事定以后，日、俄两领事馆人员，亦均次第来署慰问。现在火力已衰，风尚未息。昭常仍一面分饬军警，扑灭余烬，以免因风复炽。昭常身任地方，奉职无状，实属咎无可辞，请先行交部议处。至被毁各衙署局所，失于防护各员，及署局因被火迁移，遗失案卷各情，容俟查明详情，请旨办理。再因电局已毁，公署电报房栈业已中断，顷正修理电线，是以译发稍迟，合并声明，谨请代奏等因。此防疫支绌之后，度支司、官银钱号两处库房适又同时被毁，存帖荡尽，无可流转，实属束手无策，务乞速济巨款，藉纾眉急。省垣生民同赖，至盼至祷。昭常。真。

《顺天时报》，1911年5月16日

吉抚陈昭常因火电陈军机处文

　　北京军机处饬鉴：吉林顷罹火灾，全城被毁过半。谨将大概情形，电陈如下。窃查吉省旧习，每因砖瓦不便，辄架木板为屋，沿江一带尤甚。初十日申刻，昭常与司道各员，正在公署办事，突闻离公署二里许江沿之铁店失火。旋据行营中军官巡警局局长先后驰报，江沿木板，堆积如山，火势甚盛。又值是日西南风大作，直扑沿岸街市。江水挑灌维艰，骤难施救。昭常立即督率文武，驰往救护。维时风烈火猛，沿江木屋，见火即燃，蔓延极速。又因自江沿以迄西经各大街道路，均系木板铺成，上下接连，火威尤厉。随即赶回，设法保护公署。未及亥刻，火已扑到公署。卫队及陆军各队伍，舍命抢救，幸获保全公署。抚署督练公所，均未延烧，而署外东、西、北三面房屋，皆已焚尽。时风忽转正南，突由江沿转扑街心官书局，正在公署之后，相隔咫尺，立被焚烧。东西街道，同时起火，已成燎原之势。官银钱号，逼近江沿，四面受火。陆军粮饷局，即在对门度支司署内，附清理财政局，又在其后，均当火势之冲。极力扑救，人力难施。两处库房，同时被毁殆尽。旋又延及度支司署东北，以致官医院、图书馆、巡警局、电报局均被焚及。至高等审判、检察两厅，吉林监狱，本在吉垣东北城隅，相离几及十里，断不虞其连烧，孰意火势猛扑，亦经焚毁。省狱未焚之先，即派陆军队伍飞往，先将犯人押往二十三镇，严行看管。时已天亮，火势稍衰。提法、提学、民政、交涉四司，及劝业道署，均当火冲，竭力保护，幸经无恙。计自初十下午三时，延至十一早十二时，延烧至二十一小时之久，焚毁民居商店甚多。虽保全之处尚不为少，而吉林街市繁盛之区，则已大半荡尽。穷民被烧，无家可归，扶老携幼，流离道左，满目疮痍，伤心惨目。拟火熄后，即派员分投安抚，编查户口，其无亲友可归者，暂假【财】神庙为栖止之区，而购运粮米，按口授食。吉林财政本极困难，至去岁防疫以来，更属库空如洗，一旦复遇天灾，度支司、官银号两库，均被焚毁。吉省又向恃官帖流转，突被焚如，实属束手无策。除电商东督，赶紧协款接济外，拟请仰恳天恩，颁发帑项，从速拨解，以拯灾黎。一面饬部迅速维持官帖，以救市面。此次天焚惨酷，闻诸当地绅耆，较之光绪十六年大将军住宅被焚，更甚数倍。当时火挟风势，四处蔓延，人心异常惶惑。昭常即躬亲督率文武，分途安抚，派遣队伍，将城门出入处，严行检查，杜绝匪党因火造谣，滋生事端，并预先赶派军队，将军械局严密防范，以儆非常。目下市面人心，尚称安谧。日、俄领事馆以在东西关外，距城较远，均获保全。事定以后，日俄两领事馆人员，亦均次第到署慰问。现在火势已衰，风尚未息，昭常仍一面分饬军警扑灭余烬，以免因风复燃。昭常身任地方，奉职无状，实属咎无可辞，请先行交部议处。至被毁各衙门署局所，失于防护各员，及署局因火被迁移遗失案卷各情，容俟查明详情，请旨办理。再因电局已毁，公署电报房线机已中断，顷正修理电线，是以译发稍迟，合并声明，谨请代奏。

《长春公报》，1911年5月16日

民政司火后之示谕

民政使司邓为出示晓谕事。照得救灾恤邻，古今通义，居奇垄断，例禁綦严。省城此次大火，官绅商民，被毁财物无算，业经本司赶办急赈，妥筹抚恤。惟是粮食一项，尤为日用必需之品，骤遭此劫，未免供不应求。现蒙督宪电，由长道采购米石，交俄国火车、轮船运省，又蒙抚宪派轮前往乌拉街等处购运各项粮食，源源接济，当不至于乏食。第米粮未到之前，在各商见存粮无多，难保不因而昂贵。殊不知各商于浩劫之余，幸保生业，目睹被灾之人，流离困苦，当亦同深恻隐，安忍乘人危急之秋，为操奇计赢之举。自应定一粮价标准，以期公允。现经本司酌中定拟，此后市面各项粮价，应照上月初九日《吉长日报》所载数目，公平交易。只准减少，不准增加。俟赈抚事竣，再行听从商便，庶几于该商原本并无亏损，而买粮灾户亦不至受价之累。此举并非强其所难，各粮商等公益为怀，谅亦乐从。倘此次示谕之后，尚复高抬粮价，则是奸商渔利，有意抗违。本司惟有执法从事，严拿惩办，毋谓言之不预也。【除】移商会外，合亟出示晓谕。为此示，仰省城内外各粮商，一体遵照毋违。特示。

《长春公报》，1911 年 5 月 16 日

时事小言——吉林天问

水患甫平，疫祸旋来，
疫祸未苏，火灾又至！
呜呼，何天夺我吉省民命之速！
火之缘起，曰民之罪；
火之善后，曰官之功。
呜呼，何天造我吉省官运之巧！
水乎，疫乎，火乎，人事乎，天灾乎？
民命尽矣，忍哉吉林之天！
官运巧矣，仁哉吉林之天！（馨）

《长春公报》，1911 年 5 月 16 日

短篇小说——鸡林火劫

火神爷！……饶命！……饶命！

哭声震天地，

风神怒号火益炽。

数千百人焦头烂额，火光熊熊中，向水神叩首。

水懦！……火烈！……风益猛！

转瞬间，万家血产，可怜焦土。

土神大惶恐，走告财神。

财神适出游，携酒、色、烟、赌四鬼，作方外行乐。忽闻人间事，叱之曰忙！……忙！……忙！

已而，土神报益急。财神乃徐徐起，忽大惊曰：噫！火兄风姨，竟将我百年私积卷去全城之半耶？何无情面乃尔！遂控之天帝。

天帝怒，议诸神罪。火焚掠，以强盗论。风煽虐，以党恶论。水旷位，以革职论。诏土神议善后，命财神使借外债，免为其难。议未定，忽呼吁天灾之声浪，如潮涌，如海立，干云霄而上，直达九重。

天帝恚曰：嘻！此人事也，天灾云乎哉！

乃命天聋司聪，使无闻；地哑司喉舌，使不得以天灾之说进。

久之，呼吁声渐远。天帝乃大快，遂不复问鸡林火劫。

痴侠曰：异哉！鸡林之火，人曰天灾，天曰人事。天乎？人乎？茫茫浩劫，咎将谁属？请仍问诸鸡林之火。（馨）

《长春公报》，1911年5月17日

吉抚奏筹办城乡自治情形折

奏为吉林筹办地方自治，宣统二年各城乡自治职先后成立情形，恭折具陈，仰祈圣鉴事。窃查吉省筹办地方自治，前经饬由吉林地方自治筹办处查照宪政编查馆奏定逐年筹备事宜清单，将吉林全省城镇乡地方自治顺序，拟制大纲、明细两表，分咨宪政编查馆暨民政部查核，并于奏报宪政编查馆折内声奏在案。按照定章，宣统一、二年九、十月间，凡繁盛各属，及中等提前赶办各属之城议事会、董事会，并提前赶办之乡董，均应一律成立。经臣督饬该处总理，率同参事以下人员，切实筹备。并严饬各属，督同士绅，遵章依限认真办理，以期无误要政。兹将上年各城乡自治职先后成立情形，为我皇上分晰陈之。

一、指定繁盛各属之城，计吉林、长春、双城、宾州、宁安、五常、新城等七府，榆树一厅，伊通一州，农安、阿城二县。查吉林位居首善，长春地处交通，人民智识稍优，地方财力稍裕，其办理自治事宜，自较他属为易，故该二城之议事会、董事会成立较早。次如双城、宾州、宁安、伊通、农安各属之城，虽方之吉、长，略有逊色，然以各地官绅争相提倡，故自治各职亦克如期成立。惟新城、五常、榆树、阿城等属之城自治，成立稍迟。其原因有二：一、原于筹办自治，首在分区，该各属地户虽稠，而附郭居民为数盖寡。区域既形褊狭，势须略事扩张；二、原于筹办之初，士绅既乏经验，人民亦少见闻。按籍调查，颇形隔阂。职是二者，以致成立之期稍延时日。此上年筹备繁盛各属城自治之情形也。

一、中等提前赶办各属之城，计滨江一厅，敦化、磐石、长春三县。查滨江、敦化均已先后刻期成立。惟磐石、长春两处，前经该处派员调查。据称该两属人材消乏，财政艰难，实难提前赶办。因念办理自治事宜，贵求实际，该两县地居中等，与其早办一年，而形式徒具，何如迟成一年，而实际稍充。故于上年七月间，即经饬令停办，仍依宣统三年原限举行，庶几克副名实。此又上年筹办中等各属城自治之情形也。此外尚有吉林府属之乌拉乡，亦在提前赶办之列。其议事会、乡董事、乡佐均已选举成立。

综计上年应行筹办事宜，胥具于此。窃维吉省地处边隅，风气闭塞，所称繁盛之城，实不逮内省之中等；自中等以次，其难可知。乃一年之间，繁盛各属之城，俱如限观成；中等各属之城，亦提前报绩，并有吉林府属一乡，岿然独立。其卒能致此者，良由筹办之初，明示办法，严定期限。凡邮递不能速达者，先之以电饬，公牍不能详悉者，继之以函电，并视察其办理之迟速得失，酌记功过，以示劝惩，按限程功，尚无贻误。现在立宪年限，既奉明诏缩短，举凡地方自治事宜，尤宜加紧筹办。自当督率在事员绅，赓续进行，以期仰副圣朝勤求民治之至意。除将上年已办繁盛及中等提前之城，户口、选民总数暨自治职员额数，分别制表，咨送宪政编查馆、民政部查核外，所有宣统二年吉省各城乡自治职先后成立情形，理合会同东三省督臣锡良，恭折具陈，伏乞皇上圣鉴训示。再因吉省防疫，遵旨暂停折奏，是以奏报稍迟，合并陈明。谨奏。

《远东报》，1911年5月18日

临时官帖实行

府署昨接道宪札发，由吉林抚宪发到临时官帖，有一千吊、五百吊、一百吊、拾吊、五吊、二吊、一吊者，共七种，以备购置粮石，赈济省城被火灾民之用。虽系临时新刷官帖，仍须与旧有官帖一律行使，不得稍有歧视等因。闻府署拟不日即行出示晓谕，商民一体遵照云。（而）

《长春公报》，1911年5月19日

吉林大火续志

吉林省垣大火，两日始熄，情形已志前报。兹闻省垣城外一万四千余户，城内一万一千余户，此次大火，计焚去六千余户。巡警共分十区，其四区一户无存。公家民家，所失不计其数。现陈简帅与司道会议善后，急图维持经济，抚绥难民，并闻漏夜赶印临时纸币，以济急用，俟细花官帖刷成，再行掉换。又分别赶办急赈，多设粥厂。民政、度支两司，本定十一日启行赴奉，讵省城罹此奇灾，故迟迟未行云。又十二夜十二句钟，又闻火警，人民非常恐慌，旋探悉系陆军学堂西头路南某铺失慎，火势甚猛。适是夜风微，且院落甚大，多人竭力援救，只焚去瓦房五六间，未至蔓延，亦云幸矣。

《顺天时报》，1911 年 5 月 20 日

火灾之损失

此次火灾，损失甚巨。闻烧死者计七十三人，受伤者六十四人。官银钱号，烧失官帖三十万吊，日本纸币二万圆，俄罗斯纸币七万圆。至民间损失尤巨，一时尚无确实调查云。（三）

《长春公报》，1911 年 5 月 21 日

吉林大火后之官场热

陈简帅以火灾之后，应办事宜，诸关重要，特派专员赴奉，面请督部堂指示机宜。查有现充火灾善后局提调，署吉林府知府傅守疆，于被灾情形闻见最悉，堪以派委，并令速行交卸，驰赴奉天，将善后应办各事，详细禀陈。闻该守已于二十二日首途矣。（新）

《长春公报》，1911 年 5 月 23 日

徐中堂捐了一千两

徐中堂以吉省火灾疲苦，特捐助赈款一千两。日昨陈简帅覆电云：电悉。循绎再三，至为纫感，并承惠赈京平足银一千两。吉省皆公旧日子民，疮痍之后，远劳廑念，惠心仁术，尤吉民所永矢弗谖者。昭常待罪边陲，无策救济，大疫才消，继以大火，满目孑遗，徒呼负负。现正督率各司道，赶办善后方法，辱承钧谕，敢不振励云云。（新）

《长春公报》，1911 年 5 月 23 日

吉垣大火损失之确数

长春电云，据确实调查，吉垣烧毙人数计七十三名，受有重轻伤者计六十四名，被毁损害额约计三千万元。

《国民公报》，1911 年 5 月 24 日

陈昭常之处分案

京函云，吉林巡抚陈昭常前因吉垣大火，自请议处，例交吏部拟议覆奏。惟现因内阁甫经成立，此项处分，是否仍归吏部主办，未有明文。故吏部不敢自专，前已备文请示内阁如何办理。兹闻此项处分有加重之说，盖以灾情远重，非寻常之疏忽可比，故多日未经覆奏，亦以此也。

《盛京时报》，1911年5月25日

陈昭常罚俸六个月

吉林大火，陈昭常失于防范，自行奏请处分，业经奉旨，交部议处。兹得吏部消息，考功司议以从宽罚俸六个月，日内具奏。（中）

《长春公报》，1911年5月25日

自治筹办公所有改充度支司署消息

初十日火灾，各衙署局所大半均成灰烬，然尤以度支司衙门为尤甚。兹闻该司拟移至自治筹办公所,将筹办公所迁入长公祠院内。现已招工修造,大约日内即可落成云。

《盛京时报》,1911 年 5 月 25 日

电询吉省火灾善后情形

内阁总协理大臣昨寄交吉林巡抚陈昭常电,系因该省火灾甚重,朝廷极为厪念,故饬该抚将现在善后办法,及遭难商民安置情形,详细陈明,以凭奏闻。

《远东报》,1911 年 6 月 4 日

陈抚处分尚从轻减

此次吉垣大火,吉抚陈中丞自请交部议处。日前已由吏部奏覆,议以降一级留任公罪,奉旨不准抵销。兹闻该宪此次处分,非寻常疏忽可比。若按例议处,至轻亦须降级调用。惟阁臣以该抚为现在东省吃紧之大员,未便遽行更动,特先授意于该部,故得如此议处云。

《盛京时报》,1911 年 6 月 4 日

火灾善后之计画

日昨有江苏即补道王观察，拟定维持市面办法章程百余条。其纲领最要者，在取直大街，展宽干路，先将各商户之房基，经官绅各界公议价值，售与公家。由公家勘定街线，展准路线，复售与商户，照原价分文不加，以昭公允。闻不日即将禀请抚宪，转咨督宪核夺施行矣。（合）

《长春公报》，1911年6月6日

东督派员赴吉查灾办善后事

东督赵次珊以吉垣大火，急须办理善后，特札民政司张元奇，赴吉查勘。兹得其原文录下：为札饬事。案照吉省此次火灾以后，公私多半荡然，官民交困。救急之方，首办赈济，以抚灾黎，其次筹建筑，以谋栖止。而衙署局所之当图恢复，商贾市面之亟宜振兴，亦皆目前必不可缓之事。此外所应补苴修复各事，不可殚述。所尤要者，吉省于工程一道，大都因仍习惯，经此巨灾，不可不谋改作。惟以上各端，事事需款。现值财政困难之时，若诸事同时并举，万万无此财力。必应通盘打算，按照以上各事，条分细目，何项必应提前，何项暂可落后，何事当一气呵成，何事可分期接办，务当于善后之际，默运久远之图，作始之初，兼为财政之地。本大臣自闻警电以后，无时无刻，不为吉省情形惨伤焦念。亟应选派干练大员，前往实地调查，禀承吉抚院，筹商一切善后办法，俾灾民不致流亡，旧观可以全复。兹查有奉天民政使司张元奇，堪以特派前往，除咨照外，合行札委。札到该司，即便遵照，克日束装前往。按照札中所指事理，详细调查，筹定办法，禀候办理云。

《顺天时报》，1911年6月17日

司使调停质问书

省垣此次火灾后，当经本城绅董上质问书七条，请抚台批答一节，已志报端。现经张贞午司使，因官绅隔阂，终非完善，意欲和解。故对于议、董两会极力调停，主张和平了结，未知能否达到目的，访明再登。（山）

《长春公报》，1911年6月20日

吉林火后之新规画

吉林民政使邓为出示晓谕事。照得省城此次火灾，被灾房屋实居多数，颓垣败壁，满目荒凉，自应赶紧建筑，以期兴复市面。前奉抚宪发交督宪来电，饬即修订建筑章程，取缔房屋制度，酌留宽大道路，并将从前木棚木路，一切引火之陋制，概行改革等因。当经本司督饬巡警局、工程局，会同商会、自治、董事会详细查勘，其应行留宽道路者，详列于下：一、北大街，自景合会以南街道，须留三丈五尺，与北街一律。一、前后鱼行，暂时禁止建造。一、度支司署前不准搭盖板棚。一、河南街、粮米行街均须留三丈五尺。一、尚宜街至度支司署，须取直线。一、财神庙胡同东口、西口街道，均须留丈三以外。其四口与翠花胡同取直。一、城隍庙胡同、牛马行两旁,须留三丈。一、独一处胡同,自牛马行起,至官书局胡同取直,均须留三丈以外。永德堂胡同两旁,不准稍有侵占。一、二道码头、北街道须与三道码头取直。一、草市东直须留地宽十五丈以处,以便于中设立市场,且与北大街取直。一、巡警局对门,须与二道码头取直,留三丈以外。一、宝宣胡同北口、牛马行总沟旁,须各留三丈。一、通天街十字口之西,至永德堂胡同,须留三丈。一、官胡同循臭皮胡同,直接翠花胡同,须留三丈以外。一、自留养所胡同起,循巡警局南抵二道码头,须三丈以外。一、沿江堤南坎,不准盖建房屋。以上指定各处商民,如欲修盖房屋,必须绘具图样,由巡警局、工程局勘明批准,方准兴工。如所指街道内有民地,并由官中估价收买,以示体恤。其余未经指定之处,准按原有基址,自行建筑,官家一概不加取缔。并望该商民等迅速从事,以期早复旧观。惟从前旧习,如木障板棚、两塔幌杆、冲天招牌等类,均一律禁止修造云。

《远东报》,1911年6月22日

张司使来吉会议灾后办法

奉天民政张贞午司使,奉派来吉调查灾情,襄办善后等情,已于初十日上午搭坐官轮到省,假交涉司署为行辕。十二日下午,抚帅及奉天民政张贞午司使,并各司道,特在公署善后局会议灾后建筑办法。邓民政谓:改良街屋规则,早经宣布,未定详细之执行章程,商民观望,殊非良计。张司使谓:建筑以款项为要,今时仍无通盘筹画之定见,必俟叶揆初京卿抵吉,乃可熟商。京卿准于十五日趁轮前来,可再议云云。嗣又谓:此次工程太大,材木与砖瓦各项,必先调查清楚,方无求过于供之虑。当令陈科员于今早八钟,偕同工程局监督陈庆云、巡警局长吴子剑,同赴西北一带火场,先行察勘。当日草议办法,计分五项:(一)开凿城壕,以泄街沟之水。以建造马路,必浚街沟,沟水入江,有碍通城饮料，故开壕以畅流。（二）建筑跨街风火墙。略仿南中办法，每隔商店五十家或百家，辄造一墙。墙之高度，必由街屋之上，中间为门，以通行人。墙顶平剖面，以三尺为限。（三）修沿岸江堤。此次火灾，即由西门沿架木为岸，致遗火患。然前年大水，抚帅即拟着手此事，以防水患。今哈埠亦已筑堤，吉林宜仿此。（四）设劝业场。必择城市中心，刻尚未觅有定址。（五）放宽街屋丈尺。将已绘之图，再切实履勘，通盘筹画，以便营造云。

《远东报》，1911年6月22日

张司使筹定火灾善后办法

民政司张贞午司使，奉督宪派赴吉林筹办火灾善后事宜，带同本司科员黄仲平、刘体兰、陈樵琴、翁右工前往一节，已志前报。兹悉司使到吉后，已将火灾一切情形，赶紧调查清楚，拟定办法，呈准督帅施行。留翁科员右工在吉，办理建筑，其余三科员均随同司使，于二十二日由吉返奉矣。司使拟定办法十条录后：

第一项　筹画办法

一、改良街道

整齐市政，首重街道。是以经营一地，凡百未举，首先画定路线，以便交通。吉城街道，参差不齐。商户不知公益，每于临街搭盖雨搭，侵占官衢，道路益复狭窄。此次被火之后，固应重勘路线，划一区域，修建宽大马路，以整齐市政。奈民力艰难，若改弦更张，势必移动旧基，则民之损于火者十之七，而损于更张者又十之三也。莫如因势利导，将旧有大街取齐。铺户被火之区，不令再盖雨搭，未被火之区，拆去雨搭。其墙屋有碍官街者，令其退让。总以宽窄一律，道路平坦为期。则取缔商民者易，而动用官款亦省，顺舆情而顾公益，则议论与事实能合为一，无窒碍难行之虞也。

二、筹款保路

道路既已修筑，不可不筹保路之法，以期永固。若修而不保，不如不修。保路之法，约分二种：一岁修，一养路。终日车马辐辏，无行而不坏之路。小有破坏，即当修补。统计全城马路，每日均有破坏之处，每日亦须有修兴之时。是谓岁修。马路上面均铺沙土，半以便行，半以护路，沙土干燥，再加刮风，不免飞扬起皮。应每段开井一口，水车一辆，来回洒水，以护路皮。不独交通方便，亦于卫生有益。是谓养路。惟此项款目系常年经费，应设法筹画，追加预算，以符定章。

三、疏通沟渠

沟渠与马路相辅而行，均与卫生有关。查吉城原有之沟已经淤塞，北山山水又由巴尔虎门灌入城内，一遇霪雨，积滞不通，即已成河，马路每因之损坏，而土路则低陷至三四尺之深，几成沟壑。宜测平水线，就原有之沟，略为疏浚。沿山一带，再开凿大沟，使山流与沟流汇于一处。由吴家坟出伊犁港，泄入于松花江。下流沿江一带，亦当开通新沟，使水门洞之水汇永祥胡同之水泡入沟，亦泄于松花江下流。如是则居民得饮洁净之水，不独路政赖以保全，即卫生亦大有裨益。

四、筑修江堤

此条需款过巨，可从长设法。见闻所及，理应计画，以俟将来。吉城风景最佳者，莫如沿江一带，而沿江上下，均搭盖木棚，参差不齐，又极破烂，不独于观瞻有碍，燎原之祸即由此起。查此次起火地点，即西江沿王姓梨窖，灾后经营，固应一律禁止，勿令建筑。惟江沿道路太窄，大者不及一丈，小者只有四五尺之宽，而该处商务极其繁盛，地点又当迎恩门之街，道路理应展宽，民房又难退让，势不得不修筑，于堤工修筑五丈宽马路。路旁堤下，均种植柳树，以保堤工。惟筹款艰难，其工程万不能用块石垒砌，变通办理，可将北大街辵道拆下之料，挑良选用，另添材料，作为堤旁护板。再将火后之破砖烂瓦，填实岸基。第一年先修土道，候年余地心填实，再行建筑马路，庶款不虚糜，民受实惠。沿江一带，眼界亦可改观。

五、取缔车行

查东省交通不便，民间多用大车。惟车轮太窄，载重亦多，道路每因以损坏。故日人经营大连，禁止大车，改换四轮车轴，至今成为习惯，而人民并无反抗之举。吾国似可仿而行之。为今计，莫如取缔单行，禁止大车入城，并设屯栈及转运公司，改良四轮车道，以便转运。但于冬令封冻时，变通弛禁，藉以便民，于道路亦不至损坏。否则以数十万金，破弃于量载之大车矣。

六、建筑市场

灾后商民精华十损七八，即赖官家借助，万不能再复旧观。况灾区之大，不下万间，其材料缺乏，工人不足，亦何能同时并举。即使官家补助建筑，亦不能全数借贷，是商民财（方）〔力〕作资本，则不能兼筹建筑。顾建筑则不能再备资本，莫如由官家筹款，建筑市场于旧日商务繁盛之地，设立大劝业场二处，专为上等商民营业。复于适中之地建筑小市场二处，专为下等商民营业。则眼前市面，略可维持。一面再筹补助方法，以期渐复旧观。

七、改良建筑

建筑房屋，总以坚固经久为要。灾后建筑，外面必须少用木料，以保危险。查此次火灾，虽云风势过猛，而建筑亦有未善之处。兹举其大概，以为证据。围墙也，雨搭也，沟渠也，街道也，均用木板。其他板棚草屋，栉比而居，是四围上下，均系引火之物。一有失慎，安得不蔓延难救，成此巨灾。改良之法，房屋四围，以风火墙为宜，门窗应安墙里，一有火警，空处可用砖堵塞。至于经久之计，应深筑地基，以免欹倒，不用女儿墙，以免渗漏。红砖烧造，未能合法，往往建造经年，即有脱皮碎烂诸病，不如用青砖为妥。

八、筹备材料

建筑必先预算，方有把握，亦必筹有的款，方可开工。最急者，应先筹备材料，大宗在木、灰、砖、瓦等项。查省城林业局旧存木植计近万杆，去岁售与商民，款目尚未过付，已由劝业道设法收回，似可济目前之急。其他三项，亦照赶紧烧造，以免拖延工程。吉省天气苦寒，一年中计可工作之日，不过夏、秋二季，为期已促，不容再迟。但此项材料，均由公家烧造，似难兼顾。惟有接济商人，如何接济之法，应另定细则，将本地所有砖灰等窑营业者，使之加窑；歇业者，助其开张。将未烧成之料，作抵公家之款，而补助商人建筑之费，即以此料作价借贷。是补助工人之备料，即补助商家之建筑，一举两得也。

九、约束工人

查吉城工人，约分两派：一为本地，一为客籍。本地工人，类多迟钝者流，手艺又复笨拙，只能修造旧式房屋。若使之建高楼，修大工，如劝业场之类，恐难胜任。然做事实在，尚少坍塌不坚之弊。客籍工人工艺精巧，手腕敏捷，若驾驭无方，则诓骗逃逸，偷工减料诸弊，在所不免。惟有由警局严立取缔规则，平工价，验资本，严合同，取铺保，责坚固，使各遵约束，否则诸弊丛生，甚至亏累倒欠，纠葛不清，转将出无数控案也。

十、设立公司

此次工程，合行政经费，与商民补助，计需百数十万金。若无监督机关，将来之流弊，不堪设想。盖商人之请求补助者，用意虽在建筑，实兼为营业计耳。查吉城商人缺乏资本者，居其多数，亏欠官银号之款，已无力归还。再加以火灾困迫，情形尤甚。兹拟一完全办法，由公家立一建筑公司，为总机关。监督行政工程、营业工程两部分，除衙署局所工程另订规则外，凡商民住户自行建筑房屋，应先将图式估单，及包工合同，呈请公司核定立案。察其建筑法是否坚实，合同是否详细，图式是否合宜，有无侵占官街，及造法之易于引火诸弊，此取缔之关于行政工程也。商人之呈请补助，先由官家查明营业资本是否实在，然后再行借贷。其借贷之法，由商户绘具草图造法，经工程师照式另行详细绘图贴说，拟订包工办法合同，及工料价目，呈公司立案。其包工商人，则由商户自行招雇，即寻觅铺保，请公司许可后，再行动工。借贷之款，经由公司，发包工商人，不由请求借贷之商户间接。惟付款之时，应由借贷人、包工人、担保铺户人三面公同签字，然后发款。发款之期分三次，第一次，工程建成三分之一；第二次，工程盖瓦时；第三次，全工告成。由公司派员验收，再将全数发清。如此则借贷商人不能侵蚀公款，包工商人无领款逃逸，及种种纠葛不清诸弊。且包工商人由借贷房主自招，而公司亦不至舞弊克扣，庶工程可期坚固，公款不至虚糜。此取缔之关于营业工程也。再于公司内附设一机器锯木公司，一机器造砖公司，以补助商家材料之不足，方为完全。

《远东报》，1911年6月24、25日

书记长之热心

当兹国家宪法着手编纂之时，人民宜有协赞之权，即各宜输入宪法上智识。谘【议】局书记长延寿珊，有见及此，特将宪政社所著《宪法大纲驳论》，刷印数百册，分送学、商、农各界。盖以此书法理精严，议论透澈，诚为立宪国民之借镜。如延君者，诚可谓热心矣。

《长春公报》，1911 年 6 月 28 日

大开会议

省垣近奉督宪遣派王道荃本来吉，办理善后。该道业已到吉，商酌各界，现经谘议局函请各界，定于六月初二日下午一时，在该局提议此次火灾后，应如何挽救并筹款、建筑各办法，俟议决后，访明续登。（山）

《长春公报》，1911 年 7 月 1 日

官绅不睦之原因

省垣火灾后，议事会呈递质问书，官绅意见不洽等情，曾志本报。兹探其原因，当灾后二日，度支司署被焚，即商借董事会房屋办公。（即长公祠）该会暂开议事会，绅界遂喷有（繁）〔烦〕言。时值议事会开会，提议质问一节，临时尚未议决，有董事会某某出场，请公署报告。适抚宪因火灾后，对于遭劫各户颇有愧色，急欲请款接济，闻有此激烈质问，遂请各司道商议对付之策，善后一切，反从此大受影响矣。（山）

《长春公报》，1911年7月1日

吉抚对于质问火灾之辩护

吉林谘议局以此次吉城大火，归咎于官家之保护不力，曾缮具意见七条，上书抚院质问。兹经陈中丞答复云：

查此次省垣火警，实属异常灾变。当时风猛火烈，人力难施，官长督率弹压，当亦众所共见。该议事会质问各项，情词过激，未免于当日情形未尽确实。兹当巨祲之后，方引咎之未遑，筹抚诸待经营，本不欲断断置辩，而又虑以讹传讹，于善后前途大有窒碍，不得不明白解答，以释群疑。其第一项谓，灾初起时，消防队等敷衍扑救一二小时，旋即撤护公署等语。查是日火警起于下午三时，消防队等闻警后，即奔赴火场扑救。本抚院并派行营中军官，督率卫队，前往协助。祗以沿江一带多系支板架屋，风助火势，板片延烧极速。当时用水灌救，力实不及。即专注拆毁房屋，冀断火道，无如风势过猛，往往越屋延烧。加以该队因奋力扑救，多受重伤，以致救火人力愈少，延烧地面愈阔，分配不敷，施救更难。迨火逼近公署，始将卫队调回。该消防队已困火场，水龙皮带早经焚裂，何能救护公署？其第二项谓，各大吏不能躬督扑救，相率迁避等语。查火起时，各司道均在公署办公，即指挥警队设法扑救。民政司、度支司、吉林府闻警，首先亲赴火场，督同援救。其余司道暨财政司粜监理、旗务处文协理等，亦均到场弹压。本抚院见火势渐大，恐消防队人少力薄，又虑匪徒乘机劫掠，迅用电话，分调九标及四十五协营队入城，饬令一同施救。一面分巡各要路，以备不虞。无如军队驻地较远，比闻信调至，而南风大作，已成燎原之势。各衙署印信文卷所在，关系至为重要，救护亦属正当。并查农事试验场当日并无避火前往之人，至五省同乡眷属，因火已延及，暂借会馆栖止，亦未能据为罪状。其第三项谓，度支司官银钱号所存官帖、羌帖焚毁甚巨，警局枪子械弹亦未移出等语。查度支司库赖封闭救护，未被焚毁，官银钱号簿据等项亦均移出号库，存帖较多。惟是时四围延烧，该号已困垓心，库帖设一移动，势必纷纷遗失，咎将谁属。库官等以死守库，尚称尽职。至警局焚失枪枝，本系废械。其余军装均尚保存，子弹稍有焚毁，实因是时该局人员大半带队出外巡救，一时兼顾不及，然究属疏于防护，业将该局长撤差，以示惩戒。其第四项谓，省狱人犯任其逃逸等语。查是时火迫法署，本抚院闻信，即派遣军队前往救护。迨省狱被火延烧之际，各罪犯正拟伏沟潜逸，当经该队悉数搜出，护送出城安置。其察有逃逸各犯，亦经按名查拿。其第五项谓军警因掠取财物，互起冲突等语。本抚院初闻此信，甚为骇异。当即派员秘密调查，现尚查无实据。惟当时人民纷纷迁（骇）〔移〕，匪徒乘机抢劫，事所必有。且经访闻，竟有冒穿军服，持刀行劫者，现正严密一并查访。如确有军警抢劫情事，定当按律从严惩办。其第六项谓，人民出城，门警拦阻等语。查当日因火灾非常，人心散乱，特饬警局于各城门加派岗警，严密稽查。而出城避火之人甚多，并未丝毫拦阻。惟入城之人，门警加以诘问。试思是夜人心惶惶，若城门任人出入，倘有匪徒混迹其间，因火为变，人民甫被灾毁，复遭劫掠，后患何堪设想。其第七项谓，被灾岂止万家，吉林府示称二千余户，情近匿灾等语。查火熄之后，本抚院曾亲身履勘，周历殆遍，复饬民政司按警局册簿调查，被灾者实只二千四百余户。现已派人详细覆查，必能得有确数。总之，此次火灾实为从来未有之巨变，本抚院德薄能鲜，深自愧责，早经奏请议处，并将各司请交部议在案。亡羊之后，亟宜补牢。善后各事，头绪纷繁。该局暨议事会既为人民代表，亦应及早规划，还冀和衷共济，条议办法，呈候采择，分别施行，藉以补官家知虑之不及，实亦为地方再造之幸福。本抚院有厚望焉。

《盛京时报》，1911年7月4日

善后局善不了后

省垣火灾后，立一善后局，自抚宪司道及州县等级各员，每日拥挤一堂，纷纷聚讼，乃至今月余，仅设平粜局数处，见未有他项善政颁布。近日淫雨淋漓，一班灾民，皆在火场架木巢居，其苦况实难言状。未卜异日果将何以善其后也？余企望之。（山）

《长春公报》，1911年7月4日

吉会又起铁路交涉矣

闻代理驻日公使吴振麟，日前有电到京，称日政府修筑吉会铁路之议又起，连日与朝鲜总督往复电商。此路由朝鲜会宁至我国吉林，若告成功，关系我国主权，实非浅鲜。拟请设法抵制，以固边圉。内阁译阅后，电致东督赵尔巽、吉抚陈昭常，速派通晓路政人员，查勘由吉垣至会宁一带地势，一面于日内在政事堂开议，筹商对付方法云。（风）

《长春公报》，1911年7月4日

吉林火灾之善后策

吉垣火灾善后，大吏会商创设建筑公司，规复市面。兹闻吉林谘议局、商会呈请借官款，补助建筑，并拟有办理章程，由官借银三百万两，不取利息，以为补助建筑之费。此项借款，谘议局、商会公同担负还偿。谘议局有审查借款动支权，商务总会有经理借款出纳权。章程分宗旨、责任、转贷、筹还、筹款及附则六章，计二十六条。凡商户欲领款者，不加息金，按年以房租半数归还。此不但规复旧制，并免外人设贷款公司，吸收民利。闻吉抚已允建筑公司。成立时，即饬核办。

吉省火灾后，东督派委张司使来吉查勘灾情，集议设立建筑公司，专为商民建筑借贷之费。现该公司正在兴工营造，并拟各项借贷章程，纷纷动作，异常忙碌，大约月底即可告竣矣。

《帝京新闻》，1911 年 7 月 8 日

详记劝募吉林火灾慈善会第一次开会情形

初七日哈埠筹（振）〔赈〕吉林火灾慈善会，在辅和茶园第一次开会。多承本埠华俄官员极力赞助，俄官自东清铁路公司总办群尔瓦特将军、阿发罗西夫将军、西可洛夫王爵，及铁路护军营统领西维斯克总统，船政总办员白尔君，华官自郭司使、李关道，于前关道，江局李总办，滨江厅林筱亭司马，统税局总办、电报局总办，各局所委员，道胜、大清两银行诸君，铁路公司翻译官朱、黄二

君，均来赞助，实深代感。是日共收有包厢票二十三券（每券十元），正票三百七十四券（每券一元），特别捐洋百六十一元，官帖五百吊。又由女伶小福仙、花宝玉、小金宝等临时代募，以及福升班、花金红、小媛媛、一品香、芝宝宝、桂宝，此外尚有媛媛、玉莲等，共募出售物品俄洋二百六十七元零八角五分，又大清银行券三十角。综计是日共收入俄洋一千零三十二元八角五分，官帖五百吊，大清银行小角券三元。一日之内，汇集如许巨款，洵属诸君见义勇为云云。灾黎得此巨款，藉延生活，诚善举也。

《顺天时报》，1911年7月8日

灾民之苦中苦

省垣居民自遭火劫后，流离失所，苦不堪言。幸官府出示安抚，并张贴赈济善后等谕，灾民之望之也，不啻大旱之【望】甘霖。不意至今并未闻有何等之善政，不过设平粜几处，暂济灾民而已。刻下穷民食米，皆无处购买，探其原因，系各粮行当道路冻固之际，因防疫未能收购，存粮无多，刻又不易采买，欲增价值，官府不准。该行遂集议暂行停卖，故现下省垣居民，已演成苦中苦之现象矣。（山）

《长春公报》，1911年7月14日

吉林灾款作正开销

吉林前次被火成灾，曾由东督拨解协赈银二万两，接济在案。惟此款系临时支出，未列入预算，刻东督赵次帅拟请作正开销，以清款目，已会衔奏明矣。

《顺天时报》，1911 年 9 月 15 日

第三编　辛亥革命后之变迁

一、第三次常年会、保安会、省议会

富锦县知县禀设谘议局选举事务所由

富锦县知县炳桢谨禀钦/大帅钧座：敬禀者，窃奉筹办处札饬筹办谘议局第二次选举事宜，并蒙颁发各项章表规则，饬即依限遵办等因。奉此，知县遵经认真预备，旋奉饬派司选员卢龙阁，于八月初十日抵锦，遂即会同筹办，在署内设立事务所，按时演说。并先经知县分贴白话告示，以解全境人民之疑惑，一面派员按照各地方酌量支配，依限调查。惟县属虽为前临江州旧治区域，然地处边僻，荒莱初翦，户口既未繁庶，风气殊形闭塞，办理一切未免艰困。至选举事务所额支经费，除遵饬垫拨司选员月支薪水银三十两外，其余零星需款，力求撙节，每月预计吉平银三十两。司书夫役人等均由署内各人兼充，不另招用，俾节糜费。再该所用款及调查员车马等费，由县属学费项下先行垫付。除一切办理手续，遵照各项章程规则，依限进行，并分禀筹办处外，所有县属设立选举事务所，并开办情形缘由，理合禀请宪台查核示遵。肃此具禀，祗请勋安。伏维垂鉴。

知县炳桢谨禀
宣统三年八月二十日

1911 年 10 月 11 日

吉林谘议局呈请奉交筹办府厅州县积谷议案开会议决请公布

为呈请公布事。窃奉督部堂、抚部院发交筹办府厅州县积谷一案，当于本月初五日开议公决，除呈报资政院鉴核备案外，理合将议决理由，缮折附文，呈请督部堂、抚部院鉴核，公布施行。须至呈者。

计附呈议案清折一份。

右呈钦差大臣、东三省总督部堂兼管将军事务赵、钦命副都统衔吉林巡抚部院陈

吉林谘议局议案

议决交议筹办府厅州县积谷案理由：窃由积谷备荒，最为足食政策。吉林近年灾变频仍，啼饥遍野，虽叠颁帑赈恤，仅免一饥，实不足力充百饱。如果各属社仓林立，有备无患，本年粮价何至如此居奇？原案本李悝常平之法，朱子社仓之制，于各府厅州县各设仓厫，募谷贷民，大饥免偿，中饥蠲息缓偿，折衷前贤，确属经久无弊之善举。但立法初无不善，推行难免无弊，此项章程若不审慎于始，将恐致滋民累。是以将原章加具按语，略事修正，已经全体公决，应请公布施行。

吉林府厅州县积谷章程

第一章 宗 旨

第一条 府厅州县仓廒,应以各该府厅州县人口,预储相当仓谷,备办荒年荒月(荒年指水旱灾祲之年,荒月指青黄不接之月)赈恤为宗旨。

第二章 命 名

第二条 府厅州县积谷仓廒,应以各该府厅州县命名。(如吉林府名吉林府仓,农安县名农安县仓。厅州以此类推。)其向称义仓或常平仓者,自此项章程施行之日起,概行更正。

第三章 仓 廒

第三条 各府厅州县均应择适宜之地建筑仓廒。其向有仓廒或朽败狭小,不适用者,应另行改筑或补筑。

谨按:府厅州县区域广狭不等,人口多寡不均。如仅择一处建仓,恐区域较广之处,人民一时领取不便。如果地大人多,不妨多设仓廒。故于第一项"择适宜之地"句下,增一"分"字,其"筑"字删除,以备各级自治发达时,推广分设之意。)

第四章 积 谷

第四条 各府厅州县应比照本府厅州县人口,每年食谷总数储备市石积谷至一个月以上。前项积谷,总不能于一年以内全数募集者,应准分年办理,以五年募齐为限。

募集方法,由各该府厅州县长官另定章程,呈准办理。

谨按:原条第三项募集方法,仅由各府厅州县长官另定章程,呈准办理,恐于地方情形,殊多隔阂,非有土著士绅和衷筹划,难期尽善。故于原条"由各府厅州县"句下,增加"会同各自治职或本地士绅"等字。

第五条 各府厅州县从前所有积谷,嗣后均应一律实存仓内,不得分存或变卖银钱。

其已经分存变卖或息借者,自此项章程实施之日起,应即分别提还买补。

第五章 管 理

第六条 各府厅州县仓谷,应以府厅州县官为监督,责成自治委员管理。前项自治委员之进退，照府厅州县地方自治章程第六十六条办理。

第七条　府厅州县自治职未成立之处，所有仓谷应由各该地方长官，选派地方公正绅士，充作仓董，暂时管理。前项仓董，得依管理仓谷情形，选派至二人以上。

第八条　管理仓谷之自治委员，每届年终，必将此一年中管理仓谷详细情形，呈由地方长官报告议事会暨参事会，并转详民政司存案。

仓董管理仓谷时，亦应于年终将一年中管理仓谷详细情形，于厫所在地榜示公众，并呈报地方长官，转详民政司存案。

第九条　府厅州县仓谷，每三年须盘仓一次。除例应失耗之外，倘有失耗者，该人任赔偿之责。

前项盘仓之规定，如遇管理易人，应随时举行，不以三年为限。

第十条　管理仓谷之委员，如有故意或过失致仓谷一部损失或全部损失时，除由地方长官责令赔偿外，仍照府厅州县地方自治章程第六十八条办理。

仓董有前项情事时，亦同。

第十一条　府厅州县仓谷，平岁应于青黄不接时，分期借换其二分之一，其利率至多以二分为限。前项借换，如不能如额时，应准卖换，以足二分之一。

第十二条　前条借换谷石，每年应于秋收后三十日以内分期收回。卖换谷石，应于秋收后如数买补。前项收回及买补谷石，应与旧谷二分之一分别存储。

谨按：原条第一项借换谷石，每年应于秋收后三十日以内分期收回，特恐时期太促，转多困难，并以吉省秋收，照以民间习惯，先仅杂粮尽藏，次及于谷，若以三十日为限，断难收回。故将"三十日以内"五字删除，以便从容办理。

第六章　放　赈

第十三条　府厅州县仓谷，如遇年岁大荒，即行放赈免偿；中荒，免息缓偿。

前项免偿，应由各该府厅州县议事会及参事会议决，由地方长官呈请督抚，核准施行。缓偿期限，即由议事会暨参事会议决，交由地方长官分别执行。

凡府厅州县自治职未成立者，所有前项免偿各情形，即由地方长官召集地方士绅妥议，呈准施行。

第十四条　前条放赈谷石，应于次年募补。倘仍遇大荒，应于第三年募补。不能于一年以内全数募补者，照第四条第二项办理。

第七章 清 查

第十五条 清查府厅州县仓谷，分为二种，如左：

一、临时清查。

二、定期清查。

临时清查，每年由民政司派员执行。定期清查，每年二次，由各该地方长官执行。

第八章 附 则

第十六条 本章程系规定各该府厅州县积谷之大概，至应如何劝募管理散放等项详细办法，得由府厅州县地方长官斟酌情形，另设规定，呈准办理。

谨按：原条劝募管理散放各办法，尤须因地制宜。仅由各府厅州县规定，恐不能洞晓地方情形，转滋流弊。故于原条"由府厅州县地方长官"句下增加"会同自治职或本地士绅"等字。

第十七条 本章程以各该府厅州县奉文之日为施行期。

1911 年 10 月 27 日

吉林谘议局呈为行政会议厅科员李芳不应候补资政院议员请即早更正

吉林谘议局为呈请事。窃查资政院议员为全国人民代表，其所以由谘议局选举者，因谘议局议员由人民公选而来，熟悉地方利弊，素谙舆论情形。其资政院议员之选送，必由谘议局之选举无疑，乃此次资政院选补议员，竟核定行政会议厅科员李芳，实令人深滋疑义。案查本局呈送候补议员时，所以仍将李芳并送者，特以互选已隔年余，非将原案当选人全数开列，不足以昭郑重，是以谨按互选定章第十三条第二项规定办理。惟于李芳名下注明，该员系行政会议厅科员，已非本局议员，以备监督，谨照三人覆选之意。乃此次竟被覆加选定，议员等对于当选问题颇多疑义。按照互选定章第五条，李芳当于去冬被选为会议厅科员时，已将谘议局议员资格同时开除，即其候补资政院议员之资格已同时消灭，即无候补议员之资格，安能再享续补议员之权利？且资政院议员为代表人民，非为代表行政，李芳既入行政范围，纯系行政性质，已脱出谘议局权限以外，与谘议局本无直接之关系，实不能再为本局之代表。此按之行政立法原则，毫无疑义。奈竟以行政人员选充资政院议员，按诸章程、法律，是非即早更正，难释群疑。兹经多数提出，理合具文呈请督部堂、抚部院鉴核，俯准更正，抑或电请资政院解释，饬遵施行。须至呈者。

右呈钦差大臣、东三省总督兼管三省将军事务赵、钦命副都统衔吉林巡抚部院陈

宣统三年九月初七日
正议长庆　康
副议长赵学臣
副议长沈景佺

1911 年 10 月 28 日

吉林谘议局呈为议决交议变通筹办地方自治案由

吉林谘议局为呈请公布事。窃奉督部堂、抚部院发文，为通筹办地方自治一案，当于本月初六日开议。除呈报资政院鉴核备案外，理合将议决理由缮折附文，呈请督部堂、抚部院鉴核，公布施行。须至呈者。

计附呈议案清折一份。

右呈钦差大臣、东三省总督部堂兼管三省将军事务赵、钦命副都统衔吉林巡抚部院陈

1911 年 10 月 28 日

议场开会礼

省垣谘议局于九月初一日开常年会。闻该局拟即禀请抚宪,暨各司道,及议员等,于初一日上午十钟,一并莅局,行开会礼。并发普通旁听券。

注意事项:

一、此券止准一人旁听。
一、此券以本会期为限,过期作废。
一、旁听人须衣履整洁。
一、不得携带伞杖。
一、不得吸烟饮水。
一、不得对于议员加置可否。
一、不得入议长坐次。
一、此券万勿遗失,以备入场查验。
一、如禁止旁听,持此券亦不得入场。

《远东报》,1911年10月28日

吉林行省札为行政会议厅科员李芳仍回原差并以福议员裕递补资政院议员由

为札覆事。案据呈称,此次选补资政院议员,李芳系已经选充行政会议厅人员,不能再行选充资政院议员,请即更正等情。查前据呈送候补议员名单,内开赵学臣、李芳、福裕、穆锡侯四人，当因赵议员系谘议局副议长，现在开会之际，未便选送，是以递推而下，即以李议员选充。既据呈请前情，应即再行递推，以福议员裕补为资政院议员。李议员芳仍回行政会议厅原差，除分行李议员知照外，为此札行谘议局查照，将前发李议员芳执照呈缴取消，另备执照发给，并候咨请资政院更正可也。须至札者。

1911 年 10 月 31 日

谘议局呈据长春五常榆树各城议事会陈请吉省官运办理不善扰累人民请仍归商运商销并历陈积弊之转呈建议由

　　吉林谘议局为呈请事。窃据长春、五常、榆树各城议事会，陈请吉省官运办理不善，扰累人民，请仍归商运商销，并历陈积弊之建议转呈等情。据此查食盐改归官运，事权隶属中央，自未便曲徇民情，代为分外之请求。然定章虽难改革，而积弊则宜汰除，况纠举之权，本局亦具有专责。综览该议事会等所请，官运积弊，大致不外盐价畸重，居奇加砂，以及掺砂使水各情形。夫盐斤为民生日用之品，该会指陈各节，如果尽属确情，则官运累民，实属经管各员办理不善，自非从严澈查，不足以剔积弊，而纾民困。兹经全体公决，理合抄具原书，具文呈请督部堂、抚部院鉴核，饬查施行。须至呈者。

　　计附呈愿书三份。

　　右呈钦差大臣、东三省总督部堂兼管三省将军事务赵、钦命副都统衔吉林巡抚部院陈

1911 年 11 月 3 日

吉林行省批谘议局呈据长春五常榆树各城议事会陈请吉省官运办理不善扰累人民请仍归商运商销并历陈积弊之转呈建议由

来牍及愿书三份均悉。候饬奉天盐运司核议确查，详覆核夺，再行札覆。希即知照。抄由批答。

1911 年 11 月 8 日

吉林行省批谘议局呈请奉交筹办府厅州县积谷议案开会议决请公布由

吉林行省总督赵、巡抚陈批：来牍暨议案均悉。修正各条，均可照准。候饬民政司拟具堂稿，呈候通饬施行。希即知照。抄由批答。

1911 年 11 月 8 日

吉林谘议局呈为议决省城四旗马厂各佃户赵学敏等五百户请愿暂缓出放由

为呈请事。窃据省城四旗马厂各佃户赵学敏等五百户请愿书称，窃以马厂之荒，自乾隆年间官牧裁撤，招民垦种。彼时应募者希，故官府许以永久为佃，相沿至今，已一百余年，原垦之户，概属无存。所耕种者，尽系以价兑地，权归己有。不意去年旗务处建议改放，分作三等，上等一百四十吊，中等一百吊，下等八十吊，谕户承领。嗣经民等因无力缴纳，呈请免放。旗务处复详准督抚微减地价，上地九十吊，中地七十吊，下地五十吊，饬户今年十月备价领地，逾期外放，不准复请在案。民等伏思筹划旗人生计，似不仅就一方而起，现民等世居马厂，赖耕糊口，构造修筑，盖亦有年。虽名为佃荒，实则转相典兑售，不啻百主为移。即售兑之价格，每垧已逾三百吊之谱。今一旦另行备价，则从前所兑之价，不免置诸乌有。且贫不自给，业经出典者，兹不能领地，质妻鬻子，亦难偿授受私约之债。当此融化满汉畛域时代，民等倘有一分财力，共成善举，更无不可，况系佃荒，何敢依违。但以近年来水旱频仍，马厂为甚。犹如今春防疫，民不聊生，复继雨潦，田禾淹没，野无青草，遍地哀鸿，是马厂之饥民，言之令人酸鼻。故我督抚重念灾民，于租赋则议奏豁免，垧捐亦分别减缓。奈何旗务处忍演此流离之惨剧耶？且督抚之批准不过曰试办，其间犹有准视民情之意，而旗务处一味压制，出令难更，不转瞬两限之期已至。民等衣食不保，更何能照价措置，势必转佃为放。而民等数千人之身家性命，财产行将流离失所，饥寒于道路，此马厂五百余家之民妇子女相共而号哭者也。惟念下情难通，力尽声嘶，终难挽回于既定，因思大局人民代表之地，热心地方，素所共悉，是以据实陈请，仰恳鸿慈，俯念马厂之灾区，怜人民之苦况。歉收之际，小民谋食之不遑，又何能罗据千百之资，以领此官地乎。且马厂开辟之地，综计约有三千余垧。若按所定之价格，平均计算，不下二十余万吊。虽加诸富庶之乡，尚属筹措维艰，况马厂数百家之灾民，而担负此重累。民等纵牺牲其生命，亦无款以输纳。民等在在困苦之情状，而旗务处犹以略减地价为矜怜，以筹划旗人生计为名词，民等恐旗人生计未必如此之穷，何必不急欲以羊易牛之死耶？且去年湖北难民流离在省者，我督抚尚为安插布置，况马厂之人民处在骈幪之下，国家即使承恩于百年之外，我督抚更何难缓诸丰稔之时？万望恩施格外，提前建议，为民请命，将此佃荒延待二年之后，民力稍裕，再行发放承领。否则饥饿难堪，何暇领地，民等忍受刀镬而不悔等情。据此详查该旗马厂自裁官牧，招佃出租，屈计已愈百年，内中难免不无缪辖，一旦遽拟撤佃出放，甚非易易。佃自欲承领，求缓年限，亦属迫于天灾，致难糊口，讵有余力，再筹荒价，以筹划旗人生计问题。旗务固属在在需款，但按时局筹划，东南多事之秋，总以团结人民为要举。凡不急之政，不妨暂从缓办，一俟时局稍定，民力稍充，再行出放，庶免双方窒碍。兹经收受公决，理合具文呈请督部堂、抚部院鉴核，转饬缓办，以慰舆情，是为公便。须至呈者。

右呈钦差大臣、东三省总督堂兼管三省将军事务赵、钦命副都统衔吉林巡抚部院陈

1911年11月9日

谘议局呈为议请储官粮以足民食一案请鉴核由

吉林谘议局为呈请事。窃查局章第二十五条所载，除第二十一条第二、三款外，谘议局亦得自行草具议案等语。遵此兹经本局提议储官粮以足民食一案，于本月十九日开议公决，除呈报资政院鉴核备案外，理合将议决理由，缮折附文，呈请督部堂、抚部院鉴核施行。须至呈者。

计附呈议案清折一份。

右呈钦差大臣、东三省总督部堂兼管三省将军事务赵、钦命副都统衔吉林巡抚部院陈

1911年11月10日

吉林谘议局议场纪录

九月初五日午后一时开会三期。第一案交议府厅州县自治章程细则案。第二顺天、直隶谘议局函请主持开除米禁案。第三湖北谘议局函请陈川乱确情提请代议由。第四交议变通筹办地方自治案。第五提议宣布保安政策案。议长庆康君提出，交议府厅州县自治章程施行细则案，请法律股长报告。张文翰君报告谓：交议自治章程施行细则，凡十七条，似乎不能该括。其实因原奏《城镇乡自治章程施行细则》已规定者，概不复叙，而此十七条之规定，专就本省情形，斟酌厘定。本股公同审查，认为可行。惟查第九条之说明，语似含混。按原奏章程第二十五条，九月初一日开会，会期三十日，若议案多时，得延会十日，并无呈请督抚之文。盖以交通不便距省较远之地方，往返常需数十日，若于会期将终，议案犹多，应延会时，再为呈请，则此十数日内，将照常开议乎？抑停会以待乎？于事实上、经济上诸多困难。拟将于说明之中"苟无特别事由"以下，俱行删去。谷嘉荫君谓：说明限制太严，删去亦可。惟条文内展期开会，不必删。公署行政员谓：此是限制地方官，并非限制自治会。议长庆康君谓：按《谘议局章程》，延会亦须呈请。谷君之说，诸君赞成否？关毓谦君谓：道路遥远，临时请命，诸多窒碍。赵学臣君谓：展期开会之解释，根据于九月初一日开会，如有事故不能开会时，随呈请展限开会。公署代理员谓：展期开会，是恐九月初一日因事故不能开会，地方官即不准开会，故如此规定。

《远东报》，1911年11月12日

续录吉林谘议局速记

孙树棠君谓，将展期改为缓期，较为明了。赵学臣君谓：无甚差别。议长庆康君谓：何妨改一缓字。张文翰君谓："呈请展限"之"限"字，亦须改一"缓"字。议长庆康君谓：若无他意，即表决通过。议长庆康君谓：据顺直谘议局函，请主持开除米禁，究竟本省有无米禁之案，尚未确知，无从酌核。昨经函致民政司索此案，据民政司函复，今晚将案送到。是因调查迟误，案卷到时，再行审查。湖北谘议局函陈川乱确情，请提议代请命由。议长庆康君谓：此案与北京宪友会（遂）〔应〕系一事，暂勿庸讨论。议长庆康君云：交议变通筹办地方自治案，请书记长报告。书记长富平阿君登台报告变通筹办地方自治施行细则案。议长庆康君问诸君：有无修正？赵学臣君谓：文字尚须修改。如"自甘腐败""不胫而走"八字，删去更换。孙树棠君谓：缓办项内，昨议乡民为缓办，今并镇亦加入，应为修改。张文翰君谓：拟办项内，府县有办不到者，亦应参以活动语，不能办者听。议长庆康君谓：参活动语，似乎周到。孙树棠君谓：拟办、缓办之中，既不必以人口为标准，究以何为标准？尚宜指实。张文翰君谓：必须指实，方与原章相符。

《远东报》，1911年11月14日

二续录吉林谘议局速记

议长庆康谓：修改指事实之理由，因何可以拟办，因何可从缓办，须妥为修正通过。议长庆康谓：宣布保安政策，修正改为变通乡巡内保治安案。今天表决,请书记长朗读。书记长富平阿君登台朗读变通乡巡以保治安案。议长庆康君谓:今天即就此案修正。张文翰君谓:轻以传言,民气浮动,是保安专防民乱,非本案意义。至于长警,均非土著之民,亦欠斟酌。何印川君谓:呈请民政司加札委用官警提局长等字,若包长警在内,岂均俟民政司札委乎?赵学臣君谓:巡警用人之法,若遽如此说,诚恐不合。顺直、热河曾提议此事,奉批巡警乃行政官之权,不能予民云云。今因我东省有特别之危急,有特别之要求,既为特别之要求,必据特别之理由,字句间应为删改。沈景佺君谓:"乡间"二句可以删去。议长庆康君谓:诸君共推赵君为起草员,重为修正公认。议长庆康君云:按议事日表,今天应议之案已毕。兹有新发生事件,为宣统四年地方岁入预算案。此案关系重大,因与其他事务多有关系,应如何办理,或举预算委员,抑或仍照去年全体分办。然而无论如何,须要提前办理妥要。何印川君谓:此次预算案重大,而且内容复杂。孙树棠君谓:预算案重在稽查,不重讨论。赵学臣君谓:可全体每日开一预算委员会。孙树棠君谓:须定一日期。议长庆康君谓:隔一天开一审查会,交换审查。自初七日起,九钟至十二钟止。全体赞成。是日午后四钟,摇铃闭会。(瑞)

《远东报》,1911 年 11 月 15 日

吉林行省批谘议局呈提议储官粮以足民食一案请鉴核由

来案阅悉。所请储备官粮,以足民食,并条拟办法,意在治标,不为无见。惟查酌吉省情形,请由永衡官银号印刷归时官帖一千万吊,以一半留作备巡之用,一半专充存粮之资等情,窒碍甚多,似难照办,应毋庸议。况积谷章程业经民政司拟定,业交该局议决通行在案,应候行司转饬各属,会商自治团体,按照积谷章程,随时筹买,用备缓急。希即知照。抄由批答。

1911 年 11 月 15 日

三续吉林谘议局议场速记

九月初六午后一时开议四期。议事日表：第一，榆树城议事会呈请牲畜子母税政近烦苛，仍请提作议案由。第二，五常厅城议事会陈请宽免牲畜子母税以恤民艰案。第三，督宪发交拟定府厅州县地方自治章程施行细则例言。第四，顺直谘议局函请主持开除米禁由。第六，湖北谘议局函陈川乱代请命由。议长庆康君【谓】：兹所提出者，为子母税一案，请诸君业已审查，请财政股长将理由报告。谷嘉荫君谓：子母税各处呈请不一，本股员虽认作为议案，然对于此案之决不承认者，其理由有四。一、凡义务之加，必先指有相当之用法，然后人民始负此义务者。若未指定作何用法，即行征收，此不能承认之一。按照局章，有议决本省税法之权，此事未经通过本局，即行征收，此不能承认之二。且凡税必定有一定价额，然后照价征收，此则照物估价，由收税人任意增减，弊窦丛生，此不能承认之三。按子母税性质似属地方税，现在国税与地方税规定尚无明文，此不能承认之四。有此种种之理由，是以本员决不承认。所云未知当否，更求诸君详细讨论。议长庆康君云：谷君所云，不能承认之四理由，诸君可赞成否？王乃钦君云：今日所提出之子母税一案，究竟是榆树厅一案，或是并五常之陈请两案并议，尚祈陈明。（瑞）

《远东报》，1911 年 11 月 16 日

省公署札付吉林省谘议局议决宣统三年
地方官治行政岁出预算表

　　吉林行省总督赵、巡抚陈为札付事。案据清理财政局详称，案奉札饬核议谘议局签注宣统三年地方预算一案，当经查案拟具答复书，呈请札付谘议局查照。正在核办报部及通行表册，适罹四月初十日火灾之变，致将谘议局原签册底焚毁。嗣本局行文赴谘议局抄案，此件亦未准抄送全案，因之中搁。曾将册案被焚清理补抄缘由，详蒙电奏在案。现各处送到月决算表册，仍系查照原预算案办理，与谘议局签注核减之数未能符合。款已按月支用，事后追减为难。因思上年试办宣统三年预算，曾与各该处一再磋商，照减定之数列报，本未必概行认减。今谘议局签注原册既经毁失，地方预算之案未便久悬。兹谨查照宣统三年本局最后改正报部预算案及本局答复谘议局理由书，另行编制地方官治及自治表册，呈候咨部备案。一面按照答复书通行省内外各处，俟复到何处认减经费若干，再行随时补报更正，以期全年地方行政用款有所汇总。惟此项答复理由书核正存案，印稿亦已被焚，现检饬烬余，初办底稿仅有总数，并无细目。值此全案残毁，惟有暂以此为根据。此节应请随案咨明度支部，并札知谘议局，俾资查考，于应收现编表册详送察核，俯赐咨送度支部，并札付谘议局查照备案，实为公便。为此备由呈乞照详施行，计详送表二件等情。据此除批："详、表均悉，仰即分别咨札，仍补送表册一份备案。缴。表存送。"等因，印发并咨送外，为此检同原送表册，札付该局，希即查照。须至札者。

　　计札付表一份。

1911 年 11 月 16 日

四续吉林谘议局议场速记

议长庆康君云：此案眼光宜贯注全省，从榆树提起者，不必借此以为起点。毕竟通省办法，允宜画一，万不能出于两歧。张云五君【云】：本议员对于此案，非有特别理由。惟子母税之历史，颇知详细，请为诸君述之。吉林之有子母税，实原于伊通州。当日因买牲畜之家，每以老稚之牲畜，借口不肯纳税，度支司是以有子母税之告示。在当时为防逃税而设，嗣后收税人并家畜之牲畜，亦令纳税，而度支司遂以此为标准，行【于】全省。是今日之子母税，与当日告示所称之子母税，实不相符。此则牲畜税之历史大概情形也。至于设对待之方法，更请诸君详细研究。议长庆康君云：张君所言，宜设对待方法，诸君以为何如？赵学臣云：凡税之奏明者，皆根据于法律。既有所根据，即非一省所能抗。如万不获已，即本局代为请愿。否则，以多数人呈列亦可，但不可只用榆树厅三字，尚觉浑括。张云五君云：可将此案详细调查，如何？议长庆康君云：已将此案查明，实非奏案，就其办理之情形可知。至于奏与非奏案，亦不必细究。即照赵君所言者作为标准。其眼光所注，亦颇觉远大。现在还有长春，合之五常、榆树，一并为三，不如就此作为议案。且折奏中亦原有此体裁。么瑞峰君云：按此办法一定，非奏明，只问其有无税票，价值一律与否，此不可不于议案中调查之。议长庆康君云：即有原案，大约与原奏定不相符。沈景佺君云：避子母税之名，行子母税之实。赵君所言，与免除之意不触不背，又觉着眼在于全省。此说本员赞成。沈景佺君云：今年协议案中有五常子母税一案，是否可再提出？议长庆康君云：五常与此事出一律，即用一稿可也。议长庆康君云：今日所讨论者，即此二案。诸君对于此案如无异议，即此议决。

《远东报》，1911 年 11 月 17 日

五续吉林谘议局议场速记

议长庆康君【云】：今日所应修正地方自治章程施行细则，即请（时）〔书〕记长报告。书记长富平阿登台报告。议长庆康君【云】：细则中第十七条，诸君业已认可。惟十九条中将展（孚）〔字〕改为缓字，限字亦改为缓字，诸君可斟酌，宜改与否？张云五君谓：认可者当无异议。议长庆康君云：改不改，亦无关轻重，即照原案亦可。谷嘉荫君云：展字之义，过于限制，不如删去。赵学臣君谓修改文字，对于事实上无甚关系，不必改。况改一字，即多费一番批答，（筹）〔徒〕使伊多开一次会议，不如仍照原文为是。议长庆康云：赵君云无大关系，似不必改。谷嘉荫君云：但就所改，有无分别。沈景佺君云：按此二条，实无甚重要关系，无容说到开议与否。杨敬修君云：展者开也，缓者慢也，二字之义意，自是不同。关毓谦君云：还是用缓字为宜。何印川君云：不宜以此二字之微，多费如许钟点。庆康君云：勿以此细事致多纷纭，即似用原文可也。议长庆康君云：米禁一节，民政司署实有此案，但现已弛禁，即请书记长报告。富平阿君登台报告。议长庆康君云：江苏谘议局来电云，政府对于内乱有借外兵之说，此电是否应覆？赵学臣君云：俟有确实消息，再行去电不迟。庆康君云：即以赵君之言为是。是日午后四钟散会，出席议员十八人。（瑞）

《远东报》，1911 年 11 月 19 日

六续吉林谘议局议场速记

九月初七日，出席议员十七人。午后一时，开五次【会】议。议长庆康君报告：经全局议定，今日为审查全省地方预决算之期。但据刷印股报告，预决算册未刷印者，现已无几，应俟刷印完竣，全册通过后，再行审查，以免参差。议长庆康君提出：第一，乌拉议事会呈请缸税中饱私囊一案，请财政股长谷嘉荫君登台报告审查。谷嘉荫君登台，报告审查大旨，略谓：本股审查缸窖统税局于定章之外，私征中饱，实属违法。且据议事会陈请，足为确据，应为转请查办审查。是否，请为公裁。议长庆康君谓：审查之报告书，认为可行否？沈景佺君云：审查理由甚为正当。即交编辑拟稿，不必再事讨论。众皆赞成。议长庆康君云：遂为表决。按照审查理由，交编辑拟稿。议长庆康提出：第二，长春王皥民陈请税务陋规提充自治经费，并议会议长不支公费一案，请财政股长谷嘉荫君登台报告审【查】大旨。谷嘉荫君登台，报告审查原案，所指税务陋规提充自治经费，似为维持自治之一策。但陋规一项，自财政清厘后，悉应革除。不能因经费支绌，转使存在，俾征税人员藉滋流弊。应为呈请查禁。至请议会议长不支公费，筹定奖励办法，查自治章程内载，无奖励之规则，碍难建议。各处议事会议长、议员之公费，虽为董事会决定，要不可即行优给。拟请转详督抚，札饬各地方官，会同董事会，视款之盈绌，酌定相当公费，本股审查。可否，仍祈公议。

《远东报》，1911 年 11 月 21 日

七续吉林谘议局议场速记

赵学臣君谓：税务陋规亟宜革除，不能提充自治经费，无待烦言。惟议会议长及议员之公费，查省城议事会每年分四季开会，每会期半月，是开会外，既无公务，则公费自不必按月支领。现农安县亦定为四季开会，各府厅州县均宜仿此办法，其议长议员之公费，仍以会期为限，酌给相当报酬。张文翰君谓：现值地方款项支绌之际，议员既属热心公益，何须志在报酬。以议员意见，议事会会期之内，只于议长稍给公费，议员似不必有。张云五君谓：议长既有公费，则议员亦不能枵腹从公。沈景伾君谓：议长、议员于开会之期，公费均（关）〔应〕必有，第不可太优给耳。议长庆康君谓：此案所称议长之公费，按月支领，（既）〔即〕改作开会之费，诸君赞成否？众皆认可。议长庆康君谓：诸君既已赞成，即为转请何如？赵学臣君谓：转请为是。议长庆康君遂为通过，交编辑拟稿。议长庆康君提出：第三，五常府议事会呈请宽免子母税一案。略（为）〔谓〕：昨经讨论，各处子母税之苛征，实属扰民。议将榆树、长春各陈请合并，作为议案，拟稿通过。今日系为修正，诸君有无意见？孙树棠君谓：请问议长，各属加征子母税，督抚曾有奏案否？议长庆康君谓：可向行政委员质问。行政委员答：查子母税之设，并无奏案，乃征收惯习法。推其所设之故，盖因人民（稳）〔隐〕匿税款，无从搜查，故有子母税，以清偷漏。乃相沿之久，税员遇事苛求，遂生扰民之弊。孙树棠君谓：子母税既无奏案，则稿中所拟甲、乙、丙三条，均为不合。应另行拟稿，历陈征收员役变本加厉弊端，呈请督抚出示严禁，并明白划分牲畜纳税之办法。

《远东报》，1911 年 11 月 22 日

八续吉林谘议局议场速记

张云五君谓：按查税务规则，子母税并未明定，则征收员役，不得借口稽查隐漏，而加征圈底。王叔槐君谓：纳税以买卖之价格为标准，今则无论老牝犊驹，悉为估价。其口无定评，任意增加，殊为扰民。孙树棠君谓：税员任意诛求，人民何堪重累，可于税章之后，拟附数条征收之办法，以资防备。杨敬修君谓：官定章程，尚为违背苛征，况拟附办法，焉能防备征收之弊。沈景佺君谓：税务章程悉属旧率，殊非现时义务加增。若因子母税之扰民，而拟附办法，恐于章程不合。姜宗义君谓：牲畜纳税，既照买卖价格征收，自不应有子母税之名目。关毓谦君谓：税务章程，犊驹三年以上者，始行纳税。今则老牝犊驹，皆为估价，竟于章程不符。沈景佺君谓：子母税之弊，各属之陈请不一，自当详细建议，以除民累。况系应革事件，尤不可草率从事。此案应用正式公文，先向度支司查明，有无子母税之规定，俟答复后，再行核议。议长庆康君问诸君赞成沈君之议否？众皆赞成。议长庆康君请为表决，赞成者十五人。议长庆康君提出：第四，督抚交议拟定府厅州县自治施行细则列言一案，请书记长登台朗读修正案。书记长富平阿登台朗读毕。议长庆康君：诸君既无修正，请为表决。赞成者全体。议长庆康君复提出：第五，顺直议局请开米禁一案，请书记长朗读覆函。书记长富平阿君朗读毕。议长庆康君谓：现已缮清，可即发出。众皆认可。议长庆康君宣告议事日表毕，振铃散会。是日督抚代理员一时到会，午后四时散会。

《远东报》，1911年11月23日

吉林保安会之大会议

吉林二十九日电云，于二十八日在吉省谘议局内，关于筹设该省保安会事宜，开第二次大会。初并无反动者，至开会时，由学堂教习及学生关于保安会性质行质问，一面主持吉省独立者甚多，议论喧嚣不决。定于三十日开第三次大会，以便议决，遂散会。闻此等学生，多系师范学生，教习系南省人，现曹学宪正在慰抚之际。

初一日吉林电云，因保安会之学生反对，曹学宪慰抚，和平了结此事，改于二十九日晚间开第三次大会，决定设立吉省保安会，而以陈中丞为该会吉省会长，遂散会。现省垣除小学堂各学堂已于三十日起一律停课，所有学生均归桑梓矣。

《顺天时报》，1911 年 11 月 23 日

吉林谘议局为议决初级完全师范及中学堂均须缓办呈请公布由

吉林谘议局为呈请公布事。窃奉督部堂、抚部院发交初级完全师范学堂及中学堂，分路筹设案，兹于九月二十八日已经全体开议公决，认为缓办之件。除呈报资政院鉴核备案外，理合将议决理由缮折附文，呈请督部堂、抚部院鉴核公布施行。须至呈者。

计附呈议案清折一份。

右呈钦差大臣、东三省总督部堂兼管三省将军事务赵、钦命副都统衔吉林巡抚部院陈

1911年11月24日

吉林省之保安会

初四日吉林来电云,初三日该省各界,在省垣吉林公所开保安会,准备大会,制定章程,选举该会委员云。闻章程有十二条,略与奉省保安会章程相同,推选陈中丞为会长,以第二十三镇孟统制、民政使韩国钧,及该省谘议局庆议长等三名为副会长,以吉省兵备处王总办为参议总长。

《顺天时报》,1911年11月26日

十续吉林谘议局议场速记

张文翰君谓:此弊不止一处,各属皆然。议长庆康君谓:人民如若肯承领,则无此弊。么瑞峰君谓:既有分局,则分局出售之价相同,自然无人承领。张文翰君谓:提陈积无人指实,殊属蹈空。何印川君谓:据原文,不算蹈空。王叔槐君谓:若长官派人审查时,议事会自能指定。庆康君谓:非如不作议案,照公事价袋办理。张文翰君谓:尚有一弊,如公主岭至伊通州一百一十里,在伊通州每袋价二元八,是并一百一十里之车价在内。若在公主岭购买,宜除车脚计算。而该局亦按二元八合价,显为弊端。依本议员意见,应将官运局章程加入此条。凡

通火车道，任人民就便购买，无论一袋两袋，随便给票价额，宣示周知，不准临时议价。何印川君谓：本案审查之终结条，两案归并一案。官盐不能归商运，指除积弊有三：（一）出售不得限袋数；（二）不准掺砂使水；（三）就近购买，不得加价。张云五君谓：如诸君有未尽之意见，可自书节略，以备讨论。委员长何印川报告终结，即振铃散会。（瑞）

《远东报》，1911 年 11 月 28 日

吉林行省批谘议局呈议决初级完全师范及中学堂均须缓办由

来牍阅悉。候饬提学司知照。抄由批答。

1911 年 12 月 3 日

谘议局呈据新城府绅民徐荫州等请愿书称为三年水灾恳恩援照大租成案蠲免垧捐

吉林谘议局为呈请事。窃据新城府绅民徐荫州等请愿书称，为三年水灾，民不堪命，恳恩援照蠲缓大租成案，蠲免垧捐，以厚民生，陈请建议事。窃绅等均系猪儿山北沿江沿河一带住民，务农为业，向恃服田力穑，以为生活。乃自宣统元年夏间，霪雨成灾，江河泛溢，两岸混合，遂致中间田地尽成泽国，颗粒未收。迨二年又复大水，田禾咸没，嗷鸿遍野，啼饥号寒，幸蒙列宪恩施，迭将两

年大租正供奏请查实蠲缓在案。惟警学捐则仍令缴纳，小民受此奇灾，催科又迫，荡析离合，日有所闻，然犹望天必见怜，或本年之幸逢有秋也。孰意入夏以来，大雨较前两年为更甚，耕耘未得，收获何期？而河伯狂暴，施虐尤毒，盖非惟本年之大田无稼，即明年亦实不堪耕种矣。哀哀小民，何以堪此？虽本年又蒙府宪勘验，拟仍请奏免大租，然警学捐之催逼又至，环顾民力，纵卖儿贴妇，亦实不胜此担负矣。倘不立予蠲免，恐无知之民迫于饥寒，铤而走险，则无辜亦于是弄兵潢池，为意中事。绅等自家性命所系，不敢不言。伏思猪尔山北一带灾区，地不过四五千垧，年纳垧捐亦不过五六千吊，收之则为数无多，为患滋大，不收则民感更生，人心斯定。绅等为衔民生、求民命起见，是以不揣冒昧，恳乞大局代表诸公，代为请命，援照蠲缓大租成案，将灾区本年垧捐概予蠲免，以重民命，则灾民幸甚，地方幸甚，为此谨呈，伏乞建议转请等情前来。据此详查新城猪尔山北沿江沿河，连年被水冲淹，虽属实在情形，惟该绅民所陈大租，均经奏请蠲免，本局无案可稽，似未便含混置议。但该处频年被水冲刷，禾稼颗粒不存，其人民之凋敝困苦，自必不堪言状。如果正供准予蠲免，其地方警学各捐，亦应暂从正供豁免。不过地方稍减分文，而于灾户受福无量，仍祈饬司查验该处被灾垧数，将警学各捐随供蠲免之处，兹经收受公决，理合具文呈请督部堂、抚部院鉴核施行。须至呈者。

右呈钦差大臣、东三省总督部堂兼三省将军事务赵、钦命副都统衔吉林巡抚部院陈

宣统三年十月十五日

1911年12月5日

吉林国事共济会成立

　　日前谘议局开国事共济会，绅、商、军、学、政、警各界莅会约千余人。先由抚院王参议赓登台报告立会之宗旨。次由交涉司演说：当此阽危之秋，欲保人民生命财产，非先筹设共济会，不能以息战祸。后由范治焕演说：清政府颓唐已甚，所以有此番之变乱。杨度、汪兆铭所以发起君主、民主两说者，原拟以取决多数，以解此危局。各等语。众皆鼓掌。惟其中赞成民主者实居多数，末由庆康议长驳辨，略谓：今日之会，原系开办国事共济会，并非倡立君主、民主之分，诸界既皆赞成，只可以谋进行方法，不必论到党派云。

《远东报》，1911年12月8日

四面风云

　　初十日午后，共济会假谘议局开会，到者不下千人。政界中之有力者，为民政司、交涉司、陆军统制参议等。绅学界中之有力者，松毓、庆康、庆山等。二时四十分开会，首由王君赓述开会宗旨，郭宗熙亦演说，厥后庆康、孙树棠、范治焕、李芳、李惠人等先后演说，而以范治焕之主张民主为最烈。范湘人，口音不清，致台下止之，范仍滔滔不止，颇动众听。有陈君士龙（开埠局员）脱帽，向台前鞠躬，讲曰：诸公不必空争，请先发电，即予停战。言次痛哭，不能成声，众鼓掌雷动。惜是日无开会秩序，并不推举临时主席。议员南北口音不同，彼此有误会处。如李君芳主倡民主，为君主派骂为无心肝。台上台下，人声喧杂不可辨，致纷纷中途散退者。是日之结束，即决定此会成立，假谘议局为机关，征求意见书而已。至选举职员，何日再开会，亦未发表。虽有孙君等提议，由会设簿，签名表示，亦未卒决议也。

《帝国日报》，1911年12月9日

公署批驳延长会期

来牍阅悉。现值时局多变，瞬息万端。明年预算案，即使此时议定，亦恐无效。俟大局稍定，再开临时会议。现在四方多故，各属保安之事亟待举行，似毋庸因此延长会期，致费时日。希即知照。抄由批答。（瑞）

《远东报》，1911年12月9日

百忙中之闲谘议局

吉林谘议局设立以来，无甚表见，对于议案未能确切研究，以致无中肯之语。今年开会，已有鄂变，该局照常提议寻常事件。顺直、江苏谘议局来电，询问对于鄂事政见，该局以模棱两可之语答之，盖其不担责任之舆论机关也。自保安会发起后，该局直行停议，谓保安事紧要，无暇提议寻常事件，故忽忽无声息者已数日。讵于日前忽布告十一日闭会，天下纷纷，志士夙夜不遑，吉林谘议局竟能闭会，亦可谓百忙中之闲谘议局矣。议长庆君康遇事无直捷了当之语，其所发论，十八九模棱两可，此可为吉林全省人民痛也。

《顺天时报》，1911年12月10日

旅奉吉官致谘议局电

谘议局及各学堂各界同鉴：此次保安会为对内补助机关，我省万不可立异。外人眈眈，致收渔人之利，朝言独立，夕即进兵。因一省而牵动三省，大局不堪设想。此次奉省未改草章以前，几生危险，幸由谘议局联络各界各党，融为一体，于二十六日将草章重加修改，外人始无异言。不然危矣！我省各学堂未悉详情，欲援南方各省之例，直是自己断送土地人民耳。为此飞电痛陈，速照奉省改章办理，舍此更无他法。千嘱万恳，迫切盼覆。　旅奉吉林同人遥叩

《远东报》，1911年12月15日

吉林保安会办事通则

保安会所有办事章程，大致均仿奉省成案。兹经参议部于章程外，别订办事通则十一条，特录之如下：

（一）本会办事章程，除总章规定各条外，别以本通则规定之。

（二）本会为行政辅助机关，凡本省行政事务，行政官视为关系保安行政者，应交行政官，提交本会办理。

（三）本会应提由参议部议决事项列左：

一、关于保安法令暨单行规章事件。

一、关于保安临时发生事件。

一、关于保安事务兴革存废事件。

一、关于保安行政上人民义务担负之续加事件。

一、关于行政官提议事件。

一、关于谘议局及参议部议员提议事件。

一、关于各团体及国民陈请建议事件。

（四）参政部议决事件，交由会长、副会长核定，饬由各部，以行政官名义执行之。

（五）本会对于各地方保安事务，得随时派员监理。

（六）各地方分会章程，应由本会议定后通饬执行。

（七）各部办事细则，由各部自由规定。

（八）本会成立后，应由督抚奏明立案。所需经费，由度支司支拨，作正开销。

（九）本会事务所暂设公署。

（十）本会设书记长一人，书记员□人，庶务员□人。由会长商同副会长委任，酌给公费。

（十一）本通则如有未尽事宜，得由参议部议决，修改施行。

《顺天时报》，1911年12月19日

吉省保安会之财政真相

吉林保安会自奉天保安会设立后，即随同组织各节，迭纪本报。惟自设立以来，初因各职员辞职，致多观望，嗣因经费无着，故又搁置。现在由当局磋商再四，规定条例五条，名曰吉林保安会经费条例：

一、保安会经费，由官银钱号开发新帖，拨充济用。

一、此项经费暂行假定三百万吊。

一、前项假定之数，如有不敷，再行续开官帖。

一、此款专供保安会范围以内之用，他项不得挪移。

一、关于此项新帖之保持信用，及发行手续，由保安会担任之。

此项条例，其合于经济原理与否，姑勿问。以经费困难万分之吉林，猝欲组织一团体费，除发行官帖，外无他道。故此议官、绅两界均赞成矣。现在关于保安会事，各署均有专部，凡出入款项，均另立名目，不啻视为一大事项。各部开支如何，姑不问，而参议一部，已有事务员四人，月各二百五十吊（共一千吊）；书记长二百五十吊，书记生四人，月各一百二十吊。（共四百八十吊）；夫役四名，月各三十吊（共一百二十吊）。而参议部应需薪红，及办事人员应给薪水、车马费等项用款，均由指定保安会用款内开支。然则无论保安会将来成绩如何，其支出决算，总可占财政报告上一优等位置也。

《顺天时报》，1911年12月26日

吉林团体联合会之进行

吉林团体联合会成立后，各绅士颇出精力，速谋进行。日前在谘议局开会，第一次提议案共有十二件，特录如下：

一、修正城乡巡警，局长公举本省人充任案。

一、取消全省旗务，并处置旗务公产案。

一、保安会参议总长赴京，拟请以副长补，总长所遗之额，另由保安会补选案。

一、将《吉长日报》要求收归本会办理案。

一、赵伊田充上海代表，本会是否承认案。

一、资政院本省议员尚有一人，应由谘议局作速另补案。

一、组织政治研究会，预备共和立宪基础案。

一、官银钱号应由本会公举得人，呈请抚宪派委，帮办该号事务案。

一、对于通省经理财政各员,及携款远飏各员,妥筹办法案。

一、各界会同坚留孟统制,并定期联合各级军官,以资接洽案。

一、保安会为保安监督机关,应由保安会成立之日起,所有以会印行出,以及各部一切政令函件,均须抄交该会参议部知照,以后随时抄送,分为交部核议,业交部知照案二项。

一、省城急宜由商民创办团练案。

以上各议案提出后,颇惹吉林当道注目。缘议案概以抑制官权、提倡民权为主,而涂饰耳目之保安会,恐不足以独擅权于前矣。惟各该绅民财力不足,至所提议各案能否实行,请观诸异日可也。

《顺天时报》,1912年1月3日

公举代表赴沪

谘议局日前接驻京代表王玉琦来电,上海议君主、共和二问题,关系极重。系少数人之解决,我吉省决不承认,宜急联合各团体,公举代表赴沪云云。兹闻日昨特开参议会,各议员等已公举李芳、何印川、赵学臣为赴沪代表云。(瑞)

《远东报》,1912年1月11日

吉林府详提学司为乌拉议事会议决索回地方学款议案请查核文

为转详事。案前据乌拉镇议事会呈送议决索回地方学款公立两等小学堂一案，当即抄录议案，函送劝学所，逐条详议覆夺饬遵去后。兹据覆称，查该会议案内载，第一、第四两条为本所应议之件，至其他各条，皆该会接管该镇学务后自行办理之件，本所未便与闻。查该镇隶府属第二、第三学区城内学堂，原系乌拉镇署创办，迨至去岁四月，始奉饬归本所接办。经营一载有余，现该镇有官立高等小学一处，官立初等小学一处，公立初等小学七处，公立简易识字学塾四处，私塾三十六处，学会五处。本所对于乌镇学务，经营擘画，不遗余力者，良以部章所载，劝学所对于自治职未成立之处，有代理执行之责。职守所关，责无旁贷，故多方提拨庙会公产，不惮结怨乡人，兴办学务。今该镇自治成立，以索还该镇学款为请，查该镇学务除官立两小学系动支五官牧学款，照章仍应归府劝学所经理外，其余镇内各项学务，均动支当地公款公产，确系地方学务，自应归自治职经理。应请监督转详学宪，将该镇地方学务，照章拟归自治职管理。一俟奉批到日，本所即行遵照移送。惟该镇接办此项学务时，某堂进款仍应归某堂动用，似未便如议案所云，索还全镇已提学款，另办高等小学一处，初等小学数处，置原有学堂于不顾也。至该会提议官立小学各员，均请由该会公选一节，查该镇官立学堂均系遵照部章办理，堂内用人之权似仍应归府劝学所执行。该会立于监查地位，对于该堂有何条议，尽可呈由监督转饬本所，随时采择，以清权限而免纷歧。所有议覆乌拉镇议事会学务议案各节，理合呈请监督，转详学宪，批示遵行等情前来。查劝学所议覆乌拉镇议事会学务议案各节，似尚妥协，理合将乌拉镇议事会原案抄缮清折，备文具由，详乞宪台鉴核批示祗遵。须至详者。

提学司批：据详劝学所呈覆乌拉议事会学务议案，办法尚属妥协，仰即转饬该所及该议事会一体遵照。嗣后该镇各项公立学堂，应遵照自治章程，另举学务专员妥为经理,某学堂学款仍应归某堂动用,不得挪移。用人行政事宜,俱应先时呈报地方长官查核。至官立学堂,仍应归劝学所经管,以清权限。此缴。折存。

1912 年 1 月 12 日

组织临时省议会之结果

吉林各界联合会禀由陈抚转请东督赵制军,组织临时吉林省议会,当经东督覆电,著不准行。各界联合会因即特派松毓、庆康、赵铭臣等三代表晋谒抚宪,沥陈意见。闻三代表与陈抚争论,并不相下。适座中有孟统制豪语曰:诸君呶呶不休,则惟有藉兵力抑压耳!盖该临时议会若能成立,则如见该省独立之宣言矣。

《盛京时报》,1912 年 1 月 13 日

吉垣保卫谈

二十日,驻省军界人员大会议于公署。据闻,近因和议久而未决,本省人心或恐一朝决裂,势将延及关外。因恐生疑,因疑成谣,或云敢死队已庄长春启程,或云前日乘吉长车来省者有六七十人,实则日内和议正在磋磨,不过进行略形迟缓,且即民军到此,亦终抱人道主义。东省外交,又与内省略异,下手较难。故民军一层,实无所用其恐惧。惟本省匪迹遍地,乘机起事,不可不防。特

会商对于扰害治安者,如何稽查,捕获后如何处理之法,究竟决定如何,尚未探悉。

长春函云:近因南省多事,各处乘机肇事。吉林各属境界,胡匪出没无常,由长至吉一路,铁道迟未竣工,旅客往来,二百四十里,本系坦途。讵近胡匪屡劫行商,俄人被戕一案,迄今未破。故吉长沿路,特派警兵及巡防各营,迭为护送。日内该路一律平稳,可以畅行无阻矣。

《顺天时报》,1912 年 1 月 16 日

陈请裁撤清乡总分各局

省城谘议局议员谷嘉荫等,陈请裁撤清乡总分各局意见书,略谓:拟请裁撤清乡总分各局,以一事权而节经费,陈请建议事。窃自川鄂事起,各省响应,大局岌岌,已有朝不保夕之概。我东省地处边陲,两强环伺,稍一不慎,祸机立发。于是首由督部堂发起创设保安公会,各属创设分会,以保东省之安宁。吉省仿而行之,现在省城业经成立,各属正在催办之间。凡属保安事件,均归该会办理。近闻省垣有清乡总局之设,并各属亦设分局。考其内容,不过专事扩充预备巡警等事。查该局既以专办预警,即以保安地面为宗旨,而保安公会亦以保安为宗旨,宗旨既同,事权亦一,既设保安公会,而清乡之事自在范围以内,何须另设机关,徒縻经费。矧以吉省连年灾歉,所有经费,人民已不胜负担。倘再以清乡局所费之款筹之于民,已属万难办到。议员等近观时局,内察本省,对于此次清乡总分各局,万难承认。应请保安公会核议裁撤清乡总分各局,以一事权而节经费,则大局幸甚,吉省幸甚。

《远东报》,1912 年 1 月 16 日

保安会参议部开会志

省城保安会参议部于日前第二次开会，议案事由单如下：

一、提议组织法政研究会，预备共和立宪之基础案。何印川提出。

一、官银钱号宜由本会公举得人，呈请大帅派委帮办该号事务案。赵铭新、陈佐廷提出。

一、提议速于通省经理财政各员，及携款远飏各员，妥筹法案。松毓提出。

一、提议省城急宜由商民合力倡办团练案。赵铭新、张超提出。

一、提议保安会为保安监督机关，应由保安会成立之日起，所有会内之行文，以及各部一切政令函件，均须抄交该会参议部知照，以后随时抄送，分为交部核议案、交部知照案二项。

一、提议奉省由官银号借出现银十二万两，应呈请作速缴还案。金鼎勋提出。

一、提议裁撤全省自治筹办处，并归民政司办理，以节经费案。马良翰提出。

一、何议员月波业经谘议局公推代表赴沪，函请本会决定办事方针案。

一、提议各属人民不准食粮出境，运往来城，应请民政司出示晓谕，各地方赶速弛禁案。陈佐廷提出。

一、修正撤销全省旗务处，并置旗务公产案。

文牍干事报告一。报告初五日议决案，分别办理情形。文牍干事报告。

《顺天时报》，1912年1月18日

督宪电覆英使吉林未曾独立

吉林保安会自九月成立后，外交部曾照例行文，通知驻吉各国领事，不意英领事以吉林省外交向归交涉司专办，此次行文，乃系保安会关防，而无交涉司之印，遂函达驻京英使，谓吉林已经独立矣。英使特派专员，赴奉省面谒赵总督，询问情由。赵总督深为诧异，当即致电吉林公署，令将已出手之公文缴回。闻陈抚电覆奉天公署，以外交事宜，虽由保安会出名，仍系交涉司办理。且公文既已出手，难以缴回。现在官绅甚相辑睦，地方安谧，绝无他变，请勿过虑。督帅接电后，当即照覆英使，幸勿误会云云。

《顺天时报》，1912 年 1 月 25 日

吉林民政司呈覆宪札谘议局所议巡警改充军队一案

民政司为呈覆事。案奉宪台札开，案据谘议局呈称，窃于本月二十二日接准北京军界开，自武汉革命以来，朝廷见人心不可复背，利益不可偏私，于是告庙宣誓，与国民约，子孙誓守信条，共图幸福。我北省人民，初以为国民之实利已足，又恐革党以共和为虚名，希图自利，乃肯以武力恢复秩序，冀早和平，不惜数万健儿之血，为民请命，武汉秦晋，望风披靡，大局指日可定矣。乃有英人朱尔典者，以英政府名义出面调停，友邦尚以人道为心，苟革党亦居心公道，以国民幸福为前提，官军何忍妄戮一人，于是停战待和。乃自开议以来，彼党于国利民福之条件，无一字提及，只以君位退让一言坚持之，不亦太甚乎？然我太后圣

贤，明降慈谕，若从此免生灵涂炭，国体之规定，可付之全国人民公决，毫不偏私，博爱慈祥，公正和平，至于极地矣。在朝廷一面，已让无可让，革党已求无可求矣，乃仍无理滋闹，竟不准北省蒙藏各代表与会。十八人之名义，竟敢举孙文为大统领，又令北兵撤退百里以外，而彼军仍守现地，唐大臣惟革党命令是听。天下无有如是之共和国，实乃暴民专制耳。其心目中尚有我北省人民在乎？然朝廷犹望其悔祸，再定停战七日之约，与彼婉商。乃彼不守条规，闻十一日夜又有炮击官军之事，是真以蹂躏北方各省为目的，非为国利民福可知。是可忍也，孰不可忍也！兵未失散，其藐视已如此，将来之结果可想而知矣。我北省人民若服从此少数暴民之下，直波兰、印度之不若也。我最亲爱之北省蒙藏军人，义士英雄豪杰，可以兴起矣。此以奴隶视我，以共和号召，欲成少数专制之暴民，当思有以处之矣。我最亲爱之热血男儿，爱国义士，若肯为牛为马，俯首听命则已。稍一为人道，为子孙计，为国家计，当极力联合各界，一致进行准备最后之武力，宁死不辱之精神，宣布中外，吊民伐罪。我辈军人，首先效死，所求于各界主张者，约有数端，如左：一、本团体以革党服从国体，决诸公议，及各省一律平等，各举代表，各服从多数为目的；二、各地方由绅民自筹经费，多办巡警，以卫治安，将所有军队令开赴前敌，任第一线；三、所有应战各官兵，由该管官绅查其家属，遇有战殁者，由政府发给养赡费；四、出战各军，发给半饷，其余发给债券，交其家属，定后补足之；五、劝各王大臣、富绅多上国民捐，以备粮食弹药。各等因。函知前来。准此，接阅主张各条，诚为济时良策。惟查前次挽留孟督办暂缓南下，已经本局径电内阁，俟筹备有著，再请开拔。现在京军既已联络各军，决计勤王，不能不从速筹备自卫之策。用请督部堂、抚部院，迅即添练防营，藉资保卫。如果一时添练不及，即将全省巡警迅饬各属，悉数改充军队，专以防杜游击为务，暂缓分段守望。一俟大局平定，再按警章办理。已经协议公决，理合具文呈请鉴核，迅饬施行等情。据此除批："来牍阅悉，查南征调队一事，迭准阁电催询，当以吉省地阔兵单，必须添练防营，购置械弹，方能抽换当营，预备南下，现时遽难开拔各情形，电覆内阁查照，并一面赶紧筹备在案。至请将全省巡警改充军队，暂缓分段守望一节，候饬民政司核议覆夺，再行札覆。希即知照，抄由批答。"等因。印发外，合亟札饬，札到该司，即便查照，核议具覆，以凭札覆。切切特札等因。奉此，查巡警原有保护地面之责,惟吉省匪盗充斥,各属警力甚单,每遇匪势猖獗之时,军警联合攻剿,有时尚不能迅速扑灭。若军队全行开拔,难免胡匪不乘机而起,专恃巡警防剿,诚恐力有未逮。加以各属乡巡本系巡逻游击,并非注重守望,即令一律改充军队,于兵力未能增加,而各警或因此误怀疑虑,转足以滋纷扰。该局所议巡警改充军队一节,殊多窒碍。如将来军队必须开拔,自惟有添募防营,按照原驻地点分扎,方足以图保卫而安地面。所有遵饬核议巡警碍难改充军队缘由,理合呈请宪鉴核示遵行。须至呈者。

右呈钦差大臣、东三省总督兼管三省将军事务赵、钦奉头品顶戴、副都统衔、赏戴花翎吉林巡抚陈

民政司司使韩国钧
宣统三年十二月初七日

附:批

民政司呈覆宪札谘议局所议巡警改充军队一案,遵饬核议,碍难改充军队。

1912 年 1 月 25 日

各界联合会特开大会

吉林各界联合会昨(初十日)突开大会,探因外间有该会干事长松毓勾通革党,阴谋吉林大都督之谣传。天津、奉天等处军界联合会,又于日昨电致吉林某处,警告松毓阴谋不轨之疑义,故该联合会深恐祸之波及,特开此会,筹商对付。并闻该省谘议局已将赴沪代表赵某等三人一律取消代表资格。

《盛京时报》,1912 年 1 月 30 日

联合会六次职员会记

初九日午后一钟,团体联合会开职员会。首由杨君贻三报告:本会开幕以来,原期谋地方幸福,并无何等主张,乃近日每有招人疑谤之处。有谓某君主张共和者,某君谋大都督之位置者。若再长此设立,恐一事无成,反成怨府,以贻地方患。莫如及早裁撤,以息众议。所有由本会派出代表一节,拟由谘议局担任;报馆另由妥人办理。此后本会甘愿交代清楚,名实一概取消,请大家裁决。次庆锡侯发言:适杨君所言极是,正与鄙人有同情。日前闻军界言有北京来电,疑及某君,是将来一人之祸犹浅,恐大家同罹无辜。以鄙人观之,尽可即时裁撤。嗣因人到无多,于所应报告事件,及所应提议事件,未加研究,遂振铃散会。

《顺天时报》,1912年2月3日

吉林行省为双城地方官擅用公款札
谘议局据实纠举如详办理由

吉林行省总督赵、巡抚陈为札覆事。案据度支司详称,案奉宪台札,据谘议局呈称,查局章第二十五条所载,除二十一条第二、三款外,谘议局亦得自行草具议案等语。遵此兹经本局提议地方官擅动公款,据实纠举一案,于本月十七日开议公决,除呈报资政院鉴核备案外,理合将议决理由,缮折附文,呈请鉴核施行,计附呈议案一份等情。据此除批:"来牍暨议案均悉。查案内列举农安、宾州、双城、榆树各属擅动公款各节，如果属实，殊属有违定章。候饬度支司按照各条，派员认真澈查，具覆核办。又查双城审判厅并未成立，该府何得擅自开支审判经费，并候分饬提法司查明详办，再行札覆，希即知照札司，即便逐案分别派员，认真澈查，详覆核办。"等因。除前农安县茹令擅动公款一案，业经附生李希莲、议员李云章等两次禀揭，奉札由司会同清理财政局派员查覆，并奉宪台檄饬委员密查，已归彼案查详外。所有双城、宾州、榆树各案，即经分别派员往查。兹据双城查办委员、候补知府瞿方梅禀称，窃知府于十月十一日奉宪台札开，为札委事，案奉督抚宪札，据谘议局呈称，窃查局章第二十五条所载，除二十一条第二、三款外，谘议局亦得自行草具议案等语。遵此兹经本局提议地方官擅动公款，据实纠举一案，于本月十七日开议公决，除呈报资政院鉴核备案外，理合将议决理由，缮折附文，呈请鉴核施行，计附呈议案清折一份等情。据此除批："来牍暨议案均悉。查案内列举农安、宾州、双城、榆树各属擅动公款各节，如果属实，殊属有违定章。候饬度支司按照各条，派员认真澈查，具覆核办等因。印发并分行外，合亟抄粘札饬。札到该司，即便逐案分别派员认真澈查，详覆核办，毋稍徇隐。切切特札。计抄粘。"等因。奉此，兹查该员堪以派赴双城府查办，合亟抄粘札委。札到该员，即便遵照，克日束装前往双城府，按照抄粘各条，详细调查，据实禀覆，以凭核办。并由司先行发给川资二百吊，仍俟查竣，开折报销，毋稍徇隐。切切特札。计抄粘等因。奉此，知府遵即驰赴双城，调齐各项卷宗，详加稽核，谨将查得实在情形，一一陈之。

原呈内称，该府粮捐自宣统二年七月开办，迄今共征钱二十八万余吊。凡审判各厅经费，皆由此款提用。然审、检两厅按月实支，不过八千吊，而地方官规定之数，每月竟至一万四千余吊，较之实支，每月浮冒六千吊之多。即照原定额数核算，除开支外，尚应存储十万余吊。经金前府提用五万吊，文署府提用三万吊，作何需用，未据声明等语。查该府粮捐自金守永于上年六月初一日设立粮业公所，十五日开始征收，详报有案，讫本年三月二十一金守交卸之日止，凡九阅月，计共收吉钱二十七万一千四百八十一吊余文。该府审、检两厅系上年四月初一日开办，其经费初由他项公款提垫，后乃取资粮捐，并归还四、五、六等月提垫之款。至本年三月底止，共十二个月，计支粮捐一十五万八千四百五十六吊余文，经报提法司有案。是粮捐项下尚余存一十一万三千零二十四吊余文。惟公捐处因新政文牍、电报等项下亏款甚巨，于本年三月初十日呈请由粮捐余存款内提拨五万吊，以资支应，当经金守批准有案。所谓金前府提用五万吊，自系指此而言。查提拨新政五万吊一款，金守任内计支二万五千一百六十三吊余文，又于锦任内计支七千零五十六吊余文。汪守德薰任内，计支一千九有二十吊余文。荣守善到任后，至九月底止，计支一万三千九百三十三吊余文，实尚余存一千九百二十六吊余文。此金守提粮捐五万吊之确有需用者也。文守自四月初一接办审、检两厅事务，除接收金守移交罚赎讼状等费三万一千余吊，并收罚赎讼状等费一万六千余吊外，计提粮捐三万零八百二十七吊四百二十文。在任三月，总共开支五万六千余吊，剩存二万二千余吊，交由汪守移交，荣守如数接收，经报提法司有案。所谓文署府提用三万吊，自系指此而言。此外并无更提三万吊一款。此文守提粮捐三万吊之确有需用者也。又原呈内称，该府营业税向由商务会经征，按月汇送公捐处。定章除省提二成外，余作地方学警、自治、商务各费，并拨给统计处五厘，调查所五厘，游巡队一成。查游巡队官兵五十一员名，薪饷按季均由度支司核发。即府属之统计、调查两处，亦均由公费项下按季支领。兹竟由地方款内拨提二成之多，殊与上年督抚答复分配之文不符等语。查营业税原定省提三成，截留七成，更以截留之七成作十成计算，分拨商会二成半，巡警二成，自治二成，学堂一成半，统计处一成半，调查所半成，禀蒙宪台批准有案。嗣经通饬改提二成，留八成为地方之用。全守遂请以减提之一成，作为军队开支。自今年五月份起，文守复改为概以十成计算，除省提二成外，尚余八成，分拨商会二成，巡警二成，自治二成，亲军队半成，学堂半成，统计处半成，调查所半成。近自九月份起，又经荣守改为除省提二成、商会截留二成外，尚余六成，作十成计算，分拨巡警、自治各二成，亲军、学堂、统计处、调查所各一成半，并声明调查所奉文裁撤，应照一成半解省等情，札公捐处遵行有案。查游巡队官兵初定五十一员名，纯是步队，寻改为三十八员名，马步并用，薪饷由该府按季请领，列入预算，惟与亲军队究属两事。盖游巡队系遵通饬编练，亲军队系由金守禀请办理，应支薪饷，并请由减提一成营业税项下拨抵，不敷之款当设法另行筹措，经蒙抚宪及民政司批准有案。此营业税分配支用之实在情形也。又原呈内称，该府公捐之设，原为筹拨学警各费之需。查该处按月榜示，开除项下，列有府署新政文牍、帮文牍、总稽查、书记各员薪水，每员月支二百八十暨二百一十吊不等。此外府署电费、差遣川资、奖赏各项，统由公捐开除，常年约计三万余吊，以致学警各费均有不敷之虞。以官署公费应支之款，统由地方开销，岂该府应领公费及常年预算竟未列报此款乎？抑业经具领而乾没肥己，此地方所不承认此也等语。查府署新政文牍等项，据公捐处呈报，该府册载，自上年十月份起，至本年九月止，计共支四万八千余吊，系由公捐处汇收之粮捐项下提用，即第一款所指金守提用三万吊是也。其总分数目，金守任内俱有公捐处移交账册可稽，未经据报。文守曾于公捐收支款内将本年四、五、六月支出汇报有案。据荣守云官厅公费，额定七百两之制，支销不得逾越，而筹备宪政，事重牍繁，金守因于府署原设文案稽核收发，收支核对，朱墨各员之外，添设新政文牍、帮文牍、总稽查、书记等员，以期办事完密，于公无误。其薪水之支给，于府署原设各员，则取诸官署公费，于添设各员，则取诸新政经费，界限之分，亦甚明晰。此外新政电费，以及调查川资、奖赏等项，有非预算所计及者。公捐原为办理新政而筹，公费不足，则凡关乎新政之支出，不能不取于公捐，历任相沿，盖非得已。若警学款项之支绌，由于民欠垧捐甚多，垧捐如数收齐，不患不敷，无关新政开支等语。此府署新政开支之实在情形也。理合禀复核转等情前来。本司查官厅行政用费，应统由办公经费内开支，不准挪用地方公款。自清理财政局厘定章程，实行宣统三年预算以来，早经通饬各属一律遵守，良以地方收入公款，自有地方行政各种用项，彼此分划界域，实为区分国家税、地方税之权舆，故定章限制极严，一则免捐税混淆，一则杜官吏挪用，法至善也。乃双城金、文、汪、荣各守，竟于官厅行政费之外，别于地方公益款内动支游巡队、亲军队薪饷，并府署新政文牍、稽查、书记薪水各项，至四万八千余吊之多。虽据瞿守查覆，用款尚无不实。荣守声称系因筹备宪政牍繁，不得不添派员曹，然动支地方公费则可，动支地方款则不可。况游巡队薪饷预算应有定额，亲军队则预算并无其名，万不能阑入地方款内。谘议局之议决纠举，谓为不应动支，实与定章、法理均各相合。既经委查明确，应请责令各该守将动支款项，除审、检各厅经费暂照预算支用，不准超越，并宣统二年以前国家行政与地方行政尚未划分，本无预算，姑准核销外，余悉赶紧照数赔缴，并由司电饬荣守，赶将以后地方费开支文牍员等款一律裁撤，统归公费匀支，暨通饬各属一体凛遵定章，慎勿再蹈双城故事，以重公款。是否有当，理合详覆宪台鉴核，俯赐批示饬遵，并札覆谘议局查照，实为公便。再宾州、榆树两属俟覆到另详,合并声明。为此具详,伏乞照详施行。计呈瞿守查复清册一本等情。据此除批如详办理,候札谘议局知照,缴,清册存查等因,印发外。为此札付该局,希即转行知照。须至札者。

1912年2月4日

各界联合会特开大会

吉林各界联合会(初十日)突开大会,探因外间有该会干事长松毓,勾通革党,阴谋吉林大都督之谣传。天津、奉天等处军界联合会,又于日前电致吉林某处,警告松毓阴谋不轨之疑义。故该联合会深恐祸之波及,特开此会,筹商对付。并闻该省谘议局,已将赴沪代表赵某等三人,一律取消代表资格,盖为此也。

《顺天时报》,1912年2月6日

吉林联合会开第六次职员会

省城联合会于日前开团体职员会。首由杨贻珊宣言:本会开幕以来,原期谋地方幸福,并【无】何等主张,乃近日每有招人疑忌,乃谓某某主张共和者,某某谋大都督之位置者。若长此设立,恐一事无成,反成怨府,以贻地方隐患。莫若及早裁撤,以息嫌疑。所由本会派出代表一节,拟由谘议局负任,报馆另再派人办理。此后本会甘愿交代清楚,名实一概取消,请大众裁决。遂由庆锡侯向众发言曰：适杨君所言极是，鄙人深表同情。且昨闻军界得北京来电，疑虑某君极深，是将来一人招祸犹浅，恐大众同罹无辜。以鄙人观之，尽可即时裁撤。嗣因人到无多，所应报告提议事件，均未研究。随即散会。

《顺天时报》，1912年2月10日

吉林保安会参议部布告

本部参议诸君公鉴：兹订于本月二十四日（即阴历正月初七日）下午一钟，为提议组织临时议会，专在本部开特别大会。除函请正、副会长暨各部长届时莅会外，伏希诸君早临与议为幸。　吉林保安会参议部谨启

《吉长日报号外》，1912年2月23日

吉林陈抚台率同全省庆贺袁大总统电

接电知我大总统业由南京上议院举定，民欲天从，同心推戴。维持应运，中外腾欢。立致富强，咸登康乐。边隅望治，颂祷尤深。　昭常暨政、军各界、谘议局代表、各团体同叩（印）

《顺天时报》，1912年2月27日

吉议员之提议开大会

吉省谘议局此次发起,拟在天津开北方各省谘议局大会,以便磋商组织临时政府善后办法。闻该省议员等二十三名,现已抵奉,日内即可赴津云。

《顺天时报》,1912 年 3 月 6 日

吉林召集临时议会

现在共和初定,建设方新,一切组织改良问题,应议者甚多。抚帅峕于日前札行谘议局,令速即召集,开设临时议会。略谓:谘议局驻局人员,仅止少数。如欲共谋幸福,一致经营,非召集全省议员,不足以代表舆论,组织新猷。为此札行谘议局查照,速即召集全省议员,务于一个月内到省,迅开临时议会,将一切应议建设重大诸问题,逐层公议,共建维新,而谋幸福。是为至企云云。

《顺天时报》,1912 年 3 月 21 日

举定参议员

共和大定,参议院业由袁大总统临时组织成立,令各省均选派议员到院与议。闻吉林各界已举定谷嘉荫、沈玉田、杨锡九、金树汾四人,前往北京,到院与议。均于日内领取川资,即行起程。

《顺天时报》,1912年3月28日

吉林参议员过奉

吉林谘议局举定北京临时参议院议员,谷、沈、杨、金四君由吉林起程,于二十五日过奉,当经谘议局及各界代表欢迎。次日晚间,在南门里某饭店开晚餐会。旋于二十七日早乘京奉汽车晋京,二时至车站,恭送者颇不乏人云。

《盛京时报》,1912年3月28日

吉林公举参议院议员

据二十九日吉林电称,三月二十三日,吉林各团体代表〈者〉集会谘议局,公举参议院议员五名。二十八日，经陈都督认许，内有一议员现在日本留学，即经电辞云。

《顺天时报》，1912年3月31日

吉林谘议局之要电

顷接武昌临时议会震电，以南京参议院系由军政府之委员组织而成，不可为人民之代表机关。所议大总统受职办法第四条，似有未合。应请大总统先行独立主持，俟开中央临时议会追交通过等语。该会主见双方得当，吉局极表同情，务请我公准为办理，俾慰众望。吉林谘议局。哿。

《盛京时报》，1912年4月5日

吉林之组织省会

昨日吉林有电到京，据云陈都督现拟除该省谘议局议员原有三十七名外，由各府厅州县自治会（未有自治会之处，以商务会或农务会代之），各选一名，共计三十七名。定于月之二十日以内，派赴省城。并在省城，由商务、农务、工务及教育各会，各特选二名，组织临时省议会。于月底开会，讨议诸事，以重舆论。

《顺天时报》，1912年4月10日

吉省不承认原选议员

袁大总统、参议院、各报馆公鉴：前选参议员杨策、李芳、何裕康、金鼎勋、王树声等五人，佥由省城一方面票选，各属并未与闻，实不足以代表全省。现在各府厅州县均电请改选，兹经本会全体公决，亦坚不承认，仍遵三十日电令，由议会另行选送，以重公权。兹闻开院在即，特恐前选五人出席与议，谨此奉闻。吉林临时省议会。祃。

《京津时报》，1912 年 4 月 24 日

吉林不认原选议员之通电

袁大总统、参议院、各报馆公鉴：前选参议院议员杨策、李芳、何裕康、金鼎勋、王树声等五人，仅由省城一方之票选，各属并未与闻，实不足以代表。现在全省各府厅州县均电请改选，旋经本会全体公决，坚不承认，仍遵三十日电，改由议会另行选送，以重公权。兹闻开院在即，特恐前选五人列席与议，亟速奉闻。吉林临时省议会。祃。

《盛京时报》，1912 年 4 月 28 日

各属反对议事会

谘议局改为省议会,除原有议员三十名外,请各属议事会公推一人,来省参议。今各属以议事会未曾照章选举,均不承认。闻已联名具禀陈都督,另行照章选举矣。

《盛京时报》,1912年4月30日

吉垣省议会记事

吉垣临时省议会,前呈准都督,定于四月十五日开成立会。嗣因外城选送议员,届期未能到齐,遂又展期,改定二十四日开会,并请都督、司道,暨各界代表公司莅会,以襄盛举。兹将开会仪式列后:

(一)议员、行政长暨来宾齐集议会;
(二)仝观悬挂国旗;
(三)军乐队作乐;
(四)振铃开会;
(五)议员、行政长暨来宾各就席;
(六)议员向行政长暨来宾举行鞠躬礼;
(七)议长宣告开会词;
(八)行政长演说;
(九)来宾演说;

（十）议员演说；

（十一）军乐队作乐；

（十二）三呼民国万岁；

（十三）振铃散会。

谘议局前奉都督札知开，全体会选举赴京之参议杨策等五员，业已抵京。讵各外城选送之省议会临时议员，日前到省二十余人，均不认可。昨已要挟谘议局议长庆君锡侯，电请袁大总统暨参议院，迅将赴京之参议员五员，一并取消。俟省议会开会，由全省议员另行选举，到院与议云云。不知能否取消也。又函云：前由谘议局召集农、工、商、教育、自治各会，并学界同人，在该局公同票举参议员五人。今该局忽以临时议会名义，主张取消另举，故前到会各团体，又以事关公权，万不能缄默。无已，召集各团体会议，妥筹对待之策。

谘议局改为临时省议会，添派各属议员。照章，议会长宜于开会时，由议员中行票选，方为正办。乃谘议局新到各议员未至开会之日，即推定议长庆锡侯君，仍充省议会议长，咨请都督立案。反动者又齐起不平云。

《国民公报》，1912年5月2日

吉林参议员问题

吉林参议员问题，变态甚多。兹将其电文录下：

袁大总统、参议院鉴：前选参议院议员杨策、李芳、何裕康、金鼎勋、王树声等五人，仅由省城一方面票选，各属并未闻，实不足以代表全省。现在各府厅州县均电请改选，兹经本会全体公决，亦坚不承认。仍遵三十日电令，另行选送，以重公权。兹闻开院在即，特恐前选五人就席与议，特此奉闻。吉林临时省议会。祃。

《顺天时报》，1912年5月4日

省议会风潮可望和解

吉林省城各团体，为改组省议会问题，大起纷争，屡记前报。然其间原因甚多。闻二十六日下午，又经都督府委派代表何士果、彭云伯、宋渤生诸君，在公署与各司道计议各团与谘议局反对一节。当用电话将各团首领，一并邀集，磋商至再，业已和平解决。办法有四：

一、谘议局旧有议员，与各府厅州县新选送之议员，一并充作省议会议员，勿庸另选。

二、谘议局议长庆康，不准接充省议会议长。其省议会议长，须俟开成立会时，由全体议员中投票互选。

三、教育、农、商、工四总会，仍照前次各团呈请办法，每总会加入议员二名。但须通电各外城分会，均派代表来省投票。

四、省议会开会日期，须俟四总会将加入议员送到，再订期行正式开幕礼。

至于该局取消参议员一节，参议院覆电，既未据进陈都督覆电，亦不认取消，勿庸再议云云。各团退出后，当即投稿，通电外城教育、农、工、商各分会知照矣。

又农、商、工、教育四总会，前以省议会行将成立，每会请加入议员二名，因此与谘议局大起冲突。业经陈督委属宋渤生等，并予维持，曾志前报。兹闻二十六日下午五句钟，公署复邀教育、农、商、工四总会各派代表二人到署，商议加入议员办法。当时农、工、商三会均到，惟教育会缺席。经王提调代表都督，会同韩紫石、吴子明、黄柳三、饶炳文、王茂卿、宋渤生、何士果、庆祝三诸君，面见各会代表，备述都督维持之意。省议会议员现已允准加入，惟各会外城均有分会，将来某会如再有争持，即应将某会议员取消。农、商、工三会代表答言：今日教育会缺席，本会等不能代表，即请另商邀议。至我等三会中之分会，如有争执，各本会若不能解决，诚愿将加入议员取消。现各分会，已一律通信认可，大约本部分当不致别起风潮。王提调暨各司道乃佥言：若能如此，诚吉林之幸。继遂磋商加入议员办法，并嘱先开单送至公署，再转交省议会认定。又各团体自本月二十四日出第一号临时通告，至二十六日即又停版，因该报所载，以对于谘议局组织省议会种种针砭其过失为宗旨，并记各团对待该局之一切事实。现在风潮消解，此项通告，故亦暂停，拟于下月开办新吉林报社，预备正式之出版云。

《国民公报》，1912年5月5日

谘议局议员全体辞职

谘议局改为省议会，因各属代表参议员未曾照章选举，各团体屡次反对，电请取消。声言非将擅行专制以济私欲之议员取消，不能解释公愤。陈都督亦无可如何，遂派员出为调停。该局议长及各议员等见势不佳，遂即具禀辞职，另行选举，以泄公愤云。

《盛京时报》，1912年5月7日

吉林省议会选举冲突之详状

绅士之党派

吉林绅士，向分两派，一进取，一保守。进取者为松秀涛等一流人物，保守者如庆康等。当南北大局未定时，进取者多主张民主，保守者多主张君主。其时庆康为谘议局议长，曾在会场反对民主，又应宗社党之召，赴奉与会，进取者多以为非。而庆任议长三年，亦毫无建树，因之绅士亦颇有烦言。

省会之选举

此间自奉总统命令组织省议会，陈都督即令行各团体预备选举。于是各团体纷纷请求加入，甚至有乌拉镇小学教员亦欲加入选举，纷争不已。都督即请示总统，旋得覆电，令速开会，以免纷争。讵此电到时，正各团体纷争加入，选举剧烈之时，一时未易遏止，乃令韩民政出为调停，韩又不能得罪绅士，又不敢拂都督意，调停之望，遂归无效。

议长之恋栈

加入议员之事，既纷争不已，而即以谘议局改临时议会之令遽下，前谘议局议长庆康，以为议长一席可仍旧员。惟议员须另举，故仍以议长自居，发布公启，欲于二十四日开临时议会。

《顺天时报》，1912年5月11日

吉林议员谒见唐总理

昨日吉林议员杨策、李芳、何裕康、金鼎勋、王荫棠五人，前往国务院谒见唐总理，提出三事：一、省议会之冲突，请去电调解；二、东三省官制请速改订；三、吉林实业请速振兴。唐总理一一答复，并谓省议会之事，已于初七日去一阳电，至于振兴三省实业，应以便利交通为入手办法云。

《盛京时报》，1912年5月14日

吉林省议会风潮可望和解

吉林省城各团体，为改组省议会问题，纷争已久。日前经都督府委派代表何士果、彭云伯、宋渤生诸君，在公署与各司道，将各团首领一并邀集，磋商至再，业已和平解决。办法有四：（一）谘议局旧有议员，与各府厅州县新选送之议员，一并充作省议会议员，勿庸另选。（二）谘议局议长庆康，不准接充省议会议长，其省议会议长须俟开成立会时，由全体议员中投票互选。（三）教育、农、商、工四总会，仍照前次各团呈请办法，每总会加入议员二名，但须通电各外城分会，均派代表来省投票。（四）省议会开会日期，须俟四总会将加入议员送到，再订期行正式开幕礼。至于该局取消参议员一节，参议院覆电既未遽准，陈都督覆电亦不认取消，勿庸再议云云。各团退出后，当即拟稿，通电外城教育、农、工、商各分会知照矣。

《顺天时报》，1912年5月17日

国务院电吉林调解议会争执

吉林前谘议局奉文改组省议会，局长等拟照各省办法，由公民选举。乃商务总会等十五团体，要求就该会选举议员，加入省议会，坚执不允，大起冲突。两方面各电请大总统核示。嗣由国务院电覆吉林都督，略谓：吉省各总会要求选举议员，加入议会，虽由于尊重公权，然只可向议会和平请愿。该议会纵有坚持过甚，不洽舆情之处，亦不能任私人团体骚扰迫胁。祈设法调解，一面保护议会议员，一面晓谕各总会，勿为激烈之举。如有意见，依法面议请愿，勿任决裂云云。陈都督得电后，已分行各团体遵照。闻此次两方面争执半月，所损电费甚巨。省议会计去六千余元，各团体亦去五千余元云。

《盛京时报》，1912 年 5 月 21 日

省议会波浪将平

临时省议会办法，昨十八日经陈都督与各属议员议定办法。吉省三十七州属均系通都大邑，准其每属加入议员一名，其余偏僻小县七属，不准加入。众绅均各允协。现已札饬各属，定于下月初三日投票选举矣。

《盛京时报》，1912 年 5 月 26 日

省议会员绅之冲突

省议会员绅与各处议员冲突现已了结，惟各属议员尚忿不能平，将总会前所通告之文一一辩正，以斥其非。兹将其所辩正者略举如下：（一）通告有谓议长为宗社党等语，议长之非宗社党，尽人皆知。而通告如此私臆，其为计也毒。（一）通告有谓议长学识颇优，恐无噉饭之处等语。学识既优，何患无噉饭之地？足见其为辞遁释。由是以观，该会之冲突恐犹未艾也。

《盛京时报》，1912 年 5 月 31 日

二、相关评论及其他

吉林辛亥俱乐部支部可望成立

辛亥俱乐部特派员罗杰初七日到吉,得各团体领袖及有名绅士赞助,于初十日假谘议局开谈话会,已志本报。兹闻十三日复假该局开发起会,已推农会会长庆山君为临时主席,并假农会为支部事务所。俟日内起草员报告,即开成立会云。

《远东报》,1911年10月13日

吉林永合满汉会成立

吉垣自鄂耗传来,排满之说,既有影响,而当地满人为自卫计,又生排汉暗潮。满汉相仇,必成惨不忍言之结果。由是临时法官养成所吴琨、王介廷两君,倡议设立永合满汉会,订定规则十二条,谘议局亦颇赞成。当于本月初一日,在该局开会,筹议办法,探得其规则全文,照录于下:

第一章 以融化满汉为宗旨

第一条 满汉互相结婚。

第二条　旗人名字均冠以姓，不许以四字为名，与汉有别。

第三条　中国礼制，旗人与汉人通用一律。

第二章　立会章程

第四条　本会未经设立以前，有原署名或赞助者，皆负本会义务之责任。

第五条　本会创办之初，须由本会各员捐款募集。

第六条　本会经谘议局议决在案，先将本会成立，再向黑、奉二省设立分会。

第七条　凡本会事务，均由本会员及赞成各员担任。

第八条　本会应设干事一员，均由署名者投票选举。

第九条　本会章程经费，均由谘议局议决，即行开办。

第十条　本会章程如有增减之处，随时酌定。

第三章　分会章程

第十一条　分会于第五条至第十条均得适用。

第十二条　本会职员，无论城镇乡，竭力劝导，概不支薪金。

《顺天时报》，1911年12月1日

东三省总督赵尔巽吉林巡抚陈昭常奏报第六届筹备宪政情形折

奏为遵章奏报吉省第六届筹备宪政情形，恭折仰祈圣鉴事。窃查宪政筹备事宜，照章按届奏报。吉省自第一届至第五届办理各项宪政成绩，业经先后奏咨在案。兹值第六届奏报之期，自应查照修正暨原定各清单筹备情形，详晰缕陈，以备考核。

一为厘订国家税、地方税各项章程。查国家税、地方税之划分，实为预算决算之张本，必先辨明税项之用途性质，方有端绪。然吉省税项，性质复杂，用途纷繁，既无某项专归某用之规定，亦无某项可作其税之准绳，若不订定画一办法，几至无从着手。因拟以各府厅州县或各地方团体为本地方行政之用，征于其域内人民者，为地方税；余则概属国家税。惟地方税内有营业附加税及坰捐等款，拨充各属审判检察厅经费者，既不能因划分税项之数，遂致经费无着，又不能将审、检各厅经费提归地方之用，因又以前项审、检厅所拨营业附加税、坰捐各款，概入于国家税之内，以符定章。经饬由度支司暨清理财政局逐项调查，依限编订宣统四年国家税、地方税全省预算，详请奏咨，并由局先后拟订划分两税标准，列为详表，咨部查核。各在案。一俟奉到部章，再行分别遵照办理。此按单筹备者一也。

一为汇报各省户口总数。查吉省于宣统二年已将人户、人口各总数，一律提前查竣，次第列表具报。嗣后惟应将各户口之生死迁移，随时调查，每年十月，报部一次。业经饬由民政司遵章办理，毋敢懈怠。此按单筹备者二也。

一为续办地方自治。查吉省地方自治，本年上、下两级，兼营并进，凡繁盛之属，并中等之城及各镇，所有调查、造册手续，业已分别完竣，现正预备选举，俱在进行之中。限以本年十一月，各自治职一律成立。至附设之官绅研究所，展期两月，曾经附片奏明。将来举行毕业，各属办理上级自治，可资任使。此按单筹备者三也。

一为续办各级审判厅。查吉省前经划定司法区域，计应设地方厅十所，现在已设八所；应设分厅二十二所，现在已设二所；应设乡镇初级各厅四十所，现在已设十六所；余皆分别组织，次第可期成立。至监狱一项，照章应与审判厅同时兴办，计全省监狱区域，划分六区，添建新狱，以为罪犯归宿之地。其各属旧狱，无论已否改良，一律改为看守所。其尚未设狱之处，亦均添建看守所一处，以期全省狱政，得收整齐画一之效。此按单筹备者四也。

以上四项，皆系修正单内应订筹备各事宜。至原单内所列巡警及简易识字学塾，已归入普通行政，亦经饬司分别切实办理。查巡警上届奏报，除虎林、东宁两厅，绥远一州，富锦、饶河两县，共计五属，尚未举办不计外，共办城乡巡警三十二属。本年东宁厅添办六区七分所，计全省巡警完备者已达三十三属。其预备巡警三万一千一百二十九名，现在已增至四万六千零四十一名。此外，如森林巡警、水上巡警，亦有六七属，酌量举办，均尚妥洽。又查简易识字学塾，吉林现在学塾三百三十五处，学生四千九百六十一名，其中自以繁盛之属居其多数；其偏僻之属，除虎林、绥远、饶河、东宁、磐石各属，或草莱初辟，或人口稀零，应酌量缓办外，其余均已一律推广。以上二项，又系原定单内筹备事宜，自应一并陈其大概。吉省筹备各项宪政，计时已历六届，办法渐见完全。兹值时事多艰，民生交困，当宵旰忧劳之日，正臣子效命之秋，尤当淬（厉）〔砺〕精神，维持要政，以冀仰副圣主垂念东陲之至意。所有奏报吉省筹备宪政缘由，除分咨查照外，理合会同恭折具陈，伏乞皇上圣鉴。谨奏。宣统三年十月初五日，奉旨：内阁知道。钦此。

《顺天时报》，1911年12月2日

吉林大吏电留摄政王原稿

自摄政王退位之诏下，吉林巡抚以下，不奉诏命，电致内阁力争。今将其原稿照录于下：

北京内阁总理大臣钧鉴：本日恭读隆裕皇太后懿旨，监国摄政王辞位，业经俞允，明诏天下。伏读之下，惶惑非常。念自摄政王监国以来，孜孜求治，昕夕不遑。海内臣民，已深信仰。此次川鄂变作，在事诸臣，有以召之，摄政王以谦抑为怀，自不能不引咎自责。而值此阽危时局，实万不能轻易总揽之权。现在东南各省，虽云糜沸，而黄河以北地方，尚属安谧，军民尚称固定，实赖朝廷名义，有以维系人心。若庙堂之上，先事纷更，在已乱之处，将谓政权不一，更属借口有词；在未乱之区，或以宫廷不和，而妄相窥测。矧皇上正在冲龄，皇太后亦向未预闻政事，即使聪明天纵，而深宫端拱，经验所得，未必即较摄政王为多。明知内阁本负完全责任，而统治大权，究在元首。当此危急存亡之秋，讵可举天下之重轻于一掷乎？东三省本祖宗发祥之地，在今日又强邻势力之图，旬月以来，讹言时至，军学各界，已倡言独立，主张共和，势颇危急。幸赖朝廷威德，昭常等得以宣慰镇抚，暂获少安。本日摄政王退位之命下，此间舆论，愈益嚣然。谓即此以推太庙十九条，岂能示大信于天下，万一此处人民，藉此煽动，地方必至糜烂，而眈眈强敌，亦即攫而有之。根本既摇，畿辅告警，斯时即治臣等以不职之罪，于国家前途，从何补救？是以不揣冒昧，披沥上陈，俯恳收回成命，以固主权而安人心。否则吉省危局，实非昭常等驽下所能支持。惟有立请罢斥昭常等，另简贤能，或足以资镇定。若朝命不允，则东省艰危，迫在眉睫，昭常等微材断难负此重任，用敢先事陈明，不胜迫切待命之至。谨请代奏。

吉林巡抚陈昭常　署民政使韩国钧　署交涉使郭宗熙　提法使吴焘
提学使曹广桢　度支使徐鼎康　劝业道黄悠愈　旗务处总理庆山
陆军第二十三镇统制官孟恩远　军事参议王赓　陆军第四十五协统领官高凤城　陆军第四十六协统领官裴其勋

《顺天时报》，1911 年 12 月 22 日

吉林公署接奉电文五则

十二月二十七日公署接北京电

本日奉旨：朕钦奉隆裕皇太后懿旨，前据岑春煊、袁树勋、陆徵祥等，统兵大员段祺瑞等电请，速定共和国体，以免生灵涂炭等情。现在时局阽危，四民失业，朝廷亦何忍因一姓之尊荣，贻万民以实祸。惟是宗庙陵寝，关系重要，以及皇室之优礼，皇族之安全，八旗之生计，蒙古、回、藏之待遇，均应预为筹画。着授袁世凯以全权，研究一切办法，先行迅速与民军商酌条件，奏明请旨。钦此。袁世凯署名。京宥。（印）

同日北京来电

本日奉旨：朕钦奉隆裕皇太后懿旨，前以大局阽危，兆民困苦，特饬内阁与民军商酌优待皇室各条件，以期和平解决。兹据覆奏，民军所开优礼条件，于宗庙陵寝永远奉祀，先皇陵制如礼妥修各节，均已一律担承。皇帝但卸政权，不废尊号，并议定优待皇室八条，待遇皇族四条，待遇满、蒙、回、藏七条。览奏尚为周至。特行宣示，皇族暨满、蒙、回、藏人等，此后务当化除畛域，共保治安，重观世界之升平，胥享共和之幸福。予实有厚望焉。宣统三年十二月二十五日。盖用御宝。内阁总理大臣、国务大臣署名，全权袁。有。

同日公署接奉天电

吉林陈简帅、黑龙江宋署院鉴：奉本日致内阁电文如下，"恭读钦奉懿旨，国体解决，此后完全办法，钧阁自有主裁。惟关于东三省之事，连日邀集各界筹议，佥以鄂变起后，三省即以维持治安，不启外人干涉为目的。迄今数月，上下一心，尚无贻误。即国体解决后，仍认定保守治安，照常办理，不任自相纷扰，牵动全局，尚可勉为，亦必内中对于东三省用人行政，能不遽【事】变更，乃可共相维系，不生疑虑等情前来。查东三省数月以来，赖万众一心，幸未扰乱。兹据各界所陈，实属仰体圣慈，顾全大局之苦心，至所以俯协群情，克弭外衅，是在钧阁之伟画矣。巽。宥"等因。即祈查照，并转告谘议局及各界一体知照。至于开谕军民，维持治安秩序，全赖筹画，以支危局。巽。宥。（印）

同日公署接河南电

（火急）吉林抚台、谘议局、各镇统制、协统、各师团长、各司令长（均）〔钧〕鉴：顷致北京袁总理有电文曰，"共和国体，业经确定。外交内政，经纬万端。临时统一政府，行将建设，非得威望勋劳，为全国所钦崇，为外人所翕服，断难肩此巨任。我公恢闳奥略，震慑环球，此次人秉钧衡，支持危局，卒能调和南北，竟收斡旋之功，于国利民福，所全甚大。群情鼓舞，薄海同欢。前由南京临时总统孙君电覆直、豫谘议局，声明共和成立，即行解职推公。昨接蒙古王公联合会通电，亦称惟公担任临时大总统，方能维系众心，保全大局。足征事体。公同议决，佥以为临时大总统一席，非公莫属，务乞我公勉从众望，力任其难，福我同胞，中国幸甚，全局幸甚！琳暨文武司道、府县、镇统、将校，并谘议局代表全省绅民商学各界同叩"等因。特此电闻。琳暨文武司道、府县、镇统、将校，并谘议局代表全省绅民商学各界同叩。有。（印）

同日北京来电

现在改定共和国政体，业经布告内外官衙，均照旧办事，毋旷职守。所有应递政府公事，一律用呈文。政府。宥。（印）

《吉长日报号外》，1911年12月28日

吉林公署接北京政府来电三则

十二月二十八日北京来电

吉林陈抚台、孟统制：现在共和政体业经宣布，本政府组织伊始，地方治安关系至重，全赖军警协同维护，免使居民惊扰。现军警各界赞成共和，早经联合一致，尤应各尽义务，合力维持。所有旧定之军纪警章，仍当继续施行，藉以统一政权，保持秩序。倘有不逞之徒，藉端生事，扰乱治安者，定当按法惩治，以维大局。凡各级长官，务当共申此旨，认真约束，勿得稍有疏懈，致干咎戾。此令。全权袁。二十六日。（印）

十二月二十八日北京来电

吉林巡抚：全权组织临时共和政府袁，布告内外大小文武官衙，现在共和国体，业经宣布，世凯忝膺组织临时政府之任，力小荷重，深惧弗胜。窃念政府机关，不容有一日之间断。现值组织临时政府，所有旧日政务，目下仍当继续进

行。庶政方新，百端待举，全赖群策群力，互相匡济，务以保全治安，共维大局为要着。在新官制未定以前，凡现有内外大小文武各项官署人员，均仍照旧供职，毋旷厥官。所有各官署应行之公务，应司之职掌，以及官款公务，均应照常办理，切实保管，不容稍懈。倘有借端规避，旷厥职守者，不独违背官观，抑且放弃国民义务。窃愿在官诸君子，共凛此意。此令。宥。（印）

十二月二十八日北京来电

（急）各省制台抚台：现在共和宣布，改为中华民国。其国旗定为横幅，分红、黄、蓝、白、黑，由上而下。除南军一律照换此旗外，北方各军队，奉到此电后，迅即换悬此旗，以免彼此再有冲突。望即分节查照办理。全权袁世凯。（印）

《吉长日报号外》，1911年12月29日

吉林公署接北京来电一则

十二月二十九日北京来电

各省制台、抚台：昨晚接南京孙公文电开，今日三点钟上议院举袁公世凯为临时大总统，民国大定，选举得人，敬贺等语。特此电闻。军事参议处交涉参议。（印）

《吉长日报号外》，1912年1月1日

吉省公署致袁世凯电

致袁大总统电

袁大总统钧鉴：接电知我大总统业由南京上议院举定，民欲天从，同心推戴，维新应运，中外腾欢，立致富强，咸登康乐。边隅望治，颂祷尤深。昭常暨政军各界、谘议局代表、各团体同叩。辛亥十二月三十日发

《吉长日报号外》，1912年1月1日

吉林公署接北京来电一则

十二月三十日北京来电

吉林巡抚：世凯卧病三年，无志问世，朝旨敦促，迭辞弗获。自督师洎入朝，抱定君宪宗旨，乃大势推迁，内外牵逼。东南区域既皆瓦解，西北各省时复响应，资政院及各谘议局，并商学各界，均主不以兵力平乱，财源枯竭，械不能购，兵不能增，以致汉口复而海军继变，汉阳克而南京旋失。江海之权亡，财赋之源绝，虽设法激劝将士，取消山东独立，规复山西省垣，力保陕洛，收抚大同一带，勉为支持，北方赖以粗安。而潮流激烈，到处灌输，民党散布京津，时谋举动，土匪又到处蜂起，分兵布置，防不胜防。重以列国调停，以尊重人道，息战和商为请，不得已，始有代表讨论之行，继有公决国体之诏。磋商多日，迄无

成议。迁延愈久，险象环生。外人以商务赔款，时有责言。会匪土匪，焚掠淫杀，均以大局未定，难于剿办。近则库伦、伊犁、呼伦各处，纷告独立，西藏变动屡见，内多糜烂之患，外动干涉之机。民军又复分道北侵，齐豫则警报频来，徐颍又援兵莫继，兵饷随时凑发，异常竭蹶。年内非百万不可度岁，而军心摇动，政见变迁，若再相持，转瞬春融，民军北来，欲战不能，欲和不及，非但生灵涂炭，必致京师震惊，何以安宫廷而保陵庙？何以全皇族而活旗民？世凯适此困难，祈死不得，求去不允，与惟德等私忧窃叹，辄至相向泣下。近者各国驻使，各埠商团，各处议会，各路军队，各省督抚，纷纷来电，咸谓人心趋向共和，断难逆遏，事机危迫，呼吸存亡，与其为城上盟，而祸不可设想，何如恩出自上，早日宣布共和，俾君上不失尊荣，国民乐为酬报。并责以不应以两宫及北方生命财产为孤注，侥幸一战，不虑万全。慈宫亲贵，鉴观大势，默察舆情，迭次谆以保全宗庙陵寝，及安全两宫相训勉，并谓万不可激成种族之惨祸。闻命惴栗，惧莫能测，心力既竭，计无复之，只得以国家为前提，以安上全下为目的，以多数舆论为从违。当奉懿旨，与民军先商优礼皇室条件，此实朝廷两害取轻，万不得已之苦衷。果能双方同意，和平解决，皇室既可永享尊荣，为前代所未有，而满、蒙、回、藏世爵，各旗俸饷，均可照旧，不致停废。以视无补之后，受祸不测者，其安危苦乐，殊不可同年而语。磋商数四，朝廷比较利害，斟酌定议，遂有今日之局。诸公热心求治，伟略匡时，渴望和平，定征同意。惟于此中原委，或尚恐未知其详，用敢略述奉达，伏乞亮鉴。袁世凯、胡惟德、赵秉钧、绍英、唐景崇、王士珍、谭学衡、沈家本、熙彦、梁士诒、达寿同叩。宥。（印）

《吉长日报号外》，1912年1月□日

吉林自治现形记

吉林自治发源于戊申年间，时自治部章尚未颁布也。讵屡被挫折，迄今益无足论。城镇乡自治虽已举办，大都有名无实。设一自治筹办处，委员实夥，仅长于拟订规则，长篇累牍。刊诸文件，非不美备，惟一般选民，无此法律知识，不能贯彻其理，故各地自治毫无实效可观。自鄂事起后，筹办处人员益多请假归里，公厅上面，阒无一人，实吉垣局所中之一现象也。

所办之《自治旬报》，现已改为《民政杂志》，精神未见佳良，一年费几许公帑而已。其故由掌其事者以敷衍为主，实无办报之热心故耳。否则《民政杂志》搜辑材料，以资政界参考，岂无用哉？

府厅州县议董各会，虽有报告成立者，大半名实相乖，难期大效也。最可怪者，吉林城议事会设立年余，毫无建树。上月董事会总董杨东（即文耆）宣言辞职，将董事会归并议事办理。（一奇）监督并未批驳，（二奇）议事会亦不相拒。（三奇）近日城议事会亦以经费无着为词，呈请监督将会解散。（四奇）所有薪水，截至十一月十五日止。（五奇）所欠各款，请监督速筹款项，按照单列债款，扫数付清。俟后筹有专款，再按所垫数目归还。（六奇）不知监督如何批示也。

《顺天时报》，1912年1月12日

吉省添设巡防队之决议

驻扎吉林之陆军第二十三镇孟统制恩远，前接袁内阁电催，率兵晋京，吉省绅商挽留孟君一节。兹悉孟统制近又奉命，就该镇中组织一混成协，派遣关内，各绅商亦无奈之何，必须另筹保安之策。已于日前在谘议局，会同筹议防卫办法，已经议决添设巡防队六营，以厚防务。如碍难实行，即将通省巡警编隶巡防队，已经禀告抚宪，未知能否允准。

《顺天时报》，1912年2月7日

吉林公署致各省通电

顷接庄都督两电，于建都利害，论之綦详，洞见本原，目光如炬。窃谓中原枢纽，端在西北，征之历史，由西北而控制东南易，由东南而控制西北难。两戒河山，可指诸掌。矧内外蒙古，紧接幽燕，居中驭之，自可收指臂之效。若舍此而南，形势既有不便，情谊即不能联，万一意见参差，不复内向，屏藩顿失，外人且从而生心，中原之祸，莫大于此。此不可改都南京者一也。国体初定，建设刻不容缓。如建都南京，中央各衙署，势必重新修筑，无论财力艰难，鲜可筹措。即勉强营造，亦匪旦夕可以告成。北京则形式俱备，但须法制更定，即可实行。此不可改都南京者二也。京奉之线，直接欧洲，外交团久称利便，各国使馆如令随我迁徙，其中必有梗议者。倘因外人饶舌，我仍改图，则新发之硎，已损价值。此不可改都南京者三也。民国新造，组织尚未完全，亿兆心理，岂能尽合。如政府离北京甚远,保持皇室,即不能周密,一旦奸人乘际煽动,立可兴戎。庄都督所虑,挟幼主破坏全局一层,至为切要。此不可改都南京者四也。总之,此次政体改革,虽倡自南方,而大功告成,似宜统筹深计,以取高掌远跖之势。若谓南人发难,建都必在南京,是犹有畛域之见。目下纵云统一,将来南北心理,必致酿成纷争。窃以为非共和之福也。布露愚见,敬候采择。如以为然,请合力电争,以维大局。昭常

《吉长日报号外》,1912年2月23日

吉林公署接天津来电一则

民国元年二月二十二日天津来电

北京新举袁大总统、南京孙中山先生、武昌黎宋卿先生、南京参议院、上海中华民国联合会、民社、国民协会、民立报、神州日报、时事新报、大共和日报、各省都督、议会、军界暨谘议局诸公钧鉴:政体更新,总统举定,南北一致,中外咸孚。民国重新古业,经纬多端,政府地点问题,关系尤巨。审时度势,莫若都燕。谨列八条,藉申一得。伏维全球大局,恒视形势为转移。近日列强眼光,已渐略海权而趋大陆。观于巴马河之凿通,贝加尔湖之双轨,安奉铁路之桥,胥注意于太平洋,暨远东各处。此后文明输灌,世界大同,北京由陆赴津,达欧洲,交通利便,是不宜舍北而南者一。近年亲贵柄政,招权纳贿,一旦失势,实不甘心,是以有宁送朋友,不送奴仆之论。倘总统轻去,无人坐镇,则专制之余威再炽,劫迫之故智复萌,不特挟天子以令诸侯,抑将借外兵以平内乱,祸机一发,根本动摇。是不宜舍北而南者二。南北满,内外蒙,近接边疆,皆系必争之地。燕都扼吭拊背,足资控制,若弃而之他,则雁迹龙荒,非复我有。是不宜舍北而南者三。中国幅员衮广,地学家或以建都偏北短之,是但就各

省统观,而未尝合亚洲并计。黄种生齿日繁,无地可以殖民,天留蒙草以待开辟,将来鸿规大启,迁民实边,远暨声威,兼饶畜牧。是不宜舍北而南者四。国基新立,万端待理,饷源枯竭,着手最难。燕京自前明迁都以还,宫廷廨宇,园囿市廛,缔造经营,规模式廓。近年军事戎器之富,学校图籍之储,凡百增设,甲于全国。只论已成之局,非财力所堪,舍此别图,何从筹举?是不宜舍北而南者五。共和成立,与民更始。旧时之秕政宜除,而新陈代谢,举凡制度之见于册档者,良有待于饷稽,此萧酂侯之入关,曹武惠之平吴,所以独有伟略也。宁都仓猝草创,鲜所凭藉,何物何事,可以接收?是不宜舍北而南者六。自各国缔约通使以来,北京使馆林立,庚子以后,展拓基址,费益不赀。一旦迁移,微论外人认可与否,而建筑各费,何计酬偿?此外辛丑通道专约,京奉京汉,关系条文,牵涉多端,尤难因应。是不宜舍北而南者七。晋都建业,北服遂沦,宋迁临安,燕云坐失。即德、美民主各国,不闻舍旧谋新,别营都会,覆车宜鉴,前事可师。是不宜舍北而南者八。以上理由,极为明显。海内贤硕,类已同切指陈。外人旁观,亦复言论同致。新国至计,利害同之,欲为久大之规模,当取多数之利便。谨布愚见,望速决定,大局幸甚,前途幸甚。张镇芳、张怀芝、张锡銮,暨直隶各司、镇、道、将领同叩。可。(印)

《吉长日报号外》,1912年2月23日

第四编　各属自治会、议事会、董事会、参事会等相关活动

一、吉林府

吉林地方自治研究会

近日省城绅董会议,已经禀请朱中丞设立地方自治研究会,由各州县选择士绅一三人,到会中研究地方自治学,以便举行自治事宜。不日即举行开会式矣。其内容大概仿行奉天地方自治局章程云。

《盛京时报》,1907年9月3日

吉林自治会成立

吉林地方自治会经发起人松秀涛观察，妥拟章程，禀经抚宪，批准开办，已于日前行开会礼。并以城内粮米行之警察传习所改为会所，又附设阅报室，任人入内观览，以期广开吉林人民之知识，而养成自治之程度。又闻该会拟设自治讲习所，以资研究。昨已分配列表，禀请抚宪札饬各属，如数选送，均系官费，于十月初一以前到齐。除吉林府属由自治会会员入所肄业外，其余各属额数如左：

长春　双城　宾州　伊通　榆树　各六人
延吉　五常　各四人
滨江　新城　依兰　绥芬　农安　长寿　敦化　磐石　各三人
临江　大通　各二人

《盛京时报》，1907年10月5日

吉林考选自治学员

初四日，自治会公所考选自治学员。投考者只二百人，闻尚不足选取之额，大约日后仍须招考一次云。

《盛京时报》，1907年12月15日

吉林地方自治会要求国会启

可幸哉，中国之立宪也！可危哉，中国之立宪也！破四千年锢蔽旧习，改专制而为立宪，国由此富，兵由此强，可幸孰甚?！然比年以来，空言预备，国家势成孤立，政治依然独裁，仅欲以一纸虚文，收强国之效果，可危孰甚?！居今日而审机观变，欲享幸福而挽阽危，以组成完全立宪之政体者，其惟开国会乎？夫国会者何？或曰统治之机关也，或曰立法之机关也，或曰宪法上统治之机关也，或曰国民代表之机关也。学说纷纭，俨如聚讼。然要之上下均负责任，人民参与政权，以维持国家之生存者，其旨则一。中国国家、人民自古分而为二，国家对于人民，既以干预政治为越权，人民对于国家，亦以不闻国事为本分，上下隔阂，内外异心，延至今日。有权利而无义务，有义务而无权利，满汉两不平等，遂致生种族问题，此有识者所惕然深忧者也。海内热心诸君子，有鉴于斯，亟起直追，或开会集议，或伏阙上书，以要求国会，风起云涌，前仆后继，喧腾于二十二行省，弥纶于蒙、回、藏各部，总以达其实行立宪之希望为目的。而政府力持人民程度不及之说，以压制之，不知人民程度，究以何国为标准？法西洋欤？法东洋欤？欧西人民程度，自然发达，又有国会以助长之，训练既熟，阅历已深，以与我今日人民相较，自不免有高下之殊。然试问其国会开设之初，其效果遂至此耶？若论日本，无论明治维新之初，其人民程度远不逮吾国，即至今文明发达，法律完备，极盛时代，以彼少数人与吾多数人较，亦未见其遽占优胜地步。以开化论，吾中国最早，以人数较，吾中国居多。东西洋皆有国家思想，政治能力，岂吾四万万人民，尽昏瞆无知者乎？有可以速开国会之理，有不得不开国会之势，而政府又故为抑制，故为留难者，以吾人民之要求有未至也。设终抱消极主义，放弃权利，一任独裁独断，风行草偃，不特未来之希望，终不能达，即已颁之政令，亦将中止。试观欧美各国立宪之条文，何一非国民之劲血所染缀，若仅凭一纸请愿书，即足餍舆望而收效果，犹事之至幸者耳。凡我同人，既属国民分子，兴亡皆与有责，不效一得之愚衷，空抱杞忧而何补？吾吉丰沛故乡，风俗纯古，人民素尚忠义，现由本会发起，谨撰国会请愿书，昨已电商会各团体，拟签名后，呈递政府。伏愿我学界、军界、绅界、工界诸同胞，大发热诚，联袂奋起，始终赞成，共襄盛举，则吾吉幸甚！中国幸甚！

《申报》，1908年7月23日

吉林民气又将复振耶

吉林自自治会解散之后，数年培养之民气，一旦扫地。今则自治之风潮已熄，而公民保路会之事又起。现正联合吉林全省人民，恳求政府争回吉长铁路。其办法系遵照光绪三十一年奏定之案，备款自办。并闻此次集股，异常踊跃，富者认股，贫者出力，大有非得勿休之势。现已集有百余万之谱，日人异常悚惧云。（演）

《北京大同日报》，1908年11月13日

禀请设立议事会与董事会

研究所现已考试毕业，已志前报。该所长何月波君，禀请先将本城设立议事会及董事会，依照北洋自治办法，俟有成效，然后推广四乡，再行酌办云。

《吉长日报》，1910年1月2日

自治筹办处札委参议

吉抚以地方自治筹办处事务重大，须得明达官绅，襄助为理，乃能收集思广益之效。因特遴委公署秘书官黄可权、民政司佥事章绍洙、交涉司佥事傅彊、官运局提调张弧，又内阁中书赵学臣，试用道庆山、文禄，候补知府牛翰章，同知庆康，知县沈景佺，均充该处参议，已于前日下札。

《帝国日报》，1910 年 1 月 13 日

吉林筹还国债正式会

吉林省垣筹还国债会，经庆君山等组织，曾于上月开会一次，章程业已拟妥宣布。兹闻该会于本月初六日十一钟，假商务总会开正式会，签邀阖城绅商各界人士届时莅会，用谋筹捐之策，以期巨款速集云。

《吉长日报》，1910 年 1 月 18 日

国债会已成立

省城筹还国债会，经文彝、庆山诸人发起，议就简章，于本日在商会开成立会。其宗旨以筹还国甲、庚两年赔款为主，拟由省城推行各省。到会者千余人。商会某君演说，极为沉痛。会员王君演说，筹还国债之后，当力赞江部郎亢虎设立国耻台之事，刻石于各处，一面叙述国耻，一面叙人民爱国筹还国债之事，以期传之不朽，并可以激发人民之心志云。

《中国报》，1910年1月31日

通饬各属选送三班自治学员

吉林自去年议立自治研究所以来，已毕业两班。筹办处详请公署，请照前案，饬各属照原定之额，加倍选送学员，来省肄习，以重宪政。统限于明正到齐。虽该所考验分别去取，俾可同时开班上课，如系无员可送，或人数不足，亦须于年内先行详报，或电京呈请，以便查照招生补考。已奉公署批准，通饬各属，速行选送，毋得延玩云云。

《中国报》，1910年2月2日

自治筹办处改定章程

　　自治筹办处自九月间开办,草拟章程,呈奉公署,批准试办。现因前订章程分科办法,不免有脱漏隔阂之处,徒有分科形式,殊乏办事精神,特将前项章程重加删改,计共八章。日昨由处详请公署核定。

　　　　　　　　　　　　　　　　《吉长日报》,1910年2月4日

补考自治生

　　自治研究所考取各生,业经许太尊详定甲乙榜示,于初三日再行覆试,以定去留。旋有误期诸生数十名,因僻处远方,未得与考,联名禀请,准予随场考试。故于同日一律扃门考试,题为"赵充国屯兵湟中论",并"实边策"各一。覆试暨补考各生约共有百余人。闻该所拟分为正、备两取,共选留七十名云。

　　　　　　　　　　　　　　　　《吉长日报》,1910年3月15日

吉林组织自治筹办公所

日前抚署曾致长春、新城、五常、双城、绥芬、伊通、榆树、农安等属公电一道，略谓：自治筹办处详定筹办自治进行一览表内开，所有指定繁盛各城，在本年二月间均应设立自治筹办公所。现已届期，务须遵设，毋得迟回观望，有误考成。并不得以甫经到任或交卸，藉词推诿，并须将筹办情形电覆云云。昨闻接覆电，新城府已派谷绅嘉荫为所董，由绅正路为副所董，绥芬厅已派王绅蕴祥为所董，阿城县已派孔绅昭蓬为所董；双城已派于绅英薿为所董，组织一切，均可刻日成立云。

《吉长日报》，1910 年 4 月 12 日

吉林请送速记生未准

自治研究所毕业生于捷三等二人，在学署禀请考送资政院速记学员，奉批云：前以法政学员挑选，亦是勉强。该生仅在研究所毕业，程度均不合格，碍难照准。

《吉长日报》，1910 年 4 月 14 日

吉林自治筹办公所成立

按照自治筹备表，本年二月各府厅州县均应组织自治筹办公所，筹办自治事宜。外属长春、新城、宾州、农安等处，均已陆续电告成立。至吉林府亦于本月初遵章创办，聘谘议局议员李绅芳为所董，学务议绅孙树棠、试用知府裕康为副董，业于日前详报公署。

《吉长日报》，1910 年 4 月 23 日

自治研究所开学纪闻

省城自治研究所第二班将次毕业，于本年起续开第三班，饬由各府厅州县遴选士绅，送所肄习。前据各属先后送到学员四十余员，由所考录，定期三月初十日开学。是日，自治筹办处总理民政司谢司使莅所，行开学礼。先由监督范秉钧，柬邀筹办处参议暨各科长、科员观礼。上午十钟，监督导引各学员至礼堂，行谒见礼，齐入讲堂。谢司使宣布训词，略言自治之界说，及吉省筹备自治之大概，设所研究之宗旨。复于训词之外，加以敦品励学，勿染浮华，学成回里，为人尊仰等辞。次由范君演说第三班与第一、二班不同之点，有特别之便利，亦有特别之困难。次教员仇一山君演说自治对于官治之关系，东省自治，尤与他治有密切之关系，剀切沉痛，闻者动容。礼毕而退，同摄一影，以为纪念。

《吉长日报》，1910 年 5 月 4 日

陋规拨作自治经费

自治筹办处昨准复州士绅王元甲等提议，拟将州署陋规提拨作为自治经费一案，当即批示：所呈不无见地，既据禀呈督抚宪，仰候批示核办云。

《吉长日报》，1910年5月11日

札选选民

本郡府署奉省城自治筹办处来札，以长属地广人稀，合格选民甚不易得。前奉督抚宪允准，如有任义务捐，补助自治经费，在二元以上者，准其一律列入选民册内。府署奉札后，当即转饬自治筹办公所遵照。

《吉长日报》，1910年5月18日

自治研究所二班毕业

省垣自治研究所第二班学员，定期一年毕业。自去岁四月间开学，现已期满。该所所长禀请民政司，照章考试毕业。初八日，按照所学功课，分门考试。

毕业后，咨回原籍，筹办一切自治事宜。

《吉长日报》，1910年5月21日

自治分所迁移

吉林地方自治分所已经开办，前因未有房屋，附设全省自治筹办处之内。兹悉李太守季康，以吉林地方自治分所，原所以筹画吉林地方自治事宜，今附设全省自治筹办处，诸多不便。现在德胜门外昭忠祠，将次修筑告竣。该祠房舍地址，均称阔大，甚为合用。迭次与地方绅董熟商，将地方自治分所附设其内，已经商议妥贴。日昨即将自治分所移住其间，筹办一切。

《吉长日报》，1910年5月25日

分割自治区域两志

自治筹办公所昨奉到督署札称，地方自治区划与地方行政区划，本属一体。现在两级自治章程，俱已先后厘订。筹办之初，应先后从分割区域入手。查边远地方，往往有辖境壤地插花，不便行政者，若非及时整理，嗣后举办一切，殊多窒碍。札饬该所，迅将辖境如有壤地插花，不便行政者，酌量改正呈覆，以凭申报。该所奉文后，即派员查办矣。

自治筹办公所上月杪奉到府署札饬，迅将府城区域调查清楚，绘图呈送，以便转详。该所奉文后，即选派妥员，先将城厢区域，按照固有境界，或析或并，详细分割,绘图帖说,经副所长王云台、调查员张、周二君,面禀府尊核定。

《吉长日报》,1910 年 5 月 27 日

区董由议事会选举

府署奉自治筹办处札开,民政部电开,现准山东巡抚电询选举区董事宜,本部业经电覆,准以本城镇选民,由该城镇议事会选举,以归一律。其分区则办理区内自治事宜,仍按照规约所定细则行之,应行通饬各省,免涉两歧云云。

《吉长日报》,1910 年 5 月 30 日

省垣商业危象

吉林省城商业,自表面观之,筑马路,开商埠,颇觉日臻兴盛。然究其内容,则恐慌至不可言状。盖本年间,自春徂夏,如柚皮胡同之天锡公、翠花胡同之会全号、北大街之玉发魁、后鱼行之庆发福等数巨商,先后亏倒官商公款,不下千余万吊。虽经抚帅屡饬商会,竭力维持,仍有不能挽救之概。乃日前造币厂又忽奉部电,停止铸造。此事发表,致官银钱号直无现货,预备兑换,官帖价值,连日陡落。无论官商,欲求一现货找零,亦不可得。据商会人云:若不设法济急,省垣市面必致不可收拾。并闻钱业中又有某某两家,亦岌岌乎不能终日云。

(按:官帖无本位,无实币,系属一种楮货。地方交通益发达,官帖信用益

堕落，二者比例，必无差忒。目下慌恐之象已见，然在时势上，固万不能免者，欲图补救，非吸集外资，无从着手。权衡操纵，则视当道之胜算耳。）

《吉长日报》，1910年6月22日

呈报自治情形

府署札饬自治筹办公所，自开办之日起，将所办情形，按月开折详报，以凭查核。该所奉文后，即将二、三、四各月已办事件，备文呈送，详列于后。

一、开会举正、副所董，议员及文牍、会计、庶务各员。
一、开会酌拟调查庙产一切手续，及调查员办事规则。
一、派调查员持谕前往四乡，调查各处庙产，一律提归作为自治常年经费。
一、派员讲演自治章程。
一、组织长春府城自治筹办公所，并修葺房舍，置办应用物件。
一、酌定所中办事规则，及各员办事时刻、议事条件。
一、派员划分本城区域，绘图贴说。
一、依式造具调查户数、口数人名草册。
一、派员赴乡确查府境，若有壤地插花，不便行政者，酌量改正，呈覆转报。

《吉长日报》，1910年6月22日

自治会提倡公报

《长春公报》拟展放大张，已志本报。前因筹款维艰，势将中止。现该社编辑李梦庚君联络自治诸会员，热心提倡，以期实行。闻已议有端倪。

《吉长日报》，1910年6月28日

再志商会演戏冲突事

商务分会演戏冲突一节，已志昨报。兹又探得确实消息，现在该会奉到吉省总会照会，饬将所敛之戏款二千余吊，如数拨充乌拉街自治筹办公所经费。至应偿之戏价若干，着提倡演戏之人照数赔缴，不准再行无故演戏。文总理、凤坐办等奉文大怒，谓将于次日挟带关防赴省，以期抵制，一面传谕戏班，作速照常开演。

十六日，乌拉学堂谢监督豫堂，因商会不遵照吉林府告示，刘委员、桂巡官等未能严行禁止演戏，此中疑有别情。当同文委员等即日进省，面晤李太守，陈述一切，并面谒学宪，禀商经费不足，请设法维持乌拉镇地方自治筹办公所。乃所董荷君自行于十六日午前八钟，邀集同事人等，在所公开正式会，提议商会演戏一节。首席为参议员文君星五，宣言：事关地方公共之安宁秩序，既未开导匡救于前，终须和平维持于后。现在既奉监督明文，提拨戏款，当即迅派专员，向该会研究办法，一商派委精明之员，秘密调查各商户账目，所收之戏款，是否与所敛之数相符。查有实据，然后再与该会直接谈判，先行禀请监督。在会众参议，均极赞成。荷所董遂札饬庶务兼会计员富君润芝，及代理文牍员崇君仰山等，即便遵照办理。

《吉长日报》，1910年6月30日

选举议员之怪现状

二十一二两日为选举地方议事会甲乙两级议员之期，地方议事会议员为一邑之代表，于地方各项要政，关系甚大。当投票选举之时，宜何等郑重。今当事者毫不经意，致令弊窦丛生，甚至刘、郑二绅大起冲突，酿出各种怪状，出人意外云。

《吉长日报》，1910年7月4日

吉绅之国会热

本城国会请愿同志会成立以来，迭次开会，入会会员非常踊跃。近经干事长庆锡侯君函请十旗五十六佐均充该会外部干事，以期广招同志，共襄其成。刻闻各该处同声赞成，甘任义务，并云国会一日不开，则一日不能去其担负云。

《盛京时报》，1910年9月20日

吉林自治日报更名旬报

省城《自治日报》出版以来,一年有余,现因经济困难,改为《自治旬报》,专录本省自治一部分事项,以节经费,而重自治机关。现于初一日出版云。

《远东报》,1910年11月9日

自治筹办处参事易人

省城地方自治筹办处以该处之参事万守绳武因公出差,所遗之差未便久悬,日昨该处详请公署,拟委民政司总科长周大烈堪以代理,又委该员兼充行政会议处议员等情。当经公署札委该员,接差任事云。(宁)

《远东报》,1910年11月9日

调查自治岁入岁出各款经费表册

省城德胜门外长公祠自治总会,日前奉督抚宪札,催将吉省各属自治研究总分各所,关乎宣统元年岁入岁出自治各款经费表册,从速填注,呈送来辕,汇编成册报部等因。兹闻该所日昨将吉省各府厅州县自治岁入之原有公款公产，及公款公产生息、公益附捐、公益特捐、自治罚金各款，合计银三十二万二千五百九十两零六钱五分；岁出项下，如自治全费、教育费、道路、卫生、劝业、沟渠、救助、赈恤各费，合计银二十九万二千四百一十两零六钱八分，逐一分别填注一览表册，呈报公署，汇案报部云。（宁）

《远东报》，1910年11月15日

学生之国会热

吉林各团体于本月十八日，欢迎国会代表李、文两君，已志前函。现于是日省中学堂全体学生闻欢迎之信，大家以击掌赞成为号，一时均愿前往欢迎。当由该堂监督沈君兆祎极力劝阻，而学生毫无听闻，群至储藏室，分著操衣军械，排队而出。体操教习吴某，见势不能阻止，亦只得忙著军服，随之前往。嗣由该堂监督禀明提学，极陈学生不受管束等情，当由学司严谕申斥云。（新）

《远东报》，1910年11月30日

吉林局员之更动

吉林公署提调万绳武，业经奉旨革职，所有提调一差，委代理公署提调傅疆接充。又官报局局长，委代理局长、公署二等（密）〔秘〕书官汪熙接充。又自治筹办处参事一差，委代理参事民政司总科长周大烈接充云。（新）

《远东报》，1910年12月1日

商埠人民小暴动

本月二十二日,省城东关商埠界人民,纠集五六百名,同赴谘议局诘问前次投递请加房地价议案,许久不见宣布。当由该局由电话请到开埠局局长,当面与人民磋商。乃该局长出言庞大,纯用压制手段,一时大动公愤,群起辩论,势将用武。该局长见势不佳,抽身逃窜,人民群起尾追,折损议场栏干,捣毁陈设无算。后经谘议局各人员,力为排解,始逐渐散去。各员迭出,行抵门首时,尚见有民(归)〔妇〕二人,在地号哭云。(新)

《远东报》,1910 年 12 月 1 日

吉林商埠居民拦舆诉冤

本月二十三日,吉林谘议局闭会,请抚院及各司道莅会。午前十一钟,陈中丞乘舆甫到谘议局门首,突有男妇三百名,群跪舆前,声言商埠购地,若不增价,某等将死于舆前。当时陈中丞并无一言对答,当由谘议局人员及吉林府张守蓬仙力为劝慰,抚院始得徒步入谘议局,人民始逐渐星散云。(新)

《远东报》,1910 年 12 月 2 日

绅董公所之会议

省城绅董公所刻于二十四日邀集全城士（外）〔绅〕，开特别会。探其内容，盖因宣统五年招集国会，东三省有迫不及待之势，拟欲公同上书，要求明年即开云。（新）

《远东报》，1910 年 12 月 2 日

地方团体联合会成立

现经文君颐珊发起组织地方团体联合会，内分参议、干事两部，以谋公共利益，均承各团体赞成。已于十一月初一日公举庆君锡侯为参议长，李君荫泉为副参议长，文君在卿为干事长，文君颐珊为副干事长。其两部之参干各职员，复经各团体选举六十余员，订于本月初四日开全体会。特将发起宣言书录下：

地方团体联合会宣言书

合群则进化愈速，交换则知识益开，久为讲法学、组社团者公认。今自国会缩短三年之诏下，凡一切宪政，均提前筹办，尤宜群策群力，集思广益，以促自治日益发达，始无负宪政之进行。此吾吉林地方团体联合会所由起也。盖此会设立，其益有三：（一）谋各团体之公益，在各团体固有应负责任，但事务繁重，或恐百虑一疏。且遇关系全省全国之事，不易克期招集，形涣体散，每致需时废事，此会则有统一之功效。（一）对于政府之请求，凡关于本省本国重大事件，

确为法律中之规定，非他团体所执行者，此会则任代表之能力。（一）对于他省之联络，如教育、自治、实业诸大端，或关于一省，暨直省有应调查参观联合之时，又非一团体能力经费所能担任者，此会则为执行之机关。有此三益，和衷共济，何虑自治不完全，以副宪政之进行。用敢咸竭愚诚，勉尽天职，除现有谘议局、教育会、农会、商会、董事会、议事会、劝学所已公同认可，并附简章呈核外，复愿本省各地方团体，不少聪明爱国志士，其亦有群起响应，共倡斯举者乎？所拟如有未尽，仍祈高明匡正，不胜引领企祷之至。（合）

《远东报》，1910 年 12 月 11 日

吉林议事会定期开会

省城议事会议长文在卿君昨日知会各议员，略云：《城镇乡地方自治章程》第四十三条，及《施行细则》第三十四条内载，"城镇乡议事会由议长召集，应于十日以前通知各议员"等语。兹查本会既经成立，现届冬季省议之期，自应照章召集，以谋地方公益。现定于本月十五日为开会之期云。（合）

《远东报》，1910 年 12 月 15 日

议事会征求议案

省城议事会因开会在即，特于初四日函告各议员，略云：本会于初十日即行开会，诸君如有提议之件，祈早交到，以便刷印云。（合）

《远东报》，1910 年 12 月 15 日

吉林人民之政治热

北京同志会前次通告各省，发表各种政治问题。吉林各团体覆函，力表赞成，而尤注重于速立新内阁，开释党禁，及资政院参预宪法三项云。

《国民公报》，1910年12月18日

吉林议事会开设研究会

省城议事会议员文贻珊君，因本会开会在即，进行及对待决方法毫无把握，于是发起于本月十三日午后一钟，假本会议场开议员研究会，以资讨论一切云。（合）

《远东报》，1910年12月21日

吉林议事会开幕纪事

省城议事会于本月十五日开幕，官绅来宾甚多，冠裳济济，颇极一时之盛。兹特将张蓬仙太守（祀）〔祝〕词，及议员答词，抄录于后。

（张太守祝词云）今日为本城议事会开幕之日，莘莘济济，荐绅毕萃，实行自治，以辅官治之不足。诸君于列强制度之研究有素，于本地情形之谙悉最深，其政治之思想富，其国家之观念切，凡属地方应兴应革，如防卫、交通、风化、矜恤、保健、劝业各事宜，必能洪纤毕举，先后告成，以仰副明诏提早筹备，殷殷图治之至意。虽然，犹有说【者】。城有繁盛、中等、其余之各异，自治有意思机关、执行机关之相因。吉城之于全省，次居首善，则由繁盛而中等、其余各地方将视为前驱。议事会之于自治，权在决议，则由意思而董事会、执行各机关皆属其后盾。以行政言之，事实类多障碍。以立法言之，组织必须完备。为秩序与经济之问题，宜主递进，为时局与位置之问题，宜主猛进。大抵现状之困难，原有识者所同知，而进行之濡滞，又有志者所共嫉。明知人民之担负难胜，但有以督促其实业、教育之发达，财源日辟，明知团体之程度不及，但有以警动其生命财产之关系，则德自公。特是地方自治，须以其社会之意思行之，不能纯以官府之监督力行之。所谓自治之与官治为对待之称，为辅助之义也。先事筹设，暂由官倡，全体成立，纯归民办。当此纲目粗张，允宜官绅合力，任务悉守定限，使彼此无疑忌，治事力求实际，使上下无敷衍，程以至促之时，使因循之习改，结以至密之观感，使疏阔之弊祛。理论日达于健全，能力日增乎膨胀，行见以意思机关，植执行机关之基，而议事会成立，而董事会亦成立，以繁盛地方树偏僻地方之率，而吉城自治，而各城并各镇各乡亦自治，则岂为吉城之幸，抑亦全省之福。是则所望与诸君子，旦夕共图，交相赞勉者也。

（议员答词云）今日为本会开会之第一期，亦即为本会创始成立之第一纪念日。辱承监督到会，宣告开会词，勉励真挚，属望殷肫。并承各界士绅同时惠临，共襄盛典。议员等谬膺公选，得列议席。当此预备立宪时代，自治始基，甫经成立，且适值国会缩短之时，凡百庶政，诸须兼营并进。而欧风亚雨，又雷轰电掣，相逼俱来，几使我黄帝子孙，于二十世纪之中，无容足土地，于神州大陆。论者每归咎于官治未善，政府不负责任，而不知实亦地方自治制度初未发达，有以致之也。何则？国家原由地方集合而成，如人身之有口目、耳鼻、手足、筋骨、脉络也，苟骨骸之无病，未有中心能疯癫白痴者，是以一地方能自治，则一地方富庶文明，各地方能自治，则各地方能富庶文明，使全国地方悉为文明富庶之地方，国家亦安在而不富强也？此犹人之百体充盈，外邪自不得使入耳。为今之计，惟有力求自治，急起直追，立言务求正大，执行端要敏速，共谋公共之幸福，群促社会之进行，弗存私见，罔越范围，总期筹备各事，早日观成，庶几国会速开，用辅官治之不及，以上副朝廷属望之殷，下慰人民思治之切。吉林为丰沛【旧】都，而省垣又为首善之地，将来各地方自治，视线必萃集于省城，而愿来取法。是各属城镇乡之能否自治，胥以吾省城一地方为衡。事权似微，责任綦重，时局孔亟，来轸方遒，议员等敢不共竭愚诚，勉尽天职，出而与父老昆弟相见，同舟共济乎？尤望此后监督更热心提倡，俾理论能力日益膨胀健全，而各界士绅亦咸抒谠论，发为建议，以匡不逮。议员等实不胜荣幸盼祷之至云。（合）

《远东报》，1910年12月22日

行政会议处议员

公署行政会议处内分参事、审查两科，其审查科之议员，宪政编查馆奏定章程，须由本地公举绅士充当。昨闻省城举定呈单，由抚院点出谘议局中四员为：（李君芳）（姜君维岳）（富君克精阿）（梁君翰章）。其在绅界者为：（文君禄）（何君械朴）（文君耆）（赵君铭新）云。（合）

《远东报》，1910年12月23日

吉林公举总董董事揭晓

省城议事会于本月望日开幕,业志前报。复于是日十二钟,遵章投票,公举董事会总董。当即开检票数:(文耆)得十三票;(杨梦麟)得十二票;(作为正倍各一员,以备督抚遴选任用)。又举(澍霖)为董事,外举名誉董事六员,为:(杨作舟)(沙钟濂)(杨彬)(聂树清)(李芳)(赵鹤琴)等。远举既竣,拟不日即开办云。(合)

《远东报》,1910 年 12 月 25 日

公举四次请愿国会代表

省城地方团体联合会因接奉天电告,该省四次要求国会代表业已赴都,惟望各省力承其后,以期早达目的等语。于是该会即邀集各界,大开会议,议定由每团体公举二人,不日即行首途。兹悉各团体所定代表人员录下:谘议局(谷嘉荫)农会(承志)(宗运吉)劝学所(刘家荫)(马良翰)教育会(吴玉琛)(赵鹤琴)商会(侯保廉)(双寿)议事会(陈佐宾)(伊铿额)云。(合)

《远东报》,1910 年 12 月 27 日

议事会分股审查

省城议事会成立，业志本报。该会现已照章公举各股股长、股员，分股审查。特将该会股长、股员录后：

学务股长：赵铭新
股　员：祝仲哲　武兆铭　杨作舟
实业股长：杨梦龄
股　员：侯保廉　润　霖　福　咸
财政股长：承　志
股　员：杨敬修　胡显章　崇　祺　常　魁
慈善股长：牛翰章
股　员：张雅南　杨　彬　王成全
卫生股长：文　耆
股　员：澍　霖　文　煜　伊铿额　韩登举
惩罚股长：陈佐宾
股　员：王文珊

《远东报》，1910年12月27日

吉林行政会议处规则

公举公署行政会议处议员，业志前报。兹又探悉其奏定规则，录下：

第一条　各省督抚应于署内设立会议厅，会议全省之行政事务。

第二条　会议厅以本省督抚为议长，其下分设两科：

（一）参事科；

（一）审查科。

第三条　参事科以左列各项人员承充：

（一）各司道及府厅州县官；

（一）各局所总办；

（一）督抚奏设之幕职。（以上各员均由督抚选派。）

第四条　审查科以左列各项人员承充：

（一）司道及府厅州县官；

（一）通晓法律人员或现任司法官；（以上两项人员均由督抚遴充。）

（一）本省士绅。（本项人员由谘议局按照督抚所定员数，加倍公推，呈请督抚复选派充。如该局所公推者系谘议局议员，应开去议员之职。）

第五条　两科人员由各督抚酌量该省事务之繁简，规定额数。惟审查科人员应于本章第四条所载三项资格中，按照总额，各选三分之一充任之。

第六条　两科人员，除司道外，不得兼充。

第七条　两科人员，每届三年遴选一次。选定后，由督抚开列各员衔名，咨送宪政编查馆及资政院存案。

第八条　两科人员至少须过半数住在省城。

第九条　参事应办事件如左：

（一）凡谕旨交议事件，及各部咨商事件，遇督抚咨询时，由本科条议。

（一）本省行政事件，照章不经谘议局议决者，由本科议决。

（一）本省单行章程，提交谘议局以前，先由本科覆订。

第十条　审查科应办事件如左：

（一）本省谘议局议决案，呈请督抚核夺施行者，应交本科审查。

（一）行政审判厅未设以前，所有行政审判事件，暂归本科理处，仍俟此项法规规定后，再行开办。

（一）关于本省单行章程规则，及督抚衙门训令等项，经本科审查，如有与国家现行法令抵牾之处，得呈请督抚核办。

第十一条　各省原设之宪政筹备处，专办筹备事宜。关于第九条所列各项，悉归参事科办理。

第十二条　谘议局议决案件，经审查科审定，应行公布，或更正施行者，呈请督抚，照章办理。尚待详细者，呈请交局议覆。如该局所不应议决者，即具理由书，呈请该局，声明不交覆议。凡经该科审查之无庸交议事件，如谘议局尚有待申之义，得由该科推选一二员到局，以资质问。

第十三条　会议日期，由督抚指定，分别召集两科人员，届期到厅。会议时，须有在省会员三分之二到会，始得开议。

第十四条　每开会时，应行会议事件，及其次序，由督抚宣布，分交两科人员办理。

第十五条　两科会议，以到会员过半数之同意为议决，呈候督抚核夺施行。

第十六条　两科人员如有对于本科会议事件，与本身利害有关系者，应即回避，不得与议。

第十七条　所有每次应行会议事件，除督抚认为应行秘密外，得公布之。

第十八条　两科大员均为名誉职，不支薪水。惟通晓法律及本省士绅两项人员，得由督抚酌定公费。

第十九条　所有会议细则，以会期之长短，由督抚各就本省情形，详细具拟，并将细则报明宪政编查馆及资政院存案。

《远东报》，1910年12月28日

吉林议事会议决之案一

省城议事会开幕，屡志本报。兹将该会议决之案接续录后：（一）议决原拨筹办公所营业税宜如数拨还案。按自治经费，以本地方官公款公产及公益捐为大宗。本城公款公产，前经各署局处所搜罗几尽，而自治事宜又至广且繁，诸待振兴，自非先由特捐、附捐入手，自治难望扩充。本城自治筹办公所，前经筹办处、劝学所、巡警局，由营业税项下拨充该公所经费，共计一成二厘五分。该公所现经停办，此项税款，应即如数拨充议事、董事两会经费，以重要公。又查吉林府自治研究分所经费，闻亦系动用五厘营业税开支。惟该分所系造就全府自治人才，非专为本城而设，此种营业附捐，则均在本城区域内征收，确为本城自治公所固定经费，该分所断难再行拨用。况省城自治甫经成立，远则各省，近则各属，谅必咸具观瞻，以范围极广之事业，应以左支右绌之经费，自治前途，庸有济乎？夫当此国会缩短之际，自治人才固属多多益善，然综前自治会所办一班，及筹办处所办三班，与研究分所所办一班，统计约有学员三百余名，虽非一府人材，然吉林府士绅实居多数，目前镇乡足可敷用。从此停办，似无不宜。即不然，该分所亦宜另由财政局妥筹专款，或由坰捐及盐捐项下指拨，以清界限，而利推行。兹经本会全体议员议决，请即将原拨筹办公所营业税一成二厘五分，如数拨还施行云。（合）

《远东报》，1910年12月29日

各界欢迎奉天孙议员

奉天绅界公举谘议局副议长孙君鼎臣来吉，联合全体绅、学、商、农各界，组织东三省大联合会。日昨到吉，馆于谘议局。十九日午刻，绅、学、商、农各界假议事会议场，开欢迎会。首由文君颐珊报告欢迎之意，次由孙君鼎臣报告此次来吉大旨：（一）为四次请愿国会同人，必须各具毅力，务求达到目的；（一）东三省宜结一大团体，共谋公益。日后尤须逐渐联合内省，以期力挽东三省危局。说至此，鼓掌之声不绝于耳。末由庆君锡侯演说合群一切利益，言语甚多，皆系补注孙君大纲内之细目云。（合）

《远东报》，1910年12月30日

吉林议事会议决案二

省城议事会（议决拨还营业附加税以符定章案） 查现行营业税，纯属地方税性质。先由省城自治会发起，附加于七四九厘捐征收，名曰地方税。嗣以名称含混，改为营业税，由各属商会代征。惟创办之初，因各项新政，诸待振兴，而奏定章程又未颁行，地方行政经费均未划清界限，故假定所收税款按十成分配。自治、商会、学堂、巡警各拨二成五厘，为开办费，相沿既久，几为固然。查部颁《城镇乡地方自治章程》第五章第一节，本地方公益捐，分附捐、特捐二种。此项营业税，既附加于七四九厘捐内，则纯为地方附加税，属于固定自治经费无疑。况巡警经费既以坰捐、商捐为专款，且警察虽属行政，实兼有司法性质，又不在自治范围之内，此款万难指拨。现在营业税既由谘议局议决，改为附加税，则顾名思义，允系自治经费附捐之一。查省城向归巡警之二成五厘，该警局从未动用，均经民政司拨作他用。前吉林府城自治筹办公所成立时，曾由民政司拨还二厘五分，为该所开办经费。现在本会暨董事会既经成立，凡有自治范围以内应办各事，在在均须扩充，需款尤觉殷繁。所有从前假定巡警成分，除已经拨还筹办公所之二厘五分不计外，其余现归民政司拨分巡警项下，移作他用之二成二厘五分之营业附加税，自应遵照部章，请即立予拨还，以重宪政。经全体议员公同议决，即请查核转详，拨还施行云。（合）

《远东报》，1910 年 12 月 30 日

吉林议事会议决案三志

　　省城议事会（议决屠兽检验所宜归董事会办理案）　　查屠兽检验所设，原以注重卫生，故兽类必须查验无病，方准屠宰售卖，用意本至美善。乃近查各该所因日久玩懈，百弊丛生，往往抛却检验，惟重收捐。其所用医官，类皆不谙医术，于报宰牲畜，并不详加查验，只给查验无病一票，收捐了事。尤可怪者，先是警局曾经禁止售卖马驴骡肉，自该所设立，而此种不宜食品之肉，反在长街公卖。询问其故，则谓已经该所查验，特许出售。似此腐败情形，日甚一日，实于公共卫生，大有防害。查《自治章程》第五条第二款，关于本城镇乡卫生之事，均在自治范围应办事宜之中。又查《章程》第三十六条第一款，城镇乡自治范围内，应行兴革整理事宜，亦在议事会应行议决事件职任权限之内。又查筹办处诠释《城镇乡地方自治章程》第六条，前条第一至第六款所列事项，有专属于国家行政者，不在自治范围之内一条。解释文意，取类引伸，至为详尽。并以道路、河道、田地，援德、日两国为比例，可知章程所谓专属于国家行政者，必其事之至重且大，非自治团体所能举办，必有国家全力举行，始可望国利民福，初非谓本地方琐小自治事宜，向归官办，即可谓专属国家行政，不在自治范围之内，而不能交还自治办理也。本会执此数种理由，则现在屠兽检验所之弛懈腐败，有碍卫生，亟宜改革整顿，即为应行议决之职任权限，又属自治范围所列特款之一。自应遵照定章，请将该所改归董事会办理，以资整顿，而重卫生。兹经全体议员议决，即请查核施行云。（合）

《远东报》，1910年12月31日

吉林议事会议决案四志

省城议事会（议决筹划积谷备荒歉案）　按近年虫灾水患频仍，亟宜举办积谷，以防未然。惟查吉林原设常平仓谷，曾经变价生息，刻尚未闻买补。而原有仓厫又强半改建发审处，然积谷事项，既在部定自治范围之内，董事会自应照章接收管理。但由官变价发商之款，现在本息究存若干，尚能买谷几何，暨改毁仓厫若干间，尚余仓厫若干间，现在能否即将发审处移出，或另觅相当官房，以备存谷，或即设法将仓厫再行补修，应请府尊查明移覆，交由董事会办理。所有请查明常平仓谷变价利息，及移交董事会管理缘由，业经全体议员议决，应请查核施行云。（合）

《远东报》，1910年12月31日

吉林议事会议决案之五

省城议事会（议决剔除斗税漏规以苏民困案）　查定制，征收捐税，现银、官帖、银元、铜元均准交纳，所以便商民、利推行也。乃查省城经历厅征收斗税，每闻书差从中舞弊，往往违背逐日市行，勒低货币价额。银元一元，必按三吊二百合钱，铜元一枚，必按制钱十文合钱。欺索争执，商民交困。似此任意累扰，殊于立宪前途大有障害。应请出示晓谕，严行禁止。嗣后征收斗税，务须按照逐日银钱市行，不准低减价额，以除漏规，而苏民困。倘有不肖书差，仍前舞弊，准令商民随时扭送，立予究惩，以儆效尤。兹经本会全体议决，即请查核施行云。

《远东报》，1911年1月1日

吉林议事会议决案之六

省城议事会（议决城厢私塾照章分等案）　（甲）（理由）查筹备立宪，以普及教育为根本，普及教育以改良私塾为要图。盖义务教育为立宪国民必历之阶级，若一般待教子弟，尽恃陶成于官立或公立学堂，则不但财力有所不逮，即此立宪之时期缩短，亦恐岁不我与。查吉林府筹办普通教育，已历数年，迭经学司饬由劝学所，将城厢私塾详细调查，分班考验，俾令入所传习，其生徒则举办观摩会，以比较其成绩优劣。改良实迹，固已渐著，非复昔日旧观矣。但其中优劣悬殊，等级莫辨，青年子弟，频年把卷呀唔，亦莫知其有无毕业之一日，遂致使儿童高尚活泼之思想，半消磨于青灯半壁之中。推原其故，皆以部定私塾改良章程未颁布以前，私塾列于最下之机关，毫无教育上之价值，故无等级之可分也。今则变通成例，使私塾毕业学生得应中等及高等小学升学考试，是以私塾为补助义务教育机关，其义已确定无疑。现在城厢私塾不下六七十处，若由董事会协同劝学所，按其程度，为之分别等级，确定其学科，编制办法，即于年内实行，劝学所启导于前，董事会督促于后，循势利导，相助为理，庶几双方【并】进，用力少而成功多，教育之前途发展，即自治之基础益固矣。（乙）（办法）（子）（定名）城厢各私塾，自明年起，应照部章，由董事会会同劝学所考验各塾学生程度，分列等级。其合初等程度者，即定名初等改良私塾；合高等程度者，即定名高等改良私塾。如学生程度不齐，有合于两等程度者，即定名为两等改良私塾。（丑）（调查）试办之先，应会同劝学所派员，按区调查学生数目、程度及姓名、年岁、籍贯，逐一造具清册，定期考验。考验之后，即定名为某某等改良私塾。（寅）（教法）私塾学生年龄程度，向不齐一，欲改良其教法，求等级之分明，宜采用单级教授法。私塾向皆日出入学，日入放学，讲授时间，较之学堂五小时或六小时者，几至加倍。时间既长，一日讲授两等，或两年级生之课程，自无困难之处。（卯）（考试）每学期应由本会会同劝学所，招集学生，分等分级命题，试验合格者，即发给相当之修业凭照。持此凭照，可转入初等初级之官立或公立小学堂。考试试卷，应由本会会同劝学所，派员校阅，以昭慎重，而杜流弊。（辰）（采用图书）城厢各私塾自分等分级之后，须一律用本会及劝学所会同采定之教科书，但授课时，宜注重讲解，不得仍沿旧日伏案呻唔，专注背诵之法。（巳）（随时考察）私塾既经督催改良以后，宜由本会或劝学所，每学期派员考察一二次。如有阳奉阴违者，应即解散，并预定取缔办法，以示限制。（午）（毕业）既经改良之私塾，其定之课程，或完全，或简易，或高等应授之学科，均已完竣者，应由本会及劝学所定期严加考验。如果程度相合，亦可照章毕业，发给凭照，准升官立公立小学及中学，惟不请奖励云。（合）

《远东报》，1911年1月3日

吉林议事会议决案七志

省城议事会（议决添设粮捐以充自治经费案）　查本会开办伊始，自治范围极广，诸待振兴，需款万亟。惟现在商民财力不支，又碍难于正税之外附加。然自治为筹备宪政要图，又不能置之缓办。查定章第九十三条，凡公益捐之创办，由议事会拟具章程，呈请地方官核准遵行。又查九十六条，特捐交由董事会自行按章征收等语。本会筹议举办本城粮捐，以充自治经费。其办法，买卖主中钱一吊内，各收一成，即制钱五文，作为特捐。盖此项粮捐，既产于本地，又售于本地，即以本地方之钱办本地方之事。虽取收无几，并不扰累商民，复有益于地方，将来自治事宜又可藉以措施，实与定章性质特捐相符。至于抽收详细规则，应俟此案查核后，交由董事会再妥拟执行方法。所有请收粮捐作为自治经费，业经全体议员议决，应请查核施行。（谨将拟具征收粮米特捐章程列后）

（甲）（宗旨）

一、本会因办理自治，款项奇绌，遵照奏定《自治章程》特捐办法，增设粮捐，专充自治经费。

（乙）（定名）

一、此项粮捐系照《自治章程》第九十二条办理，故定名曰粮米特捐。

（丙）（捐率）

一、各项粮米，除由杂货店出售，业纳七四厘捐，不再收特捐外，凡在粮市出售者，均按卖价每吉市钱一吊，捐收买卖主各一成，即制钱五文。

（丁）（办法）

一、本章程系为便民杜弊起见，不专设粮店。所有各粮车，仍照常赴市买卖。

一、粮米铺商收买粮米捐款，均由该商代扣，另款存储，月经汇缴董事会。

一、住户收买粮米，应收捐款，由董事会派员直接收取。

一、买粮纳捐后，复经卖出者，卖主仍应照章纳粮。米铺零销，不在此限。

一、买卖粮米，如有容心隐漏粮捐者，由董事会按照应捐数目，加一倍惩罚。

一、本章程施行后，如有窒碍之处，准由董事会体查情形，酌量拟改。经议事会议决施行之。

《远东报》，1911年1月5日

议事会议长易人

吉省议事会正议长文君在卿、副议长孙君荫南当被选后，即各具理由呈请辞职，嗣经全会认可。日昨由监督核准，复开正式选举大会。现闻已公推杨君鸣九为正议长、伊君纪书为副议长矣。

《盛京时报》，1911年5月5日

议员提议者是耶非耶

吉林议事会议员孙奉之诸君提议数案,拟即行文质问吉林府。其要旨有三:一民间每垧地按年纳警捐至一吊三百文之多,不宜上找三年之捐;一吉林府财政处可裁撤,以节虚縻;一民户钱粮,应如前自投钱铺对纳,以免层层剥削。闻各议员已均认可矣。(伟)

《长春公报》,1911年1月6日

补录议事会议决设立女学案

家庭教育至为紧要。儿童于幼稚时代,一无成见,欲养成完全之国民,必以母教为始基。中国家庭教育向未发达,幼儿半多无教,推原其故,虽由教育未能普及,实以女学不兴,无母教为之前提也。本城只官立女学一处,尚无公立女学继续其后,诚为缺点。现在国会年限既经缩短,则筹备教育,尤属当务之急。议事会拟采取急进主义,于明年春间,由董事会择相当公产房屋,创立公立两等女子小学堂一处,以养成异日母教之资,兼为后来广立女学设备。并仿照北京、天津办法,在该堂附设家政一班,招集中年失学妇女,入学讲习,授以算术、国文、女训、手工等科。每日授课时间,以三小时为度,以求速成而期普及。闻已经全体议决。

《吉长日报》,1911年1月9日

吉林自治研究分所之旁听员

本城自治研究分所第二班学员，已经按照章程，考试足额，均经陆续填注保证、志愿等书，定于明年二月开学。现闻有王培元、张禧翔等七八名，均在该所禀请愿自费旁听。该所长以其向学情殷，未便拒绝，已准如所请。

《吉长日报》，1911年1月9日

吉林联合会六次开会

团体联合会刻经知会省城在会之各团体，订于本月十一日假议事会会场，开参议会。其开会事由，未经宣布，俟访明续登。

《吉长日报》，1911年1月10日

董事会派员巡行宣讲

本城董事会现以城厢区域甚广，人口尤繁，拟派宣讲员于本城区域内随时随地，巡行宣讲，以期开启人民普通知识，咸知自治为立宪基础。闻于日前已移行警局，请为随时保护。

《吉长日报》，1911年1月10日

饬办宣讲所

自治学员安文明等，禀请筹办处推广宣讲所，已经筹办处札饬吉林府办理。旋据吉林府呈称，款项支绌，暂请从缓云云。现在筹办处以事关重要，不容稍缓，又饬该府，从速订定规则，觅妥地址，呈报到处，以凭查核，务期早观厥成。刻闻吉林府已详定办法及章程，呈报筹办处，刻日修葺讲坛，定期演讲云。

《吉长日报》，1911年1月10日

吉林议事会议决案八志

省城议事会（议决请照章拨还各项善举息款案） 查《自治章程》第九十五条，本地方公款公产，当时指定作为办理某事之用者，不得移作他用。又查《施行细则》第五十一条二项，前项公款公产，向归本地方绅董管理者，自城镇乡自治会成立之后，应一律移归城镇董事会或乡董管理。各等语。现在本会暨董事会业经成立，自应查照奏定自治范围所列各款，凡关于本城应办事宜，均须和盘筹划，以期次第举行。兹查本城关于第五节第二、第五各款内载卫生、善举等事，如旧日之施衣、掩埋、引痘、牛痘、育婴、敬节、恤嫠以及掩埋枯骨各项，早经兴办，均已筹有专款，发商生息，向归衣绅佩章、姚绅福升及姚绅凌云先后管理，举办一切卫生善举等事，有案可稽。嗣于光绪三十二年，因扩充城巡，曾将此款利息暂行借用，继因创设医院，又将此款利息，由警局暂拨借用。是巡警、医院之暂行借用，不过因一时乏款，变通办理。究之该医院既系官办，即不在自治范围，则借用本地方公款，诚为不合理，应遵照定章，请将原有本城归绅董管理关于卫生、善举各款，发商生息之本息银钱，查照左列数目，如数拨还，一律移本城自治公所，归董事会管理，以便实【力】举办本城之卫生、善举各事，俾自治日见发达，用辅官治不及，实于筹备前途大有裨益。业经全体议员议决，即请查核施行。计开：（一）施医、掩埋二局本银四千两；（二）引痘局本钱一千二百吊；（三）牛痘局银一千，本钱五百吊；（四）育婴堂本银三千两；（五）敬节会本银二万两；（六）恤嫠经费本银一千两；（七）掩埋枯骨本银二千两；（八）惜字局若干云。（合）

《远东报》，1911年1月10日

吉林议事会议决案九志

省城议事会（议决广设宣讲所阅报社案）　　查社会进化，以演说及报纸为第一要件，此诚东西各国谈国家学者所公认也。现在吾国国会期限既经缩短，转瞬必将召集，而一般人民竟有未明责任义务之所在，其不知国家为何物，议院为何事者，殆属比比皆是。然则欲普及国民知识，（根）〔振〕兴保种之精神，唤起爱国之思想，俾人民程度日臻高尚，社会主义日见发达，盖舍演说及报纸外，诚亦别无治标之具。本城曾经自治筹办处、劝学所组织演说、阅报等事，现在综计共有宣讲所七处，阅报社一处，非不渐著成效。第查宣讲、阅报为开通民智之利器，办理惟求其切实，所数不厌夫多，允宜设法推广，以促自治进行。本会查照定章第五条一款五、七两项，应办事宜范围，拟于董事会成立后，即请于城厢遍择繁盛适宜之地，广设宣讲所、阅报社多处，以灌输民智，利导自治。兹经全体议决，即请查核施行云。（合）

《远东报》，1911年1月10日

吉林议事会议决案十志

省城议事会（议决设立戒烟会案）　　查禁烟一事，为当今之要政。保种图强，胥赖乎此。现经谘议局议决，于明年二月初一日一律断绝，则戒吸禁运，尤宜严密视查。无如吸烟之户，每多玩懈因循，偷买私熬，恐亦时有。而官膏各局，只图渔利，亦或有以（间）〔闲〕票借卖。若不严为查禁，仍任人民自由吸食，诚恐限期甚迫，临时断难戒尽，不得不先事绸缪，为预防之策。查章程第五条二款，列有戒烟会一项，自属自治范围以内应办事宜。本会拟即照章在本城设立自治戒烟会一所，广劝来所戒断，以期上辅官治不及，下除人民沉痼，用收公共卫生之实益。并广派义务稽查，按照吸烟各户，严密察查，以杜私煮偷买，与暗打吗啡之弊。兼从严取缔官膏店，不准张冠李戴，及有无以闲票借售情事。如此办理，庶官民双方并进，似于禁烟前途稍有裨益。兹经全体议决，即请查核施行云。（合）

《远东报》，1911年1月11日

吉林议事会议决案十一志

省城议事会（议决设立初等工业学堂案）　　查工业为商战之母，富国之源，世界列强无不著为专门，讨论研究，不遗余力，是以工艺愈精，国家亦因益富。我国于实业一道，素鲜讲求。现各省虽竞言工艺，然多从工厂入手，究非根本解决，故能发明新智者实寥寥罕靓。查《自治章程》第五条四款，载有工业学堂一项，诚宜查照办理，以期发达国民知识，并为挽回洋货漏卮之计。吉林各处，天然物产素称丰富，则创办工业学堂，尤属刻不容缓之图。查本城公立高等小学堂院内，尚有空旷房间，拟请饬由劝学所，在该校先设工业初等一班，即于明春招生开学。校舍既足敷应用，其堂长、管理员、庶务员等亦均由该堂兼任，不另支薪，惟加添额设教员及图书（彝）〔仪〕器。而此项学堂即能成立，需款甚微，收效较速，自应及早举办，以为推广之先导。兹经全体议员议决，即请查核施行云。（合）

《远东报》，1911 年 1 月 11 日

吉林议事会议决案十二志

省城议事会（议决责成洁净公司切实除积以重卫生案）　查人种之强弱，以吾人康健与否是断。吾人之健康，尤以能卫生与否为衡。现世列强于卫生行政，无不加意讲求，视为地方要务，国家每不惜巨金，岁加补助，诚以人民强则国家亦强，关系原自重大也。比年省城人户逐渐加增，所有公共卫生即属自治应办事宜，本会自应提倡劝导，分别执行。查定章所列各款，在在均须振兴，惟限于一时经费支绌，尚待循序推行。拟即将城厢蠲除污积一项，仍责成现有之洁净公司经理人符昌盛，切实继办，以重卫生。并由董事会严订取缔及推广办法，俾令永久，以期同安洁净，各保康健，庶几城厢内外，永无疠疫之侵，共享卫生之利，未始非保种保安之一助也。兹经议员公同议决，即请查核施行云。（合）

《远东报》，1911 年 1 月 11 日

吉林全省自治研究所第三班毕业式

本月初八日，全省自治研究所举行第三班毕业式，民政、提法、度支、劝业各宪均到。首由民政宪代表抚帅，授凭给奖。次民政宪及各宪训词，学员答词。再次则为职教员演说。该所监督范君秉钧，所演者约分四项：（一）法理须力求通晓；（二）事理须力求明白；（三）体魄须愈益发展；（四）品行须日即高明，为说甚长。教员仇君亦山则谓，国家基础之巩固，全视自治事业之整理完备与否。监学李君荫泉则谓，办事必须有一种毅力，固不可视事太难，亦不可视事太易等语。演说既毕，摄影而散。

《吉长日报》，1911 年 1 月 11 日

乡民亦知请开国会

无用！

吉林北路巡行宣讲员李德崇君，前在摄斯马屯等处，痛言日俄协约之害，即在目前东三省，适当其冲，非速开国会，别无救亡之策。讲演之下，语极凄惨，乡民闻之，亦皆流涕。故该屯绅士倭林，及下洼子等处会首乔福元诸人，当即联合邻近村镇，男妇老幼千余人晋省，呈请谘议局，转详督抚，代奏速开国会。现皆在省垣旅馆寓居云。（伟）

《长春公报》，1911 年 1 月 12 日

邓司使自治研究所第三班毕业学员训辞

本月初八日,全省自治研究所第三班毕业式,已详昨报。兹录邓司使训词如下:

本日为自治研究所第三班毕业之期,曾由所长报告学生成绩,较诸第二班为优,本署司不胜欣慰。此次本署司巡行郡县,于整顿巡警之外,所尤为注重者,即为地方自治。每至一处,于自治研究分所所长、教员及学生等,无不留心考察,多方训诫。诚以宪政进行,惟自治为之基础,根本不实,枝叶易伤。譬如奇花异卉,方始萌芽,而栽植灌溉之功,则研究所实肩其任。本所教成学生,有在各属充任职教员者,其中热心办事,谨守范围者,虽不乏人,而程度不足,亦所难免。诸生今日毕业,充教员则为尽义务,充自治职员则为负责任。姑以本署司考察所知之流弊,为诸生告。

其一,自治界限。自治辅官治,今谋自治者,往往欲攘官治成局,改为自治,其实不过为经费计耳。不知官治自是一部分,自治又是一部分,决非有自治而官治可废,故官已筹之经费,无论国家税不能率拨,即地方税亦不能强征。自治事业,只能另行组织。欲办一事,须筹一款,款集而事始可举。至于城镇乡与府厅州县之界说,尤当早为划清,留出地步,免使日后彼此争执。

其二,自治范围。范围各条,早详于部颁章程之中,但往往易涉误会。其最显著者,学务之中小学堂,警务之卫生,及其他慈善事业,皆谓自治中应办之事,非谓学务、警务应归自治也。且范围之说,可广可狭,广固不能出乎范围之外,狭则仅办一事,仅举一政,亦可谓之自治。譬如一身一家,皆有自治学问,而贫富固有不同,贫家布衣蔬食,但能修洁,不必逊于富家之锦绣膏粱也。故办自治,当称地方之有无,而不当论事业之大小。

其三,自治权利。权为公权,利为公利,非一人一家所得而私。稍涉私见,则于自治性质相悖。盖充自治职者,对于地方,只有义务,并无利权之可言也。

今外邑分所学员，往往未经毕业，即欲干涉政治，且过视其权，或在监督之上，过视其利，或在人民之先。如此办自治，势必于地方无益而有损。

凡此三端，皆初办时易生之流弊，又现在已见之流弊。诸生回里任事，宜力去之。且本署司对于此次毕业，实有无穷希望，无穷警惕。何则？研究所以三班为止，此后地方职任之途虽广，而官府教迪之责已终，众生于国民中，首荷陶甄，备明法理，若以嘉种播布，则结果自佳，济济多士，何虑不能共任时艰，力开民智。万一不能审之于始，则谬种流传，其害又何可说？此在诸生自择之矣。诸生勉之！

《吉长日报》，1911年1月12日

补录吉林府议事会议决案

议事会议决责成洁净公司切实除秽案，谓：人种之强弱，以人民健康与否为断。人民之健康，尤以能卫生与否为衡。世界各强国，于卫生行政，无不加意讲求，视为地方要务，每不惜钜金，岁加补助，诚以人民强，则国家亦强，关系原自重大也。比年省城人户递加，所有公共卫生，既属自治范围应办事宜，本会自应提倡劝导，分别执行。查定章所列各款，在在均须振兴。惟限于一时经费支绌，尚待循序推行，拟即将城厢蠲除污秽一项，仍责成现有之洁净公司经理人符昌盛，切实继办，以重卫生。并由董事会严为取缔，及妥订推广办法，以期各保健康。经全体议员公同决定。

《吉长日报》，1911年1月12日

拟开吉林府城议事会临时会

按照《城镇乡地方自治章程》，凡城议事会于通常会期终了之后，如有未完事件，仍准呈请地方官，酌开临时会。刻闻本城议事会拟援照此例，开临时会议，俾将会期内未终及各绅续行建议之议案，悉数表决云。

《吉长日报》，1911年1月12日

吉林议事会议决案十三

省城议事会（建议筹划安插难民以保公安案） 查比年天灾流行，水旱频仍，今夏湖南因洪水成灾，哀鸿遍野，难民来吉乞食，络绎不绝。日前该难民齐集本城商会索食，势甚汹涌，各街铺商均受扰累。虽经该会会同慈善会措款，送由民政司转饬巡警局资遣出境，但前者既去，后者复来，究于公共治安不无（防）〔妨〕害。且限于财力，所给之资终有尽时，纵遣出境，究难免下乡滋扰。仍宜妥筹善后办法，俾该难民得以各谋生业，即可保护公安，亦属一视同仁。况各省灾荒，时有所闻，现安徽又告水警矣，将来难民来吉就食者，自必日众一日，势不止湖南一省。若不预备安插之策，非惟有失救灾恤贫之义，亦恐难免不无滋生事端。本会全体议员，为谋难民生计，并保公安起见，谨拟安插办法三条，即请转呈督抚宪采择施行：（计开安插难民办法）（一）宜利用移民政策，速办垦务公司也。查本省招募办拓殖银行一案，业经议决。奉天创办垦务公司，已有章程。是列宪擘画，均以移民实边为今日保土之至要。难民既能自来省都，由官迁移，旅费繁多，则于其到吉之时，即派员送往边境，计口授以相当荒田，给予房屋食粮，以及牛粮籽种，俾令开垦务农，一切均仿垦务详章办理，庶于救灾恤贫之方，保安实边之道，均有裨益。（一）宜筹设难民工艺厂，俾各自食其力也。查工艺为商战之母，洵属富国要图，允宜及早多设工厂，以期广为倡导。该难民如于来吉之后，移垦之前，若声明夙娴工业，不愿耕作者，即宜立令入厂作工，以免游惰，且日得工资，亦可充其事畜，庶免老少冻馁，而生财有道矣。（一）宜采用强制主义，分良莠以警梗顽也。查江省夏秋之间，移来难民，日食必索白米、面包，藉口习惯，要挟官府，其种种取闹情形，实堪厌恨。然究之不过少数莠民从中煽惑，其良民谅必实居多数。倘该难民到吉，仍蹈江省故辙，则宜分别良莠。其良民即给予资本，劝令各务工农，使安生理。查有为首梗化莠民，即用强制主义，勒令回籍，并限期出境，庶于安插之中，复寓警劝之意，即免当前效尤，更开后来向化。想亦大政治家谈宽猛相济者之所许乎云。（合）

《远东报》，1911年1月12日

吉林议事会议决案十四志

省城议事会（议决创设公立两等女学并附设家政班案）　查家庭教育为王化之先，立教之本。东西各国所以日进文明，良由注重乎此。诚以儿童于幼稚时代，脑筋心理，一无成见，欲养成完全之国民，必以母教为始基。中国家庭教育，向未发达，幼儿半多无教。推原其故，虽曰教育未能普及，实由女学不兴，无母教为之前提也。本城官立女学，刻已将及三年，然止于一处，尚无公立女学继续其后，诚为缺点。现在国会（即）〔既〕经缩短，则筹备教育尤属当务之急。本会拟于明春由董事会择相当公产房屋，创设公立两等女子小学堂一处，以养成异日母教【之】资，为后来广立女学设备。并依照北京、天津办法，在该学堂附设家政一班，（拒）〔招〕集中年失学妇女入堂讲习，授家政、算术、国文、女训、手工等科。每日授课时间，定以三小时为度，略如半日学堂及简易识字学塾成规，以求（连城）〔速成〕而期普及，既不（防）〔妨〕碍家务，又可藉倡女学，实为家庭教育上最良好之补助机关也。兹经全体议决，即请查核转详施行云。（合）

《远东报》，1911年1月13日

吉林议事会议决案十五志

省城议事会（议决建议指陈路政以便交通案） 查通路一项，东西各国，无不竭力讲求，原以利交通便行人也。吉林路政，自改设行省以来，道路则日事修缮，沟渠则实行疏通，意至美也。乃查省城马路工程，兴修已将二年，而卒无成效之可言。即如粮米行街马路，今秋已经修竣，非不平整洁净，然一遇阴雨滂沱，则每苦无处宣洩，沿街曲巷，均成泽国。三道码头阴沟，仅及里余，时延半载，只将塞路之砖埋于地中，且既掘复埋，既埋复掘，竟使积水淤泥，直成天坠，非惟有碍交通，实亦与公共卫生诸多防害。至今各处，尚有奉行车马绕越者。试以河南街一街而论，其东半由永庆当至荒当铺，宣统元年之工也，今仍其石磷磷。由荒当铺迤西至二道码头，势似分段分区，然此修彼塞，车头贝横亘其中，铁轨则常列其傍，冰雪塞途，犹闻压路之车，其声辘辘，而于巴尔虎门内为尤甚。其延误阻滞，窒碍难行之处，诚属不可枚举。若不急图整顿路政，前途奚堪设想。本会全体议员，为改良路政办法起见，谨拟整顿条议六条，开列于后，即请查核转详施行。（计开整顿路政办法条议）（一）各街沟渠，原为疏通水道而设。如人民倾水，不致停流，似亦无甚（防）〔妨〕碍。惟查本街阴沟修理之初，因不谙办法，未经测绘高下，遂使淤泥积水，往往存留于内，臭气薰人，实于卫生大有妨害。（一）从前沟板向皆宽大，行人让路，两无所防。至此次改修，则局面狭隘，料次板薄，往来行人，苦无让路地步，殊于交通不便。况通天街一带，所修阴沟两旁砌砖均（罚）〔陷〕于淤泥之中，其覆盖之板又仅用各沟挖出糟朽木料，工程恐难经久。拟请嗣后无论修理阳沟阴沟，总宜工坚料实，取法宽大。（一）修筑道路，本应按段修理。本年夏秋以来，河南全街不能通行，尚怡街、粮米行街亦同时折断，致乡农车辆非绕越不能进城。查本城向以此数街为繁盛之地，今竟同时闭塞，实于商业大受影响。拟请嗣后兴工，应即按段掘修，以便商民，而免窒碍。（一）三道码头一街，为全城南北通行要路，兼以车辆盛行之时，尤未便强行闭塞。乃查日前此街大车（磷磷）〔辚辚〕，致使行车断绝，实于交通有害。况冬令亦非兴工之时，自未便强行建筑。应请将石上所垫沙石，迅为碾压，以利交通。（一）巴尔虎门外设有柴厂，原为全城人民取给。乃查门内观音堂左右胡同，向甚仄小，门内几被铁轨塞断。西胡同复为铁轨占设，竟使往来不能开车，实非交通本意。应请赶速将巴虎门里及观音堂西胡同铁轨，暂行撤去，免害通行。（一）各街沟板本极薄弱，乃夏秋之间竟有推车骑马之人，任意往来于其上，遂将沟板蹈压破裂，致使行人有陷足之虞。应请饬由工程局设法保护，禁止在沟板上行车走马，俾垂永久云。（合）

《远东报》，1911年1月13日

议决妓捐创设济良所案

议事会议决创设济良所一案，谓：吾国数千年来，贱视女子之风，已达极点。尤以曲巷为最苛，鸨儿虐待，甚于匪刑，雏妓遭残，几无天日，诚仁人君子所不忍闻。况此中堕落，或不无良家女子，则设济良所，以为超拔解脱，洵不可缓矣。（尔）〔迩〕来京、津、沪已经士绅设立，惟本城外来妓馆日多，济良所尚付阙如，殊大憾事。查去岁夏间，经前民政宪谢谕拨妓捐专款，创设济良所，以资拯救，已照会衣绅迺经经理。嗣因衣绅辞卸，遂即中止，迄未举行。查济良所亦属地方自治范围应办事件，于董事会成立后，即交由该会创办。请将本城妓捐，由明年正月初一日起，改为董事会征收，专充济良所经费，兼将每月盈余提出，另款存储，以为将来办理一应防疫之预备金，及其他有关善举之用。已经全体议员决定。

《吉长日报》，1911年1月13日

吉林自治研究分所授凭改期

本城自治研究分所前曾定于本月十二日发给各学员文凭，刻因各科试卷未经筹办处阅讫，故又改于十四日，请吉林张蓬仙太尊莅所，授凭给奖云。

《吉长日报》，1911年1月13日

特开参议会

吉林团体联合会，现具公启，分送绅、学、商各界。略谓：订于本月十一日午后一钟在议事会议场开参议会，伏祈届期驾临云云。至所议何事，俟访再登。（伟）

《长春公报》，1911年1月14日

派遣自治研究所学员

本城全省自治研究所学员，均系各府厅州县选送者。当今春该所开学时，偏僻各处，因一时无人应选，故由本城招考入堂。现已毕业，由该所视每处额数之多寡，分别派去若干名，以便襄助地方官，办理一切自治事宜。刻闻由筹办处按路途之远近，发给川资，凡派出之学员，统行遣赴各该处云。

《吉长日报》，1911年1月14日

宣讲员之苦心孤诣

四乡巡行宣讲员李德崇君，向在四乡各村镇讲演自治、兴学各事。刻以年关在即，业经旋省，逐日在城内通衢人多之处讲演东省现状，并专制立宪之比较。听讲之人，层层围绕，李君所讲，异常沉痛云。

《吉长日报》，1911年1月14日

吉林议事会议决案十六志

省城议事会（议议决请拨妓捐创办济良所并充防疫预备全案） 查世界进化，贵重人格。吾国数百年来，贱视女子之风，已达极点，而尤以曲巷为最苛。鸨儿虐待，甚于匪刑，刍妓遭残，几无天日。连年各处报纸所载，不可胜数，诚仁人君子之不忍闻。况此中坠落，或不无良家女子，因遭变乱，致被诱胁，误溷风尘者，则创设济良所，以为超拔解脱，洵不可缓视矣。迩来京、津、沪三处，已经绅士创设。闻昨年长春亦有士绅倡立，惟本城外来妓馆日见加多，而济良所尚付阙如，殊大憾事。查去岁夏间，经前民政司谢谕拨妓捐专款，创济良所，以资拯救，而维风化，已照会衣绅迺经经理在案。嗣因衣绅辞却，遂致延搁，迄未举行。第查定章第五条五款善举各项，列为专款，未并申言其他关于本城善举之事，则是济良所之设，亦属地方自治范围以内应办之事宜。本会拟即遵照民政司前案，认为向归绅董经理事件，于董事会成立后，即交由该会创办。即请将本城所有妓捐，由巡警局一律移交管理。并请此项妓捐，由明年正月初一日起，即改归董事会征收，专充济良所经费，兼将按月盈余核实提出，另款存储，以为将来办理一切防疫之预备金，及他项有关善举之用。夫以地方捐款办地方之善事，设济良所，既为专重人格，讲防疫，亦为保全人命，章程允属不背，事类更觉相从。应请转详民政司，准照前案，即饬巡警局迅将妓捐拨归自治公所，以备济良所及防疫之需。兹经全体议员议决，即请查核转详施行云。（合）

《远东报》，1911年1月14日

吉林议事会议决案十七志

省城议事会（议决剔除租赋票钱陋规并禁商号代封案）　查钱粮为国家正供，均有定则，丝毫为重。原不准于常额之外，巧立名目，违章浮收，以刮削闾阎脂膏。乃查近年征收钱粮，于应征小租银钱外，复有每票收钱一百二十文之举，实与定章不合。大小租既留作办公开销，则此项票钱，即属陋规，允宜急行剔除，以轻民累。况本省谘议局前于议决租赋弊端案内，已经确切指陈，自应即请永久停免，期符向章。又查本城征收大小租银粮，向归商号代封，往往乡民进城封租，一经假手钱铺，即受若辈欺愚，加色涨价，任意剥削。其种种颠倒播弄，不可胜数，蚩蚩愚氓，何以堪此？现在既设有财政局经收警捐，则以后征收钱粮，统归该局主管，洵属义类相从，法理既合，事实自便，亦可免奸商从中周转，致使小民多受一番苦累之弊。且征收粮警全归一处，自无拖欠警捐，实于人民官民双方，均有裨益。所有请即剔除票钱陋规，并禁代封钱粮各事，业经全体议决，即请查核施行云。（合）

《远东报》，1911年1月14日

吉林议事会议决案十八志

省城议事会（议决请交还前自治会所修房屋案）　查《城镇乡地方自治章程》第十四条二项，自治公所可酌就本地公产房屋为之。又第九十一条，前条公产以向归本地方绅董管理者为限。又《施行细则》第十四条，凡城镇自治公所，应就繁盛或交通便利之地设立。各等语。现在本城自治甫经萌芽，事类浩繁，经费支绌，公所房屋暂系租赁商房，地址既偏，又需租款，亟宜就本地公产房屋，另觅相当处所，及早迁入，以为永久之计。查前地方自治会在粮米行所修之房屋，地属繁盛，交通便利，且该房建造费，系以变卖本城庙产所得价值支用，是修筑此房，既系出自本地公产，自修筑以及成立，亦属经本地士绅管理，则其为本地公产无疑。嗣因自治会停办，遂归谘议局筹办处占用，现又改为全省自治筹办处办公之地，是其房虽屡易名称，不过因自治会一时裁撤，腾作官用。至其为本地公产，又向归本地绅董管理，诚属毫无异议。今城自治公所业已成立，自应将此项公产房屋，移归议事、董事会迁住。又查《施行细则》第六条，本章程第五条，所列各项，俟城镇董事会成立后，应由原经管人，将所管属于该条所列各项事务，一并移交接收管理。今该房即系前自治会建筑公用房屋，理应遵章移交自治公所，实与《自治章程》第十四条二项、第九十一条，及《施行细则》第六条、第十四条所载各款相合。应请转详公署，饬令筹办处迅即交还，以符定章，而维自治。兹经全体议员，查照定章，公同议决，即请查核转详施行云。（合）

《远东报》，1911 年 1 月 14 日

地方自治研究分所毕业纪事

吉林府地方自治研究分所于本月十四日上午十一钟，举行毕业礼式。由该所职教员，率毕业学员，诣孔圣位前行礼，又向监督与职教员行礼。监督张太尊授凭给奖。次由来宾赵鼎臣君演说，所长金月岑君演说毕，当即摄影而散。监督张太尊训词录下：

今日之天下，一列国竞争之天下也。以竞争之天下，而欲救中国，强使中国与列强并争，雄驾全球，舍立宪别无良策。然立宪之基础，在使人人养成国民之

资格，建立完全无缺之地方自治。盖国家进步，自广义言之，在张全国之范围，自狭义言之，则在使各乡村皆能自立。苟一乡一村，不能结公共团体，则大而府县而省会，更不待问矣，将奚以为国？是以泰西各邦，其国民富于爱国思想，深于政治之知识，常视一町一村如一国者，无他，宪政修明，自治之制度实行耳。今中国既预备立宪，而国会之期又复缩短，则地方自治尤宜提前赶办。是自治于阽危之时局，其关系甚重。而自治职员于颓靡之世俗，其相需又甚殷。虽然，自治者乃所以辅官治之不足，其一切事宜，仍隶属于官治之内，并非离官治而孤行不顾之辞也。是故自治之名称，虽沿袭于泰西，而周之比闾族党，汉之三老啬夫，由来已久，特古无自治之名词，则治人与治于人者，遂习焉而不察耳。今诸君来学于兹，已历八阅月之久，于自治之制度章程，固已知之深，而闻之熟。倘由此不负所学，勉尽义务，以本乡之人办本乡之事，上辅政治，下图辑和，务使人人脑筋眼帘之中，皆具一团体之现象，则乡村而府县而省会，推之全国，无不皆然，庶几四万万人民，成一团结莫解之大团体，共享立宪之幸福，不受异族之侵凌，岂不懿欤？诸君勉之！本监督有厚望焉。

《吉长日报》，1911 年 1 月 16 日

董事会选举期

议事会既已闭会，董事会自应照章成立。兹经杨灏生大令催令自治所及议员，在城区先行调查满、汉、回三籍中之合格绅商为选举人。额定二百名，仍假自治所投票，选举董事二十名。定于本月十九日为初选期。目下正在调查，闻满、回两籍中之合格者为数不多。

《吉长日报》，1911 年 1 月 17 日

铜元加价问题

省城议事会移文商会,略云:敝会前经议员陈佐宾提议,请增铜元价格一案,惟铜元涨价,究竟是否可行,于币制市面有无窒碍,敝会未便置议,应请贵会查照市面情形,公同开议见复,以定准驳云。(合)

《远东报》,1911年1月17日

限期收回商号凭票

省垣谘议局为发展商务,维持市面起见,会议议决,禁止各商号发行凭票,呈请督宪,通饬各属,定于本年九月,各商号凭票一律收回。讵各属商人奉行不力,或收十之一二,或竟全数未收,殊于商务前途大有妨害。劝业道赵观察日昨特通饬各属,转饬各商号,限于年内将各凭票全数收回,不得再事延玩。

《吉长日报》,1911年1月18日

吉林城董事会名誉董事力辞公费

城董事会所举之名誉董事,原为名誉职。近闻会中对于名誉董事,又拟出公费。既为名誉职,实无再领公费之理,闻李芳君已力辞不受云。

《吉长日报》,1911年1月18日

批答议事会议案四则

吉林府批答省城议事会议决交还前自治会所修房屋案:既据照章办理,候即转详督抚宪与民政宪示遵可也。此答。

又批答议陈路政各条:系为交通便民起见,候即移会工程处办理可也。此答。

又批再筹议征收粮米捐以充自治经费一案:查阅章程,尚属妥协,应准照办。惟两条内所称,每中钱一吊,捐收买卖主各一成,有无扰累,应否酌减。补饬董事会复议呈夺。此答。

又批答筹议剔除斗税漏规以舒民困一案:查书差舞弊,最为可恶。现值立宪时代,百弊捐除。该书差仍沿旧习,违背市行,勒低货币,实属藐玩营私,候即出示严禁,一面饬令该经历,督率征收,以免流弊。此答。

《远东报》,1911年1月18日

关于商务之建议

省城商务总会现据依兰府商务分会呈报，该处江关现收农民零售粮米税，致使沿江农户弃舟登陆，运往他处销售。因此全街铺商，皆受影响，实于商业前途大有障碍。况以本地所出之粮，售诸本地，似与进口、出口货物不同，恳请移行谘议局核议，可否免纳出入口税，以舒民累，而维商业等语。闻商会已建议于谘议局云。（合）

《远东报》，1911 年 1 月 19 日

批答议事会议案汇志

吉林府批答议事会筹议屠兽检验所：宜归董事会办理，候转详民政宪批示遵行。此答。

又批答筹议拨还各项善举息款：候即转请民政宪核示遵行。此答。

又批答议设戒烟会广劝烟户来会断戒：洵法美意良。各省早已行之，吉属迄未举办，诚为缺点，应即迅速成立，一面妥拟简章，呈由本府示谕，【俾】众周知。此答。

又批答筹议责成洁净公司切实除积以重卫生一案：查吉省污积之不除，卫生之不讲，达于极点。今以经费不足，城厢内外未能举行。候即饬知该公司切实办理可也。此答。

又批答议设初等工业学堂一案：查工业为当今之急务，筹立实不可缓。候饬

劝学所知照可也。此答。

又批答议将妓捐创设济良所并立防疫预备金一案：查济良所现经民政宪饬令城巡警局筹办，曾否办有成效，此捐能否照拨，候据情转请可也。此答。

又批答筹划安插难民以保公安一案：阅所拟办法三条，均为切要之图，洵足以靖地面，而辟利源。所虑经济困难，筹办不易，既据全体会员先后议决，候即转呈公署核夺可也。此答。

又批答筹议广【设】宣讲所阅报社以开通民智：于自治大有裨益，均准照行。此答。

又批答所议城厢私塾宜照章分等办法：洵属妥善，大有益于教育，应如所议实行。此答。

《远东报》，1911年1月20日

地方自治宣讲所停止宣讲

本城地方自治宣讲所共系四所，平日各讲员按照筹办处原订宣讲所章程宣讲。现届年终，应于十二月二十日停演，正月开印后开演。该宣讲所已照章于今日停演矣。

《吉长日报》，1911年1月20日

吉林府地方自治研究所学员改派

　　吉林府地方自治研究分所第一班毕业学员张彭年、沈恩甲，日前禀请研究分所，略谓：学员等籍隶府属之双阳县，素于该县一切地方情形颇能熟悉。查该县自治亟应举办，恳请将学员改派该县自治，襄办自治事宜云云。当经该分所据情呈请吉林府，刻经吉林府批准照办，并行文双阳县知照。

《吉长日报》，1911 年 1 月 20 日

吉林地方团体联合会宣言书（附简章）

　　中国今日现象之危迫，吁已达于极端矣！汉、唐、宋、明晚季之病征具备，埃、印、波、韩亡国之悲兆皆呈，真燎堂不足喻其危，漏舟不足譬其险。莽莽中原，几无净土，赫赫神州，靡有宁时。国家几有破产之虑，人民已无生活之据。可惧者，时刺脑筋，可悲者，时触眼帘。将来祸机一动，厄运遂至，则男为人臣，女为人妾，牛马奴隶，任人鞭笞。人生到此，天道宁论，岂不可以痛哭流涕者耶?！此为全国统观之现象，既已若是其危险，再以我国一般之心理观之，尤不可恃，更足促国运之无常。黠而上者，不曰厌世，则即悲观；黠而下者，则争逐酒色，务自怡乐，几似待决之囚。愚而上者，徒具热肠，吁嗟自伤；愚而下者，则僵虫待尽，生气毫无，迥如木雕之偶。人人皆此观念，皆此思想，欲不灭也，岂可得乎?！此非敢将天下志士仁人一笔抹煞，不过指多数不负责任者言之耳。

天下存亡，匹夫有责，国家兴替，个人攸关。今既暴弃责任者如是其多，国家现象如是其险，是以终不免覆灭之惨，僇亡之祸者也。此统全国观察而言。若一反窥我吉林，其危险较于全国，更不止倍蓰焉。

　　风景不殊，举目山河大异。我吉林庚子之前十年，与迩来十年相较，其优乐极悲，固亦不啻霄壤矣。近来现象尤不堪思。全体恐慌，生计窘困，灾祲臻至，盗贼恣行，且人互相忌，众志参差，各自为谋，情意涣散，此内部之概象也。如【一】观察外界之状况，则更不知脱驾于何所。虎狼交逐，逼迩堂室，钩心枯血，争欲染指，宰割之惨，愈处愈迫，锦绣河山，归人附属，若此内外之现象，真遍数全国，无有如此危迫者也。

　　内部之现象如彼，外界之危迫若此，春冰虎尾，时当惕惧。而犹瞢瞢弗觉，酣歌于漏舟之中，安息于岩墙之下，生死任天，因循放弃，茫然不知所以拯救之计，是犹病入膏肓，屏却医药，延颈待毙，愚孰甚焉！行看白山黑水长揖别，我神明华胄永坠沉沦，则岩岩巫闾，朊朊丰沛，永无睹光明之日矣！可不深思猛省者哉？

　　今我吉林，既现至危之象，可亡之机，若此之甚，遂不免意丧心灰，颓然废止。然既已生为此土之人，处此境地，安可任其自相消灭，作游览者凭吊之资，怀古者歌咏之料。吾知但具智识，稍秉血气者，其必不忍袖手坐视，必有振袂奋起，以谋拯救之方者也明矣。然谋此拯死救亡之方，若不为根本之计划，莫为力焉。其计划之手续，一为联人民共同之心力，以结合一大团体也，一为求人民共同之责任，以陆续进行也。捐弃嗔恚，脱离故常，舍己为群，急公去私，齐心一致，用力共进，孰谓投鞭不可断流，衔石不可填海也耶！

　　我乡人父老伯叔兄弟，倘放弃责任，甘受僇亡之祸则已耳，苟心未死，血尚温，气犹存，必皆互相谋论，各尽天职，以保持公共之安宁，消弭将来之惨祸。此无他策，即前云两大计划，亦即为吾等拯亡救死之灵剂也。第救大厦之倾，非一木之所支，救车薪之火，非杯水之能熄。况关系全省，如此綦重之事，岂一人手足之烈所克奏肤功，是非结合大团体，公共负责任不可。某等痛慨及此，弗揣才智，所以有各团体联合会之组织也。组织此会之宗旨，不外内谋地方之发达，外御群强之侵侮，上以辅行政之不足，下以补各团之弗及，遵崇秩序，服从法律，誓进有成，不达弗止。以坚忍强毅之行为，促此会发达之速进，虽洞胸绝胲，焦脑枯心，亦所不敢辞。我乡人父老伯叔兄弟，怜其艰苦之志，必有以默相赞许者也。

　　今由省城各团体发起组织，遵照钦颁《政治结社律》，详订本会执行章程，禀请行政地方官察核立案，先行巩固基础，再行讨论方法。联合全省各刴体，公同加入，以藉增殖势力，且可多相援助。夫政治团体，非得多数之赞同，则不能有力，苟皆膜视，如秦越之肥瘠，一委诸他人，而莫或过问，则将来加入此会者自寡，团体势力永无发达，而对于地方之责任，亦永无克践之日。所以联络各团体，急谋方法者也。今我国国会之招集，为期在迩，督促预备之诏已屡降。今联合会之组织，自在法律范围之内。且政治团体，在各国所咸认为国民之公权，而规定于宪法之中。今执行此会之事务，倘依据法律所规定，不越溢范围之外，自无基础不坚之可虑，当毋鳃鳃也。

　　统观以上所述，此会在我吉地方上，自为切要最急之举，不可再缓者。饥而不得食，则无生命，寒而不得衣，则无生命，尽人皆知。今联合会之组织，较此谋食求衣，殆尤甚焉。是以不惮哓音瘏口，以奔走呼号，与诸志士仁人共相商榷焉。进言之，团体一日不联合，则地方一日不能进步，即亦一日不能享安宁之幸福，获熙熙之乐矣。

　　侧身天地风雨，增陆沉之悲，举目家山桑土，迫绸缪之计。河清难俟，来日大难，忧心时事，怵目危局，尚其于此抚膺振臂，奋起以应之乎！西哲有言，国民恒立于其所欲立之地位，望我全省各团体，诸大君子，俯察此言，深省其旨，则我吉林大幸！我东三省大幸！我大清全国大幸！不胜馨香拜祷之矣。

试办吉林地方团体联合会简章

第一条　宗　旨

　　本会为联合各团体唯一之机关，以谋公共利益，倡宪政之发达，促自治之进行为宗旨。

第二条　组　织

　　本会以本城现有之谘议局、商务总会、农务总会、城议事会、城董事会、劝学所、教育会组织而成，外府县有加入者，随时增添。其内容计分二部。

　　（一）参议部。系议决机关。由各团体公举参议长、副参议长各一人，其余各团体领袖，以及经团体中举人者，均为本会参议。

（一）干事部。系执行机关。由各团体公举干事长、副干事长各一人，其余干事无定额。

第三条 任期

参、干两部职员，均以一年为任期。【期】满再被选时，得连任。

第四条 职权

本会应办事件如左：

（一）对于政府有请愿建议之责（以不关于一团体之事为限）；

（一）对于他省有提议联络之责；

（一）对于人民及团体，有提倡补助指导之责。

第五条 经费

凡本会职员，均系名誉职，不支薪金、车马费。其经常（邮电、笔墨、印刷品类）临时（旅行、特别）两项，由各团体分担，或劝募。其办法以细则规定之。

第六条 附则

本会试办后，如无窒碍，即照政治结社条例，呈请行政官立案。其余各项细则，以及未尽事宜，另行酌拟，公同决定。

《帝京新闻》，1911年2月6、7日

吉林府地方自治研究分所推广学额

吉林府地方自治研究分所，现奉筹办处详准公署变通章程，加多学额。先时三十人，现定为八十人。即使偏僻各属，招不足额，至少亦以六十人为度。延长期间，向之以半年毕业，今则改为一年。向定开办六班，今则改为三班。现闻该分所正在组织一切，添招学生，修筑讲堂，拟定于三月初二日即行开学云。

《吉长日报》，1911年3月4日

变通研究分所章程

吉林自治筹办处，日昨札饬外府厅州县，谓：宣统二年十二月二十八日，本处详公署，为拟定研究分所，变通办法，请查核由，奉批："据详已悉。所拟自治研究分所变通办法，俱臻周洽，合行照准。仰即迅速通饬各属，遵照办理，并候分咨宪政编查馆，暨民政部备案可也。"等因。应即抄粘原详札饬，札到该属，即便遵照，转饬所属自治研究分所，按照所开办理，毋得延误。

《吉长日报》，1911 年 3 月 7 日

吉林府城议事会期未定

本月城议事会，照章应开春常会。现该会对于开会各事项，均未预备，而正、副议长又屡次请退，故二月会期拟定，俟中旬后再行订定云。

《吉长日报》，1911 年 3 月 10 日

吉林府城议长辞职未准

吉林府城议事会正、副议长辞职,已两志前报。兹闻傅太守以该议长所辞各项理由,均与自治章程不合,碍难照准云。

《吉长日报》,1911 年 3 月 10 日

吉林府呈请札发自治讲义

日前吉林府呈请筹办处,请领研究所本学期所用之讲义,业由筹办处批准饬发。兹由该府领到自治讲义四百五十本,计《比较宪法》、《法学通论》、《自治制度》、《府县郡制市町村制》、《户籍法》、《经济通论》、《经济政策》、《行政法总论各论》共计七种,当由该府转发研究分所祗领,以资应用。

《吉长日报》,1911 年 3 月 10 日

挽留议长

议事会正、副议长辞职,已屡志前报。刻闻该会各议员于本月十三日开会,并邀集地方绅学各界,到会挽留。

《吉长日报》,1911 年 3 月 14 日

议事会费款过巨之禀批

民政邓司使批饬吉林府城绅民何其章等，禀为城议事会费款过巨等情，略谓：该府城议事会员司太多，公费过优，请饬该会另拟俭约办法等情。查部颁《城镇乡地方自治章程》第三十四条，有城镇乡议事会各设文牍、庶务等员云云，并无设会计、速记等之规定。诚以会计事务，专属董事会权限范围，议事会不得而侵越之。定章，议事会会议每年四次，每次以十五日为限，合计一年，会议日期，不过两月。速记事务，本无庸另设专员。他如司书、司事，且可酌用，亦不必需六七人之多。又第三十三条二项，有议长、副议长有办公必需之费用，得给相当之公费云云。细绎此项条文，语气中原含有无办公必需之费用，得不给相当公费之意，自不得据此活动之条文，遽将此项公费认为一定不移之例。至总董、董事支领薪水，原载在定章，然当此地方经费支绌之时，亦应稍从节俭，不可动支巨额，至百两或数十两之多。果如该绅民等所禀，则该城自治会员司公薪等费，不免过多，于地方公事既有妨碍，于自治名义亦不相容。该城为首善之区，自应极力撙节，为各属自治机关之表率。仰候札饬吉林府，详查核减，以节糜费，而符定章云云。

《吉长日报》，1911年3月14日

自治评语

地方议事机关成立非易，见效尤难。比者吉林府城议事会于年前成立，士民方相庆幸，佥谓地方应兴应革事宜，或可由议事会倡议进行。乃该会初次会议方终，二届会议尚未举行，正、副议长已一再辞职。考自治章程，议长辞职，应具正当理由。今该议长徒以办事棘手，遽萌退志，于章程既属不合，于议会前途亦多妨碍。盖议长一去，全体被动，已议决之事件，或且因之高搁，此大不可也。（剑）

《吉长日报》，1911年3月14日

吉林挽留议长续志

十三日，吉林府城议事会，会同董事会开会，挽留议会正、副议长。是日到会者共二十余人，议长文、孙二君照章避席。嗣经公共投票，解决挽留者之多寡。当时开票，得挽留票十余（仿）〔人〕，赞成辞职者仅七人，众以从多数，故仍请议长不得辞职云。

《吉长日报》，1911年3月15日

吉林府议会定期开会

本城议事会照章应于二月开通常会，委因时疫流行，交通不便，又兼议长屡次辞职，以故迟迟至今。现经订妥，本月二十日开第二次通常会，函致省城各团体，略谓：本月二十日敝会开会议事。惟议案尚属寥寥，夙稔台端关心地方自治，敢请于应议范围之内，发著伟论，早日交下，以作会中议事资料云。

《吉长日报》，1911年3月19日

吉林议员以烟赌被革

本城议事会议员潘俊英（去岁经店行公举），素营店业，颇有积蓄。自被举为议员后，以为有恃无恐，今正竟敢在家私吸鸦片，招聚赌徒，抽取红利。被警局知情，派兵进院，将烟赌一并拿获，带【归】总局审明，除将该议员权利革销外，判罚江帖四千余吊，方释放完案。

《吉长日报》，1911 年 3 月 21 日

吉林地方自治研究分所商借房舍

吉林府地方自治研究分所，前准筹办处札饬，增加学额四十名。该分所以讲堂只有三间，学员八十名，实属容纳不下，拟再行建筑讲堂三间，以资教授。吉林府傅写忱太守，以款项无着，碍难从事建筑。拟与本城各绅商酌，先将昭忠祠供祀神牌之正房五间，暂行借用。俟三班学员毕业，即为腾出归还。既可省一分财力，又能于地方多作一分公益，实于公私两有裨益。故建筑讲堂之议，已作为罢论矣。

《吉长日报》，1911 年 3 月 23 日

组织牗民讲报阅报社

自治宣讲员李敬修等，在牛马行街赁房屋二间，筹款创办一牗民讲报阅报社。每日早九钟至十二钟，为阅报时间。下午一钟至三钟，为讲报时间。无论上下人等，一律招待。俟有成效，再逐渐推广至外府州县，以期普及。其宗旨专在开通民智。昨发一公启云：

呜呼！日月逝矣，岁不我与。诸君盍兴乎，盍兴乎？或曰：立宪预备矣！国会缩短矣！数千年之睡狮，从兹醒矣！数万里之版图，于斯永固矣！子何戚戚为哉？噫！果尔，吾无忧矣！吾何为号呼奔走，徒取浅见之讥；吾何为丧心病狂，更碍俗流之眼？惟际兹忍无可忍，耐不能耐之时势，不得不泣告吾同胞、同志曰：事急矣！势迫矣！列强侵略，时不我待矣！东西乱象，朝不保暮矣！昔之谋我主权者，今则强兵压境矣！昔之门外窥伺者，今则寝我卧榻矣！吾同胞其醒也未？吾同胞其知也未？醒而犹昏，是心死也，知而不为，是无勇也。再勿谓漏舟酣歌，暂图目下；再勿谓积薪好梦，权睡一时；再勿谓巢覆舟沉，尚需时日；再勿谓医补挽救，竟恃官府。诸君不为一国计，宁不为一家计乎？不为国家计，宁不为本身计乎？须知坚忍进取，力可移山，精诚所至，摧解金石。一线牵来，千钧可系，千虑之失，必有一得。霜摧叶落，根本固尚可回春；临崖勒马，缰在手亦可挽救。见兔顾犬，亦未为晚，亡羊补牢，尚不为迟。人心固结，全赖联合，民气发达，是在教育。兹际国会缩短之秋，正值立宪预备之日，犹贵造就国民基础，养成公民资格，以期预备限满，行之方可无阻。是宪政与民智有固结莫解之势，须臾不可离也。乃夷考近今吾民，具普通智识者，无百分之一，粗通文字者，无十分之一，施以宪法，茫然不知，规以律令，瞠乎莫解。正所谓盲人骑瞎马，夜半临深池，欲其不措置乖方，卤莽偾事，奚可得乎？同人思之深，筹之熟，不得不奋焉兴，忾然起，爰集资禀请各大宪，创办牗民讲报阅报社，所由起也。伏思茫茫神州，何地无才，济济同胞，士各有志。导国民之引线，惟我与尔，促宪政之实行，舍吾其谁？国会开时，同沾化宇，宪政颁来，共乐自由，移风俗之进化，补教育之不及。惟愿同志集思广益，以匡不逮，各量才力，以济时艰。掬满腔血泪，泣告数万同胞，竭一身精力，尽我一分天职，得寸则寸，得尺则尺，以吾侪热度之膨胀，卜他年国势之兴衰，大义当前，固不乏勇为之士，当仁不让，谁肯作袖手之人？愿我同胞，其共勉焉云云。

《吉长日报》，1911年3月24日

创办讲报阅报社续志

自治宣讲员李进修，邀集同志，在牛马行街创设一牖民讲报阅报社等情，已志昨报。兹悉该社用款，先由发起人一名，各捐钱一百吊，嗣后再随时募集。开办日期，已定于三月初一日云。

《吉长日报》，1911年3月25日

吉林府筹办自来水议案

董事会董事澍溥寰提议，招股兴办自来水以重卫生议案，云：查保卫人民健康，以饮食物为最要。吉林省城，井水向不清洁。所有全城人民，悉取江水，以供饮食。每值春夏之际，城内秽水直流入江，兼以木排停滞，侵注日久，实于卫生大有妨害，自应设法筹画，以重生命。查奏定自治章程第五条第六项，规定自治范围，兴办自来水，以重卫生。奈本会经费奇绌，无款筹办，拟由董事会招集股本,官商合办。先由本会筹股二万元,要求官钱局入股三万元,招集绅商入股五万元,统计资本十万元,以十元为一股,共一万股,庶几众擎易举,公益可兴。兹将自来水道,以及工场水池式样,绘具草图一纸附呈。是否有当,请交由议事会决议。

《吉长日报》,1911年3月25日

营私武断者鉴

昨公署准民政部电开,地方自治、议、董等会现均成立,所有被选各员,洁己奉公,能保地方利益者,固不乏人。而营私武断,致滋地方扰累者,亦时有所闻。自治为宪政根本,创办伊始,不加审察,使良法适成苛政,阻宪政进行之机,关系匪浅。即希转饬各该监督官厅,照定章妥为监察,尚有假公济私,逾越范围者,应立即奉章办理,毋得稍事姑容,致失立宪本意云云。

《吉长日报》,1911年3月26日

议事会议案二则

名誉董事沙钟濂提议,屠兽倒毙捐一项应尽数蠲除,以苏民困案。查吉林府经征局征收屠牛羊猪倒毙捐一项,屠牛一头,征收吉钱二吊,外加头票底三项,共征吉钱二吊一百文;屠羊一只,征收吉钱一百四十文,外加头票底三项,共征吉钱二百四十文;屠猪一口,征收吉钱四百文,外加头票底三项,共收吉钱六百文。该局虽给正税票照,不计价值之多寡,只以条、只、口计算,应请共同讨论,此项征收,若不在正税之列,可尽数蠲除,以恤民生。

选民胡炳林建议,慈善会赈款应籴谷建仓备荒案。查省城慈善会现存捐款十余万吊,前由该会发商生息,以备将来水旱偏灾之赈恤,洵属善后远大之谋。按《城镇乡自治章程》第九十五条,公款公产之内,有系私家捐助,当时指作为办理某事之用者,不得移作他用。其指定之事业,律例、章程已变更废止者,不在此限。今岁防疫问题发生,遂将上款拨归防疫会二万余吊。虽防疫亦系善举,而滥用指定之赈款,质诸章程,实有未合。若不设法筹划,恐将来慈善事业,范围广大,倘按条举办,即罄慈善会所存赈款,亦不足以应付。倘遇水旱偏灾,饥民待哺,又应如何赈恤?此不可不急为虑及者也。惟赈款发商生息,固属永久之计划,然一遇凶年不第,薪桂米珠,抑亦无从购备。前岁水灾,赖有官仓接济,嗣官仓散放一空,而慈善会虽储有如许之款,亦恐难应急需为后之计。惟有将慈善会赈款,尽数籴谷,建仓存储,以备不时之需。是否可行,应请付议云云。

《吉长日报》,1911年3月26日

赠助书报

宣讲员李进修等组织讲报阅报社于牛马行,本为开通民智起见,故赞成者甚多。松绅秀涛亦赞成人之一,恐该经费不充,各种书报无力购买,特捐小说多种,地图三份,《民立报》、《国民公报》、《民兴报》、《帝京新闻》等各一份,以为之倡。

《吉长日报》,1911年3月26日

吉林府议事会分股办事

本城议事会，现经分股治事。今将其选举各股股长、股员名单列下：
  财政股长 伊铿额
  股　员 孙毓竹　常　魁　胡显章　文　煜
  实业股长 杨梦龄
  股　员 王　成　全润霖　牛翰章
  卫生股股长 陈佐宾
  股　员 侯保廉　阎德先　承　志
  惩罚股股长 杨敬修
  股　员 萧庆熙　祝明阿
  慈善股股长 刘家荫
  股　员 福　咸　侯荩臣　韩登举
  教育股股长 赵铭新
  股　员 崇　祺　张雅南　王文珊　武兆铭

《吉长日报》，1911年3月27日

提议设立宣讲所

城议事会议员陈佐宾提议设立宣讲所，并讲演各种报纸，又以城隍庙之戏楼改为国耻楼，以警人心案。查改良社会，转移风气，莫过于宣讲。本城已设有自治、劝学、宣讲各所，但每所止有讲员二人，逐日讲演。审其内容，不外宪政、外交、宪法、自治、伦理、劝学、教育诸大端，始终一致，使听者烦心，转生厌弃。况我国时势如斯之危，人民如此之愚，非随时改良，晓之以利害，使人人触目惊心，则终属无益也。议员拟邀集绅学各界同志，捐助款项，禀明吉林府立案，将城隍庙戏楼稍加修葺，命名国耻楼，邀请热心志士，以尽义务。着本所讲员，接待提倡，按照自治章程第五条之讲报阅报规定，急力讲演。加以该院内旧有警楼一架，每于开演之际，击动其声，使人闻之警心，前往听讲，俾能振起保种爱群思想。是否应行，请为讨论云云。

《吉长日报》，1911年3月27日

准办乌拉镇自治

省北乌拉街人口不满五万，按自治章程，不能作镇章办理。该处士绅，因拟将永智社户口并入，以期改镇。呈由谘议局议决，详呈公署核示。当经公署札饬自治筹办处，会同乡巡局查覆。现该局处已将情形查明，禀复公署，批准拨永智社户口一万六千余，归乌拉镇，照镇章办理云。

《吉长日报》，1911年3月27日

议事会议案三则

董事会总董文耆提议，疠疫后元气大伤，请速筹画生计案。查本省近年迭遭水灾，兹又疫兴为虐，一再摧残，元气大伤，以致商务愈行凋敝，经济日益恐慌，民生愈见困苦。吉林府为首善之区，贫民聚集，若不为之速谋生活，诚恐老弱流离失所，强壮流为贼盗，实属扰害治安，贻害本地。宜查照自治范围，或筹设贫民事业，如贫民工艺所等项，究竟应如何筹画贫民生计，以图补救之处，应请议决施行。

该总董又提议，官绅捐建长公祠，照章归自治公所经理案。按照奏定自治章程，凡公产公款房屋或祠宇，均可拨给自治公所应用。吉林长公祠系本地官绅捐建，确为公产无疑，拟即照奏定自治章程立案，将长公祠一切房屋及其他产业，均拨给自治公所经理。倘有必需之工，即由自治公所代为修缮，以垂永久云云。

又该总董说明筹款意见案。查本会前议覆举办粮捐，暨此次议征附加税各节，均以筹款为急务者，诚以自治事宜，范围甚广，必先筹有专款，始能举措咸宜，并非仅计及本公所薪工之用。否则徒有自治名目，不能促自治之发达，既负职务，又累地方。况此时势危急，使非速办自治，焉有图强之日？此本会所以汲汲于自治经费也。故凡筹款之案，应请大力主持，议决施行。

《吉长日报》，1911年3月28日

提议设立市场

城董事会董事澍霖提议择地设立市场案。略谓：查省城摊床零货，以及饮食物品，沿街摆设，随意占居，不但妨碍交通，诸多危险，且为风尘迷漫，有害卫生。自应遵照奏定自治章程第五条第四项，开设市场。由董事会在东西关及城内，选择宽阔地址，盖设市场三处。所有零货，以及饮食物品，均赴市场售卖，酌量抽收地址费用，实于商民两有裨益云云。

《吉长日报》，1911年3月29日

议长始终辞职

议事会议长文、孙二君，屡次辞职，未邀允准。刻复继续上书，决意辞职，并加入一二项辞职理由。闻各议员等已有首肯之意，刻正预备另选云。

《吉长日报》，1911年3月29日

吉林府减发地方自治研究分所学员膳宿费

吉林府傅写忱太守日前与研究分所所长金月岑君面商，谓：该分所推广学额八十名，势必多耗款项。值此罗掘无从之际，不能不量为裁减，究应如何酌减，或改自费，着该分所速筹办法，呈府核夺。兹闻该分所呈覆谓：自费一节，实难办到。以乡间人民囿于见闻，虽富有资财者，亦裹足不前；寒微者，即有志向学，亦无力偿愿。若迁延时日，贻误事机，更属非是。故详细筹思，莫若减半发给膳宿费，事似可行。查分所第一班学员，每人每月二十四吊，今则减半，只发十二吊，余令自备。由府谕饬各乡正，会同各区巡警，邀集本牌大户，公推此项学员，择其资格相当，力能担负者举之，克日来所，听候考验。如此办理，则用款无多，学额实能加多。既不误筹办宪政之限期，又与筹办处详准变通章程，亦甚吻合。能否批准，刻尚未知。

《吉长日报》，1911年3月31日

吉林府议事会会同调查私塾

府议事会去岁议决调查城厢私塾，拟分等级一案。现已由该会举定绅士沙钟濂、聂树清二君，会同劝学所城厢劝学员，详细调查，以便设法改良。

《吉长日报》，1911年3月31日

议案两则

董事会名誉董事杨彬，提议举办自治经费捐，以符定章案。云：查吉林全省地方自治筹办处禀请抚宪，转致民政部电开："民政部钧鉴：据自治筹办处禀称，《城镇乡自治章程》第十六条第四款云'年纳正税或本地方公益捐二元以上者'。查税捐一项，我国情形，与他国不同。因国税与地方税均未确定，且税目亦极简单，故有每年所得及不动产多，而无捐者。若以吉省言之，又较关内迥异。每有居民财产甚多，不独无正税可纳，即公益捐亦无之者。如谓此类居民即不能有选民资格，则其财产上之利害关系，未免忽视，且有选民资格者，亦未免过少。拟请变通办法，暂为吉省设一例外。如有不动产满五百元以上者，亦可作为第四款资格等情，呈请电咨前来。是否可行，伏祈电示，以便饬遵。"云云。嗣经民政部覆电云："查选民资格，定章既以纳捐为要件，自未便遽准变更。其居民有财产甚多，而并无捐税可纳者，如愿捐助本地自治经费，年至二元以上，即与纳公益捐无异，应一律列入选民。所请特设例外之处，应无庸议。希即饬遵。"等情。遵此查此项自治经费捐，业经自治筹办处明定规则十条，并收捐执照数种，谕发各属自治筹办公所，并饬一律遵办在案。惟本城去岁筹办公所，系属创办选举，此项公捐虽系出自人民任意捐助，特恐举办不易，亦无认捐之人。及城议事会成立，而筹办公所又遵章撤销，因而中止。现届筹办府议事会选举，及城议事会议员改选半数之期，此项自治经费捐亟应举办，以符定章，而裨自治。是否可行，请付公议云云。

又总事文者提议拟建传染病病院案。谓：近世医学发达，以传染病之害，甚于洪水猛兽，以其无声无形也。苟预防得宜，则尚可以幸免，否则阖家阖邑，必有尽染之虞。此今岁吾省所目观者也。吾国习惯，无论患何病症，向系在家医治，以其亲族可任看护。然而传染病则绝对不能任令随便医治，故公立病院，吾（团）〔国〕不可不备也。今岁之传染病发生后，均视官立诊疫所为畏途，大起人民仇视之心。幸经同人热心劝诫，未至激成变动。然以未有公立病院，尚属遗憾。吾人既生于此等时代，万不能不视当世大局为趋势。无论款项如何艰难，必须赶紧择空旷之区，建筑传染病病院，以备不时之需。究应如何筹拨或捐助，抑或请慈善会拨给之处，请公同决议。

《吉长日报》，1911年4月1日

吉林府城议事会铜元加价议

城议事会议员陈子侯昔曾提议请增涨铜元价格。该会以铜元加价一层，究竟于币制商情有无窒碍，特移请商会，查照市面情形，公同开议，以定准驳。商会前已传知各行研究所，作速集议。现闻各行商多数议以每枚按二成八行使，不日即当实行。

《吉长日报》，1911年4月9日

神州梦

现有志士周君铸民者,俯仰时局,知非广设宣讲所,直接唤醒一般人民不为功。故与李进修等竭力推设庸民讲报阅报社,又以捐款不敷,编就《神州梦》、《六更天》新戏两出,拟假斯美剧场开演。所得戏资,除该园人工薪资外,余悉拨归该讲报社,作为推广四乡城厢各社之经费。闻刻已与该园商酌一切矣。

《吉长日报》,1911 年 4 月 9 日

请撤防疫卡之批示

日昨吉林府傅太守禀请民政司略云:自防疫戒严,遮断交通,于民生诸多不便。刻届上忙征租之际,各乡民不能来城完纳,国课攸关,势难再缓。况府属城乡,疫气已经消灭,请将各防卡裁撤,以便交通等情。经民政司批交防疫总局核议,现经议覆,大致因疫气虽属渐消,四乡仍尚未靖,如各卡遽行议撤,恐难免死灰复燃之虑,蹈哈埠之覆辙。该守所请,碍难照准。一俟全境疫气退尽,再为撤防云云。(觉)

《长春公报》,1911 年 4 月 12 日

公举正副议长揭晓

省城议事会上年于开幕时,原举文在卿君为正议长,孙荫南君为副议长。嗣于闭会后,文、孙两君屡具理由辞职。兹经该会全体认可,监督核准,于日前复开正式选举,闻杨君锡九得十五票,公决为正议长,伊君纪书得十票,公决为副议长。杨、伊二君虽经演说辞职,终未获议员等之承认云。(合)

《远东报》,1911年4月12日

请修板道列入议案

本城某巨绅日前致书谘议局谓,省垣各街巷未修马路之处,当其春融之际,泥深尺余,行人车辆,无不艰难。即已修马路之处,亦不无泥泞难行,反不如从前板道工省价廉,雨后亦不泥泞。希即列入议案议决,禀请民政司施行。(忱)

《远东报》,1911年4月15日

议立商业学堂

省城议事会议员文君煜,昨在议事会提议设立商业学堂,大概言:商业为当时要务,宜切实整理,以求进步,而期发达。查泰西各国,向系注重商务。况当此竞争时代,列强皆以商战而跻于富强,我吉于商业素不讲求,以致颓败之象,几达极点。现欲恢复商业,应先立学堂,务使知识开展,然后商业方能逐渐起色。至于应需经费,由商会担任筹集,谅该会亦必乐于赞成也。(合)

《远东报》,1911年4月18日

商埠住户又要求加价

开埠局自上年因议地价之事,曾费几许周折,而住户等抵抗甚力,几酿事端。嗣经谘议局再三代为请命,督抚已允加价,出示晓谕。示内曾注:"上等房基地每亩三百五十吊,中等每亩三百吊,下等每亩二百五十吊。非房基地,以水园为上等,每亩一百五十吊;旱园为中等,每亩一百吊;窑坑与寻常熟地为下等,每亩八十吊。房价照前各加一成"等语。如此办理,约可无亏于住户。乃各住户仍不遂愿,十三日又聚众三四百人,至谘议局要求代请加价。经庆锡侯议长婉言开解,天昏始各散归。闻各住户尚拟重整旗鼓,以图再举云。(合)

《远东报》,1911年4月21日

乡镇自治成立

吉林府自治筹办公所现将城厢划为东、西二区，城外四路假定为三镇六乡，城乡共计十一区。拣调查员十一员，每员月薪八十吊，除城厢二员不给川资外，其四路九员，每员各领车马费一百五十吊。限定两个月调查完竣，再行重定乡镇名称，设立事务所，设票选举。闻该员等订于本月初十日禀辞起程。兹将各员姓名履历列左：

城内调查员二员：

  东区　官班巡警毕业员　　　　李　馨

  西区　府经历衔　　　　　　　杨　斌

四路调查员九员：

  乌拉镇府自治毕业员　　　　　寇德成

  诚信镇府自治毕业员　　　　　刘春霖

  克勤镇府自治毕业员　　　　　傅连三

  敦义乡监生　　　　　　　　　李　瑶

  存体乡府自治毕业员　　　　　沙钟灏

  兴让乡巡警毕业员　　　　　　杨全喜

  诚忠乡监生　　　　　　　　　张　纯

  永智乡省自治毕业员　　　　　安文明

  尚礼乡省自治毕业员、府经历衔　袁凯臣

《远东报》，1911年6月20日

议事会阒其无人

省垣议事会定于十九日开临时会议一节,已志前报。至是日下午一钟开会时,到场者仅议长杨君锡九,议员赵君鼎臣二人。候至三钟,并无再来者。噫!省城为代表各属之区,开会竟得如此现象,他项公益,不问可知矣!(山)

《长春公报》,1911 年 7 月 18 日

议事会请开临时会

吉垣议事会现因经费支绌,该会议长暨议员等公仝商酌,款项既绌,诸事无不掣肘,拟将会中员司,大加裁汰,力为整顿,以备将来。当即散布传单,定于十九日一钟开临时会,集议此事矣。(山)

《长春公报》,1911 年 7 月 20 日

议事会议在糊口

城厢议事会长杨锡九君,日前开会者,仅赵鼎宸一人。其他继到者,亦观此

会为游戏场，议案不与闻焉。昨于十九日又开临时会，当经议、董两会协议，裁减司书，大节经费，积蓄公款，举办公益。所负代表天职，责无旁贷。如放弃者众，必有以规戒之。于是各议员、董事，绝对的赞成，佥谓如能糊口，不使枵腹趋公，吾侪必终始一致。于此可证吉省之民气一（班）〔斑〕矣。（明）

《长春公报》，1911年7月25日

国民会代表来吉

留日国民会代表金、王两君由奉过长，即附搭吉清轮船到吉。闻该代表定今日谒见抚帅暨各司道，以及本城绅学各界，以便举办一切事宜。闻在长已将国民分会并体育社经费筹措有着，共系八万余吊，日内即谋进行云。

《远东报》，1911年8月29日

调查之忙迫

自治筹办公所派往乡间调查员袁凯臣等九名，现在已有七人事竣返省。多者查有一万一千余户，少者亦八百余户，不乏可以成镇之区域。刻下该所以人名册亟待制齐，特函催尚未完竣之傅运三等，无论如何，必须尽本月初十日前返省，绝不得稽延逾期，致误要政。

《远东报》，1911年9月6日

吉林自治学员之踊跃

吉林府地方自治研究分所，定额八十名。今春开学时，该所虑难足额，乃开学未及一月，竟足八十名之额。兹闻近日乡间之来学者，踵趾相接，虽经该所收入傍听十八名，然人数过多，计尚有三十余名，讲堂实难容纳。刻闻该分所拟呈请府署设法变通收入，俾养成自治人材。

《远东报》，1911 年 9 月 6 日

议员建议不许差役包征钱粮

吉林府征收钱粮，至止封日，或有七八百垧，或有一二千垧尾欠，向例不能缓封，即照六八成二一钱九分八定数，包与差役征收。无论如何罚办，如何害民，吉林府概不闻问。今春本会有鉴于此，当即提议，呈请监督明定罚数，不得包给差役，免滋扰害，业蒙批准在案。不意本年尾欠钱粮至一万六千垧之多。每垧包价定一吊二百文，按一万六千垧，应得余数八千余吊。（俟）〔似〕此办法，在前任吉林府多系贪滥无厌之辈，故无足论。若现任监督，素以清廉自守，又系法学出身，当此凶荒之年，尚复有此政策，恐非出于监督之本意。应请质问监督，将加价包征尾欠钱粮一案理由批答宣布，以安民心。是否可行，伏候公决。（瑞）

《远东报》，1911 年 10 月 28 日

挽留议长不果

吉林府谕饬事。据该会呈留正议长以图自治请转一案，当经转详立案。兹奉民政宪批："据详该府城议事会全体请留正议长杨梦龄等情。查杨绅系回苏省候补，即《城镇乡自治章程》第二十一条第二项所谓确有他业，不能常居境内者。事由正当，照章固难强留。如杨绅未及告退之时，该会合词劝留，得其承诺，则告退之意思，未及发表，挽留未尝不可。兹杨绅（暨）〔既〕函向该会告退，又禀请督抚宪批准，给咨回省在案。是该会议长照章已属出缺，查《城镇乡自治章程》第三十一条，议长因事出缺，以副议长补之。则该会副议长又已照章得补正议长之缺矣。今若挽留杨绅，是使已出者复得正议长之资格，应补缺者转失正议长之地位。揆诸法理，碍难准行。仰即转行该议事会，查照定章办理为要。此缴。"等因。奉此，合行谕饬，谕到该会，即便遵照此谕。（瑞）

《远东报》，1911年10月29日

粮捐缓期开征

省董事会征收粮捐，已志前报。兹访商务总会，屡次据禀免收粮捐，尚未奉批。日前陈简帅在公署公厅论及银市羌帖银元飞涨，皆为谣言所致，各粮商相率高抬粮价，小米涨至八吊余，米竟至十五吊余。其情何也？经民政宪邓答词，因秋收欠薄，即已割之禾上市未多，存粮又将告罄，新陈不接，又兼自治抽收粮捐起见，以致如此。闻此次粮捐有免征之说云。（瑞）

《远东报》，1911年10月29日

照录议事会议案

略谓：巡警所得营业附加税拟请拨还以充自治经费案。查本城营业附加税，原定按十成分配，学堂、巡警、自治、商会各得二成五。嗣因巡警本有专款办理，遂未动用。后经民政司将此款遂捐办警务官报之需。当经贵会提议两次，以警务官报系官报性质，本可动用正款。今营业附加税乃纯系地方税性质，宜将此款拨还本城自治公所，以充自治经费，乃为正当办法。且本城自治事宜，范围极广，以无款项可筹，故成立年来，所有议决各事未能实行。况本城营业附加税，原定拨自治二成五。现订归全省自治筹办处二成，复拨府自治筹办公所五厘，而本城自治公所反不能得占毫厘。则是本城人民何有负担之义务，并未直接享此权利？况当此自治经费支绌之时，视办警务官报，孰缓孰轻孰重，自不难悬揣而知。兹闻新任韩司使，以提倡自治为怀，正可复作前议，请缓办警务官报，营业附加税仍拨归本城自治公所动用。即请付议施行。一、提议筹划积谷以备荒歉案；一、提议拨各次善款案；一、提议屠兽场检验所宜归董事会办理案；一、将妓捐创办济良所案；一、议在城隍庙设立宣讲所案；一、建议将帑银及各省协济赈款尽数分别赈济灾民案。（瑞）

《远东报》，1911年10月31日

董事会解散原因

省董事会由去岁腊月初一日开办，自成立以来，本无的款。虽办理年余，仅恃粮捐等项，以辅经常之需。奈此项粮捐筹款，未便实行，曾于八月间具禀上峰，设立粮捐，业蒙允准。本拟九月初一日开办征收，后经谕饬停办缓征，致作罢论。刻闻该会经费业已告罄，他无挹注。且前数月各员司书役薪工、火食尚未发放，共亏钱一万余吊，无法筹办。经总董文贻珊召集各议员，日前开会筹议办法，所有到会人员，亦均无主张，只可决议停办。业已具禀呈府署，随将会内人员等一并解散矣。（瑞）

《远东报》，1911年12月3日

吉林国事共济支会成立

省城官绅睹国事日非，急谋共济之方，乃援天津国事共济会章程，亦组织一支会，名之曰吉林国事共济会。现由发起人散布通告，其通告略谓：时局阽危，外患逼迫，共和立宪与君主立宪之二大主张，相持莫决，诚恐鹬蚌相争，渔翁得利，祸延噬脐，虽悔何及。现天津业有国事共济会之设，吉林僻在东陲，实为根本重地，亟宜组织支部，以期联络一气，共保平和。同人等兹择于本月初十日午后二时，假谘议局先开成立大会。凡军界、政界、绅界、学界、警界各同胞，无论满、汉、回、蒙，客居土著，凡有赞成本会宗旨者，即希届时惠临，共同讨论为幸。

发起人：郭宗熙、王国琛、傅彊、何寿朋、李宝楚、范治焕、汪熙、王运孚、周家树、吴渊、王家襄、维钦、朱兆熊、穆恩堂、成凤韵、文耆、程崇实、易翔、汪樵琴、李惠人、余大鹏、王盛春、李焕章、谢家琛、刘康煜、成鳌、徐志铎、范溥、张树荣、王赓等同启

《顺天时报》，1911年12月8日

吉林通信二则

选举参事之日期

府议事会现已成立,其参事会各职员,尚未推选。兹闻府议事会拟定于月十三日十一钟,在府筹办公所选举参事。昨已呈请何太守监临,并邀请各界届时参观。

保安会另举参议长

本郡国民保安分会前成立时,曾举定薛绅荫棠为正参议长,董绅耕云为副参议长。嗣因二人均行辞退,道宪孟观察故于月之十一日邀集绅、商、警、学各界,在保安会公同另行推举。闻举定正参议长系府议事会议长张君叔屏,副参议长系自治研究分所所长何晓川云。

《顺天时报》,1911 年 12 月 8 日

吉林保安会之人物

吉林保安会设立以来,未见有何等之伟举。所有办事人员,亦数四延缓,至十一日始行委任齐全。除正、副会长及参事部长已见前报外,各部亦已委任。兹将其职务姓氏列左:

部　别	正	副
内政部	韩国钧	福　成
军政部	孟恩远 周家树	温　某 裴其勋
外交部	郭宗熙	张文翰
交通部	庆　山	王华林
教育部	曹广桢	赵鼎臣
执法部	吴　焘	何槭朴
财政部	徐鼎康	牛墨樵
实业部	黄悠愈	隆　贵

右分八部，除军事、交通外，正都以现任长官任之，副以绅士充之。

《顺天时报》，1911年12月10日

饬设保安分会

本省保安公会组织完备，推定职员，前已公布施行，并分饬各属设立分会。兹闻公署复准奉天赵督咨，谓各属分会，毋庸按照总会组织各部执行机关。拟照公会章程第九条，各府厅州县分会，即以各该地方官为分会长，并非处处设立。应由各地方官酌量情形，必须设立者，即立时成立。其边远事简之处，可不备设。现经分札各属，仿照奉天分会章程，酌量办理，克日组织云。（宝）

《远东报》，1911年12月12日

吉林议事会之成立

月之十五日,为府议事会成立之期。议长张维周命庶务指挥夫役,洒扫会场,陈设桌凳,悬挂黑板。十一钟,议长、议员到会者五十余名。下午一钟,孟观察、何太守先后莅临,遂即振铃开会。首由议长报告开会宗旨,始由道宪演说,谓:长春府议事会成立,办理自治,日益进步。本道不胜欣慰。诸议员凡于地方应行兴革整顿诸事,务须详加研究,总期切实可行,为人民谋公益,为社会造幸福,乃能符自治名义之实云云。继由府宪演说:自治与官治相辅而行,非官治无以资自治之提倡,非自治无以辅官治之不足。当此风气初开,动生阻力,望诸议员,随时劝导乡民,庶几进行无阻。本府有厚望焉。终由议长演说:凡属自治范围内诸事,诸议员须兼营并进,逐渐扩充,谋公共之幸福,促社会之进行,方符地方自治定章云云。演说已毕,复推举参事员王暤民、孙景尧、张古香、王化南、姜沚青、田荫轩、魏旭东、杨郁文八名,每月薪金八两。嗣后议长命文牍代读答词毕,始振铃散会。

《顺天时报》,1911 年 12 月 13 日

续录吉林拟定保安会办事规则

一、本会办事章程,除总章规定各条外,别以本会通则规定之如下。

一、本会为辅助行政机关,凡关本省行政事务,行政官视为关系保安行政者,应由行政官提交本会办理。

一、本会应提交参议部议决事项列左:
(一)关于保安会法令,(既)〔暨〕单行规章事件。
(一)关于保安临时发生事件。
(一)关于保安事务兴革存废事件。
(一)关于保安行政上人民义务担负之续加事件。
(一)关于各团体及国民陈请建议事件。
　　(一)参政部议决事件。交由会长、副会长核定,饬由各部以行政官名义执行之。
一、本会对于各地方保安事务,得随时派员监理。
一、各地方分会章程,应由本会议定后,通饬施行。
一、各部办事细则,由各部自行规定。
一、本会成立后,应由督抚奏明立案。所需经费,由度支司筹拨,作正开销。
一、本会事务所暂设公署一,本会设书记长一人,书记员□人,庶务员□人,由会长商同副会长委任,酌给公费。
一、本会通则如有未尽事宜,得由参议部议决修改施行。

《远东报》,1911年12月19日

组织团体联合会

省城谘议局昨已拟具公启,通知各团体,开联合会集议,以谋进行。其公启略云:时局危迫,日甚一日。现虽停战议和,而前途茫然,正不知结果奚若。吉林为二十二行省之一,此后对内对外一切事务,均不能度外置之。当此政体未定,存亡一息之秋,似非先由本省人组合极大团体,共同维持,万不足以应世变,而保治安。然个人结合,其势弱而易涣,机关结合,其力厚而效多。同人等有见及此，拟仍将从前省城之地方团体联合会重行组织，加入新成立各团体，另举办事人员。其进行机关，有统一之地，人心自无涣散之处。将来由地方团体，联合个人，务使驻在本城之吉省士绅，均得入会，结为一体，群策群力，集思广益。会议纵有驳辩之嫌，表决自收一致之效，从前彼此猜忌，意见纷歧之弊，不期化而自化矣。刻由同人等将重行组织联合会之意，分披陈之，各团体领袖均已深表同情。兹拟订定日期，假谘议局开会，改选职员，并研究联合会章程，及进行一切办法。务希届期准时惠临，不胜盼祷云。

《远东报》，1911年12月28日

吉林保安会参议部议事细则

第一条　于开会前，总、副参议长订定日期，邀集各参议员到公署，假行政会议厅开会。

第二条　集会日，先以抽签法定议员之议席。

第三条　参议员分定议席后，俱编号数，不得紊乱。

第四条　会议（事）〔时〕间，定午后一钟起，五钟止，均以振铃为号。三钟后可休息三十分。

第五条　至开会时刻，参议长报告一切，宣告开会。

第六条　参议长未宣告开会以前，及宣告散会以后，无论何人，不得就席发言。

第七条　开会应议事件，已经议毕，参议长得宣告散会。

第八条　参议员如未得参议总长散会之宣告，即不得私自退出议员之席。

第九条　参议员出席，倘不足数时，参议长于相当时间，命书记检到会参议员之签名簿计算之。计算两次，仍不足总数之半，可宣告延会。

第十条　凡开会预定时间，至迟逾三十分。如过半数，即行开会，以重时间。

第十一条　议事未毕，已到午后五钟，参议长得宣告延会。但有紧急事件，不在此限。

第十二条　凡应议各案,及其次序,并开议日时,由参议长订定,先期通知各议员。

第十三条　凡会议事件,如有当日不能解决者,应由参议长重定日期,分配于各参议员。

第十四条　如有紧急事件,经参议员十人以上请求,应行开议,或参议长自认为紧急者,并可随时召集开议。

第十五条　议事日期通告后,并登载本省日报公布之。

第十六条　参议员欲有提出议案者,当详具理由,并须有五人以上赞成者,一律签名盖章,送交参议长刷印,分配各参议员。

第十七条　参议员临时提出意见,除保安会章程及本部细则所规定外,得十人以上之同意,便可同意。

第十八条　参议长报告应议之事件后,提议者即应陈明其旨趣。倘参议员对于此案有疑议时,得准提议说明。

第十九条　各参议员对于所议事件,如公认为可行者,即缮具理由,当场签押,以便交由总会执行。

《远东报》,1911年12月30日

吉林府选民数目

吉林府自治筹办公所兼办谘议局选举事宜,原按章自治筹办处定有期限,拟于十月内各府厅州县将调查选民呈送该处,转请督抚宪咨民政部立案。兹闻省境选民共有一万二千五百余名,已经该所造具清册,呈送公署矣。(瑞)

《远东报》,1912年1月2日

议事会开会志

省城府议事会于日前开会，民政司、吉林府以及各团体一并莅会。至十钟时开会，各议员就席。先由民政司使登台宣布开会宗旨，略谓：抚帅因有要公，未能莅会。诸议员为全府人民代表，务须勉尽义务，以求自治发达。次吉林府何守谓：诸君有建议权限，鄙人有执行责任。但此会为上级自治，惟能官绅融洽，（招）〔使〕有效力。复以日本千叶县为比较。嗣各议员答词，议长演说毕，来（滨）〔宾〕孙荫南君谓：贵会成立，鄙人不胜欣羡。但论贵会范围，对于地方官行政，须有辅助之力，对于城镇乡各自治，须有提倡之方。万勿如城议事会，成立年余，毫无效果。鄙人系担负府自治筹办责任，故敢出此冒昧之言云云。振铃闭会，已下午一钟矣。

《远东报》，1912年1月2日

吉林各界推举参议员

省城设立团体联合会，已经择定地址满蒙中学为事务所，分为干事、参议两部。其参议部所拟定章，业由本城十大团体，各举参议二名，为常驻参议员，以备常川到所办事。昨已函致各界团体，迅速将推举参议员姓名、住址开送本所，以便召集云。

《远东报》，1912年1月6日

照录吉林团体联合会简章

第一条　宗　旨

本会为联合各团体统一之机关,以谋地方之公益,促政治之改良为宗旨。

第二条　组　织

本会以本城现有之谘议局、商务总会、农务总会、工务总会、府议事会、城议事会、城董事会、劝学所、教育会、绅董公所组织而成。外州县有加入者,随时增添。其内容计分二部:

(一) 参议部,系议决机关,由各团体公举参议长一人,各举常驻参议员二人。其余各团体职员,均为本会参议员。

(一) 干事部,系执行机关,由各团体公举干事长一人,干事员二人,分文牍、庶务等事。

第三条　任　期

参、干两部职员均以一年为任期。任满再被选时,得连任。

第四条　职　权

本会应办事件如左:

(一) 对于政治有请愿建议要求之责。

(一) 对于他省有提议联络之责。

(一) 对于人民及团体有提倡补助劝导之责。

第五条　经　费

凡本会议员,均系名誉职,不支薪水、车马费。其经常(邮电、笔墨、印刷品类)、临时(旅行、特别)两项,由各团体分担,或劝募。其办法以细则规定之。

第六条　附　则

本会章程施行后,如有窒碍,再行随时改革,公同决定。

《远东报》,1912年1月5日

吉林学界推举参干两部人员

省城联合会日昨经学界会议，公举各校学生数十名，为联合会参、干两部人员，业蒙该会允协。兹将所推举干事员，以孙绍康、刘翰臣，常驻参议员张文阁、乔廷弼，通常参议员刘会同、吴殿飔、张潼荫、王佐臣、武光烈、杨守谦、董洪善、张湘荫等，已入会任事矣。（瑞）

《远东报》，1912年1月10日

吉垣联合会互守之信条

吉省绅民组织团体联合会，成立以来，议案繁夥，非有议事规则，不足以示准绳。该会遂订互守信条八条：

（一）本会宗旨，系谋政治进行之统一，对于将来发生事件，无论何团体提议，均须宗旨正大，不涉私嫌。倘有不合，尽可当场讨论，取决多数，以昭公允。不得单独进行，以背全体。

（二）凡对议案之讨论，无论何团体，有何议见，均应当场发布，以期公决。否则系自弃权利，事后成败，不得另有违言。

（三）当开会讨论之际，仅可互相辩驳，藉求真理，不得意气用事。

（四）凡经本会全体议决之事件，全体各员皆应负迫促进行之义务，不得以居反动之列，无理争执，暗中破坏，以阻进行。

（五）凡当招集开会各团体，均应遣派重要人物，准时前往与议，不得藉辞不到。倘临时不到，即为自弃天职。（经公众议决，未到者均负责任，不得藉辞未到，作推卸地。）

（六）凡本会各员，同有维持本会之责任。倘有对外于本会有损碍之行为者，则本会应全体对抗之，不得临时退避。

（七）凡本会各员，均应互相亲洽恳切，冀感情之联密，不得稍生意见，以拂本会之初心。

（八）以上各条，系经十团体全部人员互守信约。倘有违犯者，即系侵碍全体者，应以全体实力规劝，或设法对待之。

《民视报》，1912年1月10日

议决地方税拨归自治经费

省城营业附加税所收税款，划归省巡警局三成，其余七成专作商学各会所之经费。昨经府议事会议员提议，以为省巡警局系国家行政范围，何得划用地方税款，因即呈请当道，准将附加税款，由去秋起一并拨归自治范围公益之用。但未知当道能允准否。（瑞）

《远东报》，1912年1月11日

拟设法政研究社

省团体联合会日昨开议，有议员何印川提议组织设立法政研究社，以备各界

研究法律、政治、立宪之基础，全体均经赞成。当即推举何印川、张文翰二人为发起人，组织成立云。（瑞）

《远东报》，1912年1月11日

照录禀裁旗务处之文件

省城团体联合会日昨具禀公署，略谓：本省旗务处创设之初，考其立意，诚以当裁撤旗缺之后，旗务一时无所归宿，自不能不暂设一统辖之机关，以为目前清理之计，初未尝有久设之意焉。且窥其创设之宗旨，一在筹画旗人生计，预为将来裁旗之张本，一在融和满汉界限，藉泯种族之意见，法至良，意至善也。乃开办多年，毫无效果，进行者，不过循旧例行事。讲求者，亦皆无关轻重之谋，多事敷衍，迄无良策，而旗人生计之如何筹画，种族意见之如何销泯，终未尝一稍顾及。而历年因循用事，遂致贻误至今。使旗务名字常现于脑筋，种族界限久留于社会，如此迁延瞻顾，何日是其结果，不但大失一般人民之希望，亦已于原设之深心，大相剌谬矣。况当现在全国惶扰之际，满洲处危亡之地，若不先事化合，后患何堪设想。且处此世纪，人民平等，无所轩轾，满汉阶级，久宜革除。矧至今日，更应亟泯痕迹，消灭畛域，以无所偏重，同处平等之地位，共享大同之幸福。是旗务之在今日，揆诸情势，万无再存之地，考以实事，岂有久留之理。我大帅及管理旗务诸公，洞悉时势，该亦必早参此义。日前本会招集全体会，讨论裁撤旗务处议案，群以为当今关系最要之件，亟应要请速行裁撤实行，化除满汉畛域。当今多数赞成，本会谨据是议，冒昧（资）〔渎〕陈，敢请大帅俯察舆论，旁征时局，当机立断，毅然决然，速行饬将该处即日裁撤，并将一切旗缺，以及兵额，统行截止。其掌管各事，即责令各该处地方官担任，其所有各旗公产，就近按归各该处自治职经理，作为各该处地方公产，专办公益之需，以期平允。并旗饷及世袭俸饷，亦暂发至年底。至于冠本姓名上，免屈膝之繁礼，尤宜即日施行。似此办理，种族问题，自能潜移默化于无形。想大帅及管旗诸公，亦必乐于成此伟举也。所有恳请即行裁撤旗务，并筹办各缘由，除备由恭候批示外，理合呈请抚部院迅赐施行。须至呈者。（瑞）

《远东报》，1912年1月13日

保安会参议部开会志

省城保安会参议部于日前第二次开会，议案事由单如下：一、提议组织法政研究会，预备共和立宪之基础案，何印川提出；一、官银钱号旧由本会公举得人，呈请大帅派委帮办该号事务案，（起）〔赵〕铭新、陈佐廷提出；一、提议关于通省经理财政各员，及携款远飏各员妥筹法案，松毓提出；一、提议省城急宜由商民合力倡办团练案，赵铭（薪）〔新〕、张超提出；一、提议保安会为保安监督机关，应由保安会成立之日起，所有会内之行文，以及各部一切政令函件，均须抄交该会参议部知照，以后随时抄送，分为交部核议案、交部知照案二项；一、提议奉省由官银号借出现银十二万两，应呈请作速缴还案，金鼎勋提出；一、提议裁撤全省自治筹办处，并归民政司办理，以节经费案，马良翰提出；一、何议员月波业经谘议局公推代表赴沪，函请本会决定办事方针案；一、提议各属人民不准食粮出境，运往本城，应请民政司出示晓谕各地方，赶速弛禁案，陈（作）〔佐〕廷提出；一、修正撤消全省旗务处，并置旗务公产案，文牍干事报告；一、报告初五日议决案分别办理情形，文牍干事报告。（瑞）

《远东报》，1912年1月14日

公议外省人不得充当教员

省城府议事会于十三日开会,有副会长杨作舟提议,以本城各校学堂因外省人充当教员,言语不通,诸生多有障碍,以致不准任用外省人充当教员。前经谘议局议决,咨行提学司使,有案可稽。查本年各等小学堂充当教员者,仍外省诸多,殊于吉省学界大有妨碍,公议由明年始,拟此次人员请学宪实行停止委派等语。遂即宣布,均表同情。即呈学宪办理,尚不知允准否。(瑞)

《远东报》,1912年1月14日

议事会议决解散

省城议事会自去岁开办年余,经费非常困难。昨经议长伊纪书具呈吉林府,略云:本会成立年余,应需经费,均未筹有的款。所有一切支出,除由官家拨垫外,余或浮存在簿,及挪借在现。通盘计算,共亏钱二万一千九百余吊,实系左支右绌,莫可腾挪。职此之故,曾于上月二十日具情报明,请将冬季会议暂为停办在案。惟议、董两会属相辅而行,董事会前因亏累,既经呈请停办,已邀允准,而议事会同一亏空,断无独存之理。是以本会援照董事会成案,已将员司夫役全数解散,薪水截至十一月十五日止支应。请监督速拨款项,按照本会单列债款,如数付清,俟后筹有专款,再按所垫数目归还。现经全体公同议决,理合具文呈请监督查核,速为筹拨云。

《远东报》,1912年1月16日

府署之预算案

吉林府署已将宣统四年预算编为议案,呈送府议事会议决执行。其预算表中列学、警、自治三大宗,一年用款共需一百一十万余吊,方能敷用。而统计所属府境地亩捐税,应得各款仅七十余万吊,收支相抵,实亏短四十余万吊。未知该会如何解决办法云。(瑞)

《远东报》,1912年1月16日

取消清乡总局之会议

省城保安会日昨下午十二钟时开会,讨论一切要公。参议刘文田登台谓:清乡总局既经本部签议取消,而该局竟不遵守从事,仍复任用多人,无所事事,徒糜巨款。究竟该局应即取消,能否服从本会命令?今日公同解决办法。该局开办均过一月之久,而据报销册载,总局用款八千余吊,分局用款一千余吊,实属糜费太巨,不成事体,语甚激烈。后即振铃闭会。(瑞)

《远东报》,1912年1月18日

乡绅请撤清乡分局禀词

吉林府所属四乡绅士关胜林等一百四十余名，日前在公署递禀，略云：窃维吉林所属城乡缉捕贼匪，向恃驻防各队。嗣以地广兵单，不敷分镇，遂有民间自办乡团之举。至光绪三十一年，奉改乡团为联庄会。去秋又遵新章，改为预备巡警。名虽异而实不出乡团之范围，有事聚而为兵，无事散而为农，守望相助，藉资保卫。数年来，赖以相安。今闻省中设立清乡分局，拨派小学生，委员分布各区，催办备警，照陆军章程，编伍教练。乡民闻之，异常惊骇。绅等伏以此举在大宪原为保安，不惜巨费，饬速催办，用期早收实效。惟该分局任事各员，不谙民情，苛定编伍规则，派员带同学生，催办逼迫，实于民业农时，诸多烦扰，乡民实有不敢承认者四也。谨为宪台缕晰陈之。查该分局总协理既未公共推举，又非素孚乡望之人，此不敢承认者一也。清乡分局分布四乡，教练学生、稽查各员催呼编练，农民不堪其扰，此不敢承认者二也。乡民以农为本，四时各有其事，日无宁晷，若令编练成伍，专司调验教练，假以官吏夺其民业农时，为害滋深。此不敢承认者三也。省城既设清乡总局，何以府属复设分局，譬之商务总会办理通省商务，同城之内未闻另设分会，二者相比，事虽殊而理则一。且原有备警，从不费公家丝毫饷糈，确系社会性质。今竟冠以官署名目，难免不无鱼肉乡愚。况该分局甫经设立，不论事之繁简，在事人员，如许繁冗，张大其事，虚糜款项，其居心果何所在？而乡间近以增捐加税，民犹勉为支持。该分局如此浮靡，虽云不取于民，实则不敢相信。此不敢承认者四也。绅等公同会议，实难遵办。且值此时势阽危，千钧一发，吉林为国家根本重地，措置稍乖，动关全局。况连年灾歉，今秋收成不及二分，民食不足。若不设法赈济，将恐困极生乱。该分局如此铺张，扰害乡民，有碍保安，良匪浅鲜。拟请将已设府属清乡分局之成命收回，免滋烦扰。查省中既奉设有清乡总局，已有行政机关。所有编练四乡备警事宜，自应与绅民接洽，和衷公议，由各乡公举公正绅董，自行整顿，不假官吏之手，以安闾阎而顺舆情。并请在清乡总局内，附设四乡绅董公所一处，专事参议，整理备警，直接总协理，恳请民政宪为监督。再查清乡总局总理文禄、协理韩登举均属公正无私，素孚乡望，绅等同甘赞成，其余人员不得干预四乡备警事件。如是则备警可期速成，而盗贼自无虑其不靖云。（瑞）

《远东报》，1912年1月19日

保安会第四次临时会议

二十七日，吉林保安会参议部开第四次会议。其议题议决如左：

（一）本城红十字会借款十万吊案。公议此会含有国防承诺性质，当以国库金补助，暨各人之捐募为基本。且本省财政竭蹶，距战地较远，无力办此不急之务。

（一）吉林府议事会请借款三十万吊，发放警饷，拖欠五个月，若不预筹，大局有碍。应准借给三十万吊，以未发饷捐三十余吊作抵。

（一）吉林商会条陈维持弊案，公议：监理官不宜裁，官帖不宜再多开。惟向津、沪调回现存，以应急需，事属可行。

（一）内政部原议设清乡局案。公议：吉林总分各局既裁撤，嗣后府属八区预警事宜，即直接内政部（民政司警政科）办理，不宜再立名目，以期简捷而节经费。

（一）质问会长，保安会备款三百万吊，现在开支若干，【是】否均属保安范围。

以上五案，当经全体参议员议决，俟拟稿签押毕，即行出手云。

《民视报》，1912年1月23日

吉林团体联合会记

自武汉事起，风云日急，吉林虽僻处边陲，亦不能无影响。本城绅士松君秀涛、赵君鼎臣等，本人道主义，保公共治安，联络省城十团体，发起联合会。告成于冬月初旬，开正式大会，由众公举松君为干事长，赵君为参议长。并由各团体推举干事员十人，常川驻会参议员二十人，普通参议员一百二十余人。开办经费，禀由公署拨给一万元。在事各员，除书役供给伙食外，余均名誉职，薪水、车马、伙食诸费，概弗支取。会中用款，大别有三：（一）派赴上海代表公费；（二）《新吉林报》出版经费；（三）临时杂费。开幕以来，闻用三万余吊。

前后提议案件，经众公决者，计三十余案。大会职员会，各开六次。所议案件，概可分为四类：（一）筹划本会经费；（二）研究时局善后策；（三）筹备民食；（四）维持金融。此外凡关兴革之建议，亦属不少。特以创办伊始，言论机关虽似周备，而实行事件十不一二。究其窒碍情形，半由于权限未清，半由于事实阻碍，以致任事诸人，心灰意懒。据会中人云，此次取消联合会，厥因有三：（一）政府之猜疑。自该会成立以来，于本省利弊，次第指陈，锋芒锐利，致执政者疑窦丛起。（二）内部之意见。自临时省议会发生后，士绅即有异议者，而共和独立之说，道路纷传，三人市虎，久而益炽，而明哲遂思退避矣。（三）外界之感触。该会员由各团体所组合，而外间误为少数人之事，讹言四起，不可思议。京电传来，益骇闻听。虽当道力白，然而会务滋觉棘手矣。具兹种种，该会存而掣肘，不如解散之可释疑团。故于月之初九日开职员会，公决解散也。计自成立之日起，至取消之日，止共四十日。

《民视报》，1912年2月1日

自治研究所开学有期

吉省自治研究分所第二班学员,应至本年阳历六月毕业之期。经吉林府吴太守,现以共和成立,所有自治人员较前益更繁夥,非养成多数人员,实不敷分布,拟继续举办三班。近闻该所定于阳历三月十二日,即正月二十四日,照旧开学。刻已通饬各学员,届时到堂上课矣。

《民视报》,1912 年 3 月 16 日

间岛归客谈——自治之现状

吉林之民权机关,无一不仍满清之旧,而人民之程度,尤在胚胎时代。延吉自治之参事社及议事会,除曹锡龄尚明事理外,余概识字不多。此次临时参议院组织,延吉自应举赴省议会议员,乃初选复选皆无充分当选者。而召集选人,则由学训导用提单传集名上冠一朱点,派差挨户催传。其手续,乃与裁判所呼出状相似。投票之人,不能写成名字者甚多。无效之数,多于有效。然更可笑者,投票时,以人名画最少者得票最多。故王、林识字不多,而得票不少。惟投票与开票之秩序,尚算整齐。盖里间有巡警局焦东英为监视一切,规则均由焦先期通告,是尚满人意者。

《民视报》,1912 年 6 月 25 日

清末立宪运动史料丛刊 ⑰

吉林谘议局 下卷

孙家红 编

主编 胡绳武
副主编 牛贯杰 戴鞍钢

国家清史编纂委员会·文献丛刊

山西人民出版社

本书获中国人民大学"中央高校建设世界一流大学（学科）和特色发展引导专项资金"支持

"十二五"国家重点图书出版规划项目

国家清史编纂委员会出版委员会

主　　任　　戴逸

执行主任　　马大正　崔建飞

委　　员　　卜　键　朱诚如　成崇德　郭成康
　　　　　　潘振平　徐兆仁　邹爱莲

学术秘书　　赫晓琳　李岚

《清末立宪运动史料丛刊》出版工作委员会

主　任　　贾新田　胡彦威

副主任　　姚　军　梁晋华

统　筹　　蒙莉莉

委　员　（以姓氏笔画为序）

王新斐　冯灵芝　史美珍　刘小玲　吉　昊

李　靖　李　鑫　张小芳　张志杰　何赵云

杜厚勤　张彦彬　柳承旭　武　静　郝文霞

贺　权　贾登红　崔人杰　阎卫斌　傅晓红

翟丽娟　蔡咏卉　魏美荣

目录

下 卷

第四编　各属自治会、议事会、董事会、参事会等相关活动

二、长春府

长春自治学员之挑小钱 …………………………………………… 485
长春自治研究停办原因 …………………………………………… 486
长春筹还国债公会职员会纪事 …………………………………… 486
长春筹还国债公会职员名单 ……………………………………… 487
自治研究所考试毕业 ……………………………………………… 489
长春筹还国债公会章程 …………………………………………… 489

筹还国债之纪事两则……492
长春筹还国债公会第五次会纪事……493
筹还国债纪闻……494
筹还国债纪闻……496
吉林全省筹还国债会简章……498
保全国债会员之言论权……501
长春筹还国债公会第六次会纪事……501
筹还国债纪闻……502
长春筹还国债公会第七次会纪事……504
长春筹还国债公会下次会期……505
长春女界特捐会第一次会纪事……505
督抚提倡之热心……506
中学生之函件……506
长春筹还国债公会第八次会期……507
吉林全省筹还国债会之函件……508
长春筹还国债公会第八次会纪事……508
吉林女学堂两班学生认款名数……509
吉林筹还国债会公启……511
本郡公会第八次会议续记……512
吉林全省筹还国债会立案……512
编演新戏之先声……513
长春筹还国债会第九次会纪事……513
国民份子之投书……514
团拜会之先声……515
变价还债……515
李进修之热诚片片……516
妓界之热诚可掬……518
要求公布岁出入数……518
长春筹还国债公会广告……519

条目	页码
吉林建筑国耻楼之建议	519
政界提倡国债会	520
长春筹还国债公会第十次会期	520
长春筹还国债公会纪事	521
长春筹还国债公会之函件	522
女界特捐会改期	523
长春四乡选举员	523
长春国债会职员开会期	524
长春筹还国债会纪事	525
长春筹还国债会纪事	525
筹办府自治	526
长春地方自治问题	526
长春国债会纪事	527
长春筹还国债会纪事	527
自治经费难筹	528
长春筹还国债会致天津商会论归还国债款书	529
筹还国债会大会豫志	530
长春筹还国债会全体大会	531
国债会大会详纪	532
议定退还国债捐款	532
山东代表莅长	533
选民简章	533
札发白话讲演录	534
选举议员期	534
裁撤自治筹办公所	534
长春议事会选举志盛	535
府自治缓办情形	536
自治筹办公所经济之困难	536
筹办公所有改名自治消息	536

筹办宪政一览表	537
自治筹办所裁撤自治筹办公所	538
议事会开办有期	538
吉省旁听员过长	538
长春自治筹办公所亏款	539
自治议事会开办	539
长春府议事董事开会志盛	540
长春月旦——公报与自治之关系	540
批饬不准动用自治会所款项	541
长春府自治研究所报销有误	541
呈报经费决算表	542
户口调查员纪凤楼上府宪禀文	542
志开会之训词	543
长春府城议事会公启	544
议事会会员相率辞职	544
催送自治成绩表	545
议事会开会时期	545
试办预算表	545
长春府城议事会先期预备	546
自治筹办公所裁撤矣	546
照录关于地方自治之禀呈	546
长春府城自治纪事二则	548
长春议事会定期开会	548
调查表不合部式	549
议定防疫会之简章	549
长春议事会开会纪实	551
二班自治生又考毕业	551
议事会议决之事件	552
议事会开第一次常期会纪实	552

长春城议事会纪事·················554
长春议事会之议案纪实···············555
长春月旦——董事会之将来············556
议裁抽柴陋规···················557
拟议津贴日本留学生之公费············557
呈请裁汰财政处股员················558
长春城议事会纪事·················558
长春城议事会纪事·················559
长春札发地方自治施行细则············561
长春公报社紧要通告················561
长春城议事会纪事·················562
议事会开常期会之议案··············563
颁发谘议局解释章程················564
地方自治毕业之礼式················565
呈请禁止粮栈陋习·················565
绅董来宽争执摊款·················566
公报又拟改名自治·················566
详报自治之图说··················567
议事会议覆之谕饬·················567
自治公所防疫办法·················568
长春府城议事会启·················568
长春府城议事会再启················569
自治施医处公启··················569
长春府城议事会再启················570
刘君针法活我一家八口··············571
长春府议事会被窃案················571
施医处归自治研究所办理·············572
长春自治研究所招考················572
议事会定期开会··················572

长春府城议事会启事……573
研究所又招自治学员……573
长春府城议事会开会议词……574
自治招考之不易……575
清理财政之清议……575
长春议修城内马路……575
长春催收子母税之风潮……576
会议抽收房捐……576
又饬自治会清查户口……577
长春府城议事会常期会会议纪事（一续）……577
府自治之创设消息……578
长春府城议事会常期会会议纪事（二续）……578
长春府城议事会常期会会议纪事（三续）……579
长春府城议事会常期会会议纪事（四续）……580
长春府城议事会常期会会议纪事（五续）……581
府议事会成立志闻……582
派举总宣讲员……582
自治学员甚形缺乏……583
爱国男儿起起起……583
定期考试自治员……584
府自治已设筹办公所……584
学生罢课出堂……585
绅商冲突原因……585
公地不准拨作自治经费……586
议事会布告章程……586
自治开学有期……587
划分自治区域……587
议决整顿学务办法……587
长春府城议事会纪事（一）……588

调查府议事会选民	589
长春府城议事会纪事（二）	589
自治学员之败类	590
禀查研究所账目	590
长春府城议事会纪事（三）	591
自治公所拟改名称	591
筹设自治宣讲所志闻	592
长春府城议事会纪事（四）	592
长春府城议事会纪事（五）	593
筹办处领取款项	594
议办国民报之先声	594
选民四区管理员赴乡	595
长春自治研究所牌示补额	595
自治调查员下屯	596
乡自治议设十二处分所	596
督署改设长春之确耗	596
调查政治实业者同时抵长	597
研究所约束学员	597
乡自治议设十二处分所	598
议事会员缺额	598
谕饬自治会栽桑饲蚕	599
自治筹办所被人控告	599
绅界会议府自治筹办所各员薪金	599
自治研究所补呈各种表册	600
公报又改国民新报	600
长春调查自治委员莅长	601
调查自治员来宽	601
派员调查自治章程	601
长春国民分会成立	602

调查自治区域……603
研究所招生作罢……603
改选议员之札文……604
调查自治员之行踪……604
设立第二菜市场……605
长春自治公所公请另选议员……605
札催解缴学膳费……606
投票选举议员……606
董事会筹备事宜录……607
选举之宣示……608
赶造城区选民册……608
城乡户口调查表……609
禀抽粮米特捐之批词……609
照录府自治选举投票之文告……610
立议事会筹备事宜录……611
拟定马路事务所之简章……611
董耕云又控议长之近闻……612
呈报详细舆图……613
城自治又开秋季常期会……613
秋季常期会开会纪实……613
牲畜斗秤加税原因……615
秋季常期会二次纪事……615
详送自治区域图……616
秋季常期会纪实……616
秋季常期会纪事……617
会议修筑马路之办法……618
清乡局选举区长……618
禀请官监改归商运……619
秋季常期会纪实……619

秋季常期会纪事	620
德惠县官绅反对之原因	621
府自治又派员调查	621
养济院请置棉衣	622
城镇乡自治区域表	622
城自治会又投票选举	623
自治专设宣讲所	624
府选举得票之绅民	624
议长行将抵长	624
各界大会议详志	625
照录保安会简章	625
请看议长对于独立之辩正书	626
府选举告竣	627
议长准假之原因	627
木炭税亦归统税	628
定期公举副议长	628
府自治定期开会	629
派员严查官绅反对事	629
开办照录粥厂之示谕	629
长春之近情	630
催送议案之札文	631
选定主计员四名	631
府议事会开会纪实	632
选举财务助理员	632
自治公所附设参事会之原因	633
保安会续开会	633
府议事会开会纪实	634
城议事会开冬季常期会	635
城议事会冬季常期会纪实	636

城议事会常期会纪实 ………………………………………………… 637
议事会议决之案件 …………………………………………………… 638
押当铺议决设立 ……………………………………………………… 638
照录清乡简章十条 …………………………………………………… 639
公举毕绅接充警务长未准 …………………………………………… 640
吉林近闻——预筹备荒 ……………………………………………… 640
长春灾区饥民一览表 ………………………………………………… 641
研究所举行毕业 ……………………………………………………… 642
选举所定期开票 ……………………………………………………… 642
高议员烟案了结 ……………………………………………………… 643
初选议员揭晓 ………………………………………………………… 643
议员保护匪党 ………………………………………………………… 644
府议会开临时会之原因 ……………………………………………… 644
选举之冲突 …………………………………………………………… 645
府县议长不准取消另举 ……………………………………………… 645
电请挽留议员 ………………………………………………………… 645
府议会开会后期 ……………………………………………………… 646

三、农安县

农安自治局购料动工矣 ……………………………………………… 646
农安县自治二则 ……………………………………………………… 647
议事会不认清赋房捐 ………………………………………………… 647
董事又有烟癖 ………………………………………………………… 648
自治研究所仍须续办 ………………………………………………… 648
城乡议事会议长辞职 ………………………………………………… 648
提交特别议案二则 …………………………………………………… 649
子母税大起公愤 ……………………………………………………… 649
议事会呈报十月份议案 ……………………………………………… 650

四、长岭县

绅界大开会议之原因 ……………………………………………… 650

五、桦甸县

桦甸自治宣讲所开办 ……………………………………………… 651

六、德惠县

札饬德惠更换文凭 ………………………………………………… 651

七、新城府

请拨自治会产业 …………………………………………………… 652
研究所之成效 ……………………………………………………… 652
自治筹办所之选举 ………………………………………………… 653
筹办自治之计划 …………………………………………………… 653
新城议事会开会志盛 ……………………………………………… 654
新城府议事会决议件 ……………………………………………… 654
新城议事会闭会 …………………………………………………… 655
恩溥上吉林谘议局书 ……………………………………………… 655
筹建自治公所 ……………………………………………………… 656
新城府自治筹办所成立 …………………………………………… 657
提庙产充自治经费 ………………………………………………… 657
新城提公产以充自治费 …………………………………………… 658
禁烟公所实行查验矣 ……………………………………………… 659
照录保安分会章程 ………………………………………………… 660

照录保安会之示谕…………………………………………………661

八、双城府

自治近况…………………………………………………………663
自治学员回双……………………………………………………663
双城府选送三班自治学员………………………………………664
预备投票选举……………………………………………………664
自治筹办处呈文照录……………………………………………664
自治所纪事………………………………………………………665
自治筹办公所纪事………………………………………………665
议事会定期选举…………………………………………………666
双城自治研究所考试之钟点……………………………………666
自治研究所之牌示………………………………………………667
双城投票所管理人员一览表……………………………………667
双城投票选举之盛………………………………………………668
双城选举议员开票矣……………………………………………668
自治员坚请排印同学录…………………………………………669
自治举行毕业礼…………………………………………………669
自治筹办处领到书籍……………………………………………670
双城互选之预备…………………………………………………670
自治之近况………………………………………………………670
组织宣讲所之热心………………………………………………671
双城关于宪政各书颁到…………………………………………671
自治研究所之近状………………………………………………672
自治研究所试题…………………………………………………672
互选议事会议长…………………………………………………672
宣讲员辞差之原因………………………………………………673
双城自治招考缺额………………………………………………673

双城王议长订定之议案	674
议事会成立矣	674
自治公所成立矣	675
双城自治公所之选举	675
宣讲员易人矣	676
发给自治文凭	676
双城董事会之开办	677
匡委员到双	677
董事会行将成立	678
议事会纪事	678
双城视察员之忙碌	678
议事会开幕之预备	679
双城议事会纪事	679
经收粮捐之议案	680
双城研究所颁发文凭之预期	681
代取粮捐之议案	681
双城组织电话之先声	682
自治学员回双	682
议事会闭会之预备	682
研究分所之授凭期	683
双城国民捐款拨作经费	683
双城临时会纪事	684
双城董事会将开幕矣	684
组织电话之进行	685
双城赞成电话者之多	685
王议员函送执照	686
组织府自治筹办公所	686
于总董之冒险	686
双城府议事会电致自治筹备处	687

双城自治筹办处之电……687
研究所所长易人……688
筹办公所成立……688
议事会因防疫电禀督抚……688
双城学期会之预期……689
筹办公所之近况……690
议事会将开常期会矣……690
王议长二次放赈……690
关议员进省……691
双城电话开办之起点……691
自治研究所将开学矣……692
议事会呈请收换官帖……692
议员晋省……692
议设贫民习业所……693
议事会闭会矣……693
双城司选员抵双……693
自治之区域亦当重划矣……694
自治筹办公所纪事……694
董事会将开会矣……695
酌派自治宣讲员……695
自治筹办公所之人数……696
议事会移文……696
选民调查完竣……696
各界请议车价……697
双城议事会又将开幕……697
特开慈善会……697
开临时会筹款济灾……698
电话即将开办……698
议事会纪事……699

研究所请发讲义…… 699
管带与议员赴哈…… 699
绅界又设菜市场…… 700
自治经费之筹画…… 700
调查自治员将来双矣…… 700
调查所并入警务公所…… 701
自治区域之规定…… 701
关议员进省之预闻…… 702
李所长经营宿舍…… 702
自治会纪事…… 702
自治学员毕业详情…… 703
自治学员毕业之揭晓…… 704
照录议事会征求意见之公布…… 704
照录自治筹办公所榜由…… 705
议事会开议情形…… 706
议事会公函照录…… 706
赵次帅过境追志…… 707
董事会文牍员易人…… 707
照录议事会之公函…… 708
研究所之牌示…… 708
议事会延期之原因…… 709
考试自治学员…… 709
黄视学之忙碌…… 710
投票公所开匦检票…… 710
研究所开学矣…… 710
选举谘议局议员…… 711
议事会延会之原因…… 711
视察员起程…… 712
汇录府议事会开幕之演词…… 712

续录府议事会开幕答词 …… 713
二续府议事会开幕之演词 …… 714
改选董事会总董 …… 715
推举自治委员之先声 …… 716
救荒之议案 …… 716
议事会表决之议案 …… 716
恩逸少力辞副会长 …… 717
照录府议事会之议案 …… 718
续志府议事会表决之议案 …… 719
续录双城府议事会质问待决之议案 …… 720
照录府署提交之议案 …… 721
府议事会之移文 …… 722
照录参事会审查议案意见书 …… 722
照录府议事会议案 …… 723
续录府署提交之议案 …… 724
城董事会通知之议案 …… 725
照录府议事会移文 …… 726
续录参事会审查议案意见书 …… 727
双城参事会审查议案之意见 …… 727
续录府议事会移文 …… 728
照录荣守照会府议事会之文件 …… 729
城议事会之议案 …… 731
照录府议事会呈文 …… 731
照录上府议事会陈请书 …… 732

九、宾州府

宾州绅界不愿蠲免房捐之会议 …… 733
绅商之冲突 …… 733

宾州调和绅学与商会冲突之批词 …… 734
宾州举行选举议员 …… 734
自治宣讲所之振作 …… 735
补选中级议员之牌示 …… 735
自治研究所改期毕业 …… 736
宾州定期选举议长 …… 736
宾州选定议长之牌示 …… 737
宾州议事会之成立 …… 737
宾州教员充当所长 …… 738
议筹防疫费之计划 …… 739
祖所长有充所官之消息 …… 739
议事会经费有着 …… 740
议事会纪事 …… 740
自治二班学员分任防疫之通知 …… 741
宾州城议事会开会 …… 741
宾州议员禀揭所董 …… 742
宾州自治研究所开学无期 …… 742
宾州选举事务所成立 …… 743
赵议长提议整顿路政 …… 743
自治宣讲员去旧更新 …… 744
补考三班自治学员之启示 …… 744
议董两会呈请接济经费批词 …… 744
议董两会添员办事 …… 745
地方董事会乃赖债乎 …… 745
宣讲所如同虚设 …… 746
议董两会经费无着之原因 …… 746
议事会纪事 …… 747
议事会开会有期 …… 747
创设图书馆之计画 …… 747

女戒烟所之腐败……748

考察员到宾……748

自治学员竟遭斥革……749

府议事会成立之演说词……749

滥举议长之一斑……750

倡办联合会之先声……751

实行组织保安会之详情……751

保安会拟出纸币一百万……752

董事会总董辞退之原因……752

于会长劝办义赈……753

府议会开会缓期之原因……753

吉林之近闻录……754

电请取消议员……755

十、五常府

调查选民竣事……755

自治讲义颁到……756

宣讲所之有效……756

选举议员纪事……756

议事会成立有日……757

当选人员一览表……757

议事会颁到钤记……758

董事会将开幕矣……758

自治举行毕业礼……759

自治筹办公所之近况……759

自治会纪事……759

于所长请假之原因……760

自治筹办公所亦填表矣……760

调查选民之困难……760

五常厅议案……761

董事会劝学所人员均有烟癖……761

添收车捐试办一年……762

自治筹办公所迟延之原因……762

议员一览表……763

十一、榆树直隶厅

不认亩捐划归学款……763

榆树县自治会拟建楼房……764

榆树县自治所长之丑态……764

自治所长禀辞……765

榆树厅要政议决……765

榆树厅再选自治所长……766

董事会改为财政局……767

关于选举之札文……767

自治宣讲所亟宜整顿……767

自治公所纪事……768

自治局之工程……768

自治局调查庙产……769

自治续选二班学员……769

自治会大开会议……769

自治讲义到境……770

自治公所发放枪械……770

榆树厅选举总董之提议……771

自治公所开幕……771

此之谓自治学员耶……772

自治学员滋事之禀覆……772

榆树厅议事会整顿坰捐……773
榆树厅关于纸币之会议……773
劝学所总董得人……774
自治之进行……774
大开常期会……774
议事会之迁移……775
研究所开学之日期……775
自治公所承办硝磺……775
议事会开临时会……776
议事会经费之所出……776
自治会购买枪械……776
议事会添设宣讲所……777
委员来榆调查商况……777
自治研究员酿成命案……777
议事会之会议……778
自治会纪事……778
听讲人数之少……779
常期会之预备……779
调查员回省……779

十二、滨江厅

禁止短期重利之典质屋……780
拟练国民军之预备……781
议董要求车捐……781
饬绘自治域图……781
学员资格如此……782

十三、长寿县

长寿自治宣讲所之开办……782
绅民之国会热……783
筹办预备巡警之计划……783
学员之宣讲热……784
所董乃弟恃蛮……784
宣讲所迁地为良……785
扩充自治研究所之学额……785
县议事会可望成立……786
照录自治筹办公所之榜示……786
照录自治筹办公所详请文……787
照录自治筹办公所之牌示……788
自治前途休矣……788
选举谘议局议员之白话文告……789
城议事会选举议长……790
拟将土工罚款修补城门……790
栖流所将次成立……791
城议事会开会纪事……791
所董改派司选员……792
议事会请领图记……792
自治研究所停课之原因……793
城议事会全体解散……793
城议事会重整旗鼓……794

十四、阿城县

推广四乡宣讲所……794

自治研究所长易人 795
自治研究所考试毕业 795
议事会董易人 795
阿什河议事会开办有期 796
阿城自治会筹款济公 796
阿城县议事会议决条件 797
阿城研究所招考 797
阿什河议事会之现象 797
自治研究所招考二班 798
议事会之规则 798
议事会之人员 799
自治讲员陈请书 800
议董两会之经费仍须接济 801
公举筹办自治所董之详闻 801
自治学员如是如是 802
请看会长之威风 802
议事会员书之忙碌 803
议事会之选举有弊 803
议事会开通常会期 804
县自治筹办公所开办选举 804
董事会总理有辞职消息 804
县议事会选举议长 805
照录宾州保安分会副会长之电禀 805
官民对于保安会之争执 806
照录高等学生禀设保安会文 807
参议员赴乡调查贫民 807
研究所举行毕业 808

十五、延吉府

延吉府筹办自治纪闻 …………………………………………………… 808
公地拨办自治 ………………………………………………………… 809
延吉府批饬补送试卷 ………………………………………………… 809

十六、宁安府

调查员到塔 …………………………………………………………… 810
议事会投票之期 ……………………………………………………… 810
选举议事会会董 ……………………………………………………… 811
宁古塔议事会与董事会之开会期 …………………………………… 811
宁古塔议事会开会纪事 ……………………………………………… 812
议事会开会纪事 ……………………………………………………… 812
选举府议员 …………………………………………………………… 813

十七、珲春厅

珲春宣讲员之程度 …………………………………………………… 814
珲春厅选举所董 ……………………………………………………… 814
珲春地方自治宣讲所宣讲员宣讲戏文 ……………………………… 815
珲春厅檄委自治等调查员 …………………………………………… 815
吉林珲春县参议会议事案四则 ……………………………………… 816

十八、敦化县

大东沟某议长卫护烟犯 ……………………………………………… 817

023/

十九、依兰府

投票公举两志 ·· 818
联合会将有成议 ·· 818
依兰自治研究生毕业 ·· 819
自治员遇劫丧命 ·· 819
依兰府自治员无恙 ··· 819
自治筹办举定总理 ··· 820
办事潦草之太守 ·· 820
筹办乡团之会议 ·· 821

二十、临江府

自治调查庙产 ··· 821

二十一、《吉林全省地方自治筹办处第一次报告书》（摘录）

吉林全省地方自治筹办处第一次报告书序 ·· 822
督抚宪奏为改设吉林地方自治筹办处裁改各科名目
　　一切经费作正开销片 ··· 823
呈报督抚宪开用自治筹办处关防日期并声明暂缓缴销
　　谘议局筹办处关防以完未了公件文 ··· 823
移知札知地方自治筹办处开用关防日期文 ··· 824
详督抚宪酌改分科职掌并另拟地方自治筹办处章程暨
　　办事细则开折呈核伏乞批示祗遵文 ··· 824
吉林全省地方自治筹办处章程 ··· 825
吉林全省地方自治筹办处办事细则 ··· 828
吉林全省地方自治筹办处会议简章 ··· 831

详督抚宪通饬各属嗣后凡关自治事项皆令分报地方
　　自治筹办处以资考核并严定记过章程候示遵文…………833
详地方自治筹办处统筹全局必须大宗的款议决以全省营业税
　　二成为筹办自治经费请通饬举办候示遵由…………834
为详奉批准举办全省营业税提拨二成为地方自治筹办处
　　筹办自治经费抄详录批移行札饬由…………837
详请通饬已办营业税各属自本年正月起先将
　　春季二成从速解处应用候示遵由…………838
为详奉批准通饬已办营业税各属自本年正月起
　　先从春季二成从速解处抄详录批札饬由…………839
详督抚宪送拟定城镇乡地方自治逐年筹办大纲表及
　　各处分办明细表各三份伏候鉴核转咨文…………839
移司道局处学堂照会谘议局送逐年筹办大纲
　　及各处分办明细两表文…………842
札发各属逐年筹办大纲及各处分办明细表文…………842
吉林分年筹办自治一览表…………843
批新城绅董由正路等禀请将裁缺副都统府第拨作
　　自治公产候详公署核示饬遵由…………863
详据新城府绅董由正路等禀请将裁缺副都统府第作为
　　自治公产以便研究所移驻由…………864
札奉公署批本处详据该绅等禀请将裁缺副都统府第作为
　　自治公产候查核到日再行饬知由…………864
批双阳河宣讲所呈覆遵减员薪所请以前两个半月经费仍照
　　原拟开销碍难照准前禀指拨各款候札吉林府查覆饬遵由…………865
据双阳河宣讲分所禀筹各款作为经费饬府查明能否提拨详覆由…………865
批蜜山府详请截留营业税为自治经费并
　　变通学额及毕业期限分别准驳由…………867
批宾州府详拟自治经费筹款三项方法候据情详请公署批示饬遵由…………868

详请督抚宪据宾州府详陈筹集自治经费三项方法
　　是否可行仰候饬议之处请鉴核示遵文⋯⋯⋯⋯⋯⋯⋯⋯⋯ 868
札奉公署批该府筹集自治经费方法准将庙产杂田租两项
　　遵照办理其盐斤加价仍候核示转饬文⋯⋯⋯⋯⋯⋯⋯⋯⋯ 871
移奉公署批发谘议局呈乌拉自治研究所公举所长
　　催请核定缘由本处已移催乌拉协领衙门能否将
　　五官屯地亩拨充自治经费查案移复再行核办由⋯⋯⋯⋯⋯ 871
照会奉公署发交贵局呈乌拉自治研究所公举所长
　　催请核定缘由本处已移催乌拉协领衙门能否将
　　五官屯地亩拨自治经费查案移复再行核办由⋯⋯⋯⋯⋯⋯ 872
照会谘议局照准乌拉翼领衙门移拨五官屯抛弃田地
　　应改为自治筹办公所经费所有自治研究所毋庸
　　另设请转饬施行由⋯⋯⋯⋯⋯⋯⋯⋯⋯⋯⋯⋯⋯⋯⋯⋯⋯ 873
批吉林府详据乌拉自治筹办公所禀请将遗出
　　协领衙门作为自治公所碍难照准由⋯⋯⋯⋯⋯⋯⋯⋯⋯⋯ 874
移据吉林府详据乌拉自治筹办公所请将遗出
　　协领衙门作为公所由⋯⋯⋯⋯⋯⋯⋯⋯⋯⋯⋯⋯⋯⋯⋯⋯ 875
批吉林府详据乌拉自治筹办公所禀拨庙产充
　　自治经费仰即遵批查复核办由⋯⋯⋯⋯⋯⋯⋯⋯⋯⋯⋯⋯ 875
吉林全省自治研究所职教员一览表（已去）⋯⋯⋯⋯⋯⋯⋯⋯ 876
吉林全省自治研究所学员一览表⋯⋯⋯⋯⋯⋯⋯⋯⋯⋯⋯⋯⋯ 877
研究所呈请核定该所第一班学员毕业修业凭照由⋯⋯⋯⋯⋯⋯ 880
详督抚宪据研究所详报该所第一班毕业学员
　　成绩表一纸伏乞鉴核备案文⋯⋯⋯⋯⋯⋯⋯⋯⋯⋯⋯⋯⋯ 881
札奉公署批自治研究所详送第一班学员成绩表
　　本处转行该所知照文⋯⋯⋯⋯⋯⋯⋯⋯⋯⋯⋯⋯⋯⋯⋯⋯ 882
札据自治研究所呈报第一班学员毕业名数饬该
　　各属将各学员回籍后如何情形具文禀报文⋯⋯⋯⋯⋯⋯⋯ 882
札据研究所详酌发自治毕业学员川资派赴各属并通札饬知文⋯ 883

详请督抚宪通饬各属招选研究所三班学员务于限内送所文…… 884
批自治研究所呈请照章招集第三班学员并转详通饬由…… 885
札据自治研究所呈请转详通饬选送第三班学员奉批饬知文…… 886
札据吉林研究所呈请三班学员额外添设自费学员
　饬各属士绅届期投考由…… 886
详覆遵议谘议局代呈研究所学院学员金明川等意见书
　拟饬研究所招考时以有无选民资格为去取候示遵由…… 887
札各属调查员所报表式率多不合仰再详查迅速造表补报由…… 889
札催各属调查员限五日内一律呈报由…… 890
札饬各属调查员遵照札发重定调查次序编表呈报由…… 890
札查谘议局呈据该厅日报社主任员禀揭自治期成会捣毁
　报馆一案应由厅勒令该会解散由…… 891
照覆谘议局滨江日报社禀揭自治期成会长捣毁报馆一案
　业由本处札饬滨江厅查究并将该会取消由…… 892
批滨江厅呈据自治期成会请领宣讲书籍应准照发所有该会
　名目仰遵前批改为自治筹办公所由…… 893
札饬各属速将该管城镇乡区域详确分划呈请
　核定并将居民口数表一并札发由…… 893
札饬将该管区域遵照前札详细分划缩限一月
　呈报到处并发给居民口数表由…… 894
札发居民口数表由…… 894
批吉林府详送划分区域图表有宜更正及斟酌者
　数端分条批指修正由…… 895
批长春府详请展宽划分区域限期殊属不合仰仍督饬赶办由…… 896
札各属为解释奏颁划分城镇乡区域章程由…… 896
批濛江州申送州境区域图并陈城镇乡区域
　碍难假定饬遵前札从缺办理由…… 897
批榆树厅详送城厢区域图其总图仰照通饬解释办理由…… 898
批新城府申送划分区域图办法仍属不合由…… 898

批伊通州详送城镇厢区域图范围广阔仰即缩小办理由……899
批阿城县呈送自治区域地图殊属误会转饬遵照通饬
　另行划分绘图呈报由……900
呈报本处诠释城镇乡自治章程排印成本并札发各属遵照转发由……900
吉林全省地方自治筹办处诠释城镇乡地方自治章程……901
吉林全省自治筹办处诠释城镇乡自治选举章程……918
札发各府厅州县规定居民资格说明书并调查规则饬转
　各自治筹办公所分别研究以备调查由……929
吉林自治筹办处刊发居民及选民资格说明书
　城镇乡地方自治章程摘抄……930
城镇乡自治筹办公所调查员规则……934
调查选民册填注体例……937
调查选民册填注体例……938
札发选举人名册式三种并说明造册方法……940
抚帅致宪政编查馆民政部电……942
录民政部电覆选民资格办法通饬各属由……943
札知民政部电覆山东抚台电询选举区董事宜由……944
批吉林府自治筹办公所据呈疑义五条文……944
函覆伊通州自治筹办公所函询画区暨选民疑义逐条指示由……945
本处派员考核繁盛中等各属筹办自治事宜成绩由……947
函致繁盛中等各属本处派员前往考察自治各事
　酌择学堂公所房屋为该员办公之用由……948
考察各属自治研究分所之纲领……948
考察各属宣讲所之纲领……949
考察各属阅报所之纲领……950
考察各属自治筹办公所之纲领……950

第五编　暂不确定日期档案散件

吉林行省谘议局呈为提议录用毕业员生以励人材一案由……………………954
吉林谘议局覆议矿产兴废案…………………………………………………955
吉林谘议局覆议征收大租权用官帖通省画一以剔积弊案……………………956
吉林行省批谘议局覆议租额弊端由……………………………………………957
吉林谘议局覆议拟设农会议案由………………………………………………958
吉林谘议局覆议改省城自治研究所办法案……………………………………958
谘议局筹办处第一次会议草案…………………………………………………959
长春府人王皓民为官绅营利舞弊陈请建议书…………………………………961
长春中学堂为本堂学生与清赋局构衅事
　启呈谘议局开会提议或代转极峰……………………………………………964
吉林行省批谘议局覆议农安女学管理员
　陈请审判推事破坏公益一案…………………………………………………965
吉林谘议局筹办处呈报吉林省各区复选当选议员
　情形并议员名册伏乞鉴核由…………………………………………………966
吉林行省批谘议局议决交议修辟官道案由……………………………………968
吉林谘议局为议决开民报以重舆论案…………………………………………969
吉林行省批谘议局呈为提议请开民报以重舆论等由…………………………970
吉林谘议局议决交议拓殖银行募股案…………………………………………971
吉林谘议局呈为议决交议拓殖银行募股文议案由……………………………972
吉林行省批谘议局议决交议拓殖银行募股案…………………………………973
吉林谘议局议决请撤分卡以减民累由…………………………………………974
吉林谘议局呈为提议请撤分卡以减民累一案由………………………………975
吉林行省批谘议局提议请撤分卡以减民累一案由……………………………975
谘议局呈覆改营业税为附加税以充地方自治经费由…………………………976
督部堂抚部院发交改营业税为附加税以充地方自治经费议案………………976
吉林行省批谘议局呈覆改营业税为附加税以充地方自治经费由……………978

谘议局呈送议决上届交议改营业税为附加税以充地方自治经费由……979

谘议局议决上届交覆议改营业税为附加税以充地方自治经费由……979

吉林行省批谘议局呈议决上届交议改营业税
　　为附加税以充地方自治经费由……980

吉林行省批谘议局呈覆议本届交议改营业税
　　为附加税以充地方自治经费由……981

谘议局覆议本届交覆改营业税为附加税以充
　　地方自治经费案由……982

吉林谘议局议决交议举办遗产所得两税案……983

吉林行省批谘议局议决交议举办遗产所得两税案……984

吉林省谘议局议决各级审判检察厅经费案……984

吉林行省批谘议局议决各级审判检察厅经费案……986

吉林谘议局汇报成立日期启用关防函一件……987

谘议局呈议覆改营业税为附加税以充地方自治经费一案由……987

吉林谘议局覆议各级审判检察厅经费地方不认筹款案……988

吉林行省批谘议局覆议各级审判检察厅经费地方不认筹款案……989

吉林谘议局为议决各府厅州县请设理财所案……989

吉林行省批谘议局呈为提议各府厅州县请设理财所一事由……992

吉林谘议局议决节浮费以养财源案……992

吉林行省批谘议局议决节浮费以养财源案……994

吉林谘议局议决交议举办地方公债案……995

吉林谘议局为议决学务病民宜求改良案……995

吉林行省批谘议局议决学务病民宜求改良案……996

吉林行省批谘议局提议议员兼任调查案由……997

吉省谘议局议决议员回籍兼任调查案……997

吉林行省批谘议局议决议员回籍兼任调查案……998

谘议局呈为议决发交常平仓积谷一案……999

吉林行省批谘议局议决发交常平仓积谷案由……1001

吉林行省批谘议局议决各级审判仍请预审公开

　　以杜流弊一案 ··· 1002

吉林谘议局议决各级审判仍请照章公开以杜流弊案 ················ 1002

吉林谘议局呈为提议各级审判厅仍请照章公开以杜流弊一案 ··· 1003

谘议局批伊通州附生黄景清为现任州官汪牧贪污病民陈请建议由 ··· 1004

谘议局呈送议决发交实业教育一案由 ·· 1004

谘议局议决交议实业教育计划案 ··· 1005

吉林行省批谘议局呈议决发交实业教育计画一案 ····················· 1006

谘议局呈为议决交议查禁私藏烟土并预定禁断期限由 ············· 1007

谘议局议决交议查禁私藏烟土并预定禁断期限案 ····················· 1007

吉林行省批谘议局呈议决交议查禁私藏烟土并预定禁断期限由 ··· 1009

谘议局为磐石县民陈请税卡横征苛敛请立禁革俾苏民困

　　致度支司函 ··· 1010

吉林谘议局为守卫警察在局勤劳呈请民政司

　　酌给奖励该长警等送回 ·· 1011

呈据长春府城议事会呈该城头道沟两处应分营业附加税

　　应饬仍均四份归警学自治及商会 ··· 1011

札各属为谘议局调取各项章程规则文并章程 ··························· 1012

督抚宪批谘议局筹设东三省制造军械局由 ································ 1013

批谘议局呈覆关乎教育五案并再行提议学堂利弊一案由 ········· 1014

吉林行省批谘议局呈为胡毕二绅前后两电不符各节

　　既经查明原由请免饬查原函由 ·· 1014

吉林谘议局为将公众批依兰人民登舟售粮征收关税候饬

　　滨江道会同税务司分别征收等因录批移覆商会 ················· 1015

吉林谘议局为奉省公署批陈请整顿预备巡警器械案 ················ 1017

督抚宪札饬自治筹办处兼办谘议局第二次选举事宜

　　等因分行各属从速举办 ·· 1018

吉林谘议局议决五常府议事会呈请厘订田房税价值以恤民艰案 ··· 1020

031/

谘议局呈据吉林府乌拉镇议董两会呈劝学所侵夺

　　自治公款公产请查核 …………………………………………… 1021

吉林行省批谘议局呈据吉林府乌拉镇议董两会呈劝学所侵夺

　　自治公款公产请查核由 ………………………………………… 1022

吉林行省批谘议局呈为本局议员郑雨人陈请书称长农领三属

　　蒙荒肥瘠不一未能一律加征请鉴核由 ………………………… 1022

吉林谘议局为各属粮捐不认充作审检各厅经费案 ………………… 1023

吉林谘议局议决交议变通筹办地方自治案 ………………………… 1024

吉林行省批谘议局呈据四旗马厂佃户赵学敏等以马厂荒地

　　请暂缓出放请转饬由 …………………………………………… 1025

吉林谘议局议决储官粮以足民食案 ………………………………… 1025

吉林行省批谘议局为各属粮捐不认充作审检各厅经费案 ………… 1027

吉林行省批谘议局呈议决交议变通筹办地方自治一案由 ………… 1028

吉林谘议局议决交议初级完全师范学堂及中学堂应分路筹设案 … 1028

吉林行省批富锦县详设立谘议局选举事务所 ……………………… 1029

吉林行省批谘议局呈据新城府绅民徐荫州等请愿书

　　称为三年水灾恳恩援照大租成案蠲免垧捐 …………………… 1029

督抚宪札付谘议局据自治筹办处详吉林府四属呈请

　　审查自治文书程序一案转行各议事会知照文 ………………… 1030

谘议局呈为提议长农岭地租加征请缓年限一案文清折并批由 …… 1031

谘议局议决长农岭地租加增请缓年限案 …………………………… 1031

吉林行省批谘议局提议长农岭地租加征请缓年限一案由 ………… 1032

谘议局呈为提议请将本省单行规则照章交议案由 ………………… 1033

谘议局议决请将本省单行规则照章交议案 ………………………… 1033

吉林行省批谘议局呈为提议请将本省单行规则照章交议由 ……… 1034

谘议局呈据长春府议事会呈城巡应分营业附加税均被商会

　　溷入收款应仍饬照旧分劈文原案并批 ………………………… 1035

吉林行省批谘议局呈为质问本省加税未曾交议等情 ……………… 1036

谘议局呈为质问本省加税未曾交议等情由 ………………………… 1037

第四编　各属自治会、议事会、董事会、参事会等相关活动

二、长春府

长春自治学员之挑小钱

　　省城自治学研究所教员钱某，系法政学馆钱总理之大少爷，闻素未窥法学门径，居然登堂讲授自治法，照现成讲（艺）〔义〕讲说，尚不能明了，遂大为诸学员所非笑，呼之曰小钱。该教员亦自知有负众望，恒于同事人前斥诸学员为不够程度。诸学员闻知，大发不平，谓此等不学之教员，非我辈所愿承认。比诸商人用钱，于不及格之小钱，则共挑而去之，我辈亦当为之。一时学界传为笑谈云。

《盛京时报》，1908 年 1 月 21 日

长春自治研究停办原因

长春劝学所附设自治研究会,刻闻学界中人云:日前孟太守邀集各绅董议员等会议,现在财政困难之时,举办一切新政,所入各款实不敷用。自治一会离立宪年限尚早,款又不易筹。当同各绅董等商议,以现入款若干,应如何办理,始可完全,方无拮据之虞云。

《盛京时报》,1908 年 11 月 17 日

长春筹还国债公会职员会纪事

长春筹还国债公会开会各节,叠纪本报。日昨又于西四道街商务总会开职员会,准午后一时开会。除上次被举职员到会者外,旁听人员亦多,通计不下四百人。首由茹君泽涵报告开会词,次由毕君辅廷演说国债之由来,并云天津商会协理凌君来述,筹还国债,则印花税可以暂缓。并称办事秩序,拟以来年三、四两月为到乡劝款之期,五六两月为到乡收款之期云云。次由伍少垣君演说筹还国债之要点,痛论中国赋税之重,百物昂贵,而赋税之所以重,都半由于年年筹还国债等语。并云:敝行(大清银行)愿对此事特尽义务,鄙人已与同事商议立一箱,每日于香烟项下节至少之金钱,投入箱中,以充还债之款。按月当众开检,结核交会,登报报告。各界诸君如有意,盍请仿行云云。次由李君介人报告,于君梦梅愿将抚安乡荒地五千垧,南北长二十里,东西宽十里,一俟售出,将全价之半捐入会中,偿还国债;其余半价,以偿私债。所有执照,下次交来。

高允中君演说鼓吹商界同人毕，茹君泽涵宣告今日应议事件。当时互举议员（议员姓氏明日刊登），余任劝款员。举定后，宣布议员，兼任劝款，并兼稽察，又推举书记、会计。当时商务总会总机关义务书记马益堂君，愿自担任经理各地寄来信件等事。所有办事经费，限下次开会以前决议。五时五十分，摇铃散会。散会之后，议员、劝款员、干员仍集议筹款方法。下次职员会，定于本月廿一日下午一点钟起，至四点钟止，仍在商务总会。又定十八日下午五时，在商务总会开干事会。次筹议本城各界提倡筹款办法，以累进为宗旨。现先草定劝款员规则，后分布各界，实行筹劝。交通界邵君等谓，劝款一层，当因地制宜，未可拘拘一律云云。末拟电稿，即晚送发，原稿录左：

致吉林自治日报转谘议局电

吉林自治日报转谘议局鉴：本会已成立，贵局为全省代表，希提倡。章程函寄。　长春筹还国债公会

致奉天谘议局电

奉天谘议局鉴：本会已成立，章程随寄。　长春筹还国债公会
致天津商会暨各报馆电（同奉天）
致上海商会暨各报馆电（同奉天）

《吉长日报》，1909年12月29日

长春筹还国债公会职员名单

干　事
正干事　茹泽涵
副干事　李价人　胡凤楼

会　　计　　吴华三　　史敬斋（尚缺二人，容推举）

书　　计　　何月波　　金石珊　　张啸岑　　翟绍伊　　马益堂（马君系商务总会书记员，在会经理寄来信件）

议　员

绅界十二人　　董云青　　周召南　　张云舫　　赵立中　　薛荫堂　　丁子骏
　　　　　　　毕辅廷　　何露洲　　孙述唐　　朱敬昌　　孙化西　　刘冠周

商界八人　　伍少垣　　吴华三　　王怀仁　　史镜斋
　　　　　　高允中　　祖萃林　　韩杏林　　郗向荣

学界十人　　张啸岑　　胡冲如　　滕静波　　毕　桐　　赵连城
　　　　　　高凌岳　　王澄身　　吴长春　　吴长春　　李子敬

政界六人　　颜韵伯　　许东蕃　　陈子培　　孔励山　　傅清节　　徐子和

军界三人　　管翼之　　孙企和　　曹重三

女界四人　　邹浣俗　　许芙庄　　李湘云　　毕松坪

其他各界八人　（交通界）邵弼臣　　廉让之　　吕健秋　　陈仲孚
　　　　　　　（报　界）魏馨钥
　　　　　　　（工　界）张芳远　　傅耀辰　　崔洛琨

劝款员

绅　界　　魏逢乙　　王芸台　　匡甲庚　　薛中全　　丁子居
　　　　　姜云鹏　　李阳春　　王峻亭　　朱位三　　齐凤麟

商　界　　王荻人　　王计安　　赵君恩　　管清泉　　温瑞符
　　　　　孙孟庚　　李凯峰　　刘畅时　　刘圣言

学　界　　王甲辰　　刘远佩

政　界　　唐慕潮　　张子元　　李维博　　钱述古　　刘锦川
　　　　　陈仁甫　　李宝四　　李海如　　赵升齐　　贺子舟
　　　　　李伯威　　张璞完　　陆竹君　　诚德堂

女　界　　王启予　　刘国英　　侯韵琴　　齐新吾　　赵夫人
　　　　　高夫人　　徐敬瑜　　高佩兰　　刘冰若　　常恩荣

其他各界　（宗教界）张子湘　　齐述堂
　　　　　（报　界）顾冰一

以后本会职员如有更动或添举者，当续行报告。

《吉长日报》，1909年12月30日

自治研究所考试毕业

自治研究所共开两班，其毕业期一在本年冬月，一在明岁三月。现头班学员已届毕业之期，当由该所监督范君，督饬各教员，于上星期命题考试。迨十四日，即一律试竣，校阅试卷，评定分数，约下月初即可行毕业礼。

《吉长日报》，1909年12月30日

长春筹还国债公会章程

第一节　定　名

第一条　本会因筹还国债而设，并以长春府本管地方为界限，故定名曰长春筹还国债公会。

第二节　宗旨及范围

第二条　本会以筹还国债，纾外祸而固宪政为目的。其数以甲午、庚子两年赔款为限。（其筹还方法，见后第六节。）

第三条　本会既以筹还甲庚赔款为限，则本会之存立期间，亦依右项事件为标准。右项事件告竣之后，本会应否继续存立，开全体大会公决。

第四条　本会以筹还国债为惟一天职，他项问题绝不涉及。

第三节　会　所

第五条　本会会所附设在长春府城内西四道街商务总会。

第四节　会员及职员

第六条　凡本国人对于本会表示同情、负担款项者，皆得为本会会员。发表意见，交职员部提议。

第七条　会员而具第十条、第十一条之资格者，得为本会职员。

第八条　本会所办事务，会员皆得随时询问，由职员作答。

第九条　本会职员共分两部，一为干事部，一为议员部。

第十条　议员部由会员具左列资格者组织而成：

一、年在二十岁以上者；

二、由五人以上之会员推举者；

三、经多数之职员赞成者；

四、克尽议员应办之职务者。

第十一条　干事部由议员互选之（除第一次及劝款员外）各干事组织而成。

第十二条　本会干事部正干事长一人，副干事长二人，会计四人，书记四人，劝款若干人。

第十三条　本会议员表如左：

绅界：八人至十六人；

学界：五人至十人；

商界：四人至八人；

政界：三人至六人；

军界：三人至五人；

女界：二人至五人；

其他各界：五人至十人。

第十四条　议员干事办事细则另行公订。

第十五条　劝款员募集款项，应将详细数目报告本会干事，转交会计，分别存储。

第十六条　凡本会会员，无论绅、学、商、政、军、女各界，均属平等。对于会务，悉依会章进行。其有以他社会名义来干涉者，本会有严拒之权。

第十七条　职员任事满一年以上，愿行辞职者，可具理由书，请职员会认可后，准其辞职。

第十八条　职员任事虽不满一年，实有事故不能担任职务者，亦可照前条办理。

第十九条　职员任事不满于众，经会员十人以上具理由书，请求令其辞职者，经职员会认可后，令其自行辞职。惟上项事件，以关于本会者为限。

第二十条　本会职员不依本章程办理，且再三劝告不听者，公议处以相当之罚锾。

第五节　会　议

第二十一条　本会每月开职员会二次，提议本会各种事件。

第二十二条　本会每星期开干事会两次，执行本会各种事件。

第二十三条　本会开职员会时，无论会员、非会员，均得旁听。

第二十四条　如有重大要事，由干事部布告，开职员会，或全体特别大会。

第二十五条　前项会议非得多数职员（除劝款员外）到会，不得开议。

第六节　筹　款

第二十六条　本会筹款分为两种：

一、还债款项；

二、办事经费。

第二十七条　办事经费，由职员自行捐集，不另筹募。

第二十八条　还债款项，由经手人收集满五十元以上，即行送交本会会计，公同送存储款总机关。

第二十九条　还债款项，除拨还国债外，无论何项紧要政务，不得挪用所筹之款分毫。

第三十条　办理经费，由职员另行商定储款机关，由会计员随时撙节动用。

第三十一条　本会印刷、发电、通信，及各项开支，均由办事经费项下支拨。

第三十二条　城乡户口，贫富不均，以各户财产多寡分为上、中、次三等。上、中、次户，又各分为甲、乙、丙三等。

| 上户 { 甲等 / 乙等 / 丙等 | 中户 { 甲等 / 乙等 / 丙等 | 次户 { 甲等 / 乙等 / 丙等 |

第三十三条　筹还款项，以五十万两为定数。（长郡城乡户约十万，人口五十万，每户平均担任五两为限。）

第三十四条　凡有热心诸君，于应认款项之外，特别多认者，本会谨拜嘉惠。

第七节　报　告

第三十五条　本会收到劝款员募集，及会员径行交到各款，当随时登报，以昭大公。

第三十六条　办事经费收支总数，应由会计员每月报告一次，揭示会所，并登报端。

第三十七条　收到认款，由会计员每星期将已收之数，统计总数，登报布告。

第三十八条　开会纪事纲要，及提议事件，由书记员登报报告。

第八节　附　则

第三十九条　本会应联络各省筹还国债公会，并讲座进行方法，其如何分期解款、还款之处，悉照各省一律办理。

第四十条　本会章程如有未尽完善之处，应由职员会公同修改。

《吉长日报》，1909年12月31日

筹还国债之纪事两则

（四乡绅董与筹还国债）日前四乡以附加税事，各派代表来城。城内绅商学界诸公，因现在筹还国债会虽已成立，惟四乡劝款颇为难事。于十七晚，特邀集各乡代表等，于商会会议一次。闻办法系凡四乡素负声望，暨产业较厚者，均要求其来会担承演说、劝款等事。倘有不愿来者，则以长春府及筹还国债名义，持简邀之。本月二十一日筹还国债会开职员会时，即可公订下次开大会日期，以便传知各乡镇，俾届时来城云。

（田舍翁之筹还国债谈）昨日筹还国债会在财神庙开职员会，适闭会时，有一乡间老翁向该会干事长茹君发问，曰：你们这个会，既名筹还国债会，是打算几年将国债还清呢？茹应曰：愈速愈妙！翁曰：据我看来，长痛不如短痛。只要你们城里官绅各界都肯竭力出钱，我们乡间倒狠容易。包不到一年工夫，就可筹足你们所定的五十万两银子。说罢，犹叮咛嘱咐而去。

《吉长日报》，1909年12月31日

长春筹还国债公会第五次会纪事

长春筹还国债公会开会纪事，叠志前报。日昨又在财神庙开第五次会，到者不下四百人。至午后二时开会，首由茹君泽涵致开会词，次由金君珊节要报告上次议案，次由伍君少垣报告。天津协理宁君星甫，本拟即回天津，嗣因今日此间开会，故挽留今日临会演说。宁君演说天津发起斯事之源，并天津现在研究决定之筹款方法，众皆拍手。次决议办事经费，当场认吉钱三千余吊，此外尚有因本人未到，代表未能足数者。此次认款，由正干事长茹君报告明白，与还债款有别，然而众皆勇跃异常，实为斯会最好之现象。次由于君梦梅缴到卖荒执照，并演说余愿以半价还国债，为数虽细，苟能人人如此，大事不难即济，语极慷慨。次由各界补推职员。次定于本月二十八日下午一时至四时，开第六次会，于财神庙本会会场。并请今日认款者，均于是日持钱交付会计，掣取收条。而未认者，亦可补认云云。又定星期三、星期日晚六时至七时，为干事会期。次通过职员办理细则。末由金君石珊代表朗读李女士湘云演说词，摇铃散会，已夕阳西下矣。

《吉长日报》，1910年1月3日

筹还国债纪闻

监督财政之说起，筹还国债之议兴，创自天津，应于各省，迄今四方风动，结果如何，纵难臆测，然民心未死，大事可成，厚国力，振民气，固内政，纾外祸，莫斯举。若本报特从今日始别设专栏，选录各省对于此事进行方法有足取者，以告阅报诸君。　记者识

女界集议筹还国债预记

前日本郡长春筹还国债公会在财神庙开会时，有邹女士浣俗报告女学堂于下月举行年假，各学生皆须回里，因拟于下月初就女学堂开会，联络本城女界。想热心筹还国债者，必能赞助邹女士之热心焉。

学生之筹还国债热

本城模范小学堂甲班学生廉玉衡、程云峰、崔国治三名，于国债会第二次开会回堂时，即各执官帖五吊，亲交该堂教员滕、于二君，祈于再开会时，代交正干事茹君临元，以作各小学堂学生之倡首。三人且于课余对诸同班生力为劝导。

李女士湘云演说词

（上略）女子身材亦负国家责任，而不容放弃人权之外，以卸男子之肩。尝论中国所以不竞，而日受外人欺侮者，皆由一般人民徒有个人主义，而无国家思想，故社会亡其公理，即土地失其团体，此势之所必至矣。中国自宪政消灭，专制日久，人民屈于压力，彼丈夫以昂然七尺之躯，犹且性成奴隶，绝口不谈国

是，况于女子柔弱，不出闺门，又何敢与知国家之事乎？每览古来秦国妇人，勇于敌忾，木兰女子，敢于从戎，晋代有夫人城号，唐时有娘子军声，属在巾帼，岂不英雄？而千百年来，其人乃绝，而无仅有，岂中国女子绝无聪明之天赋哉？女教不兴，失其人格，坐使二万万裙衩尽成一种奴婢性质，靡弱而不能自振。呜呼！女界之黑暗，尤为岌岌，中国种族，焉得而不弱？以此思之，可为痛哭流涕，而深长叹息也久矣。今自圣朝宣布立宪，开张议会，一时众人民韧发其国家观念，即我女流之辈，闻风兴起，亦动其爱国之心。此次诸君乃于长春地方发起国债会，开东省之先声，造中邦之幸福，以挽回利权，强我种族，径达其国民目的，在此一举。此湘云所以不胜欢忻鼓舞，而为中国前途庆幸者也。凡属女界同人，所宜兴其热心，合其群力，赞成此举，破旧时之黑暗，振今日之文明，偕我同胞，共造夫国民资格，何尊荣如之。以中国之大，四百兆人数，使岁出一吊之费，即有四万万吊，倍其数而捐之，何不足以立偿此款？就令赤贫不能出此，以富者兼补其数，要亦无难于担任，众擎易举，事必有成。且此可以化其散沙，联为团体，而我中国洵为可富可强、可大可久之国矣，岂不美哉！合群幸甚！保种幸甚！全国幸甚！　　湘云谨祝

筹还国债会定期开会函云

吉林自外人有监督我国财政之说，而各省遂有筹还国债会之组织，以期挽救于万一。奉天、长春等处，虽已有人提倡成立，而省垣尚付阙如。日前有省绅文禄、庆山、杨梦龄、庆康四君发起，散布公启，定于本月二十开会。其公启略谓：入世以来，竞争剧烈之场，有以灭人国家，绝人种族之特别新利器出，不劳一兵，不费一弹，以长不盈尺之契券，镇其国中，使当之者如疽附骨，如刺在背，展转挣脱，终归澌灭。国债乎！国债乎！其我中国濒倾危殆，受病之原因乎？！近数月来，海牙会监理中国财政之议起，于是内地各省始知国债之流毒，不可不亟为荡除，故各界热心爱国之士，连袂而起，组织筹还国债会。一纸风行，全国响应，独我吉省，尚寂然无声，彼此相形，殊堪愧怍。敝人等爱不自揣，拟于本月二十日在本省议案预备会，邀集我省同志，公同研究，共济时艰。届期务祈驾临云。

《吉长日报》，1910年1月4日

筹还国债纪闻

吉林省垣发起筹还国债会

日昨本社接吉林函云：（略）今虽经弟等奔走提倡，粗具规模，而各城各镇仍难免有不甚周悉之处。阁下热心世道，对于此事，提倡尤殷，祈将敝会所拟草章，登诸贵报纸，并请将未甚妥洽之处，酌为斧（政）〔正〕寄下，拜恳千万。谨此敬请时佳，余维鉴照。愚弟庆山、杨梦龄、庆康、文禄公启。本月二一日（章程明日刊登）

长春筹还国债公会职员办事规则

第一节　总　则

第一条　本会职员，依原章第十一条、第十二条所规定，共分三种：一议员，一干事，一劝款员。又分议员为议事部，干事、劝款员为干事部。

第二条　本会职员均有劝款及互相稽察之责。（劝款规则见第四节。）

第三条　职员须将姓氏住址报告本会登簿。

第四条　本会职员如实有事故，不能担住职务者，依原章第十七条、第十八条办理，另行公举。

第五条　职员详细职务权限，列后各节。

第二节　干　事

第六条　干事有办理本会应办事件之责，如左：

一、正干事长总理一切会务。

二、副干事长赞助正干事长所不及办理之事项，并会计员、书记员应办事件以外之事。

三、会计员掌收支出入款项，并会计报告。

四、书记员掌编录开会演说词、决议案,并各种文件往来事项,及会务报告。

第七条　干事于干事会及职员会时,须按期到会。如实有事故,不能到会者,须具书告假,陈明理由。惟此种告假,以继续两次为限。如逾期两次,撤销干事。

第三节　议　员

第八条　本会议员有议决本会应办事件之职。

第九条　本会议员有提议本会进行方针之职。

第十条　本会议员有稽察会务,并提议整顿之职。

第十一条　议员于开职员会时,须按期到会。如实有事故,不能到会者,须举代表到会,或先期具书告假,陈明理由。惟此种告假,以继续三次为限。如逾三次,即视为不备原章第十条第四项之资格,撤销议员。

第四节　劝款员

第十二条　本会劝款员及他职员之有劝款之职者,须照左列各条办理。

第十三条　前条劝款人员,须向本会领劝款簿,注明号数,以便稽核。

第十四条　前项劝款人员,每次职员会时,宜将劝款情形,删繁就简报告。

第十五条　劝款时,须详细婉转说明国债理由。其认款数目,总以本人自愿为佳。

第十六条　所劝款项,如已取得,须于每次大会前交付会计员登簿,由会计员掣付收条。

第十七条　劝款人员如实有事故,不能担任者,须详具理由书,并前领劝款簿及未曾报告之劝款情形,一并报告。交代清楚后,即行消除劝款之责。

第十八条　劝款人员如办理劝款事务,有不合本会章程者,由职员推举临时调查员,详细调查。如果确实,即行登报,撤销其劝款之职。

《吉长日报》,1910年1月7日

吉林全省筹还国债会简章

第一节 宗 旨
第一条　本会以筹还甲午、庚子两次赔款，上辅国计，下济民生为宗旨。
第二节 定 名
第二条　本会定名为吉林全省筹还国债会。
第三节 会 址
第三条　本会先由省城创设，即以议案预备会为会址。

第四条　本会成立，即推行于各府厅州县，由自治、商会各社团内从速组织，以期早观厥成，不落各省之后。
第四节 组 织
第五条　本会组织由议案预备会全体绅民发起，联合商、军、学各界公众代表，和衷共济。

第六条　本会拟定简章，呈由督抚宪核定，请即颁发钤记，以便实行而昭信守。
第五节 经 费
第七条　本会成立之后，一切出版刷印，在在所需经费，由会员设法筹办，不准动用债款分毫。
第六节 职 员
第八条　本会设正干事一员，副干事二员，总核会中一切事宜。现因经费无着，暂由议案预备会设原人员兼任。

第九条　本会分设参事、编辑、文牍、调查、讲演、会计、庶务各部职务，仍以议案预备会部员中分担责任，其办事细则另行拟定。
第七节 会 员
第十条　本会设名誉赞成员，不限定额。凡本省行政长官，及候补人员，均请兼任，以昭慎重，而孚公望。

第十一条　本会设普通会员，事繁任钜，以多为主，不必拘定结社集会常例，以收通力合作之效。

第十二条　本会会员无论绅、商、军、学各界，不犯《谘议局章程》第六条左列情事之一，入会赞成者，皆得为本会会员。

第八节　筹还之比例

第十三条　本会议定筹还国债，不限定额。因吉省原无政府指定拟还之准数，故不能与内省为比例。

第十四条　本会拟定筹摊之法，若按人口计算，惟恐贫富不均，诸难进行。故拟按户摊认，分上、中、下三等，划一适中之比例。

第十五条　本会所拟按户分等，仿照选举资格为比例，于营业不动产确值之数，均按大洋估计，以便限等分摊。

第九节　摊款之累进

第十六条　本会议定摊款办法，拟仿累进主义。凡营业不动产确值五千元者，权为上户，应认摊款五十元。二千元以上者，为中户，应认摊款二十元。千元以下者，为下户，应认摊款十元。其不及千元者，随意认摊，无所制限。

第十七条　本会议定，过五千元以上者，则加等累进。惟分摊之数，不得过财产百分之一。特别多认，亟愿乐输者不在此限。

第十八条　本会所拟摊配债款等级调查，限于经费，拟按清查城乡户籍为准，请督抚宪通饬晓谕，以便服从，而昭公信。

第十节　解交之年限

第十九条　本会拟解交债款过百元以上者，分三期交纳，每期以六个月为限。每户所摊额数，亟应依限交齐。其他少数，随时交纳，不在此限。

第十一节　摊额之征收

第二十条　本会征收摊款，因吉省币制不一，各分会解省，难保不无亏折，犹宜为筹定，以免纷歧。凡认摊款，均按大洋七钱三分核算，或可银钱并征，以防耗折。

第二十一条　本会拟制三联印票，各分会及各界代表于领收之日，即行按等劝征。凡有交纳之户，须将款数填注明白，拆给票梢。其赍核存查票根，留备分期造报。

第二十二条　（整理者按：此条缺。）

第二十三条　本会收到摊款，凡会所所在区域，由总会按季列表榜示周知。倘与票载之数不符，准执票随时声诉，以昭信用，而表大公。

第二十四条　本会拟定交纳摊款之户，票梢务宜保存。倘若集数涨出债额，或因他故发还时，以备执据领回原款利息。

第十一节　监查及惩罚

第二十五条　本会拟定各分会，专设监查人员，以防流弊。请以各属普通议员兼任，随时报告各处成绩，以促进行。

第二十六条　本会拟定在会执事人员，倘有不顾名誉，假此事权，朦胧中饱，欺诈乡愚等事，定按所犯情事轻重，公议科罚惩办，以昭炯戒。

第十二节　提解及存储

第二十七条　本会拟定各分会解送收款，限六个月为一期。届时应将已用赍核票根，一并造送表册，呈送本会稽核。其各界代表，不在此限。

第二十八条　本会拟定各处解交债款，倘有耗折及汇费等项，拟由存储债款利息项下弥补。

第二十九条　本会于收到各处债款，核对相符，即移交商务总会，转发大清银行储蓄生息，以还国债。他项不准动用分毫。

第十三节　归还之附从

第三十条　本会于全省人民认定拟款后，即公举代表，附从各省，同时赴都，呈请政府与赔款之国商定细则，以便归还。

第十四节　官吏及客籍人民

第三十一条　本会请于本省文武现任、候补官吏，及司道署局员司，既系国民表率，亦应分别筹摊，以资提倡。其应摊数目，拟由谘议局筹议，请督抚宪核定。（此仿直隶章程第十条办理）

第三十二条　本会拟于驻在本省、留土营运客民，以及华侨，如愿担负若干，随时声明，以资补助，俾尽同胞之义，共伸爱国之忱。

第十五节　激励与奖励

第三十三条　本会及分会成立之后，应由会员中多举热心耐劳志士，分路劝导,痛陈国债困难情形,藉以激发热诚,合力担负。

第三十四条　本会拟于认款本位之外,如有特别多认者,则由本会查照各直省奖励报劝学务经费章程,呈请督抚宪奏咨,以示优异,而资鼓舞。

第十六节　附　则

第三十五条　本会事属创始,所拟简章暂系草定。如有疏漏之处,可于临时会议酌改。

《吉长日报》,1910年1月8、9、10日

保全国债会员之言论权

枢府通电各省,大致云:国民一腔热血,发起国债会。所有地方官,不但不准借故阻禁,更须为之助护。倘国民等因此事开会,作激烈之演说,如仍不背此会宗旨,虽若何之激烈演说,亦不得借口阻禁。如实有不宜之演说,亦只宜于事后劝阻。总之,当场当众,不宜干预,致惹公愤,而误事机云云。

《吉长日报》,1910年1月9日

长春筹还国债公会第六次会纪事

廿八日午后,为长春筹还国债公会开第六次会于财神庙,到者共约三百余人。首由正干事长茹君泽涵报告开会,次由书记金君石珊报告上次开会纪事纲要,并干事会所议事件。次由会计史君镜斋报告办事经费事,次推举清真界议员马凤五君,并劝款员常世凤、沙广德、庞翰卿、韩同寅、马登云诸君。次由张子

湘君演说大旨，谓人穷于财，决不穷于口。我有财，我尽金钱之义务；我无财，我有口，我尽唇舌之义务，展转劝导，影响甚大。愿诸君毋自暴弃，则公会之成效，不待两月可大功告竣矣云云。次议本城各界认款办法，因一时不能议决，故由各界分头集议。商界定期昨日下午开会，绅界、政界亦于日内集议。此时丁君子峻提议，现值年关，不及详悉筹备诸种要事，须俟明正商酌，实力办理等语。次由毕君桐报告，学界同志原拟年假四乡演说劝告，惟人不尽信，且乡地远廓，不及普遍，不如明年另举专员，赴乡演说劝导云云。毕君辅廷提议，推举演说员，以便每期演说，俾到会诸君明白斯会理由云云。当时推定张子湘、郑溪樵、邓寿丞三君为演说员。又推举招待员管清泉、刘景周二君。又推举魏馨钥君为白话演说稿起草员。次议设立四乡劝款机关，由各乡自行组织，报告本会。次邓君寿丞演说，次邹君浣俗报告女界定于下月初八日在女学堂开会，商量女界筹还国债事宜。略谓："我女界原无独管之财产，大都托诸家长，则女界筹款似无从说起。抑知不然，女界虽无可以指定之财产，然制衣备物，何莫不仰给于家长？家长亦必允其要求，则女界虽似无权，而实有权。鄙意拟依各人家长之门户，分为三等，各就前项费用中提捐本会。本会即定名长春筹还国债女界特别会，年开三次或四次，容后再商，愿诸君各就家中劝导到会。至盼至幸！"次由马君缴到模范小学堂筹还国债款官帖钱一百十一吊。次决定下次会期，定腊月初六日（即下星期日）下午一时，仍在财神庙。五时散会。

《吉长日报》，1910年1月11日

筹还国债纪闻

侍读之折奏

京函云：某侍读前日所进二折，闻一系参某大员及某观察，一言国债之事。

大致云：此次民间筹办国债会，官宜与以帮助，使官不帮助，则亦不必干预。盖上次国民捐之事，成为画饼，致惹外人讥笑。此次国债会如仍蹈斯弊，不特于国家无益，尤恐我国信用愈失，则日后办事愈难。现在国债尚未成立之先，须再思而后行，万不可冒昧从事，贻虎头蛇尾之讥云云。

吾愿我民一雪此言

美国某报近论中国筹还国债事，略谓：自今岁天津商会发起此举，全国各处闻风响应，极为踊跃。论者甚至以一八七一年之法国筹还国债办法拟之似矣，然不敢据谓为信然也。盖中国人民向所作为，大抵不外一哄之举动，善始者固多，克终者实寡。虽不敢谓其凡事尽然，顾亦不能令人无疑也。且国民捐一项，数年前已有倡办之者，然卒归无效。今之筹还国债，与昔之国民捐，为名虽殊，其实只差一间。昔日既无效，又安知今日之必成耶？或曰：年来中国国民程度日高，爱国之心亦日切，诚非数年前所可同日而语。不知权利与义务，两者相牵系，必先有权利，然后肯尽义务。今中国尚未实行立宪，人民对于国家财政，尚无完全之监督权。如是而欲令全国人服无权利之义务，斯亦虽然无权利者，固鲜肯尽义务；无义务者，亦断不能得权利。此自然之理也。故为中国人民计，苟欲得完全之财政监督，而收立宪之实效，则又不能不于筹还国债一事，先尽义务，以为权利之代价也。中国士夫明达者甚多，此种思想当早料及。权利义务之界限，谅皆不足分其爱国之心。所惧者，有始无终，为德不卒耳。夫以中国人民之众，苟肯同心赞助，则累累国债，不难数年内一扫而清。国家之益，亦即人民之益也。竭数年之力，而清无穷之负累，又何乐而不肯持以毅力乎？

译者按：美人此论，颇能切中时病。将来果一哄而罢乎？抑坚持到底乎？愿吾国民好自为之，其毋再以笑柄贻外人也，则幸矣！

《吉长日报》，1910年1月13日

长春筹还国债公会第七次会纪事

昨为长春筹还国债公会开第七次职员会，于财神庙。午后二时开会，到会者不下三百余人。是日会场颇觉整肃，首由正干事长茹君泽涵报告开会，并说明上次干事会公议会场规则六条，系属草创，故所定各则甚宽，以后逐谋改进云云。次由书记金君石珊报告上次职员会、干事会提议决议事件，并宣布会场规则六条。次由会计报告，除前此所收款项业经登报外，今日在场又已收钱七十吊。（其时甚早，后有缴者，尚不在内。）次由许君东蕃演说，谓："前此开会，鄙人皆知之，而因病不能到会，实属抱歉。今日又逢开会之期，不敢不力疾到会。聊具意见数条，请詹君幼文代表。"次由詹君代表云："吾人办事，第一须去观望，第二须去疑团。而此国债公会，现在办法，虽由诸君思周虑密，殊属妥惬，然而进行方法，不可不讲，故第三须筹进行方法。此事宜群力方能有济。"云云。次由张君子湘演说，云："我人为事，凡对于公共方面而为之者，皆可谓为义务。独此筹还国债之事，不可谓之义务，盖我为我自己之事也。至于认款一层，人皆曰难其实，苟能具有热心，又何难者？譬如香烟，吾人之所共嗜者也。即以吾一人论，一月统计，亦不下中钱五吊，倘提以还债，吾恐区区国债，不值一还矣。"次由郑君溪樵报告西关第二高等小学堂学生共捐钱二十吊，并中关小学堂学生共捐钱二十三吊毕，演说学生力薄愿宏，前项捐款虽为数区区，而一文当作千文万文视。并称现有一般无知之徒，妄称此种认款，系属人捐，此乃大误。热心劝款者，当辨正之，毋令公会为其破坏也云云。次提议事件，先由政界报告认款方法，另定日期，商妥报告，大约不日可成。其余各界，尚未大定，故容后报告。次提议，议员高君允中之提议案四则：（一）八等以外之小商家，宜另举劝款员；（二）认款之家，门首标以奖牌；（公决赞成。）（三）再四劝导，卒不认款之家，门首标以不认款之牌；（公议缓办。）（四）各界以外之住户，另举劝款员；（议由各界劝款员附带劝导，暂不另举。）次由小学生某君演说国债犹病，筹还国债犹治病等语，词意痛快，鼓掌声如雷震。次定下次会期毕，闭会。

《吉长日报》，1910年1月17日

长春筹还国债公会下次会期

长春筹还国债公会定于本月十三日仍在财神庙开第八次会，热心同志，咸可旁听。

《吉长日报》，1910年1月18日

长春女界特捐会第一次会纪事

本月初八日午后一时，在马号门外女学堂开女界特捐会第一次会，女界到者二百余人，男宾二十余人。首由邹女士浣俗报告开会缘由，略谓：长春户口中以五十万人而论，我女界占其半，男界既踊跃认款矣，惟我女界尚寂然无闻。此女界特捐会所由起也。次毕女士松坪演说，国债是全国人民所共负，国债若能还清，印花税即可作罢，且可免外人监督财政之举，否则前途必不堪设想。次刘女士国英演说，女子既为国民一份子，自有一份责任，决不可恪守女子主阃内之训，自失人格。次刘太太演说，我女子大可趁此将首饰捐出，以还国债。次齐女士新吾演说，中国女权不振，皆由自轻自弃之故。倘趁此机会，各竭所能，力制工艺美术品，以变价助捐，区区国债，何足算也。次张君幼文演说，邹女士之发起斯举，其爱国与爱女界同胞之热诚，洵堪钦佩。国债不还，则利息日积日多，国亡无日矣。次由邹女士朗读女学堂监督侯女士演说词，次由邹女士宣讲简章九条。次由齐女士提议认捐、收捐方法，略谓：此次认捐，下次会即可缴款。由本会送至长春筹还国债公会，掣付收条，并登报端。次由邹女士朗读高女士佩兰演说词，次女界认款共计得二千五六百吊之多。末定于宣统二年二月初八日午后一时，仍在女学堂开第二次会。四时三十分，摇铃散会。

《吉长日报》，1910 年 1 月 20 日

督抚提倡之热心

《吉林自治日报》云：筹还国债事，锡清帅首认捐银六万两，程雪帅亦认捐银三万两，分三年交齐，为东省官商士庶之先导。其余再推及各司道府，暨军界、学界分别劝认云。

《吉长日报》，1910 年 1 月 20 日

中学生之函件

本郡府中学堂学生高怀清、刘庚先、王廷佐诸君，投长春筹还国债会书云：敬启者。为前在中学所领公启二十份，与职员规条二十份，学生等业已送完。于本月初六日，在本甲小学堂开会一次，所举劝款诸员，皆即日到会。与诸员研究所以筹还国债之原因，及所以举劝款员之根由，已经详细说明，诸员皆赞成此事，喜悦异常。但此次所认可诸员，与前在中学所举者，稍有差异。祈诸员将前

在中学所举者作废，悉以此次为标准云云。兹将担认劝款员姓名列左：

卢云龙　高文科　吕长春　谭永琴　张　荣　李锦章
李凤池　孟毓学　孟世德　蔡德谦　蔡德凤　蔡凤周
蔡景春　王聚隆　佟国升　王文仲　高福泉　张耀宗
徐耀堂　高　升　刘振一　共二十二名

《吉长日报》，1910年1月21日

长春筹还国债公会第八次会期

长春筹还国债公会，定于星期日即十三日午后一时，仍在三四道街财神庙开第八次会。兹闻该地业刊公启，分布其开会秩序，照录如下：

一、开会。

二、正干事长致开会词。

三、书记员报告上次职员会、干事会提议决议事件。

四、会计员报告。

五、演说。

六、提议事件。

　　（甲）陈仲孚君上次会场提议之件。

　　（乙）各界报告认款方法。

七、（整理者按：原件缺之。）

八、补举会计二员。

九、定下次开会期及会场。

十、闭会。

《吉长日报》，1910年1月22日

吉林全省筹还国债会之函件

日昨接吉林全省筹还国债会函,云:敝会本月初六日假本城商会开正式会,业蒙抚宪饬准立案成立,并征收各界输款。到会者六百余人,鼓舞欢迎,不可言喻。当有兵备处统计员炳君清臣,竭力认捐一千元。又有本城女子学堂各班女士认款,亦极踊跃。用特将各界热心公益之名姓、钱数,暨敝会所出之公启,开呈贵社,请示登录,以为劝勉。(公启、捐款单容明日续登。)

《吉长日报》,1910 年 1 月 23 日

长春筹还国债公会第八次会纪事

日昨为长春筹还国债公会第八次会,午后仍在财神庙开会。是日到会者不下四五百人,到会职员咸签名,并各填注调查单。二钟开会,首由茹君泽涵致开会词,次由金君石珊报告上次职员会、干事会提议、决议事件。次由王君获人报告上次会期以后所收各款,次由何君月波报告商界集议认款事,计共认银四千二百余两,未认诸号及商界人士,续行劝认。次由张君啸岑代理报告女界第一次特别会所认之数,共钱二千一百三十五吊,宽银五两,已收者七十一吊。次由郑君溪樵演说大旨,谓:认款唯心,不得云其数之多寡也。二百两与二吊原无差异,尽其热心则同也。次由李价人君提议,前此国民捐应澈底根究,归入本会云云。嗣公决,先由原经手绅商向府署交涉妥当。如议归本会,即由本会掣付收条,送存银行。次提议陈君仲孚上次提议之件,议案如何,容俟访明续录。

《吉长日报》,1910 年 1 月 24 日

吉林女学堂两班学生认款名数

△师范班认款

张秀连　一吊

张龄之　一吊

李淑荷　三吊

解秀廉　三吊

高镜淑　三吊

石玉清　三吊

唐玉春　三吊

张爱谦　一吊

李玉真　二吊

陈乐山　二吊

苏玉蓉　二吊

白云祥　一吊

夏玉枝　三吊

萧周瑛　三元

颜敏玉　一吊

刘福英　一吊

王蕙芳　三【吊】

周慕容　三【吊】

史凤麟　三【吊】

刘叔唐　一【吊】

迟桂芳　一【吊】

迟金环　一【吊】

史淑云　六【吊】

衣淑筠　三【吊】

廖实菱　一【吊】

周慕贞　三【吊】

潘裕如　二【吊】

牛素文　一【吊】

李淑清　三【吊】

曹柏萱　三【吊】

汪孝容　一【吊】

林淑芬　一【吊】

原金芗　一【吊】

沈世芬　三【吊】

高静涵　二【吊】

△保姆班认款

何金城　一吊

刘素贞　一吊

阎慕贞　一吊

阎慕昭　一吊

刘慕兰　二吊

王谷兰　三吊

汪佩兰　三吊

吴玉兰　一【吊】

于仲连　二【吊】

周秉贞　一【吊】

李淑贞　一【吊】

赵桂文　三【吊】

徐景英　一【吊】

赵桂清　三【吊】

以上共认款一百零五吊六百文。

《吉长日报》，1910年1月24日

吉林筹还国债会公启

呜呼！我同胞亦知今日时局之危险乎？责任内阁未立，持一无统系、无精神之改革，以与国民相敷衍，而国民末由诘责之曰：豫备立宪则然也。吾恐循今日豫备之法，俟至第九年颁宪法、开国会之时，亦将索我于枯鱼之肆，何则？因循复因循，蹉跎重蹉跎，我虽逸豫以待时，而人则不我待也。然则今日救亡之法，惟有由我国民急起直追，人自为战，捧身心、性命、财产以献之于我神圣不可侵犯之国家。苟有侵害我国家者，则悉力抵御，必去其障碍而后已。顷者海牙平和会列强创议监督我国财政，于是海内人士闻此耗则大戚，求所以抵御之者，不惜出其胼手胝足血汗所得之钱，立筹还国债会，以求免于埃及、波斯、朝鲜灭亡之惨祸。发起于天津，而响应之者遍海内外。旬日之间，函电纷驰，风发水涌，此诚救亡之急务，而国民监督财政之先声也。虽然，吾闻之欧人之言曰：不出代议士者，不纳租税。吾今欲易一语曰：不得监督财政权者，不筹还国债。吾民既不惜出此巨大之代价，以填满列强之欲壑，而纾吾政府之急，则宜要求政府，予我民以监督财政之权。故今日者，筹还国债会宜与全国谘议局联合会，通力合作，同时并进，一方面筹还国债，一方面即要求缩短国会期限，方能循法律上之资格，以与政府开正式之谈判。综计全国岁出若干，岁入若干，何者可以某项作抵，何者必宜即时清还，一一通盘筹画之后，然后与政府订不经国民承诺不得私借外债之约，方可期其有济。否则筹还者自筹还，续借者自续借，吾恐以吾民有限之脂膏，难抵债务国无穷之义务也。吾吉林为丰镐旧都，发祥重地，虽历次之赔款，未克与内省同胞共其负担，而甲辰之役，吾人民所受之荼毒，财产所受之损害，实较内省同胞为尤钜。同人等于痛定思痛之余，作斩断葛藤之举，思欲奋其绵力，竭其微诚，以为吾中国廓清此积害，而为我子孙免除此债务。仆等妄不自揣，发起此会，惟期我同志诸公，连袂偕来，互相赞助，勿以为事必无成而置身局外，勿以为事不关己而视为缓图。惟在合我四万万人之心为一心，复群力以应之，事虽不济，犹胜于束手以待毙也。昔在明季诸王公贵人，恋其财产，无肯毁家以纾难者，闯贼一至，勒逼拷掠，无所不至，昔日之富贵，皆化为一炬矣。凡我同志，曷其念诸！

提倡人：庆山、文禄、庆康、杨梦龄

《吉长日报》，1910年1月25日

本郡公会第八次会议续记

长春筹还国债公会第八次职员会所议各节，略纪昨报。兹探得该会提议陈君仲孚上次提议之件，辩论良久，反复议驳，殊合文明会场公例。惟是议重大，未能决议，暂为存记，俟下次再商。次由清真界白君景林演说回教历史，措词恳挚，合座动容，现拟特别开会集议办法。次由工界崔君昆田演说，并愿邀集木业同人集议认款，当场续认劝款员杨星斋、杨雨人、刘子芬、于作霖、王乃宣诸君。下次会期，假定二十日午后，仍在财神庙。惟先期仍发公启，如会期或有变更，亦于公启上声明，故下次会期尤以公启为准云。

《吉长日报》，1910年1月25日

吉林全省筹还国债会立案

吉林函云：本省绅士试用道庆山等，拟办吉林全省筹还国债会，并简章三十五条，禀请督抚帅核定示遵。批略云：所拟筹还国债会，具见热心提倡，急公好义，深为佩慰。察核章程，亦尚简便可行。惟设会宗旨，应以和平劝导为主。第十六条认筹摊款一节，近于勒派；第十八条通饬晓谕一节，亦多未便。以俟奉省咨到章程，一律办理云云。

《吉长日报》，1910年1月29日

编演新戏之先声

昨接吉林国债会编辑科函云：近有志士周铸臣君自天津来，联络我省同志，组织改良戏曲，其宗旨一为谋得资财，胥为敝会义助，一为戏曲，一为普通社会教科书，苟不改良，于人心实无补助。现在已经与吉省丹桂茶园成议，来年二月初一日前后，即行开演。此事虽小，影响甚大，用特不揣，即祈量为登诸新闻或国债栏内，以示鼓励。

《吉长日报》，1910年1月29日

长春筹还国债会第九次会纪事

二十二日开筹还国债第九次会，于财神庙。午后二时开会，到者一百八人。首由副干事李价人报告，次由张君啸岑报告上次开会决议事件。次由会计史君镜斋报告已收办事经费，及还国债款。次胡君凤楼演说，皇上犹家长也，国债如一家之债。次张君啸岑宣布李君进修之来函。次由议员部决议，茹君泽涵前捐皮马褂一件，作价一百两，请茹君收回。次推举纠察员二人，高君允中、陈君仲（甫）〔孚〕。次李君价人读高君允中提议案，责成大清、交通两银行储蓄款项，并当从优生息。至其详情，容俟续报。

《吉长日报》，1910年2月2日

国民份子之投书

日前有国民份子投书长春筹还国债公会，略谓：论劝导也，则不惜舌敝唇焦；论等级也，则勿言彼贵我贱；论贫富也，则勿言彼富我贫；论认款也，则勿言彼多我少。劳动人，每日能省五文，三年已积二两之数。安逸人，少吃烟酒，少呷茶水，三年即省百两之资。果人人如此，家家如此，若谓国债不能还，我不信也。劳动之资与安逸之资比较，安逸之资易于劳动之资百倍。（略）除夕辞岁，元旦拜年，互相往还，延之元宵方竣。劳动人及守分人尚能徒步，而官商各界率皆坐车骑马，拥护多人，以为照例拜年，又必不可少之一事。夫此时何时，非立宪之时乎？非危急殆亡之时乎？非废正业，误要公，大声疾呼曰先行筹还国债之时乎？此事何事？非筹还国债之事乎？非纾祸御难之事乎？非费一劳，图永逸，急清外债，以免瓜分我土地，奴隶我人民之事乎？更有何心肝，虚抛半天功夫，而专为虚情假义，沿门拜年也?! 系甘为车夫索赏资也，抑甘为跟役索工价也？方今贫民生计日益艰难，食粮之价，数倍于昔，呼庚号癸，惨不忍闻。请以下星期即二十开会时，先行开议，准于正月初一日早九点，或十点，阖城官、商、绅、学、兵、交通、报馆、宗教、清真、住户各界，诸君子驾临筹还国债会，开一特别全体团拜会。此后不准坐车骑马，再行拜年，省此赏资，统交国债会，以补贫民之不足，省此时光，讨论进行尽善方法，以免遗笑于外人，而免眉急之祸云云。

《吉长日报》，1910年2月3日

团拜会之先声

长春筹还国债公会第九次职员会情形,略见昨报。兹闻是日提议明年举行团拜之事,经众赞成。现经干事会磋商,定于正月初三日午后一钟,在财神庙举行。

《吉长日报》,1910年2月3日

变价还债

又闻是日会场提议将茹君泽涵捐入之皮褂,并李君进修捐入之缎靴、铜盆、皮褂等件,当众估价,由热心人士重价买入。闻皮褂一估银一百两,一估钱四十吊,铜盆、缎靴各吉洋四元。

《吉长日报》,1910年2月3日

李进修之热诚片片

投书本社之由来

日前本社接李君进修投函,并包裹两件,系慨捐本郡筹还国债公会者。其函大旨谓:因未知国债会之机关所在,因交本社转送。本社爰即照送筹还国债公会总机关,计函三、皮褂一、铜盆一、缎靴一。

致公会书一

又李君致公会书,现经公会抄示本社,节其大要,刊登报端,一以彰李君之热诚,一以励同人之激进。所谓有志者事竟成,又曰不达到有成之目的不止,其立志坚,其愿力宏,记者不禁为我公会前途贺,尤不禁为国家前途庆。函云:

每读《吉长日报》所载筹还国债之事,我同胞如此热心提倡,殊令弟佩服之至。(略)奈位卑言轻,家境又不似从前,实心有余而力不足。所以不敢首先提倡,为国为家,为我四万万同胞尽义务。(略)惟望我同胞,合团体,在公会,相亲相让,相商议,相劝导,如家人父子一般,竭尽其心力、财力而无余。(略)然有志者事竟成,倘蒙我同胞不弃,弟愿附此大举之善尾,同心提倡共勉焉,不达到有成之目的不止。言念及此,恐我同胞谓弟满纸空谈,顾为提倡之人,不能先见诸实事,何以能提倡他人。弟此时扪心自问,手内实属无款,现有羊皮马褂一件,与我同胞,并函邮至,望查收变价,无论卖钱多寡,均先作筹还国债之款,望同胞千万如此办,弟自问其心,方觉稍安。弟现时在吉林省垣三道马头内保安胡同东首,坐北大门唐观察子奇公馆教读,每月束修十元,每月仍愿认筹还国债之款五元。倘以后就差他处,无论薪水所得多寡,每筹还国债之款,均作一般照办,三年筹足,则三年算完;五年筹足,则五年算完。弟本寒士,以后倘有无事之时,每月认筹之款,可作缓办云云。

致公会书二

又函云：因现在唐大人公馆教读，惟恐诸兄以顽固学究视之，亦不得不先言弟本学疏才浅，读书尚未成名。后赴京中，舌耕六七年，考取翰林院。供事后，又送方略馆当差六年，得保候选经历之职。曾在京中高等巡警学堂，充当文案、书记之差。（略）所以甘心欲将此羊皮马褂一件出售，以还国债。虽曰救寒莫若皮裘，岂知止谤亦得自修。弟有此马褂，不过以救寒，卖此马褂，以还国债，是还清外人之债，能止外人之谤，亦是自修也云云。

致公会书三

又函云：外又有棉套小铜脸盆一件，八成新缎靴一双，一并烦兄等分神变价，先作筹还国债之款。然弟非好为新奇也，亦非有心邀誉于我同胞也，亦断不敢烦我同胞热心兄与我去摆小摊也。弟因一时手内缺款，俟筹出实款，必然再为速寄。或与前者诸同事人以及友人倘提倡得款，亦必速寄。弟此时不先如此办，是自扪其心，多有不安。前者日俄相战之时，弟曾阅报章所载，日本兵饷不足，日本妇人女子曾摘首饰耳环，以补助国家兵饷之不足。弟亦每常扪心自问，我虽天赋之性质愚，不学无术之辈，亦居中国国民一分子，总而论之，当我祖国危迫存亡之秋，外人虎饮熊吞之日，又兼之我同胞诸兄大人，先为提倡，与我中国大所相关之善举，弟再不激发天良，真日本妇人女子之不若也！将何以立于宇宙间乎？（略）或者将弟一切愚鲁之言，迂阔之办法，告我同胞，我同胞亦必群起而筹之，又何愁办不到目的，此弟之意也。

《吉长日报》，1910年2月4日

妓界之热诚可掬

日昨长春筹还国债公会接长春巡警总局函云：据本郡城各妓馆禀称，拟借西四道街祥乐茶园（即现在九顺班），集合各馆妓女，于十二、十三演唱义务落子两日，筹还国债，业经本局批准在案。除由敝局派员监理，暨长警弹压外，相应函达贵会，请烦查照。届期务须派员，赴该园督同经理收款一切是幸。

日昨为本城妓界假座祥乐茶园，演唱义务落子之第一日。从午刻起，听客已络绎。至二三时，宾朋满座，后来者几无插足之地矣。各妓之热心者，咸到座演唱。入门买票，规则严肃，每人收钱一吊。闻即以所收资金，慨捐筹还国债款。今日午后，仍在该处接续演唱。

《吉长日报》，1910年2月22日

要求公布岁出入数

日前长春筹还国债会接湖北谘议局覆函，云：捧读惠函及章程，擘画精详，规定缜密，实深铭佩。敝省近亦发起筹还国债会，一切办法，拟仿尊处及杭州之例。惟人民担任国债，固属应尽之义务。而政府之取于民者，从无报告之确数。人民专尽义务，于本省财政绝无闻问之权利，似非平允之办法。敝省拟一面开会筹议集款，一面由敝局呈请督院公布本省每岁出入之数。现已次第【筹】妥，豫备进行。惟兹事体大，惧不克胜，尚希南针时赐，俾有率循，不胜企祷之至。

《吉长日报》，1910年2月24日

长春筹还国债公会广告

本会业已成立,刊发章程,举定职员,并于长春城内西四道街商务总会附设事务所,倘热心同志或有意见,请惠寄本会事务所常驻书记员马君益堂接收可也。恐未周知,特此登报。　长春筹还国债公会启

《吉长日报》,1910年2月27日

吉林建筑国耻楼之建议

李进修君日前寄书长春筹还国债公会,大旨建议请于长春府城内依照江亢虎氏建议,在都门建筑国耻台之举,建筑一国耻楼,俾同胞触目惊心,有所观感云。

又在吉林寓书于吉林绅宦富将军顺,略谓:望我大人首先发起提倡,一则先在吉林省垣建筑一小楼,名曰【国】耻楼;二则即在此楼中设一同胞爱国会,将甲午中东之役,庚子之联军入内,在在之惨状,以及我国某地某年失于某国,并我同胞何等受外人羞辱之情形等事,种种编辑成书,以激发我同胞之心志,使之触目惊心,有所观感,以动其爱国之真诚。选举热心爱国宣讲员,轮流在此楼中演说,再选举巡行宣讲员,下乡与民演说。或禀明督抚宪,准巡行宣讲员在军界、警界,演说合群爱国一切等事,断不可互起冲突,自相残害,尤觉有益良多。并劝家庭教育,劝兴工艺,劝办农业,并劝筹还国债等事,先由吉林我朝发祥之地起点,再联络东三省,以及直隶,再推行全国,或者能激动我四万万同胞

爱国之心，庶几可作救亡一策。晚生位卑年轻，心有余而力不足，我大人受恩深重，名震中外，晚生旁闻大人，实属热心爱国，虽退居林下，亦未尝一刻忘国忘民。是晚生冒昧禀陈之原因也云云。闻富将军允俟国债会办有成效时，愿认多款，以尽国民义务。

《中国报》，1910年3月11日

政界提倡国债会

日前长春府奉督抚宪札开，准北洋大臣咨，据天津商会总理王贤实等禀请政府，及各省将军督抚，分别提倡，以昭慎重等情。当经电达军机处，旋即承准电覆，除分别咨札外，相应咨烦通饬遵照施行等因。府署接到此札，昨已备文移知商会矣。

《吉长日报》，1910年3月20日

长春筹还国债公会第十次会期

长春筹还国债公会本年开会一节，曾纪前报。兹闻该会定于十五日午后一时在财神庙开本年第一次会，并刷印公启，分布会内外同志，以便准时到会，提议一切。其开会秩序照录如下：

△开会

一、正干事长报告开会。

二、书记员报告去年第九次职员会以来集会商议大纲。

三、会计员报告收款事宜。

四、公议修改章程规则。

五、更推正干事长。

六、补举会计员二人。

七、演说。

八、提议陈仲孚君提议事件。

九、公决收款期限。

十、筹画四乡劝款事。

△闭会

（此外如另有应行提议或报告事件，不及列入者，由正干事长临时布告。）

《吉长日报》，1910年3月22日

长春筹还国债公会纪事

长春筹还国债公会日昨举行第十次职员会。是日因道路泥泞，不堪行走，故旁听人员较少。惟职员共到六七十人，间有转托代表者。至午后二时余开会。首由正干事长告辞职务，另请公举，并报告现在各地筹还国债现状。又述专从言论，不尚事实之非是，且谓作事总以自定宗旨为主。又述决计拟商大清、交通两银行执事，兴办储蓄银行。又布告现在尽行筹款，倘达目的最好，否则亦当本息发还云云。次由书记何君月波报告干事会议案，并布告章程规则之修改处。众无异议。次由会计史镜斋君报告收入款项，及报到本会而未收银者。次并举许东藩君为正干事长，书记瞿绍伊君辞职，当推驻会书记马益堂君兼任。某君提议添举正、副会长各一人，众议暂缓实行。次推举议事部议长毕辅廷君，副议长陈仲孚君。次由工界报告劝款情形，并定下次续举劝款员。次何月波君报告自治研究所学员在四乡组织公会分会职员名单，报到本会。清真界报告长郡清真界仅三百数十户，业经开过二次会，均极赞成，俟议有成效后，报告公会。次补举会计员二人。下次宣布收款期限，及陈仲孚君提议事件，交议事部核议。下次会期登报宣布。摇铃散会。

《吉长日报》，1910年3月26日

长春筹还国债公会之函件

长春筹还国债公会前日开会各节，已纪昨报。兹闻该会于开会之先，具函曹统制等，请莅公会，原函录左：

敬启者。公会成立，迄已四月。开幕伊始，百凡草创。荷蒙我公，慨认巨款，办事经费，赖以充裕，并迭经遣派临时代表莅会，襄斯盛举。公会维持，得至今日，皆公之赐也。前者集会九次，郡城政、军、绅、商、学界认款颇为踊跃，惟劝募愚民，极属棘手，风气闭塞，小民无知，理喻既难，势强不可。窃以一般人民最居多数，多数不认款，何由集事。鼓舞提倡，为今急务。我公位高望重，驻节所在，一动一静，为僚属耳目所系，即为人民观听所关。尚祈我公，一临会所，亲为演说筹还国债之理由，以示否认者之趋向。自来普通人士之心理，长官告诫所颁，奉为明训。公登高一呼，万山响应，胜于公会奔走呼号，奚啻倍蓰。第九次职员会，现订于月之十五午后一钟集议，业已刊发公启，谅尘记室。惟政躬多劳，或有届时不及莅止之虑，用敢渎陈清听，诘朝之会，实为今年开会之次第。能否进行，在斯会公会前途，关系极巨。务乞我公，于公事旁午之中，拨冗惠临，并希指陈不逮。公会当备极微忱，欢迎台驾也。　长春筹还国债公会谨告

《吉长日报》，1910年3月27日

女界特捐会改期

女界筹还国债特捐会，前本定本月十七日开第二次会，收集捐项。今因街道泥泞，水深没踝，车马难行，恐来会者因此而阻。故特改期，至三月初八日下午一时，仍在女学堂开会。

《吉长日报》，1910年3月27日

长春四乡选举员

△职业乡约董云峰

邹梦云（议员）　　　王宝田（议员）
邹登云（会计员）　　邹岱云（选举副干事长）
李国平（议员）　　　邹玉堂（议员）
邹华堂　　　　　　　邹一纯
孙成仁（劝款员）　　李　德（议员）
杨万福（书记员）　　薄凌云（议员）
王　亮　　　　　　　王殿发
张　和　　　　　　　刘广祥（议员）
刁　禄　　　　　　　孙　富
初廷佑（议员）　　　张显应
穆水祯（会计员）　　侯振声

侯振玉（会计员）	李毓珍（议员）
李殿森（选举正干事长）	方奎弼
梁吉辰	才廷礼
才育之（议员）	才遵礼
张书日（选举副干事长）	王树棠（会计员）
王　会（议员）	王名山（劝款员）
吕逢阳（选举副干事长）	孙成海
崔　恩（议员）	吕振海（议员）
邢仁溥（议员）	孙景福（议员）

《吉长日报》，1910 年 3 月 27 日

长春国债会职员开会期

本郡筹还国债会，定于本月初八日在四道街财神庙开第十一次职员会，商议今年进行方法。开会秩序：（一）正干事长报告开会；（二）书记员报告第十次职员会决议事件；（三）会计员报告用款数目；（四）请道宪曹统制、傅、唐两观察演说；（五）推举正副会长；（六）公决各界认款办法、收款期限；（七）提议陈仲孚君提议事件；（八）筹画四乡劝款事。此外，另有应行提议或报告事件，由正干事长临时布告云。

《吉长日报》，1910 年 4 月 15 日

长春筹还国债会纪事

长春筹还国债公会昨初八日举行第十一次职员会,届时天雨忽临,道路泥泞,遂多被阻止。到者惟许东藩君,陈子培君,徐子和君,陈仲孚君,大清银行唐慕潮君,代表交通银行吴华三君,以及胡凤楼、李小藩、张啸岑、马益堂、薛荫堂、董子凌,并清真界马凤五诸君,约三四十人。惟商界无一到者。候至四钟余,经许东藩君宣布,今日因雨人稀,诸难提议,改定十五日(下星期)午后二钟,再行开会。并约干事、议事两部分诸君,准于初十日午后二钟,左商会先开一干事会,预定进行方法云。

《吉长日报》,1910年4月19日

长春筹还国债会纪事

初十日,长春筹还国债公会开干事会于事务所。闻所议事件甚多,均拟于十五日大会时通过,再作决议。惟维持公会一节,当经干事、议员两部议决,推举代表,面谒政、军、绅、商各界声望素著者,力请亲临十五日大会,以为提倡。其所举政界徐君子和,学界张君啸岑,绅界毕君辅廷,商界史君敬斋,同于十二日午时,在该会事务所聚齐后,即分向各处晤商云。

《吉长日报》,1910年4月21日

筹办府自治

长春府许太守督饬所属,办理地方自治。详奉西路道批云:所办各事,尚属切实。惟馆章虽仅言筹办厅州县地方自治,然该府既系直辖地方,则府自治自当与各厅州县自治一律举办,非仅以督饬所属办理为尽其责也。仰即认真筹办为要。其余各事,并仰力图扩充,以树各属模范云。

《吉长日报》,1910年4月23日

长春地方自治问题

本年为宪政清单筹办府厅等属城镇乡自治之年,长春府许太守曾将规画办法次第具禀道宪。兹奉批谓:长春办理宪政,经费竭蹶。该守苦心筹画,固自不易。惟核阅折开各条,有不能不一为商榷者。查九月折开自治区域一条,有府城在恒裕乡划作一二三区,暨某某乡为第几区,将来推广乡镇自治,即本此为自治区域等语。十月折开,又有长春四乡十区,划恒裕乡等为若干区,按照选举区为自治区域等语。查自治制度,城镇与乡犁然不同。今以府城与各乡混合并列,漫无区分,将来应用城自治制度乎,抑用乡自治制度乎?至宪政编查馆原定章程,以满五万人之地方为镇,其不及此数者为乡,乃折开各条,于此层亦未尝注意,仅仅划分若干区,即视为自治区域已定,尤近疏略。至折内以商埠审判与地方审判等对举,亦微有误会。查分年筹备表内载,第三年,各省省城商埠地关重要,故限以早日成立。然审判厅之制度,则商埠与各地均归一律,初非谓商埠之地,于地方、初级两厅外,须更设一特别之审判厅也。长春地方、初级审判两厅,既经开办,商埠审判一层,自应毋庸赘议。以上各节,均仰即遵照改正为要。云云。

《吉长日报》,1910年4月24日

长春国债会纪事

本城筹还国债公会日前开会,提议拟举许东藩太守为干事长。太守以近将离任,辞不允任。日昨府经历徐子和君,协同劝学总董毕辅廷等,拟请陆军曹统制锟出首提倡,举为干事,名望既重,声价亦高。若肯担任此责,必能四方响应。乃会同二三人,亲到统制衙门谒见,以冀得达此无上之目的。讵曹统制日来染喉症,言语犹为艰涩,辞不见,委麾下员弁代为回答。如病得稍痊,定当亲身到会,相助为理云。

《吉长日报》,1910年4月24日

长春筹还国债会纪事

十五日午后一时,本郡筹还国债公会开第十一次大会于财神庙。到者约八百人,军、学界占多数,政、商、工各界次之,绅界仅三数人而已。首由正干事长许东藩太守报告开会。次由书记员张君啸岑报告上次干事会提议、决议事件。次由会计员史君敬斋报告出入款项。次陈仲孚君演说,略谓:中国国债,有谓宜仿照法兰西发公债票者,殊不知此事于素无信用之中国行之,决其无效。盖政府信用失之已久,今惟有国民一方面设法筹还,则众擎易举也。次张啸岑君演说,略谓:近两月来,一般国民,对于筹还国债一事,殊觉冷淡,盖一因政府不甚提倡。其实政府不过恐人民欲藉此要求速开国会,故绝口不谈。如我等之界限划明,政府又何乐而不赞成。幸诸君勿误会政府之用意。一因风闻发起此事之天津商会,已渐有消极之说。斯言如确,筹还国债,即由我长春先办,俟有成效,转派人鼓吹,为其先觉,尤为我长春人增光多矣。次金石山君演说,有谓:中国救亡,宜先兴办实业者,斯诚从根本上言之。然际此时势危迫,筹还国债,乃治标之唯一良法。且我等亦未限而制之曰不办实业,盖事分为二,不得偏废。次宣讲员刘、张二君演说现今之时势,及筹还国债之必要,词旨略同。次决议本城政、军、警、学、商、工各界认款办法,按每人每月之进款,以累进法行之。最多者月进五百两以上,按月认缴百分之十;最少者十两以上,至二十两,按月认缴百分之一。(详细明日载。)并定自本年三月实行,每月初五日即缴上月所认之款。各局所均举一人经理其事。次邹女士报告三月初八日妇女界收款事宜,并辞议员职。末定十九日午后二时开干事会于商会内事务所。至职员大会,俟定期后布告。五时散会。

《吉长日报》,1910年4月26日

自治经费难筹

本城自治筹办公所,虽经府尊札委各员,暂行开办。然的款难筹,艰窘实甚。房租一千余吊,按两季交纳,已无余款。而应用之几案器皿等物,尚未完备。该所人员,深以为虑。王君玉琦、匡君甲庚等,联名禀请府署,设法筹拨的款,以资接济,尚未知如何批示也。

《吉长日报》,1910年5月2日

长春筹还国债会致天津商会论归还国债款书

自贵会首倡筹还国债，闻风兴起者，踵接于宇内。本郡僻处东隅，适当要隘，切肤之灾，益不敢忽。爰集合同人，组织分会，草订章程，推举职员，从事劝集款项，以为贵会之应。本会成立之日，曾已函电通告，计开会迄今，集议十一次，先后缴款认款者，甚形踊跃，一切详情，均分载报章，谅邀鉴及。迩来筹还国债，牵动国内金融机关之说起，倡者一人，和者千万，全国人士，激于爱国热忱，发愤而为筹还国债之盛举者，殆尽为之气沮。自春徂夏，一般代表舆论之报纸，代表国民之公共团体，不提议及国债问题，盖有日矣。愚以为事无中立，不进则退，国债筹还与否，两言而决。果据国债不得不筹还之理由，国民实具筹还之实力，则坚持到底，筹还之可也。否则，不若取消筹还国债问题，处置归还国债缴款，以为善后之策。款已交者，悉予缴还，款已认者，通告截止，斯亦谋之不臧，无可如何之结束也。今之以社会名义始，而以个人名义终，以利天下主义为号召，而以利己主义为究竟者，比比是也。最近年间，商民合资，修路开矿，兴【办】实业，公司工厂之成立，日有所闻。假公益，利私图，成效未见，资本已乾没殆尽，盖亦屡见不鲜。国民捐之实款，归于无何有之乡，其尤彰明昭著者也。彼之拥钜资，未尝缴国债分毫款者，非果知筹还国债之后，于金融机关有何等之影响，亦非果行杨朱之行，不愿拔一毛而利天下者也。所惧蹈国民捐之覆辙，国债未之偿，私囊所已输将之款，无从稽核而已。及今而归还缴款，距发筹还国债之日不远，种种办法，尚易措手。非然者，蹉跎蹉跎，年复一年，人事变迁，不可纪极。归还之不得其人，处置之不得其法，有不蹈国民捐覆辙者几何。故国债必期筹还者，所以昭国民之信用也。筹还难期，款项退缴，所以昭组织筹还国债会者之信用也。夫筹还国债，不能博国民大多数之同意，前途效果，非可预期。归还缴款，以维持少数组织筹还国债会者之信用，是诚吾人所急，宜公同研究者矣。虽然，国债缴款，果出于归还个人之一途，则组织筹还国债会者之责任以此终。筹还国债问题，于以消灭。国债之重负依然，国民之热力顿减，岂吾人之初愿哉?! 且吾国民有所举动，恒为外人视线所注。未尝发起筹还国债则已，既创举矣，忽焉中止，外人将轻视我也益甚，是惟恐外人监理我财政之不速而速之矣。此本会研究归还缴款，未遽行解决者也。贵会倡还国债，为天下先，对于国债偿还进行方法，以及中止手续，当必先本会统全局而筹及之。一得之见，敢质左右。本会进行中止，悉惟贵会覆示一言以为断。如表同情，于归还缴款之一法，筹还国债中止之理由，并希宣示，以释海内组织筹还国债同胞之惑，不胜翘企待命之至。

《吉长日报》，1910年6月6日

筹还国债会大会豫志

长春筹还国债会成立以来，数阅月矣。开会数次，颇形发达。近因各处咸致力于请愿国会一事，筹还国债一节，未免稍形疏淡。日前本郡公会函询天津商会，据复以国会为兹事之标准。此种议论，妄事牵涉，虽未见当，然请愿不允，一般国民，对于兹事，或未免略受影响。且大势如此，长此不问，进行匪易。该会职员，恐蹈国民捐覆辙，致再失信用，遂议于下月初一日午后在财神庙，开全体大会，提议将所收国债捐款，暂行发还，一俟大局奠定，再行募集云。

（记者按：吾人为事，有初鲜终，早成习惯。其故由于初时锐气，勇往处事，既而再衰三竭，咸置不问。所谓初终，非成败之谓，而事有发生有结束之谓。筹还国债不果，自属我人憾事。然该会职员犹能提议发还，待时再动，免蹈覆辙，维持信用，因地制宜，犹不失为中策也。）

《吉长日报》，1910年7月5日

长春筹还国债会全体大会

日昨午后国债会开全体大会，公决将收到原款，从初四日起交还，办事经费暂存，详俟续报。

国债会公函补志

长春筹还国债公会于开会之前，由干事部拟具公函，致各界代表，略谓：前奉天津商会答复筹还国债事宜公函，曾经揭登报端，谅邀公鉴。惟该函所称，既以国会进行为筹还国债之前提，推原其国会有开幕之期，国债筹还，即无中止之理。且速开国会之请愿，一日无效力，国债之筹还，即一日无进步。旷日持久，靡有终极。干事部同人，用是一再集议，佥谓已经交到国债款项，似宜先为分别归还，以为暂时之结果。所有缴款者，一律作为认款。其已认款者，暂行截止交纳。其未认款者，仍由劝款诸君，接续劝募。一俟筹还国债进行之日，再行逐一收缴，以期一鼓作气，幸底于成。此同人集议之大概情形也。兹定于六月初一日，假财神庙开全体大会，决议归还国债款项之办法。届时务希惠临，公同研究，期于善后事宜，诸臻妥善，庶以维持本会将来之进行，且以昭示本会同人之信用。除刊发传单，登报广告外，所未及声明之处，特此布闻。诸惟鉴察，敬颂公安。　长春筹还国债公会干事部启

《吉长日报》，1910年7月8日

国债会大会详纪

前日长春筹还国债公会开全体大会,大旨业纪昨报。兹再将是日详情录下:

是日午后三时余开会,政、绅、商、学、女、军各界先后到者,不下五六十人。首由徐子和君报告此次开会宗旨,略谓:国债一层,既难进行,毫无举动,旁人或疑重蹈国民捐覆辙,转多不妙。不如暂行将原收还债款项发还,容后订定进行日期,再行募集现款云云。众以事既如此,照此办法较为妥当,故皆赞可。并公定该款从六月初四日起,由本郡商务总会会计课代为发还。其办法,一由原代募人照原收之数分还,一由本人直接到会领还。所有办事经费暂存,以三年为期。如届期国债不筹还,应由绅、商、学三界代表人会同处置。并议领还国债者,以本会收条为凭。如收条遗失,则得由本人自具收条,注明住址、职业照领。咸无异议。散会已夕阳西下矣。

《吉长日报》,1910 年 7 月 9 日

议定退还国债捐款

本郡筹还国债会,初一日假座财神庙开全体大会。议谓速开国会请愿,既归无效,则国债捐款必无进行之日。不如暂将筹办款项,概行缴还,以昭大信。俟国会允开之日,再行筹办云。

《盛京时报》,1910 年 7 月 13 日

山东代表莅长

山东请愿国会代表徐君，日昨由北京来长，寓山东同乡会内。闻来长宗旨，系考察东省请愿国会之情形，并拟联合同志，筹议第三次请愿之办法。

《吉长日报》，1910年7月16日

选民简章

本郡自治筹办处为将行选举，特订选民简章四则，其略如下：（一）犯法者，无论纳税若干，照章无被选举权。（二）男子年满一十五岁，而纳税最多，按章作为选民，惟不得有被举为自治职员之权。（三）自治选举，以财产资格为主。功名一项，部章既无明文，自难作为选民。（四）以中钱合银元，每年纳捐税六吊、六百文以上者，即为合格。

《盛京时报》，1910年7月31日

札发白话讲演录

省垣自治筹办处以自治范围广大，所有章程条件文理均极深奥，下等社会不易明白，前由社员编定《白话地方自治讲演录》一书，现已刷印妥贴，故日昨札发府署一部，并饬转送自治研究学员遵照办理云。

《盛京时报》，1910 年 9 月 17 日

选举议员期

自治筹办公所近因自治事宜，咸系初办，所内议员终未议定。现经所长何印川与太守议定，设议员二十名，襄办地方各事，并定初六在财神庙内投票选举。至得票者究系何人，容俟访明再录。（立）

《远东报》，1910 年 10 月 12 日

裁撤自治筹办公所

省垣自治筹办公所，按照筹备立宪章程，议事会成立后，即行裁撤。所有董

事会事宜，归议事会组织。现省垣议事会员已于上月二十二及二十九两日选齐，不日即将互选议长。俟互选毕，即将该筹办处裁撤。本郡自治筹办公所亦拟于十五日照章停止云。

《盛京时报》，1910年10月12日

长春议事会选举志盛

长春自治筹办公所因自治事宜均系创设，所内议员迄未选定，兹于初十午前九句钟，在西三道街财神庙选举城议事会议员。何子璋太尊亲临监督。当时绅商学界参观者甚众。十一钟，经管理员章鹏九君，将投票匦当众开封，计将票纸依次检出，十二钟竣事。计甲级当选者十人，乙级当选者十人，备补五人。其名次并得票目如左：

甲级当选人	林新屏三票	孙秀三三票	毕维垣三票
	王炳文二票	徐襄臣二票	王辅臣一票
	朱立槐一票	薛景周一票	朱立铭一票
	李甲三一票		
乙级当选人	李价人十七票	沙广德十一票	罗懋书七票
	崑　山八票	胡云藻七票	刘应宸四票
	孙秉公三票	张国华三票	张万里三票
	毛　玉二票		
备补五人	王学凤三票	赵国珍二票	李景春二票
	高凤阁二票	孟广维二票	

《远东报》，1910年10月18日

府自治缓办情形

按宪政分年筹备清单，本郡应行筹设议事、董事两会。现在何太守以城镇自治议、董两会尚未成立，碍难遵照办理。日昨特备文详请缓办矣。

《盛京时报》，1910年10月19日

自治筹办公所经济之困难

长春自治筹办公所七月份收款，仅只中钱一千吊有零。而职员公费计需中钱七百九十吊，杂役工资计中钱一百六十六吊，活支中钱九百三十余吊，似此出入大相悬殊，以致近日异常困难。闻已禀请何子璋太尊设法矣。（生）

《远东报》，1910年10月21日

筹办公所有改名自治消息

自治筹办公所今春三月，经前任许守创设后，调查庙产，调查户口，数月以来，始有就绪。闻经上峰又来札，以筹办公所原为预备自治而设，今议员已举，

宜将筹办公所改为自治公所，专办地面各事，俟有成效，再设乡镇自治，以期城乡一体云。（立）

《远东报》，1910年10月21日

筹办宪政一览表

筹办宪政事宜，照例按月呈报。兹悉八月份筹办情形，已由府署呈报省宪。其内容共分九条：（一）续办城镇乡地方自治，遵照司发表式，筹定投票匦，分交投票所。（二）筹办府厅州县地方自治，俟城镇议事会、董事会成立后，即行遵照部颁筹备府县自治清单筹办。（三）查办人户总数，正附户数，已经查报在案。其人口总数，统计八十一万七千六百八十四人。现已核覆明确，分别呈报在案。至本年岁出入，未满年度，尚难查得总数。（五）拟定地方税办法。营业税为地方税之一种，向由商会征收，不甚畅旺。现拟设营业公所，专司其事，已详请在案。俟奉批准后，即行改办。（六）试办预算决算。府属官厅局处所学堂本年预算，已遵照清理财政局颁发表册，造报在案。（七）推广简易识字学塾。简易识字学塾，共计六处，学生计一百八十六名。（八）巡警限一律完备。城乡巡警向系分办，现奉宪饬合并，以节经费，而一事权。正改订局章，及一切办法，务期完备。（九）推广学务。初级师范生已于八月二十日考试揭晓，共取学生五十名，开学日期定于十月初一日，已牌示周知。（生）

《远东报》，1910年10月22日

自治筹办所裁撤自治筹办公所

二十日举定正议长薛君景州、副议长毕君维垣后,何太守遂即将议所裁撤,改为自治议事会,并将所董、调查员等一律撤销,以符定章云。

《盛京时报》,1910年10月26日

议事会开办有期

自治筹办公所前月二十举定议员二十名,正议长薛景州,副议长毕维垣。后经何子璋太守复将筹办公所改为府治议事会,并饬所董王云台君预备交代,日内报齐。今闻呈报已清,十月初二各议长等即可到会接办云。(立)

《远东报》,1910年11月3日

吉省旁听员过长

今岁正当资政院开幕之期,各省厅派专员赴京旁听。前经吉抚陈剑池中丞派定候补道万绳武观察前往。该员因有要差,一时未能交卸清楚,以致迟延至今。

上月下旬，该员由吉到长，乘坐南满汽车赴奉。闻到奉时，须俟禀见督宪后，再行乘京奉车晋京云。

《远东报》，1910 年 11 月 6 日

长春自治筹办公所亏款

本郡自治筹办公所，报九月份报销数目，呈送府署：（一）八月内亏钱七千九百二十五吊二百四十二文；（二）新收营业税钱五百吊；（三）借五家子庙产余款六百一十七吊；（四）共除员书薪金钱一千零四十吊；（五）共除柴炭油烛等钱一千零二十四吊九百九十四文；（六）净亏钱九千四百九十吊零三百三十六文。（联）

《长春公报》，1910 年 11 月 6 日

自治议事会开办

自治筹办公所前月初十，举定议长薛景州，副议长毕维垣后，所长、副长及调查各员，经太守禀明，一律裁撤，改为自治议事会，于初十日由道府及各绅董齐至该会，悬挂匾额，举行开办礼云。（立）

《远东报》，1910 年 11 月 15 日

长春府议事董事开会志盛

本城议事会、董事会现经成立,业志前报。于十六日十一钟时,行开会礼。李观察暨何太守,绅、商、医、学各界,齐行典礼毕,道宪首先训词。略谓:国家危险,达于极点,筹备新政,百端待举。地方官一人难期完全,议事会、董事会为地方官补助机关,官力有不及者,必赖以补助云云。何太守相继训词谓:地方官为各政之监督,则各处均受其指挥,命令监督,亦必依赖议事会、董事会筹议进行之方法以决定云云。最后,来宾演说,及模范学堂学生欢唱乐歌,颇具活泼之精神。(治)

《长春公报》,1910 年 11 月 19 日

长春月旦——公报与自治之关系

长春城议事会、董事会今已同时成立矣,记者愿为地方人秉笔而祝。

地方自治,宪政预备之基础也。城议事会、董事会,自治之机关,实行此预备者也。地方公报,扶持舆论,主张民权,又为地方自治鼓吹此预备者也。

记者以一人而司地方之喉舌,与自治诸公,周旋此强邻交迫危险困难之长春,共为地方谋幸福。来日若有难,其何以胜任而愉快耶!

关系愈密切,希望愈无量,乃发生种种未来之恐怖,愿与诸公共勉之!(馨)

《长春公报》,1910 年 11 月 19 日

批饬不准动用自治会所款项

　　查此项庙产公款，提归该公所，不过暂为收存。一俟各该乡自治筹办公所成立，仍须查照各乡庙产，拨还乡公所，自行经理，以备地方自治公用。此时岂容动用？兹据该公所将变价剩款，擅自挪用中钱三千九百二十余吊，虽为公费，并不交由财政处支发，备留根据。试问嗣后提拨此款，从何归垫？该公所即能如此擅便，其余各该处所亦可类推，无怪中国财政杂乱无章，清理为难，应饬该公所不准复蹈前辙。其石姓退回原买庙产，（政）〔改〕卖于即春名下，应由剩价内赔偿立契，酒席钱照数准如此请核销。所有经收各项租粮九十四石，仰即存候提拨云云。（山）

《远东报》，1910年11月20日

长春府自治研究所报销有误

　　自治研究所七、八两月报销册，旧管项下错误二千余吊，业已由府转详列宪在案。日昨由省批回，据云：现在正清理财政之际，报销表册，丝毫不容错误。该所于旧管项下错误二千余吊之谱，殊属不成事体。应饬该所另行缮造呈报，以备查核。（勉）

《长春公报》，1910年11月23日

呈报经费决算表

何太守前札饬自治筹办公所，将开办以迄撤销，所有八个月内出入各款，并调查四乡庙产，各员额活支，及划分四乡区域各员火食需费等项钱文，编造决算表，呈报以备转详。闻日昨该所已将决算表册缮写完备，呈送府署云。（勉）

《长春公报》，1910 年 11 月 23 日

户口调查员纪凤楼上府宪禀文

为裁减虚縻，扩充新政，恳请再行撙节，以补亏欠，而兴公益事。窃国家当豫备立宪时代，诸凡新政，待举者固属多端，而虚縻者仍不乏见。自太尊莅长以来，体恤闾阎之疾苦，裁减局所之虚縻，爱民之心，可谓无微不至。值此财政困难之际，有此一番撙节，可省十数万吊之多，民困赖以稍苏，生固不胜为地方人民感激之至。然自愚鄙之见，犹有宜裁减者一，宜扩充者二。是以不揣冒昧，敢将刍荛之言，缕晰陈之。调查户口所，虽经裁员减薪，当此调查完竣之时，而该所仍然存立。现有调查长一人，城乡调查员六人，书记三人，会计一人，夫役三人。每月共需款千吊有奇，全年需款一万余吊。兹当董事会已将成立，宜将该所百务，归并董事会办理。如恐兼顾难周，城内可留调查员一人，以备抽查城内户口；留书记一人，以经理调查案卷，附于董事会内。乡间暂归预备巡警办理，俟明年乡董事会成立时，再归董事会经理。查调查户口章程第六条云云，此乃一时权宜之计。今城董事会将经成立，将该所归并董事会，庶符定章而节虚縻。况各

府厅州县于调查户口一事，有设立局所者，有未设所者，然无论设有局所与否，均于调查完竣时，非为撤销，即行归并，此调查所之宜裁减者也。宣讲所本为开通民智而设，民智不开，多因听闻之不广。居穷乡僻壤之间，除身家而外，并不知何谓团体，何谓社会，何谓国家。此其弊，皆因劝导之无人故耳。城内既设有宣讲所，而乡镇尤不可不设。现经府县分界，府治分为五大区，每大区划为六小区，宜于每大区内派讲员一员，俾其每一星期，于六小区内轮流宣讲一次，每月于各小区内讲演四次。听闻日久，自能鼓动其忠爱之诚，庶可以其爱身爱家之心，扩而为爱君爱国之心矣。讲员以自治毕业，或洞悉时务者充之。讲所择适中之村镇，或巡警之防所。更选一公正廉洁之士，派充管理员，以稽查各讲员之勤惰。薪水由区内筹措之，庶需款无几，而利益颇大。此乡镇宣讲所之宜扩充者也。同善堂，为养济贫民，引种牛痘各善举之区，编氓无知，养而无教，将知恩而不知法，必从教养兼施，庶恩威并济。该堂已设有多年，斯于兴养之道，庶几无缺。而习艺尚未经成立，则于立教之事，未免缺点。可否于该堂后院，因其旧地，设立贫民习艺所，俾无业贫民学习工艺，既予以日新之路，复成其自立之基，自革为非，谋生有具，庶免冻馁之忧，迨其艺业学成，岂非于贫民有莫大之幸福乎？此贫民习艺所之宜创兴者也。以上所举诸端，仅据管窥之见，谨将裁减扩充各缘由，是否有当，除分禀道宪外，理合肃禀，伏乞垂鉴。

《长春公报》，1910年11月23日

志开会之训词

长春议事会董事会业经成立，已志本报。兹于日昨午前十一钟，李季康观察、何子璋太守并绅、商、警、学各界，齐集该会，举行开会典礼。礼毕，李观察首先训词，略谓：国家危险，达于极点，筹备新政，百端待举。地方官一人难期完全，议事会、董事会为地方补助机关，力有不及者，必赖以补助云云。何太守相继训词，谓：地方官为各政之监督，则各处均受其指挥命令，监督亦必依赖议事会、董事会筹议进行之方法，以决定云。最后来宾演说，及模范学堂学生欢唱乐歌，颇极一时之盛。（生）

《远东报》，1910年11月24日

长春府城议事会公启

刻以本会开议在即，耳目狭隘，地方利弊，未能周知。希绅、农、工、商各界，如有交议请议事件，恳祈先期赐下，以备临时登入议案，实为公便。

《长春公报》，1910年11月26日

议事会会员相率辞职

议事会议员胡之藻等，因意见不合，遇事诸多掣肘，又兼各局所裁员减薪，以为经费支绌，多一员，反多一扰。昨胡君与诸会友等，呈报长春府，均行辞职云。（山）

《远东报》，1910年11月27日

催送自治成绩表

日昨府署奉到省垣自治筹办处部定表式,饬令将自治职员,及议事、董事会成绩,克日填齐呈报,以符定章。闻何太守已转饬董事会,照章办理云。(勉)

《长春公报》,1910年11月29日

议事会开会时期

议事会定于冬月初一日起,至十五日止,半月内为开常期会之日。以上午十句钟,至下午三句钟,为开会时刻。日昨已通函知该会各议员,按期早临。闻该会提议事件,约预备二十余件,临时建议之事亦随时采纳云。(易)

《长春公报》,1910年11月29日

试办预算表

府署奉督抚宪札开,案准度支部咨开,为钦奉丞参厅案呈,本部具奏,遵章试办宣统三年预算,谨缮总表呈进,又附奏各省闰月预算粗定,体察情形,奏明办理。(培)

《长春公报》,1910年11月30日

长春府城议事会先期预备

　　本城议事会业已成立有日,将行开会。按自治章程,开会十日前,应知会某日开会。所提议事件,先期登入议案。日昨函知各议员,凡地方应议事件,及居民建议事件,务须先期预备,呈送本会,以凭开议云。(易)

《长春公报》,1910 年 11 月 30 日

自治筹办公所裁撤矣

　　长春府何太守因各局所经费不足,将筹办公所之事宜,统归议事会代为经理,旋将该公所裁撤。其铺垫等物及账簿等件,均逐一点清,饬交议事会云。(山)

《远东报》,1910 年 12 月 1 日

照录关于地方自治之禀呈

　　为裁减虚糜,扩充新政,恳请再行撙节,以补亏欠,而兴公益事。窃国家当预备立宪时代,诸凡新政,待举者固属多端,而虚糜者仍不乏见。自太尊莅长以

来，体恤闾阎之疾苦，裁减局所之虚縻，爱民之心，可谓无微不至。值此财政困难之际，有此一番撙节，可省十数万吊之多，民困赖以稍苏。生固不胜为地方人民感激之至，然自愚鄙之见观之，犹有宜裁减者一，宜扩充者二，是以不揣冒昧，敢将刍荛之言，缕晰陈之。调查户口所虽经裁员减薪，当此调查完竣之时，而该所仍然存立。现有调查长一人，城乡调查员六人，书记三人，会计一人，夫役三人，每月共需款千吊有奇，全年需款一万余吊。兹当董事会已将成立，宜将该所百务归并董事会办理，如恐兼顾难周，城内可留调查员一人，以备抽查城内户（留）〔数〕；留书记一人，以经理调查案卷，附于董事会内。乡间暂归预备巡警办理，俟明年乡董事会成立，再归董事会经理。查《调查户口章程》第六条云云，此乃一时权宜之计。今城董事会业经成立，将该所归并董事会，庶符定章，而节虚縻。况各府厅州县于调查户口一事，有设立局所者，有未设局所者，然无论设有局所与否，均于调查完竣时，非为撤销，即行归并。此调查所之宜裁减者也。宣讲所本为开通民智而设，民智不开，多因听闻之不广。居穷乡僻壤之间，除身家而外，并不知何谓团体，何谓社会，何谓国家，此其弊，皆因劝导之无人故耳。城内既设有宣讲所，而乡镇尤不可不设。现经府县交界，府治分为五大区，每大区划为六小区，宜于每大区内派讲员一员，俾其每一星期于六小区内轮流宣讲一次，每月于各小区内讲演四次。听闻日久，自能鼓动其忠爱之诚，庶可以具爱身爱家之心，扩而为爱君爱国之心矣。讲员多以自治毕业或洞悉时务者充之，讲所择适中之村镇或巡警之防所，更选一公正廉洁之士，派充管理员，以稽查各讲员之勤惰。薪水由区内筹措之，庶需款无几，而利益颇大。此乡镇宣讲所之宜扩充者也。同善堂为养济贫民、引种牛痘各善举之区，然编氓无知，【教】养兼施，庶恩威并济。该堂已设有多年，斯于教养之道庶几无缺，而习艺尚未成立，则于立教之事，未免缺点。可否于该堂后院，因其旧地，设立贫民习艺所，俾无业贫民学习工艺，既予以日新之路，复成其自立之【基】，自革为非之【念】，谋生有具，庶免冻馁之忧。待其艺业学成，岂非于贫民有莫大之幸福乎？此贫民习艺所之宜创兴者也。以上所举诸端，仅据管窥之见，谨将裁减扩充各缘由，是否有当，除分禀道宪外，理合肃禀，伏乞垂鉴。（中）

《远东报》，1910年12月3日

长春府城自治纪事二则

薪津漏未造报之原因

本城议事、董事两会,均已成立。日昨造报十月份开销,正、副议长公费,暨总董、董事薪水,均漏未造报。探其原因,由于议长薛景州君,以支额多寡,限于舆论,碍难自定。拟函询吉林府办法,再行核定。故十月报销册,暂行缺漏云。(昆)

津贴留学生公费

议事会副议长毕辅廷君,以本郡学界不无乏材之叹,拟于此次议事会开会时,提议将本郡留学日本各学生,由地方按年津贴若干,以示鼓励,将来毕业回国,即以之办理地方学务,似觉两有裨益。闻已拟具说帖,想各议员定表同情也。(昆)

《长春公报》,1910 年 12 月 6 日

长春议事会定期开会

长春议事会业经成立,兹悉开会日期,定于十一月初一日起至十五日止,半月内为开长期会日,以上午十句钟至下午三句钟为开会时刻。按《自治章程》,开会十日前,应知会某日开会,所有提议事件先期登入议案。前日具函通知各议

员，凡地方应议事件，及居民建议事件，务须先期备呈本会，以凭开议。又复函知各议员，按期早临。闻该会提议事件，约计预备二十八件，临时建议之事亦随时探明云。（生）

《远东报》，1910年12月6日

调查表不合部式

府署兹奉抚宪札饬，谓现在筹办立宪，以调查户籍为根本。凡衙署、局所、学堂、庙宇、医院、报馆、善堂、会馆、教堂，及外国旅居营业等项人数，均应切实调查，遵照部式表册，分别填造，呈送前来，勿得迟延等情。当经何子璋太尊派员调查明晰，造具一览表，呈送吉林公署。昨奉抚宪批，调查阅来表，与部章格式不合。惟各项人数既经该府查明，且限期已迫，未便驳还，（至）〔致〕稽时日，候由民政司另行核办云。（生）

《远东报》，1910年12月6日

议定防疫会之简章

何子璋太尊以东清铁道沿线之海拉尔、满洲里等站瘟疫流行，而俄国人民疏于防疫，恐长属被其所染，故特设立防疫会，以重卫生。遂演说疫会，议定简章十五条如下：

第一条　本会为防疫起见，以预筹查验治疗各种方法，而保全生理为宗旨。

第二条　本会暂以官医院为会所。

第三条　本会应与俄医官、日医官连络，以备研究良善方法。

第四条　本会会员以左列之人员组织之，计：道署一员，府署一员，开埠一员，吉长铁路公司一员，巡警总局一员，商埠巡警公所一员，商务会一员，府经历一员，自治公所一（所）〔员〕，劝学所一员，报馆一员，医官二员。

第五条　本会举会长一员，干事四员，参议十二员，会计二员，庶务二员，均于各会内公举之。

第六条　本会须设书记二名，夫役二名，均发给薪食。

第七条　本会不专设养病院，而以官医院疫症室为养病之所。惟择适【当】之地，设验病所一处，以备调查，而防传染。

第八条　本会以星期为会期，其特别会议，则由会长召集之。而会员有提议者，亦须呈明会长酌定。

第九条　本会设画到簿，会员到会时，亲画之。其因事不能到会者，须有人代表，惟必有本会之执据方得入会。

第十条　本会于防疫方法，经公议决定后，以府署与各警局命令公布之。

第十一条　本会于防疫各职务，则以医官会同各医、警察担任之。

第十二条　全会会员均有监察之权，其有不合法者，均得直接纠正之。

第十三条　本会对于办理不合法之警官、巡士，随时告知府署与巡警局，可要求予以相当之处分。

第十四条　本会对于商民之不遵会章，随时得会同巡警以强制行之。

第十五条　本会会章经决定实行后，如有须变通者，随时酌定。（生）

《远东报》，1910年12月8日

长春议事会开会纪实

长春议事会业经成立，其开会日期，已志昨报。兹悉前日三句钟，该会议长及各议员，齐集到会。经议长报告应议事件如下：（一）该会提议，以审判厅为判断曲直之机关，定章准许旁听，拟与该厅商酌，嗣后判案时，无论士农工商，均可令其旁听，以符定章。（二）府署交议，以审判厅常年经费，计需二十余万吊，而地方已筹之款仅十数万，亏缺甚巨，应如何担任，由各议员公同议决。（三）交议，以本郡经费支出已达极点，近来各局处学堂经费，均已遵章节俭，中学堂事同一律，未便独异。其如何裁减之处，应由各议员公同议决，呈覆核夺。（生）

《远东报》，1910年12月10日

二班自治生又考毕业

自治研究所头班学生五十名，去岁春间经前任孟太守考试毕业，各给文凭，协办自治事宜。后续招学员五十二名，今一年期满，经何太守子璋，于本月初五又考各生，并定初八日一律举行毕业礼云。（立）

《远东报》，1910年12月10日

议事会议决之事件

　　本城议事会自本月初一开办后,每日午后会议事件,近于初五。闻议决者已有二端,一因长春城关各粮店内素有车揽头一行,专在各路揽车入店,出卖粮石,卖成而后,由店内扣用三成,以作酬金。今各绅董查此进款,为数甚巨,议定章程,饬各粮店由车揽头费用内抽款一成,以为地面筹办公益。二为营业税公司,经毕维垣总理其间,人情花费,难免失当,嗣后该所每月收款出款,及浮费活支、人员薪金,须一一缮清列表,公同查阅,以昭公允云。(立)

《远东报》,1910 年 12 月 11 日

议事会开第一次常期会纪实

　　长春议事会、董事会均已成立,其开会日期及应议事件,屡志本报。兹悉该会于初一日开第一次常期会,其正、副议长及各议员齐集到会,俟监督亲临后,于上午十二句钟振铃开会,监督监视,正、副议长及各议员依次入议场,行开会礼。是日到会者,计议员十四人,董事会职员五人,来宾七人,颇极一时之盛。监督因公先行回署,议员及来宾等依次就坐。经议长报告到会人数后,书记长报告,接奉府尊交议中学堂花费过重,宜如何裁减,以期经久之案。王议员辅丞起云:中学堂花销太重,人人皆知。当此财政奇绌,若不核实节减,实不足以期经久。且长春各局堂所,凡用地方款者,无不一再裁减,以期达到出入相抵之目的。中学堂如不裁减,不足以昭画一。现在办法,惟有将其额活支款,酌加裁

减。所有应支之数，核计每年若干，除应入发商利息相抵外，下亏若干，再议设法筹措。若中学堂不允，仍如前支销，漫无限制，地方财力恐不能及等语。张议员国华亦言：如此办法，甚属正当。议长云：前清理财政时，已一律将中学堂额活各支，择其过多者，按项核减，每月较前可节省钱一千四百三十五吊五百七十文，业已刷印表册，定于十一月初一日实行，乃中学堂迄未照办，随时刷印表册，公同检阅。罗议员懋书云：此表裁减数目，均甚相宜，亦不必另议。即照此办理如何？众议员全数赞成，议长即登议台表决，时已下午三钟二十分矣，宣告散会。

次日（初二日）上午十二钟，振铃开会，计到会议员十四人。由议【长】报【告】到会人数后，经张议员国华宣告云：五常厅蓝彩桥界学田，系早年吉林、长春、伯都讷三厅伙署公产，计荒三十五方，共地一千五百七十五坰，按章七扣，净地一千一百零二坰五亩。经前议定，按十成分劈，长春应得二成，府署有卷可稽。所进租粮，除光绪二十三年以前不计外，自二十四年起至三十一年截算，共存五常厅市钱九千三百十吊；其三十二年以后尚不在内，亦经督抚宪行知在案。即以长春应分二成核计，为数亦不为少。第前数十年未曾过问，近年虽经胡绅云藻禀催，亦仅徒凭文件，并未亲历查勘，以致有名无实，俨同画饼。当此款项奇绌，似宜设法请领，以济实用。宣告毕，李议员价人云：应分秔钱，固必须追究，然此项学田，既系吉、长、伯都三厅公产，在五常界内，（于）〔与〕其归五常代为经理收租，领钱多费周折，曷若呈请监督详明，一面由董事会派人前往，将长春厅分之地，划清界限，由长春直接经理，招佃食租，似较便利等语。各议员讨论，均无异词。议长云：赞成此议，请起立。各议员全体起立，即表决。时已下午三钟，宣告散会。（生）

《远东报》，1910年12月13日

长春城议事会纪事

十一月初五日，开第五次常期会。是日上午十二钟，振铃开会。到会议员十一人，董事会职员二人，自治研究所来宾一人。议长报告到会员数毕，宣告董事会董事王炳文请议，按本城及头道沟粮店接车者所得用钱，按成抽收，充自治经费理由，并言有无利弊，请从公议。李议员甲三云：现在头道沟系日本附属地，每干地方公益，该处商人动辄拘执。若用迫切办法，则必生交涉。如不能一律抽收，赴头道沟卖粮者愈多，而本城粮店及营业税愈受影响，似以不办此事为愈。沙议员广德，罗议员懋书，李议员价人，朱议员立铭，刘议员应宸，均以为然。各议员亦俱赞成。议长即登议台表决。

是日上午十二时开会，到会议员十一人。议长报告到会员数毕，书记长报告接收自治研究所代表何晓川请议，宣讲所宜取现定自治宣讲所新本讲演之案。议长云：宣讲所为开通民智机关，若仍沿讲旧套，收效难速，请议理由，实属正当。如何办法，请众公议等语。李议员甲三云：本城宣讲所现有二处，讲员各有薪水，现欲改良办理，可即知会该讲员等，嗣后宣讲时，宜本自治宣讲新本为宗旨，反复演说。凡不能启迪民智之浮言套语，概行除去。并一面呈报备案如何？孙议员秀三云：如此办理，甚属适宜。众议员均以为然，即请议长表决。

书记长复报接收自治研究所代表何晓川，请议粮店打样过多，斗夫复勒索余粮，卖粮者受困，累请设法整饬之案。李议员甲三起立云：查早年本城粮栈，每逢卸粮，必先用大尾撮子打样，以图赢余。嗣后各油房及买粮之家，亦皆效尤。此系多年积弊。虽历经官府示禁，仍多阳奉阴违。此弊亟宜革除。王议员辅宸质问：粮店打样，应用器物，有定章否？李议员甲三云：以四寸方盘为率。孙议员秀三云：以四寸方盘，照旧打样，办法可谓持平。今欲除弊，宜仍照章，嗣后粮店与买粮者用四寸方盘打样，不准再用大尾撮子。至斗夫既系粮店工人，代为过斗，本其应办之事，嗣后斗夫亦不准向卖主勒索余粮。仍呈请府宪出示晓谕严禁，再由董事会及各界员绅随时稽查，则积弊可除，农民均受实惠。此事先由本城实行，则头道沟商家不除此弊，卖粮者必来城愈多，是于振兴本城商业，亦大有关系。众议员均以如此办理实属妥当，即请议长登议台表决。时正下午三时，振铃散会。

《长春公报》，1910年12月15日

长春议事会之议案纪实

日前上午十句钟，议事会开会，到会议员十四人。经议长报告到会人数后，令书记长报告监督发交筹画审判厅经费亏款之案。议长宣言曰：该厅虽系司法独立，然当国家税、地方税尚未划分之时，其经费亏款，地方自宜先行筹画。惟每垧地既已加捐二百四十文，此外尚有何项筹画方法，请众研究等语。罗议员懋书即谓：该厅花费多寡，地方向不得知，欲为筹款，应由该厅将预算交出，审查其收款若干，支款若干，究竟实亏若干，再为议筹。王议员辅宸云：该厅收款，除垧捐外，尚有讼费、罚金各项。闻有解省之说，但是否全数解省，亦应查明再议。李议员价人质问：闻奉天审判厅经费，每年在二万两之数，是否属实？议长云：此系传闻，未知确据。长春审判厅去年曾截留营业税提省之二成，及官帖利两项，谅去岁所亏无几。惟求将预算案交出，公同酌核。查有迹近虚糜，开支过巨者，照各局所裁员减薪例，一律办理，方为正当。李议员价人云：筹此巨款，理应合全府担任。现在府乡自治尚未成立，本会仅城（箱）〔厢〕，似难独专。议长云：四乡每垧地既加钱二百四十文，归该厅经费，乡民负担已重。此外似无可再筹，只可就本城设法。李议员价人云：审判厅所管之事，本统商民在内，此项既系本城筹画，商家亦应与闻，莫若先行移知商会，与本会双方确商。议长云：如是则可呈请监督，移知审判厅，要求先将预算交由本会审查，择其浮多者，准一律裁减。其讼费、罚金，如系解省之款，详请截留；官帖利亦照旧截留。并移知商会，与本会协同筹议。何如？众议员讨论，均赞成，即请议长表决。此后议长复宣告，王殿钰因前充总巡，所垫警饷，前巡警王局长迄未拨发，请议（科）〔纠〕举之案，并将原递请愿书内理由逐一报告毕。罗议员懋书云：此系个人之事，非关公共利益。且既称有案，本会更不便干预。张议员国华云：巡警局因何未发，本会无从知悉。即果未发，该绅自可向其追究。且即未发，本会亦不能代筹。李议员甲三云：本会系言论机关，不宜干涉词讼，致越范围。此事不必与议。令该绅自向巡警局追究，实为正当办法。众议员均以为然，即请议长表决。时已下午二钟，议长宣告休息。（生）

《远东报》，1910 年 12 月 15 日

长春月旦——董事会之将来

天下事，言之匪艰，行之维艰。言论多而成功少者，吾国社会之通病也。今本城议事会有言事之权，无实行之权，开幕以来，匆匆已十余日矣。此十余日中，登台发论者费几许之口力，旁听者费几许之耳力，记录者费几许之腕力。其君子存几许之希望，其小人动几许之惶恐，万目昭昭，无不注重于此次之会议事件，以为千载一时，地方安危之机，在此一举。虽然，此十余日者，言论也，非实行也。言论之外，议事会不负责任。而负此实行责任者谁耶？吾更磨墨濡毫，以观董事会之魄力。（鹤风）

《长春公报》，1910 年 12 月 15 日

议裁抽柴陋规

柴草车辆进城出卖，各城门门丁必抽取数捆，以图分肥，向来之旧习也。近因新政频兴，陋规消灭，闻经本城议事会公同议（次）〔定〕，嗣后各门不准再抽，致扰乡民。并已禀准长春府，除谕知各门门丁外，不日出示晓谕，商民一体周知云。（立）

《远东报》，1910年12月16日

拟议津贴日本留学生之公费

长春议事会副议长毕维垣君，以长郡学界不无乏材之叹，现当议事会开会之时，拟提议将本郡留学日本各学生，由地方按年津贴公费若干，以示鼓励。将来毕业回国，即以之办理地方学务，似觉两有裨益。闻已拟具说帖，送交该会，谅各议员当必共表同情也。（生）

《远东报》，1910年12月17日

呈请裁汰财政处股员

日昨议事会各议员提议，财政处原设四股，为坰捐股、统捐股、文牍股、会计股，种种名目繁多，实属虚糜太甚。而且坰捐、统捐原可归并一股，文牍、会计更可责成一人，故特具文呈请府署，拟将坰捐股归统捐股兼办，会计归文牍股【兼】办，裁去股员二员，夫役二名，以资搏节云。（生）

《远东报》，1910 年 12 月 17 日

长春城议事会纪事

十一月初九日第九次常期会

是日下午一时，振铃开会。到会议员十二人，旁听女学堂管理员一人，董事会职员二人。议长报告到会员数，并宣告董绅耕云请议，拟办粮石出境捐，为女学堂经费理由，请议之。董绅耕云陈述意见云：长春实行营业税以来，仅在本城售卖者，交纳营业税，其不在本城售卖，而转运他处者，向不收捐。然转运出境粮石，亦属大宗。拟仿照过路章程，收转运之粮，一律征收粮石出境捐，专为女学堂经费。可否，请众公议。李议员价人云：查转运粮石出境者，半属洋商居多。若只收华商，失之偏枯。如连洋商一并征收，恐生阻力。孙议员秀三云：若不征洋商，仅征华商，则利权尽归洋商，而华商日益困累矣。朱议员立槐云：自设营业税以来，至今尚未办【理】完全，皆因洋商一方面之阻力。若再办出境捐，万难办到。与其议准而不能行，于他事有碍，莫如先加慎重为是。众议员亦与加出境捐多数反对。李议员甲三云：道宪为地方长官，凡事赖以提倡，若能于

此事为力，庶可办到。议长云：若将此事暂付阙如，俟斟酌机宜再议，何如？众议员均以为然，即另提议他案。

议长复报告张议员发请议，城隍庙院内空地开放市场，酌收地皮租之案。罗议员懋书云：所议以城隍庙院内为市场，地势实属相宜。副议长云：长春城内前仅有市场一处，颇形拥挤。该庙既系公产，若于该院添设一处，招聚食物摊床，凡有碍卫生之物，便于稽查；酌收地租，又可以助经费，事属可行。宜即呈请监督，行知巡警局、商会，及谕饬该庙道人，一面张贴广告招商，报明占用地数，酌拟租项，由董事会派人经理。诸君以为何如？众议员均赞成，议长表决。

议长复报告李议员价人提议，拟将九圣祠庙前空地，招户盖房，酌收地租一案。报告毕，旁听之董事会职员崔昆田陈述意见，云：若招户盖房，所收地租无几，且承修之户，恐难一时招齐，莫如自修房屋，招户食租，计日可以成功，又免日后缪辖。孙议员秀三云：修筑费需钱若干？崔君昆田云：按该处地基可盖房十六七间，如从俭修筑，约需五千吊左右。众议员磋商移时，均以自行盖房，招户食租，办法相宜，无一反对者。即议定先行呈报备案，明春筹款兴工。全数赞成，议长表决。时已四钟，宣告散会。

《长春公报》，1910年12月20日

长春城议事会纪事

十一月十一日第十次常期会

是日上午十二时，振铃开会。到会议员十人。议长报告到会员数，书记长报告财政处请议征收二道沟出境猪税一案。议长云：长春之猪，向多本城消用。近来火车交通，转运又为大宗，与罐牛出境，事同一律。罐牛业已有费，而出口之猪，既不纳营业税，又不缴屠兽捐，不但遗漏进款，亦与罐牛偏枯不均。当此财政支绌，所请议征出境猪税，以补营业税、屠兽捐之不及，洵是正当办法。至税款数目、征收方法，请从公议。宣告毕，众议员磋商多时。议长云：若每猪一口，定税钱一吊二百文，名曰地方税。凡由四乡或外城运到二道沟，不在本处消用，再运他处者，则由本主纳税。若卖给洋人，转运出境者，则由卖主纳税，仍派一二人稽查，以防偷漏。何如？众议员均赞成，即请议长表决。

议长复报告前议中学堂农安各学生膳费未决一案，并宣言中学堂章程，每学生一名，每月膳费钱十六吊五百文。农安学生三十人，即十个月计算，每年亦合钱四千九百五十吊。惟查府署卷内，前请提缴之数，系连学费统计在内，为数稍多。而农安县仅允给银千两，复以官价三吊三百文，折合钱数，亦似过少。究竟应如何提缴数目，请众公议。李议员价人云：中学堂膳费，既按钱数酌定，则此次追缴膳费，即照四千九百五十吊之数，呈请监督，向其追缴，无烦再按银数，辗转核计，致多缪辀。至学费，似可无庸追缴等语。李议员甲三、王议员辅宸、沙议员广德、孙议员秀三均赞成，余议员亦无反对者。议长即登议台表决。

议长复言曰：营业税定章，除提省二成外，余按商会、警、学、自治四项均分，本城前已照办。惟头道沟之营业税，既由该处商会代收，则商会应分之款，已被头道沟商会分去。其余四份，除提省二成外，再归本城商会，与警、学、自治按四份分劈，是提省者提而又提，商会分而再分，似与奏定章程不合，恐遭上宪驳斥。拟请本城所收之营业税，即与本城商会，照章分劈；头道沟所收之营业税，即与头道沟商会，照章分劈。除稽查开支之外，作十成分用，各以二成归商会截留，各以六成归警、学、自治，按月直接交财政处，以清界限。诸君以为何如？若有不尽妥善之处，请众公议。李议员价人云：如此办理，甚属正当，即可照此呈请监督立案。众议员讨议，均赞成。此议无一反对者，即请议长表决。时已四钟，宣告散会。

《长春公报》，1910年12月21日

长春札发地方自治施行细则

日昨府署接奉吉林自治筹办处札饬，略谓：提前赶办之城镇乡各地方自治，均已陆续成立。其《自治章程》所载之《施行细则》，亟应厘定通行，兹经本处斟酌地方情形，根据法律原理，编定《城镇乡各地方自治施行细则》六十四条，详准督抚宪，并札仰该府转发遵行云云。当经何子璋太守备文札发城自治公所，查照遵行矣。（生）

《远东报》，1910 年 12 月 21 日

长春公报社紧要通告

外患侵入之危机！

本报将来之险象！

本报十六日"吉林纪事"栏内，载有"外交之和平宗旨"一则，系自十一月十三日奉天《微言报》转录而来，原文如下："据奉天某报云，吉省其道自履任以来，凡一切交涉事件，全抱定和平了结四字，为外交上不二之法门。至外交家据理争辩，无稍退让之天职，则不多见。昨经法制调查员切实查明，据情声覆吉林调查局查照矣。"按《微言报》云云，非指长春而言，不意长春法制调查员王学儒、程子麟二人阅本报后，忽闯入本社编辑室内，盛气相向，怒诘此稿出于谁氏之手，追究访员姓名，并要求更正，纠缠多时。经本社同人告以系录奉天某报，君等可向某报函问。惟某报云云，似与君等无涉，非惟本报无从更正，即君

等亦难向某报要求也。至访员何人,更不当诘之本报。该员等复踌躇多时,悻悻而去。不意该员等出社后,闻复执当日本报,径至府署,面见何太守,苦诉彼等无此事,并谓公报诋毁官界,与彼等实不相干云云。至其如何诋诬本报,播弄是非,本社亦不得其详。然该员等欲激官府之怒,鼓荡风潮,摧残本报,其用意自可想见。幸何太守不为所动,该员等始徐徐退出。然本报前途之危机,已发现于此。

记者曰:《长春公报》奇窘万状,经何太守提倡后,一线生机,尚未斩绝。其支持至今,得以社会忠告供献我官民之前者,皆我何公之力也。惟是地方公报,即地方舆论之代表,无论为何官宪,其有利于地方者,我必欢迎之;有害于地方者,我必直揭之,无所谓毁,亦无所谓誉。然近来本报,日沦入骚扰恐慌时代,楚歌四面,陷入重围,大有岌岌不能终日之势。明眼人自能觑破,不然法制调查员之滋闹胡为乎来,殊不可解。本报既明载录奉天某报,该员等何得令本报更正?又何得向本报究问访员?且事非该员等之事,该员等不能与《微言报》为难,独敢与本报兴问罪之师,则长春地方舆论之轻重价值,生死问题,岂堪设想?呜呼!本报自兹以往,危矣殆矣!茫茫前途,为殀为寿,吾不能知,成败利钝,吾不能料,吾惟勉尽吾天职,力秉吾大公,愿与阅者诸君,珍此苦短之光阴,对此变色之风云,以静俟本报将来结果之怪象。

《长春公报》,1910 年 12 月 22 日

长春城议事会纪事

十一月十二日第十一次常期会

是日上午十二钟,振铃开会。到会议员十人。议长报告到会员数,书记长报告接收永和堂执事人赵怀永,呈递说帖一件,为兑买筹办公所,提拨万寿寺归公庙产,征租局因万寿寺拖欠公租,未给大照,无凭纳租,请议之案。报告毕,孟议员广维云:此项庙产,于本年春间,始由筹办公所提拨归公。其宣统元年以前欠租,自应万寿寺封纳。惟地已归公,该庙僧人决不承认。况该僧现又远去,而

赵某凭钱置地，竟至无照无租，实属向隅。议长云：此事由筹办公所变价发给文契，由府盖印，所卖之钱，均列册报核销。现在筹办公所业已撤销，本会自宜接管，以清缪辖。现在清赋局已经开办，若呈请府宪移知清赋局，声明前欠之租，系万寿寺僧人应纳，与赵怀永无涉，请其先发给赵某大照，以便历年封纳公租，亦与清赋有益各情。至前欠之租，仍向该庙僧人追究，似属简便。诸君以为何如？众议员均以如此办理甚妥，同声赞成，即请议长表决。

议长复宣告本城城隍庙庙产，前经筹办公所查提，未能办到。查城隍庙产，既皆照章提拨，而该庙独不照行，似不公允。现在自治公所业已成立，嗣后应行筹备事宜，在在需款。可否将该庙庙产，由董事会接办提拨，以归一律。请从公议。宣告毕，孙议员秀三云：庙产有按三七提拨成案，其酌留三成者，正为该僧道等养赡之资。九圣祠亦系火居道士，与城隍庙事同一律，何九圣祠全数归公所，而该庙独丝毫不拨，揆情度理，均不相宜。该庙即在祀典，惟宜照章提拨七成，酌留三成，为该道养赡，似为正办。议长云：若以该庙在祀典而论，朝阳寺及关帝庙亦在祀典，何以独提拨也？王议员辅宸亦主呈请监督，照章提拨为是。李议员甲三、张议员广维等赞成议长，即从多数表决。时已三钟五十分，宣告散会。

《长春公报》，1910年12月22日

议事会开常期会之议案

日前议事会开会，议长报告议员张国英提议洮南府学田一案，并宣言：询据胡总董云藻告称，该荒前招之户，因连年歉收，已搬走数家，即可知招新户之难。况现有吕某在彼经理，月支薪水八元，若再派人前往，不独多用川资，招户实非容易。莫若先行知吕某，将该处现在情形，俟答复后，明春体查妥协，再议办法。可否？请众公议。众议员以为然，即经议长表决。张议员万里提议：现在学堂巡警所用军衣靴鞋帽均由内地购用，实为利权之一大漏卮。拟于本城设立制造所，以挽利权。惟所需资本，或请官款，或招商股，请众核议等语。王议员辅宸质问资本数目，张议员万里答以约需三四万吊。副议长云：莫论筹款维艰，现在工艺教养所开办在即，亦有缝工各科，制造军衣靴帽等物。若再设一厂，未免有碍销路。所议似可罢论。众皆赞成，议长当即表决。复提议自治公所本系经久之事，与他项局所不同。所用房屋，若专赖租赁，不惟多耗钱财，且不足以资巩固。莫如觅一相当公产，为一劳永逸之计。查本城乡约房地基原系公产，前筹办公所曾有将前提九圣祠庙院房屋，换给乡约居住，其乡约之房作自治公所之用，似属相当。副议长云：乡约房处适中之地，如此换用，为正当办法。众议员赞成，由议长表决。书记长报告，接准财政处转交，奉监督札知，据赵麟阁禀请设立转运公司有无窒碍一案，并将原禀理由报告毕。议长云：现在日本议将设立转运公司，本城宜筹设抵制等语。李议员价人质问：转运公司所用车辆，虽向车户觅雇，究有专利之嫌。沙议员广德言：该公司如果设立，实与从前开车辆者不便。副议长云：转运商家居多，此事与商家大有关系。商会为商家代表，先移知商会，酌核切实，是否有无窒碍为第一关键。如商会覆无异词，再行呈覆，似属妥协。众议员皆以为然。即由议长表决报告。散会时已下午四句钟矣。（生）

《远东报》，1910 年 12 月 23 日

颁发谘议局解释章程

吉林公署案准宪政编查馆咨文，略谓：本馆奏定《谘议局章程》，头绪繁多，条文细密，各省多有电询疑议者，业经本馆随时签覆。各在案。查此项答覆解释之章程，各省自应一律按照通用，免涉纷歧。兹特刊印成本，分咨各省，转发所属之府厅州县，以备参考。闻府署已奉到此项章程矣。（怛）

《长春公报》，1910 年 12 月 27 日

地方自治毕业之礼式

长春府地方自治研究所,于昨官绅齐集该所,举行二班毕业礼式。兹将礼式秩序分晰列下:一、振铃齐集大成,监督率领职、教、学各员,谒圣行三跪九叩礼。二、监督、所长、教务员、来宾均就东阶下,班长率领学员就西阶下,监督、所长、教务长、教员答礼毕,退至讲堂。三、请监督升堂,发给文凭。四、请监督训词。五、所长、教务长、教员以次登台演说。六、请来宾演说。七、学员答词。八、礼毕,振铃休息。(中)

《远东报》,1910年12月28日

呈请禁止粮栈陋习

本郡全体议员议决,呈请府署,现届冬令,粮车进城,至粮栈卖粮,买主每用大尾撮子,先取一撮,名为打样,从不给值。此风始于代客买粮各栈,继而买粮各油房亦相继效尤,至逢有不足斗之余粮,斗夫又百般勒掯要索。因故四乡粮车每多裹足不前,而本城商业亦因之大受影响。理应饬差不时稽查,出示晓谕,以绝奸商,而免民累。闻府署已准如所请矣。

《长春公报》,1911年1月1日

绅董来宽争执摊款

　　长春府德惠县今岁夏间，划清警务、学务界限后，何太守子璋以警款、学款数年来亏累甚巨，与管大令言明，今冬摊给赔款八万吊，作为两清。不料管令已允，而该县绅董决不摊给，故巨绅田兆瑞、张会亭、阎保廉、安镇藩等一律来宽，除禀请府尊外，闻与长春各绅开议数次，谓前之亏款，实因办理不善，今已分界，与该县无涉云。（立）

《远东报》，1911年1月1日

公报又拟改名自治

　　《长春公报》创办至今，尚未三年，而名称更易，业经三次。先则日报，继改时报，后因底款由劝学所筹办，改名公报。近来自治会成立有日，闻议长薛某等谓，该报款筹地面，自治会应有干预之权，故又拟改名《自治日报》，专为地方作机关云。（立）

《远东报》，1911年1月10日

详报自治之图说

长春昨详筹办处,遵饬绘具府属城乡集镇自治区域各图说,业经汇齐,缮造清册,呈请查核汇转云。(官)

《远东报》,1911 年 1 月 18 日

议事会议覆之谕饬

谕知事。前奉道宪批,本府转详,该议事会议覆试办牛马市场是否可行,缮具简章,请查核示遵缘由,蒙批:"详、折均阅悉。该府城议事会议覆商民王东岩禀办马店一案,将该商原禀所称之马店改为牛马市场,分设四处,招商承办,令交押款,并取妥保,复减抽用钱,改为买、卖两主经费,办法尚属妥善。惟该府筹办农事试验场,尚无的款。查农事试验场,亦在城镇乡自治应办各事范围以内,今即于牛马市场所抽用钱内提取三分,充自治经费,即可于此三分闪提取其一分,以充农事试验场经费。简章第三条,仅将卖主应出用钱减去一分,共抽五分,与详文内所称买卖主各出二分不符,应将章程第三条中间数语改正,令买、卖两主,按价各出用钱二分,共抽四分。如此载明,较为清晰。又第七条内应添载,牙贩由承办该市场之商人,慎选的实可用者,取保酌用,严为约束,并开具名册,呈由地方官暨经征局备案等语。又第十条所拟牛马市场办法,乡镇各处如须设立,亦应招商承办,以为一律。若由营业税及经征局之各分卡办理,殊未允协。其所抽用钱,于匀作五分内,仍以二分为该处市场,以一分归农事试验场,

其余二分应以之充该处乡镇自治；尚未成立，可将此二分暂充农事试验场开办费。仰即按照指饬各节，由该府分别办理，迅将牛马市场简章改正呈核，并谕城议事会遵照。缴。简章暂存。"等因。奉此，除将简章由府按照所指各节改正外，合亟谕饬。为此谕，仰该会即便知照毋违。切切。特谕。（中）

《远东报》，1911 年 1 月 20 日

自治公所防疫办法

本埠自治人员近以官医院遇有病者，不竭力诊治，致死者每日六十、七十不等。兹由北洋购到药料若干，并聘名医十五名，每日除按户查验外，遇患病者亲往诊治云。（立）

《远东报》，1911 年 1 月 22 日

长春府城议事会启

请看针法治疫之妙用！

诊治时疫，人多专取效于方药，而针法一门尤为最神速之妙术。兹访知直隶程君占峰治时疫，针穴十余处，取效神速，标题于后，以为治时疫之指南云。

风池二穴　风府一穴　风门二穴　肺俞二穴　鸠尾一穴　巨阙一穴

上腕一穴　中腕一穴　百会一穴，放血　委中一穴，放血

手足十二井放血

以上针穴，明针法者幸取择之，当收奇效，决无贻误。

《长春公报》，1911年1月25日

长春府城议事会再启

有实行必有实效！

瘟疫蔓延之害，非认真防范，隔离传染，不足收扫除廓清之烈。商埠各界，火房小店，藏垢纳污，潮湿不洁，即无外来瘟气之传，亦易发生疫毒。李观察因疫症流行，防范之道，必从严断入手，始克急遽奏效。然编氓无知，往往弁髦生命，不肯注重清洁、讲求卫生，亦中国人之恒性也。故观察饬商埠各警，将界内火房小铺，尽令停业，暂行遣散乡屯，予以衣食之赀，使得优游生活，既无冻馁，免彼此杂处，互相传染之害，疫菌自可销减。惟民智不开，昧于防疫之法，骤睹此事，未免惊惶。近数日来，疫害大减，功效既著，人心始靖，乃晓然防疫之举，非实事求是，不能与鼠疫争战胜之功。噫！可与乐成，难与图始，蚩蚩之氓，岂独防疫然哉？！

《长春公报》，1911年1月25日

自治施医处公启

启者。窃查时疫之症，现已发见。本会谨遵地方自治章程卫生条款，择于本城西四道街医学研究所旧院，设立自治施医处一所，专以施医为宗旨，酌选明达医生，研究方药、针法两门，应症施医，并预备救急药品，按症施药，以为消除疫症之一助。除拟具简章，呈报府宪转详立案外，亟应刊发公启，以便周知。凡府城内外，如有患病者，无分时疫、杂症，速速赴自治施医处诊治，慎勿自误生命，是为切祷。谨布。

《长春公报》，1911年1月27日

长春府城议事会再启

治鼠疫咳嗽吐血！

谨按鼠疫治法，非主于泻火，即主于破血，果能按经下药，对症调方，未始不能保全于万一。稍不及检，病杀人，药尤杀人。其滥用香燥温补者，更不足挂齿颊，害何可胜言哉？自鼠疫之作也，时而检方书时，而接诸医，脉理药理病理，相与研究而融贯之，因得一良法，而著为方论焉。夫以冬青为君者，以其荣于冬至，枯于夏至，与鼠疫为起讫，而能通经络，活血脉，此药之以类从治也。以麦冬、天冬为臣者，滋润肺经，直入心包络，而清其火，此药之以化从治也。以大小生地为之佐者，取其滋阴而不使之过补，取其降火而不使之过泻，此药之以相制相成从治也。泽夕泻火而补肾，有元参引之以归源。柴胡平肝而助肺，有栀子清之以袪热。而大黄降实火，莲子心清心胃，以石膏辅之，柴胡导之，肠胃之病，可立去也。名曰三冬双生汤，救鼠疫吐血咳嗽之急症，当以斯为上品。列其方如左：

冬青两　　麦冬六钱，全须心　　天门冬六钱，全须心

大生地泻者用五钱，不泻用二钱　　小生地泻者用二钱，不泻用五钱

柴胡二钱　栀子二钱　木通三钱　泽夕四钱　连子心四钱

生草三钱　大黄六钱　元参三钱　软石膏五钱

灯心竹叶　引水煎服

中医官朱渭珊拟

《长春公报》，1911年1月27日

刘君针法活我一家八口

中医治疫之确证

儒医刘汇海，素精歧黄，尤妙针法。当此时疫盛行，救活者无算。王德胜一家八口，均染时疫，求其二针，罔不应手奏效。现在一家安全，得庆再生，均刘君之赐也。除谢酬外，尚觉无以报德。谨登报端，藉鸣谢悃。尤愿染时疫者，均知针法为求生之妙术，勿再自误生命，则幸甚。

前乐亭屯　王德胜　仝叩
　　　　　杜国财
　　　　　雷万贵
　　　　　姚福瑞
　　　　　邱广玺

《长春公报》，1911年2月12日

长春府议事会被窃案

议事会本月初一日，在财政处呈领官帖二千五百吊，锁置会计处柜内。至次日会计员方某启柜取帖，则已不翼而飞，亦无失窃踪迹。遂回明总董、议员等，总董薛荫堂君，遂将会计及差役二人一并送交地方审判厅寄押，未知若何办理。

《吉长日报》，1911年3月14日

施医处归自治研究所办理

防疫施医处日前系由官办,现因官款支绌,且疫症已消,议将该处裁撤。兹闻经地方自治会会议,谓时疫并未十分消灭,倘一旦死灰复燃,更觉不可施救,故施医处目下有归自治所办理之消息。

《盛京时报》,1911年3月25日

长春自治研究所招考

本郡自治研究所自开办以来,已毕业二班。该所接奉府署札饬,现届疫气扑灭,应招第三班,以期普及等因。故该所于昨出示招生,拟本月二十考试,无论举监、生员,文童,务须先期报名云。(是)

《长春公报》,1911年4月8日

议事会定期开会

自治公所附设之董事、议事两会,向定章程,二、八、六、腊月大开会议之期。近因鼠疫传染，各乡绅董不果致。二月会期，已为延过。今疫气已平，闻议长薛景州传谕各绅，急为到会。本月十五日，定在自治公所内开全体大会，共议地面各事云。（立）

《远东报》，1911年4月9日

长春府城议事会启事

前因疫症流行，春季常期会，未能如期举行。现在疫症消灭，拟于三月十五日起，至二十九日止，补行开会。惟耳目狭隘，地方利弊，未能周知，各界诸君，如有建议事件，希即先期赐下，以便登入议案是荷。

《长春公报》，1911年4月11日

研究所又招自治学员

自治研究所二班学生去岁毕业后，因款项奇绌，终未招生开学。近闻何晓川所长见疫症已平，高等、初级各等学堂开学有期，请长春府准于四月初一日开学。本月二十日招生，凡有向学者，须赴本所报名，预备考试云。（立）

《远东报》，1911年4月11日

长春府城议事会开会议词

三月十五日，议事会开第二届常期会。是日午前，全体议员及董事会职员、自治研究所士绅，均各先后齐集。十一时，道府两宪莅会，同入议场。议长、议员向道府宪各行三揖礼，即席。首由议长报告，前因防疫戒严，春季常期会未能如期举行。现在疫气肃清，补行开会情形。道宪宣布政见，略谓：自治范围甚广，其进行手续，应以设立卫生局，扩充医院，以保全生命，及修整道路，以便行人与卫生事宜，交相为用，二者入手，至教育、实业各事，尤宜通筹兼顾，实力推广，以辅官治之不逮。本道力所能及，自当竭诚提倡，更望绅商结成团体，共济时艰云云。次府宪演说，亦皆语语肯切，人人动容。末由议长宣布答词（答词录后），毕时已下午一时，振铃散会。道宪先回休息片刻，复入议场。府宪宣告清乡利益，及所拟章程，公众参考，并慎选妥实员绅，赴乡办理云。

议长答词录

今日为本会第二次开常期会之期，辱承道宪监督到会，宣告训词，所以勉励诸议员者，恳切真挚，无微不至，与本会前途，裨益良多。谨代全体议员鸣谢。溯本会由去冬十月成立，已及半载，议员等谬膺选举，负无穷之希望，而求其自治切实效果，能沾被于人民者，实甚寥寥，不胜惭愧之甚。此固咎无可辞。然当此预备立宪，国会缩短，又何敢以甫经成立，程度不足，稍（设）〔涉〕萎靡，有亏天职，上负列宪属望之殷，下愧人民思治之切。况长春为东三省中心点，列强视线所注，而本城又一府首善之区，将来各镇乡自治成立，必来取法，事权似微，责任綦重。议员等惟有共竭愚诚，于应行筹备事件，遵守范围，广征博采，实力研求，悉心妥议，总期切实可行，庶可渐著成效，而地方实受其益，用仰副列宪提倡之盛意。尤望各界士绅，咸抒讨论，发为建议。董事会诸君，实力进行，随时纠正，以匡不逮，使议员等可稍免素餐之讥，则不胜荣幸盼祷之至。

《长春公报》，1911年4月15日

自治招考之不易

自治研究所奉府署札饬，续招第三班学员，以期造就。该所已遵即出示招考，订于本月二十日考试等情，已志前报。昨闻报名投考者，只有三四十名。查其名册，竟有中高各学堂之学生，投于其间。加以各学堂均未开学，难免不无枪替等情。有斯责者，盍防查诸。（是）

《长春公报》，1911年4月19日

清理财政之清议

本郡议事会昨提议财政全局之事，非实行清理裁汰，不足以资撙节。将来全局人员，大有一番更动。闻某某为最重，不日即行发表云。（是）

《长春公报》，1911年4月19日

长春议修城内马路

城内各街，历年春暖冻解，夏雨连绵，道途泥泞，不可言状。近自治公所觉

路政如此，不但遗笑，且与商务大有窒碍。闻已开会数次，定在今夏建修马路，并遵商埠马路章程，以期永固云。（立）

《远东报》，1911 年 4 月 27 日

长春催收子母税之风潮

牲畜子母税，向章城关商民照例纳捐，而四乡之中一律豁免。近经征局拟加扩充，派员赴乡设局催收。时乡民承认不甘，并小双城堡所派之催收委员素性野蛮，致乡民忿恨，聚有绅民三百余名，月前将委员驱逐出境，不容再行催收。并闻绅民来城，均在议事会会议，以期对待官府云。（立）

《远东报》，1911 年 4 月 30 日

会议抽收房捐

本埠自新政开办以来，财政十分支绌，操持诸君，罗雀掘鼠，终觉入不敷出。闻日前董事、议事两会开会筹议，谓各项税捐暨一切杂捐已属增无可增，惟城关所有房屋，除纳租外，无所担负。拟援照京津章程，加添房屋捐款，以为学、警两界筹备之需，但此议未卜果实行否。

《盛京时报》，1911 年 4 月 30 日

第四编　各属自治会、议事会、董事会、参事会等相关活动

又饬自治会清查户口

长春地面户口清册,前经民政司札饬巡警总局,转饬城乡巡警,速查呈报,以备报部。近闻督抚两宪,恐巡警总局查报不实,然清查户口为地方应办公务,今又专札饬自治公所各绅董等,派员急查,呈报来省,以备转详,并与巡警总局所呈户口清册参观数目,以期核实云。(立)

《远东报》,1911年5月2日

长春府城议事会常期会会议纪事(一续)

书记长复通告正议长,提议截留前议担任官医院经费银两,以充施医处经费案。李议员价人云:自治施医处现已成立,截留前任官医院之银,为施医处经费,自系正办。副议长云:前议月任官医院银二百两者,因府城前设医学研究所,附设待诊处经费,系出自地方。去冬官医院成立,医学归并,因医学之款可以节省,是以议准担任此项。乃自归并以后,医生研究之事,迄未实行,诊治亦不孚众望。今施医处已经成立,诊治渐著成效,预算月支之数,将及千吊,已属筹措维艰。若官医院之设,仍前担任,实系财力不逮。所拟截留之处,极为正当。复经众议员互相讨论,均以为然,即请议长表决。

议长宣告,前以同善堂房院系属公产,去冬被官医院占住。当经公同议决,与董事会、劝学所会衔呈请拨还为自治公所及劝学所公用。嗣奉府批,候转详道宪,并照会官医院妥议,乃迄今月余,官医院如何议覆,未奉行知。嗣后手续,

应如何进行，请众公议。副议长云：同善堂系地方公产，未经公众认可，竟凭朱立槐一人私见，恃强主持，改为官医院，致令模范学堂、长春公报社、劝学所厨舍均无住址，自治公所亦无处设立。前议呈请退还，以地方经久之公产，办宪政最要之各事，理由本极正当。乃医院久不议覆，其为不愿迁移，概可想见。应即再行呈请，并径呈道宪，及分呈谘议局建议，以达目的。众讲员全数赞成，议长即登坛表决。时已五钟矣，宣告散会。

《长春公报》，1911 年 5 月 6 日

府自治之创设消息

地方自治公所成立年余，颇有成效。但该公所城关各事有干预之权，致各乡镇鞭长莫及。近闻各宪饬长春府亲选绅董，创设本府自治公所一处，兼办四乡自治事宜。惟因太守赴吉未回，尚未发表，实行创办云。（立）

《远东报》，1911 年 5 月 6 日

长春府城议事会常期会会议纪事（二续）

三月二十日午后一时，振铃开会。到会议员十一人，旁听董事会职员一人。首由书记长报告董事会付议，请筹调查户口经费的款，及议订调查员薪津案，请众公议。李议员甲三云：前之户口调查所，经去秋裁员减薪之后，月需经费钱一千零五十吊有奇。嗣因款项支绌，将该所撤销，并归董事会办理。此次所须款

项，应较调查所减之数，稍为节省，方为合宜。李议员价人云：前之调查户口所所需款项，系由自治进款项下开支。其原定调查员薪，每名月给膳费钱七十吊。兹拟派调查员十五名，若以每名七十吊之数计之，适符户口调查所减之数。惟调查户口，既归董事会办理，缮写文件，事务较繁，再添书记二名，亦照原额，每名月给薪水钱四十吊，膳费钱十八吊，每月共需钱一千一百六十六吊。议长云：前经监督拟订，每门牌一张，收铜圆四枚，合府境全数计之，除门牌工料，约可盈余钱三千余吊，每月平均可收钱三百吊。按月需钱一千一百六十六吊之数计算，除收入三吊外，净亏钱八百六十六吊。即按月由自治进款项下支销，著为定数，如何？众议员均以为然。议长即登坛表决。

《长春公报》，1911 年 5 月 7 日

长春府城议事会常期会会议纪事（三续）

议长复宣告李议员价人提议，倡立改革缠足陋习案。通告毕，请【提】议之李议员价人陈述意见，云：妇人缠足，为弱种原因，又系我国通病。长春开化较晚，迄今无提倡除此恶风，与立宪时代颇不相宜。惟积习已久，骤难改革，拟先呈请出示劝谕，以期渐开风气。俟后乡镇自治一律成立，再由乡董绅民，随时开导，则缠足陋习，自能逐渐断绝，于强种强国之道，不无补救。诸君以为可否？众议员讨议，俱赞成。即请议长表决。

三月二十七日，第十次会议纪事。是日上午二时，振铃开会。到会议员十三人，旁听财务处主计员，中学堂监督，请议之沙绅董，共三人。首由书记长报告开会，通告中学沙绅请议筹备中学堂的款，暨核减数目，可否实行，请众公议，并将交到议案通过。沙绅净浦复陈述意见，将逐件理由说明。正议长云：中学堂发商之款，原由地方集资，现在公兴泰等七家，或业已荒闭，或日见零落。若仍前因循，势必产尽人散，毫无着落。宜趁该号甫经荒闭，倘地有产业，及早呈

请，一面传追，一面派人弹压，变产追偿，另行发商为是。副议长云：中学堂经费，除发商生息利钱外，尚亏若干？沙绅言：中学堂岁需经费，即以核减之数计之，尚岁需钱六万余吊。而发商利钱，仅岁入钱四万吊之谱。出入相较，应亏钱二万余吊。副议长云：现在款项支绌，筹此巨款，实非容易。查长春车捐，原定章程，以二十成分劈，劝学所应分四成，即由此四成中，拨给中学堂三成。以本年正月初一日起，指为定款，以资补助。再于支款，核实撙节，庶免再亏。至所拟添书记、夫役、厨夫，逐节讨议，亦均无浮冒，即可照办。众议员均以为然，即请议长表决。

《长春公报》，1911年5月9日

长春府城议事会常期会会议纪事（四续）

议长复提议本年疫症流行，学堂开学期晚，可否减发学务人员薪金，以省款项，请从公议案。副议长云：学堂定章，正月虽未开学，亦照例支发薪水。惟地方款项，全恃财务处收款为挹注。本年正、二月间，因时疫盛行，遮断交通，财务处收款绌短，实系无项开支。可否将正月薪水照旧开支，二月之薪水，一律停发，以期共体时艰。其有二月到堂者，不发薪水，只给火食，以省旅费。三月以后，即照常发给。诸君以为可否？议员等均以如此办法甚属妥协，即请议长表决。

书记长复通告朱议员立铭提议，于第一小学堂添设夫役、会计员，并将交到议案理由通过。提议之朱议员，复将困难情形逐项陈述。张议员国华云：该堂事务繁多，夫役既实不敷用，可将去秋裁减之夫役二名，照则复设，再增一名，共添三名，以资分布。至会计一差，仍令书记兼办，无庸添设。款不多糜，事不偏废，诸君以为何如？众议员多数赞成，议长即登议坛表决。

《长春公报》，1911年5月10日

长春府城议事会常期会会议纪事（五续）

三月二十九日下午一时，振铃开会。是日到会议员十四人，旁听董事会职员四人，公报社记者一人。首由书记长报告到会员数，期满闭会情形。随将自开会至开会议决议案廿起，重行挨次通过毕，问有错误否，议员均无异词。继代读议长演说词，行闭会礼，振铃散会，时已三钟矣。

闭会演说词

本会自三月十五日补开春季常期会，至今日期限已满，照章闭会。目前应兴应革事件，凡二十案，均经同人公同讨论，遵照章程范围，先后议决，依次分别呈请查核，以备移交董事会执行。然鄙人于此有无穷之希望，不得不为同人告者。当此预备立宪，国会期限缩短，凡有关公益之事，均宜急行兼进，不容稍事延缓。惟是言之匪艰，行之维艰。议事会有立法之责，监察之权，而执行机关，要在董事会诸君，遵守范围，实力进行，方克言行相顾，以底有成，不至贻地方之笑柄，庶自治日臻发达，官治得资辅助。有望我议事会诸同人。现在虽已闭会，此后宜力加研求，勿闭会之后，即无责任。盖夏季会期转瞬即到，吾同人既蒙选举，即无时可卸责任。凡地方应办事件，均平时调查详确，切实可行，然后下届临时开议之期，方有根据。能提倡一分之公益，地方即受一分之幸福，稍告无罪，胥在乎是。吾同人其勉旃。

《长春公报》，1911 年 5 月 11 日

府议事会成立志闻

本郡自治毕业学员孝廉方正张维周,日前在府署禀请筹办府议(两)〔事〕、董事两会,并曾晰陈办法大概情形,恳转详等情。昨闻府署已议有端倪,派张维周为该处总董,姜惠为副总董,不日即可发表矣。(雨)

《长春公报》,1911 年 5 月 13 日

派举总宣讲员

本郡宣讲所所长薛君荫棠,自客冬选为议事会正议长,该所一切事宜,仍照常兼办。薛君恐其有误,日前会议,另派专员接办。查本所郑君希侨,自该所成立,即充讲员,振作有为,应派为总讲员,兼理所中一切事宜,以资熟手,而期完善。故日昨已发表矣。(雨)

《长春公报》,1911 年 5 月 13 日

自治学员甚形缺乏

长春自治研究分所续招第三班学员,额定五十名。自出示招考以来,已阅一月,至此报名投考者仅有七十余名。较之先前,仍不甚踊跃。推原其故,因毕业后大率置之闲散,故此次招考,均各裹足不前云。

《盛京时报》,1911年5月14日

爱国男儿起起起

留日爱国会代表久已莅奉,大受各界之欢迎。将来军国实业之发展,未可限量。昨又有杜君存国、孙君斗南由日抵长,迫于东省之危局,欲以爱国热诚,唤醒同胞。长郡绅民,闻之当若何踊跃也。闻地方人日内即开欢迎大会,研究进行办法,以挽时局,而振民气,并筹集吉林火灾之赈款,以示同舟共济之大义。我长春父老兄弟,处此外患日迫,交涉棘手之中心,得此出死入生、转危为安之机会,闻风兴起,其激愤之热潮,沛然莫御,必有不可思议者。同胞勉乎哉!(侠)

《长春公报》,1911年5月19日

定期考试自治员

　　本郡自治研究所奉谕续招第三班学员,以期造就。拟于三月二十日考试,届期未能足额等情,已志前报。现该所又行牌示,拟定四月二十日早八点考试。闻投名注册者,已有一百二十余名之多云。(雨)

《长春公报》,1911 年 5 月 19 日

府自治已设筹办公所

　　长春府何太守接督抚札催,创设本府自治公所,前报已志。兹经太守举定绅董张维周、姜培恒为正、副总董,在东三道街创设本府自治筹办公所,先议筹款各事,并派定调查员二十名。拟月之初十后,即赴各乡调查乡镇绅户实业实产,以备筹款,兼备选举云。(立)

《远东报》,1911 年 6 月 6 日

学生罢课出堂

吉省提学为中学学生刘宪孔等殴毁征租柜一事，于月之初六，派员拘押学生九名，昨报已志。刻闻初七日，其余学生共八十余名，已一律罢课出堂，移居毕维垣所设之毕家店内，公议恳请自治会各绅急开会议，而筹对待之策。（立）

《远东报》，1911年6月9日

绅商冲突原因

西三道街乡约房地基素为公地，经商务总会出为经理，修房十余间，为本街乡约居住办公之用。近闻自治公所查知该地由来，拟将乡约驱逐，重修该房，出租营利，专为自治筹助经费。讵至于今，木料砖瓦业已购齐，而商务总会又出为力阻，致绅商两界大起冲突，各执己见，禀请各宪秉公判断，未悉如何了结云。（立）

《远东报》，1911年6月11日

公地不准拨作自治经费

城西杏花村地面所有树木地亩，皆系前任长春府王古愚购买培植后，因王守被参，该地归公。近闻自治公所查系公地，禀请各宪，将该地移归自治，变作常年经费。讵知各宪以地虽公地，例应归官经理，与地方自治毫无干涉，刻已批回严加斥驳云。（立）

《远东报》，1911年6月11日

议事会布告章程

略谓：《自治章程》第四十三条内开，"城镇乡议事会会议，每季一次，以二、五、八、十一等月为通常会期，以十五日为限。限满议未竣者，准展限十日"。又查第十五条内开，"凡城镇乡居民，有享受地方公益之权利，并有分任地方负担之义务"。各等因。今值夏季通常会期，该会择于月之十五日起，二十九日止，开通常会。凡有公民权者，即系团体内之同人。如欲陈述意见，务须缮写请愿书，送至本会，以便当场公议。然必关乎自治范围内者，方可准请。若关乎司法部分，不在此例。该会专为办地方公益事件，以备补官治之不足。凡一般公共团体之人民，讵可安于缄默而不陈意见，以专办地方应兴应革之事耶？除照章开会，呈请监督届期临视，并通知各议员外，地方团体同人等，宜早具意见书，随时函送，勿误会期。（自）

《长春公报》，1911年6月13日

自治开学有期

本郡自治研究所自宣统元年开办，已经毕业两班。各生等于地方公益，尽力提倡，文明进步，颇著成效。今春招考三班，乡间闻风踊跃来城投考，均已取录，计四十名。定于月之十七日开学授课云。（自）

《长春公报》，1911年6月14日

划分自治区域

自治公所日前提议清乡调查户口，选派区长、甲长、百十家长等，已志前报。兹据详细探查，长春共分三十区，其名别不堪枚举。昨已派员，分赴各区，调查选举一切，并填注门牌，以期除暴而清盗源矣。（雨）

《长春公报》，1911年6月16日

议决整顿学务办法

长春学务办理数年，毫无起色，且各学堂屡起风潮，毫无规则。探其原因，皆由管理之不严，有此现象。近闻各绅董有鉴于此，特在劝学所公同开议。闻已议决，自今而后，戒饬各堂教员管理学生，一律从严，且教员为学生之表率，更不准冶游旷课，并须另派查学员循环严查，以资整顿学务云。（立）

《远东报》，1911 年 6 月 18 日

长春府城议事会纪事（一）

五月十五日，常期会第一次开会。是日开会，监督因公出未到。上午十一钟，议长、议员齐集到会，同莅议厅。首由议长宣布开会情形，继由书记长将春季会期所议事件呈报情形，批回日期理由，逐一通过。时已三钟，议长布告散会。定于次日开幕议事。

五月十八日常期会第四次

是日上午十二钟，振铃开会。副议长因公晋省未回，到会议长、议员十二人，旁听董事会职员一人。首由书记长报告到会人数，并将张议员国华提议劝学所款绌事繁，拟增添会计室书记，酌加薪金意见书。通过毕，即据张议员陈述劝学所会计困难情形。议长云：提议各节，虽系实在情形，但系增加薪金，且劝学所专办学务，另有总董，应否增加，本会未便遽行议决。若先移知劝学所查核，俟移覆到日，再行决定如何？众议员均以如此办法，既不侵越权限，又可办理持平，同声认可。议长即登坛表决。

五月十九日常期会第五次

是日下午一钟，振铃开会。议长因公晋省未回，到会议员十一人，旁听董事会职员一人。首由书记长报告到会人数，并宣告现奉府谕，以查明杏花村看守人刘殿臣，实有永远看守确据，饬令覆议，仍留该民人照常看守案，及将发交批谕

通过。李议员甲三云：此地虽系官产，但王前府所买刘殿臣之产，仅两垧余，既有准刘殿臣永远看守案据，无论其职务有亏与否，即照前案办理。惟添买崔焦氏之地两垧四亩二分六厘三毫，共地价钱一千二百一十三吊一百五十文，系由劝学所于学款内拨发。其为学务公产无疑，乃亦被刘殿臣藉端耕种，则无案据可稽。该处虽不在城区范围，然既属劝学所公产，自应归劝学所经理，先行招户食租，藉资小补。嗣后或改作公园，或改作蚕业试验场，实行之时，再行一并提用。众议员均以如此办理，甚属妥协，同声赞成。议长即从众议表决。

《长春公报》，1911年6月21日

调查府议事会选民

长郡城镇乡议事会于去年业已成立，今应设立府议事会。故日昨特派专员，赴各乡屯调查选民，以便定期投票选举云。

《盛京时报》，1911年6月21日

长春府城议事会纪事（二）

五月二十四日常期会第七次

是日上午十二时，振铃开会。到会议员十一人，旁听董事会职员一人。首由书记长报告到会人数，继宣告去冬会期议决，于城隍庙院内开设市场，业经呈报在案。嗣奉府批，令查照常安市场章程，先行组织，拟具简章呈覆等因。今春会期未暇议及，现仍提作议案，请众公议，并将原呈及回批通过。议长云：此案前议宗旨，本拟招户修筑，酌收地租，原为振兴市面、卫生便民起见。若照常安市场章程，自行修建，需款甚巨，殊非易事。自应仍照前议，招商承办，按修房间数，定地租多寡。至修建若干，听商自便。惟地租数目，究应如何规定？张议员万里云：租价之额，宜从轻定，以广招徕，与便民宗旨不背。假如商人修筑板房一间，租给小负贩者，定为月租钱六吊。即由此六吊内，提抽二吊，为自治经费。其余四吊，归承修商人抵补资本，并经理、工食等费。众议员俱以如此办法，实属持平，同声认可。议长登坛表决，俟议妥章程，即行呈报立案。

《长春公报》，1911 年 6 月 23 日

自治学员之败类

自治研究所新班学生周少南到堂以来，并不恪守规章。昨经何太守亲莅该所，剀切劝谕，讵周某不惟怙恶不悛，反大肆争论。何太守当即带署，送押审判厅，并拟从严惩办云。（风）

《长春公报》，1911 年 6 月 23 日

禀查研究所账目

县城自治研究所学员等，联名禀请监督，略谓：去岁学员请假者，未停膳

费。今岁正二两月报销，多有浮冒。书记舞弊，又被某某兼差三处者所袒护，务恳详查，以重公款。闻某某亦上禀请查矣。（醒）

《长春公报》，1911年6月23日

长春府城议事会纪事（三）

五月二十四日常期会第七次

是日上午十二时，振铃开会。到会议员十一人，旁听董事会职员一人。首由书记长报告，自治研究所毕业生陆桂春函称，现拟组织自治宣讲所，已在府禀请，批令由城自治公所拟议一案。张议员国华云：自治宣讲所，实为地方应办之事。但所需款项，由何筹得？王议员辅宸云：既为自治宣讲所，所需之款，即应由自治进款支发。议长云：自治款项，就现在收入核计，已属支绌。今欲添办此事，宜另筹的款，方可经久。众议员讨论许久，迄无的款可指。李议员甲三云：事既应办，即一面先行组织，一面筹划款项，俟筹定的款，即行呈府核夺，如何？众议员均以如此办理甚妥，议长即从众议表决。

《长春公报》，1911年6月24日

自治公所拟改名称

本郡自治筹办所去年改为自治公所，今闻政界人云，府自治业已成立，此公所拟即改为城议事会,惟现在尚未发布云。

《盛京时报》,1911年6月24日

筹设自治宣讲所志闻

本城向有宣讲所二处,均系讲演学务事宜。今府自治会成立筹办所,所董张君议设立自治宣讲所数处,专讲自治章程,以为立宪之基础。闻已经何子璋太守批准,所需讲员,皆以自治研究所毕业者充之,现正拣觅房舍云。

《盛京时报》,1911年6月24日

长春府城议事会纪事(四)

分省试用巡检姜藻提议案

查清赋局此次换照,本以更名过册,划界分疆为宗旨。乃于吉长铁路所占地址,竟置之不论不议。查铁路所占地亩,当购买伊始,即与原业主约定,凡卖给吉长铁路之地,其大小租赋,以及警、学等捐,均由铁路总局担任。所以于原业主大照内劈出租赋若干,当时即将租钱扣留,均有戳记,并粘条为据。乃民间执此封租换照,其劈出之租,不给扣除,仍令原业主完纳,似此办法,恐民间无地纳租,受累实甚。可否呈请监督查核,一面备文知会清赋总局,照上见有铁路总局戳记,并有粘条,准与将卖出之地扣除。一面备文知会吉长铁路总局,请其查明所买地亩若干，并应劈租赋若干，造具花名清册，移送清赋局存案备查。职实为乡民受累起见，故据实声明，请为建议议决。此事关系全府，虽非城自治范围所及，但府自治现未成立，又系地方公共利弊，宜将原递愿书，代为转呈，于文内声明权限，请府核夺。

《长春公报》，1911年6月25日

长春府城议事会纪事（五）

五月十六日上午十二钟开会。正议长因病请假，副议长因公晋省，到会议员十人，公举李议员甲三为临时议长。旁听董事会职员三人，普通旁听二人。首由书记长报告，巡警局、财务处联衔函请抽收戏园、妓馆房主捐，抵还王殿钰垫发乡巡薪饷，请公议决案。刘议员应宸云：王殿钰所垫薪饷，乃乡巡亏款。戏园妓馆，俱在本城，以筹本城之款，还乡巡之亏，与自治范围区域似不相合。临时议长李君甲三云：王殿钰所垫警饷，屡蒙饬催，又无他款可拨。若不举办此捐，此案实难清结。孟议员广维云：戏园、妓馆房主得租，虽较他项为优，然按一九抽捐，未免过重。李议员价人云：此事前经孙维新提议，有按得租一吊，抽捐五十文之议。虽未举行，已有成说。此次仍照前议办理如何？临时议长李议员甲三云：事系创举，且此项房租，究有若干，未知确数，不便遽行定议。应先行调查，异日再行表决。

三十六日下午一时开会，复议前案。孙议员秀三云：统城戏园、妓馆房租，现已调查明确，月在六千吊左右。议长云：王殿钰所垫警饷一万二千吊，原拟按一九抽捐，为数固重，若按五分抽捐，又难抵王殿钰之亏，究应如何办法，宜详加斟酌。李议员甲三云：即照前议，五分之数，稍为增加。每得租钱壹吊，抽捐六十文。至征收存储方法，统由财务处经理酌定。俟将王殿钰垫款还清后，此款应归何项，随时酌量情形，另行定议。众议员均赞成，即请议长表决。

五月二十九日下午一时，振铃开会。到会议员十二人，董事会职员二人。首由书记长报告到会人数毕，宣告本季会期已满，照章闭会，及会期内停会四日原因，逐一报告，复将开会以来议决案件，挨次通过，覆加审查。众议员均无异词，即行闭会礼。时已四钟半矣，振铃散会。

《长春公报》，1911年6月27日

筹办处领取款项

自治筹办公所办理调查选举事宜，已稍形就序。兹闻该所日昨在财务处领取款项六千吊，分给各乡管理调查员，下屯开办选举云。

《盛京时报》，1911年7月1日

议办国民报之先声

日昨城议事会开会，议办演说团、国民报事宜。绅学界到会者六十余人，首由议长宣布开会宗旨，次则郑君希乔报告赴奉调查办法，各界均为赞成。拟先办民报一所，以通消息。再由学界诸君，赴各乡劝导，期于民智速开。经费一切，归各员担任，决不另筹。长春国民思想之进步，可见一（班）〔斑〕。（心）

《长春公报》，1911年7月2日

选民四区管理员赴乡

府城西白龙驹镇系自治选民四区,今当调查选民之际,应设事务所一处。闻所派之管理员,乃张君恩谱,现已携代表册,赴乡创办。先设事务所,遂即躬亲复查所选公民是否合格。此君系自治毕业,今办此事,颇称熟手,将来成效,可拭目观之。(心)

《长春公报》,1911年7月2日

长春自治研究所牌示补额

自治研究所五月十三日开学时,缺额十余名,限以三星期,如仍不到,即准备取者挨次顶补。及至本月初五日,限满仍缺七名,故于初六日牌示,准备取者挨次顶补,立即入堂云。(志)

《长春公报》,1911年7月4日

自治调查员下屯

府自治筹办所因办理选举之事，派有管理员十二名，调查员三十余名。闻于日前各发给薪费一百吊，次第下屯开办云。（志）

《长春公报》，1911 年 7 月 4 日

乡自治议设十二处分所

本府自治筹办公所业已成立，经议长派员调查各乡集镇以及村庄后，公同会议，拟在各乡分设自治筹办公所十二处，每处派议员一名、调查员二名，专查界内商民资格，及地土财产，共数若干，详禀府署后，再公同选举，以收实效。并闻自治各员已皆认可，将不日内即实行，派员赴乡创办云。（立）

《远东报》，1911 年 7 月 5 日

督署改设长春之确耗

督宪驻节长春之说，已志各报。兹据政界人言，次帅日昨电商内阁谓：奉天

距江省太远，督署偏在一隅，实有鞭长莫及之势。查长春据三省形势之中心点，便利百倍于奉，拟将督署改设长春，以资控驭。是否可行，乞示。当奉阁覆：贵督擘画周详，无任钦佩。东省全局，朝廷实以俾公，如何措施，诸乞酌办。次帅接电后，确拟移驻长春云。（慈）

《长春公报》，1911年7月6日

调查政治实业者同时抵长

日昨张殿撰季直、许观察鼎霖由奉乘南满汽车，初九日晚抵长，寓道署内。闻系奉东督之命，张殿撰调查三省实业，许观察调查三省政治。随员有陈君佐清，在北京最具热诚，此次来东，到处调查一切，必更有所擘画。在长春暂驻一日，今早乘东清车，随张、许两公同时赴哈矣。（慈）

《长春公报》，1911年7月6日

研究所约束学员

自治研究所所长何君露洲日昨奉何太守面谕，略谓：近来所中学员常有私自出外滋生事端，应即拟定规则，认真管理，以全名誉。故何君遵即牌示各学员，若有擅自出堂，夜不归宿，查出记大过一次。倘连记三大过，即照章革除，决不姑宽。闻各学员阅之，无不惴惴恐惧云。

《盛京时报》，1911年7月7日

乡自治议设十二处分所

本府自治筹办公所业已成立,经议长派员调查各乡集镇以及村庄后,公同会议,拟在乡分设自治筹办公所十二处。每处派议员一名、调查员二名,专查界内商民资格及地土财产共数若干,详禀府署后,再公同选举,以收实效。并闻自治各员已皆认可,将于日内即实行派员赴乡创办云。

《盛京时报》,1911年7月7日

议事会员缺额

城议事会去岁成立,有议员二十余人。近闻因事辞差者已有六七人,故日前该会员拟将空额一律补足,或按照去年得票次多者挨次递补,或另行投票选举云。

《盛京时报》,1911年7月9日

谕饬自治会栽桑饲蚕

府署奉到吉林劝业道札饬,谓准江西补用府经历裘大川条陈,内有栽桑饲蚕为出产大宗,即为今日要务,无论公地民地,池畔宅边,皆宜树桑,以辟利源。故府署于昨日转饬自治公所劝办云。

《盛京时报》,1911 年 7 月 19 日

自治筹办所被人控告

长春府自治筹办所成立,正所董张君及副所董姜君,任用私人,耗费巨款,并自定薪水,为长春各局所之冠,各界久抱不平。近被研究所毕业学员贾君世卿、孔君荫轩在府署具禀投递,未知何太守将如何批示云。

《盛京时报》,1911 年 7 月 25 日

绅界会议府自治筹办所各员薪金

府自治筹办所今春成立时,所中员司薪金统由该所自定,故绅界大为不平。

日昨经众绅齐集财神庙开议，将该员司薪水一律核减。闻议决正所董每月二十四两，副所董二十两，会计及调查员各十四两，管理员十六两，文牍员十二两，参议四两，书记十两。倘该所不遵所议，拟将全所人员更选另举。所闻如是，未知果能办到否。

《盛京时报》，1911 年 7 月 28 日

自治研究所补呈各种表册

府署前奉抚宪札饬谓，吉林火灾，财政局之文卷表册荡然无存，令转饬各局所学堂，另行补抄一份，呈府汇齐报省，曾志前报。兹闻自治研究所文牍员贾君宜三及会计员刘君兴武，已将是项表册日夜汇抄，于闰六月初□日完竣，即行呈府转报云。

《盛京时报》，1911 年 7 月 30 日

公报又改国民新报

《长春公报》初创设时，取名时报，后改日报，又改公报。近闻自治公所为开通民智起见，与该社社长魏君公同议决，嗣后经费由自治拨给，改名《国民新报》，每日出版两大张，以期扩充范围，推广销路云。（立）

《远东报》，1911 年 8 月 1 日

长春调查自治委员莅长

闻民政司派委匡希敏君来长调查自治情形，于初二日到长，寓居自治公所。即于初四日上午十钟时，在该所开议，何太守及各议员均到会。惟所议何项事件，容俟续访。

《盛京时报》，1911年8月2日

调查自治员来宽

近闻奉督以各埠自治虽已成立，而内容若何，终未切实调查。特于初二派到调查员匡君，已赴自治公所查阅议案，并议定本月初四，在该公所内开特别会议，兼询议长、议员各项公务云。（立）

《远东报》，1911年8月3日

派员调查自治章程

德惠县庆大令因接宪札，屡饬催成立自治，并限定明春三月一律告成。日前特饬各绅董，创设自治筹办公所，并议定下月择期选举。复派赵绅文渊来宽，调查自治公所及议、董两会选举章程，以备下月实行举办云。（立）

《远东报》，1911 年 8 月 11 日

长春国民分会成立

国民会代表金君树汾、王君卓山特来长提倡国民分会，承孟秉初观察极力赞助，故于日前在城内自治分所开会欢迎。各界到会者百余人。首由薛君荫棠、毕君黻廷报告，此会是因金、王两君奔走国是，不远万里而来，特开会以表欢迎，并请宣布国民会宗旨，暨各事之办法。当经金、王两君将在东开会之宗旨，暨满洲时局之危急，并请速开国民分会，与体育社、讲演会各事，以作救亡之计。诸官绅亦各有演说，均表赞成，即会款亦有着落。兹将公决各件【记录】如左：（一）由议、董、商、学各团体发起，即于本日成立吉林省长春府国民分会。（一）公举本城绅士郑君西侨，充国民分会会长。（一）暂在议、董会院内附设国民分会事务所。（一）用款及会中各部职务，概由议、董、学、商各团体担任，暨关于国民分会事件。（一）将城西杏花村地方之公产，为体育社地址。（一）体育社用款，由议、董会担任筹集。（一）董事会专任开办体育社，各团体辅之。（一）以上议决各件，皆于本日为实行之始期。（生）

《远东报》，1911 年 8 月 20 日

调查自治区域

府自治筹办所为调查选民及自治区域,特派自治研究所头、二班毕业学员,分赴各区调查,曾志前报。兹闻该所所长张君,以各调查员虽已分定区域,但仍按照户口姓名册呈报,殊属模糊。故日前特札饬四乡各区各屯之事务所管理员,务将该管界限绘图呈报。并说明绘图之法,先画方格,每格以十里为度,某屯距某屯若干里,按格计划,庶不致徒蹈从前谬误云。

《盛京时报》,1911年8月20日

研究所招生作罢

匡希敏君日前来长调查时,以自治研究所今年仅招学生四十名,殊属不符定章。且将来毕业以后,人不敷用,故令续招十名,仍符头、二两班额数。兹闻该所所长与何太守会议,谓现在款项支绌,且开学已阅两月有余,势难再行招补,故此议拟即作罢云。

《盛京时报》,1911年8月20日

改选议员之札文

长春计昨奉民政司札开,案照《城镇乡地方自治章程》第二十七条内开:"议员以二年为任期,每年改选半数。若议员全体同时选任者,其半数以一年为任期。"等因。查繁盛各属之城,及提前赶办各城镇议事会,业于去年先后筹设成立。所有议员均为同时选任,除议长以二年为任期,无庸改选外,其余各议员应于本年期满之时,照章改选半数。据《城镇乡自治选举章程》第四条及第十条之规定,选举议员,应于议员届满三个月以前,预定日期举行。其选举人名册,尤必于选举期两个月以前一律告成,宣示公众。此项选举事宜,均应由城镇议事会办理云云。(生)

《远东报》,1911 年 8 月 23 日

调查自治员之行踪

省派自治调查员匡熙民君来宽,而后将议、董两会一切议案,及自治公所所筹款项、所办善举各事,一律查清毕,于月之二十已赴德惠。近因该县自治初立,无事可查。闻于日前又由德惠前往双城及哈尔滨一带,实行调查云。(立)

《远东报》,1911 年 8 月 23 日

设立第二菜市场

自治会各绅,因常安菜市场设立,南北两街商民购买菜品,诸多不便。又该市场内地虽宽阔,而各街摊床尽驻其内,亦难容纳。遂请准长春府在南街城隍庙内创设永安第一菜市场,业已有日。但因房屋尚未修齐,开办之期终未预定。近闻该工昨已告竣,议准月之十五后,即行开办。并请巡警总局,将南街摊床一律命其迁入贸易云。(立)

《远东报》,1911年8月31日

长春自治公所公请另选议员

本城自治公所去岁成立后,共选正、副议员二十余名。近一年期满,按奏定自治章程,须另行选举,办理宣统四年各事。因此议长薛景州等,今又具禀民政及督抚各宪,请于九月初间另行投票选举正、副议(员)〔长〕,未悉各宪将如何批示。(立)

《远东报》,1911年9月20日

札催解缴学膳费

长春中学堂去岁以经费支绌,经城议事会议决,著农安县每年认摊学膳费银一千两,业已由府署详奉学宪批准,并札饬农安县解缴在案。今逾半载,仍未呈缴。昨经何子璋太守以中学用款异常支绌,札饬该县从速解缴云。(生)

《远东报》,1911 年 9 月 27 日

投票选举议员

本城董事会成立以来,将近一年,按《自治章程》第四条,另选议员,已志前报。因十月初一为前议员任满之期,遂公同议定,于九月十四乙级投票,十五日甲级投票,十八开票。闻选举合格者,商家绅户约四百余名。如有遗漏错误,由本月初十起,月终止,须于限内自赴议事会对明,以符定章。

《远东报》,1911 年 9 月 28 日

董事会筹备事宜录

长春城董事会前奉府宪谕饬,嗣后务将筹备宪政各事宜,按月详细开折呈报等因。该会历经遵办在案。兹将其呈报闰六月份已办拟办各事宜,照录于下:
(已办事宜)
(一)呈报去年冬季、今年春季施粥场收支款项事宜。
(一)呈送补抄清理财政局被焚案卷事宜。
(一)呈送宣统三年夏季本会人员禁烟甘结事宜。
(一)呈报四乡庙产租粮进款及收支事宜。
(一)呈送本年四、五、六月份本会收支决算册事宜。
(一)遵谕招待省派视察员,调查公所成绩事宜。
(一)遵奉开职员会议与福聚堂立卖兴隆洼庙产地契事宜。
(一)调查本城居民选民,预为名誉董事,及议员改选半数事宜。
(一)经理府自治筹办公所调查选民事宜。
(一)租赁房屋,组织自治宣讲所事宜。
(一)呈报永安市场成立日期事宜。
(一)呈报派员勘丈兰彩桥学田数目事宜。
(一)呈报另租房屋,迁移公所,修缮需款,预算数目事宜。

《远东报》,1911年9月28日

选举之宣示

长春自治筹办公所调查居民、选民各册，业已造妥，将所有选民资格各户，开列清册，宣示公众，以便错误更正。其公布云：

为宣示选举人民册事。照得《府厅州县地方自治议员选举章程》第八条第一项云，"宣示选举人民册，以二十日为期。若本人以为错误遗漏，准于宣示期内取具凭证，声请城镇总董、乡董更正，逾限不得再请。"又同条第二项云，"城镇总董、乡董据前项致请，应即日知会府厅州县参事会公断。"各等语。查长春府议事会甫经选举，参事会尚未成立。按照省颁府厅州县地方自治一览表，府自治筹办公所为此项断定更正。现经城镇乡各选举事务所调查竣事，已将各区选民姓名、年岁、籍贯、居住年限，及完纳税捐年额，一律编成草册，存放各选举事务所，以便宣示。内载选举人之资格，虽大体正确，难免无错误遗漏之处，合行宣示。〈记〉为此仰该区选民一体知悉。兹于七月二十八日宣示之日起，至八月十八日止，于限期内，如有错误遗漏情事，许由本人取具凭证，径赴选举事务所声请更正，勿得自弃公权。切切宣示。

《远东报》，1911年9月30日

赶造城区选民册

城董事会以城议事会议员本年应照章改选半数，前已派员调查城区各户完竣，并开具选民清单，宣布在案。其应呈吉林全省地方自治筹办处之选民册，尚未造妥。闻董事王君子明刻以期限临迩,恐负延误要公之咎,遂督饬呼调查员,帮同各书记昼夜赶造选民清册,以便转呈云。

《远东报》,1911年10月4日

城乡户口调查表

自治公所因奉上峰札谕,饬查城乡户口,派员清查,业经数月。兹闻长春城乡共正户、附户六万八千零五十二户,男大小共三十一万六千五百三十四名,女大小共二十七万三千三百六十九口,男女统计共五十八万九千九百零三名云。(立)

《远东报》,1911年10月4日

禀抽粮米特捐之批词

长春自治公所前拟抽收粮米特捐,以为修筑马路的款,曾与商务会公同议决,呈请西南路道,转详督抚宪示遵在案。日昨已蒙照准,其批云:呈悉。该郡绅商拟仿吉林征收粮米特捐办法,将长春府营业附加税内所收之粮捐划出,名曰粮米特捐。六份分劈,自治二份,警、学、商会各得一份;所余一份,作为修筑府城马路经费各节。查修筑道路,是自治范围内应办之事。因办自治范围内事项,征收特捐为的款,核与自治章程尚无违背,事属可行。仰即转饬照办云。(生)

《远东报》,1911年10月5日

照录府自治选举投票之文告

略谓：晓谕事。照得长春府城遵章本年成立府镇议事会，业经本府派员，将全郡户口并选民资格调查明白。九月里，就得把府议事会成立起来。有选民权者，得到投票所投票。到十月里，成立镇议事会也，是照旧去投票。这投票方法，说给你们听听。到了投票日期，有选举权者，到投票所去，向管理员领票纸一张，到了写票处，把你们平日深信服的好人姓名，写在票纸里边，照旧封好，送在投票匦内。只准写一名，不准写两名三名也。不准把自己姓名写上。投完了票，就得出外边去。其余那些投票规则，本府一时也说不完全。到了投票所，管理员把投票的方法，就指示你们了，可不许合别人交头接耳，听他们撺掇。举了歹人，你们地方上就吃了亏了。本府查知，也照章罚你们的。要投票举了好人当议员，好议员就能办地方上好事，大家可也沾光了。本府更有几件要紧的事，说与你们大家听听。第一件，投票所地方设在何处？第二件，各选举区应选几名？第三件，投票的日期。以上三件紧要事，要你们记清。到了投票日期，好到投票所地方去投票。你们再细看放给你们的传单，也就明白了。到了投票日期，你们要不去投票，是你们自己放弃自己的公权，将来后悔，也就晚了。这张告示内三件紧要事，投票日期、投票地址、议员额数，是举府议员定的。举镇议员在十月间，另定日期和投票地址。恐怕你们误会了，告示上不甚明白，再把那三件紧要事，逐条开列于后：

一、投票所设在财神庙。

二、投票日期，九月初十、十一、十二等日。

三、本区应举议员三名。

《远东报》，1911年10月8日

立议事会筹备事宜录

城议事会前奉府宪谕饬，嗣后务将按月筹备宪政，已办、拟办各事宜，详细开折呈报等因。兹将该会呈报七月份筹办各事宜照录于下：

（已办事宜）

（一）呈报开秋季常期会事宜。

（一）通知各议员秋季开常期会日期事宜。

（一）编叙议案，先期通知各议员事宜。

（一）呈报开埠局迁移义冢，所购地亩应纳租赋，分归开埠局担任事宜。

（一）遵批另拟城隍庙院内市场简章事宜。

（一）议订修筑马路手续事宜。

（拟办事宜）

（一）拟于八月十六日开秋季常期会事宜。

（一）拟估计马路里数，预算筹还修路借款事宜。

《远东报》，1911年10月8日

拟定马路事务所之简章

长春城内修筑马路，已志前报。兹悉绅、商两界会议，拟订事务所之简章八则，照录于下：

（一）马路事务所，系遵《自治章程》第五条第三项之规定，附设城自治所公所，一切测量路线，鸠工庀材督修等事，均归董事会执行，以符定章。

（一）马路所需款项，由自治、商会担任。故按《自治章程》第三十八条，议事会有监察董事会执行事务之权。办理拟由城议事会商务会各选二人，随时监察，以期妥善。

（一）会计一差，责任綦重，拟由商务会选举通晓账目、诚实可靠之人充当，仍取殷实铺保，以昭慎重。

（一）修马路款项存储殷实铺商。凡遇支出，须由董事会通知监察员，认为正当，方准由会计支取。监察员仍于钱折并账内盖戳为凭。

（一）雇工购料，督催修筑等事，均由城董事会执行。监察员亦须随时监察，如有不尽妥洽之处，亦须通告董事会磋商，以期完善。

（一）监察员有随时查阅马路账目之权。

（一）修筑马路，头绪纷繁，其有先未议及，临时发生事件，监察员得报由城议事会、商务会双方协议办法，呈请道府宪核准，交董事会照章执行。

（一）本简章系今岁先修筑由北门起至三道街口止一段马路暂行简章，其有未尽事宜，至续修他段马路，本简章未适当之处，应另行改正，呈请核夺。

《远东报》，1911 年 10 月 10 日

董耕云又控议长之近闻

女学堂经理员董耕云，前因各绅趋炎附势，与地方官等狼狈为奸，甘自出名禀控，后经督宪批准，派员严查。继因财政处主计员傅梦岩，竟以官款出放营利，以图肥己，禀请长春府秉公办理。近又因自治公所正、副议长运动官场，一人而兼数差，闻又具禀府署，请示一切云。（立）

《远东报》，1911 年 10 月 11 日

呈报详细舆图

长春府德惠县去岁划界后,各呈舆图,报部查验。不意该图村庄集镇,并未绘明。今春三月,因之驳回。后经自治公所将府属地面,改归六镇,详细绘明呈府署后。闻经何守特备专文,详呈民政宪,转行报部云。

《远东报》,1911年10月11日

城自治又开秋季常期会

本城自治公所去岁成立而后,立定章程,一年四季开常会议,兴办地面公益各事。近因秋季将尽,经议长薛景州、毕维垣与各绅议定,由本月十六开会,三十日停止。凡地面各绅须于限内逐日到会,公同核议云。(立)

《远东报》,1911年10月13日

秋季常期会开会纪实

十六日为议事会开秋季常期会之期。是日议长、议员到会者十一人,董事会职员六人。下午一点钟,道宪、监督先后至,遂振铃开会。首由道宪演说,谓:长春城议事会成立以来,办理自治事宜,日见进步。本道不胜欣慰。马路一事,是其明证。非诸公群策群力,曷克臻此。然自治应办事件甚多,必须节节进行。即如卫生、医院、栖流所等事,亦是目前急务。望诸议员悉心妥议,筹集的款,赶速成立,庶于卫生善举,均著成效。诚以自治与官治相辅而行,非官治无以为自治之提倡,非自治无以辅官治之不足。惟当此民智未开时代,动生阻力,尤望诸议员,随时讲演,庶几进行无阻,本道有厚望焉。继由监督演说,谓:今日是议事会成立以来第四开会之期。查定章,每季开常期会一次,诚以地方公益事,均在自治范围,故按季开会,议决进行方法。然诸议员于应行兴革整理诸事项,须详加研究,总期切实可行,为人民谋公益,为社会造幸福,乃能有自治名义之实云云。末由议长答词,谓:今日为本会第四届开会之期,道宪、监督亲临会场,致词用意甚厚,所以勉励诸议员者,无微不至。本会前途必有良好结果,议员等同谢殷殷提倡之盛意。惟本会成立以来,将及一年,所提议案,效力所及,沾被于地方者,甚属寥寥。是虽谬膺公选,得列议席,而能力薄弱,有负人民希望,惭恶殊深。然当国会缩短之时,凡自治范围内事,诸须兼营并进,苟不力求发达,逐渐扩充,谋公共之幸福,促社会之进行,其何以符地方自治之实。自今以往,议员等于自治事宜,遵守权限,悉心妥议,实力研究,调查必须详确,立言务求正大,弗存私见,罔越范围,总期筹备各事,进行无阻,以仰副列宪提倡之深衷,下慰人民无穷之希望,即稍尽吾辈当然之天职。尤望道宪、监督热心维持,随时指示,俾言论能力日益健全,议员等庶免素餐之讥诮,赎既往之咎。不胜荣幸盼祷之至。(生)

《远东报》,1911 年 10 月 14 日

牲畜斗秤加税原因

近闻民政、度支两宪因自治章程，凡地面各税，例加一成，为地方自治筹助经费，故饬统税总局，除晓谕商民，由本月起，凡牲畜斗秤各捐，向纳中钱一吊者，一律加纳一百，并札饬各署各局周知云。（立）

《远东报》，1911年10月14日

秋季常期会二次纪事

长春议事会于十六日开秋季常期会，已志前报。十八日下午一时，振铃开会，到会议员十三人，旁听董事会职员三人。首由书记长报【告】到会人数，继将自夏季闭会后，至本届会期所办事宜，与呈报议案，批回日期、理由，挨次通过，逐一说明。议员等均无异词。时已四点钟，议长布告散会，定于次日议事。（生）

《远东报》，1911年10月15日

详送自治区域图

吉林全省地方自治筹办处前札府署，遵照新颁图例，长宽尺幅，施色图样，绘具自治区域总图。每区各附人口面积表一纸，限于八月内绘竣呈核等因。当经何子璋太守转饬城董事会赶派绘图员魏君静轩，从速绘就一份。闻日昨业已呈府详送自治筹办处矣。（生）

《远东报》，1911 年 10 月 18 日

秋季常期会纪实

二日为议事会秋季常期会第四次开会之期。是日下午一时，振铃开会。书记长报告到会议员十三人，董事职员一人，并宣告道宪交议设立栖流所保全贫民案，请众公议。罗议员懋书云：栖流所与养济院性质相类。长春养济院原附设于同善堂，自同善堂改为工艺教养所，养济院遂归董事会经理。今拟添设栖流所，以保全贫民，诚为善举，然宜先定基址。议长云：栖流所之设，凡无归流民，不分老弱强壮，一律收养，与养济院专收老幼残疾者不同。李议员价人云：历年冬季，南关施粥，栖流所莫若即设于南关，食粥较便。查南门外有朝阳寺闲房数间，似可先行租用。现当款项难筹之时，尤为必先定限期。明年春暖，即行停止。惟款从何出，宜先筹划。议长云：此事系救贫善举，需款无多，不便另筹，徒滋扰累。查去岁粥场捐款尚有余存钱二千四百余吊，且自治入款炭车底钱一项，年约收钱五千吊之谱，除由内拨付监狱烧柴钱二千余吊外，下余之数，尽敷

栖流所之用。设有不足，再由绅商各界量为捐助。其栖流所一切事宜，即与粥场同归城董事会管理。诸君以为可否？众议员同声赞成，即请议长表决。(生)

《远东报》，1911年10月18日

秋季常期会纪事

议事会二十二日下午一时振铃开会。书记长报告到会议员十三人。议长宣告筹立国民分会并体育社一案，遂云国民分会一事，前经留东代表金、王二君鼓吹，虽已集议，举定会长，究未实行。现闻吉林业已成立，王君卓山又殷殷嘱托，未便久延。惟集会结社，关系颇重，应先呈报立案，如蒙批准，再由该会长另订进行手续，及一切办法。至体育社为国民分会之一端，应一并先行成立。可否请付公议？李议员价人云：如办法甚妥，众议员亦极赞成。议长即照章表决。复宣告宾州府、农安县两城议事会函请联合要求免征牲畜子母税一案，请众公议，并将各函所叙理由通过。议长云：牲畜子母税即使实行，亦应为合省普通政令。且长春近年迭遭水患，民间元气亏损，不堪担此重累。况国家税、地方税尚未划清，更不宜先行征收此税。来函所称要求蠲免，或请暂缓，俟国会于后再遵通行章程办理，不为无见。本会自应协助，呈请要求，以祈地方之幸福。可否，仍请公议。众议员齐声赞成，即请议长表决。

《远东报》，1911年10月21日

会议修筑马路之办法

城内马路实行建修，业已有日。但因各街中日电杆，各商幌招牌，有碍交通，兹闻孟道、何守于二十五日，在自治公所公同会议，定将南北城门，饬商务会一律拆卸。至日人电杆，道宪准拟照会日署，饬即迁移。惟商家幌杆招牌等，仍须商会自为办理云。（立）

《远东报》，1911 年 10 月 22 日

清乡局选举区长

长春府何太守为办清乡事宜，与各绅议定长春城内共分五区，每区之中设区长一名，副区长一名。次则百家长、十家长，帮同调查户口各事，以为清盗之源。但因民户品行不同，有愿担责任而资格不及者，有资格相合而不愿承乏者，后经各绅妥议变通办理，于二十四日归各区投票选举云。（立）

《远东报》，1911 年 10 月 22 日

禀请官监改归商运

长春地面食盐自创设官运后，不准商家私自购运，业已数年。近闻自治各绅因奉天地面旧章未改，仍归商运，故议长薛景州等公同议决，拟援照奉天商运章程，具禀督抚各宪，请将官运局裁撤，改归商家自为购运，而节经费，以便商民，未悉能邀允准否。（立）

《远东报》，1911 年 10 月 24 日

秋季常期会纪实

议事会秋季常期会第七次开会。是日下午一时，振铃开会。到会议员十二人。书记长报告到会人数，并宣布榆树厅移请协议将食盐改归商运商销一案，请众公议云云。罗议员懋书云：食盐官运，除盐水课、盐厘及成本运费外，所获赢余，为新设司道公费，及预算陆军的饷之用。来文所拟请商运，旧章恐难办到。孙议员秀三云：食盐为民生必需之物，应各省统归一律，方为平允。现左奉天仍系民运，故盐价低廉，商民称便。吉省独归官运，办法两歧，殊属偏枯。所拟改归商运，系援照奉省办理，且于商民均属便利，实为应行事件。议长云：自改设官运以来，设立缉私局，农民偶有违犯，被罚被押，甚有连车马全数充公者，不知凡几。此不便于民之实在也。即销盐之商，因消耗短秤，盐色不齐，动辄亏赔，复受种种刁难，莫可如何。此不便于商之情形也。若仍归民运，将应征课厘及官运余利，核定每盐一石，缴余利若干，于盐滩发运之时，一并征收。一税之

后，任其自由，于公家毫无损失，且局仓员役经费、采运缉私运费等项，均可裁减，又可便商便民，洵属有利无害。应即呈请转详，并分呈谘议局协议转呈，以期达到目的。可否，仍请公议。众议员互相讨论，均以如此办理，甚属妥协，同声赞成，无一异词。议长遂登台表决。（生）

《远东报》，1911 年 10 月 26 日

秋季常期会纪事

议事会秋季常期会第八次开会。是日下午一时，振铃开会。到会议员十二人，旁听董事会职员一人。书记长报告到会人数，随宣布董事会移请本届选举由筹办府自治调查员兼办，拟请酌给津贴节省薪水一案，并将来移理由通过。王议员辅宸云：城区选举调查事宜，既由筹办公所调查员兼理，所给津贴数目，自应以办事时间核计。查定章，办理选举，调查一月，造册一月，投票开票一月，共计三月，即可完竣，似应以此时期酌定。刘议员应宸拟每月四两，张议员万里、朱议员立铭拟每月六两。议长则以调查虽已竣事，然造报居民选民册，分送选举证等事，手续甚繁，均系调查员职务，津贴宜稍从优，拟以每月八两，仍按五吊作价。计调查员五人，三个月津贴，共银一百二十两。即由董事会支给，与其预算调查川资原数，亦不超过。众议员均为认可。议长即从众议表决，并宣言宜先呈府立案云。

《远东报》，1911 年 10 月 27 日

德惠县官绅反对之原因

长春府属德惠县庆大令,自到差后,所为新政各事,大都与各绅反对。又因某报记载该县诸事腐败情形,致该县迁怒于自治筹办公所。于日前特下札谕,饬该所所董王云台立为销差,并饬各绅复行选举。不料前月二十另行投票时,而王云台因素孚众望,得票仍居多数。庆令忿无可泄,不问情形,遂自派张某为该所所董。因此各绅均愤懑不平,来城联名禀请长春府,转请民政宪另行派员选举办理,以昭大公云。(立)

《远东报》,1911年10月29日

府自治又派员调查

自治筹办公所因宣统四年二月间例应复选,经监督徐之初、司选员张维周等公同议定,复行派员赴乡调查。故于日前派定稽查员十名,定于月之十五日分赴各乡调查乡民资格、产业,以备明春复行选举云。(立)

《远东报》,1911年10月29日

养济院请置棉衣

城后同善堂院内旧有养济院一处，专收老幼孤独贫寒无告者，养育其间。后因该院底款支绌，改归工艺教养所，而院内经费又归自治公所为之筹集，并经理一切。近闻各绅董见天气已寒，院内贫民无衣者甚多，故各绅具禀长春府，转请民政司，由地面公益款内筹集千吊，各给棉袄裤一身、棉鞋一双，以示体恤，而御严寒。未悉能邀允准否。

《远东报》，1911年10月31日

城镇乡自治区域表

长春自治筹办公所，前以筹办城镇乡自治事宜，曾派调查员多名，分赴各乡，划分镇乡自治区域，并测量区域面积、方里，及调查选民人口数目，刻已告竣。兹将其划分镇乡区域名称、面积、方里、人口数目，详列于下：

（城厢区域）面积一百零六方里，人口四万四千五百九。
（恒平镇区域）面积二千零二十五方里，人口五万零八百十四。
（泰和镇）面积二千一百五十七方里，人口五万五千七百二。
（永清镇）面积二千七百三十三方里，人口五万零七百三十四。
（来远镇）面积二千五百三十一方里，人口五万零一百十二。
（绥恩镇）面积二千七百八十一方里，人口五万零一百三十九。
（德安镇）面积二千九百四十一方里，人口五万一千五百二十一。

（恒丰乡）面积一千四百三十七方里，人口一万五千九百六十九。

（恒富乡）面积二千六百十四方里，人口二万三千六百九十四。

（恒升乡）面积三千七百五十里，人口四万一千零九十六。

（恒庆乡）面积九百一十方里，人口二万零五十三。

（恒清乡）面积七百十九方里，人口一万六千二百十五。

（裕顺乡）面积九百十七方里，人口一万零七百四十一。

（裕忠乡）面积六百方里，人口一万零六百三十。

（裕信乡）面积八百十一方里，人口一万七千五百四十三。

（裕国乡）面积三百五十方里，人口一万五千一百二十二。

（裕民乡）面积三百七十七方里，人口一万二千一百七。

（裕生乡）面积三百九十二方里，人口五千四百七十三。

（安仁乡）面积一千零五十五方里，人口一万零六百十九。

（抚靖乡）面积八百七十九方里，人口一万五千八百十五。

（抚顺乡）面积一千二百方里，人口二万一千三百三十三。

（总计全府一城）六镇十四乡，共面积三万一千三百六十三方里，人口五十九万零三百零三名。

《远东报》，1911 年 10 月 31 日

城自治会又投票选举

本城自治公所议长、议员一年限满，例应再选，以符定章。本报已志。兹于初十经各绅户禀明长春府，将有选举权者孙梦庚等，有被选权者毛子和等，共五百余名，一律传知，定于初十、十一、十二、十三日内投票选举云。（立）

《远东报》，1911 年 11 月 5 日

自治专设宣讲所

　　长春城内宣讲所已设二处，皆系劝学所筹款设立。然每日宣讲与否，实无人管理。近闻自治公所以为欲开风化，非到处宣讲，不能收效。公议定在二道街创设自治第一宣讲所，以开民风，并拟分设各乡，以期普及云。（立）

《远东报》，1911年11月10日

府选举得票之绅民

　　自治筹办公所月之初十、十一等日，在财神庙内投票选举。兹于十六日开匦验票，闻绅董王子明得票三十三张，为最多数云。

《远东报》，1911年11月11日

议长行将抵长

　　顷悉吉林谘议局接北京谘议局联合会电，谓各省议长、议员晋京讨论乱事等语，业经各界推举该局副议长赵学臣赴京。闻赵于日内即可抵长，小作勾留，即

乘南满汽车晋京云。(生)

《远东报》，1911年11月14日

各界大会议详志

长春官绅前以时事日急，恐有匪徒乘势聚众滋扰，拟组织保安会，以卫地面一节，已志本报。日前绅商两界，以保安会事体重大，特请道府以及各局处所人员，在自治公所开全体大会。各界到会者共五十余人，互相讨论保安会章程办法，拟举陆军第三镇曹仲三统制为正会长，以孟秉初观察、何子璋太守副之。因曹固辞，复举孟为正会长，即以官医院为该会之办事公所云。(生)

《远东报》，1911年11月18日

照录保安会简章

长春设立保安会，仍举道宪为会长，何太守与毕学董副之。薛君荫棠为总参议，以张维周、董耕云副之。其评议二十余人，以各局所学堂首领充之。其公拟简章照录于下：

第一条　本会定名曰吉林长春府国民保安分会，系由绅、商、学、警公共团体组织成立。以西南路道为会长，长春府（与）〔举〕毕绅维垣为副会长。择相宜地址设立会所，为办事机关处。

第二条　本会以兴办团练，实行缉捕盗贼，专以保卫中外商民为宗旨。

第三条　本会设总参议一，副参议二，评议员无定额，以地方绅、商、警、学各界明达士绅充之。

第四条　筹办团练事宜一切进行手续，均由本会随时妥议筹措。

第五条　本城拟由各商家组织商团二百名，专任本城巡缉盗贼事宜。其统率人员，设总团长一名，由商选举，受保安分会节制，仍由保安分会派人随时监察。

第六条　乡镇民团拟将旧有预备巡警分为六团，每团设总团长一名，将原班预警调齐，分班巡逻，专任缉捕盗贼事宜，仍由保安分会，派人随时监察。

第七条　监察人员由绅公推，保安分会委各处监察，并有就近监察该处额设巡警之权。

第八条　团勇薪饷及所需枪械、子弹、号衣等项，商团由本城商家各铺自备，乡镇民团就各乡预备巡警原款筹办。

第九条　本会以维持全府治安为责任，除本城新设商团及乡镇预备巡警归本会监查外，其城乡额设巡警，本会亦随时监察。凡有办理未善之处，一并随时纠正。

第十条　本会应刊"吉林长春府国民保安分会关防"，以昭信守。

第十一条　本会办事人员，均系义务，不支薪水。

第十二条　本简章自本会成立之日起实行，其有未尽事宜，随时更正。

《远东报》，1911年11月22日

请看议长对于独立之辩正书

顷阅九月二十八日贵报载有"长春保安会实情"，内载有本议长向各界会议拟宣告独立一语，殊为骇异。查本日请道府暨陈协统，原即举定道宪为会长，并无独立之言。贵访事者亦何必为此破坏之言耶？长春士绅即无程度，亦聊晓大局，岂真出此无国家之下策耶？合亟函请贵报馆，一秉大公，烦即登载改正为祝云云。

《远东报》，1911年11月23日

府选举告竣

长春自治筹办公所前于调查居民选民葳事后，曾派管理员多名，分赴各乡，定日投票选举。现闻全府之六镇十四乡选举告竣，各该管理员均已陆续来城。刻正组织府议事、参事两会成立云。（生）

《远东报》，1911年11月23日

议长准假之原因

长郡自治公所议长薛景州，前因诸事掣肘，具禀府署，请给长假后，何守以该员尚能熟悉地面情形，终未允准。不意于初三日，薛某与董化南等联名禀揭何守任用私人，擅用公款，请督宪派员严查，致何守愤懑万分，立将薛某假禀批准，并饬即出自治公所云。（立）

《远东报》，1911年11月30日

木炭税亦归统税

长春地面木炭一税，向归右堂差人征收。每车一辆，抽中钱一吊，为本署私费。及至去岁，经自治公所议除积弊，将木炭一税改归财政处征收，为自治公款。近闻度支司宪又因哈埠地面木炭一税，归统税征收，且值百抽十，特来札谕，饬统税总理，晓谕木炭各商，嗣后炭税归统税局派员征收，且格外体恤，照值百抽五一律征收云。（立）

《远东报》，1911年12月2日

定期公举副议长

自治公所去岁成立时，公举正议长薛景州，副议长毕维垣。近因薛某屡与太守暗起冲突，具禀请假，所遗正长一席，遂由副长毕某接充。近经各绅已于初十日公同投票，选举副长一席，俟宣布后续志。（立）

《远东报》，1911年12月3日

府自治定期开会

本府自治公所业已成立,并已举定张维周为正议长,业已有日。近经议长传知各区议员,由本月十五日起开常期会四十日。凡地面应兴之利益,应除之积弊,须于限内一律到会,提议一切云。(立)

《远东报》,1911年12月8日

派员严查官绅反对事

自治公所议长薛景州联合各绅,禀控何守滥用私人,擅动公款,业已有日。不意内有某绅又禀薛某私自开会,藐视各绅等情,致民政宪多滋疑虑。特派何印川并札派兵备道孟秉初,切实严查呈报云。

《远东报》,1911年12月9日

开办照录粥厂之示谕

略谓:施粥一事,原为老幼贫民无力自食,以及身抱残疾不能自养者,日给一粥,藉免饥寒。但此项经费,前由牲畜税溢征提拨。迩来该税由省征收,所有溢征亦因之归省。施粥一事,势将中辍。然一般贫民,时值冬寒,就食无所,殊堪怜悯。兹经官绅商各界,为救济贫民起见,共同提倡,筹集底款,仍在朝阳寺内作为粥厂,已于本月初十开办。尔贫民等,自宜就食。惟查往年领粥者流,实系贫民者固属不少,而其中家足自给,居心贪鄙,冒为贫民,入厂领粥者,亦复不少。甚有将粥领出,并非自食,而喂养牲畜。此等恶习,殊堪痛恨。倘不严行禁止,实与绅商助款之热诚,施粥之至意,大相违背。为此仰领粥人等,不准再蹈前辙。如敢故违,送官究办云。(立)

《远东报》,1911 年 12 月 9 日

长春之近情

长春保安会现已组织商团二百五十人,沿街巡逻,各地方官禁谈革命。吉抚饬知保护奉吉电线及得律风。旗汉人员各立门户,华民多赞成革命,谣传革命旗帜,俱已备齐,以致谣言日多,人民为之摇动。传闻革党通知某领事,饬在满外人迁入租界内,否则不能担任保护。固然以上之谣传,毫无价值。惟愚民闻之惊恐,商务亦大受影响。以前每日运货之火车,常有四五十辆之多,现在不及四分之一,甚至开行之货车四辆而已。满人恐被惨杀,多变卖产业,以便逃难。至于宽城子各地方官,仍照常办事,与往日无异云。

《顺天时报》,1911 年 12 月 10 日

催送议案之札文

日昨府署接奉民政司札,略谓:照得各属城镇议事会议案,均应照章呈报该管地方官,详为批答,一并转详到司,以凭查核,历经饬办在案。兹查各属城镇议事会成立以来,开会已四次,所有议案并未按期呈报,甚有摘抄节略,不录全文,或仅录原文,不加批答。各该地方官身任自治监督,如此含糊,将来贻误自治前途,何堪设想。除分行外,合亟札饬。札到该府,应即遵照,将所属城镇议事会历次议案,除已报者不计外,其余未报之议案,均应连同批答之词,汇订成册,分期呈送。嗣后每季议案,仍应于本季之末,具报到司,毋得再行延宕云云。府署奉札后,即转饬议事会照办矣。(生)

《远东报》,1911年12月16日

选定主计员四名

长春自治各绅为财政处主计员傅梦岩弊窦丛生,公议撤退,绅界自为派人,已志昨报。兹于二十二日,闻在自治公所经府议事会各议员等举定正、副主计四名,一王皋民,二沙立权,三王华南,四丁子居云。

《远东报》,1911年12月17日

府议事会开会纪实

月之念二日为府议事会第三次开会。到会者为正、副议长及参事议员等，共二十八员，遂即振铃开会。首由议长报告一切提议事宜，请诸议员共同会议。（一）筹赈备荒案。（二）提议中学堂教员冒领薪金。（三）请查现存积谷。（四）禁粮出境。（五）寓赈于工，修筑长农轻便铁路。惟以上诸种问题，一时实难解决，故议长张叔屏拟于次日邀集毕董黻廷，及参事会诸公，届时临会再议。（生）

《远东报》，1911 年 12 月 17 日

选举财务助理员

府议事会现以财务处助理员董话年、薛荫棠均已辞职，所遗助理之差未便久悬，特于日昨在筹办公所，由议、参两会用【单】名连记法，公同推举，以本地士绅中操守廉洁，素晓经理，家道殷实者，方能被选云。

《远东报》，1911 年 12 月 17 日

自治公所附设参事会之原因

自治公所遵照自治章程，创设董事、议事会各一处，业已有日。不意近来各绅董等因保安会成立，其中章程多系官场自为主持，故于日昨集众公议，拟在自治会内专设参事会一处，以备保安会出有事端，公同参办云。（立）

《远东报》，1911年12月19日

保安会续开会

长春国民保安分会于日前假城自治公所大开会议，正、副会长、参议、评议以及绅商各界陆续到会者六十余人。首由贾至清报告，奉民政札委，学界推举来长办理，整顿预警，以资保安事宜，遂将省拟清乡章程宣读。继由参议长张叔屏宣言：长春保安分会自道府提倡组织以来，已逾多日。除商会诸君热心毅力，已将商团办有成效外，乡间预警尚无若何效力，亟宜将会所地址、执行人员、一切手续，按照吉林章程，加以变通，认真逐节进行，方可以收成效，共同研究。复由正会长演说：奉省前颁章程，不过权宜之计。现在商团成立，防队来长，大局渐就安谧，人心平静，已非从前可比。惟欲保自安，非将乡警实行联络，使人人有自保自安观念，及筹款整顿诸法，详细研究，确有把握，方可达到保安目的。副会长云：现在急宜议定者，会所地址、执行人员、稽查方法、惩办规则均系要着，兼以整顿正预巡警，使之互相联络，为入手办法。至一切手续，宜由参议部酌拟，呈请正会长核定。张叔屏谓：款项一节，虽可先由省借，但将来抵还之法，宜先筹定。何露舟云：保安为地方公共利益，究以富有土地者享利益为最多，此后筹还借款，似宜以土地为准等语。众无可否，随将公同拟定各项如左：（一）暂以中学堂为保安会办事会所。（二）贾委员言省城现有枪械二千枝，由府署先行电请，为长春存留多数。（三）文牍书记均住会所。（四）递送公文，借用正巡警。（五）惩治土匪，由巡警局执行。（六）地方行政事宜，仍归办理。保安分会不得干预。（生）

《远东报》，1911 年 12 月 22 日

府议事会开会纪实

长春府议事会第八次开会。议长、议员、参事到会者二十四人。首由议长报告车牌通行全省，并收车捐多有舞弊，及提归劝学所庙产等案。次由诸议员共同议决者如左：（一）车牌通行全省，甲府至乙府，不准收过路捐，移请谘议局，转详督抚宪，札饬各府厅州县一律通行。（二）收车捐各有舞弊等情，可面见府议事会，诉明舞弊确据，代为详请惩办，并移知财务处，将前所有舞弊各节，严为稽查惩办，及现提之案回复。（三）提归劝学所学田，应照会劝学所，将所收学田公款如数移复，妥为厘定，仍归办学之用。（四）中学堂发生息之基本金，如何经理，暂请府宪照会中学堂，将各款如数核算清楚，移知本会，再为厘定。（五）篮彩桥学田，本会经理，呈请府尊乞转移交。（六）在杏花村所买之地，归本会经理，作为自治经费。（七）各局处所学堂，由公款置办一切物品，呈请府宪转饬各学堂，将现存及增添销毁各数目，调查清晰，于年暑两学期呈报本会，以便各学堂交替人员存查备案。以上诸议案，均由议长表决。时已四钟，振铃散会。

《远东报》，1911 年 12 月 27 日

城议事会开冬季常期会

日前城议事会开冬季常期会，议长、议员并监督何守均先后亲临会场。下午二点钟，振铃开会。由监督演说云：城议事会成立，已及一年。幸诸议员热心公益，所议事件，已实行者，如设施医处、修马路均有成效。然自治百端待举，必官绅合力赞助，方能达完全之目的。今届冬季会期，各议员均系明达之士，务于地方应兴应革事宜，切实研究。本监督必力为提倡，以期和衷共济，不虚此半月。是本监督所厚望者。演说毕，议长命文牍代读答词，词曰：今日为本会成立以来第五届常期会开会之期。辱蒙监督莅会，谆谆告诫，凡所以勉励议员，希望本会者，至殷且厚，议员等同申感谢。溯查本会自宣统二年十月成立，时阅一年，曾经四次。于地方应行兴革整理事宜，虽逐渐研究，然求其为公共利益，人民均获幸福者，除免征子母税以省民累，修筑马路以利交通，设立施医处、栖流所、粥厂，以恤贫病诸端，已收成效外，其余自治范围内应办之事，或未经议及，或已经提议，未能实行。虽议员能力薄弱，亦由财政困难，致有种种障碍。此次第五届开会，议员等务将地方利弊，调查明晰，何者应兴，何者应革，必确有见地，实力推行，凡不背乎自治章程，不越乎自治范围者，均需逐渐提议研究，再请监督力为提倡，节次进行。果能推行尽利，则效果所及，利益普沾，俾自治确实相符，方不负监督诱掖之深衷，以稍尽吾辈当然之天职。此议员等对于本届开会所希冀者如是。仍望监督随时指示，俾议员等有所遵循，则本会之大幸也。读毕，议长抽签决定议员席次，并宣告定期议事。宣毕，振铃散会。

《远东报》，1911年12月28日

城议事会冬季常期会纪实

城议事会第三次开会,到会议长、议员十六人,董事会职员二【人】,旁听绅士一人。是日下午一点钟,振铃开会。首由书记长报告到会人数,并宣告城董事会移知造送自治施医处预算表,奉清理财政局诘问各节,如何呈覆,请建议一案。议长云:查自治施医处,系本年二月赓续防疫局所设,经本会议决办理,委因彼时牛马市场用钱,尚未定为何项专款,故决定由自治应分之营业附加税项下开支。现在牛马市场用钱既定为城自治专款,施医处系城自治应办之事,应由此款开销,固无疑问。惟牛马市场用钱,于本年五月始定为城自治专款。其五月以前施医处所支款项,亦由营业附加税之款,应否拨还,请众公议。苏议员向阳云:施医处为城自治应办之事,所需之款,即应由牛马市场用钱项下支拨,似属相当。若五月以前用营业附加税之款,五月以后再用牛马市场用钱之款,未免仍多纠葛。议长言:财政事宜,总宜划分清楚。如清乡调查费,量地机器,绘图员薪水等项,均关全府之事。若由城自治款内开销,似不相宜。莫若先将城自治专款,与普通自治款项之界限划清,与财务处核清账目。城自治之款,方不受侵蚀。施医处前用营业附加税之款,亦不至无项拨付。诸君以为如何?诸议员均以如此为相宜。议长即宣告,俟将财务处账目对明,核计盈绌,再覆议施医处预算批回案。时钟已三下,遂即振铃散会云。(生)

《远东报》,1911 年 12 月 30 日

城议事会常期会纪实

城议事会第四次开会,议长因事未到,由副议长代理。到会议员十三人,旁听三人。下午一时振铃开会。由书记长报告到会人数,并宣告副议长提议清除积雪一案,并谓:本城习惯,每遇降雪,各扫门前,街心即置之不顾。春融之后,道路污坏,交通颇觉不便。于马路已成者受损,未成者有妨续修。请预筹方法,俾令于交通马路两有裨益,方为正当。如何?旧惯实为自治缺点,请众公议。张议员国华云:除清道路,系卫生部分事宜。查巡警原有卫生一科,此事仍归巡警局办理,似为正当。赵议员尊贤云:查巡警局卫生由商会月给钱七百吊,仅经理街道。至铺家院内,则由各商户自办。苏议员向阳云:既如此,则宜城内大小街巷统归巡警局经管。朱议员立铭云:巡警既得津贴钱,即应担清除街道积雪之责。除巨商自办外,其余小本经营,以及僻巷积雪,统归巡警清除,方为正当。副议长云:警局卫生科虽有清除街道之责,然城区之大,巨商稀少,一遇大雪,统归该局清除,恐难办到。苏议员向阳云:警局统办,所虑者经费耳。宜将该局卫生科出入各款调查,比后有无盈余。如款有余,而事不办,即宜更换科员,以求核实。众议员均以先将该局卫生出入款项调查明晰,或与局长面商办法,再行覆议,遂即鸣铃散会。(生)

《远东报》,1912年1月2日

议事会议决之案件

城府议事会于日前开（长）〔常〕期会议，后提议案件数十余条，而议决者寥寥无几。但为筹款赈济一案，前拟由各粮店斗费内筹集，后因孟道以为本城内抽此斗费，尚属可行。惟头道沟日站粮店，恐生阻碍，即与日领严开交涉，终属行之不易。且当此时局，即能实行，亦无济于事。因此各议员议定，先由官府借款二十万，再立一慈善会，捐募各乡富户，以期集腋成裘。倘有不足，再由地面公款内筹集偿还。又为巡警局底款支绌，议决明春将城乡巡警总局移至城后同善堂院内，以省终年房费。又营业附加税，原定章程，提出六分为地面公用，警、学、商会各得一分，自治二分，其余一分即为马路费用。目下捐税减色，将来马路亏款，恐难筹措。公同议决，由自治应得款内提出一分，发商行息，以备马路亏款之预备用项云。

《远东报》，1912 年 1 月 4 日

押当铺议决设立

长春城关数年以来，我华人等勾串日人，设立押当，已有十余家之多。盘剥重利，有害商民，且与裕升、福兴各当商之前途大有妨碍。自治各绅，初拟禀请孟道与日领交涉，欲行禁止，又恐难达目的。兹经开会议决，在商埠界内设立押当三处，并议定无论何物，以五分利为率，以相抵制云。

《远东报》，1912 年 1 月 12 日

照录清乡简章十条

长春四乡保安分会照吉林章程改为清乡分局，业已有日。兹经各员议定章程十条。

一、照乡巡原定警区，且照吉林清乡局章，编练预警五团，每团以一千五百名为定额。

一、各区官兼充团长，巡官兼充大队长，巡长兼充队长，二等巡长及预警巡长皆改充排长，专司训练兵丁及缉捕各事。

一、常警官长虽兼充团长、排长，其薪金仍由警局照旧支领，暂不另行增加。

一、预警巡长改充队、排等长，其公费亦仍由青粮照旧筹给。

一、预警皆系本籍人民，各有身家，应作义务。其日用膏伙，仍需旧日青粮。倘有不足，再各由筹备。

一、每团应设大队长三名。兹各团仅有二名，按额计算，尚缺一名，应由各区择有军警卓识者，禀请本局委派。其薪金照常警巡官发给。

一、每团设督催员一名，专司编练验队各事。

一、每团设监督四名，专任稽查，团长、队长、排长等能否胜任，随时报告。

一、每团设劝办若干人，各团演说清乡宗旨，使人人皆知，为保治安起见。

一、本分局为长春清乡之总机关，有执行各团之权限。所有团排长，皆由本局另加札委。所有团队各长，皆系巡警人员。有不善者，应予撤换时，仍由巡警公所执行，以清权限云。（立）

《远东报》，1912年1月12日

公举毕绅接充警务长未准

长春自治各绅因警务长一差不认札派外省人员接充,电禀民政公举毕绅维垣接办,已非一次。兹闻批回,谓:警务长一差,向来章程归本辕及地方官节制,应派何人,自有权衡。该绅等恃众滥保,殊属非是。所请各节,一律不准。并闻又严斥长春府,谓:地面各绅如此举动,不能预为禀知,殊属玩忽公务云。(立)

《远东报》,1912 年 1 月 17 日

吉林近闻——预筹备荒

长春府议事会于第十六次会议时表决,共议先设立一慈善会,以为筹赈之总机关,会所附设于府参事会内。所有在会办事人员,均尽义务,共议不支薪津。至筹集之手续,同议订四条:(一)确查积谷现存若干,变价若干;(二)设法劝募义捐;(三)确切调查饥民口数;(四)备文请赈。现该会简章业已订妥矣。

《民视报》,1912 年 1 月 30 日

长春灾区饥民一览表

长春府议事会以本年霪雨为灾，收成减半，城乡饥民嗷嗷待哺，前特派员分往灾区调查饥民若干，以备请款赈济。兹录该员等旅会报告各灾区饥民数目如下：

本　　城　七百五十九名
太和镇　六千一百九十名
德安镇　三千七百二十四名
恒平镇　六千五百二十四名
永清镇　七千五百二十二名
来远镇　五千零一十七名
绥恩镇　四千九百七十六名
恒升乡　六千二百三十二名
恒富乡　五千一百零八名
抚顺乡　一千一百三十三名
恒庆乡　三千八百一十名
裕信乡　一千七百五十四名
恒清乡　二千八百零五名
恒丰乡　二千七百九十一名
抚靖乡　一千五百八十四名
裕国乡　九百五十一名
裕民乡　八百二十三名
裕忠乡　八百八十一名
裕顺乡　一千二百二十三名
安仁乡　一千八百二十二名

裕升乡　六百六十四名

以上统计城镇乡饥民六万六千二百八十七名。

《民视报》，1912年1月31日

研究所举行毕业

第一班自治学员考试毕业各节，已志前报。兹闻该所业已考试完竣，于日昨二十四日举行毕业典礼，并摄影以为纪念。参观者有府经历时玉轮君、劝学所毕辅廷、府议会田荫轩、财务处王子明云。

《盛京时报》，1912年4月28日

选举所定期开票

选举省议员一事，已于本月初二、三等日在城镇各区分设投票所，令选民就近投票，早志本报。兹闻定于十四日在财神庙开票，移知各选举区，务将票匦送齐，以便统一，而示大公云。

《盛京时报》，1912年5月10日

高议员烟案了结

城议事会议员高殿甲家被禁烟局员搜出鸦片二两余钱,已志昨报。兹闻该议员幸赖府议长王炳文妥为调停,仅出宽钱一百吊,该议员竟得悄然无事矣。

《盛京时报》,1912 年 5 月 16 日

初选议员揭晓

长郡选举省议员分为六区,投票选举,于昨十四日在财神庙开票。初选监督临场监视,核算选民人数,初选当选人三十六人,每人当得票四十四票。迨至开匦检视,尚多缺额。兹将当选人士照录如下:刘香涛七十二票,赫俊卿五十九票,何晓川五十七票,王国琛、苟铭新、张维周、魏逢乙、崔炳南、王鸣銮、赵学臣、傅维清、许鸿洞、于观春皆足四十四票。其所缺之二十三名,拟定期用制限选举法以补举云。

《盛京时报》,1912 年 5 月 18 日

议员保护匪党

城西恒裕乡十三甲姜家屯有刘某者，久以窝匪为业。讵意本月初间，被巡防营营官福禄君侦知，立即带兵往剿，曾搜出快枪六杆，马鞍子四盘，马嚼子二十余挂，即将窝主刘某带城，交由司法官严押审办。现闻已托议员仲兆芳，转托府议会副议长王子明设法保释矣。

《盛京时报》，1912 年 5 月 21 日

府议会开临时会之原因

府议事会通知各议员来城，暂借自治研究所开临时全体会。探系因该会正议长张维周现已被选为省议员，副议长王秉文声名狼藉，加以兼充财务处主计之差，故议、参两会招集全体议员，以便投票选举正、副议长云。

《盛京时报》，1912 年 5 月 22 日

选举之冲突

选举省议员曾志本报。兹闻当选之人士内有恒七甲苟明新一人，开票后，即有府议会书记董某递禀府署，谓其得票不实，尚未了结。现又有该甲绅户刘书吉在审判厅呈控，谓其选举舞弊，未悉如何结果耳。

《盛京时报》，1912 年 5 月 29 日

府县议长不准取消另举

省议会日前电饬各府厅州县之议长兼充为省议员，而各府厅州县均各另举议长，曾志各报。兹闻现又接到省垣通饬，略谓：省议会会期仅四十日，闭会以后，各府厅州县之议会仍可兼理，不准另行选举云。

《盛京时报》，1912 年 5 月 31 日

电请挽留议员

省议会议员何（仰）〔印〕川君，因与庆议长冲突辞职，已志本报。兹闻本郡人士均不承认辞职，致失长春之言论权，故日昨电禀省议会，务必挽留，以保

长春人之言论云。

《盛京时报》，1912年6月1日

府议会开会后期

府议事会为选举议长事，招集全体议员，在自治研究所院内开会，曾志本报。兹闻前时定期六月初二日开会，现因四乡议员因路途有远近之分，尚未到齐，故又改定于本月初六日实行开会云。

《盛京时报》，1912年6月8日

三、农安县

农安自治局购料动工矣

自治局借用财神庙闲房，甚为狭小。县尊以事关久远，非设专局不可。现择于财神庙前面空场，而修盖议事堂，及参议员、法制、宣讲、调查、庶务各课员住室，并其它用房。日内已购料动工，三四月间可完竣。

《盛京时报》，1908年3月27日

农安县自治二则

省城自治研究所毕业学员张云五、于景白,去冬回农,即与地方诸绅开会集议筹备自治进行手续。现已将县属筹办方法,条陈列宪,一俟奉到回文,即拟次第举办董事、议事各会云。

农安自治研究所二班学员,已于客冬毕业。前拟招考三班学员三十名,讵出示多日,迄无一人报名。昨又展期,三月十六日再行考试。

《吉长日报》,1910 年 4 月 12 日

议事会不认清赋房捐

议事会以清赋局所定房捐,刻将实行征收,公同集议,谓农安地方系借蒙古郭尔罗斯前旗开荒,征收租税,较之各处,情形迥异。而此项捐款,收数甚巨,他处多未实行,农安万难首创。况民力凋敝,何能负此重任。业已呈请监督,转详核夺,未知能否允准。

《吉长日报》,1911 年 1 月 10 日

董事又有烟癖

　　议事会议员某因有烟癖,经茹令照章取消,已志前报。闻又有董事王某,素吸鸦片,烟瘾未除。家居小西门外,刻经禁烟稽查侦知,报告茹令,拟将该董事先行调验,如果有瘾,即取消另选。

《吉长日报》,1911 年 1 月 12 日

自治研究所仍须续办

　　农安自治研究所已办两班,照定章,研究三班,即当停办。近闻抚署公文,禀请到省,经上峰批示,尚须续办一班,方准停办云。(亚)

《长春公报》,1911 年 4 月 11 日

城乡议事会议长辞职

　　农安城乡议事会议长丁世明,前被选时,以身居商界,即不欲担任议事重寄,故夏季初次开会,因各议员有提议设牛马市场之说,不愿赞成,以致闭会八

日，复暂避席。闻日内又有呈请监督暂回锦州原籍，所有议长一席，拟另举人接办，以重公益云。（醒）

《长春公报》，1911 年 7 月 1 日

提交特别议案二则

署印李司马因有关于人民呈请事件，宜交城厢议事会提议。现有商民杨五屏，为将卖产陋规，化归公用，呈请董事会总董王鸿宾索费一案，并自治研究所学员等请呈会稽查张中阁吞款一案，亦宜遵章交到议事会提议，并声明比系特别事项，不得列入常期议案内，以示区别云。（醒）

《长春公报》，1911 年 7 月 1 日

子母税大起公愤

谁教你是百姓！

县城议事会近接统税局来文，略云：补增牲畜子母税款，当即开办，勿谓言之不预等语。该会议员在街行走，突有人民向该议员道贺。该议员闻之愕然，其人曰：贵会业将子母税补征价目议妥，有小牛二百吊，中牛四百吊等语。议员不信，其人领至统税出示之区，视之果然。议员至会，经众议员议决，遂于初六日齐集自治局，开全体会议。到会者已有二百余人之多，全体赞成反对甚力。最后议决，除呈请监督核办外，全体呈请谘议局转详云。是议也，所论多中肯，并无

暴动之言。惟内有一二人杂以戏谑之语，为文明之缺点云。（醒）

《长春公报》，1911年7月7日

议事会呈报十月份议案

城议事会因民政司屡有札谕，饬将筹备宪政事宜，及提议各案，并议决各事，按月呈报，不准稍延，致干未便。故自治各绅将十月份所议各事，编造十九条，于日前缮册呈报到署，即由何守稍另备专文，转详民政司查核云。（立）

《远东报》，1912年1月10日

四、长岭县

绅界大开会议之原因

财政处主计员傅梦岩，本为何守所信任，为绅界所反对，但迁延有日，终未实行撤换。近闻各绅董公同议定，决拟要求撤换该员。惟因继其差者，绅界中尚无妥员，故于日前城镇乡自治议员又大开会议，应如何禀请何守，并绅界中应举何人接充，以昭大公云。（立）

《远东报》，1911年12月16日

五、桦甸县

桦甸自治宣讲所开办

桦甸县境,僻处山陬,人烟稀落。兹闻该县万令邦宪,拟在县属官街镇,租赁民房,设立自治宣讲所一处。所有讲堂,暂假劝学所院开办,按二、五、八市集之期宣讲,以开民智。已经该令具禀民政司矣。

《吉长日报》,1911 年 1 月 13 日

六、德惠县

札饬德惠更换文凭

本郡自治研究所去年二班学员毕业时,经何太守给予文凭在案。今该所又接到吉林筹办处文凭五十张,当即牌示各员,将旧文凭六月十五以前交所汇齐,呈

府注销，另发新式文凭，以符定章，曾志报端。但去年毕业之学员，内有十四名分德惠县，故该所备文移送文凭十四张，以便就近更换，无须来城云。（志）

《长春公报》，1911 年 7 月 2 日

七、新城府

请拨自治会产业

新城府议员富克精阿呈具说帖，以该处自治研究所虽由新城府拨借劝学所房屋数间，然讲室狭隘，一切皆不便易。该府副都统已经裁撤，副都统衙门阒其无人，请将该署拨为自治会产业，以便自治研究所推广招生讲习。闻已交谘议局议覆矣。

《中国报》，1910 年 2 月 2 日

研究所之成效

新城府自设立自治研究所以来，延聘教员，招募学生三十名，开堂授课。闻日前考试各肄业生，已得研究考课评定甲乙，将来分布各村镇，以备另设分所教

员之选云。（臣）

《远东报》，1910年9月29日

自治筹办所之选举

新郡自治筹办所前奉札文，调查各商户居民等，凡纳过捐税正项人名，列册注明，以备选举。兹闻已于初三日投票选举。其当选人员名次如下：（甲级）田品三、迟贵、王香、赵万增；（乙级）文祥、徐会林、张智、许长贵、周绍棠、徐振汉、魁文、李文仲、徐作霖、周秉铨、富克精阿、魁海、春祥、鲁家和、张四维等二十名。均列榜晓示。（臣）

《远东报》，1910年10月21日

筹办自治之计划

新城府绅周治唐，前在省城自治研究所毕业，今已回籍，拟在府城创设自治研究所，以为推广议事会之基础。业经具禀该府，请加收烟麻土碱各捐，充作该所常年经费，闻该府已据情转详学司核示云。（觉）

《长春公报》，1910年12月29日

新城议事会开会志盛

新城府议事会开会，于本年十一月二十日开第一次常年会。即于是日十二点钟举行开会礼，恭迓监督刘太守鸣复亲临，并请同城长官及各局会、处所、学堂人员齐集会所，衣冠跻跻，车马辚辚，颇极一时之盛。

《远东报》，1911年1月4日

新城府议事会决议件

新城府议事会自开幕以来，经监督发交议案，及董事会移知各件，逐日开会讨论。闻刻下已议决者，约有数端。兹探得其内容：一、整顿钱法；一、实行强迫教育；一、立禁烟协会；一、节省巡警用款。其余尚有关系改良风俗数端，尚未议决。

《吉长日报》，1911年1月9日

新城议事会闭会

　　新城府城厢议事会自开会迄今，已及半月，照章应行闭会。该会议长富君，乃于月之初六日，邀集官绅及警、学两界，举行闭会礼。闻当时到会者数十人，监督先宣读闭会赠言，由议长答辞。次来宾等演说，议员答辞。次文牍员报告会期内所议各条件毕，遂振铃闭会，并合摄一影，以为纪念。

　　　　　　　　　　　　　《吉长日报》，1911年1月17日

恩溥上吉林谘议局书

　　大局诸君子公鉴：窃查新城府于未经设治以前，钱粮大租，皆归榆树县征收。每地一垧，附加马勇钱一百五十文，即随正供征收，以作地方官卫队捕盗营之需。因当时巡警未办，防营兵单，藉之以资缉捕，人民暂且公认。嗣后因府县分治，巡警已经成立，榆县业将马勇钱一百五十文已经免征，而新城府依旧征收。前仅征原有地二十余万垧，嗣将升科旗地，暨本区各荒，皆按亩一律加征，共计旗民现纳租赋，各顷地亩共三十余万垧，每年共收三万八千吊整。至练兵若干，并未宣布，但此项垧捐尚不足常年之用。又由本城专为巡警经费抽收之铺商卖货五厘捐内，提用钱六千六百吊外，各卖货捐内提用一千余吊，店当俄帖各铺捐内提用四百五十四吊二百文，统共需钱四万六千余吊。伏思马勇之设，原为巡警未设，防营兵少，地方官又不能请愿官领坐正开销，万不得已，始按亩加征，不过一时之举。以前又无学警各亩捐，故人民担负不觉烦重。现时每地一垧纳学警费钱一吊二百文，已突过正供一倍。如再纳此项马勇费，实觉民力不逮。倘保卫地面非此不可，亦不敢擅请。查本府城乡巡警皆已成立，计全境九区，警兵已足敷分布。各区预备巡警，已如数办齐，可为补助机关。又有沿途防营驻扎，以资镇慑。即将捕盗营全行裁去，亦足以资巡缉。况全省各府厅州县已奉通饬，酌设游巡队，一切薪饷，皆由官发给。应请捕盗警什长即照定额酌留，其余遣散，将此项附加之马勇钱一百五十文，自本年起即行免征，以纾民力，不但人民担负稍轻，亦免其侵用警款，妨害新政。况查通省征收亩捐，并无附加勇费之办法。各属均设有游巡队，亦无征饷于民之章。独新城一府担负如此特别之捐款，未免向隅。理应蠲免，以稍纾民困。为此具书陈请，伏乞俯赐建议施行。（臣）

《远东报》，1911年1月21日

筹建自治公所

城自治成立，今已半载。所住房屋，暂假劝学所院内余房，不惟狭隘不堪，且尚不敷使用。如此迁就，终非久计。宜如何择地筹款建筑之处，应请付议公决。议决理由：查城自治公所系假劝学所院内余房开办，不惟太形湫隘，抑且不敷使用。开会议场，临时则借教育会房间，亟应筹款建筑，以立自治基础。查粮业公所所收粮捐一项，原拟商务、学堂、巡警三项分拨，继又加以审判厅，按四股分派，初无本城外镇之分也。乃金前府与商会互相争执，只令将本城粮捐，按四股分拨；外镇粮捐，则全归审判。（即）〔既〕于原案不符，亦未邀督抚宪批准。如审判经费不足，或可动用正款。自治经费限于本地公款公产及特捐、附加税数项，公款公产前已于创办商、学、警三项要政时，搜罗净尽；至特捐、附加税，新城民力凋敝，商户萧条，捐无可捐，加无可加。建筑自治公所，亦系地方公益，商、学、警前既未拨外镇粮捐，何若将应拨之款，改充城自治建筑费用，较之特捐、附加税既无扰累之虞，而于自治前途裨益非浅。且自治镇乡尚未成立，或以区域为限，亦可于该镇乡自治成立时，即行拨归城自治，即得建筑之费，在镇乡自治更得之款之益。本会明知稍逾范围，第以款绌情迫，不得不作特别请求。前已与商、学两界斟酌妥洽，均皆乐从。为此公同议决，呈请鉴核公布施行。（臣）

《远东报》，1911年5月4日

新城府自治筹办所成立

新城府僻处一隅，举办一切新政，较他处稍迟。于二月初旬，接奉全省自治筹办处札文，饬催速立府自治筹办公所，以备筹全府暨镇乡自治各机关。府刘鸣复太守因疫气流行，方见轻减，未便设立。近来疠疫消灭，遂于三月初，拣派谷君嘉万为正所董，顾君云程为副所董，并派名誉参议四员，租赁南大街铺房开办，筹备府自治一切事宜。闻又举定本地明达士绅十二名，以充调查员，不日赴四乡调查矣。（臣）

《远东报》，1911年5月10日

提庙产充自治经费

今之办理新政者，多因筹款维艰，反生消极之念。新城诸般新政，在在需款，筹画自治，经费又为最急之务。而办理地方自治，固不能动用国家正款。然万事非财不举，地方自治又何莫不然。论庙产一事，均系万民之捐助，归入僧人之手，任其挥霍，反长其依赖奢侈之恶习，以有用之财，置之无用之地，究有何益？查关帝庙、娘娘【庙】等庙产，正宜化私为公，酌提几成归公，酌留几成，作为该庙香火之资。如是化无用为有用，于筹款章程隐相符合。此提出本案之立意也。议决理由录下：按定章第十四条第二项，自治公所可酌就本地公产房屋或庙宇为之，庙产归公，自属正当办法。况查各庙庙产皆系本地人民筹集，核与定章第九十条第一项规定之本地方公款公产无异，自应提充自治公产，以符定章。查各庙主持如有年方精壮者，饬其一体还俗，不使作无用之国民。其年老不愿还俗之僧道，应酌留养赡若干，即视该庙产之多寡，为酌留之标准，但一敷用而止，不得任其虚糜。即请以监督批准公布之日，为董事会执行之期，将城内所有庙产，确实调查，一律归并，勿稍挂漏。为此公同议决，敢请鉴核公布施行。（臣）

《远东报》，1911年5月10日

新城提公产以充自治费

按国会期限现已奉旨缩短，前定九年限内应行筹备事宜，均须提前赶办。地方自治范围甚广，需款尤繁，董议事会今已成立，诸务待理，筹款维艰。查营业税一项，仅足为自治经费之补助，除省提并警、学、商分劈之外，余亦无几，杯水车薪，仍难济（世）〔事〕。《自治章程》虽有提用地方公款公产之条，而向有之公产，于举办学务时，已经搜罗净尽，提无可提。今再加之于民，而民之担负已重，加无可加，无米为炊，曷能经久。惟思立宪在即，旗属亦必裁撤有期，原有公产自必归于无着，拟请将旗署公产，待旗署裁撤后，悉改充自治公产。旗署一日不裁，即暂充一日旗署办公之需，迨朝奉裁撤之文，夕即归自治经理。以地方之公产，办地方之益，以公济公，于理为顺，且与《自治章程》又相吻合，有济于事，无累于民，筹款之善，莫逾于此。谨将拟提公产四项列左，已经公同议决,敢请鉴核,转请施行。

一、城厢内外地基也。查此项地基共一百零八段,皆系商民承领,自力盖房,按年纳收地基钱二千余吊,已经旗务处报明,列入该处公费预算案内。拟请于该处裁撤后,将此项地基统行提归自治公产,应得地基钱若干,即充自治经费。

一、义仓公田也。查此项公田约有一千二百余垧,原系各旗备价公领,招佃开垦,每垧征收粮租六斗,除按垧每年纳正供六百六十文大租之外,余作兵丁输交各司处膺差人等口粮之用。今已蠲免数年矣。此项租粮,以市价核计,每年可收入钱七千余吊。此亦经旗务处报明,列入该处公费预算案内。拟请于旗务处裁撤后,将此项公田提归自治经理,应征租粮,抵充自治经费。

一、津贴浮多地也。查此项浮多地亩,统计四千余垧,原系由官兵津贴老地之内丈出,为民己产,每垧以六百六十文征租。奉文拨归旗署办公,按年约可收入钱三千余吊,亦经旗务处列入公费预算案内。拟请于旗务处裁撤后,将此项地亩提归自治经理,应收钱租,即充自治经费。

一、旗务处提调公寓也。查此所公寓,原系副都统府第,局面宏敞,地方适中。旗务裁撤在即,府议事会成立有期,不惟经费未筹,房屋亦未筹备,拟请于旗务裁撤后,将此所公寓改作府自治公寓,房间既敷应用,又免筹款之难,另行建筑。以公产作公用,揆情度理,无所不宜。以上四项,敢请速赐转请督抚,如蒙核准,于自治前途,实有无量裨益。(臣)

《远东报》,1911年5月11日

禁烟公所实行查验矣

新郡刘太守鸣复莅任以来,办理新政,颇称尽善。于禁烟一事,更为注重。今春又设禁烟调验所一处,拣委选用县丞程君剑枝为检查员。而程君热心公益,办理所内规则，如法而行。凡受调验者，莫不咸称其善。认真检视期满有无烟瘾，分别呈报，毫无粉饰。城议事会副议长鲁家和，因面容黄瘦，巷议沸腾，自行禀请入所调验。程君亲自监视一星期，并无烟瘾，呈报出所。现在新城烟气消灭殆尽，皆程君之力也。（翰）

《远东报》，1911年9月28日

照录保安分会章程

新郡设立保安分会业志前报，刻（在）〔经〕组织就绪，谨将细则章程抄录如下：

国民保安分会

第一条　本会为保卫地方公安起见，无论满、汉、回、蒙，凡在本府土著及现住之各省各府厅州县各国人，其生命财产，均在本会保安范围之内。援照吉林保安会章程，定名为吉林新城府国民保安分会。

第二条　本会得各界之同意组织而成，以尊重人道，实行保安地方为主义。如有扰害公安者，本会以公敌目之。

第三条　本会会所，择相宜地址设立之。

第四条　本会以保安为职务，有辅助一切行政之权。组织对内执行总机关，及对内各分机关，以助行政事务。

第五条　本会对内执行机关，由各部组织而成：一、外交兼交通部；二、军政兼执法部；三、内政兼财政部；四、教育兼劝业部。

第六条　会长一人。援照吉林保安公会章程第九条，以现地方官充之。副会长二人，均公选之。各部正、副部长各一人，由会长商同副会长委任之。

第七条　会长总理一切事宜，副会长协理一切事宜。部长、副部长承会长、副会长之命，处理本部事务。部员承部长之命，办理本部事务。

第八条 设参议部，为本会监督机关。设参议长一人；设副参议长一人；设参议员，无定额。

第九条 本会以府属全境为范围。凡区域内保安事宜，均由本会执行之。

第十条 本会得编练保安警察，以实行保安之政策。其一切进行手续，由本会另行规定之。

第十一条 本会除编练警察外，其城乡额设巡警、预备巡警及游巡各队，均受本会节制。

第十二条 本会对于地方行政，除例行事宜，由府署专决，照常办理外，其余凡于保安事宜有密切之关系者，本会皆得参预。

第十三条 本会办事细则，另行规定。

第十四条 本会除文牍、庶务、书记、夫役酌给薪金外，其余内部职员概不支薪水。惟因公外出，酌给夫马费。

第十五条 本章程以本会成立之日起实行。如有未尽善之处，得随时公同改定。

《远东报》，1912年1月11、12日

照录保安会之示谕

略谓：新城地当冲要，盗匪充斥，思患预防，亟应援照《吉林国民保安总会章程》，设立保安分会，以保卫地方。已于月前由官绅发起，召集政、军、警、学、农、商、工、绅各界，开全体大会，组织保安分会事宜。本府照章充当正会长，公同投选张绅四维、富绅克精阿等为副会长，内部一切职员，已分别公选委任在案。保安分会已经成立，但事属初创，恐人民未悉内容，致滋疑虑。是以将本会宗旨，以及大概进行办法，先期公布，俾众周知。本府身任地方，父母斯民，固日以保民为心，而公选委任各职员，皆本地士绅，对于故乡父老子弟，亦无一不以安怀为己任。此次既组织保安机关，必能实行保安政策，保安我人民生命财产，以达美满完全之目的。我人民其安堵无恐，俟会事部署粗定，本会长等即亲身下乡，探民疾苦，藉便采取舆论，以为保安之方针。除将本会宗旨及入手大概办法列左外，合亟出示晓谕，仰全境人民一体周知。计开：

宗旨

一、本会以实行保安全境中外人民生命财产为宗旨。如有扰害公安者，本会即以公敌目之。

大概办法

一、本会首先整顿城乡额设巡警、各处官兵，如有不胜任者，立即撤换，务使用一官得一官之力，用一兵得一兵之力，以保卫我人民。

一、本会整顿预备巡警，但使各堡村屯遇事则聚，无事则散，以尽守望相助之义务。凡情近扰累差使，悉予豁免。

一、本会编练保安警察马步各队，以便巡逻缉捕，保安全境。其一切饷糈，皆由向有公款内设法撙节抽用，不再另立名目，筹之民间，以轻担负。

一、本会为公共团体，操取舆论之地。无论何项人民，如确有保安政见，即用意见书来会陈请，可行者择要采纳，不可行者，亦和平答复，决无拒绝申斥恶习，以收广益集思之效。

一、本境如有贼警，一经人民来会报告，立予派兵往剿，以靖盗氛。

一、本境如有官兵扰民者，一经人民来会报告，立予究办，以安闾阎。

一、本境如有恶棍土豪，武断乡曲，欺压良民者，一经人民来会报告，查明确有证据，立予往拿，送交地方官尽法惩治，以期除暴安良。

《远东报》，1912年1月18日

八、双城府

自治近况

自治研究所于琥岑所长,督率教员,按科拟具问题,以试自治学员等之造诣,榜诸通衢,现已照章放假云。

《盛京时报》,1910年1月21日

自治学员回双

自治学员赵毓卿、韩玉昆、赵榆林、孙钟秀、赵久周等,在省垣毕业,于月初六日回梓,当谒见秉初孟守云。

《盛京时报》,1910年1月21日

双城府选送三班自治学员

双城自治研究所所长于司马,昨奉公署电文,饬将第三班自治学员选齐,造具履历、志愿书,备文呈送省城自治研究所,随班开学。

《吉长日报》,1910 年 4 月 1 日

预备投票选举

双城府城自治筹办公所董于琥岑刺史,拟于八月二十二日设匦投票,选举议员,饬文牍员唐立轩,预备选举一切之文牍,庶免临事仓皇云。(日)

《远东报》,1910 年 8 月 31 日

自治筹办处呈文照录

兹探悉双城府城自治筹办公所呈文,随将原文照录于下。其略谓:为呈报事。窃查本所调查员孙钟秀,于七月十六日请假回农安县原籍。调查员韩玉昆,于七月十九日派委自治研究所教员。所有库支车马费,自当于该员离差之日截止

停发。本所刻下事务较简，尚有调查员毓卿等三员，足资助理。其孙钟秀、韩玉昆二员递遗调查员差额，拟即裁撤，勿庸拣员补充，以节经费，而昭核实。所有本所调查员因事离差，拟请勿庸补充缘由，理合备文呈报，伏乞宪台鉴核，俯赐施行。须至呈者。（日）

《远东报》，1910年9月14日

自治所纪事

双城府自治筹办公所，拟于八月二十二日，投票选举议员。故日昨富云阁副所董派人邀请四隅绅董等，帮同分送选举传单，以俾有选举权者查阅，庶免临期误事云。（日）

《远东报》，1910年9月17日

自治筹办公所纪事

金太守此次赴哈办理交涉，闻筹办公所所长于英蕤君亦随同赴哈。窃意该所长有筹办自治责任，并无交涉兼差，未悉此次交涉，是否有关自治，抑系暂作随员也。

《盛京时报》，1910年9月20日

议事会定期选举

自治筹办公所预备选举议员,定期本月二十二日,准甲级人先行至所投票。俟甲级人投讫,再由乙级人投票。至二十八日为截止日期,开票所地址定在商务分会云。

《盛京时报》,1910 年 9 月 22 日

双城自治研究所考试之钟点

兹探悉双城府自治研究所考试毕业钟点表,随按照原文节录于左:考试时刻——每日午前八钟至十一钟　午后十二钟至三钟　逾限者扣分数。　二十日(星期五)——自治宪法　二十一日(星期六)——经济学　法学　二十二日(星期放假)　二十三日(星期一)——经济通论　农业政策　户籍法　二十四日(星期二)——调查户口章程　现行法制大意　二十五日(星期三)——谘议局章程　国际公法　二十六日(星期四)——即行考毕云。(日)

《远东报》,1910 年 9 月 24 日

自治研究所之牌示

双城府自治研究所于八月十七日悬出牌示，随按原文照录于下，其略谓：为招考事。案查本所第一班学员，现于八月二十日毕业。按照定章，合行续招二班学员，入所研究，以期造就自治职员。除呈报外，合亟招考。为此牌，仰府属合格士绅等知照。凡有志乡学者，务于九月初十日以前，亲赴本所报名，听候定期考试，幸勿自误。（日）

《远东报》，1910年9月24日

双城投票所管理人员一览表

双城府城自治筹办公所所董于琥岑刺史，于月之念二日投票选举议员，并派定投票所各处管理人员，今将其衔名照录于左：管理员长——自治筹办公所副所董富凌阿　入口管理员——第二自治宣讲所讲员傅荩臣　入口管理员——自治筹办公所调查员毓卿　签字处管理员——自治筹办公所调查员赵桐林　领票处管理员——第一自治宣讲所讲员徐子清　写票处管理员——自治筹办公所调查员赵九洲　投票处管理员——自治筹办公所参议员德明　休息处管理员——自治筹办公所参议员恩科　出口发券处管理员——文童张熙坤（日）

《远东报》，1910年9月29日

双城投票选举之盛

八月二十二日早八钟,双城府城自治筹办公所,为投票之日。门前高悬龙旗,缀以彩红,置票匦于案上。而管理员等,皆衣裳楚楚,屏气鹄立。少焉,袁藻楼参军至投票所监督,未几而有选举权者,手持传单,咸集投票所投票,约有三百余人。其中有洞明宪政者,佥谓是日为千古未有之盛典云。(日)

《远东报》,1910 年 9 月 30 日

双城选举议员开票矣

双城府城自治筹办公所庶务员张吉轩,赴商务分会安置开票所一切事宜,已早志本报。迨至八月二十九日,各管理员等齐至该所伺候。至早十钟,金道坚太守至开票所,向东鹄立开票。甲级:谷绍周得十票,陈兆瑞、王鸣岐、蒋清芬、孙国瑞、于英蕤、颜鸿宾等各得一票。乙级:王庆发得六十票,徐子清得三十三票,谷绍周得十八票,黄协中得十七票,于英蕤得十六票,傅荩臣得十五票,王允发得十四票,尚运喜得十三票,廉珊得十四票,颜鸿宾得十二票,何永泰得十票,毓卿得十票,永魁五得八票,蒋清芬得七票,尉成仁得七票。据金太守开票,由早十钟起至晚三钟竣事回署。(致)〔至〕于议员当选人如何断定,俟访明再行宣布云。日

《远东报》,1910 年 10 月 6 日

自治员坚请排印同学录

双城府自治研究所第一班自治学员现已毕业，共计四十名。日前商请监学员孙抚三，要求于琥岑所长排印同学录若干卷，以俾个人收执。但未知于所长能否照准云。（日）

《远东报》，1910年10月8日

自治举行毕业礼

双城府金道坚太守于九月初一日至自治研究所，于上午十二钟偕于琥岑所长暨职教各员，率同第一班自治学员等谒圣，行三跪九叩礼。而后全班毕业学员等向监督所长暨职教各员行三揖礼。继之于所长报告理由，金太守训勉各学员毕，始振铃退堂云。（日）

《远东报》，1910年10月8日

自治筹办处领到书籍

自治筹办处日昨领到《经济政策》五十本，经金太守披阅后，暂交承发处存放，拟即分发所属各县，以资推行宪政之一助云。

《盛京时报》，1910 年 10 月 15 日

双城互选之预备

双城府自治筹办公所，遵章业将城议事会甲、乙两级议员二十名选定。该所董于琥岑刺史，日昨著文牍员唐立轩州别驾预备互选票，择期请监督金道坚太守莅场监视。（日）

《远东报》，1910 年 10 月 16 日

自治之近况

自治筹办公所现将城议事会选定各议员，依序发给知会书。闻甲、乙两级中，于英蕤答覆不愿应选，谷绍周、颜鸿宾答覆愿应甲级之选；乙级当选人王允

发现在染疴,不能答覆。递遗议员四额,随将得票次多数递补云。

《盛京时报》,1910年10月19日

组织宣讲所之热心

双城府城南永利屯地方粮户胡某,组织自治宣讲所,以开民智。该所现已成立,而胡某于九月十四日谒自治筹办公所,请领自治各种讲义,以俾宣讲有所依据。该所所董于琥岑刺史以其热心可嘉,即将各种宣讲书检齐,发给胡某携去,以资宣讲云。(日)

《远东报》,1910年10月21日

双城关于宪政各书颁到

吉林省谘议局将东三省与各省谘议局、政治团、商务会、教育会、学堂、国会请愿代表,第二次呈请都察院代奏书,汇录成册,用铅字排印,分发各城。于日昨发到双城府五册,经金太守转发自治筹办公所,俾得分发各界,以期激发人心,而促国会之进步云。(日)

《远东报》,1910年10月22日

自治研究所之近状

双城府自治研究所定于九月二十二日考试第二班自治学员。该所所长于琥岑刺史，查各区士绅路途遥远，不能如期即至，于是呈请金太守缓至二十四日考试。当蒙金太守许可，随在研究所悬牌，以俾周知云。（日）

《远东报》，1910年10月28日

自治研究所试题

双城府自治研究所续选二班暨考试日期，已详前报。迨至月之二十四日，金太守饬该所所长于琥岑刺史代为点名考试。是日早八钟，各区士绅齐至该所，点名已毕，随试以"法与时变，礼与俗化"论题一道云。（日）

《远东报》，1910年10月30日

互选议事会议长

二十五日，双城府金太守特委右堂袁藻楼参军，至自治筹办公所监督互选议事会正、副议长。兹将得票人名录下：

正议长——王庆发，得十五票；黄协中，得四票；王永德，得一票。

副议长——谷绍周，得九票；黄协中，得八票；蒋清芬，得二票；王永【德】，得一【票】。

袁参军将正、副议长选定后，遂回署销差云。（日）

《远东报》，1910年11月1日

宣讲员辞差之原因

双城府拉林镇自治宣讲所（请）〔讲〕员赵【廉】珊，因选举议事会议员被选，现在又将议事会正、副议长互选已定，不日当开会。该员因虑兼顾难周，于上月之二十九日在府署禀辞宣讲员之差事云。（日）

《远东报》，1910年11月5日

双城自治招考缺额

双城府自治研究所仅取定自治学员二十名。该所所长于琥岑刺史查自治学员尚缺二十名，于是挂牌招考，限于十月初十日报名投到，十一日至研究所等候点名考试，以期补足额数，即行开学云。（日）

《远东报》，1910年11月9日

双城王议长订定之议案

双城府城议事会正议长王子敬君,于十月初九午前,至自治公所,将开会日期、文牍、庶务、书记、听差待拟之额,暨料理接收开会之秩序,议定董事会日期,酌定各员差役薪金,并商酌董事会董事应由何项人中选举,开成议案。俟与议员等议定,即呈监督金太守,当场决定,以俾遵照推行,庶免窒碍,而期郑重云。

《远东报》,1910 年 11 月 15 日

议事会成立矣

双城府议事会正、副议长暨议员等,承金太守命令,拟于十月十二日开会。十三日,公(顷)〔选〕董事会董事。闻其所议,条理精密,而金太守深为嘉许。现在正议长与议员著人收拾自治公所,安排桌凳,预备开会,酌议进行事务,以期有利无弊,而慰公民希望之心云。(日)

《远东报》,1910 年 11 月 16 日

自治公所成立矣

双城府城自治筹办公所所董于琥岑刺史，已将筹办公所事宜，具文移交城议事会。于十月十三日，正议长王子敬、副议长谷绍周，率议员蒋清芬、陈云普、祖肇祥、永魁五、黄子和、赵毓卿、王子新、栗文远、徐子清、何永泰、颜鸿宾、赵廉珊、尉成仁、佟雨楼、唐昆山、孙国瑞、王凤岐、傅维侯等，大开会议。先拟将自治筹办公所匾额改为自治公所，以立标准。次定文牍、庶务、书记、差役额数，以便预算决算有所入手。再次酌议组织董事会，务求名副其实云。（日）

《远东报》，1910年11月18日

双城自治公所之选举

十五日，护理双城府篆务袁藻楼参军，至自治公所，监督选举董事会总董，以及名誉董事。少顷，议长率议员等至投票处投票。兹将得票人员照（余）〔录〕于下。

第一次投票选举总董，于英蕤得十三票，德常得六票，德明得一票。第二次选举董事，王永德得十五票。第三次选举名誉董事，王耀庭得十五票，刘升得十二票，恩科得十票，董士溥得八票，吉尔忠阿得八票，成禄得六票，梁朋阁得三票，德明得二票，金恩溥得二票，西常阿得一票，富森亭得一票，奇克坦布得一票。至午后五句钟，选举（藏）〔葳〕事，即行散会。（日）

《远东报》，1910年11月20日

宣讲员易人矣

双城府城议事会于十月十八日启用图记后，而议长王子敬、谷绍周等，以城里自治宣讲所傅苊臣、拉林镇自治宣讲所赵廉珊等，应选城议事会议员，其递遗宣讲员两席，不宜久悬。乃在双城府自治研究所第一班学员内，拔取桂山、吴成珠二名，呈请加札委用。日昨自治公所奉到府署批回，准如所请，不日即将饬各该员等分投认差，以专责成云。（日）

《远东报》，1910 年 12 月 1 日

发给自治文凭

民政司邓孝先司使，查双府自治研究所第一班自治毕业学员四十名，课程考卷均属妥洽，随发给文凭四十份。经金太守转发自治研究所，填注分数，发给毕业学员等收执，以昭信守云。（日）

《远东报》，1910 年 12 月 3 日

双城董事会之开办

双城府城议事会议长王庆发、谷绍周,与议员等将董事会总董、董事、名誉董事等选定。又该议长于上月二十九日,将议员等邀至自治公所,研究一切章程,暨董事会开幕日期。闻渠等拟将章程拟妥后,呈送府署,俟金太守核定,备文详省云。(日)

《远东报》,1910 年 12 月 4 日

匡委员到双

考查各属自治委员匡厚生君,于十月二十九日晚四点钟,自哈埠乘火车抵双,于自治公所停骖。至三十日亲至自治研究所,以自治之问题考试自治学员等,以试其造诣深浅云。(日)

《远东报》,1910 年 12 月 6 日

董事会行将成立

城厢议事会议长王子敬等,业将董事会总董、董事、名誉董事选定。现在拟稿呈报,由金太守备文详省。闻被选人员均属器识明亮,财产优裕,成立后必能达到完善之目的。

《盛京时报》,1910 年 12 月 6 日

议事会纪事

双城府城议事会文牍、庶务薪津,以及书记、差役额数,尚未拟定。而议长王庆发、谷绍周等,饬差役持公启邀请议员,于十一月初七日午后二句钟,至自治公所,同拟文牍、庶务薪津,书记、差役额数,以期公允而免隔阂云。(日)

《远东报》,1910 年 12 月 11 日

双城视察员之忙碌

考察各属自治委员匡熙民君,来双城府考察自治一节,已详前报。兹闻该员

现将自治研究所暨自治筹办公所事，已依序考察完竣，于自治公所分别种类，缮写清册，以备报告云。（日）

《远东报》，1910年12月13日

议事会开幕之预备

双城府城议事会议长王庆发、谷绍周等，拟定十一月十五日开幕议事，著庶务员赵普青君，派差役预备一切，并在印书馆排印傍听入场券。该会应行预备事宜，极为繁多云。

《远东报》，1910年12月17日

双城议事会纪事

双城府城议事会遵章于十一月十五日开正式会。侵晨，堂役依奉议长命令，将议场洒扫洁净。东向特设桌案，壁上悬挂墨版，并粘贴议长、议员座号。少顷，议长王庆发、谷绍周，议员陈兆瑞、永福、颜鸿宾、何永泰、栗文远、祖肇祥、王鸣岐、傅荩臣、尉成仁、徐子清、黄子和、赵毓卿、佟化春、赵廉珊陆续继至。惟王永德选充董事会董事，蒋清芬、孙国瑞、唐昆山因事请假，未能与会。至十二钟，掌签名簿书记赵祥魁，报告议员到齐。至午后一句钟，议长饬堂役振铃开会，率议员等鱼贯入场。正议长王庆发坐第一号，副议长谷绍周坐第二号，而议员等叙齿挨号序坐。王庆发令谷绍周代理正议长就位，提议：推广学堂，为求知识普通，养成公民资格，庶乎宪政进行无阻，直达纯粹目的，学堂固贵推广。然而子弟光阴有限，转瞬即至壮年，设师资不得其人，惟恐其所学不能与岁月并进，升入中学，程度不足，留于高等，年龄已长，似此等者本应整顿，其初等尤当注意。呈请甄别教员，以期款不虚耗，事有实效。语毕，而议员等均皆赞成。（休息二小时）议员颜鸿宾提议：本年因增收粮捐，在财神庙前设粮集，农界卖粮，须至粮业公所启票，在集上售卖，以防偷漏粮捐。近日粮车蜂拥蚁集，如令其依序启票，只恐有碍于路远卖粮之乡民。若以鄙人之愚见，莫如令粮业公所书记，在四门查验粮车，随便放给小票，令其随便卖粮，不致启票守候，拥挤滋累。鄙人之管见，惟不识诸君以为如何？颜议员退归坐号，议员佟化春继之提议谓：颜君所议极是。惟在四门查验粮车，放给小票，似乎未臻妥善。若以鄙人愚见，莫若刷印二联骑缝小票，装订成帙，发买粮之家，令其代扣粮捐，填写小票。割下一联，与卖粮者持之，临出城，交付巡差，携回粮业公所。其买粮者，或令其一星期，或令其半月，持小票存粮，赴粮业公所关交粮捐，以期妥善。此系鄙人不揣，妄参末议，至于是否可行，望诸君裁之。佟君退，议员尉成仁继之提议谓：颜所议累民，佟君所议扰商，总之不免向隅。尉君退。（时已三句）王议长登台宣示延会，惟望诸君悉心谋划，俟十七日开会议决。随即振铃散会云。（日）

《远东报》，1910 年 12 月 21 日

经收粮捐之议案

双城府议事会开幕，议事议员颜氏鸿宾君提议，粮业公所经收粮捐，务求变通方针，以臻【妥】善，暨议员佟化春君、尉成仁君互相争议，已志前报。至月之十七日午后一钟，议长王庆发君、谷绍周君，复率议员等入场开议。佟化春君续提变通经收粮捐之问题，拟刷印三联骑缝捐票，交付买粮者，代收二成粮

捐，令巡差在四门验票，以免卖粮者起票，入集守候。议员等皆赞成认可，议长随登台表决。振铃散会。（日）

《远东报》，1910年12月23日

双城研究所颁发文凭之预期

双城府自治研究所第一班自治学员毕业，蒙民政宪发到毕业文凭四十份，已详前报。刻闻该所所长于琥岑刺史，着书记将监督所长教员、名衔，依序填注完竣，送交府署。经金太守查核，盖章发还。于所长复率职教各员等，照章钤盖押戳，随即在研究所挂牌，著第一班自治学员等，务于十二月初一日至自治研究所领取毕业文凭，以昭信守而示鼓舞云。（日）

《远东报》，1910年12月28日

代取粮捐之议案

双城府城议事会议员佟君化春，在议场提议，请著粮业公所刷印三联骑缝捐票，发给买粮者，代收二成粮捐，令巡差在城门守候验票，已详前报。嗣后佟君恐以巡差验票不无流弊，复又议定著卖粮者将捐票径送粮业公所，查验收存，庶免巡差借端留难之弊。顷闻此案今已议决，俟毕会后，即当具文呈送府署，以凭查核推行云。（日）

《远东报》，1910年12月30日

双城组织电话之先声

双城府自治总机关于琥岑刺史,于日昨与电报局供事何翔生参军,商议集股在本城安设电话,以期机关灵动,而收利权。闻渠等业将手续目的谋划已定,不日即当招股推行其事云。(日)

《远东报》,1911 年 1 月 5 日

自治学员回双

双城府文绂臣、罗崇祺、王德新等入吉林省自治研究所肄业期满,经该所考试发给毕业文凭。渠等陆续回双,候金太守因材器使,以展其所学而补助自治之进行云。(日)

《远东报》,1911 年 1 月 5 日

议事会闭会之预备

华历十二月初一日,系双城府城议事会闭会之期。该会议员兼庶务员赵普青

参军，请文牍员唐立轩别驾，拟具闭会礼节清单，并预备一切礼器，暨派差役，邀请来宾，于初一日莅会，以襄盛举云。（日）

《远东报》，1911年1月5日

研究分所之授凭期

双城府自治研究分所第一班学员，业经筹办处发去毕业文凭四十份，以备发给该学员等承领。现筹办处准该分所于所长呈报，准于十二月十一日请该府金太守莅所，发给毕业文凭云。

《吉长日报》，1911年1月10日

双城国民捐款拨作经费

双城府金太守道坚禀请民政司谓，该府自治筹办公所开办以来，经费支绌，拟以无人具领之国民捐款一千八百五十六吊四百八十四文，援案拨归该所，作为经费等情。闻司宪已批准照办。

《吉长日报》，1911年1月11日

双城临时会纪事

双城府城议事会正、副议长王子敬、谷绍周两君,延请孙祥麟警务长,四乡绅董,并征集议员等,于日前开临时会,议定实行防疫。在北站查验自哈埠抵双城之行人,并多聘医生,城里城外,多设医院,通饬各界添造官厕,清除污秽,以绝鼠疫之来源云。(日)

《远东报》,1911 年 1 月 14 日

双城董事会将开幕矣

顷闻官界人说,护理双城府篆务袁藻楼参军,接准督抚宪发到董事会总董札文,暨照准董事、名誉董事批回,随即备文转发自治公所,以俾照章开幕,而立执行之机关云。(日)

《远东报》,1911 年 1 月 17 日

组织电话之进行

双城府自治总机关于琥岑刺史,组织电话,以期机关灵动,而促各界文明思想,已志前报。刻闻于刺史询诸电学家,业将资料需款,以至如何集股,规划已定。惟候金太守自哈埠旋双后,谒府署面陈个中利益,务求达到目的,而促实业之进步云。(日)

《远东报》,1911年1月17日

双城赞成电话者之多

双城府自治总机关于琥岑刺史,组织电话,以活动机关,而浚利源,已详前报。顷闻于刺史对于电话甚为注意,而官、绅、商学界亦佥云赞成,拟明年招集股本,推行其事云。(日)

《远东报》,1911年1月18日

王议员函送执照

双城府城议事会议员王永德,选为董事会董事,经抚院批准,日昨金太守遵照定章,发给王议员董事执照。王议员奉到董事执照,即将议员执照函送自治公所,以凭备文缴销,而符定章云。(日)

《远东报》,1911 年 1 月 20 日

组织府自治筹办公所

双城金太守依奉民政司邓孝先方伯札文,着董事会总董于琥岑、议事会议长王子敬,选举府自治筹办公所总董、副董,酌派调查员调查城镇乡选民,组织府参事会、议事会,以副宪政进行,而慰公民之希望云。(日)

《远东报》,1911 年 2 月 16 日

于总董之冒险

双城府董事会总董于琥岑刺史,襄办(疫)〔疠〕疫,遇事不择利害,毅然

独任。自正月初九日渠亲身带同医生等，在四隅调查染疫症之人，与之医治，并劝导各住户扫除污秽，谨慎饮食起居。该刺史带同医生，逐日穿街越巷，于是各界咸以于刺史冒险云云。（日）

《远东报》，1911年2月16日

双城府议事会电致自治筹备处

按部颁之章程，董事会一切事务，均由议事会议定，然后推行。双域府城议事会、董事会于去岁将次成立，惟董事会总董以及董事、名誉董事薪津，尚未议定。考之章程，不载于议事会，电请吉林全省自治筹备处批示，以俾遵行。该会发电，迄今四日，未蒙覆电，或谓省垣因防疫停止办公，不能遽覆云云。（日）

《远东报》，1911年2月22日

双城自治筹办处之电

双城府金道坚太守接准吉林自治筹办处来电，著董事会总董暨名誉董事四员之薪津，由议事会规定，呈报立案云云。金太守接电后，即行发交城议事会，以凭照办云。（日）

《远东报》，1911年2月26日

研究所所长易人

双城府自治研究所所长于琥岑刺史，因选充董事会总董，遵章辞卸研究所所长，并保荐贤员继任，已详前报。现蒙金太守查与部章相符，乃日前批答许可，一面札委吉林宪政研究所毕业学员、己酉科优贡李桂林前往接充，以专责成云。（日）

《远东报》，1911年3月8日

筹办公所成立

双城府自治筹办公所已将次成立，当即租得该处北大街民房数间，作为基址，稍加修缮，即行移入。昨已呈报省城自治筹办处立案矣。

《吉长日报》，1911年3月17日

议事会因防疫电禀督抚

双城全体绅民日前因防疫事宜，在议事会上书请议。当经城议事会查明所请属实,随开临时会,建议表决,即电达督抚两宪。略谓:顷准本城绅民联名陈请,缘闻由滨江拨派医官多名,来双办理防疫,不胜惊骇。查疫症自去脂流行到境,当蒙太尊督同委员,竭力扑灭,设病院以图医治,火尸身以杜根株。其隔离、检验、消毒种种办法,悉如章程。未及一月,顿形轻减。刻下疫死之人,间日不一见。此固通城共闻共知者。兹经上宪派医,必因风传讹异。夫严厉防疫,原为保全生命在甫起之际,洵属莫大鸿施。若行于消灭净尽后,不特虚糜款项,且亦扰乱治安。本城住户八千,人口四万,贫无力者居其多数。当疫气剧烈,遮断交通之时,人心已万分不安,方将相庆成功,突来意外之传。绅等分为国民,岂敢干涉政令,但已化乌有之灾,又复高张声势,诚恐人心摇动,其患有不堪设想者。是以陈请,电恳大帅,收回成命,以解舆情等因。准此,查该绅民等所陈情形,委系实在,并无狃于结习、故意反对各弊。某等职司代表,不能不为之请命,叩乞俯照准。倘以为捏饰,请委妥员切查,除分禀抚帅外,谨此电恳。双城府城议事会全体叩。

《盛京时报》,1911年3月18日

双城学期会之预期

双城府城议事会正、副议长王子敬、谷绍周于日前将议员等邀齐,拟定三月初四日开常期【会】,将府署交发之议案,暨公民等所上之请愿书,依序建议表决,呈送府署,以凭核准推行,而慰公民之希望云。(日)

《远东报》,1911年4月1日

筹办公所之近况

双城府自治筹办公所正、副所董德善亭、富云阁二君,业将管理员、调查员等派妥,已详前报。彼时因疫事戒严,遮断交通,调查一节,未能推行。现在疫菌消灭,拟定饬调查员等调查选民,以免临期误事云。(日)

《远东报》,1911年4月1日

议事会将开常期会矣

双城府城议事会正、副议长王子敬、谷绍周二君,查本郡疫气消灭,理宜办理善后,故日昨在议会拟于三月初照章大开(长)〔常〕期会,俾各界上书请愿建议,呈金太守核准推行,庶乎达完善之目的云。(日)

《远东报》,1911年4月2日

王议长二次放赈

双城府防疫局城关提调、议事会议长王子敬君,于三月初六日携重资,在商

务会放赈。是日领赈之妇女络绎不绝，须臾间，王议长将官贴七百余吊散放已尽云。（日）

《远东报》，1911年4月9日

关议员进省

吉林省谘议局议员关毓谦君，于去岁闭会回双，近来疫气消灭，理应进省与会。该员惟恐于途次为防疫分所盘诘留难，故于日昨在防疫局请领护照，以备起程云。（日）

《远东报》，1911年4月9日

双城电话开办之起点

双城府议事会将组织电话之议案议决，拟定招集股本二万吊，购备机器开办，藉以筹划自治之经费。闻其所议，条理井井，不日即当呈金太守核定，以俾宣布推行云。（日）

《远东报》，1911年4月11日

自治研究所将开学矣

双城府自治研究所李翰芳所长,查疫气消灭已久,择于三月十七日开学。该员将开学日期择定后,即于日昨挂牌,俾学员等来堂受课,以资造就云。(日)

《远东报》,1911 年 4 月 12 日

议事会呈请收换官帖

双郡钱币壅滞,由于官帖破烂,商界不认行使之所致。顷闻经议事会协议表决,呈请金太守核定,转详上峰,饬哈埠官银分号收换破帖,以维钱法而昭大信云。

《盛京时报》,1911 年 4 月 13 日

议员晋省

谘议局议员毓吉甫君,于客冬年假回双后,因疫事戒严,以致淹留至今。现以疫气已消,故该议员遂请得护照,于初十日搭坐火车进省云。

《盛京时报》,1911 年 4 月 13 日

议设贫民习业所

双城府城议事会王子敬、谷绍周等，于日前同议员等在议场提议，组织贫民习艺所，以期国无游民，而促富庶之进步。惟事体重大，需款浩繁，故彼此争议，不能遽决，随振铃延会。俟诸君思索，再行建议，以求其有利无弊，庶乎推行，俾各界佥然悦服，而免前途之阻力云。（日）

《远东报》，1911 年 4 月 15 日

议事会闭会矣

双城府城议事会将应议之事件议完，正、副议长王子敬、谷绍周二君，将议员等邀齐，倾樽畅饮，以纪闭会之盛云。（立）

《远东报》，1911 年 4 月 27 日

双城司选员抵双

吉林省商务总会委滨江厅商务分会吴子青总理为司选员，至双城府监司启匦

验票，选举双城府商务分会议董，以及互选总理一切事宜。该员于月前自哈埠搭坐火车来双，是日代理双城商务分会总理贾尊九君，同议董等赴北站等候欢迎，以尽礼节云。（日）

《远东报》，1911 年 4 月 30 日

自治之区域亦当重划矣

双城府第一区，奉督抚宪札文，拨隶滨江厅，已详前报。顷闻自治筹办公所所董德善亭别驾，以第一区划归滨江厅，则疆域为之一缩。其从前规定之四镇五乡之经界亦异。该所董以经界不正，担任经费不均，故拟定重划镇乡经界，以昭公允云。（日）

《远东报》，1911 年 4 月 30 日

自治筹办公所纪事

双城府自治筹办公所所董德善亭别驾，在公捐处支借市钱五千吊，以供拉林、兰嘉、茅山、西平四镇和、亲、康、乐四乡选举之需。闻其支借公款如许，仅济燃眉，其后之办法，仍须设法筹办，不致有拮据之叹云。（日）

《远东报》，1911 年 5 月 4 日

董事会将开会矣

双城府董事会于去岁成立之后,该会总董于琥岑刺史,兼充防疫局提调,日夜奔忙,致许久未能开幕。迩来疫气消灭,已阅一月有余,故于刺史日昨与董事王子馨君商议,择期开幕,以慰公民之殷望云。

《远东报》,1911 年 5 月 5 日

酌派自治宣讲员

双城府自治筹办公所所董德善亭司马,在兰嘉、茅山、西平、拉林四镇和、亲、康、乐四乡组设自治宣讲所八处,酌派自治学员李树棻、陈秉正、郭辅卿、王作宾、刘画阁、全祥、龚伯涛、常廉等充当宣讲员,演说自治一切情形,以开民智,而促宪政之进步云。(日)

《远东报》,1911 年 5 月 13 日

自治筹办公所之人数

双城府自治筹办公所后复组织城镇乡自治，而事务浩繁，其用人较诸去年尤多。兹调查该所正、副所董、名誉参议以及管理、调查各员，与文牍、书记、夫役人等，共九十七名。故今年需款较诸去年已增九倍之谱云。（日）

《远东报》，1911年6月4日

议事会移文

双城府城议事会接准五常府城议事会移文，略谓：祇因议定增收地基钱，以作自治的款。惟恐所议未克尽善，移请双城府城议事会移覆办法，以便参酌，随时更定，庶乎推行无阻云。（日）

《远东报》，1911年6月7日

选民调查完竣

四镇五乡调查员现已将府议事会合格选民调查完竣，造具清册，大约不日即可呈报云。

《盛京时报》，1911年6月8日

各界请议车价

快车拉客，每多苛索车资。各界人民闻拟在议事会上请愿书，以期拟定车价，以昭平允云。

《盛京时报》，1911年6月8日

双城议事会又将开幕

双城府城议事会王子敬议长，查第二次（长）〔常〕期会理应照章开幕建议。于是同副议长暨议员等，拟于五月十五日开幕。所定日期，已预先宣布，并报告府宪，发交议案。惟冀各界上书请愿，以免临期匆促云。（日）

《远东报》，1911年6月9日

特开慈善会

双城府城议事会议长王子敬、谷绍周二君，以吉林被火灾之后，败墙焦土，瓦砾荒凉，而嗷嗷待哺者实势所不免。故于日昨邀集绅商士庶等，开会筹捐，以

备解送吉林，而济燃眉之急云。（日）

《远东报》，1911年6月13日

开临时会筹款济灾

双城府城议事会因此次吉林遭此奇灾，人民困苦，特于五月十五日开临时会，邀集各界与会，以襄善举。闻所筹之款，拟即汇吉，以济穷黎云。（日）

《远东报》，1911年6月14日

电话即将开办

双城府城议事会董事组设电话活动机关，维持实业，已详日报。现在议事会、董事会会同商务会，将股本招齐，于月之二十六日，著工师在城里度地插标，以备安置电杆，设立机关，实行其事云。（日）

《远东报》，1911年6月27日

议事会纪事

双城府议事会开幕,于五月二十九日闭会。其所议之要点,拟将柴草市移于城关,板木场移于南门外,轻便铁路从速推行,街衢阳沟设法疏通,沿城墙一带栽种树木等项事宜。已令文牍员拟定议案,呈送府署,批饬遵行云。(日)

《远东报》,1911年6月28日

研究所请发讲义

自治研究所所长李翰芳,呈请吉林自治筹备处发给讲义。于日昨奉覆,著稍待时日,一俟编订成帙,即行照发云。

《盛京时报》,1911年6月29日

管带与议员赴哈

陆军管带德茂堂会同议员赵普青,日昨搭坐火车赴哈,未闻系何项要公。惟其行踪甚密,外人无由窥测云。

《盛京时报》,1911年6月29日

绅界又设菜市场

西四道街常安菜市场本月十五准即开办，前报已志。兹自治各绅觉此菜市场原系商办，将来利益不能地面均沾，今又公议决在南街设菜市场一处，专为自治筹助经费云。（立）

《远东报》，1911年7月6日

自治经费之筹画

双城府自治筹办公所正、副所董德善亭、富云阁为筹画自治经费，将各处庙产、公产、闲荒调查明确，开具清折，备文呈送府署，以便察核，饬下推行云。（日）

《远东报》，1911年7月16日

调查自治员将来双矣

汪云松太守查接管卷内，省宪仍派去岁来双调查自治委员匡君厚生，不日前来，查察自治情形，即于日昨行知自治各会知照云。

《盛京时报》，1911年8月9日

调查所并入警务公所

双城府户口调查所附设于自治筹办公所内，顷闻荣少农太守饬将户口调查所拨归警务公所兼理，以俾责有专归。现该调查长遵照办理一切交代。（日）

《远东报》，1911年9月2日

自治区域之规定

双城府北部早经奉督抚宪奏定，拨隶滨江厅后，府自治筹办公所所董德善亭别驾以疆域缩小，原划之四镇五乡，亦应重为规定，遂饬文牍员叙稿，陈请荣太守批示，以便遵行。（日）

《远东报》，1911年9月2日

关议员进省之预闻

吉林谘议局议员关君吉甫，由省回双，筹议要公。无如不上数天，遂接吉林来电，谘议局又将开会。于是该员收拾行李，不日即行进省云。（日）

《远东报》，1911 年 9 月 23 日

李所长经营宿舍

双城府自治研究所第三班，照进行表增额四十名，应招自治学员八十名。该所所长优贡生李翰芳，查学员增额，宿舍不敷，乃在比邻租赁房屋，令工人搭炕（表）〔裱〕糊，以作将来之预备云。（日）

《远东报》，1911 年 9 月 6 日

自治会纪事

双城府自治区域，去岁经前所董于琥岑刺史，划分四镇五乡与城厢共十处。四镇为兰嘉、茅山、西平、拉林，五乡为和、亲、康、乐、安。按其区域，划定

绘图，送呈府署，经府宪具文送省备案。四镇五乡，惟和字乡地接哈埠，嗣经督抚宪奏请将双城府东北部，拨苍滨江厅。当朱批准行，即札委张步云大令，会同双城府知府、滨江厅同知，将和字乡划归滨江厅统辖。双城府城镇乡由是去一存九。现经府自治筹办公所调查全境人数，共四十万零二百七十三名口，所董德善亭别驾按人数规定议员额数，城厢三名，兰嘉镇四名，茅山镇四名，西平镇四名，拉林镇六名，亲字乡三名，康字乡二名，乐字乡三名，安字乡一名，共议员额数三十名。德别驾虽将议员额数规定，惟嫌亲、康、乐、安四乡名称，字义龃龉，拟定删除安字，仍以和字冠首，依序排列，呼为和亲康乐，以期顺适。渠将诸事规定，复酌议请派管事员长，入口管理员，签字处管理员，领票处管理员，写票处管理员，投票处管理员，休息处管理员，出口发行券处管理员等。拟于八月二十四日投票云。（日）

《远东报》，1911 年 10 月 4 日

自治学员毕业详情

双城府自治研究所所长、优贡生李翰芳君，原拟俟监督荣少农太守由省回双，举行毕业典礼。继而念及久旷时日，消耗经费，遂改变方针，陈请护理府篆袁藻楼参军，苍所行礼。谋划已定，派人向府署送呈典礼清折。于八月初七日在孔子位前添设香案，陈列祭品。少顷，监督乘襜帷至，与所长略为寒暄，饬堂役振铃。监督、所长与教员孙抚三君、韩润亭君屏气升堂，自治学员班长于富山君，带领三十九名自治学员等，鱼贯而入，依次序立。监督拈香，行三跪九叩礼，而后监督、所长、教员与学员等，互行三揖礼。监督袁参军登台演说，云：第一班学员业已养成，行政得其补助，地方受益良多。第一班毕业六阅月，第二班又复养成，其自治本末终始，虽然晓于胸中，犹望体念朝廷立宪之意，聚民膏培养之难，愿诸君思之勉之，勿殆厥志，共图富强云云。袁参军语毕，退归监督

坐次。李所长继之演说，云：诸君积学有素，复在本所自加磋磨，冀展骥足，躬行君子。圣人曾曰，则未有得，现吾后学，敢不勉步从绳。诸君言行，本所长素所深信，然而操守惟恐始易终难，于是反复忠告，望诸君谨慎勉步，勿事嚣张，而贻他人讥评，是所厚望云云。李所长语毕，退归坐次。自治学员于富山班长答词曰：学员等迭承训词，自当竭尽愚诚，仰副高厚。岂敢稍事放逸，自弃人格。于班长答词毕，振铃下堂，拍照合影，以留纪念云。（日）

《远东报》，1911年10月5日

自治学员毕业之揭晓

双城府自治研究所第二班自治学员四十名，现已毕业。经教员孙抚三、韩润亭二君按分数评定优劣，呈所长李翰芳核夺，将分数表及试卷转呈府署。旋经监督复核，饬自治研究所发榜揭晓。共取最优等富克精阿一名，优等九名，中等二十一名，及格者九名。该学员等毕业陆续回家，以候民政宪发给文凭云。（日）

《远东报》，1911年10月10日

照录议事会征求意见之公布

双城府城议事会于昨日贴出征求意见之公布云：谨按《自治章程施行细则》第三十七条第四项内载，本会有收受居民呈【请】建议事件等语。盖以本会为双城公民代表言论之场所，尤为国家立法议决之机关。议员虽承公举，代表不过少数之集合体，非多数意思之可较。其智识浅陋，意见单简，若非集思广（义）〔议〕，群力群策，不足以讨论于实际。况我公民既有纳税之义务，即有参政之权利。且以双城风气渐开，识时务者固不乏人，可与共谋利益，以结社团。所恐无知识者谣诼离间，或以本会为官府，而人民不得陈述意见，或以议员为官吏，而谠论不敢直于上达，以致各守秘密，殊非公诸舆论诏旨之本意也。本会照章于二、五、八、十一等月，为开会之期，惟赖本城绅民，于地方利弊兴革，时相箴告，协力匡扶，方可期增进人民之幸福，保社会之治安。除关于个人诉讼及自治范围以外之事项，照章不许陈请外，凡关系本城利弊，与地方公益等事，望切实指陈，各抒所见。务于会期前十日呈递本会，俾资公同讨论，列为议案。本会不胜盼切之至。特此布闻。（日）

《远东报》，1911年10月11日

照录自治筹办公所榜由

兹探悉双城府自治筹办公所榜由，略谓：照得本所遵照颁发自治章程，筹办地方自治，应于八月办理府选举。其选举方法，业分属各城镇乡，现据各事务所均将【备】选士绅调查竣事，造具正册呈送前来。当经本所请奉监督，定于八月二十四、五等日在各选举事务所，一律举行投票。二十八日开票。特恐地方人民不识选举之用意，为此特仰阖境士绅人等一体周知。凡在榜所列士绅，均准彼此互选。如有不具备选举资格者，是调查之不确，亦应指明实迹，随时来所请示，以免临期有误。合将备选士绅姓名、年岁及年纳捐数，先期宣示。事关选举权利，慎勿自甘缄默，徒害公益可也。须至榜者。（日）

《远东报》，1911年10月12日

议事会开议情形

双城府城议事会于八月十六日开常期会，王子敬议长因患病，致未到会。副议长谷绍周征集议员等开幕。是日监督荣少农太守亦赴会，讨论国计民生，并一切兴革事宜。当时面交议案五大端：一为银市停行，一为庙前地基，一为租设马市，一为乡正等酌拟薪津，一为筹划自治的款。议员等已决拟月之十七日，将所交五大端议案建议表决后，即行核覆云。

《远东报》，1911年10月12日

议事会公函照录

双城府城议事会接准滨州府城议事会公函，内载为吉省加征牲畜子母税一案，前经省宪出示晓谕，各府厅州县均援照伊通州城议事会所议，牲畜分三等价值纳税规则办理。敝属统税局曾已派警巡赴乡，实行起征，奈因新政繁兴，捐税太重，民无余力负担，故至今犹未承认。虽小户间有输纳者，亦属寥寥无几，大户则百不得一。现在全境人民纷起争议，尽欲要求免除。敝会以事关全省，未敢轻略。查子母税乃向来法律上所不许，亦政治上所不愿。今一旦变常征收，未免近于烦苛。况老牝犊驹，凡无税者一概照等纳税，尤为民之重累。敝会前经议决，呈请宽免，或暂从缓办。本监督恐干驳诘，未予转详。伏思正在厘定税务之时，一经公认，贻为永世之累。此次添收子母税，虽通省皆有，然系试办。若合全体大力争议，请谘议局代呈，似不难挽回。又未详贵处现在已未实行，曾否认纳，抑或别有良策，祈便赐玉，俾资效仿。敝会拟于本年秋季会期内，提议呈请谘议局，建议转呈，还望贵会大力赞助。倘能挽回，则地方幸甚，全体幸甚。除分函驰请各城议事会外，耑此顺请公安，伏候来命。（日）

《远东报》，1911年10月13日

赵次帅过境追志

双城府荣少农太守因东督赵次帅于十八日赴哈过双，是日荣太守偕同属员等，与学堂、自治、商会并盐仓、统税、旗务、承办处同寅，齐集北站恭迎。至十句钟，火车抵站，荣太守偕各界人员，投递手版，移时火车即鼓器前行。荣太守与各人员并陆军巡警排队回城，鼓乐喧天，洵极一时之盛云。（日）

《远东报》，1911年10月14日

董事会文牍员易人

双城府城董事会文牍员唐立轩州别驾呈请长假，已蒙照准。该会董于琥岑刺史以城厢选举于八月二十四日投票，并城议事会选举半数，尤须将次办理，事务纷繁，待人襄理，因特按照《自治章程》，集众选充。于日昨经绅界推举七品笔帖式富翰臣者，故于总董遂即派差照会该员就差，以资臂助云。（日）

《远东报》，1911年10月14日

照录议事会之公函

兹探悉双城府城议事会接到新城府城议事会之公函，略谓：查宪政编查馆原奏《府厅州县自治章程》云，《城镇乡自治章程》颁布在前，其条文于此有歧异之处，应请饬下民政部另案更正，奏明办理等语。兹查《府厅州县自治章程》，监督府行文议、董两会用札，《城镇乡自治章程》则用谕。同为自治团体，同为人民代表，以范围言，固分上、下两级，以性质言，殊无尊卑之别。敝会早拟呈请改正，但恐力微助寡，未易邀准。近阅《吉长日报·论说》有《〈城镇乡地方自治章程〉第一百七条书后》一篇，以其持论中肯，爰抄呈一份，聊贡采择。敢望贵会于八月会期内提议，呈请谘议局转请更正，想事关权限，贵会必乐为赞助也云云。（日）

《远东报》，1911 年 10 月 17 日

研究所之牌示

双城府自治研究所第二班学员毕业后，复征集士绅等入所肄业。而城乡镇之士绅望风而来，争先报名者已得九十余人。该所所长李翰芳于月之二十一日挂牌，限于二十六日考试，以定去留而作开学之预备云。（日）

《远东报》，1911 年 10 月 18 日

议事会延期之原因

双城府城议事会副议长谷绍周，与议员等于八月二十三日齐集自治公所，方拟入场议事，适吉林全省地方自治筹办处法制科科员何云阁驾双，副议长、议员等坐陪，酌谈要公。又兼二十四日借自治公所为投票选举大典，不容愆期。所有应行筹议事件，须俟选举蒇事，再为开会，列为议案，呈送府署云。

《远东报》，1911 年 10 月 18 日

考试自治学员

双城府自治研究所招考第三班自治学员，其望风报名应试者，接踵不绝，约有一百余名之多。月之二十六日，该所所长李翰芳，请中学堂王俊卿、师范学堂支善堂监场。至早八句钟，监督荣少农太守驾临，照册点名。其试题为"自治于立宪前途之关系"云。

《远东报》，1911 年 10 月 22 日

黄视学之忙碌

双城府投票公所于月之二十四日设匦投票,已志前报。监督荣少农特札委观察黄子和孝廉为监视员,因之黄视学日在投票公所监视投票。俟府署发出封条,将票匦封固,始回劝学所办理学务,以致彼此兼顾,甚形忙碌云。(日)

《远东报》,1911 年 10 月 22 日

投票公所开匦检票

双城府城乡投票公所于八月二十八日开票。是日监督荣少农太守亲临监视。其得票最多当选者三名:高鸿恩七十六票,谷绍周十八票,奇克坦布十六票。得票次多被选者王庆发等七人云。(日)

《远东报》,1911 年 10 月 24 日

研究所开学矣

自治研究所前后考取自治学员六十名。该所长李翰芳于九月十二日请荣守举

行开学典礼，以示慎重。是日早八句钟，荣守率自治学员等行礼开学，而并与李所长互演训词，以期自治学员等黾勉勤学，以待将来器使，共襄宪政，以造社会之幸福。

《远东报》，1911年11月7日

选举谘议局议员

吉林省谘议局议员等，因义务年满，理合选举接替。民政宪因札委双城府知府荣少农为复选监督，右堂袁藻楼为初选监督。日前荣太守特饬自治公所推举司选员，佥举吉林自治毕业赵普青，声名素著，必孚众望，故荣守已加札委用云。（日）

《远东报》，1911年11月15日

议事会延会之原因

双城府城议事会为勘放关帝庙前街基，知会各界，于九月二十二日开全体会，已详前报。及至二十一日，彻夜连朝，天降大雪，旋开融化，道路泥泞。故二十二日与会者寥寥，而正、副议长因饬常役振铃延会云。（日）

《远东报》，1911年11月16日

视察员起程

吉林自治筹办处视察员匡厚生来双后，即将自治研究所，并城议、董两会，及府自治筹办公所、府议会等处成绩、手续，依序视察，作书报告。业于初七日搭坐火车，赴邻封视察云。（日）

《远东报》，1911年12月2日

汇录府议事会开幕之演词

双城府议事会于十月十五日开幕。兹将地方官及议员等演词特录于下。

（一）荣守演词曰：今日双城府议事会开幕之日也。仆官于斯，忝膺监督，愧无自治之智识，端赖诸君之匡助，庶期治理有方，以图力争上进。盖一人之心思有限，众庶之理想无穷，此处与彼处之民情不同，甲方与乙方之习惯各异，苟不集合各地之民情习惯，详加讨议，何能致行政方针于一致。此泰东西各国所以咸注重于议院也。议会者，议院之模型，盖一则为国家之作用，一则为地方之作用，同属言论之机关。其所以有异者，在地方之不同耳。地方议会组织若有缺点，居民幸福即末由享受。会员之担负至重，议会之建白宜周。诸君子关心乡里，共尽义务。此后于地方设施事宜，必能与参事会筹议进行，力求完美，自不待鄙人赞言。然犹有进者，方今国事多难，时势危迫，移风易俗，转弱为强，惟于自治之政策是赖。今日双郡上级自治开幕伊始，地方治安根基已立，全境人民所注目治标治本之问题，当取决议会，次第实行，此则鄙人所深幸焉。

(二) 府自治筹办公所所董德善亭祝词曰: 今日为府议事会开幕之日, 荣守召集于先, 各处来宾贲临于后, 被选诸君子跄跄济济, 荟萃一堂, 甚盛举也。鄙人躬逢斯典, 乐幸奚如。自今日始, 被选诸君子担负府议事会之责任, 由此起点, 鄙人筹办府议会之责任, 由此终点矣。稔知诸君子才德(具)〔俱〕备, 学品兼优, 一旦公举为府议事会职员, 则府议事会之责任如何担负, 权利如何保守, 谅诸君子行之裕如, 不待鄙人之琐渎也。惟望诸君子和衷共济, 同谋利益, 为吾双城全境同胞造福, 则双城幸甚, 府议事会幸甚!

《远东报》, 1911年12月10日

续录府议事会开幕答词

　　(三) 正议长高露天答曰: 适承贵所董祝赞, 情词恳挚, 敝会闻之, 殊深钦佩。然敝同人素乏学识, 辱膺舆论重任, 恐不能为地方谋公益, 且于时事更多陨越。惟望诸君协同赞助, 以匡不逮。

　　(四) 副议长蔡品三答曰: 本日为府议事会开通常【会】之第一日。既经地方长官召集, 又蒙众来宾贲临, 赞襄之盛, 猗与休矣。敝会同人, 曷以当此。伏思朝廷锐意变法, 力图自强。于光绪三十二年七月十三日, 特颁诏旨, 大权统于朝廷, 庶政公诸舆论, 薄海臣民, 莫不引领欢呼。于是资政院设矣, 各省谘议局设矣, 而府厅州县议事会又依限成立。其付托于【吾】民者, 何等郑重, 属望于吾民者, 何等殷勤。然而敝同人对此未免汗颜。夫智识以磨砺而增, 阅历以练达而深, 敝同人悉来自田间, 虽略晓民情疾苦, 于世事尚少谙练。今虽谬蒙选举, 忝厕言论机关, 不逮之处, 万望诸大君子匡正, 庶免陨越之羞, 则敝会幸甚, 即我双城四十余万人民亦莫不幸甚!

《远东报》, 1911年12月11日

二续府议事会开幕之演词

（五）董事王子馨祝词曰：今日为府议事会成立之第一日。诸君子恪恭将事，跄济一堂，各抒伟论，共襄盛举，幸何如之。鄙人粗通旧学，不谙新政，忝列城董事会董事一席，任事年余，毫无建树。揆之立宪本旨，实觉愧惭。然既尸位于前，极应力图于后，自今日始，有足以匡鄙人之不逮，遇事可藉为师资者，即此府议事会也。是府议事会之成立，鄙人之较诸君子而更大也。鄙人敢以一言祝。盖闻政体随时势为变更，中国政体，自古及今，历代皆有变更，而变更之大，未有如我朝今日立宪是矣。然而立宪亦岂易言哉？考东西各国立宪之初，必经几次力争，甚而惨流热血，始获宪法之成立。我朝廷近迫时局，远仿列邦，不待国民之要求，特下立宪之明诏，是立宪较易于外国者，非我四万万同胞之程度独高，实我四万万同胞之幸福所迫而成。夫立宪之总机关在国会，府议事会虽为国会之一小部分，实为立宪之一大关键。至于性质若何，章程若何，方策具在，无待鄙人赘言。但我双城府议事会之权利责任大于城镇乡十倍，权利不可谓不广，责任不可谓不宏。然既担负其责任，自不容抛弃其权利。况诸君子品学兼优，均足胜自治之任。代表公民，将见每开一议，必能共谋地方利益，每行一事，必能破除个人私见。我双城社会团体，必由此日见坚固，上下机关，必由此日见完密，上无负国家之宪法，下克慰公民之希望者，鄙人敢为诸君子拜手稽首焉。

（六）东洋留学生韩伯臣演词曰：本日为双城府议事会开幕之日。对于贵会议长、议员有一最大之希望。所希望者何？即实心任事是也。我国家自变法以来，每办一事，兴一政，莫不取法东西，无奈但袭皮毛，不能求诸事实，因之办事行政，表里异致，演出千奇百怪，则双城之生命财产，势必难乎保守。学生躬逢贵会开幕，遂不揣狂戆，敢以实心任事，希望于诸君子也。

（七）蔡品三议长答词曰：适聆地方长官及各界来宾演说，均以谋地方幸福相勉。然韩君"诚心作事"一语，尤佩服不置。本会为自治上级机关，同人等负此责任匪轻。就我双城而论，地当哈埠、长春之间，东清铁路横贯东西，交通不为不便；户口四十余万，人民不为不庶；农田四十余万垧，生计不为不富。有此基础，将来如何振兴，本会诚责无旁贷，于将来进行方法，权限外固不能干预，权限内亦决不敢放弃，亦本会应尽之职。惟鄙人对于地方长官，尚有无限希望者，要不外乎互泯意见，主张正当理由，万不可徒逞意气，致起冲突。更希望于各界士绅及本会，国人者国本，会议员只三十人耳，代表全府，未必董事完全，凡地方利害所在，尤愿随时上书，以匡不逮，俾地方人民同沾幸福，不胜祷盼云云。

《远东报》，1911年12月15日

改选董事会总董

双城府城董事会总董于琥岑刺史辞差，适值董事会名誉董事改选半数之期。日昨荣太守委派新政总稽查孙令，在自治公所监视投票选举。第一次投票发表，董事会董事王永德得八票，被选。其递遗董事一席，由第二次投票发表赵廉珊得十票，被选。名誉董事董士溥、恩科出缺，由第三次投票发表张振声得九票，成录得□票，以补递遗之缺云。（日）

《远东报》，1911年12月16日

推举自治委员之先声

双城府议事会、参事会相继成立。但该两会成立伊始,秩序犹须厘定。刻闻该两会业将一切事宜布置就绪,故于日前集众商议,拟将推举自治委员,以专责成。(日)

《远东报》,1911年12月19日

救荒之议案

双城府荣守因双郡本年欠收,哀鸿遍野,值此天寒地冻,穷黎更困苦难堪。因特体查地方情形,拟具议案,发给府议事会,建议呈覆,以便集款救济云。(日)

《远东报》,1911年12月19日

议事会表决之议案

双城府议事会提议被水灾地亩,陈请转详督抚宪,奏明蠲免租赋,其应纳之警饷学捐亦一律免收,并查禁赌博,以除盗源而维公安两案,当经议员等协议,高露天议长表决。

第一案 (一)凡经委员验明被灾之田,其学警各捐一律免收。应将灾户之姓名、住址及被灾地数,照册刷印,于十日内出示晓谕,公布周知。其有由地户具名呈报,并未指明地东姓名,含混不清者,公布后,准二十天以内到府署呈请更正。

第二案 (一)城镇乡凡有房间容留招户放赌,或自己设赌者,除赌犯罚金外,所用赌房,概行归公。(二)城镇乡凡有房间招户食租,房户放赌,其房东不自行报告,巡警拿获者,仅罚办本犯赌人,房不归公。如被屯长或他人举发者,仍照前条办理。(三)城镇乡凡有招赌设赌之家,如经屯长或左右邻举发,被巡警缉拿,送署讯明,其举发人与巡警一律奖赏。若该屯长知情不举,须由地方长官酌量惩罚。(四)城镇乡设有赌局,该临近巡警希图渔利,确知不拿,或有人报告,仍置而不理。如经人禀控,查有确实证据,将该警巡长即行撤差。(五)如该城镇乡巡警与人民有嫌,故意栽赃捏赌,或被长官查明,或有人诉讼,有确实证据,即将该长警撤差,从重究办。(六)城镇乡巡警均有保卫治安责任,无论官绅设赌,务须严密查拿,送署惩办。其罚金提出三分,奖赏巡警及举发人,以七分归公,交发公捐处,另款存储,留作办理慈善之用。(日)

《远东报》,1911年12月22日

恩逸少力辞副会长

双城府保安会副会长恩逸少,以身膺教练所管理员差事,深恐顾此失彼,致滋贻误。故于日昨坚辞副会长一席,未识荣守以及同人能否认可云。(日)

《远东报》,1911年12月22日

照录府议事会之议案

双郡府议事会议长高露天、蔡品三偕同议员等,建议表决之议案如下:

(一)提议审判、检察两厅,地方不认筹款案。查司法独立,为国家最重机关。在立宪各国,此项经费,莫不由国库支出。我国家法部奏拟各级审判厅章程折,内称一切院厅设备,官吏俸糈,无非出自公家等语,即此意也。乃双城审判、检察两厅经常、临时费用,均由粮捐项下支提。夫司法为独立之机关,粮捐乃地方之税款,二者绝对不相混合。其所以必须提用粮捐者,立法之初,未悉根本于何项法理。纳税为人民之义务,监督财政,即为人民之权利。设不改弦更张,必支地方捐款,其预算、决算各数目,议事会即当照章干涉。执是以行,不特损司法之精神,恐冲突亦因之而起。况吉林、延吉等府审判经费,均支库款,何以双城独异?此不能认筹款之理由者一。双城审判、检察两厅,自去岁七月试办,迄今年余,尚未成立,一切规则秩序,并未恪遵法律,且有罚金、讼费等司法收入,为数甚巨,均任意开销,动用地方捐款,已至三十余万吊之多。试办伊始,如此虚縻,嗣后应行筹备之宪政,正复纷繁,试问小民有何能力而担负此分外之巨资耶?此不能认筹款之理由者二。现当时势紧急,所最重者在于添募巡警,维持治安。双城款项支绌,原有巡警已亏数月之饷,学堂业已停课,欠款尚无着落。审判、检察两厅若再按月提用地方税一万数千余吊,坐使保卫地方之巡警,至于无可布置,在各厅容兹多数人员耗费饷项,为计固得,其如地方艰窘何?此不能认筹款之理由者三。此三端,依据法理上、事实上均有不能承认之理由,则司法经费应即由省库设法支出。所有粮捐一项,自本年十一月十五日起,统行拨归地方,办理巡警及自治学务之用。应请府尊转详更正施行。

(二)提议府署新政股及统计经费不宜支用地方捐税案。查府署办理各项新政,及统计处所有经费,每月原有行政公费银一千两,此系督抚奏定之案。至地方坰捐、粮捐、五厘捐及其他各项杂捐,本出自地方公民,创办地方公益事件,自不当冒滥分文。乃府署一切开销,均由公捐处札提,每年为数甚巨。其每月千两之公费,自行存储,毫不动用。揆之公理,殊属不合。本会为自治上级机关,有清理财政之权限。现经公同议决,拟于十一月初一日起,凡地方公捐,府署不得再行札提。其从前由公捐处所提此项用款,应请查照案卷,于十一月内尽数偿清,以示大公,并将所偿之数详示本会知照。是为公便。应请府尊鉴核施行。(未完)

《远东报》,1911年12月31日

续志府议事会表决之议案

(三)议决俟旗署裁撤后,即将所遗房产,拨充自治经费案。查双城郡自筹备宪政以来,杼(柚)〔轴〕久已告空,脂膏又复销尽。现在府议事会成立,既无地址,又乏款项,就简曷能经久。若不及早图维,无米之炊,巧妇所难,加捐之重,小民何堪?兹于不得已之中,而筹完全之策,拟俟旗务承办处裁撤后,将所遗房院充作自治公所,俾免分行建筑,藉省经费。至旗属按年征收本城地基钱文,暨衙所公租,统为办公之用。养赡地一项,原系济恤鳏寡孤独之预备。当此自治次第成立之时,慈善事业本在范围以内。惟查吉林《自治旬报》内载,新城府城议事会去岁曾据此情提作议案,呈请示遵。旋奉吉林旗务处暨民政司核议,将此项指为的款,编入筹办旗人生计草案之内。将来旗署裁撤,即以所有房产安插无业旗人之用。此等办法,固属优厚旗人。然当立宪时代,满、汉、回、蒙一视同仁,本欲融洽满汉,不分畛域,各城方议添设贫民习艺所、贫民留养所及游民习艺所。夫贫民者原合满汉而并言之,民即旗,旗亦即民,民人留养习艺于其中,旗人亦留养习艺于其中。若必划分旗民之界限,而歧视之,谅是专制之性质,实非立宪国应有之政体。况双城旗人均经拨给屯田,自力生业,无庸安插,似可变通办理,俟旗署裁撤后,仍将【所遗房产,拨充自治经费】。际此涸鲋满辙,哀鸿遍野,创办自治,固不得因噎废食,亦不能竭泽而渔,以地方旧有之公款公产，办地方维新之公益，不伤财，不劳力，非惟旗民两便，亦与定章吻合。兹将旗署之公款公产胪列于左，应请府尊转详立案：（甲）旗署承办处房院一所；（乙）每年经收本城街基租钱一万零一百三十二吊四百六十八文；（丙）衙所公租及养赡地两项共一万零四百四十五垧一亩；（丁）协（令）〔领〕随缺地八十垧。（未完）

《远东报》，1912 年 1 月 2 日

续录双城府议事会质问待决之议案

（四）为移会事。案准公民陈请建筑剔除中饱案内开："一、电报局专收俄币。夫各地之电报局，均系中国官立，报费钱均收中国银元，固属部章。惟双城不然。凡打电者每字均收俄洋五分，盖以俄洋一元，较龙元每元价值高出市钱一吊上下，此中便于营私，不问可知。"等因。准此，查公民所陈情形，委系实在〈在〉，既经公然征收，必有正大理由。本会不详底蕴，殊难凭空表决。事关请议剔除中饱，尤宜据情质问。应请将收报费因何以俄洋为本位情形，详细移覆，以便转行知照，而释疑窦。为此备文移会贵局，请烦查照，望速见覆施行。

（五）为呈请事。窃准公民陈请建议冒滥公款，剔除中饱各案内开："一、游巡马队薪饷本由省垣度支司拨款，而双城游巡马队每月薪饷亦由公捐处开支，未知所余省款作何动用。一、城内街面及四隅地基，一年官租可收一万二三千吊之谱。除旗务承办处每年收钱五六千吊外，余五六千【吊】，均由府署民事科收租。顾自维新以来，科内旧吏均有薪津，而此五六千吊之巨款，并未移入公捐处，作正开销。是中饱于该科无疑。"各等因。准此，惟双城马步游巡队共计若干员名？所支薪饷几何？按月由省请领若干？支用公捐若干？同此游巡队名义究系因何事项？既支库款，又动公捐，以及民事科所收地基租金作何开销？因何并未移交公捐处？种种纷歧，必有正大理由。本会未悉原委，殊难凭空表决。事关

支款事项，自应据情质问，尚乞明白批答，以便转行知照，而释疑窦。为此备文，呈府尊鉴核，批答施行。

（六）为移会事。案准公民陈请建议剔除中饱案内开："一、统税局经办田房税契，每年不下三四千份。而每份应纳税银外，每税契时，收契纸钱十吊。夫一纸所值几何，而收钱十吊，无乃太苛（每）〔欤〕？若以四千纸计算，可共得钱四万吊。又近年以来各局员书笔墨火食，均作正开销，而统税局收捐时又有所谓票钱底钱者，一年可收钱二万余吊。又四乡磨房，由统税局收磨眼钱，每年不下万余吊。而此项钱文只有收钱（少）〔入〕账，而不发给票照，显系陋规无疑。当此立宪时代，而又留此积弊，则地方人民程度之低可知。"等因。准此，查公民指陈各项，本会早有所闻知。既经公然征收，必有正大理由，惟本会不详底蕴，殊难凭空表决。事关请议剔除中饱，尤宜据情质问。应请贵局按照所指各节，详细移覆，以便转行知照，而释疑窦。为此备文移会，请烦查照，望速见覆施行。（日）

《远东报》，1912年1月3日

照录府署提交之议案

双城府荣守提交府议事会议案，略谓：敝府前提出议案七件，除删去试办牲畜市场一案另行付议外，其六案均经参议员审查，发抒意见，开单呈送前来。相应抄单照会贵会查照，请烦并案议决，见覆施行，须至照会者。（一）划分粮捐案。查粮捐原为学务专款，上年金前府创办粮业公所，更改旧章，所收之款，详定作为办理新政，暨组织各级审判之用，当时并未划分。前据教育会会议学务亏款，年计中钱二十六七万吊，呈请划分粮捐六成，拨作学务经费。本府调查粮捐收数，一年之间约计中钱四十万吊。此项粮捐，固为办理新政，组织审判，而筹画不能独偏重于学务、审判两项，而巡警、自治亏款亦巨，自应酌量划分，以清界限。查学款所亏独巨，应分五成；审判向无的款，应分四成；自治现在筹提公产，警款虽亏，尚有的款，应各半成，以资补苴。此项粮捐款，【有】关地方，理应交议决定，以凭详报立案。

《远东报》，1912年1月10日

府议事会之移文

日前府议事会具文移会新政公捐处，略谓：本会提议审判、检察两厅经费，地方不认筹款，应自本月截止。又提议府署新政股及统计处经费，不宜支用地方捐税。两案业将议决理由呈府，公布施行在案。所有收入之粮捐五厘，凡从前归司法费用，及府署滥行动用之款，应请贵处查照本会议决截止日期，一律停发，暂行妥为存储。俟本会按《府厅州县地方自治章程》第二十一条第四项之规定，协议正当办法，再行呈请指拨提用。本会为清理财政起见，相应备文移会。为此合移贵处，请烦查照施行。（日）

《远东报》，1912年1月10日

照录参事会审查议案意见书

（一）赈济饥民案。办理赈济之法，以便民为要义。当此地冷天寒之际，应先将被灾人口总数查清，计口放米，似于待哺之人获益良多，而散赈之人亦较便利。

（二）催收坰捐案。府境镇乡自治职行将成立，所有执行机关，照章均属各镇董事会及乡董、乡佐应尽天职。其未成立以先，而各户拖欠坰捐一节，仍归巡警催传,似觉便利。至催传之手续,请由地方长官札行警务公所,转饬各区区官,各就各段拣派明敏善言之巡警数起(每起不得过二人),分途催传。惟该警朝去夕还,每至一村,协同村长,晓谕欠户纳捐义务,勒限令其输纳。该警如有藉端骚扰等情,准被扰之人随时邀同屯长,至府署指名呈控究办。

《远东报》,1912年1月11日

照录府议事会议案

日前府议事会议员提议庙产以充自治经费议案,略谓:颁发《吉林清查公款公产章程》第一条内载:"凡各属公款公产,皆遵照部章,作自治经费。"又《清查公款公产条例》第三条第四项内载:"凡公共建设之庙宇,及其附属财产。"各等因,通行在案。双城不知因何事项,迄未照办,以致自治经费毫无着落。兹府自治业已遵章成立,一切布置,动须款项维持。若不于法定规章实力进行,自必筹办时指有的款,方克免竭蹶之虞。值此提前筹备宪政之时,事机固不容延缓,民力则尤当顾惜,加捐之重,何忍复言。查奉天太清宫庙在本城东大街路南有房院一所,租与烧商永兴复居住生理,并在该永兴复有股本金一万吊;又在本城西南隅有地基一段,分招民户盖房居住,计常年可得租钱三千余吊。凡此三项,皆为该庙附属财产。追溯其初,本系已故双城堡总管玉禄所遗基业,传谓布施,未悉该庙有何确据。现奉定章,凡属庙产,均须提作自治经费。本郡庙产,应归自治筹办公所,派员照章调查。该太清宫远在奉天,何得在双城据此厚资,而享特别之权利。允宜如数查提,以充自治经费,期归一律。应请府尊转详立案,并饬该庙知照,望速施行。是否,请付公议。议员王治春提议,议员张俊升、孙玉公、傅富纯、杨作新、车式荣、白焕廷署名赞成。

《远东报》,1912年1月11日

续录府署提交之议案

（二）酌定乡正乡副公费案。上年改乡约、屯达为乡正、乡副，革除浪费积弊，竟至枵腹从公，殊非正当办法。应就地方情形，稍事变通，按地每垧酌加公费钱若干，俾乡正、乡副等享受权利，克尽义务，敏用从事，于公有济。其集议以闻。

（三）赈济饥民案。今夏府境低洼之区遍遭水淹，禾稼无收，农民无以为食。义仓储谷，原备赈济。现办赈济，放米煮粥，应以何者为宜。其集议立定方针，以俾设施有所依据。

（四）催收垧捐案。警学垧迭经催收，蒂欠未清者，为数甚巨。际此时局不靖，逼迫太严，恐酿事端。现在学、警两项开支，经费积久已巨。若不亟筹妥善办法，待支款无以应付，难免冲突。揆情度理，收款济公，固属急务。惟其催收办法，不知责成巡警与责成乡正，何者为宜。其集议公决，庶乎推行无阻。

（五）筹备枪价案。现在办理预备巡警，拟购新枪五百杆，约需中钱六七万吊之谱。但公款竭蹶，无以垫办，应如何设法筹集，其共议之。

（六）复开银市案。银市定章，原有杜绝卖空买空之条。嗣因俄帖铺私行卖空，赔累纠葛，致银市扣卯停闭，彼此争执，激成讼端。间有士绅禀禁开市。查该公所发生，原为保全利权，其章程经商务、议事两会协议决定。前数月间，警学、自治、商务各机关之用款，取给于银市者，已不在少数。若因一俄帖铺报闭，银市从之停办，将来各机关窘迫，势必日甚。本府任筹款之责，对于银市欲令复开，公诸舆论，以决可否。（日）

《远东报》，1912年1月12日

城董事会通知之议案

双郡城议事会接准城董事会通知议案，略谓：《城镇乡自治章程》第四十三条内载："每届议事会开会，应由城镇董事会将应议事件，距开会十日以前，通知议事会，以备建议。"等因。遵此，本会即于本月初十日，由总董邀集董事及各名誉董事开会，将范围以内应行提议事件，汇编议案，先行通知。仰议员诸君届期协议，以俾执行，有所依据。须至通知者。

（一）双城屯乡洼下之区，因霪雨连绵，耕田各户多被水灾，以致百物腾贵。城内小户贫民，挨门乞讨者有之，流离失所者有之，其迫为匪类者又有之。当此时局不定之际，若不先行设法赈恤，而贻患于地面，殊非浅鲜。其如何赈济，如何筹集款项，应请贵会协议，以便遵照执行。

（二）慈善会内应立平籴场，以免贫民高价买米之虞。入手办法，拟定购粮，以半价卖给贫民。前经监督荣提借发商生息，恩赏穷黎银两，补助行政费用。今拟如数缴回，以作平籴之用。如不敷用，再由粮捐项下提拨几成。余再不足，仰乞贵会协议筹给。

（三）银市公所，前因扣卯纠葛，以致停止。现在各处需款孔亟，可否仍行开行，照常筹捐，以补新政之经费，应请协议公决。

（四）查官场抓车一事，本属早年之恶习。现当立宪时代，应革除此弊，以符名义。应请协议，转详蠲免。

（五）本城快车向无定价，凡遇乘车者，付钱时，无不互相争执。可否依照远近，酌定官价，或以钟点为准，仍乞表决。

《远东报》，1912年1月13日

照录府议事会移文

　　府议事会因粮租移文，其略云：准厢白、正蓝两旗佃户傅永魁等十名陈请书开，窃自双城府设立协署以来，原有随缺地亩四千三百六十垧，除钱租不计外，尚有粮租，每垧八斗。其地八百四十垧，隶于正蓝、厢白两旗，以作养兵之糈。于宣统元年奉文，双境随缺地统归钱租解省，旗务公所常年经费，而正蓝、厢白两旗佃户，均行照旧与官兵交纳粮租。忽于今秋奉到两旗传谕，将此项钱租忽变粮租，将粮租即令佃户照粮纳租作价，统行解省。查养兵随缺，原为地方公产，并不在国家正贡以内，向无印照。当此立宪时代，满汉不分畛域，将此项提省专办旗人生计，于宪政实属不合。佃户公同议论，请将此项随缺粮租，除解省钱租外，均留本地方自治常年经费。以地方之款办地方之事，有益于公，不害于民。为此因公起见，仰祈核议施行等因。准此，正在审查间，又准厢白、正蓝两旗富山、明喜等三十六名陈请书开，窃查双城奏设八旗官兵随缺地亩，原因官兵携眷来东，边荒远戍，贫无恒产，筹给随缺，以资养赡，均系官兵等自垦自佃，自行拉粮，不归官家经理。乃如新屯丁户，给陈屯京旗每垧交纳租粮八斗，事同一例。嗣因租粮价低，拉运亏折，多半自愿改变钱租。敝厢白、正蓝两旗，仅剩随缺粮租三十八份，实地八百四十垧，实因兵佃相处较近，易于拉运，不愿折钱，仍食粮租。此即未变钱租之确情也。

《远东报》，1912年1月14日

续录参事会审查议案意见书

（三）筹备枪价案。办理预备巡警，首事人俱系地方士绅，一旦举为办理地方公益，必能取信于乡里。此项枪价，若由办理预警首事人，赴各屯向殷实之家劝导，令其暂行垫办，庶可有济。

（四）复开银市案。地方应兴利益，似不得轻自放弃。然已往弊端，急应预为剔除，以维利源。著买卖俄帖各家，仍须先将押款交清作抵。如有私自代人买空卖空者，若被查出，从重议罚，以示惩儆。

（五）划分粮捐案。府议事会成立伊始，关于支销地方捐款，预算决算，尚未审查完竣。而各局堂处所，有无偏枯向隅情形，殊难悬揣臆断。况粮捐互相纠葛未清，应俟将预算决算审查已毕，再行划分，以期平允。

（六）酌定乡正、乡副公费案。乡正、乡副既不铺排，尤难令其枵腹充公。奈人民担负已重，若再由地亩定收伊等公费，此本会不敢担承。况前条所议地方警学各捐，责成巡警催传，乡正、乡副直同虚设，此项名目，应请撤销，以免烦苛。

《远东报》，1912年1月14日

双城参事会审查议案之意见

（一）赈济饥民案。办理赈济之法，以便民为要义。当此地冷天寒之际，应先将被灾人口，总数查清，计口放米，似（与）〔于〕待哺之人获益良多，而散赈之人，亦较便利。

（二）催收坰捐案。府境镇乡自治职，行将成立。所有执行机关，照章均属各镇董事会，及乡董、乡佐应尽天职。其未成立以先，而各户拖欠坰捐一节，仍归巡警催传，似觉便利。至催传之手续，请由地方长官札行警务公所，转饬各区区官，各就各段，拣派明敏善言之巡警数起（每起不得过二人），分途催传。惟该警朝去夕还，每至一村，协同村长，晓谕欠户纳捐义务，勒限令其输纳。该警如有藉端骚扰等情，准被扰之人随时邀同屯长，至府署指名呈控究办。

《民视报》，1912年1月17日

续录府议事会移文

前奉省文，将随缺地钱租奏发（公）〔工〕艺厂常年经费。敝官兵等三十八员名，前已照地每坰交纳租钱六百六十文。本年忽又奉文，著将全省随缺实地统改征粮办法，变价解省，扩充工艺分厂等因。虽有此举，并未出奏，是征粮之说已无成议。且工艺厂又议停办，此项粮租似应暂归官兵等食运，以资度用，而符原奏养兵之本意。已经旗务承办处详请，归官兵拉运在案。惟随缺佃户情愿将此租粮归自治经费，遽听之下，实属出人意表。检查《城镇乡地方自治章程》第十九条内载："城镇乡地方自治经费，以本地公款公产、公益捐，并按照自治规约所科之罚金。"等语。兹查此项随缺地亩，原为津贴官兵养赡而设，仍系官兵应有之产，并非公款公产可比。况官兵屡奉征调，值此立宪时代，国民既负当兵义务，即有可享之权利。更兼官兵等赖此糊口者甚多，而寒素之兵，开春指租借贷佃户钱项者亦复不少。倘从此归公，兵佃辘轳，殊非安民恤兵之道。此欲求两全，惟有仰恳提议，将此项粮租仍归官兵暂食一年，以济困乏而清兵佃积债。俟裁撤驻防，按照《自治章程》第九十五条规定，以私家捐助之款，其指定办理某事业，以律例章程变更废止者，仍归自治经费之用。想大会既为双城全境代表，即有公议之责。理合具书陈请，建议公决，代详施行等因。准此，查此项官兵随缺地，是否确系公产，未经调查，殊难悬揣。惟以彼此各执一词，而官兵等所陈春指秋租，借贷佃户钱项者亦复不少，倘从此归公，兵佃缪轕各节，委系实在情形。事关旗务，应如何量予体恤之处，本会未便妄为置议。除批答外，相应备文移会。为此合移贵处，请烦查照施行。

《远东报》，1912 年 1 月 17 日

照录荣守照会府议事会之文件

双城府荣守于日前照会府议事会，略谓：《府厅州县自治章程》规定，府厅州县得置自治委员若干人，辅佐长官执行自治事宜。其员额任期，则由长官拟订，交参事会审查。经议决，申请督抚宪核定等语。查双城府自治职业已成立，自治委员自应照章设置，执行自治事宜。当经拟订规则，照发参事会审查去后。兹准该会呈覆，查《府厅州县地方自治章程》第四十五条第四项之规定："长官应行提交议事会之议案，应先交参事会审查。参事会并得附加意见于议案之后。"等因。本会遵将发交拟订自治委员规则详加审查，并将意见附加议案之后，缮具清单，呈请鉴核，转交议事会提议等因前来。相应抄单备文，照会贵会。请烦查照议决见覆，以凭申请核定，望速施行。须至照会者。计照抄规则清单一纸。

自治委员规则

第一条　本规则遵照《府厅州县自治章程》第六十五条拟订，规定双城府自治委员之员额、任期及执行自治事宜之方法。

第二条　自治委员为辅佐长官执行自治事宜而设。由地方长官选通晓法律，富有经验，身家殷实，操守廉洁之本地士绅任之。

第三条　自治委员之进退,其权属于长官。惟委员专掌收支及经理公款公产者,非经议事会或参事会之保证,不得任用。

第四条　自治委员或有过失之时,长官应依自治章程第六十八条及第六十九条之规定处分之。

第五条　自治委员额数,设置三员,由长官指定,分掌各事。

第六条　自治事宜之职掌区分二部:(一)行政部,置委员二员,执行议、参两会议决事件,并承长官之命,办理该管事宜,及长官公牍文件。(一)主计部,置委员一员,专掌收支银钱,登记册簿,编造预算、决算,并经管公款公产等事。

第七条　自治委员之任期,以二年为限。任内或因事故退职,由长官另行选员补充。各员任满,或连任,或另选,均由长官核定。

第八条　自治委员于任期内不得兼任他项差事,其薪水数目,经议事会酌议后,由长官定之。

第九条　自治委员之外,应增临时事宜,俾补阙漏,而期完密。

第十条　本规则以奉督抚宪核准之日为施行之期。

附：意见书

查《府厅州县自治施行细则》第十三条内开,自治委员应以本府厅州县之选民为限,而原订规则第二条,府自治委员以本地绅士任用,未免纷歧。可否请将"绅士"二字改为"选民"二字。

查原订自治委员规则与定章委无纷歧。惟查《府厅州县地方自治章程》第四十六条规定,参事会得于参事员中选举若干人,检查府厅州县自治经费收支账目等因,应请加入原则,以符定章。(日)

《远东报》,1912年1月17、18日

城议事会之议案

双城府城议事会议员颜鸿宾提议军械领票一案内开，查双城近数年来，盗贼甲仆乙起，城乡抢案迭出，举凡殷实之户，均行预备枪械，以谋自卫。谁知备患致累，往往有盗贼犯案，诬供插枪某家，某家即因之受累，不白之冤，无日可明。推原其故，确因挟嫌诬陷，实在插枪之家，逍遥法外，致使良民受无限之害。此等流弊，若不挽救，则鸿罹鱼网，伊于胡底。以议员之管见，莫若按枪放票，无论大小枪枝，一律在议事会领票存证。倘有诬陷情事发生，枪有确据，冤可立白，城乡居民自能共享平安之福。所拟之案，未知是否，请于分期内协议公决为祷。（日）

《远东报》，1912 年 1 月 19 日

照录府议事会呈文

府议事会上府署之呈文，其略谓：案奉府尊提交各项新政机关宣统四年度预算册，兹经详细查核。所有警务公所、劝学所收入坰捐及其他项杂捐，并与自治研究所、巡警教练所分劈。营业税各项数目，均与公捐处预算收入数目略有不符，究系因何两歧？暨公捐各款某项尚亏若干，某项盈余若干，交册之初，并未照章附加按语，是非亲历检查，何者已敷支用，何者尚待筹集，殊难凭空臆断。本会负清理地方财政，核议预算责任，未便含混从事。现经全体公决，由议员李清源、张俊升、卢双安等三员，径赴公捐处调查案卷，详核决算并各项盈绌数

目，以昭实在，而期捷便。除移会公捐处外，理合备文呈报府尊，鉴核施行。

《远东报》，1912年1月19日

照录上府议事会陈请书

商业学堂堂长苏文中上府议事会陈请书，略云：学堂经费，犹人生命脉，顷刻不能接续，则窒害必因之而起。本郡学款，全赖亩捐、粮捐，为一大宗。亩捐之拖欠，粮捐之迟延，均当设法变通，不可任听经手捐款人员泄泄沓沓。如今亩捐一事，早应催齐，何以延缓至今，尚无补救办法？粮捐以十日缴清一次，试问粮业公所存此粮捐，必定期十日，有何取义？各学堂八、九月之款尚未清结，自八月至今已逾二月，无米之炊，巧妇所难，而发款之零碎，此月数百，彼月数百，补旧日欠债，尚不清结，何能以济燃眉？仰请贵会提议征收粮捐，一日一缴，将七、八月之学款迅速归补，庶足以昭公允而维学务。至营业税一项，又当设法变通，不可任商会把持，故缓其期。希贵会就营业税情节，加以审查，能一月【一】缴，使缴款之日必有定期，庶不至贻害全局。为此缮具陈请书，呈候核议，并希答复。

《远东报》，1912年1月19日

九、宾州府

宾州绅界不愿蠲免房捐之会议

宾州之有房捐也，原为辅助地方公款之不足起见。每年约得捐款七八万吊，且只捐城镇，而乡屯不与焉。是以前年创立营业税之时，本城商会牒商府署，俟营业税收有效果，即将三等房捐，一概蠲免，以恤商艰，而苏民困。已蒙前太守金批准在案。今春遂将此税拨归商会自收，年中共收款十一万余吊，较之房捐，有加无已。故该会于五月间，禀请抚帅，援案蠲免。而省宪特饬前任刘守查明禀覆。该守因循不报，稽延到今。许东藩太守抵任后，自治会与粮捐公所各绅，复又鼓动许太守，仍将城镇房捐照旧输纳，以补自治筹办处暨巡警之款。日前许太守并各界人员，齐集商会，大开会议。商界各议员皆不认可，各绅纷纷辩驳，遂致彼此互相龃龉，各怀意见，争持甚久。许太守亦未置可否而散。（云）

《远东报》，1910 年 9 月 24 日

绅商之冲突

本报八月二十号告白栏内，载有"绅学自治甘为刘桐卿奴隶"一条，系宾

州商务分会所登。各该界人员阅报之下，大动公愤，闻现在教育会全体会议如何反动商会之策云。（幼）

《远东报》，1910年10月14日

宾州调和绅学与商会冲突之批词

绅学自治全体禀控商会诬谤名誉一节，已迭志本报。现经许太守批示：现在新政日繁，百端待理，正赖绅商合力，和衷协谋公益，何得狡弄笔墨，意气是争，自相冰炭。候传商务分会经理、议员到案劝导，邀人说合，以泯微嫌。倘有不遵，则是非曲直，岂无原因，本府惟有禀请派员查办。仰即遵照云云。闻现时尚未了结也。（幼）

《远东报》，1910年10月18日

宾州举行选举议员

前定九月初一日举行选举自治会议员二十名一节，已志前报。闻悉因甲级内仅有选举权者五人，合被选资格者只一人，似此难敷其数。预先自治筹办公所电请全省筹办处，可否由乙级内补助，覆电已准。因电到稍迟，故展期十二日实行选举。是日在筹办公所院内高搭彩棚，许太守协同所董刘乡楼君，暨管理各员，衣裳楚楚，临场监理。有选举权者二百余人，按次投票，约得三日方能毕事云。（幼）

《远东报》，1910年10月20日

自治宣讲所之振作

宾城自治宣讲所自成立以来，听讲者甚属寥寥。日昨许太守协同各绅，轮流演说四小时之久，以资振作。是日听讲者颇为拥挤云。（幼）

《远东报》，1910年11月2日

补选中级议员之牌示

牌示事。照得《城镇乡自治选举章程》，本城甲级选民五人，应选出议员五名。前于九月十五日开票选出四名。本所分别知会后，应甲级选者三人，谢绝者一人，尚缺额二名。遵于本月初五日补选，当日开票，计投者五人，得票者五人，姓名列后：赵希龄，一票；许鸿达，一票；王炜棠，一票；顾德宗，一票；侯至恩，一票。又乙级于九月十五日开票宣布，当选人十五名，内有应甲级之选者三名，因甲、乙级均被选，故不愿应选者一名，尚缺额四名，照章以乙级得票较多者升补。姓名列后：赵启昆，四票；王志均，三票；葛长胜，三票；陈广荫，三票。为此宣布，仰该选举人一体知悉。此布。（幼）

《远东报》，1910年11月19日

自治研究所改期毕业

自治研究所二班学员，现届毕业之期。闻许太守为民政宪不日到宾，如刻考试毕业，恐民政司到时，定难齐备，因此饬改冬月十五日作为卒业之期云。（幼）

《远东报》，1910年11月29日

宾州定期选举议长

宾城议事会议员选定，业已月余，该会尚未成立。日昨许太守亲临自治筹办公所，将议员之证书，按次照发，并饬于二十六日互选正、副议长，以便定期成立。昨已函请自治宣讲员李郁华、研究所教员徐文波二君，届时衣帽整齐，应该会管理员之席云。（幼）

《远东报》，1910年11月30日

宾州选定议长之牌示

照得《城镇乡地方自治章程》第二十六条内开:"凡城镇乡议事(归)〔会〕各设议长一名,副议长一名,均由议员用无名单记法互选。"又查互选细则十条内开:"当选票数,照《城镇乡自治选举章程》六十条、六十六条之规定,以得票满议员总数三分之一者为当选。"等因。查议事会应选员业【已选】竟,分别发给执照,给领在案。兹届互选之期,遵于十月二十六日,在本所院内举行互选议长,先正议长,后副议长。当日开票,宣布议长开票,计得票者七人:王瑞林八票,赵起昆四票,马汝良二票,司宝树二票,葛长胜一票,马焕章一票,许鸿达一票。查得八票王瑞林较最多数,已得票数,满议员三分之一以上,遵章应选为议事会议长。又宣布副议长开票,计得票者六人:赵起昆十三票,司宝树一票,张鸿勋一票,马汝良一票,许鸿达一票,娄世臣一票。查得十三票赵起昆较最多数,已得票数,满议员三分之一以上,遵章应选为议事会副议长。为此特布,仰众选民一体知悉。此布。(幼)

《远东报》,1910年12月21日

宾州议事会之成立

城议事会于十月二十八日成立。是日,许监督亲临该会演说,自治为立宪之基础,并对于自治未来之希望,词旨慷慨痛切。次由来宾及正、副议长各有演说,具有慷慨痛切、悲喜交加之气概,悲则悲国势之阽危以自警,喜则喜自治之前途以相励，时约两钟之久。复由该守援照《自治章程》三十七条，董事会总董、董事、名誉董事应由议事会选举成立。当即面饬该会正、副议长，赶紧定期选举，成立该会，以备民政宪、来宾之查验。闻该会正、副议长昨已选派卸任宾州府教谕王君、自治毕业员吴某，充该会文牍、庶务，均行搬入筹办公所，举办董事会选举事务云。（幼）

《远东报》，1910 年 12 月 25 日

宾州教员充当所长

宾州府许东藩太守前奉民政宪面谕，自治研究所所长祖锡泽人言啧啧，应即撤差。当经该守札饬该员遵照，一面通知自治筹办公所，举行选举，由绅学自治各界公举，选明达士绅深通法理者充任。日昨该公所偕商务学堂讲堂，作为选举会场，业已选定自治研究所教员徐文波君，充该本所所长。兹将其牌示录左：

照得本所奉监督札开："前奉民政司宪邓面谕，自治研究所所长应即改选。由自治筹办公所邀集绅、学两界，遴选公正绅董，禀候本府考验札委外，合亟札饬。札到该所，立即遵照办理具覆。此札。"等因。奉此，遵即于日前邀集绅、学等共四十九人，在所公行投票，并蒙监督亲临，本所监视，当于投票本日，当众开票宣布，计得票者八人，以得二十三票之徐文波为得票最多数，（勘）〔堪〕充自治研究所所长。除呈请考验在案外，理合公布，俾众周知。为此牌示，仰绅学各界一体知悉。此布。

《远东报》，1911 年 1 月 10 日

议筹防疫费之计划

日昨议事会会议，近来疫症已经叠见，人心惊惶，若不预拟适当办法，几至不可收拾。虽经就地设养病所，及巡警局迭次传谕查防，奈无款项，究属虚应故事，至欲认真防范，终非需款不可。如依赖监督拨给，刻闻经济问题，颇极困难，尤恐难达目的，徒延时日。吾等既系本境全体人民代表，自应极力维持。先由本会各人捐输若干，次由商、学两界再行劝募。俟将款目集有成数，亟为实行举办防疫会，妥拟章程，必期消除等语。闻已经全体议员议决云。（幼）

《远东报》，1911 年 1 月 22 日

祖所长有充所官之消息

顷闻官界人言，自治研究所前所长祖华堂，因招物议被撤，现经赋闲。闻许守谓该员办事尚属精明，拟将工艺教养所长遗缺，即派祖某接办。传闻如是，姑志之。（幼）

《远东报》，1911 年 1 月 22 日

议事会经费有着

　　宾城议事会之经费，原未筹出的款。前开会时，即提议该会经费，拟添地皮捐。凡城内所有地基，分别上、中、下三等，每年秋季完纳一次。每岁预算，此捐三万余吊，该会常年经费须得四万吊有奇，此项不足，再由别项通融。议决呈请许太守批示，被批交董事会复议。据董会议后，仍照前议，别无卓见。现已复呈许太守，俟批准后，即为实行云。（幼）

《远东报》，1911年1月22日

议事会纪事

　　粮捐局总理兼董事会名誉董事马绍坤君建议，该粮捐局现有盈余捐款三万余吊，创办中学之款尚未筹出，而商业学堂力亦难支，可否将此项余款，按七成拨归中学，按三成拨归商业，遂请议事会开临时会议。兹经各议员议决，应将此款均拨作中学建筑费，商业学堂另由别款补苴，遂将此案呈请许守批示云。（幼）

《远东报》，1911年1月22日

自治二班学员分任防疫之通知

  日昨董事会奉监督谕，照得时疫流行，迭奉列宪严电，饬催赶紧设法扑灭，以求民命等因。经监督在城内先设防疫所及养病院，督同议、董两会人员，认真稽查严防外，惟据所属镇乡巡警查报，渐有传染，自应一体设法严防。但防疫之法，若专恃巡警经理，尤恐照顾难周。是以昨奉监督谕饬，将自治研究所二班学员，赶紧召集来城，听候面谕镇乡防疫一切办法。查自治人员于防疫要政，本有应尽义务，况本地绅民俱有身家，岂能任其传染，推却不前。遂检查自治研究所籍贯册，按名开列，分路通知，为此仰后开诸君，见单先于名下签字。凡距城百里者，限十二日到；百里以外者，限十三日到。事关防疫要政，务望来城。倘有推延，逾限不到，监督定行派差严拘，幸勿观望。切切特示。（幼）

《远东报》，1911 年 2 月 16 日

宾州城议事会开会

  宾州府城议事会自上年九月成立，当即照章开会。提议之事，约有十余起。经许太守照准者，只一二起。现值春季通常会开会之期，该议长王子新、赵耀五二君，邀集各议员等，于十五日又开会议事。

《吉长日报》，1911 年 4 月 1 日

宾州议员禀揭所董

宾州府城自治筹办公所所董刘春蕙，自运动被选为所董后，即一味浮冒滥支。如该所请设讲习科一员，早经筹办处批驳在案，该董尚觍颜支领，希图浮冒。其他如调查员额、参议津贴，无一不藉端肥己。业经议事会议员孙焕章等，将该董之浮冒，逐端禀揭，并云不但不孚人望，且不合所董资格等情。许太守批：候派员按照所禀各节，详查核办。至于所董一席，仰候定期另选，以重要公。

《吉长日报》，1911年4月1日

宾州自治研究所开学无期

宾州自治研究所二班学员，于去腊业已毕业，例应续招三班，以广造就。该所长徐文波君，以自治要政，诚不容缓，拟照全省筹办处变通新则，添招八十名。所有应教各科，拟略为增减，以期培养完全之自治人格。奈因防疫阻力，又苦于投考无人，现尚无期开学云。

《吉长日报》，1911年4月1日

宾州选举事务所成立

宾城议事会业于去岁成立，应将城筹办公所改为乡选举事务所。经许守派委祖华堂君为该会所长，其他各席，以自治学员充任。闻已于日前开办云。（幼）

《远东报》，1911年4月19日

赵议长提议整顿路政

宾城议事会副议长赵启昆君提议，查《自治章程》内有道路工程一条，宾城距哈埠一百余里，本应建修轻便铁路，以利交通，而兴商业。然自治初设，商民风气未开，筹款维艰，现难兴办，须俟镇乡自治普通成立，再行核办。惟现今宾属往来通乡之要路或桥梁，圮坍或坑洼不平，每逢春夏，阴雨连绵，河水漫溢，横流一二里之宽，车马行人恒被阻滞，而于交通实多窒碍，诚不容缓。应请公议设法筹款，作速兴修，以便交通而维公益云。（幼）

《远东报》，1911年5月10日

自治宣讲员去旧更新

宾城里西大街原设有自治宣讲所一处,其讲员系自治毕业李都华君充任。闻于日前辞退,所遗之差,经许太守派自治毕业学员陈继尧君接充云。(幼)

《远东报》,1911 年 5 月 13 日

补考三班自治学员之启示

其略云:本所补招三学员,业经公布在案。今定于本月初十日考试。兹届考期,亟应牌示。为此即牌,仰投考诸君,务于是日早九钟自行携带笔墨,齐集本所,听候考试,幸勿迟延自误。(幼)

《远东报》,1911 年 5 月 18 日

议董两会呈请接济经费批词

宾州议事、董事两会,以创办伊始,常年经费未有的款,会场尤无定所,官家若不辅助提倡,实难经久。日前该两会据情呈请府宪,拨款接济,奉批:呈

悉。该会成立数月，一切经费，本应照章预为规定，丝毫不得挪移。年前借垫之款，亦不过一时权宜，出于不得已之办法，仍须及早归还，以清款目。至所呈一切财政，在本府掌握一节，典章俱在，通省（在）〔皆〕然，以为慎重出纳机关，初未尝有所岐视。现在地方财政万分支绌，无款可拨，所请殊难照准。至该会现无场所，自应暂行租赁，需用房租若干，呈候核夺，一面从速筹画，方为正办。仰即遵照云。（幼）

《远东报》，1911 年 5 月 18 日

议董两会添员办事

宾州董、议两会各文牍、庶务各一员，上年两会公同议决，今春裁留文牍一员，庶务一员，兼办两会事宜，原为撙节经费起见。今奉上宪札发各项簿记九种，饬将一切出入款项，分门别类，照簿选招庶务一人，势难兼顾，遂请各该会议添会计员一，专司钱财账目，列表报销，以资襄助，而免遗误。闻已议决核准云。（幼）

《远东报》，1911 年 5 月 23 日

地方董事会乃赖债乎

董事会自成立以来，因无经费，所用米面等项，均由铺商暂为赊欠。迨午节前，纷纷持簿索讨，该会仍无款项抵偿。总董司宝树乃大言恐吓曰："地方官不

与拨款，无以应付。如此逼索，势必解散。控告与否，（认）〔任〕凭尔等为之。"言罢，拂袖而去。各商亦无可如何，只得星散云。（幼）

《远东报》，1911年6月13日

宣讲所如同虚设

本城自治宣讲所自成立以来，听讲者本属寥寥。询悉其故，因所讲者均系自治要点，奈此地风气未开，蚩蚩愚氓，罔知大义，以为此所系劝捐增税而设，更兼素有仇视新政者从中摇惑，致近日听讲者竟无一人云。（幼）

《远东报》，1911年6月13日

议董两会经费无着之原因

宾城议、董两会，自去冬成立，迄今半载于兹，而常年经费尚无规定。访悉原因，董事会总董宝树本系房书滑吏，于自治法理，初无一知半解，且失财产信用，不孚众望。曩日该员充厅署经承时，枉法婪赃，久为乡民所切齿。又兼去岁选举时，该员预先运动多人，夤缘上峰，始得选派为该会总董。既到差后，所经举办各事，又未见有益于地方，无非媚上而已。即前提议改良婚礼一层，舆论多斥其非，因而乡民恶感愈深。故议事会所议决各项捐目，一经该员执行时，则商民皆不认可，出而抗违。虽有地方官帮助出示，谕遵捐纳，奈众口一词，法难责办，莫可如何。故该两会之经费，迄今仍属无着云。（幼）

《远东报》，1911年6月14日

议事会纪事

宾城议事会自成立以来，共经议决案件不下六百余起。经许监督批准者甚寡，迄今尚未实行。其他议案，或因逾越权限，或因妨碍公益，均被许守驳斥。故该会各议员均各畏难退缩。兹届五月本夏季会议之期，该会因循懈忽，尚未作开会之预备云。

《远东报》，1911年6月21日

议事会开会有期

宾城议事会前因场所工程未完，故夏季通常会延宕至今，未经开议。近闻该会工程行将告竣，闻拟已定本月十五日即行开会议事云。（幼）

《远东报》，1911年7月15日

创设图书馆之计画

府视学范俊夫君日前于教育会邀集绅、学两界多人会议，宾城学堂早经林立，而图书馆迄今阙如。如依赖官家筹办，刻间财政竭蹶，恐无成立之日。不若先由政学界捐（捐）〔助〕，或书籍，或钱款。除由两界捐助外，如不敷用，再由各界募集。闻绅学各员均为赞成云。（幼）

《远东报》，1911年7月15日

女戒烟所之腐败

宾城女戒烟所前经议事会议决，由官批交董事会执行办理，业已成立月余。该会总董并未查视，以致弊窦丛生。凡入所调验之人，断瘾者十无一二。询悉原因，皆因会内夫役以图重价，私自售卖，更兼外来探望之人，亦私相传授，并不搜验。腐败情形，不堪言状。说者皆谓该所难收禁烟效果云。（幼）

《远东报》，1911年7月16日

考察员到宾

省自治筹办处考察员匡熙民，于日昨由阿来宾，已寓自治筹办公所。因迩日天气不正，时冷时热，以致感冒寒热，必须憩息一二日，方能办公。拟于二十四日，准赴各局所考察一切云。（幼）

《远东报》，1911年9月23日

自治学员竟遭斥革

宾州府自治研究所学员郭华堂，因干预外事，致起冲突，微受侮辱，当禀请府署恳请究办。许东藩太守以禀词支离，情非干己，且学员招摇滋事，尤为不知自爱，遂即严斥革除，以示惩儆，而肃官方云。（幼）

《远东报》，1911 年 9 月 24 日

府议事会成立之演说词

昨届府议事会成立之期，各界齐集会场。首由许守登台演说，略谓：今我宾州自治全体机关，首先成立，责任匪轻。欲保安宁秩序，须服从法律范围，纲纪不紊，万事乃理。所谓法律范围者，即立宪政体，民权发生之原则也。固无论府厅州县，以及一乡一镇，分言之，则各有机关，约言之，则公共团体。要无非集多数人民之公权，合而成中央之政府。是谓国权以君主命令执行之，而司法行政各官，尤须受政府之指挥，作万民之公仆。凡在法定范围内事，遂不以少数人民思想干涉于其间，而后国权乃有统一之能力。所谓君主立宪，上下一心，纲纪不紊，万事乃理者也。若然，则府厅州县参事、议事各会，对于地方兴革事宜，未经中央政府通过者，在地方人民均有直接之关系，要必公诸舆论，以表同情，地方官不得以己意执行之，故地方自治完全机关，有监督政务之权，所谓民权在是，国权即在是也。更非所谓国权而外，又有一民权也。乃往往时代幼稚，官民之程度不齐，宪法未完，政治腐败，以致权限棼如，胶柱鼓瑟，酿成绝大之

（负）〔风〕潮。今我宾郡府议会成立矣，鄙人才疏德薄，谬膺斯守，尚须仰赖诸君和衷共济，以挽时局。今愿与诸君约，毋执拗己见，贻误大局，毋逾越范围，有乖宪法，毋意存观望，不顾公益，毋放弃公权，有负责任，则宾州幸甚，元（震）〔黎〕幸甚云。

《远东报》，1911年12月29日

滥举议长之一斑

宾州城乡各处，虽值此风云万变之际，然市面安堵如常。一股绅士发起保安会之组织，过事铺张，拟设八部，已被省宪电驳在案。又因款无所出，遂欲行使纸币三十万吊，亦被商会反抗作罢。最可异者，所举之副会长陈师古，乃系黄天教党，被人禀讦，业将会长取消，听候查办。该员现已远遁他处，所遗之副会长一席，迄今仍未举定。前与陈某同选之刘蔚青，庸庸碌碌，既无新学智识，更无旧学根底，故会章至今尚未定妥，且款亦难筹。据个中人云，将来不免解散收场云。

又府议事会成立时，公举之正议长于冠卿，因见议、董两会亏款甚巨，且各议董互相争权，不易着手，因之辞不就职。复由各绅推举前被撤之自治所长祖锡泽为正议长，自治毕业员娄鸿声为副议长。孰料祖某席未暇暖，即被同人禀讦取消。兹将府署之批词录下：

据自治毕业员陈肇伦等，禀请撤销府议事会长，另行改选，以顺舆情而昭公允由。批：据禀已悉。查所禀祖锡泽于光绪二十九年内清丈地亩，藉势讹诈，得赃甚夥，被刘绅等告发，畏罪潜逃一案。查原卷相符，虽屡奉恩诏，祖锡泽应在赦免之列。惟既犯过讹诈得赃之案，照章理应剥夺公权。前选府议事会议长一席，照章以副议长娄鸿声充任，其副议长再由各绅公选可也。

《远东报》，1912年1月2日

倡办联合会之先声

吉林师范毕业生张瑞亭，日前奉民政司札委，来宾创办全境联合会，以保治安。该员旋宾后，即面谒许守，禀商一切，仿照省垣办法，将全境预警统归该会专办。闻许守业已允请，然须得各界认可，方有效果。能否达此目的，俟访再志。

《远东报》，1912年1月4日

实行组织保安会之详情

日前府署奉到省宪明文，令将先前各绅等所办之保安会，及所举一切人员，一律取消。另派驻省议员萧钟廷、冯舜生回宾，遵照省颁章程，实行组织。闻萧、冯系充全省保安会参议部议员，特奉督抚宪委以宾州、长寿、方正、阿城等处保安之劝办员。该员旋宾后，即商请许守，邀集全界人员，齐赴府署，大开会议。并另行选举事宜，业于日前选定副会长，及正副参议长、文牍、庶务等员四十余名。日昨又在府署公议筹设一切办法，并开会细则。闻此次之组织，系经公同决定，大非各绅先前均为自谋之计所可同日语也云。

《远东报》，1912年1月4日

保安会拟出纸币一百万

宾州之保安会业已成立，即以府署为基址。日前各界代表暨正、副会长、参议长等，公同开议。以为会事已有端倪，惟经款一事，虽有省宪允为暂行协济，究不知发给若干。加之本郡财政异常竭蹶，警学、自治以及各局所每月薪饷，需款六万余吊。且市面银根紧急，全藉吉江官帖周转，刻间亦甚缺乏。若不即早图维，后患更难设想。于是公同议决，即以保安会之名称，暂出纸币一百万吊，以地方一应捐税进款作保。凡宾郡城乡各项应领经款，即以此项纸币发放，准与吉帖一律使用，以济目前急需。限定五年，一律收回注销。闻商务分会亦表同情，许太尊已电禀省宪，俟核准立案后，即行开用云。（云）

《远东报》，1912 年 1 月 11 日

董事会总董辞退之原因

城董事会总董司宾树自昨年任职以来，甚孚众望。刻因劣绅祖锡泽选为府议事会正议长，被绅士陈肇伦等禀揭其种种劣迹，遂将祖某议长取消。因之祖某愤恨不平，亦在府署禀揭各绅劣迹。其中语言诸多暗昧，有非正人君子所忍闻者。司有鉴于各绅互相争权，不（愿）〔顾〕大局，知事难为，故于日前请退，业蒙批准，由各绅另举前户房经承杨乃宣接充云。

《远东报》，1912 年 1 月 11 日

于会长劝办义赈

保安会副会长于冠卿观察,因被各界公推为保安会副会长后,因鉴于宾郡米粮腾贵,贫民生计日绌,恐有扰害治安举动。日前商请许守,除将各该乡历年积谷散放灾黎外,拟由本境绅商粮户,分别劝捐钱款米粮,创设义赈局,以济穷民。闻商会总理姚均平亦表同情,已允由每烧行先各捐米二十石,继再向各商户劝助。惟富绅粮户尚未办到,想各热心公益,亦必踊跃输将,成此义举,方不负于君提倡之美意云。(云)

《远东报》,1912年1月13日

府议会开会缓期之原因

日前府议事会各议员,禀请许守迅行开会,以便讨论一切。许守因正议长祖锡泽被人禀揭种种恶劣,均有案可稽,照章取消议长。该绅不知自悔,复在府署禀讦各绅等阴私。刻正彼此冲突,正议长一席尚未选定,副议长娄鸿声能否拔充,须俟省宪批准后,方可开会云。(云)

《远东报》,1912年1月19日

吉林之近闻录

东三省自本年夏秋雨水连绵，吉林各属田苗悉被水淹，为灾过钜。近来米珠薪桂，贫民小户，无米为炊，嗷嗷待哺。虽有富室出卖积谷，价值昂贵，人心惶惶。饥饿之民，负老携幼以求食者，日益增多。满蒙高等学堂长刘家荫等发起，拟将建筑公司存款数万吊，提归慈善会，移作购备粮石之需，以济贫民，似于救荒之策，已条具理由，呈递联合会公决，以便转请实行。

宾州保安会会长于冠卿君，向在奉省候补，上月回宾，被举为保安会副会长。于君即访询民间疾苦，体察地方情形，以今夏雨水连绵，低洼之地，均被水灾，秋季降霜又早，一般灾黎大有朝不保暮之概，非募款赈恤不可。闻现已劝妥烧商乐施赈米，每号二、三十不等，于亦自捐二千吊，以资提倡。宾州东大通村屯，距城五十余里，有农民数十户，被水灾重，数日前粒米无存，势极惶急。经该区巡警呈报城巡总局，亟请设法周济，免生意外。许太守以宾郡米粮如此高贵，大都由于奸商网利引诱，俄商抬价收买所致，特出示禁止食粮出境，以为治标之计。

宾州保安会日前各界代表，暨正副会长等，公同开议，以为会事已有端倪，惟经费竭蹶，虽省宪允暂协济，究不知发给若干。本郡财政，异常艰窘，警、学、自治及各局所，每月薪饷需款六万余吊，市面银根紧急乃尔，全藉吉江官帖周转，总有缓不济急之虞。若不及早图维，后患何堪设想。故公同议决，即由保安会暂出纸币一百万吊，以地方一应捐税进款作保。凡宾郡城乡各项应领经费，即以此项纸币发放，准与吉帖一律使用，以济目前急需。限定五年，一律收回注销。闻商务分会亦表同情。许太守已电禀省宪，俟核准立案后，即行开用。并拟分为大、小共三十四万七千张，印刷此项纸币，该费若干，及需时几日，业已电询省垣，核算明白，以便赶速刷印行用，以济急需。

每至冬令，胡匪最易窃发，故营口地方冬防，向极注重。本年夏秋间，风雨失调，田禾歉收，饥寒交迫，流为盗贼者，往往而是。闻田庄台及海城各处胡匪潜伏不少，时出时没，防不胜防，近来遭劫之家，指不胜屈，吁可惨矣。

《民视报》，1912 年 1 月 21 日

电请取消议员

昨十四日宾州议、董两会，以该府所举议员萧、冯二君未能尽职，贻羞宾州，电禀陈都督，将该员取消。当经陈都督与众绅提议，谓萧、冯二君系由宾州绅士所公举，何得别生意见，致有取消另举之事。即时覆电该会知照矣。

《盛京时报》，1912 年 5 月 23 日

十、五常府

调查选民竣事

五常府自治筹办公所，现将尚智社居民口数调查完竣，统计总数共计三万六千余口，内有选民七百余名。随遵章分别造册，呈送府署，以凭核转云。（仲）

《远东报》，1910 年 9 月 1 日

自治讲义颁到

五常府汪德薰太守，接准吉林自治筹办处发到自治讲义若干卷。该太守查其官书，与宪政进行大有关系，于是转发自治筹办公所，以俾发给自治宣讲所，遵照演讲，以启斯民之知识云。（仲）

《远东报》，1910年9月4日

宣讲所之有效

五常府自治宣讲所每日演讲自治一切事宜。初则听者寥寥，近来四民耳濡目染，已知个中缘由，是以听讲者比较往日增添，可见风气之开通，宣讲所预有力焉。（仲）

《远东报》，1910年10月20日

选举议员纪事

五常府城自治筹办公所为选举城议事会议员，乃借筹办公所为投票所，于日昨在该所安置票匦。其各员皆衣冠整齐，由汪太守监督投票。是日凡有选举权者，咸集该所投票，共计约有百余人，洵属一时之盛云。（仲）

《远东报》，1910年10月26日

议事会成立有日

五常府汪德薰太守监督选举城议事会议员后，共选定二十二名。现在发给知会书，候其答覆，即行互选正、副议长，而后发给正、副议长议员执照，以成董事会之基础云。（仲）

《远东报》，1910年11月2日

当选人员一览表

五常府选举城议事会议员，甲级三名，乙级十七名，备补五名。兹探悉被选者姓名、票数，随即列表于下：

甲级被选人——李源，三票；尹克勤，一票；王显达，一票。

乙级被选人——刘树祯，六十五票；宋茂槐，六十票；于明山，四十三票；刘殿举，三十八票；房树谟，三十七票；朱国梁，三十五票；姜连等，三十四票；王树堂，三十二票；陈廷翰，二十七票；杨毓峤，二十三票；李作舟，十三票；周志孔，十票；程秀，九票；潘辅臣，九票；佟福，六票；苏作霖，四票；潘敏德，三票。

备补人——薛文财，三票；宗万选，二票；孙兰亭，二票；林化南，二票；任广恩，二票。（仲）

《远东报》，1910年11月8日

议事会颁到钤记

五常府自治筹办公所将城议事会议员暨正、副议长选定，并呈送缴销筹办公所钤记，已详前报。刻间汪太守以成立议事会，事不容缓，乃于日昨依奉部章，发给议事会钤记一颗，以昭信守云。

《远东报》，1910年11月9日

董事会将开幕矣

五常府城议事会已经成立，故议长与议员等复行组织董事会，按照省垣发来规则，参之以地方情形，分别大纲细目，拟具章程，以备呈汪太守妥定，即行开幕。（仲）

《远东报》，1910年12月6日

自治举行毕业礼

五常府自治研究所第一班自治学员肄业期满，于日昨请汪德薰太守率自治学员等，举行毕业礼后，拍照合影，以留纪念云。（仲）

《远东报》，1911年1月14日

自治筹办公所之近况

五常府自治筹办所查疫气退消，乃按照进行表，酌派城厢调查员等，预备调查选民，以期开正式会，选举议员，用副国家锐意图强之至意云。（仲）

《远东报》，1911年4月2日

自治会纪事

五常府府自治筹办公所所董，现将城厢调查员派定，不日即当饬其调查选民，以立府议事会、参事会之基础云。（仲）

《远东报》，1911年4月27日

于所长请假之原因

五常府自治研究所于镇莹所长,因公款不足,遇事诸多掣肘,因之在府署请假。闻刘秉钧太守以所长一席难乎其选,意欲批答挽留,以竟其功也。(仲)

《远东报》,1911年5月2日

自治筹办公所亦填表矣

五常府刘秉钧太守,拟准吉林自治筹办处札文,著转饬自治筹办公所,将正副所董、名誉参议员、选举管理员、调查员、宣讲员姓名、出身、年岁、分所地点分晰填表备文,送省查核在案云云。刘太守奉文即转札自治筹办公所即速造报云。

《远东报》,1911年5月25日

调查选民之困难

五常府府自治筹办公所调查员,调查选民姓名、年岁、财产等事。而民间类

皆不知此中大意，致各处调查，往往以伪言对待，难得实情。足见民智未开，此次调查选民一事，颇非易易也。（仲）

《远东报》，1911年6月7日

五常厅议案

城议事会因自治经费困难，于日前特征集议员开幕，拟将酒业按每吊纳公益捐五十文，当即协议表决，著文牍员拟具议案，呈送府署，听候刘守转详，饬下遵行云。（仲）

《远东报》，1911年7月30日

董事会劝学所人员均有烟癖

董事会尹某、劝学所郑某均经戒烟会调验，兹闻监视员张彝生呈称，尹某、郑某烟癖甚深，均未戒除。故刘守已将情形叙稿详办，以儆效尤云。（仲）

《远东报》，1911年7月30日

添收车捐试办一年

自治研究所因无底款,乃商议添取车捐,曾被批驳。自刘守到任后,又陈请车捐归上级自治经费,当经刘守详省,由民政、度支两司议妥。日昨经公署批回,准予试办一年,(策)〔果〕系与民间无碍,再为详请立案云。

《远东报》,1911年7月30日

自治筹办公所迟延之原因

五常府自治筹办公所拟定章程,在五区界内设立选举事务所五处,派定管理员一人,调查员三人,奈因经费无着,尚未实行。该所所董日昨特邀集议事会各议员商议,以境内烧酒销路最广,拟定每烧酒一斤,抽捐市钱五十文,作为自治公所常年经费云。(仲)

《远东报》,1911年8月25日

议员一览表

五常府刘秉钧太守，监司选举府议事会议员。兹闻选举已定，于日前揭晓。计共选充议员二十名，惟尚智乡王显达、崔喜中、刘照阁、周自孔、山河屯萧文彬、杨凤阁、于镇莹、高清芬，向阳山王维新、阎保元，太平山宋秉章、李善民、刘瀛洲、李香浦，五常堡于竹汀、郭东升、辛洪轩、赫连彬、国兴阿、毓春等二十名云。（仲）

《远东报》，1911 年 11 月 15 日

十一、榆树直隶厅

不认亩捐划归学款

省视学金石逸君，以榆县学务应办事宜，如教育会、实业小学等，概未着手，欲按照谘议局议决定章，拟将榆县每垧亩捐五百文，明年尽数拨归学堂、巡警等项，勿得动用，以资扩充而期进步。闻昨自治会诸绅又与劝学所竭力竞争，谓此项万不能尽归学务收用，否则自治会即无款，将解（教）〔散〕矣。

《吉长日报》，1910 年 1 月 21 日

榆树县自治会拟建楼房

榆城自治会创设以来，于今三年。近有某某两巨绅，以自治为立宪之基础，而该所房屋卑陋，殊不足以壮观瞻，拟于旧址内建筑大楼数间。现由省垣工程局包妥，订明工价钱吉帖三万余吊（合榆钱五万余吊），加以一切备料费用，告成后，约须榆钱十万吊有奇。此项需款，尚无着落，拟由学、警两项撙节抽拨，完此巨工。各界中颇【有】反对此事者，以现在经济奇绌，民生困穷，当节此可缓之费，作为急切之需。日内拟开会再议。

《吉长日报》，1910 年 3 月 20 日

榆树县自治所长之丑态

前年自治所长沈玉田，因选举事须往省城，举王绅小兰自代。王绅自接事后，经手钱款，外间颇多疑义。去冬又兼巡警总董一差，稍稍把持乡巡一切公事，嗣后渐形无忌，包揽词讼，命案人证，亦引之在会居住累月，其他可知。以此各界颇怀不平。故此次开会，人心不谋而同，均举于慕沉、范虞卿二人为所长，公不认可修筑自治楼房。王绅大怒，在自治会大骂三日，谓选举不公，伊不认可。如不另行开会，渠即誓死不出此地。而在会诸人，谓王绅如不即行出会，拟以老辣手段对付之。

《吉长日报》，1910 年 3 月 22 日

自治所长禀辞

自治所长于源浦自被选举为所长后，前所长王某迄今不出自治会。而谘议局副长沈玉田，每日各处奔忙运动，必欲将王某仍兼警董目的达到。奈各界绅民，无一认可。故半月以来，鹬蚌相持，一切要事急应筹办者，皆无着落。日内于绅恐以此故，致于全局有碍，乃向新任具禀请辞。闻刘司马亦欲日内与各绅磋商，再出公启，另行选举。如果某绅仍肆搅扰，当以行政权惩办，以重宪政而芟恶习云。

《吉长日报》，1910年4月2日

榆树厅要政议决

榆城一切应行要政，均系有名无实，与宪政前途，生民治安，均有关碍。刘司马自下车之日，颇虑及此。现与士绅磋商至再，业已议决实行之件如下：

（一）划权限以专责成。按榆城自治，一方面虽学有学董，警有警董，均系彼兼此差，此兼彼差。事成则互相争功，【事】败则各自推诿，警学不见起色，实坐此故。现已权限划清，庶功有专归，过无旁贷。

（二）变通榆帖，以便商民。榆城纸币，久已不堪言状，甚有彼村之帖不能行于此村者。不惟商业难兴，即农民之受害，亦非浅鲜。现议限三期，自三月十五日起，每期二月，无论何帖，头期持帖到柜，每吊付吉钱二百文，二期付吉钱四百文，三期统付吉钱，明白晓谕，实贴通衢。

（三）改董事会为财政处。榆城董事会系士绅合谋组织而成，每年除收支商捐、坰捐而外，别无他事。不惟董事之名不符，即各界支款亦漫无限制。近年入不敷出，皆系此故。今已议定，无论何项要需，非由厅认可备文，不准多支一文。

（四）选士绅研究自治。榆城自治研究分所，屡被上峰札催，迄未成立，实于宪政前途有碍。今将招考自治学员之广告，实贴通衢，约三月中旬，准即开学。

（五）裁六房为三科。

（六）裁四班为司法巡警。

按五、六两项虽系必行，然经费难筹，尚未议决，俟有一定，再为宣布。

《吉长日报》，1910年4月14日

榆树厅再选自治所长

自治会自二月初旬，全县公举于绅慕沉为所长，绅界多不承认，于绅上禀辞卸各节，迭志前报。昨闻刘司马与各绅开特别议会，拟定将前番选举作废，准于本月初十日，全厅绅民齐集自治会，另行投票选举。

《吉长日报》，1910年4月22日

董事会改为财政局

榆厅乡巡、自治、学务各界年中经费,悉由亩捐项下筹拨,亩捐由董事会经理。日前将该会改为财政局,闻以王绅孝兰为总理,徐绅雅轩为文牍科员。

《吉长日报》,1910 年 4 月 22 日

关于选举之札文

榆树厅刘仲景司马接到吉林自治筹办处规定选举书式两册。该司马随时饬文案叙稿,以备转发本邑城自治筹办公所,遵照书式办理,以免各城互有异同之弊云。(容)

《远东报》,1910 年 9 月 10 日

自治宣讲所亟宜整顿

榆树厅自治宣讲所系自治学员轮班演讲,刻因自治学员担任教授之责,无暇及此,故另派学员。不期易人演讲,遂致疏懈。现在自治总机关范云卿氏,有鉴

于此，即拟谋划整顿，以顺舆情云。（容）

《远东报》，1910年9月14日

自治公所纪事

榆树厅城自治筹办公所所董范云卿君，业将甲、乙两级选举人名册，分别造具宣示，复又酌拟投票、开票地点，以及日期，以备刊布选举传单，以俾本城有选举权者，查照各项，届期到投票处亲行投票云。

《远东报》，1910年9月21日

自治局之工程

榆树厅自治局工程，修筑楼房，已经迭志前报。现在该工程局业将四面之配房修齐，惟当中之楼房尚未竣事。刻闻工程局督率工人，赶紧修筑，甚形忙碌，约在封冻【前】一律告竣云。（容）

《远东报》，1910年10月25日

自治局调查庙产

榆树厅城自治筹办公所范云卿所董、前监督刘仲景司马，派出李英佐君，赴乡调查各处庙产，一俟查明呈报后，酌量起租，以资挹注自治之经费云。（容）

《远东报》，1910年10月28日

自治续选二班学员

榆树厅自治研究所第一班自治学员毕业之期在迩，故该所拟定续选第二班学员，以俾第一班学员毕业，第二【班】学员即行入所肄业，庶免耽误光阴，而促自治之进行云。（容）

《远东报》，1910年11月13日

自治会大开会议

榆树厅自治总机关范云卿，邀请士绅等与会，按自治进行表，提议应行筹办事务。该员等已于日昨开会，而与会者甚多，（致）〔至〕其提议何事，一俟访

明再录。(容)

《远东报》,1910年11月13日

自治讲义到境

吉林自治筹办处按照自治学员之进行,发来讲义若干册。当经刘仲景司马将讲义备文转行发给自治研究所,俾教员与自治学员讲解,以发明理想,而厚其程度云。(容)

《远东报》,1910年12月6日

自治公所发放枪械

榆树厅自治公所前在省垣购得八门里快枪八百杆,日昨已将枪械运到榆邑,故该公所传知全境各粮户等,如种地在二十垧以上者,或充当预备巡警者,务须具情承领,以资防卫云。(容)

《远东报》,1910年12月10日

榆树厅选举总董之提议

榆树厅劝学所总董任差一年期满，理合拣员更替。然总董系执行机关，必须慎选其人，于是自治公所开团体会，商议选举品端学粹者，接充总董一差，以期学务日臻完善云。（容）

《远东报》，1910 年 12 月 28 日

自治公所开幕

榆树厅自治总机关范云卿，征集城镇乡绅学各界，大开特别议事会。闻其建议有五：一、组织董事会；二、成立教育会；三、筹办镇乡议事会；四、整顿城镇乡各级学堂；五、选举劝学所总董。闻渠等欲议定后，庶乎并行不悖云。（容）

《远东报》，1911 年 1 月 5 日

此之谓自治学员耶

顷闻榆树厅自治研究所各学员等，因该厅巡检张钊擅受词讼，入署滋闹，哄堂抱卷，经该厅禀报民政邓司使行辕，批饬该巡检擅受词讼，有干例禁，着即撤省。该学员等哄堂滋事，尤属不合，有玷士绅名誉，仰该厅查明为首滋事者，斥革出堂，以示惩儆云云。

按：我国数千年专制，为环球文明国所不肯。而幸一旦宣谕立宪，凡地方士绅，身为自治学员者，应如何研究宪政精微，共谋地方公益，方不负所学。即使地方官有违例章，宜以文明对待，而计不出此，竟为野蛮暴动手段。无怪政府动辄曰民气嚣张，学生干预公事，不敢遽颁立宪之诏也。愿吾国人民之程度，其争求进步矣乎！（觉）

《长春公报》，1911年1月15日

自治学员滋事之禀覆

榆树厅日昨具禀民政司，略谓：现在该员等均知悔过，可否将全堂学员各记大过一次，并展缓两月毕业，以赎前愆等情。奉批：该学员等既知悔过，应准照办。仰仍随时劝导，务各勉为明达士绅，共谋地方公益。至展缓毕业期限一节，业经本司批饬，仍准以年底毕业，毋庸展缓云云。（觉）

《长春公报》，1911年1月15日

榆树厅议事会整顿垧捐

榆树厅因筹办新政，著每垧地纳捐钱一吊五百文。以全境地亩计算，一年共收市钱六十万吊之谱。现在议事会只恐经收垧捐，不免向隅偏枯，故日昨开会提议，以期有利无弊，而后呈请厅署鉴核推行，以除流弊云。（容）

《远东报》，1911年1月18日

榆树厅关于纸币之会议

榆树厅议事会日前开会议事，闻某君建议谓：刘司马为整顿钱法，饬商界收付纸币，以期永衡官帖归到本位，而除加利之流弊。嗣因财政困难，款不敷用，乃组织公信达钱局，著殷实铺商五十家，凑集股本六十万吊，刷印纸币，令各界行使，以疏通钱法。刘司马将事议有端倪，随禀抚帅刷印纸币，未待股本集齐，即填注号码，率然行使。近闻发给各界生息，已达三十万吊之谱，该钱局股本未齐，开办未久，纸币即有如许之多，设不详加整顿，不惟仍蹈济榆钱局覆辙，只恐贻害于全境，不可设想。是日某君提议于前，而范云卿氏和之于后，以纸币为信用之物，如整顿钱法，必从整顿纸币入手。自此而后，务要调查公信达钱局股本若干，开使纸币若干，发给各界生息若干，通盘筹算，方知弊窦所在。渠等语毕，各议员等赞成。随即振铃毕会云。（容）

《远东报》，1911年1月19日

劝学所总董得人

榆树厅自治团征集绅、学各界开正式会,投票选举劝学所总董。投票后,启甌发表,惟初彝轩君得票最多,即择期任差,以立学务之总机关云。(容)

《远东报》,1911年1月19日

自治之进行

榆树厅刘司马接准民政宪札开,着作速成立厅自治筹办公所,筹办应行一切事务。闻司马接文,即行交付董事会,令其公举正、副所董,以襄其事。(容)

《远东报》,1911年2月16日

大开常期会

榆树厅城议事会正、副议长拟于日前开常期会,特派差役知会议员,以及各界人等,以冀届期入场建议旁听,以示大公无私,而慰公民希望国会之热心云。(容)

《远东报》,1911年4月1日

议事会之迁移

榆树厅城议事会王子真君,将关帝庙院内商界公议会之房屋,改为议事会,已详前报。现在王君督工,将房屋营缮已就,乃于日昨将议事会迁入其中云。(容)

《远东报》,1911年4月15日

研究所开学之日期

榆树厅自治研究所所长查疫气消灭,定于前日开学授课。刻闻乙班自治学员等到齐,该所庶务令堂役等布置开学一切事宜,甚为忙碌云。

《远东报》,1911年4月15日

自治公所承办硝磺

榆树厅自治公所议定,请将硝磺归自治办理,借以筹款,以补新政经费之不足。该所具文呈请,当蒙上峰批答,以宣统三年为始开办,以期人地相宜,而扩充硝磺之销路云。(容)

《远东报》,1911年4月30日

议事会开临时会

榆树厅城议事会于日昨开临时会，而正、副议长率议员等鱼贯莅场，颇极一时之盛。（致）〔至〕因何事开会，俟协议表决，再为宣布云。（容）

《远东报》，1911 年 5 月 3 日

议事会经费之所出

榆树厅议事会因经费无着，拟将进城之重车，每辆收钱二百文，以资裒多益寡，而作议事会之经费。此事闻协议表决，不日即当呈送厅署，听候廉太守批答遵行，而免枵腹从公之虞云。（容）

《远东报》，1911 年 5 月 4 日

自治会购买枪械

榆树厅自治总机关范云卿自省垣购到七米粒快步枪一千三百杆，按码填注清册，令粮户互相出保，买领发给，预备巡警使用，不准任意变卖，以防匪类云。（新）

《远东报》，1911 年 6 月 28 日

议事会添设宣讲所

城议事会会长李文召君,月前奉上峰札饬,添设自治宣讲所,以开民智。该会奉文后,即于关帝庙前建造板室一所,从事开办,并拟每日轮班登台演说云。

《盛京时报》,1911年6月29日

委员来榆调查商况

榆树厅城议事会议员王子贞,以钱法毛荒,市井萧索,上书建议,当经协议公决,请上峰整顿。抚帅因事关紧要,遂札委宝质堂司马来榆调查,以资整顿,有所入手。闻该员现已起程,不日即可到境云。(新)

《远东报》,1911年7月7日

自治研究员酿成命案

榆城自治研究学员傅维纶与周乐齐二人,素不和协,屡起冲突。日前周某被所长斥革,周遂愤懑不平,特于初四日晚,暗持利刃,竟将傅某连刺数处,伤势

甚重，未识能否保全生命，尚未可知。现已成案，将正凶拿获，送厅讯办云。（新）

《远东报》，1911年7月8日

议事会之会议

榆城议事会各议员日昨开会，拟将厅城过路车辆给领纸票，以便收捐款及营业税等项，均将次第举办云。（新）

《远东报》，1911年8月26日

自治会纪事

榆树厅自治筹办公所现在缮写选民册，并预备票匦，商议选派入口、出口签名记票招待人员。闻该所只恐临期贻误，故于事前绸缪，先行预备，以免仓皇云。（新）

《远东报》，1911年9月6日

听讲人数之少

榆树厅自治宣讲所向日听讲者聚集多人,近因秋忙,而农人无暇至宣讲所听讲,以致听讲之人数较之从前日见减少。惟宣讲生以宣讲为职务,虽人数日少,其宣讲不能不照常也。(新)

《远东报》,1911 年 9 月 27 日

常期会之预备

榆树厅城议事会议长因常期会开幕在迩,特具文知会董事会,安置开幕一切事宜。因之董事会日来预备议场,扫除屋宇,甚为忙碌云。(新)

《远东报》,1911 年 10 月 14 日

调查员回省

兹有调查员黄某奉民政宪札委来榆,调查巡警自治办法成绩若何,有无谬舛等情。兹闻该员诸事调查完竣,已将详情呈报省垣,于日昨赴五常府调查一切,当即回省销差云。(新)

《远东报》,1911 年 10 月 14 日

十二、滨江厅

禁止短期重利之典质屋

日商不正当之营业

闻滨江厅呈报公署谓，本埠议事会呈称，日本合资在厅设立当行，按自治第三十七条，议会议决，由正副会长呈与该管地方官核议，复交城镇董事会议董按章执行覆核。此商乃关系国税利权，保全生命起见。查核各情，照通商条约，凡外国人在该住通商国贸易，必确系正当营业，方准开设。又查国际法，凡外人在所在国交易，其利息必从所在国例，或其本国法定之利。在中国当铺利率，不得过三分。日本当铺利率，不过四分。原案所指各利，竟有多至十分者。且与中日两国当利，均属违背。其非正当营业办法，显然可见。该商人藉词抵制，欲比照日本当商，加重利息，缩短当期，希图获利。该议事会未加察查，漫为提议，不知小押遗害于地方实非浅鲜，碍难照准等情。奉批：所议甚是。仰候札饬西北路道，查明该当股东姓名，严行禁止。倘另有日本当铺，即行照两国当铺条约章程成例，严为取缔云云。（缔）

《长春公报》，1911年4月23日

拟练国民军之预备

滨江自治、董事各会，屡接各省知会，函称：现在国势倾颓，强邻压境，非国民自振，不足以挽危局。请设法筹备国民军，以资保护。近闻该会屡次提议，将有实行团练之预备云。（同）

《长春公报》，1911年5月17日

议董要求车捐

滨江自治、董事各会，自开会以来，所议应办要件甚多。惟绌于经费，碍难提倡。兹闻该会等议及车捐一项，应归地方征收，拟具禀道、厅各署，要求统税局退出，改归该会抽收，以补经费之不足云。（同）

《长春公报》，1911年5月21日

饬绘自治域图

滨江董事会昨奉省垣筹办处通饬，内称：该厅属近来划拨之境界，应照章划分自治区域，以人口为率，共有乡镇各几何，共分几区，理宜调查精详，急速绘图呈报，以便按地筹办自治事宜云云。闻该会已遵照办理矣。（新）

《长春公报》，1911年5月24日

学员资格如此

滨江自治研究所学员吴鸿图，自入堂以来，不守堂规，复于日前要求毕业。所长宗君当牌示各生，依旧受业，不得要求等语。该学员竟不遵守学规，将牌摔碎。嗣经所长照章追缴学费，并送入厅署，严押惩治矣。（治）

《长春公报》，1911年7月22日

十三、长寿县

长寿自治宣讲所之开办

长寿县自治宣讲所现已筹有的款，特派宣讲生金宜南到彼，建筑房屋，设立宣讲所。现闻已于日昨工竣，开堂宣讲云。（益）

《远东报》，1910年10月21日

绅民之国会热

长寿县自治研究所所（见）〔员〕王炳辰、张殿升、杨从善等，邀同绅学各界，于日前公赴县署，呈递请愿速开国会书，恭恳刘清书大令，转详督抚，代为入奏。（探）

《远东报》，1910 年 11 月 23 日

筹办预备巡警之计划

长寿县刘大令前奉大宪札饬，创办预备巡警，以符宪政等因，各界诸君，无不欢迎。缘因县境地处山深林密，民户星稀，以致胡匪出没无常，虽有陆军、巡警剿灭，惟恐一时力有不逮。该令奉札后，当即派员携款，赴省领枪，以为筹办预备巡警之要务。无如断绝交通，延缓数月，刻即运到。闻日昨邀集各界，大开临时会议，亟应迅速赶办，一面传知各户来县领枪，并札饬绅董协同粮户，按照定章组织一切，实行其事云。（海）

《远东报》，1911 年 5 月 5 日

学员之宣讲热

长寿县自治研究分所第一班毕业学员崔子经君，于地方自治颇具热心。惟未经上峰札委，无可假手之处。日前具禀县署，请在城乡宣讲所帮同讲员宣讲，每月津贴伙食钱十余吊，已被批驳。该员之一腔热血仍不可遏，复请不领伙食宿膳各费，均由个人捐纳。后因各宣讲所均在僻处，听讲者终属寥寥，该员遂每日游行街市，逢人迹稠密之场，随地宣讲云。（海）

《远东报》，1911年5月21日

所董乃弟恃蛮

长寿县自治筹办公所董王九纶之弟王喜盛，现在自治研究所充当堂役，日昨偕同某甲冶游城西暗娼妓女大老陈。适该妓室中有客，未暇接待，该堂役以势在官人役，即肆其蛮横手段，硬欲入室。该妓未允，遂大起冲突。该堂役复上前与该妓调笑，妓不允，即将该妓手指咬破。当被该所长张绍卿闻知，前去劝解始散云。

《远东报》，1911年8月11日

宣讲所迁地为良

长邑第一自治宣讲所,于去岁夏季开办。在南门里迤东空旷之地,建筑板棚一间,聊避风雨。派有讲员二人,按日宣讲。惟地非通衢,人足罕到,几有门前冷落车马稀之叹。日昨该讲员宗孟九、谭雅亭具禀县署,略谓:我国地方自治为四千年未有之事,一般人民不惟目所未见,亦耳所未闻,以致折毁公所,殴伤议员,各省演出,非常恶感。推原其故,均不能以宣讲为入手也。吉林既属边省,长寿又属僻县,人民程度较远内地,宣讲一事,尤为当务之急。自设宣讲以来,年余于兹,所有听讲之人,均是过门小头,偶作逗留,断无特为听讲来者。然使设于往来要冲,来者既居多数,听者亦居多数,宣讲日久,未必不收效果。无如本所位置一隅,既非商民往来之地,四面又复多水,跋涉艰难,欲求绕道褰裳而听者,每日不可多觏。可否迁至北街高平之地,商民既属辐辏,交通亦形便利,一转移间,听者必多,事半功倍,莫善于此。是否有当,出自尊裁云云。闻刘大令阅禀后,已批准照办云。(海)

《远东报》,1911 年 8 月 19 日

扩充自治研究所之学额

长寿自治研究分所第二班学员,不日行毕业礼。该所所长张绍卿,特面商刘清书大令,以长邑城自治九月依限成立,其十乡自治及县自治,明年秋季亦当一律成立。所有上两班毕业学员额数,加倍录取,定学额六十名。至明年毕业后,

合计三班学员，可得一百二十人。其时分任地方义务，方免乏才之虑。似此变通办法，既可不误要政，复可广造人才云云。闻刘大令颇表赞成，不日详请全省自治筹办处立案施行云。（海）

《远东报》，1911年8月25日

县议事会可望成立

长寿县刘清书大令，日前接见列宪来文，略谓：国会缩短，各项宪政，应即赶办。查宣统三年宪政编查馆之定章，按各州府县城乡议事会均得迅速组织成立，以符宪政等语。刘令奉文后，遂于日前札饬自治筹办公所，令将所属居民，遴举资格，派员详细调查，以备选举议员，筹办地方公益之事云云。关于日昨该所所董杨芳林君组织一切，约不日即行选举投票云。（海）

《远东报》，1911年11月5日

照录自治筹办公所之榜示

略谓：本年办理城区下级自治选举事宜，所有调查民户选民资格，业经造册详报在案。并详定九月十一日乙级投票，十二日甲级投票。届期临迩，兹录筹办处宪颁发投票所办事细则，及应遵守城镇乡地方自治选举定章，逐条揭示。凡选民来所投票者，务须详加注意，切勿违犯，自干责罚。各宜慎之。须至榜示者。计开：

（第一条）本细则为办理城镇乡议事会选举事宜设定之云云。

（第二十条）投票所于投票完毕之第三日裁撤之。

（第四十二条）凡选举票无效者如左：一、写不依式者；二、字迹不可认者。三、不用投票所所发票纸者；四、选举之人不在选举人名册内者；五、选出之人不合被选举资格者。

（第七十条）冒用姓名投票者，处一月以上、六月以下之监禁，附加五元以上、三十元以下之罚金。

（第七十一条）以财物利诱选举人，或选举人受财物之利诱，及居中周旋说合者，处一月以上、二月以下之监禁，或三十元以上、六十元以下之罚金，财物入官。已用去者，按价追缴。

（第七十二条）以暴行胁迫妨害选举人及选举关系人者，处一月以上、三月以下之监禁，或三十元以上、百元以下之罚金者。

（第七十三条）选举人及选举关系人携带凶械者，处一月以上、二月以下之监禁，凶械入官云。

《远东报》，1911年11月8日

照录自治筹办公所详请文

略谓：案奉宪台札发《吉林城镇乡议事会选举投票所办事细则》第四条内载："投票所应于投票期三日前，设看守人四名。该看守人由公所所董呈请监督，拨派警兵充之。"又《开票所办事细则》第四条："开票所开票日应设看守人四名，即以投票所之看守人充之。看守人仍受管理员指挥约束。"各等因。兹查城区选举投票开票日期，业经本公所拟定，九月十一日到十三日开票完毕之日止，详请批准在案。亟应呈请拨派警兵看守，以昭慎重。除将应办事宜依限筹办外，理合具文详请宪台查核，俯赐拨派妥靠警兵四名，于二十六日来所看守，实为公便。为此备文具详，伏乞照详施行云云。（海）

《远东报》，1911年11月9日

照录自治筹办公所之牌示

略谓：本公所拟定本年九月十一日上午八点钟起，至下午六点钟止，举行乙级投票。十二日上午八点钟至下午六点钟，甲级投票事宜，业经发布传单，以及证券，交付选举人收执。兹值期限临迩，合行照章宣示。为此示，仰凡在城区有选举权者，务须执持证券，依限来所投票，幸勿自误抛弃云云。（海）

《远东报》，1911年11月9日

自治前途休矣

长寿县自宣统元年创办自治，旋经前任赵泳泉大令招集绅民三十人，设立研究分所，派所长、教员讲演自治大意，俾一般绅民知所趋向。现已第二班毕业，复拟招第三班学员。日前刘令因属内迭遭水雹谷灾，地方亩捐强半蠲免，学员经费无款可筹，欲改为自费，又恐学员观望不前，难于招集。即开具理由，通饬学警各界，从长计议，各呈意见书，以决可否。嗣由各界公同议决，合上意见书，略谓该所学员研究法律，实为负担义务起见。既能热心公益，谅不致计较费之公私也，因之刘拟将照办。皆谓从此自治前途，不惟人才缺乏，恐将有冲突之势云。（海）

《远东报》，1911年11月10日

选举谘议局议员之白话文告

略谓：本县现奉督抚宪的札文，说是吉林省城谘议局选举年限，以三年为一次，宣统四年就是改选的年头了。业经札饬民政宪，拟定办法，转行到县，操办第二次选举的事啦。就以本县为初选监督，初选的事务所，照章附设自治筹办公所内，原为节省款项起见。并派副所董李延文为司选员，襄办选举的事。咱们长寿县头次选举议员，系按旧有生、聚、教、养四牌，划分四区。上年划分自治区域，已经改为一城十乡。现因本县派了十位调查员，发给公费，不日就要调查了。赶到明年三月十五日，就要选举啦。这件事情，咱们县里已经办过一次了。大半知道其中好处的，谅居多数。但恐你们或有离乡过远，尚有不知道甚么叫做谘议局，甚么叫做议员，甚么叫做初选，甚么叫做复选，甚么又要调查，本县不惮烦琐，都要件件告诉你们。尔人民等都要明白这个道理，不可疑惑，糊涂乱想。甚么叫做谘议局呢？你看咱们中国从前怎么不如人家外国强盛哪？皆因中国官府做事，都不知道与百姓们商议，所以中国的百姓，向不知道国家的事情。人家外国就不像咱们中国这样做事情，官府里头要做一件大事，或是要筹一宗大款，或是要除一个大害，都要与百姓们商议，百姓靡有不直紧出力相助的。所以事事都容易办好了。他们国家一天比一天强盛，就是这个缘故。咱们吉林省自从宣统元年设立了谘议局，选举通省明达士绅，讨论一切政事，你看这几年来，民智大开，众百姓们也知道固结团体啦，官府每筹办一款，也知道做甚使用啦！岂不是你们一件大好事嘛？现在怎么又要改呢？原因《谘议局章程》以三年为一次，所以本县选派调查员，按各乡区详细调查你们百姓的年岁、籍贯、财产、出身、职业等情。你们可有选举的资格，就给一个选举执照。到了明年三月十五日，有选举执照的人，都要拿着到初选监督所定那个投票所，换取选举票，将心里选举的人写在选举票上，搁在投票箱里，这就叫做投票。投票完事，查明谁是多人共举的，就是议员了。一省的政事，就可叫他代你去议。本县所以不厌烦

琐，一一告诉你们，你们依这《选举章程》就是了。勿违。切切特示。（海）

《远东报》，1911年11月11日

城议事会选举议长

长寿县自治筹办公所遵照定章，今年九月内组织城议事会并董事会，同时并举，以符定章。于日昨假该所，邀请刘大令临场，投票选举，当即开票揭晓。惟李荫墀得票八张，张兰亭得票七张。遂按票数举李为城议事会议长，张为董事会总董云。

《远东报》，1911年11月12日

拟将土工罚款修补城门

长寿县自治研究分所日昨官绅大开特别会议，先由刚绅维和登台演说，略谓：现值秋尽冬初，防范更宜周密。本县东南城门因年久亏坏，理应急速修理。况城门夜不关闭，倘有胡匪混入，关害匪鲜。且修此城门可不用地方公款。查长邑今岁土工罚款，挪归此项开销，亦未为不可等语。当由刘大令答云：土工罚款，本已存稿立案。作何花销，需先禀请上峰批准，方可动用。本监督概不敢私自移挪。倘需修补城门移用，本监督当代为转禀民政宪，候批示明白，再为核夺可也。（海）

《远东报》，1911年11月14日

栖流所将次成立

城议事会前奉孟秉初观察交议设立栖流所，以保贫民，业经该会会同绅商议决，呈蒙道府两宪批准在案。兹闻城董事会已派名誉董事崔昆田，在南关租定民房数间，觅雇土木，修理一切，不日即可开办云。

《远东报》，1911年11月15日

城议事会开会纪事

长寿县城议事会自九月初旬举定议员二十名，复由议员中公举议长、副议长各一名，更有省垣派出自治视查员匡厚生，于十一日均莅场开会。经朱议员子兴提议，略谓：东南城门去岁已经朽坏，夜间不能关闭，以致城内窃案时有所闻，请即筹款修补等语。嗣经李副议长登台，略谓：现因新政繁兴，公款奇绌，加以连遭水患，民不聊生，筹款实非易易。修补城门一节，不若稍从缓办。匡厚生登台，略谓：城垣为一县之保障，观瞻所在。若任其破坏，不堪团体之形式，如此尚何精神之可言？宜于全邑公款内动用支销，以收集腋成裘之效。李议长复谓：城门之设，实为城区人民防卫之具。镇乡人民，莫不受其保护。若使镇乡人民均负此款项，事属勉强，宜于城区款内动用支销。惟城区向无的款，亟应设法筹办等语。刚议员登台，略谓：动用城区款项，固是正当办法。现因城区毫无的款，县署烟赌罚款，自今年正月后，统计数目不下一万余吊之谱。除解部笞杖罚金库平银一百两外，准用津贴办公，按月支销，宜从此款项下动用等语。刘令在旁听席，一闻此言，急驳辨之，略谓：所有罚款，概解省城，焉有盈余办此地方之事等语。匡厚生登台，略谓：刘令所言，诸君均认可否？有认可者，即举手表示。讵知议长、议员等均不举手，大示反对。李议长复登台，略谓：罚款难于动用，固属实在情形。惟修补城门之款，本宜出自国家。缘城为国家之城，修补城门，自当动用国家之款。监督指用国家何款，其权衡本在监督，我辈议长、议员等不必横加干涉，以起官绅恶感等语。副议长及议员等均举右手，以示赞成之意。即摇铃散会云。（海）

《远东报》，1911 年 11 月 17 日

所董改派司选员

长寿县刘大令日前奉到全省筹办处札文，略谓：遵照定章，宣统四年各府厅州县应行选举谘议局议员，并在本地方拣派司选员一名，以为节制所属调查员云云。闻刘令奉文后，立将自治筹办公所副所董李延文，改为全县司选员。闻李君现已组织司选一切事宜云。（海）

《远东报》，1911 年 11 月 18 日

议事会请领图记

长寿县城议事会议长李子丹，日昨具禀县署，略谓：议会现已组织成立，应由地方自治监督禀请图记一颗，以资应用而昭信守等语。当蒙刘令批准，转禀大

宪请领，再为颁发。暂为先刻木质图记一颗，预为应用。后由省颁到，再将木质图记取消云。

《远东报》，1911年12月2日

自治研究所停课之原因

长寿县自治研究所续招第三班学员，已如数招齐，来堂授课。忽于日昨刘令札饬该所长，略谓：方今地方财政奇绌，款项无着，所有各项新政，暂行缓办。令将全体学员即行解散，而节经费云云。

《远东报》，1911年12月9日

城议事会全体解散

长寿县城议事会自成立以来，经费异常艰难，因之屡次开会提议筹款方法。讵料诸议员各持意见，反对者最居多数，即有一二赞成之言，亦属无效。闻于日昨该会人等业已全体解散云。

《远东报》，1911年12月28日

城议事会重整旗鼓

长寿县议事会自成立以来,因苦于经费,屡次开会筹款,毫无效果。且议员等各持意见,以致全体解散,业志本报。闻于日前该会议长李子丹,面商监督刘令,略谓:年关在迩,按自治城镇乡之定章,城议事会本应速开常期会,筹办地方一切要政等语。当蒙刘令面准,故于日昨该会同人(从)〔重〕整旗鼓,组织一切,不日即行开会云。(海)

《远东报》,1912 年 1 月 17 日

十四、阿城县

推广四乡宣讲所

阿城自治宣讲所以乡民知识不开,必须多设宣讲,兹拟设立四乡宣讲所多处,以期推广。现已派员前往各屯,踩勘基址,不日即行分遣各员,到屯宣讲云。(大)

《远东报》,1910 年 10 月 30 日

自治研究所长易人

阿城自治研究所文所长仙桥，请假北上。经谭大令允准，遵照《选举章程》，以和顺号执事杨万东接充，以傅少峰为副所长，于日前入所办事矣。

《远东报》，1910年11月24日

自治研究所考试毕业

自治研究所头班学生，已届毕业之期。闻该所长孔俊峰禀请谭大令派员考试，以较优劣云。（大）

《远东报》，1910年12月15日

议事会董易人

现下阿城设立议事会，择日投票选举。兹闻已选举文仙桥为会董，大有店执事王执中为副董。其余名誉议员，则以永锡臣等四人为合格云。（大）

《远东报》，1910年12月21日

阿什河议事会开办有期

日前议事会设立以来，本拟以自治筹办公所处，为安基之地。近因民政司来阿，将该所为司使行辕，故权在旗务处官学房屋内暂住。兹民政司已离阿，而自治筹办公所亦裁撤，该议董文仙桥等，择吉将该会移往公所屋内，定于月之二十五日开会议事。（大）

《远东报》，1910 年 12 月 30 日

阿城自治会筹款济公

阿城自俄人设制糖公司以来，农户多改种甜罗葡，供给该公司制糖之用。按年用地，有三四千垧之多。近日自治会以自治经费支绌，拟按地每垧捐资若干，或按罗葡斤数抽收，以充经费，未知如何表决。

《吉长日报》，1911 年 1 月 11 日

阿城县议事会议决条件

阿城议事会日前开会,兹闻决议二件:一、阿城县修治道途;一、商务会总董王执中提议,招股兴修轻便铁路,其筹拟办法已呈县署核夺。

《吉长日报》,1911年1月14日

阿城研究所招考

阿城自研究所头班肄业员,于十二月十五日毕业,拟续招一班,定明年二月初一日开学。该所现正榜示招考,闻报告者仅二十余人云。

《吉长日报》,1911年1月17日

阿什河议事会之现象

阿城自设城议事会以来,因所有款项无着,兹于月之吉日,选举议员后,即择吉开会。议长杨万春禀请告退,以副议长富少峰署理。谅此次开会后,必有一番整顿云。(次)

《远东报》,1911年4月9日

自治研究所招考二班

阿城设立自治研究所，于去岁冬月间所招学生，均已毕业。兹于日昨出示招考，以本月初十日为期，学生八十名为足额云。（大）

《远东报》，1911 年 4 月 9 日

议事会之规则

阿城设立城议事会，已志前报。兹闻开会之先拟定规则二十条，照录于下：
一、会场议场均遵钦定《城镇乡地方自治章程》为准则。
二、每开会时，先十日张贴告示与知会书，通知各议员全体照行。
三、每遇开会，务要一律应期到会，不准借替代表。
四、开会至闭会，每日限十钟到齐，十一钟开议，四钟散会。
五、议员出入议场，须照所定号位，次序循进。
六、场内禁止挟带零星物件。
七、场内各员均须恭敬礼貌，以昭郑重。
八、场内各员，不可有挟贵挨贤等情，致生重己轻人举动。
九、所到议员，不准半路任意退席。
十、在场言论利弊，不准任意妄言，自招非是。
十一、议事取决，均须心口相服，不可口是心非，妄为随从。
十二、在场各员，不许吸烟及用茶与点心等物。

十三、所发言论，均不准出范围之内。

十四、议长报告议案，各议员静听毕，方准接续发议。

十五、各员若有质问事件，务要出席，肃止就问。

十六、议员在场，除法律章程外，不准看阅。

十七、议员如聊说意见，或辩驳演说，均须正立出席，以昭恪守。

十八、议员对于议案，若意见不合，须遵前后，更番辩论，不准齐言乱语，致成口角。

十九、二十、若开密秘会时，不准将所议事件在外泄露云云。（大）

（整理者按：原件两条合作一条，疑缺。）

《远东报》，1911年4月11日

议事会之人员

阿城自去岁设立城议事会，所选人员多有因差告退者，兹于日前复行选举，始克满额。照录于左：

议长——杨东轩；副议长——富少峰；议员——永承九　花瑞元　花赞唐　马翔卿　恩兆元　文敏斋　王执中　李化西　张子元　高子信　邰允升　王荫棠　沈文波　李佐廷　文远楼　齐毓祥　么鹤亭　陈敷廷　合之共二十名云。（大）

《远东报》，1911年4月12日

自治讲员陈请书

阿城自治讲员沈绍周陈请管见，略谓：以监督被撤，不日即将交卸。历闻地方官卸任临迹，较之平时，对待绅商，多有优容，希邀名誉，掩饰前非。若趁此机，破釜沉舟，协力同心，柔勇并用，将地方之利弊，照章兴革，可期有效。鄙人世居斯土，痛痒攸关，欲奋勉自为，实觉力有未逮。思维至再，惟贵会系代表舆论之所，而诸位议员，热心公益，提议多案，不但鄙人钦佩，即阖城咸知，未负公民选举期望。是以就管见所及者，拟录案由，恭请鉴核，迅速举办。鄙人钦感，地方幸甚。

（一）地方财政，去腊县署奉清理局批饬：地方行政，两项财政不可混淆，除大租外，均应归地方绅士承办，可期预算来源，而便节俭，不准该县乱行开支挪移等情。而县署不备公文，仅将驳回原册，交董事会接办。总董以无指饬，无从入手，送回原册，请示公事，当即收回，仍在县署经收。惟此财政系奉省示，应交自治之项。闻经收者弊端尚多，凡上捐均受该处之勒索留难，以及多留钱文，抵换假帖。并查地捐遇有旧票丢失之户，概令重纳，并不给查票根等等，有无此情，难掩众耳。

（一）粮捐，现在创办之初，专任商会经理，亦有不合。查宾州系绅商合办，专归商办，民恐受欺。若归绅办，商恐受害。应请依照宾州绅商合办经征，分举员书，互相监查，免滋弊窦。

（一）审判分厅，常年需款十五万吊，遇闰增加。俯思请设之意，专为地方花费请也。况设审判之年未到，何必先期负累。若谓便宜地方诉讼，省却赴宾之周折起见，查宾州府属设正厅，每年以十二万吊为限，阿城县属设分厅，所需款何以至十五万吊之多？应将该厅规划花费款项调查明确，酌量裁减。若依法部定章，何筹办表尚未到设立之年，且司法经费应归中央，吉省地方即不能担任此款。既先期禀请地方担负经费，即应当时磋商为宜。

（一）劝学所总董，前请由地方士绅选举，监督批示：学部定章，视学总董不能分而为二，应再邀求视学总董仍举一人。并称监督现已高升，应为地方留宗德政，莫将权利拱送外人，遇事诸多不便，虚糜民膏，宕误子弟光阴。贵会既为公民选举，仍得烦渎邀求。倘再不准，可具理由请谘议局核议云云。（滋）

《远东报》，1911年4月30日

议董两会之经费仍须接济

阿城议事会、董事会均于去冬成立，而该两会之经费，原未筹有的款。虽几经各议员提议，屡被监督批驳，卒未实行。闻该两会之费用，刻将仍由他项接济云。（滋）

《远东报》，1911年5月2日

公举筹办自治所董之详闻

阿邑城乡议事各会早经成立。查预备立宪章程，本年又应筹设县议事会，须先设筹办公所，以资进行。谭前令以地方款项支绌，变通权宜，拟将该公所附设董事会内，即以该会员兼办其事，不支薪水，酌加津贴，以节经费，而资熟手。当即具文呈请全省筹办处，旋奉批：所陈办法，尚属妥善。如该处绅民认可，仰即实行照办可也。时谭前令卸任，移交张令接办，遂在城议事会邀集多绅，开会磋商。有自治毕业王某，和同多数会员，合辞要求筹办公所须另行组织，所董亦须另行公举。其余办事各员，再由所董遴派，方符定章。张令见公议如此，碍难驳议，遂传集各乡粮户，并全境士绅，定期投票选举。当时揭晓，董事会总董文绅仙樵得三十票，德子勉孝廉得二十一票，余得三四票，或一二票不等。选举既毕，张令复向大众核议，如另设公所，一切经费既无的款，应由地亩摊派，每坰须抽捐三百文，方敷费用。各绅士、粮户等觉需款甚巨，均赞成附设董事会内，反对各士绅亦均默默，始决议开办云。（兹）

《远东报》，1911 年 5 月 17 日

自治学员如是如是

自戒烟令下，凡稍有意识，稍具血性者，类洗心涤虑，除前此恶习。乃阿城自治研究所学员喜禄，固自负为上级人物者也，竟不顾功令，日与该所院后刘赵氏，作烟霞友，订花月缘。日昨正在喷云吐雾，兴高采烈之时，被张稽查前来捉获，送交县署。张大令以该学员不知自治，故违功令，可恶已极，当即饬研究所立刻斥革，以便照章严办，决不姑贷云。（空）

《长春公报》，1911 年 7 月 14 日

请看会长之威风

阿城董事会会长某，名望素不甚孚，自选充会长后，即患得患失，无日不心为形役。日昨偶闻议事会某某有欲争其座位之风说，遂出蛮横之故态，身藏利

刃，赴该会肆意漫骂。幸该会员绅见来势凶恶，均各畏首畏尾，莫敢谁何，始不至演成流血之惨剧。现闻各员绅拟将一律辞职，以雪此耻云。（空）

《长春公报》，1911年7月22日

议事会员书之忙碌

阿城议事会日前接民政宪札饬，将自开会迄今，通常、临时各会议案，照录详送，以凭查核等因。当富少峰议长当即饬令员书赶速缮造，朝夕从事，极形忙碌云。（滋）

《远东报》，1911年8月12日

议事会之选举有弊

阿城自治讲员兼董事会员沈绍周，前上书议事会，痛陈该会选举舞弊，侵吞公款，种种违章，请开会议决，以昭公理而肃法团。该会以未便开议，将原书呈请监督核办。张兰筠大令于日前札饬巡警局长潘启唐、劝学所董卫竹村、董事会董文仙樵，会同秉公查覆，勿稍徇隐，以期水落石出，据实究治云。（滋）

《远东报》，1911年9月30日

议事会开通常会期

　　阿城议事会遵照定章，按二、五、八、十一月等月应开通（长）〔常〕会议四次。现届八月中浣，例应开秋季会议。闻昨该会牌示，定于二十一日为开会之期云。（滋）

《远东报》，1911 年 10 月 15 日

县自治筹办公所开办选举

　　县自治筹办公所董文仙樵太守，近因调查完毕，所应筹办各事，亦均组织就绪，遂即禀准，定于二十八、九两日为选举县议事会议员之期，并详定选举规则，榜示通衢。惟须届期投票，不得违误云。

《远东报》，1911 年 10 月 22 日

董事会总理有辞职消息

　　董事会总理兼筹办公所所董、教育会正会长文仙樵太守，比年以来，阿城创

办新政，在在热心捐助巨资，首先提倡。虽兼任数事，而月间车马膳资，不支分文，力尽义务，久为各界所钦佩。近因家务纷繁，慈母年迈，昆仲幼稚，仰事俯蓄，莫能瞻顾，因之决计辞职，料理家务。闻不日即将递禀，未识能否邀准，姑志之，以觇厥后。（滋）

《远东报》，1911 年 11 月 17 日

县议事会选举议长

阿郡县议会各议员曾经举定，惟议长一席，因新旧令交替，因之迟延，尚未公举。兹闻诸办公所，公议于二十四日为投票选举议长之期，业经函邀各议员知照矣。（滋）

《远东报》，1911 年 12 月 19 日

照录宾州保安分会副会长之电禀

宾州保安分会副会长陈师古，日前由阿电禀吉林保安公会，略谓：宾州府保安分会被许守百般阻难，略陈前电。情因宾城素日迎合官府，办事诸绅，多系蠹吏。如董事会总理司雅堂、议会副议长赵耀武等，前充经承时，吞蚀公款，勒诈乡民，讼案尚未清结，乃纳虚衔，滥厕绅界。平素办理地方事宜，倚势作威，假公肥己，为公民所深惧。是以此次保安会职员，彼等未得应选，遂生忌恨。且因筹款方法，意见不合。盖彼等与中学监督谷兰生、府派视学员范国才，结党舞

弊，以致宾属各公款亏短二十四万有奇，更欲藉此分肥，为本分会公议所不认，曾提议切实清查。伊等深恐不利于己，遂蛊惑许守，极力破坏，设法陷害。奈古等均无劣迹，乃借口以古素患疮病，腥荤发物，自幼不敢入口，因而素食，遂捏作师范全班学生，无名禀诬古为黄天邪教。照例无名之禀，本不应理，乃许守竟附会伊意，批以查明核办。即有绅学公民联名，迭次代古禀白，且已散师范学生等亦来府首白，并无具禀情事。其为无中生有，显而易见。且查副会长系地方公举，协理正会长办事，如有不合情事，即应禀总会查核，亦不应禀许守，竟与伊等捏造黑白，仍施其强制手段。古一身荣辱无足重轻，但恐宾境大局，遗误匪浅。此禀本拟在宾城电告，不料许守与伊等竟将电局把持，不准通电。古不得已来至阿城，专请保护，速事电饬许守，勿因私见而废保安要务为幸。至伊等诸弊端，并详细情由，另已禀达。宾州府保安分会副会长、城议事会议员增生陈师古谨禀。（滋）

《远东报》，1911 年 12 月 31 日

官民对于保安会之争执

阿属匪势猖獗，惟本年为特甚，因之人心惶惶，大有朝不保夕之势，一切情形，已志各报。兹经省垣保安总会委派萧、冯二君来阿，督催创设保安分会，以维大局。当经各界纷纷请愿，讵料王令恐夺己权，终以无款推诿，并有一班劣绅附和，会衔朦禀。总会反谓阿属平靖，毋庸设立，致全境人民切齿诟骂，怨声载道。兹有高等学生颇具热诚，各抱急进主义，首先递禀请愿，并请督催促办，俾早一日成立，庶阿城人民早享一日安宁。孰意萧、冯两君因王令从中阻挠，事多棘手，于昨早偕乘专车赴宾。后被学生闻知，齐赴车站挽回，众学生遂偕同萧、冯，特赴县署质问阻挠理由。王令因无可措辞，反嘱萧、冯代为募款，因之大起冲突。当经县议会议长高子衡排解而止，定于今日开全体大会，究竟若何，俟访再志。（滋）

《远东报》，1912 年 1 月 14 日

照录高等学生禀设保安会文

高等小学堂全体学生暨绅商等，为时势阽危，恳请急速设立保安会社，以泯祸患而维全境大同事。窃自鄂湘事起，影响及于全国，前奉省保安会成立，督宪饬属仿办。我东三省各府厅州县多遵谕办理。无如保固和平，安宁秩序，为济变之要图。最近邻封如宾州、双城等处，亦已成立，独我阿寂然无闻。姑无论相形见绌，原不计形式上之虚名，即我阿之实在情形，较他处又有不可缓之势也。夫种界之说，在稍明人道主义者，原不足以摇其心；而在愚昧者流，或以风传而惑其志。阿属旗民杂处，久已混同，且民人之程度最低，亦实无意外之思想。然既有满、汉之名称，即暂难强谓畛域之悉泯。加以南省风潮，其始亦间以种族为借口，不知造端者假此以为收拾人心之手段，过时即置之不论。而末流所趋，偏以震骇庸愚之耳目，于是组织团体，购械招兵，以为先发制人之计。所谓天下本无事，庸人自扰之者此也。（整理者按：原件未完。）

《远东报》，1912年1月19日

参议员赴乡调查贫民

县参事会会员蒋梦九、房新樵等，以去岁年成歉收，粮米昂贵，四乡贫民不堪困苦。现拟筹办赈款，特于日前呈请县署，下乡调查饥【民】户口，以便着手云。

《盛京时报》，1912年5月10日

研究所举行毕业

自治研究所第二班学员，去岁因南省警耗传来，未及举办毕业，即时停课。顷闻该所所长已牌示众学员，定于五月一号回堂考试，举行毕业云。

《盛京时报》，1912年5月10日

十五、延吉府

延吉府筹办自治纪闻

延吉府陶楚宣太守，于去年腊月详报自治研究所业已落成，并附设阅报、宣讲两所。其办法尚有未尽之处，经筹办处批云：据详，该厅筹办自治研究分所，并于所内附设阅报、宣讲各所，具见认真，勇于办事。惟查自治研究所，本为造就人材而设。该厅研究分所既于九月初十举行开办礼式，何以并无教员、学生，而研究事宜尚在筹划之中？恐其用意，不免误会。现在各属研究分所章程，已经本处详院咨部，核准在案，与本处新定宣讲所通则，即日刷印，通饬照办。仰俟奉到此项章程之日，即行照章妥速改良，并将所中详细规章，详报本处，以凭核夺。至研究分所所长，依照本处定章，应由本地士绅公举，呈由该管官转详本处，加札派充，非如谘议局议员，有初选、复选之别。来详谓，以初选当选人曹锡龄充当临时所长，更属错误，应一并改正，以符定章云。

《吉长日报》，1910年3月4日

公地拨办自治

延吉地处边远，荒地多未开辟，而于自治经费一项，民人无力摊认。现只设有自治研究所一处，彭太守以该处所属之花尖子地方，有公地九十余垧，久弃无人耕种。拟即将此地拨归公用，以办自治。昨已呈请备案。

《吉长日报》，1911年3月7日

延吉府批饬补送试卷

延吉府地方自治研究分所第一班学员，经该分所考试完竣，将成绩表呈由该府转详自治筹办处查核，发给毕业凭照。现经筹办处批，谓：查各属自治研究分所学员毕业，应将各科试卷呈报本处核定后，始许缮发文凭。兹据来详，未将试卷一并呈送，殊与定章不符。仰即迅速补送，以凭查核，而便发给文凭。

《吉长日报》，1911年3月17日

十六、宁安府

调查员到塔

前者由省自治总会派来匡委员，寓巡警总局，专为调查塔城自治会，由开设以始，投票选举正、副会董，得票数目若干及资格，兼调查在会议员、选举员备选举，并将该会文卷所办事件，尽行调查确切，不日即可启程回省云。又日昨有南岗郭督办派来陈委员至塔，特为调查交涉事件，及华俄通商，从中未免不无纠葛等事，闻已查讫，业回南岗云。（衣）

《远东报》，1910年9月8日

议事会投票之期

塔城自设筹办公所后，凡与地方有益之事，无不竭力提倡。日前又奉上峰公文，著速设立议事会一所，选举正、副会董二员。当经所董榜示，城乡商民如有选举权者，遵章临期投票。并有纳公益税捐甚巨者，列入甲级，税少者列入乙级，务即于月之初八、九两日，一律来所投票。并派经述章充任管理员长，英介臣、春子扬为管理员，专司乡民选举投票事宜。闻共核投票一百四十九张云。（月）

《远东报》，1910年10月21日

选举议事会会董

塔城公民遵奉上峰公文，遴选议事会董，非家道殷实、名望素著之员，不足遴选。所以阖郡旗民，凡有选举权者，均行一律来筹办公所投票选举。闻已举妥绅界蕴君玉圃为正会董，福君延亭为副会董云。

《远东报》，1910年11月29日

宁古塔议事会与董事会之开会期

前报志议事会、董事会均已投票选举一节，已于月之二十日开第一次会。所有议事会正、副会长蕴玉圃、福延亭，并董事会正、副会董荣毓臣、（顺）〔顾〕禹廷等四人提议，请刘太守演说，并邀商、警等界旁听。是日自十一点钟齐集开会，至三点钟摄影散会云。

《远东报》，1910年12月30日

宁古塔议事会开会纪事

月之二十二日,议事会正、副会长及众议员等开会。所议事三件:一、议事会成立,暂借审判厅房屋居住,以俟租妥房屋,再行迁移。诸公认可,已决议。二、议组织农务会,暂行缓办。三、议所举议员李广谦、王印堂等四名,自开会至今未到会,照章牌示,三年内停止选举议员云。(月)

《远东报》,1910 年 12 月 31 日

议事会开会纪事

宁古塔议事会日前正副会长及众议员等开会,所议事三件:(一)议事会成立,暂借审判房屋居住,一俟租妥他房,再行迁移,议决;(二)议组织农务会,暂行缓办;(三)议所举议员李广谦、王印堂等四名,开会至今,从未到会。照章牌示,三年内停止选举议员云。

《吉长日报》,1911 年 1 月 9 日

选举府议员

塔城自治筹办公所所董福晏亭接奉上峰交札，遵照立宪章程，应设府议事会，选举议员二十名。是以福所董会同议事会议长蕴玉圃，并董事会董亭荣玉臣等，和衷商酌已确，晓谕城乡商民，凡有选举权、被选举权者，均行于八月初十、十一、十二等三日投票选举。分为八乡，各乡按照人数多寡，选举议员。至月之十七日，在自治筹办公所，并请监督、军、学、警、商各界参观开箱，以昭大公。所得票多数者为议员。塔城应选议员三名，李钟华得票四十张，郝景林得票三十一张，关蕴祥得票二十一【张】，张宁、关永明得票十张，何庆连得票九张。安乐乡应选一名，关玉绵得票六张。镇抚乡应选三名，吴海量得票二十二张，王世明得票十八张，赵九功得票十张。博望乡应选二名，孙庆容得票二十五张，杨倭什浑得票十九张。自新乡应选二名，傅德庆得票十六张，陈永兆得票二十四，张全海得票八张。团聚乡应选三名，韩香亭得票十张，王瑞云得票八张，李凤山得票八张。体仁乡应选一名，黄景文得票十张。是日选举随即榜示，已呈监督转详云。（月）

《远东报》，1911年10月18日

十七、珲春厅

珲春宣讲员之程度

珲春厅自治宣讲所于正月十九日开所，宣讲员张海系吉林宪政讲演员、养成所毕业生，讲演卫生并现在防疫方法。讲演数句，即宣诵民政司、珲春厅防疫告示章程，并未演成白话、解释文义，听讲诸人，不知所讲为何事。又将告示内文字读错甚多，如"所着衣服，勤加洗涤"，"涤"字读作"洮"字，诸如此类，不胜枚举。

《吉长日报》，1911年3月4日

珲春厅选举所董

珲春厅自治筹办公所，于本年正月二十二日在自治研究所用投票法，选出所董一人，副所董二人。

《吉长日报》，1911年3月20日

珲春地方自治宣讲所宣讲员宣讲戏文

珲春厅自治宣讲所宣讲员张海文字不通,讲解错误,地方人民前往听讲者,日见减少。该宣讲员乃改讲《罗章跪楼》等戏文,以广招徕云。

《吉长日报》,1911 年 3 月 31 日

珲春厅檄委自治等调查员

珲春厅梅丞檄委自治研究所所董田玉麟,调查自治、学务、巡警、实业等项要政,月支夫马费银二十两。该所董遵文调查两月之久,将所查之事,逐一列表,呈覆厅署,并请将调查之差开除另委,以重要政等因。当经梅丞批准,改委劝学所劝学员熊骧接充,月给薪水银三十两,刻已到差视事。

《吉长日报》,1911 年 3 月 31 日

吉林珲春县参议会议事案四则

整顿学校功课

为咨请事。按查陶铸国民之精神，养成国民之技能，尤以小学教育为必要。兹查城乡学校，多有教授教科书以外之各项书籍，与教育前途殊为障碍，自应立予改良。按照教育法令，讲授功课，俾收实效。应请地方长官饬令劝学所，即赴城乡，将初等小学校及私塾一律改良，力加整顿，以谋教育之发达，而期进步。本会开会公决，相应咨请贵县，查照施行。

掩埋尸棺

为咨请事。窃查卫生之道，首在蠲除秽物，以防时疫之传染，而保人民健康。查城北附郭一带，现无主破坏之棺柩及尸骸，为数甚夥，未经照章掩埋。兹届春令融和之际，所有尸体骸骨之腐败，臭气飞腾，熏着行人，难免毒气之传播，染成时疫，诚于卫生前途，大有妨碍。拟请县署晓谕，凡有主尸棺，应请限日掩埋。如确系无主者，即应转饬城董事会，会同警局，雇觅人工，赶行【掩】埋，以防时疫而重卫生。本会开会公决，相咨请贵县，查照施行。

会计上之负责任者

为咨请事。窃查珲属各机关，办事职权，各有专责。若不预先划清，诚恐将来之复杂，难免兼顾不周。查高等小学校校长，原为职掌全堂教育，以及学生每日之课程，其职务甚为烦琐，所有该堂一切薪膳公费，自应另员经理，以专责成。若仍归该校校长兼办，实有兼顾不暇之势。应请此后责成该校之司事，细心经理，负完全之责任。倘有支出不实，及虚縻之浮冒，准该校长随时检查。似此变通办理，于学务诸多便利，于财政亦无紊乱。本会开会公决，相应咨请贵县，查照施行。

取缔退学生

　　为咨请事。查珲春高等小学校，为地方最重之学校。所有各生屡有退学，及挂号久不回校上课情事，此等行为，殊为不合。嗣后各生有必须退学之事实，须其父兄报请本乡自治会查明，呈候县署，照章核办，以昭慎重。其挂号久不回校之生，由该校长开单，申请县署差传，如仍不到学上课，已有自行废学之意，应即核明该生应缴之学费数目，严行追缴，以重教育。本会开会公决，相应咨请贵县，查照施行。

《吉长日报》，1913年6月8日

十八、敦化县

大东沟某议长卫护烟犯

　　各界人士以本埠禁烟一事已无成效，以致私发私售者所在皆是，殊属不成事体。且闻某某两绅因图厚利，竟使某暗娼开灯供客，获利分肥。禁烟前途，何堪设想。特于昨阳历初五日齐集自治会，讨论整顿禁烟事宜改，直至四句钟之久，仍不能议决办法。闻系因某议长多方阻挠云。

《盛京时报》，1912年5月10日

十九、依兰府

投票公举两志

依兰自治期成会今春成立。新正初八日，道府率同官绅、研究、毕业员等，到会投票，公举正议长为台君金图，副议长为乔君如亮。议员福臻等十八名，共襄会事。台君素性梗正，久为各界所推许。闻日昨被举后，台君以自治事关重要，恐才识不及，有负众望，面请道府别选贤员。道府以及各界，均不认可，乃预备到会任事。

《吉长日报》，1910年3月3日

联合会将有成议

中秋节前，学界屡承国会代表团暨各省谘议局续来公启，陈说时局，大略以联合绅商学界公众，提倡地方之公益各事。前由高等小学堂长张子勋，向自治研究所商会等演说，大致预组织联合会，已定于中秋节时，纠合同志，开会演说。嗣因绅商虽皆允可，终未到一人。其时学董荣晓峰固有小恙，乏人辅助，兹已病愈，又提议此举矣。（伯）

《远东报》，1910年10月25日

依兰自治研究生毕业

本城自治研究所今年宽展月限，近将毕业，停课季考。约本月初四日始可考竣，评定甲乙。须本月初十日放榜，行毕业礼云。（伯）

《远东报》，1910年12月21日

自治员遇劫丧命

本城二期自治研究员锦春，月前毕业后，携资赴哈，置买马匹，以备实行垦地之用。日昨其友人某由宾州来电云，锦买马已毕，回至离哈百里外，遇匪丧命，马匹被劫云云。

《吉长日报》，1911年1月12日

依兰府自治员无恙

自治研究毕业员锦春，赴哈回途，被劫丧命一节，已志前报。兹悉锦宅日昨又接该自治员亲笔家书，说明被劫受伤，现正养病在店，始悉前次因劫毙命之电,为某友人传闻之误云。

《吉长日报》,1911年1月16日

自治筹办举定总理

本城自治筹办处附于城里北关帝庙研究所内,即旧日八旗会馆之房舍也。自防疫风潮起,已将自治事宜置诸度外。近经唐府尊商请前旗务提调恩少卿为自治筹办总理,以资治理,奈恩君屡次推辞,复经太守慰劝甚力,始经认可云。(伯)

《远东报》,1911年7月8日

办事潦草之太守

依兰唐太守日昨详报府城自治筹办公所开办日期等情,经民政司批,谓:该府级列中等,筹办自治,应从城厢入手,推及镇乡。乃该府迟之又久,始将开办情形具报。而来详仍称城自治筹办公所,尤与现形不符〈办〉,是于各项筹办自治章程,全未入目。办理新政,如此潦草,将来定滋贻误。惟查此案系全省自治筹办处会办之件,究应如何分别措饬之处,仰候抄详移送,查核饬遵云云。(水)

《长春公报》,1911年7月18日

筹办乡团之会议

临邑孙大令以现值各省变乱,人心不靖,诚恐匪徒乘隙滋扰地方。故于昨邀集县城议事会、董事会、商务会并绅学各界,齐集县署,会议一次。提议筹办乡团,以资防患未然之策。更续拟由城镇乡分期成立,募勇团练,以备有事守望相助,而保公安。定于次日邀集各界,在县议事会场大开会议,厘订一切,以便实行。(春)

《远东报》,1911年11月10日

二十、临江府

自治调查庙产

临邑与抚邑之交界地深河堡附近,有二邑插花地,其地段内有庙公各产业数处,价值颇成巨资。日前临邑自治公所,派员该地调查,以期抽提归作经费云。(春)

《远东报》,1911年1月1日

二十一、《吉林全省地方自治筹办处第一次报告书》
（摘录）

吉林全省地方自治筹办处第一次报告书序

吉林之筹办地方自治也，经始于光绪三十四年九月，先附谘议局筹办处中。自宣统元年九月初一日，谘议局既成立，官吏之责已尽，然后乃专办地方自治事，故前之文牍，皆散见于谘议局筹办报告书中。今自元年九月，迄二年四月，又积文牍若干，为类十七，勒为第一次报告书。盖论主名，则以此册为纯一自治之文告，然筹办之成绩，犹不自此册始也。

吉林为国家发祥之地，旧称军治。其在乾嘉之际，但奉征调，尽子弟之职而已。无论行省制度，创行才三四年，即郡县之制，亦且不备。故论省纲，宜居各直省之先，而人民程度，与夫所施治绩，又当稍稍后焉。然独于自治，则萌芽最早。光绪三十三年，省绅即设立自治会，各属设分会几半，而受成于省。特其时章程未颁，家自为法，非独行之窒碍，抑亦贤士大夫创造之艰，事有必至者也。既归官办，乃改省自治会为吉林府自治局，各属分会为自治研究所。自此一年间，谘议局筹办处所经营而整齐之者，研究所一事而已，由此而预定全省自治进行方法。其主要事项，以地别者凡二：曰开办自治筹办公所，曰开办各属研究分所；以事别者凡三：曰核定自治经费，曰筹划自治区域，曰调查居民选民。又补助事项凡二：曰开办自治日报，曰开办自治宣讲所。凡此之为，有同于各直省者，亦有为吾吉林独者。夫自治为文明国晚行之政，吾国筹备宪政，馆部立限，复止于宣统六年，而吉林则地旷人稀，三家之屯，十室之邑，鸡犬不相闻也。又稽其岁出，逾其所入且百数十万，公私两疲，上下俱竭，其于区域、选民、经费三端，难有过于他省者矣。虽然旧邦新造，创多于因，程力维艰，而痼弊积习，或因而稍免，斯亦行政之一快也。邦述受事未久，书中所纪，乃前人之成绩，用特举其崖略，以告观者。至于艰难缔造之意，则与邦之君子，后此同责焉。

宣统二年八月，试署吉林民政使者江宁邓邦述序

督抚宪奏为改设吉林地方自治筹办处裁改各科名目一切经费作正开销片

前准宪改编查馆咨开，以各省地方自治事宜，暂归谘议局筹办处兼理等因。当将吉省原设之吉林府自治局裁撤，归并该处兼办，并经奏报在案。本年九月初一日，谘议局成立，所有该处筹办事宜，业已告竣。用即遵照馆章，改为地方自治筹办处，专办自治事宜，以期名实相符，另行刊发木质关防一颗，厝昭信守。其处中原分各科名目，有未符者，并令酌量裁改，一切经费仍请作正开销。除分咨外，谨会同东三省总督臣锡附片具陈，伏乞圣鉴。谨奏。

按：本处经费，现已遵照部饬，就地筹款。此片系未奉部饬以前所奏，故有"一切经费仍请作正开销"一语，阅者幸勿误会。

呈报督抚宪开用自治筹办处关防日期并声明暂缓缴销谘议局筹办处关防以完未了公件文

为呈报事。本月初一日，奉宪台札开，为札发事。案照本年九月初一日，为

谘议局成立之期，即就谘议局筹办处改为自治筹办处，以符定章。应另刊木质关防一颗，文曰"吉林全省地方自治筹办处之关防"，以昭信守。合行札发，札到该处，即便遵照收领。俟至九月初一日，将原有关防缴销，并将开用新关防日期，具文报查。切切此札。计札发木质关防一颗等因。奉此，本处遵即祗领，于本年九月初二日敬谨开用。原领谘议局筹办处木质关防，自应遵照缴销。惟查谘议局初经成立，筹办公件，多未完竣，拟请暂缓缴销，以资应用。除俟谘议事件一律完竣，另文缴销外，所有开用新发关防日期，理合具文呈报宪台，俯赐查核施行。须至呈者。　九月

移知札知地方自治筹办处开用关防日期文

　　为移知/札知事。本月初一日，奉督抚宪札开，为札发事。案照本年九月初一日，为谘议局成立之期云云，并将开用新关防日期，具文报查。切切此札。计札发木质关防一颗等因。奉此，本处遵即祗领，于本年九月初一日敬谨开用，除呈报外，相应备文移知贵□，请烦查照施行。须至移者。/合行札饬，札到该□，即便遵照，切切。此札。　九月

详督抚宪酌改分科职掌并另拟地方自治筹办处章程暨办事细则开折呈核伏乞批示祗遵文

　　为详请事。窃照本处接续谘议局筹办处，于九月初一日成立，时值署司出巡，所有处中章程，未能详细拟定。嗣经参事王国琛草订暂行章程，于宪节出巡之前，呈蒙批令试办。本月初旬，经署司裁并员役，节省各项经费，复详奉宪台

批准。各在案。兹查本处筹办自治，应遵照宪政编查馆九年筹备清单，按期筹办。而本处成立，已将三月，既无成绩之可言，复鲜预备之方法。长此因循，岂能如期而奏效。细察所以致此之由，皆因分科职掌，不免脱漏隔阂之弊。是以徒有分科之形式，而少办事之精神。查直隶自治局章程，总务科承受全体事务，而本处试办章程，则仅以文牍、会计、庶务属之该科。此外各科之事，无论已办、未办，皆隔不相通，似于总务名义，不甚相符。兹拟仿照直隶办法，令总务科承受全体事务，得与各科接洽一切，庶事有归宿，而不致漫无稽考。又考核科，仅以考核各属自治成绩，及调查各属自治事宜属之，而于本处编订各项章程、规则，及划分自治区域、办理自治选举等事，皆阙焉不讲，似于筹办自治宗旨，未能赅洽。兹拟将考核科仍改为法制科，凡关于自治章程、规则，及区域选举等事宜，皆属该科之职掌，则办事得其要领，不难收节节进行之效。至讲习科，仍以研究所、宣讲所，及自治日报社三事，归其考核整理，无庸更定。此署司前详留并三科，今又从而变通之情形也。总之，设一科须得一科之用，庶几日起有功，办一事须具一事之规，方能筹备无误。除另拟本处章程，暨办事细则，开折呈核外，所有酌改分科职掌缘由，是否有当，理合具文详请，仰祈宪台鉴核，批示遵行。须至详者。计呈清折一扣。　十一月

批：详、折均悉。所有酌改分科职掌，并另拟章程，俱属妥洽，应准如详办理。仰即知照。此缴。折存。　十二月

吉林全省地方自治筹办处章程

第一章　总　则

第一条　本处遵照九年筹备宪政清单，筹办全省地方自治各项事宜，定名曰吉林全省地方自治筹办处。

第二条　本处为筹办全省地方自治之总机关，凡各府厅州县筹办自治事宜，

均须呈由本处核转。

第三条　本处应办事宜，另列顺序表，依照所定年月，督率各府厅州县，按期筹办。

第四条　本处查照宪政编查馆原奏，俟至宣统六年，府厅州县地方自治粗具规模，即行裁撤。

第二章　组　织

第五条　本处组织如左：

总理一员　　　　（由督抚选派司道大员充任）

参议无定员　　　（由督抚选派本省明达官绅充任）

参事一员　　　　（由督抚选派娴习法政、富于经验之人员充任）

总务科科长一员　科员二员

法制科科长一员　科员三员

讲习科科长一员　科员三员

（各科科长科员，均由本处总理、参事遴选详委）

第六条　凡关于法制科事件，有须派员分往各属调查者，临时另派调查员若干员。

第七条　凡关于讲习科事件，有须派员分往各属稽查者，临时另派稽查员若干员。

第八条　本处司书、夫役人等，应视事之繁简，随时雇用。

第三章　员司职务

第九条　总理禀承督抚宪，总理本处一切筹办事宜。

第十条　参议随时参议本处一切筹办事宜。

第十一条　参事随同总理办理本处一切筹办事宜。

第十二条　各科科长禀承总理、参事，率同本科科员，掌管本科应办事宜。

第十三条　各科科员商承本科科长，分任本科应办事宜。

第十四条　司书受各科人员之指挥，缮录各项公牍，及保存文卷事宜。

第十五条　本处人员之办事细则，另章规定。

第四章 分科职掌

第十六条 总务科之职掌如左：

承受本处全体事务，有接洽各科之责。

收掌本处关防，及收发文件，保存卷宗。

管理本处及附属事务之经费收支、存储等事。

管辖本处司书、夫役。

编辑本处统计及报告书类。

管理本处一切庶务。

第十七条 法制科之职掌如左：

编定本处筹办事务之各项章则。

编订自治章程之施行细则。

考核各属筹办自治章则。

分画各级地方自治区域。

组织各级自治机关及选举事宜。

第十八条 讲习科之职掌如左：

诠释部颁自治章程。

稽核自治研究总、分各所章程功课及成绩。

审定宣讲书，并稽核各属设立宣讲所事宜。

编辑自治书类。

管理自治日报。

第五章 附属事务

第十九条 本处于省城设全省自治研究所一所，自治日报社一所，宣讲所四所。

其详细办法，另章定之。

第六章 会　议

第二十条 本处特设会议，遇有筹办自治，及本处内部重要事项，由总理、参事随时招集开议。

第二十一条　会议之组织如左：

一、议长　以本处总理任之，遇有总理缺席时，得由参事临时代理。

二、议员　以本处参议、参事、科长充之。

三、书记员　由总理指派本处科员二人充之。

第二十二条　关于会议之细则，另规定之。

第七章　经　费

第二十三条　本处经费，分经常、临时两部，另以预算表定之。

第二十四条　前条之经费，由公署筹办专款，分期给领。遇有特别用项，随时专案呈请拨发。

第八章　附　则

第二十五条　本章程自奉公署批准之日起施行之。

第二十六条　本章程如有未尽事宜，得随时增删更改，但须经会议取决，呈候公署核定。

吉林全省地方自治筹办处办事细则

第一章　通　则

第一条　本处设治事室，总理、参事、科长、科员均按定时到处，各就席次办公。

第二条　本处总理，系民政司兼任，或因事繁不能按时到处，即由参事主持办理，俟总理到处，随时陈明。

第三条　职员办公时间，自上午十时起，至下午三时止。

第四条　科长、科员在他处有兼差者，得呈明总理、参事预定办公时间。

第五条　治事室设画到簿，除休假日外，参事以下各员，均须按日亲书到局时刻。每月终，列表汇记。

第六条　职员在办公时间内，非有关于本处事件，不得任意会客。

第七条　休息日期列左：

（一）万寿节，一日；

（二）星期；

（三）端午、中秋节，各一日；

（四）年假，临时酌定。

第八条　本处备有请假单，科长以下人员，有事故请假者，应于假单内叙明理由，呈经总理或参事许可。如逾三日以上，本管事务，必须托人代理。

第九条　治事室设记事簿，各职员如觉有应办之事，均须登载，以凭商办。

第十条　本处经费领到后，由总理指定存储某处，订立兑券，挨次编号。需用时，由总务科开具数目，请总理盖章，方能持券支取。

第十一条　本处如有临时费用，由总务科声明事由，经总理批准盖章，方准支发。

第十二条　本处人员薪水，概于每月初十日发给。

第十三条　本处人员薪水，不得先期预支。总务科不得私自借贷。

第十四条　本处人员，概不得留客在处住宿。有留膳者，膳费自给。

第十五条　各科办公之纸张、笔墨，皆开单向总务科领取。该科庶务员，须随时登记。

第二章　文　牍

第十六条　总务科设置收文簿、发文簿、用印簿、各科送稿簿各一本，均须编号，摘由登记。

第十七条　本处收文，由收发处随时挂号，盖到日戳，汇齐若干件，夹入号簿，送参事披阅，盖分科戳，再呈总理书日盖章，发还收发处，分交各科叙稿。

第十八条　本处收文内如有重要之件，总理或参事书明办法，由各科照办。

第十九条　本处各科员均有起草办稿之责。

第二十条　各科如有重要事件，由科长主稿。

第二十一条　各科办稿，须于稿面书名盖章。

第二十二条　各科办稿，交书记缮清后，送参事核定。

第二十三条　各科稿件经参事核定后，送请总理画行，随书发交收发处，分交书记照缮。

第二十四条　各科送稿，须用本科稿簿，挂号簿稿并送。

第二十五条　各科文稿缮清后，由承管校对之员校对无误，随时交书记长盖用关防。

第二十六条　各种已办文件，盖用关防后，随时送交收发处，填日封发。

第二十七条　总务科派书记长一人，掌管盖用关防、过朱等事。

第二十八条　本处文件，有非由收文内发生，而自行主办者，其顺序办法，与第十九条至二十七条同。

第二十九条　各科文件办发后，由收发处分别门类，按号归卷。

第三十条　本处案卷，如有各科调取时，收发处应特设一簿记号备查。

第三十一条　本处未经办发之件，科长、科员不得向外宣布。

第三十二条　本处办发公文，寻常事件不得过五日，紧要事件不得过三日。

第三十三条　本处如有拟定章程、规约及各项重要事件，须待召集参议议决者，临时酌定日期。

第三章　统　计

第三十四条　本处置各项统计簿，按月登录备查。其种类如左：

一、人员统计。

二、公文统计。

　甲、详呈统计；

　乙、照会移咨统计；

　丙、批札统计；

　丁、函电统计。

三、经费统计。

　戊、薪工统计；

己、伙食统计；

庚、笔墨、纸张统计；

辛、油烛、柴炭统计；

壬、杂用统计；

癸、临时费统计。

第四章 附 则

第三十五条 本规则自本处开办日起，至裁撤日止，为施行之期。

第三十六条 本规则如有应行增改、删改之处，随时由本处议定，呈准施行。

吉林全省地方自治筹办处会议简章

第一章 组 织

第一条 本会议依据本处章程第六章第二十一条组织之。

第二条 本会议设会议事务员，由议长于议员中指定二人，轮流经理，召集开会，及关于会议一切事宜。

第三条 本会议设会议记录簿，由书记员二人，将每次会议应记录者悉行载入。

第二章 会 期

第四条 本会议不预定明期日，依据本处章程第六章第二十条，凡在应议范围内者，随时由议长先期召集开议。

第三章 议长议员权限

第五条 会议事件，以多数取决。多少平均时，由议长决之。

第六条　议案提出之先后，由议长定之。提出时，议长令提议本人详细说明理由，然后开议。

第七条　议案提出之后，辩论多而难骤决者，议长得令停议，另提他议案议之。

第八条　凡紧急议案未经议决，已届散会时，议长得延长会期，以议决本案为止。

第九条　凡未经议决议案，于下期续议时，议长当先行提出。

第十条　议员因故不能到会，得向议长请假。对于各议案并得具书陈述意见，惟不得加入议决之数。

第十一条　议员到会不及半数，不得决议事件。惟有紧急议案，为已到议员所公认者，不在此限、

第十二条　凡已决议事件，由议长交由本处参事，转送各科照办。

第十三条　议长、议员如有报告事件，得于议案议了之后报告之。

第四章　议事范围

第十四条　左列各款事件，应经本会议决，方能施行。

一、本处应兴应革重大事。

二、本处章程规则增废修改事。

三、本处经常、临时费之预算、决算事。

四、本处筹办各属自治之一切重要事。

五、于前四款之外，议长认为应行付议事。

六、于前四款之外，议员三人以上要求付议事。

本款议案，由要求者先期呈明议长，若认为毋庸付议，即不得提出。

第五章　附会议细则

第十五条　凡议事，须待提议者、反对者及赞同者三面辞尽，方能取决。

第十六条　凡议员务须各尽己见，当场发挥，不得退有后言。

第十七条　凡议员疑问辩论，须待发议者辞毕。

第十八条　凡议员（办）〔辩〕难事件，不得涉及题外。

第十九条　凡议案已决之后，不得就原案再行发议。

第二十条　凡会议时，议员不得私相谈论。

第二十一条　凡会议阅二小时，得休息一次。

详督抚宪通饬各属嗣后凡关自治事项皆令分报地方自治筹办处以资考核并严定记过章程候示遵文

　　为详请事。窃照本处遵奉宪饬，筹办地方自治，则凡全省各府厅州县关于地方自治事宜，皆应以本处为总汇机关，措施方有准则。乃查各属率多未明此旨，其呈报自治事项，往往有仅报公署及民政司，而不报本处者。虽民政司本有筹办自治之责，署司现复兼任本处总理，原可无分彼此。但司署之与筹办处，究属各有部分。现在筹办自治，期限綦严，计日程功，刻难容缓。其于各属，立查应办事件，正复不少。使非明定章程，划分清晰，将来必至紊乱无稽，且于宪政之进行，实多妨碍。业经署司就司、处两处情形，详加区画，拟请宪台通饬各府厅州县，嗣后有关自治事项，径报公署及民政司者，皆令分报本处。并乞宪台于各属详呈自治范围以内之事，或准或驳，均请批仰本处转行。其由司署接受者，则由司移付，过处核办，庶事事接洽，而免疏漏之虞。倘各属对于本处札查、札办事件，有敢任意延搁，或竟置之不复者，并请援照署司在民政司详定成案，由本处详请记过，以示惩儆，而重要政。所有详请通饬各属，嗣后凡关自治事项，皆令分报本处，并严定记过章程缘由，是否有当，理合具文详请，仰祈宪台鉴核批示施行。须至详者。

　　批：据详已悉。筹办地方自治，既以该处为特立机关，所有各属关于自治事宜文件，自应由该处核转，方足以促进行而质考核。仰候通饬各属，一体遵照办理。并本署准驳各属批详，亦由该处转行可也。此缴。　十二月

详地方自治筹办处统筹全局必须大宗的款议决以全省营业税二成为筹办自治经费请通饬举办候示遵由

为详请事。案奉宪台札开，准度支部咨开，制用司案呈，内阁抄出吉林巡抚陈奏吉省谘议局依限成立一折，宣统元年十一月二十四日，奉朱批：该衙门知道，片并发。钦此。又附奏改设吉林地方自治筹办处一片，同日奉朱批：览。钦此钦遵，到部。并据该省抄录原奏，咨送前来。查该省改设吉林自治筹办处，一切经费作正开销一节，查各省设立自治局，均经本部行令就地筹款。各在案。今该省所请作正开销之处，应令就地自行设筹，不得动用正款，以归一律。相应恭录朱批，咨行吉林巡抚，遵照办理可也等因。准此，除分行外，札处遵照等因。奉此，查本处系继续前谘议局筹办处，于宣统元年九月初一日成立，所有常年应需经费，及自治研究所经费，曾经详奉宪台批饬，度支司核议详覆，迄未指定何项专款。现在既奉部饬，就地设筹，不得动用正款，自应遵照，筹一适当办法。惟统计前今本处用款，有非少数经费所能敷者，请为宪台分别陈之：

一、为筹还已垫之款。查前谘议【局】筹办处附属之吉林府自治局，及自治研究所，均于光绪三十四年十月间同时成立。该局、所经费，皆系前筹办处拨发。嗣于上年闰二月，虽将自治局裁撤，归并前谘议局筹办处兼办，而已支用实银九千余两。其自治研究所经费，原恃各属学费为正款。如有不敷，再由公家协助。乃查各属，除宾州、农安照数解到外，余或先解少数，或竟有分毫未解者。前据该所列表详请饬催第一、第二两班学费，已欠缴至一万三千余两之多。是以该所皆赖筹办处垫拨，以资应用。计前筹办处截至宣统元年八月底止，共垫研究所经费，实银二万二千余两。以上两项，共银三万一千余两，皆系筹办自治之款。既不准作正开销，即应照数归垫，方能无碍造报。此已垫之款须筹还者一也。

二、为筹画常年之款。查本处经费，虽经两次详准，每年实银二万二千两，而自治范围以内应办事项甚多，往往有随时发生，为预算所不及者，约计每年非二万四五千两不可。自宣统元年九月本处成立起，至六年自治成立，本处裁撤止，共需实银十三万余两。研究所经费，则自上年本处成立以后，即由本处拨发。现该所二班尚未毕业，又准添开三班。各属学费照缴者，愈形短少。除已发过一万二千余两外，截至明年四月，三班毕业，仍需三万余两。是较前筹办处所发之款，已逾一倍以上，两项共银十七万余两。此常年之款须筹画者一也。

三、为预备待用之款。查本处附设自治日报，虽奉饬由林业局山分三成项下，按月提解三千吊，而该局并未按月照解。即令如数解到，该报社不敷尚多，将来如再加广篇幅，即应增给经费，则仍须本处拨款维持，势所必至。目前虽难预算确数，然每年至少亦须五六千金，为该报社之协助。又前办吉林日报社，奉饬附属于谘议局筹办处，即经陆续垫拨实银二万两。此款虽由颜道担任归还，而至今徒托空言，将来能否解到，殊无把握。惟该报系为开通民智起见，未尝无裨于自治，亦拟于筹定自治经费内设法弥补。以上两项，又共需银五六万两。此待用之款须预备者一也。

本处统计全局，在此筹办六年中，非筹实银二十五六万大宗的款，为经费基础，未能措施裕如。而就本省地方上情形论之，欲筹此项巨款，实非易事。惟既奉饬就地筹款，本处即不得不悉心筹议。现拟一集散为整之方，为取多用宏之计。伏查馆颁《城镇乡地方自治章程》第五章第九十条："城镇乡自治经费，以左列各款充之：一、本地方公款公产；二、本地方公益捐；三、按照自治规约所科之罚金。"又第九十二条："公益捐分为二种：一、附捐；二、特捐。"等语。此盖指城镇乡自治成立之后，永远经费而言。现当筹办时代，情形稍有不同，似未便遂援为例。但舍此数者而外，别无可筹之款。况各城镇乡自治，亦复将次成立，必须预筹的款，俾资动用。惟查本省各府厅州县有公款公产者，甚属寥寥；罚金一项，即令提前举办，亦恐涓滴之微，无补实用。思维再四，只能斟酌于附捐、特捐二者之间。以附捐比例现办之营业税，性质正复相同，即拟以全省营业税酌量提成，为自治筹办经费。此乃遵照馆章，略事变通，以符就地筹款之义。查营业税系前地方自治会详办地方税之改名，早在宪鉴之中，检核该会卷宗，地方税征收章程，系于七四厘捐之外，加抽一分。是该税附于七四厘捐，即外国所谓附加税，亦即馆章所谓附捐是也。其提成办法，本城则分学务、警务、商会、自治四项均摊，外城则留十之七为地方公用，提十之三为解省定额，均经详奉前督宪徐、抚宪朱批准，通饬一体遵办在案。迨上年改名营业税，其章程办法，一仍其旧。乃闻各属尚多未办之处，即已办者，亦皆以开办审判厅，由提法司呈请将应提之三成全数截留，是以各属并无分文解省。署司以为，本处筹办自治，为全省总汇机关，即应由全省负担经费。此项税款，若不实行提省，何以为六年筹办之资。惟各属城镇乡分年筹办自治，既责其依限进行，即不得不留其公用地步，是与其多取而各属仍难尽遵，不如少取而本处转可济用。兹拟照前案减提一成，无论本城、外城，营业税一律提二成为本处经费，留八成为地方公用。昨已拟具议案，召集本处参议、参事、科长等，开会取决，当经全体赞同，拟请宪台通饬全省府厅州县，自本年春季起，实行举办营业税。遵照本处议决之二成，按月核算，按季提解。即新设治之区，亦应一体照办，不得再请截留。至该税究能征收若干，本处共能提到若干，尚难预算。然累月经年，衰多益寡，照本处统筹全局之数，似不致仍虞缺乏。惟现当饬办之初，一时不及济用，本处目前经常、临时各费，仍应照案，请由度支司拨发，以资接济而重要政。所有本处统筹全局，必须大宗的款，议决以全省营业税二成，为筹办自治经费，请通饬举办缘由，是否有当，理合具文详请，仰祈宪台鉴核示遵。如蒙批准，并乞通饬各属，按季径解本处核收，以省转折，仍将开办情形，分报查考，实为公便。为此呈乞照详施行。须至详者。　　二月

　　批：据详已悉。所有自治筹办经费，议以全省营业税酌量提成，且省外一律减作二成，既合集散为整之方，复免畸轻畸重之弊，自是确当办法。仰候通饬各属，一体遵照，按季照提，径解该处核收，以省周折。其饬办之初，一时不及济用，所有该处经常、临时各费，自应仍饬度支司，照案垫拨，藉资接济。俟税款解到后，随时筹还，并呈报备案，以清款项。至曾经批准作为审判经费各属，并着即速设法另筹，以便各清各款。切切。此缴。　　二月

为详奉批准举办全省营业税提拨二成为地方自治筹办处筹办自治经费抄详录批移行札饬由

为抄详录批移知/通饬事。案照本处筹办自治经费，遵奉部饬，就地设筹。开会议以全省营业税通提二成为的款，详请通筹举办，候示遵缘由，于本月初十日奉督抚宪批开："据详已悉。所有自治筹办经费，议以全省营业税酌量提成。且省外一律减作二成，既合集散为整之方，复免畸轻畸重之弊，自是确当办法。仰候通饬各属，一体遵照，按季照提，径解该处核收，以省周折。其筹办之初，一时不及济用，所有该处经常、临时各费，自应仍（筹）〔饬〕度支司，照案垫拨，藉资接济。俟税解到后，随时筹还，并呈报备案，以清款项。至曾经批准作为审判经费各属，并着即速设法另筹，以便各清各款。切切。此缴。"等因。奉此，除分别移行外，相应抄详录批移知。为此合移贵司，请烦查照宪批通饬，已设审判厅各将所需审判经费，速即设法另筹，以便各清各款，望切施行。须至移者。云云。/①除分别移行外，相应抄详录批移知，为此合移贵司，请烦查照宪批，无论本城、外城营业税，一律饬提二成，按季径解本处核收，以省周折而济要需。望切施行。须至移者。云云。/除分别移行外，相应抄详录批移知。为此合移贵司道，请烦查照施行。须至移者。云云。除分别移行外，合亟抄详录批札饬。札到该府厅州县，即便遵照办理，仍将营业税开办情形具报查考。切切。此札。　三月

---

① 文中"/"，表示以区别下面两段可替代性格式公文。

详请通饬已办营业税各属自本年正月起先将春季二成从速解处应用候示遵由

　　为详请事。窃照本处前议，以全省营业税通提二成，为筹办自治经费，业经详奉宪台核准通饬，按季径解本处核收，其暂时需用之款，仍一面饬由度支司垫拨在案。惟查司库正值支绌之际，每次领款，动需时日。本处现以刷印、调查两费为大宗之支出，又协助研究所、日报社两处经费，按月需款尤多，往往有周转不敷之患。现闻各府州厅县之营业税有成效者，已不下十数处。若能一律照解，则由司垫拨之款，自可从减。拟请宪台通饬已办营业税之各属，自本年正月起，先将春季应提之二成，从速解处，以济急需。其甫经创办之各属，仍饬其自开办之日起，按季报解，不准藉端延宕，庶本处接济有资，既无缺乏之可虑，而度支司垫拨日少，亦免应付之为难。如此办理，似当两有裨益。除各属未解到之先，本处应领夏季经费一万两，仍另案请由度支司垫拨外，所有请饬已办营业税各属，先将春季二成，从速解处应用缘由，是否有当，理合具文详请，仰祈宪台鉴核批示，俯赐通饬，实为公便。为此呈乞照详施行。须至详者。

　　批：据详已悉。查全省营业税，既经议定，通提二成为筹办自治经费，自应按季照解，以济急需而重要政。仰候通饬各属，先将春季营业税二成，限文到即速径解该处应用。嗣后凡上季之款，均限下季首月初旬解出可也。此缴。　四月

为详奉批准通饬已办营业税各属自本年正月起
先从春季二成从速解处抄详录批札饬由

为抄详录批通饬事。案照本处详请通饬，已办营业税各属，自本年正月起，先将春季二成从速解处应用，候示遵缘由，于本年四月二十四日奉督抚宪批开："据详已悉。查全省营业税既经议定，通提二成为筹办自治经费，自应按季照解，以济急需而重要政。仰候通饬各属，先将春季营业税二成，限文到即速径解该处应用。嗣后凡上季之款，均限下季首月初旬解出可也。此缴。"等因。奉此，除分行外，合亟抄详录批札饬。札到该□，即便遵照宪批，先将春季营业税二成，克日径解本处应用。嗣后凡上季之款，均限下季前月初旬依限报解，毋得延误。切切。此札。计抄详

为移知事。案照本处详请通饬已办营业税各属云云，首月初旬解出可也。此缴等因。奉此，除分行外，相应抄详录批，移知贵会，请烦查照施行。须至移者。　四月

详督抚宪送拟定城镇乡地方自治逐年筹办大纲表
及各处分办明细表各三份伏候鉴核转咨文

为详请事。案奉宪台札开，准宪政编查馆咨开，查核谘议局筹办处详拟筹办自治顺序表一册，综其大要，颇与誊黄不尽相合。盖自治之发达，固在讲求有素，而尤在推行以渐。城镇乡各地方人民，智识财力，其程度亦属不一。应先就开通及繁盛各处，示以模范，则偏僻地方，自不难逐渐推广。且府厅州县自治，

应俟城镇乡自治成立，始能举办。希即转饬该处，按照钦定年限，另拟筹备办法，仍行咨送查核等因。准此，合亟札饬。札到该处，即便遵照毋违等因。又奉札开，准民政部咨同前因，应即一并遵照等因。奉此，伏念地方自治，为宪政之初基，本处又系筹办全省自治之机关，自筹设以至成立，细为规画，头绪纷繁，亟应遵照咨开各节，详加斟酌。然总以适合本地实情，而又不违钦定年限，方为妥善。现在部定厅州县地方自治章程，本处尚未奉到。筹办一切，似应暂从缓议。今请先拟城镇乡自治筹办顺序。查民政部奏定逐年筹备未尽事宜清单内开：宣统元年，核定各省城镇乡自治区域，并指定各省繁盛城镇地方，督催照章筹设该城镇议事会、董事会；宣统二年，指定各省中等城镇地方，督催照章筹设该城镇议事会、董事会；宣统三年，督催各省将上年未经指定之其余各城镇，一律照章筹办，并就近城各乡地方，照章筹设乡议事会、乡董；宣统四年，督催各省，就所属偏僻各乡地方，指定若干处，照章筹设乡议事会、乡董。按城镇分繁盛、中等与其余者，乡分近城与偏僻者。限期宽展，规定详明，在部中统筹全局，可谓至为周密。然以吉省情形观之，仍有不能不略为变通者。

一则全省城镇乡区域，不能于宣统元年核定也。查城镇乡区域一层，关内各省，均有固有之境界，故其筹办之初，尚易措手。至吉省则山林初启，人烟稀少，不独甫经设治者，其区域未经划定，即设治已久者，亦无确定之界限。当本处筹办谘议局之时，即已分派自治毕业之员，调查各属固有团体之习惯，及区域、户口，原冀调查就绪，可为今日划分区域之基础。而道途寥廓，调查困难，迄今七八月之久，尚未能一律告竣。是则核定全省城镇乡区域一层，宣统元年实有万难办到之处。此其不能不变通者一也。二则著手筹办各自治职不能不略迟一年也。查吉林初建行省，风气未开，人民程度之低，较奉省为尤甚。此固无庸稍讳者也。各属自治人材，尚未养成，即骤然兴办自治，微独阻碍者多。且自治职员，亦形缺乏，而法理与事实终有相背而驰之虞。此其不能不变通者二也。

三则镇之一级，不能分三等筹办也。查馆章规定，城镇乡区域，以人口满五万以上者为镇，人口不满五万者为乡。吉省地广人稀，各属于镇之一级，据调查员所报告者，非惟为数无多，且有并此而无之者。此与关内绝对不同之点。若分三等筹办，殊可不必。此其不能不变通者三也。

综此三因，故吉省筹办入手之法，即先行从事调查，一俟调查竣事，即行假定城镇乡区域，分年设立筹办自治公所。于城分繁盛、中等与其余者，镇则不分，乡仍分近城与偏僻者。着手开办虽为宣统二年，一律成立仍为宣统五年。且一面创办自治日报及宣讲所，以开通风气，一面设立自治研究分所，以造就人才。如此办法，庶可无弊，且有数利存焉。吉省新政繁兴，财力支绌，繁盛之地，犹可勉为支持，新开辟者，实属万难设法。此署司去岁按临各地，所目睹者。若如此分年筹办，则事务不甚繁冗，经费不至多筹。其利一也。省城自治学员既已按期毕业，各属研究分所亦均次第办齐，自治职之人才，应不至不敷分布。自治职之成立，仍不至有误限期。其利二也。自治报已广为传布，宣讲所亦遍及城乡，开通之士，固可日益加多，阻碍者流行，当逐渐减少。其利三也。

以上各节，皆经本处遵照部定期限，参酌吉省实情，悉心筹画，似尚便于办理。谨将拟定《城填乡地方自治逐年筹办大纲表》，及各处分办明细表各三份，缮呈鉴核，仍饬由本处排印成册，通饬各属，一体遵照。所有未尽事宜，或应须变更之处，再当随时酌定，呈候钧裁。是否有当，理合具文详请，仰祈宪台迅赐批示，转咨施行。须至详者。

计呈拟定《城镇乡地方自治逐年筹办大纲表》，及各处分办明细表各三份。

批：详、表均悉。据称吉省地方寥阔，民气闭塞。现在筹办城镇乡自治，不能不与内地略为变通，自系实情。所拟各表，纲举目张，较之前表，更加详密。查此项城镇乡自治事宜，计日程功，期限迫切，断不能再俟部示核定，始行举办。应先如详办理，即由该处将所定各表排印成册，赶速通饬各属，一体遵照，依次筹办，以期早告成功，而免迟延坐误。并候咨行宪政编查馆，暨民政部查核。至厅州县自治章程，应俟颁发到吉，再行照章筹办可也。此缴。表存。咨。

正月

移司道局处学堂照会谘议局送逐年筹办大纲及各处分办明细两表文

为移送照会事。案照敝处依奉宪政编查馆遵拟逐年筹备事宜清单，筹办吉林全省地方自治，业经拟定逐年筹办大纲，及各处分办明细两表，详蒙督抚宪批准转咨，并饬通行在案。现在该项表件，已由敝处排印成册，亟应分行各处，查照办理。相应将排印表册，备文移送。为此合移贵□，请烦查照施行。须至移/照会者。

计送逐年筹办大纲及各处分办明细两表一本。　　正月

札发各属逐年筹办大纲及各处分办明细表文

为通饬事。照得本处于宣统元年十二月，筹定《全省城镇乡地方自治逐年筹办大纲表》，及各处分办明细表各一份，业经详蒙督抚宪批准转咨，并饬赶速排印成册，通饬各属一体遵照，依次筹办在案。查本处此次所定两表，其筹办入手之法，首以开通民智、养成人才为要，故有研究分所，及宣讲所之设。而其筹办各自治职也，调查选举，手续烦难，故又有自治筹办公所之设。惟城则分繁盛、中等与偏僻者，镇则不分，乡亦分近城与偏僻者，盖以如此分年筹办，则事务不甚繁冗，经费不至多筹，而人才亦不至不敷分布。此皆经本处遵照钦定年限，斟酌本省实情，通盘筹画，规定详明，事皆切实可行，而于自治前途殊关紧要。除分行外，合亟札饬。札到该□，即便按照表开各节，认真办理，力顾考成，毋得迟延坐误，致干咎戾。切切。特札。

计粘抄并发表册。　　五月

吉林分年筹办自治一览表

厅州县自治筹办顺序表，俟奉到部章时另拟。

第一　逐年筹办大纲表

光绪三十四年
设立全省自治研究所。（该所只开三班，每班限一年毕业。）
宣统元年
饬全省自治研究所开调查讲习班。
派调查员调查固有团体惯习，及区域户口。（限五月竣事。以上谘议局筹办处兼办。）
组织全省自治筹办处一切事宜。（以下全省自治筹办处专办。）
开办自治日报。
编辑调查报告书。
饬各属设立自治宣讲所，并札发详定通则。
饬各属设立自治研究分所，并札发详定通则。（每所只开六班，每班限六月毕业。）
派省研究所毕业学员，为分所所长、教员，或宣讲所宣讲员。（后均照办。）
筹定各属筹办自治顺序期限。
划分全省城镇乡自治区域。
宣统二年
撰述自治宣讲书，札发各属。（按年续颁。）
指定繁盛之城，设立自治筹办公所。（俟议事会成立时改为自治公所，以下仿此。）
诠释部颁自治章程，札发筹办公所。（后均照发。）
核定自治讲义，札发研究分所。（分两期颁发，后均照办。）
核定全省城镇乡自治区域。
饬指定之城筹办公所复查该城居民口数。
饬指定之城筹办公所调查该城选民资格。

续表

	核定指定之城议事会议员、董事会职员额数。
	饬指定之城筹办公所办理议事会选举事宜。
	颁发指定之城惯习报告书，交由议员预备应议事件。
	指定之城议事会成立。
	指定之城议事会办理董事会选举事宜。
	指定之城董事会成立。
	各属城镇自治宣讲所一律成立。
	指定之繁盛及中等城研究分所一律成立。
	派员稽查研究分所成绩。（每年两次。）
宣统三年	
	指定中等之城及各属之镇，设立自治筹办分所。
	饬指定之城镇筹办公所，复查该城镇居民口数。
	饬指定之城镇筹办公所，调查该城镇选民资格。
	核定指定之城镇议事会议员、董事会职员额数。
	饬指定之城镇筹办公所办理该城镇议事会选举事宜。
	颁发指定之城镇惯习报告书，交由议员预备应议事件。
	指定之城镇议事会成立。
	指定之城镇议事会办理董事会选举事宜。
	指定之城镇董事会成立。
	各属之乡自治宣讲所一律成立。
	偏僻之城自治研究分所一律成立。
宣统四年	
	指定偏僻之城及近城各乡设立自治筹办公所。
	饬指定之城镇乡筹办公所复查该城乡居民口数。
	饬指定之城乡筹办公所调查该城乡选民资格。
	核定指定各城议事会议员、董事会职员额数。
	核定近城各乡应设议事会，或乡选民会，并议事会议员额数。
	饬指定之城乡筹办公所办理该城乡议事会选举事宜。
	颁发指定之城乡惯习报告书，交由议员或选民预备应议事件。
	指定之城乡议事会或乡选民会成立。

续表

	指定之城乡议事会或乡选民会，办理董事会及乡董、乡佐选举事宜。
	指定城乡之董事会及乡董成立。
	确定全省城镇乡自治区域。
宣统五年	
	偏僻各乡设立自治筹办公所。
	饬偏僻各乡筹办公所复查该乡居民口数。
	饬偏僻各乡筹办分所调查该乡选民资格。
	核定偏僻各乡应设议事会或乡选民会，并议事会议员额数。
	颁发偏僻各乡惯习报告书，交由议员或选民预备应议事件。
	偏僻各乡议事会或乡选民会成立。
	偏僻各乡议事会或乡选民会办理乡董、乡佐选举事宜。
	偏僻各乡乡董成立。

第二 各处分办明细表

		谘议局筹办处	各属长官	全省自治研究所
光绪三十四年	十月	（一）设立全省自治研究所。 （二）饬各属选送省研究所第一班学员，并筹解学费。	（一）选送省研究所第一班学员，并筹解学费。	（一）组织所中一切事宜。 （二）收考第一班学员。
	十一月			（三）第一班开学。
宣统元年	闰月	（三）饬各属选送省研究所第二班学员，并筹解学费。	（二）选送省研究所第二班学员，并筹解学费。	
	三月	（四）饬省研究所开调查讲习班。		（四）收考第二班学员。
	四月			（五）第二班开学。 （六）调查班开学。
	五月			（七）调查班毕业。
	六月	（五）派调查员调查固有团体惯习及区域户口。	（三）监督调查员调查。	
	七月		（四）同前。	

续表

		谘议局筹办处	各属长官	全省自治研究所
宣统元年	八月	（六）组织自治日报社。 （七）筹画逐年筹办自治经费。 （八）刊送本处办理成绩报告书。	（五）同前。	
	九月	（一）组织处中一切事宜。 （二）开办自治日报。	（六）监督调查员调查。	
	十月	（三）核阅调查报告书。	（七）同前。	（八）第一班学员毕业。
	十一月	（四）同前。 （五）饬各属选送省研究所第三班学员，并筹解学费。		
	十二月	（六）编辑调查报告书。 （七）饬各属设立自治宣讲所，及自治研究分所，并札发详定通则。 （八）派省研究所毕业学员，为分所所长、教员或宣讲所宣讲员。 （九）筹定各属筹办自治顺序期限。 （十）划分全省城镇乡自治区域。	（八）选送省研究所第三班学员，并筹解学费。	

		全省自治筹办处	各属长官	全省自治研究所	繁盛及中等之城自治研究分所	繁盛之城自治筹办公所
宣统二年	正月	（十一）札发各属筹办自治期限表。 （十二）指定繁盛之城，设立自治筹办公所，并札发详定通则。 （十三）核准繁盛及中等城之自治研究分所，及各属宣讲所办法。	（九）设立城镇自治宣讲所。 （十）繁盛及中等之城设立自治研究分所。	（九）收考第三班学员。 （十）第三班开学。	（一）组织所中一切事宜。 （二）收考第一班学员。 （三）第一班开学。	

续表

		全省自治筹办处	各属长官	全省自治研究所	繁盛及中等之城自治研究分所	繁盛之城自治筹办公所
宣统二年	正 月	（十四）核定自治讲义，札发繁盛及中等城之研究分所。 （十五）核定自治宣讲书，札发各属。				
	二 月	（十六）核准繁盛之城自治筹办公所办法。 （十七）核定全省城镇乡自治区域，札知各属。 （十八）诠释部颁自治章程，札发筹办公所。 （十九）规定调查通则及各项表式，札发筹办公所。 （二十）饬筹办公所派员调查居民口数及选民资格。	（十一）繁盛【之城】设立自治筹办公所。			（一）组织所中一切事宜。
	三 月	（廿一）制定选举人名册式，并说明造册方法，札发筹办公所遵办。 （廿二）续发繁盛及中等城之研究分所各种讲义。 （廿三）派员考核繁盛及中等城之研究分所。				（二）派员研究调查方法。
	四 月			（十一）第二班学员毕业。		（三）派员调查本城居民口数及选民资格。

续表

		全省自治筹办处	各属长官	全省自治研究所	繁盛及中等之城自治研究分所	繁盛之城自治筹办公所
宣统二年	五月	（廿四）派省研究所毕业学员为分所所长、教员，或宣讲所宣讲员。 （廿五）制定投票簿式，并说明造簿方法，札发筹办公所遵办。				（四）本城居民口数及选民资格调查竣事。 （五）造具本城选举人名草册，并宣布之。 （六）造具本城人口细数表册，呈报全省自治筹办处。
	六月	（廿六）核定繁盛之城议事会议员、董事会职员额数，札知筹办公所。 （廿七）规定繁盛之城投票所、开票所细则，札发筹办公所。			（四）第一班毕业。	（七）断定声请更正人名册各案。 （八）造具甲乙两级选举人名正册，呈报全省自治筹办处。 （九）指定投票所及开票所。 （十）刊发选举日期、投票地址及投票方法传单。
	七月	（廿八）续发各属宣讲所宣讲书籍。 （廿九）核定繁盛之城选举等级，及各级选举权额数，札知筹办公所。 （三十）制定投票纸式，札发筹办公所遵办。		（十二）编辑历年办理成绩报告书，年底竣事。	（五）收考第三班学员。 （六）第二班开学。	（十一）分缮选举人名册，交投票所及开票所。 （十二）造具两级投票簿，交投票所。 （十三）派定投票及开票管理员。
	八月	（三十一）制定议员当选知会书、答复书，及当选执照各式，札发筹办公所。				（十四）筹定投票纸、投票匦，分交投票所。

续表

		全省自治筹办处	各属长官	全省自治研究所	繁盛及中等之城自治研究分所	繁盛之城自治筹办公所
宣统二年	九月	（三十二）派员续查繁盛及中等城之研究分所。督抚宪汇咨民政部存案，并呈报全省自治筹办处。	（十二）繁盛城之长官，亲到本城投票所，督同管理员办理投票事宜。先乙级，次甲级。（十三）繁盛城之长官，亲到本城开票所，督同管理员办理开票、检票各事。（十四）繁盛城之长官，给与应选人执照，并将姓名、职衔、票数呈报。			（十五）酌定开票时刻，先行榜示。（十六）决定当选人。（十七）榜示当选人姓名、票数，并发知会书。（十八）公断选举争议、申诉各案。（十九）繁盛之城议事会成立，本所改为自治公所，呈报全省自治筹办处。

		全省自治筹办处	各属长官	全省自治研究所	繁盛及中等之城自治研究分所	繁盛之城议事会
宣统二年	十月	（三十三）札发繁盛之城惯习报告书，交由议员预备应议事件。	（十五）繁盛城之长官核断城议事会选举争议、申诉各案。			（一）议长定期招集议员，举行董事会选举事宜，呈请地方官亲莅，或派员监督，并呈报全省自治筹办处。

续表

		全省自治筹办处	各属长官	全省自治研究所	繁盛及中等之城自治研究分所	繁盛之城议事会
宣统二年	十月	（三十四）制定总董、董事及名誉董事执照各式，札发繁盛之城遵办。	（十六）繁盛城之长官，亲莅城议事会，监督选举董事会职员，或派员行之。（十七）繁盛城之长官，申请督抚宪遴选城董事会总董一名，加札任用，咨报民政部存案。（十八）繁盛城之长官，核准任用城董事会董事及名誉董事并申请督抚宪咨报民政部存案。			（二）准备董事会选举各项手续。（三）拟定董事会选举细则，呈报全省自治筹办处。（四）选举总董，由议长拟定总董正、陪各一名，开具姓名、履历、票数，呈送地方官，并呈报全省自治筹办处。（五）选举董事及名誉董事，由议长造具姓名、履历票数，呈请地方官核准任用，并呈报省自治筹办处。
	十一月		（十九）繁盛城之长官，给与城董事会总董董事及名誉董事执照。（二十）繁盛城之长官核断城董事会选举争议、申诉各案。			（六）繁盛之城董事会成立，呈报全省自治筹办处。（七）定期开议会会议。

续表

		全省自治筹办处	各属长官	全省自治研究所	繁盛及中等之城自治研究分所	繁盛之城议事会
宣统二年	十二月	(三十五)派省研究所毕业学员为分所所长、教员，或宣讲所宣讲员。 (三十六)申请督抚宪，咨送省研究所历年办理成绩报告书于民政部。 (三十七)刊送本处办理成绩报告书。		(十三)第三班学员毕业。 (十四)本所停办，刊送历年办理成绩报告书。	(七)第二班毕业。	

		全省自治筹办处	各属长官	繁盛及中等之城自治研究分所	偏僻之城自治研究分所	中等之城及各属之镇自治筹办公所
宣统三年	正月	(三十八)指定中等之城及各属之镇，设立自治筹办公所，并札发详定通则。 (三十九)核准偏僻之城自治研究分所，及各属宣讲所办法。 (四十)札发偏僻之城研究分所各种讲义。 (四十一)续发各属宣讲所宣讲书籍。	(二十一)设立各乡自治宣讲所。 (二十二)偏僻之城设立自治研究分所。	(八)收考第三班学员。 (九)第三班开学。	(一)组织所中一切事宜。 (二)取考第一班学员。 (三)第一班开学。	
	二月	(四十二)核准中等之城及各属之镇自治筹办公所办法。 (四十三)札发诠释之部颁自治章程于城镇筹办公所。 (四十四)札发调查通则，及各项表式，并填表方法、说明书，于城镇筹办公所，饬即遵办。	(二十三)中等之城及各属之镇设立自治筹办公所。			(一)组织所中一切事宜。

续表

		全省自治筹办处	各属长官	繁盛及中等之城自治研究分所	偏僻之城自治研究分所	中等之城及各属之镇自治筹办公所
宣统三年	二月	（四十五）饬城镇筹办公所调查该城镇居民口数、选民资格。				
	三月	（四十六）札发选举人名册式，并造册方法、说明书，于城镇筹办公所，饬即遵办。（四十七）续发偏僻之城研究分所各种讲义。（四十八）派员考核各属研究分所。				（二）派员研究调查方法。
	四月					（三）派员调查本城镇居民口数及选民资格。
	五月	（四十九）札发投票簿式，并造簿方法、说明书，于城镇筹办公所，饬即遵办。				（四）本城镇居民口数及选民资格调查竣事。（五）造具本城镇选举人名草册，并宣布之。（六）造具本城镇人口细数表册，呈报全省自治筹办处。
	六月	（五十）核定中等之城及各属之镇议事会议员、董事会职员额数，札知该城镇筹办公所。（五十一）札发投票所、开票所细则，于城镇筹办公所。		（十）第三班毕业。	（四）第一班毕业。	（七）断定声请更正人名册各案。（八）造具甲、乙两级选举人名正册,呈报全省自治筹办处。（九）指定投票所及开票所。（十）刊发选举日期、投票地址及投票方法传单。

续表

		全省自治筹办处	各属长官	繁盛及中等之城自治研究分所	偏僻之城自治研究分所	中等之城及各属之镇自治筹办公所
宣统三年	七月	（五十二）续发各属宣讲所宣讲书籍。（五十三）核定中等之城及各属之镇选举等级，并各级选举权额数，札知该城镇筹办公所。（五十四）札发投票纸式，于城镇筹办公所，饬即遵办。		（十一）收考第四班学员。（十二）第四班开学。	（五）收考第二班学员。（六）第二班开学。	（十一）分缮选举人名册，交投票所、开票所。（十二）造具两级投票簿，交投票所。（十三）派定投票及开票管理员。
	八月	（五十五）札发议员当选知会书、答复书及当选执照各式，于城镇筹办公所，饬即遵办。				（十四）筹定投票纸、投票匦，分交投票所。
	九月	（五十六）派员续查各属研究分所。	（二十四）中等城之长官，亲到本城投票所，督同管理员办理投票事宜。先乙级，次甲级。（二十五）中等城之长官，亲到本城开票所，督同管理员办理开票、检票各事。（二十六）给与应选人执照，并将姓名、职衔、票数呈报督抚宪，			（十五）派各管理员办理投票事宜，先乙级，次甲级。（十六）酌定开票时刻，先行榜示。（十七）派各管理员办理开票、检票各事。（十八）决定当选人。（十九）榜示当选人姓名、票数，并发知会书。（二十）公断选举争议、申诉各案。（二十一）中等之城及各属之镇议事会成立，本所改为自治公所，呈报全省自治筹办处。

续表

		全省自治筹办处	各属长官	繁盛及中等之城自治研究分所	偏僻之城自治研究分所	中等之城及各属之镇自治筹办公所
宣统三年	九月		汇咨民政部存案，并呈报全省自治筹办处。			
	十月	（五十七）札发中等之城及各属之镇惯习报告书，交由议员预备应议事件。 （五十八）札发各属总董、董事、名誉董事执照各式，饬即遵办。	（二十七）核断城镇议事会选举争议、申诉各案。 （二十八）亲莅城镇议事会，监督选举董事会职员，或派员行之。 （二十九）中等城之长官申请督抚宪遴选城董事会总董一名，加札任用，咨报民政部存案。 （三十）申请督抚宪遴选镇董事会总董一名，加札任用，咨报民政部存案。 （三十一）核准任用城镇董事会董事及名誉董事，并申请督抚宪咨报民政部存案。			（一）议长定期招集议员，举行董事会选举事宜，呈请地方官亲莅，或派员监督，并呈报全省自治筹办处。 （二）准备董事会选举各项手续。 （三）拟定董事会选举细则，呈报全省自治筹办处。 （四）选举总董，由议长拟定总董正、陪各一名，开具姓名、履历票数，呈送地方官，并呈报全省自治筹办处。 （五）选举董事及名誉董事，议长造具姓名、履历、票数，呈请地方官核准任用，并呈报全省自治筹办处。

续表

		全省自治筹办处	各属长官	繁盛及中等之城自治研究分所	偏僻之城自治研究分所	中等之城及各属之镇自治筹办公所
宣统三年	十一月	（三十二）给与总董董事及名誉董事执照。（三十三）核断城镇董事会选举争议、申诉各案。				（六）中等之城及各属之镇董事会成立，呈报全省自治筹办处。（七）定期开议事会会议。
	十二月	（五十九）刊送本处办理成绩报告书。		（十三）第四班毕业。	（七）第二班毕业。	

		全省自治筹办处	各属长官	繁盛及中等之城自治研究分所	偏僻之城自治研究分所	偏僻之城及近城各乡自治筹办公所
宣统四年	正月	（六十）指定偏僻之城及近城各乡设立自治筹办公所，并札发详定通则。（六十一）续发各属宣讲所宣讲书籍。		（十四）收考第五班学员。（十五）第五班开学。	（八）收考第三班学员。（九）第三班开学。	
	二月	（六十二）核准偏僻之城及近城各乡自治筹办公所办法。（六十三）札发诠释之部颁自治章程，于城乡筹办公所。（六十四）札发调查通则，及各项表式，并填表方法、说明书，于城乡筹办公所，饬即遵办。（六十五）饬城乡筹办公所调查该城乡居民口数及选民资格。	（三十四）偏僻之城及近城各乡设立自治筹办公所。			（一）组织所中一切事宜。
	三月	（六十六）札发选举人名册，并造册方法、说明书，于城乡筹办公所，饬即遵办。				（二）派员研究调查方法。

续表

		全省自治筹办处	各属长官	繁盛及中等之城自治研究分所	偏僻之城自治研究分所	偏僻之城及近城各乡自治筹办公所
宣统四年	三月	（六十七）派员考核各属研究分所。				
	四月					（三）派员调查本城乡居民口数及选民资格。
	五月	（六十八）札发投票簿式，并造簿方法、说明书，于城乡筹办公所，饬即遵办。				（四）本城乡居民口数及选民资格调查竣事。（五）造具本城乡选举名草册，并宣布之。（六）造具本城乡人口细数表册，呈报全省自治筹办处。
	六月	（六十九）核定偏僻之城议事会议员、董事会职员额数，札知该城筹办公所。（七十）核定近城各乡应设议事会，或乡选民会，并议事会议员额数，札知该乡筹办公所。（七十一）札发投票所、开票所细则，于城乡筹办公所。		（十六）第五班毕业。	（十）第三班毕业。	（七）断定声请更正人名册各案。（八）造具甲、乙两级选举人名正册，呈报全省自治筹办。（九）指定投票所及开票所。（十）刊发选举日期、投票地址及投票方法传单。
	七月	（七十二）续发各属宣讲所宣讲书籍。（七十三）核定偏僻之城及近城各乡选举等级，并各级选举权额数，札知该城乡筹办公所。		（十七）收考第六班学员。（十八）第六班开学。	（十一）收考第四班学员。（十二）第四班开学。	（十一）分缮选举人名册，交投票所、开票所。（十二）造具两级投票簿，交投票所。

第四编 各属自治会、议事会、董事会、参事会等相关活动

续表

		全省自治筹办处	各属长官	繁盛及中等之城自治研究分所	偏僻之城自治研究分所	偏僻之城及近城各乡自治筹办公所
宣统四年	七月	（七十四）札发投票纸式，于城乡筹办公所，饬即遵办。		（十九）编辑历年办理成绩报告书，年底竣事。		（十三）派定投票及开票管理员。
	八月	（七十五）札发议员当选知会书、答复书，及当选执照各式，于城乡筹办公所，饬即遵办。				（十四）筹定投票纸、投票簿，分交投票所。
	九月	（七十六）派员调查各属研究分所。（七十七）确定全省城镇乡自治区域，申请督抚宪咨报民政部存案。	（三十五）偏【僻】城之长官，亲到本城投票所，督同管理员办理投票事宜。先乙级，次甲级。（三十六）偏僻城之长官，亲到本城开票所，督同管理员办理开票、检票各事。（三十七）给与应选人执照，并将姓名、职衔、票数呈报督抚宪，汇咨民政部存案，并呈报全省自治筹办处。			（十五）派各管理员办理投票事宜。先乙级，次甲级。（十六）酌定开票时刻，先行榜示。（十七）督同各管理员办理开票、检票各事。（十八）决定当选人。（十九）榜示当选人姓名、票数，并发知会书。（仅设乡选民会者，第八至第十九自不必办。）（二十）公断选举争议、申诉各案。（二十一）偏僻之城及近城各乡议事会，或乡选民会成立，本所改为自治公所，呈报全省自治筹办处。

857

续表

		全省自治筹办处	各属长官	繁盛及中等之城自治研究分所	偏僻之城自治研究分所	偏僻之城议事会	近城各乡议事会或乡选民会
宣统四年	十月	（七十八）札发偏僻之城及近城各乡惯习报告书，交由议员或选民预备应议事件。 （七十九）札发各属总董、董事、名誉董事、乡董、乡佐执照各式，饬即遵办。	（三十八）核断城镇乡各议事会或乡选民会选举争议、申诉各案。 （三十九）亲莅城镇议事会，监督选举董事会职员，或派员行之。 （四十）亲莅近城各乡议事会或乡选民会，监督选举乡董、乡佐，或派员行之。 （四十一）繁盛及偏僻各城之长官，申请督抚宪遴选城董事会总董一名，加札任用，咨报民政部存案。 （四十二）核准任用城镇董事会董事及名誉董事，并申请督抚宪咨报民政部存案。 （四十三）任用近城各乡乡董、乡佐，申请督抚宪咨报民政部存案。			（一）议长定期招集议员，举行董事会选举事宜，呈请地方官亲莅，或派员监督，并呈报全省自治筹办处。 （二）准备董事会选举各项手续。 （三）拟定董事会选举细则，呈报全省自治筹办处。 （四）选举总董，由议长拟定总董正、陪各一名，开具姓名、履历、票数，呈送地方官，并呈报全省自治筹办处。 （五）选举董事及名誉董事，由议长造具姓名、履历、票数，呈请地方官核准任用，并呈报全省自治筹办处。	（一）议长定期招集议员，或会员举行乡董、乡佐选举事宜，呈请地方官亲莅，或派员监督，并呈报全省自治筹办处。 （二）准备乡董、乡佐选举各项手续。 （三）拟定乡董、乡佐选举细则，呈报全省自治筹办处。 （四）选举乡董、乡佐，由议长造具姓名、履历、票数，呈请地方官任用，并呈报全省自治筹办处。

第四编 各属自治会、议事会、董事会、参事会等相关活动

续表

		全省自治筹办处	各属长官	繁盛及中等之城自治研究分所	偏僻之城自治研究分所	偏僻之城议事会	近城各乡议事会或乡选民会
宣统四年	十一月	（四十四）给与总董、董事、名誉董事、乡董、乡佐执照。（四十五）核断城镇董事会及乡董、乡佐选举争议、申诉各案。			（六）偏僻之城董事会成立，呈报全省自治筹办处。（七）定期开议事会会议。	（五）近城各乡乡董成立，呈报全省自治筹办处。（六）定期开议事会会议。	
	十二月	（八十）申请督抚宪，咨送繁盛及中等城之研究分所历年办理成绩报告书，于民政部。（八十一）刊送本处办理成绩报告书。			（二十）第六班举业。（二十一）刊送历年办理成绩报告书。	（十三）第四班毕业。	

		全省自治筹办处	各属长官	偏僻之城自治研究分所	偏僻各乡自治筹办公所
宣统五年	正月	（八十二）指定偏僻各乡设立自治筹办公所，并札发详定通则。（八十三）续发各属宣讲所宣讲书籍。		（十四）收考第五班学员。（十五）第五班开学。	（一）组织所中一切事宜。
	二月	（八十四）核准偏僻各乡自治筹办公所办法。（八十五）札发诠释之部颁自治章程，于偏僻各乡筹办公所。	（四十六）偏僻各乡设立自治筹办公所。		

续表

		全省自治筹办处	各属长官	偏僻之城自治研究分所	偏僻各乡自治筹办公所
宣统五年	二月	（八十六）札发调查通则，及各项表式，并填表方法、说明书，于偏僻各乡筹办公所，饬即遵办。（八十七）饬偏僻各乡筹办公所调查该乡居民口数、选民资格。			
	三月	（八十八）札发选举人名册，并造册方法、说明书，于偏僻各乡筹办公所，饬即遵办。（八十九）派员考核各属研究分所。			（二）派员研究调查方法。
	四月				（三）派员调查本乡居民口数及选民资格。
	五月	（九十）札发投票簿式，并造簿方法、说明书，于偏僻各乡筹办公所，饬即遵办。			（四）本乡居民口数及选民资格调查竣事。（五）造具本乡选举人名草册，并宣布之。（六）造具本乡人口细数表册，呈报全省自治筹办处。
	六月	（九十一）核定偏僻各乡应设议事会，或乡选民会，并议事会议员额数，札知该乡筹办公所。（九十二）札发投票所开票所细则，于偏僻各乡筹办公所。		（十六）第五班毕业。	（七）断定声请更正人名册各案。（八）造具甲、乙两级选举人名正册，呈报全省自治筹办处。（九）指定投票所及开票所。（十）列发选举日期投票地址及投票方法传单。

第四编 各属自治会、议事会、董事会、参事会等相关活动

续表

		全省自治筹办处	各属长官	偏僻之城自治研究分所	偏僻各乡自治筹办公所
宣统五年	七月	（九十三）续发各属宣讲所宣讲书籍。（九十四）核定偏僻各乡选举等级，及各级选举权额数，札知该乡筹办公所。（九十五）札发投票纸式，于偏僻各乡筹办公所，饬即遵办。		（十七）收考第六班学员。（十八）第六班开学。（十九）编辑历年办理成绩报告书，年底竣事。	（十一）分缮选举人名册，交投票所及开票所。（十二）造具两级投票簿，交投票所。（十三）派定投票及开票管理员。
	八月	（九十六）札发议员当选知会书、答复书及当选执照各式，于偏僻各乡筹办公所，饬即遵办。			（十四）筹定投票纸、投票匦，分交投票所。
	九月	（九十七）派员续查各属研究分所。	（四十七）给与应选人执照，并将姓名、职衔、票数，呈报督抚宪，汇咨民政部存案，并呈报全省自治筹办处。		（十五）派各管理员办理投票事宜，先乙级，次甲级。（十六）酌定开票时刻，先行榜示。（十七）督同各管理员办理开票、检票各事。（十八）决定当选人。（十九）榜示当选人票数，并发知会书。（仅设乡选民会者，第八至第十九自不必办。）（二十）公断选举争议、申诉各案。（二十一）偏僻各乡议事会，或乡选民会成立，本所改为自治公所，呈报全省自治筹办处。

续表

		全省自治筹办处	各属长官	偏僻之城自治研究分所	偏僻各乡议事会或乡选民会
宣统五年	十月	（九十八）札发偏僻各乡惯习报告书，交由议员或选民预备应议事件。	（四十八）核断城镇各乡议事会，或乡选民会选举争议、申诉各案。（四十九）亲莅城镇议事会，监督选举董事会职员，或派员行之。（五十）亲莅乡议事会，或乡选民会，监督选举乡董、乡佐，或派员行之。（五十一）中等城之长官，申请督抚宪遴选城董事会总董一名，加札任用，咨报民政部存案。（五十二）申请督抚宪遴选镇董事会总董一名，加札任用，咨报民政部存案。（五十三）核准任用城镇董事会董事，及名誉董事，并申请督抚宪咨报民政部存案。（五十四）任用偏僻各乡乡董、乡佐，申请督抚宪咨报民政部存案。		（一）议长定期招集议员，或会员，举行乡董、乡佐选举事宜，呈请地方官亲临，或派员监督，并呈报全省自治筹办处。（二）准备乡董、乡佐选举各项手续。（三）拟定乡董、乡佐选举细则，呈报全省自治筹办处。（四）选举乡董、乡佐，由议长造具姓名、履历、票数，呈请地方官任用，并呈报全省自治筹办处。

续表

		全省自治筹办处	各属长官	偏僻之城自治研究分所	偏僻各乡议事会或乡选民会
宣统五年	十一月		（五十五）给与总董、董事、名誉董事、乡董、乡佐执照。（五十六）核断城镇董事会，及乡董、乡佐选举争议、申诉各案。		（五）偏僻各乡乡董成立，呈报全省自治筹办处。（六）定期开议事会，或乡选民会会议。
	十二月	（九十九）申请督抚宪咨送偏僻各城之研究分所历年办理成绩报告书于民政部。（一百）刊送本处办理成绩报告书。		（二十）第六班毕业。（二十一）刊送历年办理成绩报告书。	

批新城绅董由正路等禀请将裁缺副都统府第拨作自治公产候详公署核示饬遵由

据禀请将裁缺副都统府第，拨作自治公产，先将自治研究所移驻其内，以为将来扩充基础，足见该绅董等颇知自治为重要。所请尚无不合，惟该府第虽属空闲，而公家究竟有无别项要用，候详请公署核示，再行饬遵。缴。 十二月

详据新城府绅董由正路等禀请将裁缺副都统府第作为自治公产以便研究所移驻由

为详请事。窃本处于十一月二十七日，据新城府绅董由正路、富克精阿等禀请，窃因新城前拟开办自治，请借用副都统衙门房间，候裁缺后，即将副署统归为自治公产，已经绅士寿山等联名禀准在案。查副署现已裁毕，旗务承办处拟移驻副都统衙门办公，遗副都统府第一所房间，尚皆完好，未便令其空闲。查自治研究所已经开办，经金守附设在劝学所院内，乃破屋数椽，简陋太甚，且不敷用，欲另购房院，又苦无款可筹，应请将副都统府第，援照前案，统归为自治公产。先将自治研究所移驻其内，以为将来扩充基础。绅等为办理自治人民省款起见，是否可行，禀乞批示等情。据此查该绅董拟办自治，请借用副都统衙门，本处并未据寿山等禀准有案。惟自治研究分所，本处正在通饬各属，组织成立。该绅董等既称研究所现已开办，请将裁缺副都统府第拨作自治公产，为自治研究所移驻之地，并（未）〔为〕将来扩充基础，所请似尚可行。惟该府第虽属空闲，而公家究竟有无别项要用，本处未敢擅专，理合据情具文详请，仰祈宪台鉴核示遵。实为公便。须至详者。　十二月

札奉公署批本处详据该绅等禀请将裁缺副都统府第作为自治公产候查核到日再行饬知由

为录批饬知事。照得该绅董由正路、富克精阿等，禀请将裁缺副都统府第，作为自治公产，以便研究所移驻等情。当经据情详请督抚宪核示，兹蒙批示：

"详悉。查此案业经谘议局转据该城绅董等禀请,昨已批令新城府,会同旗务承办处,查明有无窒碍,呈候核夺。应俟查核到日,再行饬知。此缴"等因。奉此,合亟录批札知,札到该绅等,即便遵照可也。此札。　十二月

批双阳河宣讲所呈覆遵减员薪所请以前两个半月经费仍照原拟开销碍难照准前禀指拨各款候札吉林府查覆饬遵由

据呈核减宣讲所开支,每月约需大洋一百元,较诸前折,所拟尚属撙节。惟该所事务无多,稽查、会计毋须分设二员,应改为庶务一员,经理其事。至该所前禀指筹各款,本处派员调查,据称营业税及马贩捐二项,尚属可恃。此外均归入学堂,及文报局抽收有案,恐难提拨。该所经费来源既如是支绌,自应竭力撙节,始可支持。并据该调查员查得,上年该所听讲人数,至多不过二三十人,少至二三人,固由风气之未开,要亦宣讲之不力。所请上年九月初一日起,十一月十五日止,仍照原拟开销一节,似此虚糜款项,办无成效,碍难照准。此后该所开支一切,应照此次批饬改定,按月起支。该所前禀指筹各款,候札饬吉林府查明情形,能否提拨,俟覆到后,再行饬遵。仰即知照。切切。此批。　二月

据双阳河宣讲分所禀筹各款作为经费饬府查明能否提拨详覆由

为札饬事。案据吉林府双阳河宣讲分所呈称,窃于宣统元年十一月初七日奉批开:"据该宣讲所遵将前自治研究分所人员,酌定去留,悉心位置。即将原有研究分所经费七八千吊,作为该所用款,并于民税局捐收马经纪项下,每月得钱

百吊。各等语。查宣讲所非自治研究所可比，其事极为简单。本处于城内设东、西、南、北路宣讲所四处，每所宣讲员一人，除星期外，逐日宣讲。每所每月开销，不过二百吊之谱。今该所宣讲期在二、五、八日，宣讲时刻，每期六小时，以宣讲员四人分任，每人每月只担任宣讲十五小时，而月薪开支二十五元，视省城宣讲员劳逸迥殊，报酬互异。宣讲所人员，本无庸常川住宿。查预算经费，无伙食一项，是所中无人住宿可知。仅于二、五、八日开所宣讲，多设夫役，火夫、更夫尤为无用。所中有何文卷，即有，亦属寥寥，何必设书记长，以经理收发？即设书记生，亦何至容三人之多？以一宣讲所，而常年开销需七八千吊之巨，殊属骇人听闻，未免任意铺张。就令地方上有款可筹，亦应留作他用。自治范围以内之事甚多，何事不须钱财？何事不宜举办？该所办事人员，果系热心桑梓，非属假公济私，自应格外撙节，留其有余，以图推广。何得专以一宣讲所为网罗殆尽之计？所请发给告示之处，碍难照准。仰该所迅将所中人员，及逐月开支，核实裁减，呈候覆核，不准再涉冗滥。至余多之款，候派员查明禀覆，再行核办。该所图记，姑先随批发给。此缴。清折存。"等因。奉此，查双阳河地处适中，为四通八达之区，非借宣讲，恐不足以开通风气。至原拟各员，本预为地方附近乡集未设讲所者，暂行代为讲演起见，非敢存任意铺张、网罗殆尽之计。况职所同志，前请办自治已经二年之久，所需经费，均系挪垫，亏累虽深，尚不退志。既令改设宣讲，款项仍属无着，依然垫办，虽指有三可筹之处，亦未敢擅自提拨，似属稍具热心。今既奉批，敢不照办。所有前拟各员，拣其距双鸾远者裁撤，只留附近讲员二员，每员月需薪水，减作大洋十六元。稽查、会稽二员，每员月需薪水减作大洋十六元。书记生一名，月需薪水，仍作大洋十元。无事均行归宿，逢期早至，尚无不可。惟讲所既系租赁，又不可无人照料，拟雇工人一名，常川住所，看守房屋，兼至讲期伺应茶水，每月发给工金，大洋六元，自备膏火。以上稽查、会稽、工人共六员名，暨薪红、柴炭、房价等费，每月约需大洋，不过百元之谱。以九月初一日开办起，截至十一月十五日止，共二个半月，可否仍照原拟开销。此后作为，遵批另拟章程举办。似此诸从节俭，恳即速为派员提拨，以免掣肘，而期实效。并将自治宣讲各种书籍，迅即颁到，以备讲员悉心讲演。所有奉到自治宣讲所木质图记一颗，遵即诹吉于本月十九日，敬谨开用，合并声明。为此谨将裁汰人员，节省经费，暨另拟宣讲各员清册附呈，一切情由，是否有当，理合具覆备由，呈请宪台鉴核示遵等因。据此查该所前曾禀请指筹经费各款，由本处派员前往调查，是否可筹。旋据该员禀称，朝阳宫庙产拨归学堂，苏瓦延跕垦地拨归文报局，均难指拨，惟营业税、马贩捐尚可酌筹等情。除批示："据呈核减宣讲所开支，每月约需大洋一百元，较诸前折所拟，尚属撙节。惟该所事务无多，稽查、会稽毋须分设二员，应改为庶务一员，经理其事。至该所前禀指筹各款，本处派员调查。据称，营业税、马贩捐二项，尚属可恃。此外均归入学堂及文报局抽收有案，恐难提拨。该所经费来源，既如是支绌，自应竭力撙节，始可支持。并据该调查员查得，上年该所听讲人数至多不过二三十人，少至二三人，固由风气之未开，要亦宣讲之不力，所请上年九月初一日起，十一月十五日止，仍照原拟开销一节，似此虚糜款项，办无成效，碍难照准。嗣后该所开支，一切应照此次批饬改定，按月起支。该所前禀指筹各款，候札饬吉林府查明情形，能否提拨，俟覆到后，再行饬遵"等因。印发夕，合亟抄粘札饬，札到该府，即便遵照，查明各款能否提拨，详候察核饬遵。切切。此札。　三月

批蜜山府详请截留营业税为自治经费并变通学额及毕业期限分别准驳由

据详该府地旷民稀，研究学员未能满额，暂招十人，并以程度太浅，延长学期，作为一年毕业，自系实在情形，应准变通办理。所拟章程，大致妥洽。惟教授学科，核与本处所定原章，缺略尚多，应即查照改定。该所现既延长学期，并应饬令学员，补习国文，以为听讲之预备。兹随批发去研究分所章程四本，其授课讲义，本处已刊印四种，候另文札发。该府奉到后，即饬该所长兼教员王明新切实遵行，认真教授，是为至要。至所请截留司库三成营业税一节，该府自何时解起，本处无案可稽。惟本处筹办自治经费，业奉部饬，就地筹款，不淮作正开销。前已开会议决，以全省营业税通提二成，为本处经费的款，留八成为该地方

办理公益之用，详奉督抚宪批准通饬，并经本处抄详录批，分别移行在案。是前提三成，此后只提二成，已有八成为地方公用，当亦无虑竭蹶。该府应即遵照通饬办理，所请截留之处，应毋庸议。仰即遵照。此缴。章程存。　　三月

批宾州府详拟自治经费筹款三项方法候据情详请公署批示饬遵由

详及章程均悉。据称该府城自治筹办公所，公议自治经费筹款方法，具见合力经画，期为永久之规，殊堪嘉许。第一项，提归庙产，第三项，加征杂田租，均属可行。惟第二项监斤加价，能否照办，应由官运局主政，仰候据情详请督抚宪批饬运局，核议详覆，再行饬遵。但查该府筹议各项，皆统全府而言，以充该府自治经费则可，如以作为城镇乡自治经费，自应各就区域，依照部章，分画清晰，始免纷争。合并遵照。此缴。章程存。　　四月

详请督抚宪据宾州府详陈筹集自治经费三项方法是否可行仰候饬议之处请鉴核示遵文

为据情详请事。窃据代理宾州府刘守赞棠详称，案照宣统二年二月二十日，奉宪处札开："照得本处前拟定吉林全省自治逐年筹办大纲，并分办明细表，业经详奉督抚宪核准转咨，并通饬遵行在案。查筹办大纲表内载，宣统二年，指定繁盛之城，饬属设立自治筹办公所。又查各处分办明细表内载，城镇乡自治职未成立以前，应办各项事宜，皆系责成自治筹办公所，依限筹办。现在指定繁盛之城自治筹办公所，于本年二月即当设立。所有该公所一切组织，自应由本处详定

通则，通饬遵行，以归一律。现拟定《各属城镇乡地方自治筹办公所通则》，计六章，共二十七条；又拟定各属等级表，均经详定排印成册。除分行外，合亟札发，札到该府，即便遵照办理。切切。此札。计札发《自治筹办公所通则》四本。"等因。奉此，查宾州系指定繁盛之城，应于本年二月设立筹办公所，业就原设之自治研究所，于正月间改设自治筹办公所，仍附设研究所，续招第二班学员，选派日本法政大学毕业、分省试用州判郭完为所长。当经该所长拟就简章，订定筹办期限清单，呈经具文禀报，业已遵章成立。嗣奉札发通则，业又转发遵守。各在案。兹据该所长呈称，查本所本年支出预算，业经缮表呈核在案。查宾州自治经费之收入，向只营业税一宗。现阿城分治，仅宾境营业税，本年预算统计不过六万余吊，照章提拨，可归入自治经费者，约计不过一万吊之谱。而宾州本年自治经费，本所内须款三万吊，研究所须款七千吊，宣讲所须款四千五百吊，共须款四万余吊之谱。计入抵出，不敷甚钜，非筹集的款，不足以兴举一切。查定章，自治经费，惟公款、公产、公益捐三种。现在全境警学及各项新政，出自坰捐、营业税者多，均具有公益捐中附捐之性质。此项附捐，民间负担已重，未可再议增加。宾州又素无积蓄公款可提，且此次集收之筹办经费，将来即可移作府自治的款，既须永久不竭，尤须民商无困，方足以谋公益而善生计。经本月初一日会集本所参议员等，调查商酌，公同议决，尚有可提之公产，与可兴之特捐，无背于定章，无累于民生，而有裨于公益者，谨为宪台详晰陈之。

一、提归庙产。查庙产一项，其缘起虽为维持宗教，其流弊遂致徒养奸邪，不徒无裨治安，且致大伤风化。当此新政待举，筹款维艰之际，以有益之巨款，作此无益之消耗，殊为可惜。且部章本有庙产提归公益之条，即各处亦多有分成提拨庙产之举。宾州现在自治经费无出，全境庙产约共不下千余坰，今议请以六成提归自治，四成仍留寺庙，即可增数百坰地之公产，僧道尚不致流为饿殍，公益实足以藉资扩充。此公同议决筹集自治经费之第一方法也。

一、盐斤加价。负担务求普及，斯苦乐不致偏重，此财政学家之公例也。查宾州食盐，每年可销至百万斤之数。今公同议请以在宾境销售之盐为限，每斤加制钱十文，以充自治经费，岁即可增自治费中钱二万余吊。凡属食盐之人，均能分担自治经费。且试以每人每月食盐一斤，年食盐十二斤为比例，每人每岁不过负自治经费一百二十文，即系最贫之民，亦无纤毫痛苦，而自治即可受最大助力。较之加口捐、加坰捐，实轻微而又公平矣。此公同议决筹集自治经费之第二方法也。

一、加升杂田租。查宾州向有十项杂田，计八九千余坰。历由民户领种，府署按每坰征收租钱一吊文，充衙署、城墙各岁修、儒学、经历等津贴，养济、牛痘、施棺、施粥、学务等经费。查此项杂田，照地一坰，实地不下数十坰。每年除输纳府署征收租钱一吊，又巡警捐一吊六百文外，余如大租、小租、学捐等项，均不输纳，较自治地亩，便易太多。当此民间自置地亩输捐已重之时，该领种杂田各户，同属本境住民，未便全置各项公益于不顾。今议请在各杂田内，按坰加升租钱一吊文，即由府署征收杂田租时，随带征收，汇缴财政局，收为自治经费。该项杂田，虽加升租钱，仍较各自有地亩，须纳大小租及学警捐者，犹较便宜，而自治一项，集腋成裘，即可年增经费八九千余吊。此公同议决筹集自治经费之第三方法也。

以上数条，经本所参议员悉心妥筹，均无窒碍。惟有仰恳宪台俯赐核准转详，如蒙照办，合此三项，可筹中钱四万吊之谱，加以原有营业税，则筹备本境城镇乡自治，已可不须另筹别款。即将来府自治公所成立，亦可不虞支绌。所长暨参议员等连次会议斟酌，意见相同，理合具文。并盐斤加价、酌提庙产章程，呈请鉴核，俯赐批示，祗遵施行。计呈盐斤加价、酌提庙产章程各一扣。据此窃惟地方自治为宪政初基，自筹办以至成立，其间事理繁多，需款尤亟，非先期筹措，则遇事因循，徒有筹办之虚名，难期自治之实效。查所请酌提庙产，本为部章所许，盐斤加价，则仅以宾境为限，加升杂田之租，则又加之业已成熟、向未升租之田，似于商民人等毫无窒碍，而于地方自治不无裨益。且事经开会，集议公决，出自本地商民之愿，应无群情反对之虞。是否可行，理合抄具公议章程，据情详请查核。俯念筹办自治，需款甚殷，批准照行，并转详督抚宪示遵等情。据此查该府公筹自治经费方法有三，第一为提归庙产。查庙产提充公益之费，本为部章所许。省城各项庙产，经前地方自治会一律提充自治经费，亦曾禀准办理有案。兹据称该府境内庙产有千余坰之多，请以六成归公，四成仍留寺庙，是于筹集款项之中，仍不失矜恤僧道之意，而于筹办自治补助良多。所议似属可行。第三为加升杂田。查熟田升科，例有应纳之租赋。况自治经费，一般人民均有负担之责，即令酌量捐助，原不为苛。据称该府有十项杂田，共计八九千坰，而一垧实地，溢领不下数十垧。每年仅征府署及巡警捐两项，不过二吊六百文，此外各项公益，均不输纳。是该府领种此项杂田之人民负担本轻，请按每垧带征租钱一吊，为自治经费，似亦可以照准。惟第二方法，为盐斤加价，事隶盐务，能否照行，应请宪台饬令官运局核议覆夺。并第一、第三两项筹款方法，是否可行之处，理合照录该府公议章程，据情具文详请，仰祈宪台鉴核批示，以便转饬遵照，实为公便。为此呈乞照详施行，须至详者。计呈宾州府公议章程两扣　四月

札奉公署批该府筹集自治经费方法准将庙产杂田租两项遵照办理其盐斤加价仍候核示转饬文

　　为录批札饬事。案照本处详据该府详陈筹集自治经费三项方法，是否可行，请鉴核示遵缘由。于本月十五日奉督抚宪批开："据详并折均悉。查宾州府所陈筹集自治经费三项方法，其提归庙产及加升杂田租两项，办理均尚持平，可以准行。仰即转饬遵照。至盐斤加价一项，事关盐务，是否可行，候饬官运局核议覆夺，再行饬遵。此缴。折存。"等因。奉此，合亟录批札饬。札到该府，即便将提归庙产及加升杂田租两项，遵照办理。其盐斤加价一项，仍候公署核夺行处，再行转饬可也。切切毋违。此札。　四月

移奉公署批发谘议局呈乌拉自治研究所公举所长催请核定缘由本处已移催乌拉协领衙门能否将五官屯地亩拨充自治经费查案移复再行核办由

　　为录批移催事。案奉督抚宪批："吉林谘议局呈乌拉自治研究所公举所长，

催请核定缘由，奉批：呈悉。查此案前据谘议局将乌拉自治研究所公举所长等情，转呈前来。当经批饬地方自治筹办处查案核明办理，并分别移行知照，仍具覆备案等语，在案。前查该处尚未覆到，仍仰地方自治筹办处迅速核办，以重要政。即具覆并录批，移行该局知照。抄由批发，原呈抄发。"等因。奉此，查此项抛荒田三百三十垧，前准提学司移覆，划拨一百一十垧，牧养牲畜；其余二百二十垧，均归贵衙门经理，作为地方创办新政之费等因。当经前谘议局筹办处，于上年六月初四日移请贵翼领查照，将此项田亩划拨情形，能否仍充自治研究分所经费各节，查明见覆。迄今时逾半载，尚未接准覆文。本处对于此案，无凭核办。兹奉前因，相应录批备文，移催贵翼领，仍希迅速查明，克日赐覆。并将该所发起人等有无劣迹，及现在公举之所长穆和是否合格，一并秉公确查见覆。望速施行。须至移者。　二月

照会奉公署发交贵局呈乌拉自治研究所公举所长催请核定缘由本处已移催乌拉协领衙门能否将五官屯地亩拨自治经费查案移复再行核办由

为照复事。案奉督抚宪批："谘议局呈乌拉自治研究所公举所长，催请核定缘由，奉批：呈悉。查此案前据谘议局将乌拉自治研究所公举所长等情，转呈前来。当经批饬地方自治筹办处，查案核明办理，并分别移行知照，仍具覆备案"等语，在案。兹查该处尚未覆到，仍仰地方自治筹办处迅速核办，以重要政。即具覆并录批移行该局知照。抄由批发，原呈抄发。"等因。奉此，查该分所上年具禀到前筹办处，其开办经费折内，第一款，即以五官屯抛荒之田三百三十垧，为入款大宗。嗣又据该分所禀称，前项抛荒田三百三十垧，业经提学司全数收回，拨为官庄牛圈，及乌拉翼领办公之用。该所进款大宗，竟归无著等情。当经前谘议局筹办处，据情移商提学司，可否仍照旧章，作为自治永远经费去后。旋准提学司移开，此项废地，历经官民争领，缠讼不休，奉前督抚宪徐、朱，饬令

悉数归作学田，以息争端。由司派员，勘明界址，于此项拨换废地内，分屯划拨一百一十垧，其余二百二十垧，均为乌拉衙门经理，作为该地方创办新政补助之费。并移该所，指拨原卷，虽经呈阅，而遍查公署档案，并无翼领衙门呈报之文。该所发起人又颇有劣迹等情，移覆到处。复由前谘议局筹办处，移请乌拉翼领衙门查明移覆，以凭核办。迄今时逾半载，尚未准该衙门覆到，究竟此项抛荒田亩，尚有若干垧可以拨出，翼领衙门何以未经呈报有案。事关地方新政经费，未便任其虚悬。本处当再移催乌拉衙门，按照前情，迅速查覆。一俟覆到，再行核办。除移催外，相应录批，并抄粘提学司移文，照请贵局查照施行。须至照会者。

照会谘议局照准乌拉翼领衙门移拨五官屯抛弃田地应改为自治筹办公所经费所有自治研究所毋庸另设请转饬施行由

为照覆事。案准打牲乌拉翼领衙门移开，二月二十八日准全省地方自治筹办处移开，案奉督抚宪批："吉林谘议局呈乌拉自治研究所公举所长，催请核定缘由，奉批：呈悉。查此案前据谘议局将乌拉自治研先所公举所长等情，转呈前来。当经批饬地方自治筹办处，查案核明办理，并分别移行知照，仍具覆备案等语，在案。兹查该处尚未覆到，仍仰地方自治筹办处，迅速核办，以重要政。即具覆并录批，移行该局知照，抄由批发，原呈抄发。"等因。奉此，查此项抛弃田地三百三十垧，前准提学司移覆划拨一百一十垧，牧养牲畜；其余二百二十垧，均归贵衙门经理，作为地方创办新政之费等因。当经前谘议局筹办处，于上年六月初四日，移请贵翼领查照，将此项田亩划拨情形，能否仍充自治研究分所经费各节，查明见覆。迄今时逾半载，尚未接准覆文。本处对于此案，无凭核办，兹奉前因，相应录批备文，移催贵翼领，仍希迅速查明，克日赐覆。并将该所发起人等，及现在公举之所长穆和，是否合格，有无劣迹，一并秉公确查见覆。望速施行等因。前来。查该所员绅，于光绪三十三年组织自治养成会，经敝署前任德翼领襄赞筹备数款，内有抛荒瘠田三百三十垧，嗣因该绅等力求推广附设宣讲所，创办戒烟社，以致经济困难，事半中止，敝署随将此项抛荒地三百三十垧撤回。旋于去岁春间，经提学司在此地数内划拨官庄牛圈一百一十垧，其余二百二十垧均归敝署经理，作为地方创办新政之费。今该所员绅热心未泯，甫经请立自治研究所，诚为新政要点，尤为第二年应行筹办之事。敝署既系赞成于前，似不忍观望于后。此项抛荒地二百二十垧，应准提拨，允作经费。至该所发起人，及公举之所长穆和等，均属合格，并无劣迹。除札饬五官庄务，将此项抛荒地二百二十垧，照数割交该所，自行经理，并移谘议局照外，理合备文移付。为此合移贵处，请烦查照核办可也等因。查乌拉街为吉林府境内繁盛之镇，前据该处绅民禀提请前筹办镇自治，业经本处核准在案。此项五官庄抛荒田二百二十垧，既准翼署赞成，拨交该所经理，应即改拨为该镇自治筹办公所经费。至自治研究分所，每府厅州县设有一处，即可就近送所肄习。吉林府现经设立自治研究分所，该处应即遴选学员，送入该所肄习，毋庸另行设所，以节糜费，而免纷歧。相应备文，照会贵局，查照转饬施行。须至照会者。　三月

批吉林府详据乌拉自治筹办公所禀请将遗出协领衙门作为自治公所碍难照准由

据称乌拉翼、协两署遵文归并一处，遗出协领衙门，拟请作为该镇自治筹办公之用等情。查乌拉翼、协两署虽有归并之议，尚未奏裁，所请碍难照准。惟既属闲旷，能否借用，仰候移行旗务处核覆，再行饬遵可也。此缴。　三月

移据吉林府详据乌拉自治筹办公所请将
遗出协领衙门作为公所由

为移请事。宣统二年三月二十五日，案据吉林府详称，乌拉翼、协两署遵文归并一处，遗出协领衙门，拟请作为该镇自治筹办公所办公之用等情。据此本处查乌拉翼、协两署，虽有归并之议，尚未奏裁，殊难允如所请，已经批驳在案。惟该镇自治筹办公所，现在提前赶办，所需房屋，无从另觅，自系实情。该衙门房屋如系闲旷，可否暂行借为该公所办公之用，除批示外，相应备文移请，为此合移贵处，请烦查照，并希见覆施行。须至移者。　四月

批吉林府详据乌拉自治筹办公所禀拨庙产充
自治经费仰即遵批查复核办由

据详已悉。查乌拉镇筹办公所禀称，该镇翼领衙门，前由凉水泉津贴项下，每年拨归自治三千吊，既经呈准有案，何以该署仅拨一次，现越两年，迄未续拨。其中有无他项镠辖，无从揣测。再该镇四庙，向有庙产，余资五千余吊，亦由翼署经理，此种余款，因何情节归该署经理，禀中并未声叙，应否提发，殊难臆断。以上各节，仰新任李守，确切查明，详复到处，以凭核办。缴。　四月

吉林全省自治研究所职教员一览表（已去）

职务	姓名	字别	年岁	籍贯	住址	出身	通问处
监督	※傅 彊	写忱	三十二岁	浙江		日本法政毕业	吉林交涉司署
监督	※周大烈	印昆	四十六岁	湖南	湘潭县城	日本法政毕业	湖南全省自治筹办处
监督兼教员	范治焕	君一	三十岁	湖南	长沙清泰都	日本法政毕业	长沙城樊西巷邓寓
教务长兼教员	王桢幹	复循	三十四岁	湖南	长沙府城	日本法政毕业	长沙城修业中学堂
教员	仇 鳌	亦山	三十岁	湖南	湘阴	日本法政毕业	长沙城湘阴中学堂
教员	周泽民	润生	四十二岁	京旗正黄汉	顺天府	顺天法政毕业	北京前门大街源和银号
教员	傅 琛	宝臣	四十二岁	直隶	顺天府顺义县	北京大学堂仕学馆法政毕业	吉林法政学堂
会计兼教员	连承基	韶仙	三十二岁	原籍山东	奉天复州	日本警察毕业	
监学	李 芳	荫泉	三十六岁	吉林	吉林府	日本宏文学校毕业	吉林劝学所
文牍	周德裕	左宽	三十七岁	江苏	苏州府城	南洋公学毕业	
庶务	李 馨	桂一	三十二岁	吉林	吉林府	吉林巡警毕业员	吉林劝学所
庶务	赵 敏	淑求	四十二岁	江苏	阳湖	监生	吉林交涉司署

吉林全省自治研究所学员一览表

姓　名	字别	年　龄	籍贯	住　址	出　身	通问处
金明川	月岑	四十六岁	吉　林	吉林府尚礼社二甲马安山	五品顶戴、府经历衔	省垣北街天德堂
马献图	蔼轩	四十六岁	吉　林	吉林府尚礼社二甲孤榆树		省垣同兴德
马万瑞	辑五	四十二岁	吉　林	本城	监生	
王晋卿	翰臣	三十九岁	吉　林	吉林府岔路河东白家窝堡		吉林府吏房
萧庆熙	康臣	三十八岁	吉　林	本城		
韩文懿	蔚堂	三十六岁	吉　林	通天街		本宅
李庆荣	静山	三十五岁	吉　林	吉林府尚礼社二甲二道沟	蓝翎五品顶戴、府经历衔	省垣北行会来永
潘子澂	波臣	二十九岁	吉　林	吉林府杨家大桥	吉林师范毕业生	德胜街天义栈
魏致中	配臣	二十八岁	吉　林	吉林府属法特哈门	吉林师范毕业生	省垣兴顺西号
沙秉乾	健斋	二十七岁	吉　林	吉林府诚信社六甲沙家烧锅	吉林师范毕业生	省垣廿合栈
安文明	鼎新	二十六岁	吉　林	吉林府永智社三甲其塔木	例贡生	省垣永德堂
崇　功	文山	二十六岁	吉　林	本　城	吉林巡警毕业员、府经历衔	吉林府劝学所
矫广汉	苑臣	二十五岁	吉　林	东关昌邑屯	监生	广隆泉
金鼎枢	剑青	二十四岁	吉　林	吉林府尚礼社二甲马安山	例贡生	省垣北行天德堂
李郁华	绍庚	二十二岁	吉　林	吉林城南郭范屯	监生	北街裕太店寓庆合涌
李俊和	轶轩	二十一岁	吉　林	本　城		源发店
王　霭	士吉	五十岁	原籍山东	吉林府金沙河	优附生	宾州自治研究所
王明新	文锦	四十三岁	原籍保定	寄居吉林	附生	本城福聚隆

续表

姓　名	字　别	年　龄	籍　贯	住　址	出　身	通问处
王玉琦	慕　韩	五十八岁	长　春	长春府沐德乡三甲冰泉眼	恩贡生、议员	长春自治研究所
何遵道	砥　平	五十岁	长　春	长春府沐德乡二甲泉眼沟	师范毕业生	长春自治研究所
马玉龄	松　年	四十四岁	长　春	长春府抚安乡九甲三宝屯	府经历衔	农安南街玉发合
程鹏九	宪　章	四十一岁	长　春	长春府恒裕乡南六甲大房身	师范毕业生	长春自治研究所
董瀛东	阶　平	三十八岁	长　春	长春府抚安乡九甲包家沟	附生、分省试用巡检	农安南街玉发合
刘宴海	文　波	三十六岁	长　春	长春府沐德乡三甲挖铜沟	廪贡生	长春同善堂
赵墨林	西　园	三十六岁	原籍山东	长春府南新立城		新立城万顺斋
张宪周	敬　斋	三十岁	长　春	长春府沐德乡七甲张家平房	长春师范毕业生	长春自治研究所
张印波	式　之	二十六岁	长　春	长春府抚安乡十一甲五牌苇塘沟	贡　生	吉林府礼房隆全玉
董继昌	凤　五	二十六岁	长　春	长春府沐德乡六甲董家油房	府经历衔	长春同善堂
宜　禄	福　堂	三十三岁	依　兰	依兰府城里	委笔帖式	依兰自治研究所
璞　珊	瑞　华	二十五岁	依　兰	依兰府旗籍	五品蓝翎、府经历衔、监生	依兰自治研究所
谷嘉万	箴　之	四十七岁	新　城	新城府石头城子小八号	附生、盐大使衔	新城劝学所
金作砺	梦　臣	四十二岁	新　城	新城府榆树沟东金家堡子	吉林师范肄业生	新城劝学所
杜儒林	鸿　轩	三十九岁	新　城	新城府石头城子街	遇缺尽先选用府经历	新城劝学所
苏法庵	蓧　坡	四十岁	宾　州	阿勒楚喀		劝学所
鄝子璞	席　珍	二十三岁	宾　州	宾州厅陶淇川		
文　全	郁　如	三十七岁	延　吉	珲春西关	附贡生	
刘曾儒	文　圃	二十六岁	绥　芬	塔城三道江沿	前自治研究所毕业	
赵毓卿	陞　九	三十八岁	双　城	正黄旗	附生、五品顶戴、委笔帖式	双城自治研究所
孙钟秀	毓　文	三十岁	双　城	城西三姓屯	师范毕业生	双城自治研究所
韩玉昆	润　亭	二十九岁	双　城	双城东北隅	贡　生	双城大兴泉

续表

姓名	字别	年龄	籍贯	住址	出身	通问处
赵九州	永清	二十六岁	双城	双城头甲头屯赵家窝堡		双城东街顺发德
赵桐林	井芳	二十五岁	双城	双城东门里	巡警毕业生	双城本宅
朱国桢	子幹	三十六岁	五常	五常厅南二道通		五常厅劝学所
房树谟	丕显	三十三岁	五常	五常厅山河屯东八里太平庄	附生	五常厅劝学所
姜儁三	奉之	二十七岁	五常	五常厅东南兰彩桥街		五常厅劝学所
谢万璋	冠卿	二十四岁	五常	五常厅本城	监生	五常厅劝学所
萧天恩	子承	四十一岁	滨江	哈尔滨	蓝翎五品顶戴、县丞用贡生	滨江厅统计处
韩云峦	晓峰	三十四岁	滨江	哈尔滨	从九品	滨江厅统计处
刘汉臣	为东	三十九岁	伊通	伊通州西门外	巡警毕业生、府经历衔	伊通州官立小学堂
陈树声	建平	二十五岁	伊通	伊通州西小孤山北瓦房沟	府经历衔	伊通州高等小学堂
关志元	士先	二十三岁	伊通	伊通州东后柳树河子屯	府经历衔	伊通州广兴源
郭毓珽	钟璞	二十二岁	伊通	伊通州西北二十家子	府经历衔	伊通州高等小学堂
吴崇文	雅轩	二十二岁	伊通	伊通州本城	府经历衔	伊通州敦升当
张云五	虞卿	三十四岁	原籍山东	农安县民区	例贡生、议员	农安县自治局
于龙川	鲸伯	二十九岁	原籍山东	农安县民区		农安县自治局
张崇时	学孔	二十八岁	原籍山东	农安县民区江家窝堡		农安县自治局
张文焕	秉衡	二十六岁	原籍山东	农安县民区西北赵家沟		农安县自治局
李笃材	培深	二十五岁	原籍顺天	农安县民区		农安县自治局
隋镛	秀峰	二十五岁	敦化	敦化县西城山乡大石头河	师范毕业生	敦化县增益栈
刘奇	子新	二十五岁	原籍山东	磐石县东北三道岗		磐石县自治会
秦彬	铸武	二十五岁	原籍山东	磐石县	东山高等学堂毕业、优贡生	磐石县自治会
梁书春	兆麟	二十四岁	原籍山西	磐石县东呼兰屯		磐石县自治会
于芳芹	兰荪	三十七岁	榆树	榆树县东北董家窝堡	府经历衔、监生	榆树县自治研究所

续表

姓 名	字 别	年 龄	籍 贯	住 址	出 身	通问处
王耀晨	东 阁	三十六岁	榆 树	榆树县东南大新立屯	附生、府经历衔、蓝翎五品顶戴、议员	榆树县自治研究所
韩守训	法 衡	三十岁	榆 树	榆树县狐狸洞	府经历衔	榆树县功成当
王家枞	子 业	二十九岁	榆 树	榆树县东北大窝堡	府经历衔	榆树县信德福
杨逢春	芳 林	三十七岁	原籍奉天	长寿县	府经历衔	长寿县两等小学堂
张振麟	玉 书	二十七岁	原籍山东	长寿县	府经历衔	长寿县会升当
原桦林	翰 卿	二十五岁	原籍山西	长寿县	吉林高等巡警毕业、县丞衔	长寿县两等小学堂
孙鸿海	凌 波	二十三岁	长 岭	长岭县豫区龙头山子	师范毕业生	双城堡同和义
韩锦堂	云 卿	二十岁	桦 甸	桦甸县	五品蓝翎、府经历衔	桦甸县自治研究所

研究所呈请核定该所第一班学员毕业修业凭照由

为呈请事。案查职所第一班学员定额八十名，于光绪三十四年十月，由各府厅州县查照定章，按额选送，其有无员可送，或送不足额者，照章由所招考补充，并准自费官绅，随班旁听。早经将选送并招考，及旁听员名，分别留所、退学，造具履历清册，呈请宪台，并恳转详备查在案。现在第一班学员开课将届一年，转瞬即行毕业，所有分授学科，拟于十一月内举行毕业试验。届期应另请派员监试，一俟试验完竣，再恳宪台转详督抚宪莅所，发给毕业及修业凭照，以昭慎重。兹拟定凭照式样，呈请鉴核，并恳转详督抚宪核定，饬由职所从速置备，以免迟误。理合具文呈请，是否有当，伏乞核示祗遵。须至呈者。　十一月

批：呈悉。该所拟定毕业及修业凭照，业经转详督抚宪核定。所请派员监试，俟届时酌派可也。此缴。

详督抚宪据研究所详报该所第一班毕业学员成绩表一纸伏乞鉴核备案文

为详送事。宣统元年十二月初四日，据吉林全省自治研究所详称："案查职所第一班学员，定额八十名。自上年十月，由各府厅州县查照定章，按额选送，其有无员可送，或送不足额者，照章由所招考补充，并准自费官绅随班傍听，早经职所将选送并考补及旁听学员七十一名，造具履历清册，呈报在案。现在第一班学员业已毕业，亟应按照试验等第分数造表，呈请鉴察，以备分派各属，办理自治事宜。惟该毕业学员内，如秦彬等十名，系由职所考完，各处缺额，查其分派地方，距离原籍相去有千余里，或数百里之遥，与其余原籍选送及考补者较有区别，且该员等皆系寒士，若欲令其自备川资，则跋涉千里，筹款维艰。拟恳宪台于分派各属选用该员等札内，即饬按照道路远近，酌给川资，以示体恤。是否可行之处，伏候宪台核示饬遵。除将毕业学员等第分数另表开列外，理合具文呈请，伏乞鉴核，转详备案施行。计呈表二份。"等因。据此，查该所此次第一班学员毕业分数在九十分以上者多至八名，八十分以上者多至三十六名，其余亦均在七十、六十分以上，不及格者只有二名，成绩不为不优。自应照章饬令回籍，办理地方自治事宜，一面通饬各属，各就研究所、宣讲所等处，分别委用，以资佐理。其由省考补各员，准如该所来详，按照路途远近，由处垫发川资，俾得于年内迅速起行，以免耽误时日。除分札外，理合将该所第一班毕业学员成绩一览表，备文呈送宪台鉴核，备案施行。须至详者。计呈《吉林全省自治研究所第一班毕业学员成绩一览表》一纸。（表略）　十二月

札奉公署批自治研究所详送第一班学员成绩表本处转行该所知照文

为札行事。照得前据该所详送第一班毕业学员功课成绩表，业由本处转详公署在案。兹奉批示："详、表均悉。该所第一班学员毕业成绩，俱优美可观，足征该所监督暨教员等迪教有方，深堪嘉尚。所有各属选送学员，自应分饬回籍，照章筹办地方自治事宜。其由省考补各员，亦应酌发川资，以示体恤，均准如详备案。仰即转饬知照，抄由批发。表存。"等因。奉此，合亟录批札行，札到该所，即便遵照。此札。　十二月

札据自治研究所呈报第一班学员毕业名数饬该各属将各学员回籍后如何情形具文禀报文

为札饬事。宣统元年十二月初四日，据吉林全省自治研究所呈称云云等因。据此查全省研究所开办之始，详定章程，所有学员，均由各属选送，原为地方自治关系重要，必使各属均各有人到省，肄业毕业以后，回籍办事，庶几一道同风，克期并举，不致偏颇。兹届第一班毕业学员，计吉林府属有金明川、安文明、矫广汉、李庆镕、张印波、马万瑞、马献图、沙秉乾、金鼎枢、韩文懿等十名，又旁听员崇功一名；长春府属有何遵道、董继昌、张宪周、董瀛东、王玉琦、程鹏九、马玉龄、刘晏海等八名；新城府属有谷嘉万、杜儒林、金作砺等三名；蜜山府属有王明新一名；依兰府属有宜禄、璞珊、王晋卿等三名；宾州厅属有苏法庵、邓子璞、王霭、李郁华等四名；延吉厅属有文全一名；绥芬厅属有刘

曾儒、萧庆熙二名；五常厅属有房树谟、谢万璋、姜儁三、朱国桢等四名；滨江厅属有韩云峦、萧天恩等二名；双城厅属有赵毓卿、赵桐林、韩玉昆、赵九州、孙钟秀等五名；伊通州属有郭毓亭、陈树声、关志元、吴崇文、刘汉臣等五名；临江州属有魏致中一名；濛江州属有赵墨林一名；农安县属有张文焕、张崇时、李驾材、于龙川、张云五等五名；方正县属有潘子澂一名；敦化县属有隋镛、李俊和等二名；磐石县属有刘奇、梁书春、秦彬等三名；榆树县属有于芳芹、韩守训、王家枞、王耀臣等四名；长寿县属有杨逢春、原华林等二名，又旁听员张振声一名；长岭县属有孙鸿海一名；桦甸县属有韩锦堂一名，共计七十一名。其由各属选送者，维桑与梓，均有恭敬之感情，即由省补考者，身受栽培，亦有应尽之义务。惟办理虽由于学员，而委派仍出自官长。查馆颁《省城自治研究所章程》，凡省城毕业学员，例应分派各属研究分所，充当教员、所长。今吉省各属研究分所之已经设立者，已属不少。各职教员，其有品学可观，确有成绩者，自应照常供职。若或滥竽充数，不胜其任，应即撤换。以此次省城毕业各员，派充至宣讲所讲员，事同一律，均应由该地方官察看情形，酌量派委，并与本地公正士绅会商办法。总之，以能使各学员不负所学，地方上各得利益为主。除详报督抚宪外，为此札饬，札到该□，即便遵照办理，并将各学员回籍后如何位置情形，具文禀报，以凭查考。切切。特札。 十二月

札据研究所详酌发自治毕业学员川资派赴各属并通札饬知文

为札饬事。宣统元年十二月初四日，据吉林自治研究所呈称，案查云云等因。据此查该所开办之始，所有学员，均遵定章，按照各属地方情形，厘定学额，分别札饬选送，原系为地方自治，事关重要，各属均有学员，俾得学成回里，各办各事，不致有偏颇起见。但各属多有未能选送足额者，如磐石定额四名，只选送刘奇、梁书春二名；宾州定额五名，只选送苏法庵、酆子璞二名；绥

芬定额四名，只选送刘曾儒一名；敦化定额二名，只选送隋镛一名；依兰定额三名，只选送宜禄一名；蜜山、临江、濛江、方正等处，各定额一名，均未选送。所有不足学额，未便任听虚悬。即由该所遵照定章，由省考补。如磐石考补秦彬一名，宾州考补王霭、李郁华二名，绥芬考补萧庆熙一名，敦化考补李俊和一名，依兰考补璞珊、王晋卿二名，蜜山考补王明新一名，临江考补魏致中一名，濛江考补赵墨林一名，方正考补潘子澂一名。各该考补学员，除依兰府璞珊一名，系以原籍照补外，其余若秦彬、王霭、李郁华、萧庆熙、李俊和、王晋卿、王明新、魏致中、赵墨林、潘子澂等十名，均系以他属之人，借补各属缺额。若不就所补各属分派前往，方兹筹办自治，需人甚殷，地方官将起乏才之叹。且平日认解学膳各费，数目不赀，虚此培植，亦属可惜。惟查各该员派往之地，距离原籍，相去之远，或百里、千里不等，诚如该研究所来呈，寒士自备川资，筹款维艰，固宜由官酌给，以示体恤。既经本处查照路途远近，酌定川资，磐石、敦化各四十吊，宾州六十吊，绥芬、濛江各七十吊，依兰、方正各八十吊，蜜山一百四十吊，临江一百五十吊。该款暂由本处垫发，随后由各属缴还，以清界限。如此办法，该学员等庶得于年内起程，不致耽误时日。而各属长官始终成全，所费无多，于筹办地方自治，得人而理，收效当非浅鲜。为此特行札饬。札到该□，即便遵照办理毋违。切切。特札。　十二月

详请督抚宪通饬各属招选研究所
三班学员务于限内送所文

为请详/通饬事。案据吉林自治研究所呈称，查职所前遵详定规章，于去岁十一月开第一班，本年四月开第二班，均经呈蒙分饬各属，选送学员肄业在案。复于宣统元年九月二十七日，奉札发咨准变通自治研究所章程第十一条，案开全省自治研究所，仍遵照馆章，定为三届，每届招学员两班，每班八十名等因。现在职所第一班开课将届一年，转瞬即行毕业。其第三班学员，亟应照章从速呈请

通行各属,如期选送,以免迟误。拟仍按照详定办法,饬令各属,凡选送学员,务须按照额定员数,加倍选送,再由职所覆加考验,果能一律合格,则除列入正额外,其余均作为旁听员,不合格者,概行不录。惟查上届各属选送学员,如期倍额送到者,虽有几处,而逾期至三四月之久,始经选送者,亦复不少。如此任意迟延,于职所研究时期既有违误,于学员听受功课尤多妨碍,实与奏颁章程、详定办法,均属不合。此次招集第三班学员,应请严饬各属,将应送学员,务于本年十二月内,按额加倍考选妥洽,照章取具各该员履历、愿书,盖印备文移送,统限于明正开印以前到齐,由所复加考验,分别去取,以便同时开课。倘或无员可送,或送不足额,并饬分别文电,于年内先行呈覆,一面即行饬自职所查照缺额,预备考补。所有拟请通饬,如期倍额选送第三班学员缘由,理合具文呈请,是否有当,伏乞鉴核批示,并恳转详饬属遵行等因。据此除分别札饬外,理合备文,详请宪台加札,通饬遵办,伏乞照详施行。须至详者云云等情。据此除详院饬遵外,合行札饬。札到该□,即便遵照,克日照章选送,务于明正开印以前到齐,以凭考验,入所授课。并将选送各员履历、愿书,于年内移送该所查照,毋得任意迟延,致干未便。切切。特札。　十二月

批自治研究所呈请照章招集第三班学员并转详通饬由

呈悉。仰候通饬各属,照章选送,并详请公署加札饬遵可也。此缴。　元年十一月

札据自治研究所呈请转详通饬选送第三班学员奉批饬知文

为录批札知事。照得该所详请选送研究所三班学员，除由本处径饬各属，依限选送外，并详请督抚宪加札通饬在案。今蒙批示："据详已悉，仰候通饬各属，照详办理。此缴。"等因。奉此，合行录批札知，札到该所，即便查照可也。此札。　十二月

札据吉林研究所呈请三班学员额外添设自费学员饬各属士绅届期投考由

为札饬事。案据吉林全省自治研究所呈称，案查职所第一班现已毕业，明年正月应即续开三班，业经呈请通饬各属，按照定章，倍额如期选送，倘蒙批准，转详饬遵在案。窃思职所每班定额均八十名，续开二班之时，曾因头班选送未能足额，即经职所详请饬属倍额选送，由所覆加考验，果能一律合格，则除补正额外，准其作为旁听。如此办理，原期广为搜罗，以宏作育。无如各属倍额选送者，固有几处，而全未选送，或送不足额者，亦复不少，是以二班至今仍未足额。现在三班办法，复援前例，安保其不仍蹈故辙？查九年筹办宪政清单，对于自治成立之规定者，为期甚促，而职所系为全省自治研究之总机关，学期较长，学科较密，头、二两班学员，既未足额，且加以公家现在财政困难，职所四班又似万难续开。若于开设三班之时，复不就原定学额，亟图推广，则将来成材无多，何以能敷分布？现拟于官费员额八十名，添招自费学员，一律作为正额，暂不限定名数。不住堂者听之，住堂者每月收膳费吉钱二十吊，仅午餐者，每月收

膳费钱十吊。其余讲义、薪炭等项，概由职所月支经费内开支。如此办法，似于造就人才、节省经费，二者均得，应请通饬各属，按照详定办法，倍额选送，由所考录，并饬另将职所添设自费员额情形，出示晓谕，统限于宣统一年二月内报到，逾限不收，以示限制，庶俾各属热心公益之士绅，不致因额满而见摒，亦不致因道远而向隅。理合具文呈请，是否有当，伏乞鉴核示遵，并恳转详备案，饬遵施行等因。据此查省城自治研究所，为全省培植人材之最高机关，本应宽定学额，以广造就。该所原额学员八十名，各属如额选送，已不为多。乃查头、二两班学员，均未足额。现值公家财政困难，将来能否续开四班，尚难预定。若不设法变通，急将学额推广，成材无多，实有不足分布之势。兹据该所呈请，官费员额八十名外，添招自费学员，一律作为正额，暂不限定名数。不住堂者听之，住堂者每月收膳费吉钱二十吊，仅午餐者，收膳费吉钱十吊。其余讲义、薪炭等费，概由该所月支经费内开支，并不另请款项。本处查核所拟办法，诚于造就人才、节省经费二者，两有裨益，自应准如所请，由各该属出示晓谕本地士绅，其有愿意自费留学省城自治研究所者，统限宣统二年二月内，到省投考，以便分别录取肄业。除批准并转详督府宪外，合亟札饬。札到该□，即便遵照办理毋违。切切。特札。　十二月

详覆遵议谘议局代呈研究所学院学员金明川等意见书拟饬研究所招考时以有无选民资格为去取候示遵由

为详覆事。案奉宪台批发，谘议局代呈自治研究所学员金明川、程鹏九等陈明意见由，奉饬核议详覆等因。蒙此，查该学员意见书，并未条分缕晰，绎其大意，别之可为三端：一、吉林研究所只可开办三班；一、吉林研究所不准客籍滥充学额；一、由本处督催各地方官从速设立研究分所，及城镇乡议事会、董事会。其所持之理由，则以省城研究所拟招六班，与定章不符也；则以客籍学员之不熟悉地方情形，无身家财产之系念也；则以研究分所及城镇乡董事会、议事会

成立以后，民团即可固结，公民即可参与政治也。今请按照该学员所述各节，为我宪台分别陈之。查前谘议局筹办处拟定筹办地方自治顺序表，于去年详请咨送民政部及宪政编查馆核夺。该表内原拟吉林自治研究所开设六班，宣统四年始着手组织城镇乡议事、董事各会，其所以如是拟办者，实欲从根柢上着手，求自治之基本巩固，非徒为铺张门面计也。嗣奉部批，以宣统四年始组织城镇乡自治机关为稍涉迂缓，而吉林自治研究所开设六班，本地士绅亦以筹费为难，故本处遂将逐年筹备顺序大纲，重加酌改。吉林自治研究所则以办至第三班毕业为止，各属之研究分所则限于本年春间，一律成立。而城镇乡董事会、议事会，分别繁盛、中等、偏僻三级，次第组织，悉遵照定章办理节级，开会决议。并拟定分年筹备自治明细表，详蒙鉴核批准，饬属遵行在案。是本处现在办法，与谘议局代陈自治毕业学员金明川等之意见均属相合，无可置议之处。惟吉林自治研究所不准招收客籍一节，本处之意，实难赞同。查《城镇乡自治章程》第五节第十五条，凡于城镇乡内现有住所，或寓所者，不论本籍、京旗、驻防或流寓，均为城镇乡居民。居民按照章程所定，有享受本地方公益之权利，并有分任本地方负担之义务。第十六条，城镇乡居民有得为选民之资格者：一、有本国国籍；二、男子，年满二十五岁；三、居本城镇乡接续至三年以上；四、年纳正税或本地方公益捐二元以上。但如居民内有素行公正，众望允孚者，虽不备第三、第四之资格，亦得以城镇乡议事会之议决，作为选民。若有纳正税或公益捐较本地选民内纳捐最多之人所纳尤多者，虽不备第二、第三款之资格，亦得作为选民。又查馆颁《自治研究所章程》，学员资格，以按照《地方自治章程》得为选民者为限。其无选民资格，不得为自治职员者，均无庸入所听讲。准是以观，然则研究所学员，但当问其有选民资格与否，不当问其为土著、为客籍也明甚。选民资格第一项，不曰有本省籍，而曰有本国籍，本国者，对外国而言，良以同为一国之人，不必有省界之分。若如该学员等意见，置他项资格一概不问，而惟断断然土著、客籍之争，是揆诸馆章，实有未合。盖客籍既在本城镇乡接续住至三年，即可合他项资格，而为选民，有入研究所为学员之资格，不得以其为客籍，概摈弗录。至本处详定添开三班，节经通饬各属，照额选送学员。无如现又有二三属详报无选送之人，若竟不能足额，势不得不仍令研究所招考，拟请于招考时分别有无选民资格，核定去取，以符馆章，而免争执。所有遵议各节，是否有当，理合具文详覆,仰恳宪台察核,批示施行。须至详者。

附缴原呈并意见书各一件。 二月

批:据详并原呈及意见书均悉。查覆议各节,引据馆章,比附事例,极为明晰,自应照详办理。除候札行谘议局知照外,仰即转饬自治研究所遵照可也。此缴。原呈及意见书存。 二月

札各属调查员所报表式率多不合仰再详查迅速造表补报由

为通饬事。案查各属调查员呈报表册,率多潦草脱落,未按原发表式,逐一详填,纰谬多端,指难胜屈。仅就大概指驳数条,通饬各员,互相参证,以为覆车之鉴。各方位区画表,府厅州县下等级,往往不按社、甲、乡、屯等固有地名,亲历调查;而仅据巡警分区档簿,钞录一通,殊失调查固有团体之本意。民有地表,有不填面积种类者,有每垧收入额超过每垧价格者,播种五谷,焉有如此厚利?户口籍贯表,有仅填男丁,而遗漏女子者。有满人极多之区,而未填一人者。人口户数表,有填户数而不填人口,或填人口而不填户数者。试问不有户数,何有人口?不有人口,焉有户数?若一万外来孤身,尚未安家,则应列入客籍格内,此种错误,为数綦多。是该员等于表式填注之法,尚未明晰也。又人口收入及职业表,平均之额,各处呈报,率皆不合。应以该地某种籍贯人口总数,分除收入总数,如百元下者,以五十元计算,二百元下者,以百五十元计算。及至千万元下者,亦依此类推,合成总数,然后分除。且有于平均格内未填只字,更属荒谬。商会学堂等表,有经费出入盈亏,相差至数千之钜,于盈余如何保存,亏短如何征集,备考中并未声明者。财政表,如统税局、官帖局、官盐店等,不关自治范围之事,连篇誊载,而于地方团体公积反致阙如。尤可惧者,调查三月有余,尚有数处一表未报,或报一二表而非重要事件者。总之,以上种种纰谬,各属报来表册,不出于此,必出于彼,驳不胜驳。现在已届调查完毕之期,仅有月余,尚茫无头绪,似此调查,真堪太息。本处筹办自治,若不从实稽

核，将来改良地方团体章程，规画自治法，则何从着手？仰该员等务须认真确切详查，凡自揣有犯类于以上所举各弊端者，迅速造册补报，倘再如前敷衍塞责，濡滞愆期，一经本处查出，定行撤罚不贷。除分行外，合亟札饬。札到该员，即便凛遵毋违。切切。此札。　九月

札催各属调查员限五日内一律呈报由

　　为札催事。照得本处前派调查员，调查地方固有团体习惯，限以三个月一律竣事。前届期限已满，调查未竣，并据各调查员纷纷禀请展限加薪前来。本处业经核准，展限两月，酌给津贴银五十两，俾得周历调查，以期详尽。兹届展限期满已逾月余，综核各调查员报告表册，如期报竣者固不乏人，而延宕愆期者犹居半数。如长春、依兰、蜜山、延吉、五常、临江、绥芬、宾州、榆树、农安、磐石、方正、濛江、长寿等处，各调查员报告表册，迄今仍未送齐，殊属不成事体。调查事关宪政，若不分别赏罚，何以示惩儆而昭激劝。本处于遵期告竣、成绩昭著之员，自当酌予奖励，其未能依限竣事各员，倘再任意玩疲，定行撤销差使，从严惩处不贷。除札地方官严为监督外，合亟札饬。札到该员，即便迅速填造，限文到五日内，一律呈报，勿再稽延，致误要政。切切。特札。　十二月

札饬各属调查员遵照札发重定调查次序编表呈报由

　　为札饬事。照得调查表册，须按一定顺序编次，方不致前后倒置。兹发给调查表顺序一览，以后所有各表，除已呈报者不计外，其余未经呈报，或已呈报而被本处驳还者，均限照此顺序，编订成册，不得前后错乱。并于册首列一目录，

庶本处检视时一览了然。且此项调查表报，不厌求详，尤应依前次由本处颁布表式，一律照填，毋得遗漏。如因地方情形，实有无可填注之处，亦宜于册尾另行叙明，免滋疑窦。为此特行札饬，札到该员等，即便遵照毋违。切切。此札。

十二月

札查谘议局呈据该厅日报社主任员禀揭自治期成会捣毁报馆一案应由厅勒令该会解散由

为札查事。宣统二年正月二十九日，据吉林谘议局呈称，案据滨江日报社主任奚廷黻禀称，厅属自治期成会会长曹桂枝，树党营私，与该厅自治研究所时相冲突。其上抗官长，下虐平民，当被该报社访知登录。嗣藉茶园开国债会，该会长辄敢率众群殴，并捣毁报馆各等情，陈请前来。查谘议局第二十一条、章程第十一款，公断和解本省自治会之争议事件等语，自应照章公断。按照报馆性质，既操董狐之笔，自有（请）〔清〕议之权。如果有访闻不确之处，该会长曹桂枝不妨致函更正，否则赴官控诉，亦能判定曲直。何得率众寻衅，竟作野蛮举动，足征毫无法人资格。并且自治期成会名目，亦非部章规定，尤未便私行设立，致于自治前途，事多窒碍。应即遵照部章，地方绅民，先从研究入手，将该处期成会即予取消，俾符定制而免争端。除呈请民政司查核，转移滨江道酌照办理外，相应照抄原禀，呈请核办等因。计钞原禀一纸到处。准此，查滨江日报社主任奚廷黻，被自治期成会会长曹桂枝殴打，并率众捣毁报馆一节，万口喧传，本处早有所闻。事关自治前途，正拟饬查，兹准前因，自应切实查办。报社为舆论机关，即有登载不实，报律具在，自可遵照办理。曹桂枝何得以一己私嫌，恣用野蛮举动。况该会本非部章所有，就令变通办理，亦应知自治为何等重要之事，当此人民程度尚属幼稚时代，虽系公举，但所举之人能否胜任，仍应由地方官监督察看，何得任听毫无资格之人，忝居会长，致有今日捣毁报社、殴打主笔之事。本处现已详定分年筹办自治大纲及明细表，分别繁盛、中等、偏僻三级，通饬依限设立自治筹办公所。该厅位列中等，而此项公所，为各地方自治通行之机关，亦可提前早办。所有原设期成会，应即由该厅勒令解散。如曾发过钤记，并即吊销。至曹桂枝应如何惩处，以儆刁风之处，仍着即日议复，以凭核办。为此札饬，札到该厅，即便遵照毋违。切切。特札。　　二月

照覆谘议局滨江日报社禀揭自治期成会长捣毁报馆一案业由本处札饬滨江厅查究并将该会取消由

为照会事。准贵局文开，案据滨江日报社主任员奚廷黻禀称，厅属自治期成会会长曹桂枝，树党营私，与该厅自治研究所时相冲突。其上抗官长，下虐平民，当被该报社访知登录。嗣藉茶园开国债会，该会长辄敢率众群殴，并捣毁报馆，各等情，陈请前来。查谘议局第二十一条、章程第十一款，公断和解本省自治会之争议事件等语，应照章公断。按照报馆性质，既操董狐之笔，自有清议之权。如果有访闻不确之处，该会长曹桂枝不妨致函更正，否则赴官控诉，亦能判定曲直，何得率众寻衅，竟作野蛮举动，足征毫无法人资格。并且自治期成会名目，亦非部章规定，尤未便私行设立，致干自治前途，事多窒碍。应即遵照部章，地方绅民先从研究入手，将该处期成会即予取消，俾符定制而免争端。除呈请民政司查核，转移滨江道酌照办理外，相应照抄原禀，呈请筹办处查核施行等因。准此，查滨江日报社主任奚廷黻，被自治期成会会长曹桂枝殴打，并率众捣毁报馆一节，虽系奚廷黻一面之词，但众口喧传，似非架词诬陷，事关自治前途，本处正拟札饬滨江厅查办。兹准前因，应即切实查究。报馆为舆论机关，即有登载不实，报律具在，自可遵办。曹桂枝何得以一己私嫌，恣用野蛮举动。况该会本非部章所有，本处现已详定分年筹办自治大纲及明细表，该厅自治进行虽列中等，但自治筹办公所，亦可提前早办。既立筹办公所，即有办事机关，该会自应取消。至曹桂枝不胜会长之任，致以武力加诸报社，亦应查明惩办，以警刁风。除饬滨江厅外，相应备文照覆，为此照会贵局，请烦查照施行。须至照会者。　　二月

批滨江厅呈据自治期成会请领宣讲书籍应准照发所有该会名目仰遵前批改为自治筹办公所由

据呈已悉。该厅自治期成会名目，前经批饬取消，遵照本处定章，改为城自治筹办公所，以免纷歧在案。应即查照前批，改定名称。所需宣讲书籍，随批发去四种，仰即转发该所，认真宣讲。是为切要。此缴。　三月

札饬各属速将该管城镇乡区域详确分划呈请核定并将居民口数表一并札发由

为札饬事。照得本处详定分年筹办自治期限，本年二月即须划定全省城镇乡区域。盖以各属举办城镇乡之自治职，自应先将区域明白划定，方能着手。查奏颁《城镇乡地方自治章程》，对于城镇乡区域之规定，各以地方固有之境界为准。城则为城厢地方，镇乡则以人口五万上下为别。本处于去岁派员调查各属区域户口，业经各该员等陆续报到，本拟即为假定，札知各属。惟查各属舆图多系旧制，固有境界，颇不明晰，故于假定区域一层，本处殊难办到。且其应分应合之处，本处亦无从悬定。仍应按照馆章，如境界不明，或必须另行拆并者，即由该管地方官，详确分剖，呈请核定，方为妥善。除分行外，合亟札饬，并将本处调查该属居民口数表一并札发。札到该□，即便将该管城镇乡区域，察其境界果否明确，又何者应拆，何者应并，一并依照部章，详确分划，绘图贴说，限两月内呈报到处，以凭核办。其在指定繁盛各属，城自治筹办公所，现在业已设立，更须先将城厢区域划定，方能从事调查，应限文到十日内，先将所定区域，绘具

细图，先行呈核。事关自治要政，毋稍违延。并将奉文日期报查。切切。特札。

计札发居民口数表一纸。　　三月

札饬将该管区域遵照前札详细分划缩限一月呈报到处并发给居民口数表由

为札饬事。照得本处前因各属舆图多系旧制，界址颇不明晰。全省城镇乡自治区域，本处殊难悬定，业将居民口数表札发各属，饬令详确分划在案。兹据该府调查员崇志，续报调查表册前来。本处详加覆核，该府居民口数，除前次札发各社外，尚有九社，应即汇列成表，一并札发。札到该府，即便将该管全境遵照前札，详细分划，限一月内呈报到处。事关要政，勿稍违延。切切。特札。

计札发居民口数表十五张。　　三月

札发居民口数表由

为札发事。照得本处划分全省城镇乡自治区域，前已将居民口数表札发各属，饬令详确分割，限一月内呈覆在案。当该县调查员表报较迟，居民口数表故未能一并札发。现在该调查员报告表册先后到齐，本处详加覆核，尚无不合，应即将该县全境人口汇表札发。札到该县，即便遵照办理可也。此札。　　四月

批吉林府详送划分区域图表有宜更正及斟酌者数端分条批指修正由

详、表、图、说均悉。该府城自治筹办公所，所拟筹办方法，尚属周妥，图亦明晰。惟其中有急宜更改及斟酌者数端，特逐条批饬如下：

查部颁《城镇乡地方自治选举章程》第十五条第二项云："选举日期两级，应分两日，先乙级，后甲级。"据此则选举日期只限两日，已有明文。而该表"细目"栏内载，由初六日至初十日为选举投票期限，是定选举日期为四日。此与定章不符，急宜更正者一也。又查部章第十四条云："城镇乡地方各设自治公所，为城镇乡议事会会议，及城镇董事会、乡董办事地。"据此则知议事会会议与董事会、乡董办事之地，同在一处，毫无疑义。而该表"总目"栏内，既云"遵照定章，以本所改为自治公所"，何以"细目"栏内又云"酌采相当地址，以为本城议事会"。此与定章不符，急宜更正者又一也。再查城镇乡区域，定章以固有境界为准，而该公所假定该城自治区域，比较省城巡警区域，推广至多，是否为该城厢地方固有境界，其于近城各乡区域，有无侵碍，当此筹办之初，务须分画清晰，始免争端。此城厢区域之急宜斟酌者一也。又查定章，城镇内分区办理自治事宜，须在议事会、董事会乡董成立之后，且必区域过广，人口满十万以上者，始为合格。该府城自治方在筹办时期，户口调查始行着手，安能遽议及此？而该公所竟将该城地段划分五区，名曰自治区域，意义漠然，殊无根据。此自治分区之宜斟酌者又一也。凡此皆法律上问题，与事实上问题，若不预先解决，将来易滋异议。仰即转饬该公所，遵照指饬各节，详加修正，呈候核夺。缴。图、表存。　四月

批长春府详请展宽划分区域限期殊属不合仰仍督饬赶办由

详悉。查繁盛各城，前经遵饬于文到十日内，将本城区域详确分划，绘图贴说，先行呈核在案。该府于宣统二年三月初五日，奉到札知，迄今将及一月，未据遵照办理，遽请展限十日，殊属不合。仰即认真督饬赶办，勿再延误，是为至要。此缴。　　四月

札各属为解释奏颁划分城镇乡区域章程由

为通饬事。照得全省城镇乡区域，亟须假定，迭经札催各属，将该管区域，依照部章，详确分划，绘图贴说，限一月内呈报到处，并将奉交日期报查在案。兹据各属之呈报者，本处详加覆核，殊多误解。如奏颁城镇乡章程第二节第二条有云："凡府厅州县治城厢地方为城，其余市镇、村庄、屯集等各地方，人口满五万以上者为镇，不满五万者为乡。"夫所谓"不满五万"者，非谓必有四万以上也。即其最少之处，人口不满二千五百者，亦即不得不谓之乡。故奏章第二十四条，对于乡议事会议员之规定，全以人口之数为比例差。然则城镇乡之如何区别，可以知矣。乃据各属之呈报者，于"不满五万"四字，误者颇多，殊不可解。又奏章第三条第一项，有云："城镇乡区域，各以本地方之固有境界为准。"夫所谓"城镇乡区域"者，非另行分区之谓。即城之地段，镇之地段，乡之地段是也。而其地段之范围，"各以本地方之固有境界为准"者，乃原有境界不得变更之谓。盖以城镇乡之被认为公法人也，虽由章程规定而来，然其实则仍根据于惯习。故其从来之区域，均以不加变更，始为妥惬。此考之东西各国，无不如

此者也。乃据各属之呈报者，于此条意义全未明了，尤不可解。又同条第二项有云："若境界不明，或必须另行析并者，由该管地方官详确分划，申请本省督抚核定。"夫"另行析并"者，乃析一镇为数乡，或析一乡为数乡，并数乡为一镇，或并数乡为一乡之谓。其所以于"另行析并"之上，而必加以"必须"二字者，盖以另行析并，必有万不得已之处，非可由我任意为之也。故奏章第十二条有云："乡有户口过少，其选民全数，不足议员最少正额十倍之数者，得不独立设置自治职。于同一管辖内，邻近之城镇乡合并办理。若因地方情形，不便合并者，除按章设置乡董外，得不设乡议事会，以乡选民会代之。"然则，乡之自治职，必至选民全数不满六十名时，始得合并办理。如地方情形不便，仍可不必合并，其所以如此加慎者，亦以其利害关系颇大故也。乃据各属之呈报者，竟于城镇乡区域任意分析合并，尤属谬妄。夫已呈报者，既已如此，诚恐未呈报者，亦难免不无误会，自经此次通饬之后，无论已未呈报，各该属应一律遵照以上指饬各节，分别办理，呈候核定，毋得仍前敷衍，致误要政。除分行外，合亟札饬。　四月

批濛江州申送州境区域图并陈城镇乡区域碍难假定饬遵前札从缺办理由

呈、图均悉。据称该州设治未久，人民稀少，城镇乡区域碍难假定，自属实情。惟自治事关要政，而此次划定城镇乡区域，系奉部电催办之件，最为紧要。该州户口无多，镇之一级，自当从缺。至城乡区域，即依固有境界、现有人口，分别剖定，自无不可。仰仍遵照前札，及本处最后通饬，详查办理，毋得再行含混具报。抄由批发，图暂存。　四月

批榆树厅详送城厢区域图其总图仰照通饬解释办理由

据详及图均悉。该厅划定城厢区域，大致尚是。至就该城厢区域内，复划分四区，只可暂时作为调查区域，不得即认为自治分区。查定章，城镇分区，须区域过广，人口满十万以上。其设立区董，办理区内自治事宜，当在议事会成立以后。该厅城自治方在筹办时期，应无庸遽议及此。又城镇乡划分区域方法，昨由本处详加解释，另文通饬在案。该厅城镇乡分区总图现尚未据申报，仰即细心体会，查照办理，以免误会。再查定章，附城居户，例得入城厢区域之内，今阅来图，有城无厢，岂该厅固有区域，本属如此，应再明白禀覆，以凭核夺。缴。图存。

批新城府申送划分区域图办法仍属不合由

据申及图均悉。查该府划分城镇乡区域，诸多不合，前已指驳在案。兹阅来申，仍未能将该府境内城镇乡区域明白划分，仅注明该府四围境界，尤属误解。本处业将城镇乡划分区域方法，详加解释，另文通饬，仰即细心体会，查照办理，毋再贻误可也。抄由批发，图暂存。　四月

批伊通州详送城镇厢区域图范围广阔仰即缩小办理由

详图均悉。该州城厢自治区域，拟以该州巡警第一区固有境界为准。虽非切当办法，似无不可变通办理。且昨据该州城自治筹办公所来函，亦经本处明白批覆在案。惟阅来详，内称现在所定，该区域南至奉天东平县二十五里，北至黑鱼沟三十里，东至温家岭十八里，西至营城子三十里，合计纵横，竟衺延至九十余方里之大。与"城厢"二字，名义未免众相悬殊。须知现在所定，系城厢区域，必须豫留镇地步。如城厢区域过大，则将来划分镇乡区域，必生种种窒碍。况查部颁《城镇乡地方自治章程》第二节第三条云："凡府厅州县治城厢地方为城，其余市镇、村庄、屯集等各地方，人口满五万以上者为镇，人口不满五万者为乡。"第三条云："城镇乡之区域，各以本地方固有之境界为准。"其于城镇乡三种区域，固已明白规定，足见城厢区域之内，必不能更包有乡。即使城厢人户稀少，不得已变通办理，亦仅能将近城村屯酌量并入。若夫明明为乡，且与城相距在数十里以外，亦概称之曰城厢，可乎？此不特与部章显有违背，即情势上亦多未洽。至于巡警区域，不过为行政便利之一种规划耳。原非固有境界，何能执以为据？本处覆该州城自治筹办公所来函，所以准其照办者，初不料该州巡警第一区境界，乃有如此之广。现经一再细核，实属未合，自非另行更定不可。且查自治划分区域之意，所以必以固有境界为准者，实为将来施行各种自治事项而设。区域既广，虽筹款较易，然办事更难。城区太广，则镇、乡更难当此。筹办之初，自应通盘筹画周到，始免顾此失彼之虞。仰即转饬该公所，详加斟酌，将所定城厢区域，依照固有境界，缩小范围，另行规定。即或略有变通，亦应折合乎中。统俟该州划分城镇乡区域，绘具总图时，一并贴说，呈候核夺，一面着手调查，以免违误期限。切切。此缴。图暂存。　　四月

批阿城县呈送自治区域地图殊属误会转饬遵照通饬另行划分绘图呈报由

呈、图均悉。查本处前饬各属，划分城镇乡区域，爰据定章，明白指示。城镇乡区域，各以本地固有境界为准。城则为厢城地方，镇乡则以人口五万上下为别。是城之区域，但就城厢固有境界而定，分划甚易。若镇乡区域，则非确知其地方居民口数，无从指定。兹据呈送地图，率将该县旧有八区，依样划分，毫无根据。何为城厢，何为镇乡，均属茫然。是由未将章程细加体会，以致有此误解，仰速转饬该公所，遵照本处最后通饬，将剖分区域方法，详细研究，先定城厢区域，作一分图，再行分别城镇乡区域，绘具总图，赶速呈报，以凭核办。切切。缴。图暂存。　四月

呈报本处诠释城镇乡自治章程排印成本并札发各属遵照转发由

为呈报事。案查本处详准分年筹办自治一览表内开，宣统二年诠释部颁自治章程，札发筹办公所。本处业将《城镇乡自治选举章程》详加诠释，于三月间札发在案。兹将《城镇乡自治章程》一并诠释，排印成本，应即通行饬遵，以为各该属筹办自治有所依据。除札发外，理合检具章程，备文呈请宪台鉴核，备案施行。须至呈者。

计《诠释城镇乡自治章程》并《选举章程》各二本。

为札发事。案查本处云云，有所依据，合亟检同章程札发。札到该府/厅/州

/县,即便遵照,转发该公所查照办理。切切。此札。

计《诠释城镇乡地方自治章程》四本。

为移知事。案查本处云云,有所依据,除札发外,相应检同章程,移请贵司,查照备案施行。须至移者。

计《城镇乡自治章程》四本。　五月

吉林全省地方自治筹办处诠释城镇乡地方自治章程

第一章　总　纲

第一节　自治名义

第一条　地方自治,以专办地方公益事宜,辅佐官治为主。按照定章,由地方选合格绅民,受地方官监督办理。

解释　地方公益事宜者,地方上所应办之事,为地方公共之利益。如本章程第五条所定,在自治范围内者皆是。合格绅民者,须合本章程第十六条所载之资格。曰"辅佐官治"者,明乎以官治为主,而自治为辅也。曰"受地方官监督"者,自治为国家法律所许,法律既许地方以自治,复畀监督之权于官府,所以求上下相剂也。

第二节　城镇乡区域

第二条　凡府厅州县治城厢地方为城,其余市镇、村庄、屯集等各地方,人口满五万以上者为镇,人口不满五万者为乡。

解释　凡城镇乡本属在府厅州县之内,故本条"府厅州县"云者,明府厅州县所治之地,何者为城,何者为镇,何者为乡也。城以城郭及坊厢为界,区域显明,分割较便。若镇与乡,无城郭可凭,事之繁简,非视地之广狭所能定,则不得不以人口之多寡为乡镇定名之标准。故此乡镇与旧时之称乡镇者不同,即赅括旧时所称之市镇、村庄、屯集等名目，概以满五万以上之人口为镇，其不满者则为乡。

第三条　城镇乡之区域，各以本地方固有之境界为准。

解释　此条承前条而言。前条系规定城镇乡名称之标准，此条则申言名称虽当改定，而区域要无变更。

若境界不明，或必须另行析并者，由该管地方官详确分划，申请本省督抚核定。

解释　此言固有之境界不甚分明，或原定之界不适于现在情形，有宜分析，有宜归并者。如一地彼此管理之交，界线未甚分明，则或以山脉，或以水线，或以其他之固定物为界，而分划之。此对于境界不分明而特分明之之法也。又或有一地或一屯，由来归某镇管理，而某镇又极形广大，其邻如适有已具雏形之镇或乡在，不妨分某镇管理之地或屯以与之，令其足成一镇或一乡，此分析之说也。归并者，将数处分管之地，或村庄、屯集并之，使受管理于一处是也。此项分划之权，其在第一次议事会尚未成立时，则属之于该管地方官。

嗣后城镇乡区域，如有应行变更，或彼此争议之处，由各该城乡议事会，拟具草案，移交府厅州县议事会，议决之。

解释　变更者，除城无变更外，镇与乡时有互相变更之事。其变更原因，规定于本章程第四条。如原名为镇之地，而人口减至四万五千以下者，应改为乡。原名为乡之地，人口增至五万五千以上者，应改为镇。此等情事，若发生于第一次分划已定，议事会业经成立之后，所有争议事件，由议事会决定之。

第四条　镇、乡地方，嗣后若因人口之增减，镇有人口不足四万五千，乡有多至五万五千者，由该镇董事会或乡董，呈由地方官申请督抚，分别改为乡镇。

第三节　自治范围

第五条　城镇乡自治事宜，以左列各款为限：

一、本城镇乡之学务；

中小学堂　蒙养院　教育会　劝学所　宣讲所　图书馆　阅报社　其他关于本城镇乡学务之事

二、本城镇乡之卫生；

清洁道路　蠲除污秽　施医药局　医院　医学堂　公园　戒烟会　其他关于

本城镇乡卫生之事

三、本城镇乡之道路工程；

改正道路　修缮道路　建筑桥梁　疏通沟渠　建筑公用房屋　路灯　其他关于本城镇乡道路工程之事

四、本城镇乡之农工商务；

改良种植、牧畜及渔业　工艺厂　工业学堂　勤工厂　改良工艺　整理商业　开设市场　防护青苗　筹办水利　整理田地　其他关于本城镇乡农工商务之事

五、本城镇乡之善举；

救贫事业　恤嫠　保节　育婴　施衣　放粥　义仓积谷　贫民工艺救生会　救火会　救荒　义棺义冢　保存古迹　其他关于本城镇乡善举之事

六、本城镇乡之公共营业；

电车　电灯　自来水　共他关于本城镇乡公共营业之事

七、因办理本条各款，筹集款项等事；

八、其他因本地方习惯向归绅董办理，素无弊端之各事。

第六条　前条第一至第六款所列事项，有专属于国家行政者，不在自治范围之内。

解释　本节标名曰自治范围，第五条又声言之，曰"城镇乡自治事宜，以左列各款为限"。据表面观之，似乎由第一至第六款所列诸事，皆在自治权行使范围内矣。不知内列诸事，亦有专属于国家行政者。例如道路，日本有所谓国家道路、府县郡道路、市町村道路者。水利若大，当然归国家筹办。例如日本国家之改筑利根川河道，德意志国家之年拨数百万马克修筑新河道是也。整理田地，亦国家行政之一。如日本农商务省，前向议院要求数百万经费是也。他可类推。因此之故，本条乃特标名之曰"前条第一至六款所列事项，有专属于国家行政者，不在自治范围之内"。

第七条　城镇乡地方，就自治事宜，得公定自治规约，惟不得与本章程及他项律例章程相抵牾。

解释　自治规约内，得设罚则，以罚金及停止选民权为限。罚金最多之额，不得过十元。停止选民权最长之期，不得过五年。

第四节　自治职

第八条　凡城镇各设自治职，如左：

一、议事会；

一、董事会。

第九条　凡乡设自治职，如左：

一、议事会；

一、乡董。

第十条　城镇乡地方，有分属二县以上，或直隶州与县管辖者，其自治职仍得合并设置，毋庸分立。

【解释】本条所云"城镇乡地方有分属二县以上"者，如苏州之长洲、元和、吴三县同居一城是。或"直隶州与县管辖"者，如太仓直隶州之与镇、洋二州县同居一城是。其"自治职仍得合并设置，无庸分立"者，因地方之习惯风俗，及平居担任地方之经费，皆属合同，一旦分析，诸多不便故也。自治求在实际，非有万不得已者，勿取纷更，故定本条。

第十一条　城镇有区域过广，其人口满十万以上者，得就境内划分为若干区，各设区董，办理区内自治事宜。其细则以规约定之。

解释　区董为辅助城镇董事会之执行机关，无独立成一团体之资格。

第十二条　乡有户口过少，其选民全数不足议员最少定额十倍之数者，得不独立设置自治职，与同一管辖内邻近之城镇乡合并办理。

解释　按第二十四条，乡议事会议员最少为六名。本条所言，不足议员最少定额十倍之数者，即选民不及六十人也。

若因地方情形，不便合并者，除按章设置乡董外，得不设乡议事会，以乡选民会代之。

解释　本条所定，因既成一自治团体，则执行机关自不可缺，故必设乡董。而乡议事会由选举之议员组织而成，今既不足定额十倍之数，则不能成立乡议事会，故只得以乡选民会代之。

第十三条　凡二乡以上，有彼此相关之事，必须连合办理者，得以各该乡之协议，设连合会办理之。

解释　例如水道贯通数乡，素有泛溢或涸竭之弊，于农田、航行皆有阻碍，势非连合数乡以疏治之不为功，则数乡可即相连合，以办理此事。余可类推。

第十四条　城镇乡地方，各设自治公所，为城镇乡议事会会议，及城镇董事会、乡董办事之地。

自治公所，可酌就本地公产房屋或庙宇为之。

第五节　居民及选民

第十五条　凡于城镇乡内现有住所或寓所者，不论本籍、京旗、驻防或流寓，均为城镇乡居民。

居民按照本章程所定，有享受本地方公益之权利，并有分任本地方负担之义务。

第十六条　城镇乡居民，具备左列资格者，为城镇乡选民。

一、有本国国籍者；

二、男子年满二十五岁者；

三、居本城镇乡接续至三年以上者；

四、年纳正税（指解部库司库支销之各项租税而言）或本地方公益捐二元以上者。

居民内有素行公正，众望允孚者，虽不备第三、第四款之资格，亦得以城镇议事会之议决，作为选民。

若有纳正税、公益捐，较本地选民内纳捐最多之人所纳尤多者，虽不备第二、第三款之资格，亦得作为选民。

第十七条　有左列情事之一者，虽备前条第一项各款，及合前条第三项所定资格，不得为选民。

一、品行悖谬，营私武断，确有实据者；

二、曾处监禁以上之刑者；

三、营业不正者，其范围以规约定之；

四、失财产上之信用，被人控实，尚未清结者；

五、吸食鸦片者；

六、有心疾者；

七、不识文字者。

第十八条　城镇乡选民按照本章程所定，有选举自治职员及被选举为自治职员之权。

以第十六条第三项资格作为选民者，有选举自治职员之权。若不能自行选举权者，得遣代理人行之。

代理人以具备第十六条第一项第一、二款之资格，且不犯第十七条所列各款者为限。

第十九条　左列人等，不得选举自治职员及被选举为自治职员。

一、现任本地方官吏者；

二、现充军人者；

三、现充本地方巡警者；

四、现为僧道及其他宗教师者。

第二十条　现在学堂肄业者，不得被选举为自治职员。

第二十一条　凡被选举为自治职员者，非有左列事由之一，不得谢绝当选，亦不得于任期内告退。

一、确有疾病，不能常任职务者；

二、确有他业，不能常居境内者；

三、年满六十岁以上者；

四、连任至三次以上者；

五、其他事由，特经城镇乡议事会允准者；

解释　以上各条详细解释，另载本处颁发《选举人资格说明书》中。

第二十二条　无前条所列事由之一，而谢绝或告退者，得以城镇乡议事会之议决，于一年以上、五年以下，停止其选民权。

解释　自治为地方公益之事，业经被选为职员，即负办理自治之义务。既为义务所在，设皆相率诿卸，自治何以克举。故采用强迫主义，行使相当之处分。第二十一条既规定谢绝告退之理由，本条复根据前条，设为违反之规定，所以重公权、明责任也。

第二章　城镇乡议事会

第一节　员额及任期

第二十三条　城镇议事会议员，以二十名为定额。城镇人口满五万五千者，得于前项定额外，增设议员一名。自此以上，每加人口五千，得增议员一名。至多以六十名为限。

解释 城镇议事会议员之定额，与乡议事会不同。其额数以二十名为最少数，以人口五万为起算。五万之外，每加人口五千，得增议员一名。惟仍设有最多之限制，不得过乎六十名之数耳。

第二十四条 乡议事会议员，按照人口之数定之。其比例如左：

人口不满二千五百者，议员六名；

人口二千五百以上、不满五千者，议员八名；

人口五千以上、不满一万者，议员十名；

人口一万以上、不满二万者，议员十二名；

人口二万以上、不满三万者，议员十四名；

人口三万以上、不满四万者，议员十六名；

人口四万以上者，议员十八名。

解释 乡议事会议员名额，全以人口多少为标准。至少六名，至多十八名。若人口达五万以上者，则列入镇区域矣。

第二十五条 城镇乡议事会议员，由本城镇乡选民互选任之。

城镇乡议事会议员选举事宜，照另定《选举章程》办理。父子、兄弟不得同时任为议员，若同时当选者，以子避父，以弟避兄。若有父子兄弟，现为城镇董事会总董、董事，或乡董、乡佐者，不得为该议事会议员。

第二十六条 城镇乡议事会，各设议长一名，副议长一名，均由议员用无名单记法互选，其细则以规约定之。

第二十七条 议员以二年为任期，每年改选半数。若议员全数同时选任者，其半数即以一年为任满。

前项一年任满之半数，以抽签定之。若全数不能平分者，以多数为半数。

第二十八条 议长、副议长以二年为任，期满改选。

第二十九条 议员及议长、副议长任满再被选者，均得连任。

第三十条 议员因事出缺，至逾定额三分之一者，应即补选。

解释 因事出缺者，如因本章程第二十一条各种事由，而出缺逾定额三分之一者，如定额三十名，而出缺之议员已有十名，缺额过多，事将旷废，因补选以足之。不及此数者，不必即行补选，避事实上之繁琐也。

第三十一条　议长因事出缺，以副议长补之，副议长因事出缺，应即补选。

第三十二条　被缺各员，其任期以补足前任未满之期为限。

解释　补足前任未满之期为限者，如前任已就职一年，而出缺按任期计算，尚余一年，补缺者即以出缺者所余之一年为任期。

第三十三条　议员及议长、副议长均为名誉职，不支薪水。

议长、副议长有办公必需之费用，得给相当之公费。其数目由本城镇董事会或乡董定之。

解释　此项公费数目，关系议长、副议长本身之事，不便由议事会议决，故由本城镇董事会或乡董定之。

第三十四条　城镇乡议事会，各设文牍、庶务等员，其员额、薪水以规约定之。文牍、庶务员不限以选民，由议长、副议长遴选派充。

第三十五条　乡选民会议员无定额，以本乡选民全数充之。

解释　乡选民会，因选民全数不足议员最少定额十倍之数，而又不便与他处合并，故以选民全数代乡议事会，不另选举，皆为议员。

乡选民会议长、副议长均由会员互选，其任期及再选，照第二十八、二十九条办理。若因事出缺，照第三十一条办理。薪水公费，照三十三条第一、第二项办理。

解释　乡选民会虽全数皆为议员，仍当互选议长、副议长，以主持一切。

第二节　职任权限

第三十六条　城镇乡议事会，应行议决事件如左：

一、本城镇乡自治范围内，应行兴革整理事宜；

解释　自治范围，详见本章程第五条各款内。

二、本城镇乡自治规约；

解释　自治规约，本可由城镇乡公定，惟不得与本章程及他项律例章程相抵牾。

三、本城镇乡自治经费，岁出入预算，及预算正额外预备费之支出；

四、本城镇乡自治经费，岁出入决算报告；

解释　预算、决算方法，规定于本章程第九十八至一百零一各条。

五、本城镇乡自治经费筹集方法；

解释　自治经费之类别，规定于本章程第九十、九十一、九十二各条。

六、本城镇乡自治经费处理方法；

解释　处理经费方法，规定于本章程第九十四至九十七各条。

七、本城镇乡选举上之争议；

解释　选举争议之情事，详见《城镇乡地方自治选举章程》第五十五至五十八各条。

八、本城镇乡自治职员办事过失之惩戒，惩戒细则以规约定之；

九、关涉城镇乡全体赴官诉讼，及其和解之事。

解释　必须关涉城镇乡全体之事，始能议决。"全体"云者，明乎其为共同利害关系也。

第三十七条　议事会议决事件，由议长、副议长呈报该管地方官查核后，移交城镇董事会或乡董，按章执行。

第三十八条　议事会有选举城镇董事会职员，或乡董、乡佐，及监察其执行事务之权，并得检阅其各项文牍及收支账目。

解释　此条监察权之行使，规定于本章程第四十一条。

第三十九条　议事会遇地方官有咨询事件，应胪陈所见，随时申覆。

解释　地方官咨询事件，范围甚广，不必限于地方公益各事。

第四十条　议事会于地方行政，与自治事宜有关系各件，得条陈所见，呈候地方官核办。

解释　此条当与前条参看。因议事会自行条陈意见，故必以地方行政及与自治事宜有关系者为限。

第四十一条　议事会于城镇董事会，或乡董所定执行方法 视为逾越权限，或违背律例章程，或妨碍公益者，得声明缘由，止其执行。若城镇董事会或乡董坚持不改，得移交府厅州县议事会公断。若于府厅州县议事会之公断有不服时，得呈由地方官核断。如再不服，由地方官申请督抚，交谘议局公断。

第四十二条　乡选民会职任权限，照乡议事会办理。

第三节　会　议

第四十三条　城镇乡议事会会议，每季一次，以二月、五月、八月、十一月为会期。每会期以十五日为限。限满议未竣者，得由议长宣示展限十日以内。其有临时应议事宜，经地方官之通知，及城镇董事会或乡董事会或乡董之请求，或议员全数三分之一以上之请求，得随时开会。

每届会议，应由城镇董事会或乡董，将本届应议事件，距开会十日以前，通知议事会议员。其临时会议，事出仓猝者，不在此限。

第四十四条　会议时，议长如有事故，以副议长代理。若副议长并有事故，由议员中公推临时议长代理。

第四十五条　会议非有议员半数以上到会，不得议决。

解释　半数以上到会者，如议员全数四十人，则至少必须二十一二人到会。

第四十六条　凡议事可否，以到会议员过半数之所决为准。若可否同数，则取决于议长。

解释　"过半数"云者，如议员到会者共二十一人，则至少须有十一人同意之主张者为准。

第四十七条　会议时，城镇董事会职员，或乡董、乡佐均得到会陈述所见，但不列议决之数。

第四十八条　凡会议不禁旁听。其议长、副议长视为应行秘密者，不在此限。

第四十九条　会议事件，有关系议长、副议长及议员本身，或其父母、兄弟、妻子者，该员不得与议。

议长、副议长如有前项事由，照第四十四条办理。议员半数以上，有前项事由，因而不能议决者，由议长将该件移交府厅州县议事会，或邻近之城镇乡议事会，代为议决。

第五十条　会议时，议员有不守议事规则者，议长得止其发议。违者，得令退出。因而紊乱议场秩序，致不能会议者，得令暂时停议。

第五十一条　旁听人有不守规则者，议长得令其退出。

第五十二条　议事规则及旁听规则，由议事会自定之。

第五十三条　乡选民会会议，照乡议事会办理。

第三章　城镇董事会

第一节　员额及任期

第五十四条　城镇董事会各设职员如左：

总董，一名；

董事，一名；

名誉董事，四名至十二名。

董事以该城镇议事会会议员二十分之一为额，名誉董事以其十分之二为额。

解释　本章程第二十三条规定，城镇议员以二十名为最少数，六十名为最多数。此条规定董事及名誉董事额数，即根据于议员额数，以为标准。董事照议员数二十分之一者，如城镇额设议员二十名，当设董事一名，递推而至六十名，自当设董事三名也，故曰董事由一名至三名。名誉董事照议员数十分之二者，如城镇额设议员二十名，当设名誉董事四名，递推而至六十名，自当设名誉董事十二名也，故曰名誉董事由四名至十二名。

第五十五条　总董以本城镇选民，由该城镇议事会选举正、陪各一名，呈由该管地方官申请督抚遴选任用之。

第五十六条　董事以本城镇选民，由该城镇议事会选举，呈请该管地方官核准任用之。

第五十七条　名誉董事，以本城镇选民，由该城镇议事会选任之。

第五十五、五十六条及本条选举事宜，照另《选举章程》办理。

解释　以上三条，须分选举、任用两层释之。董事会为执行机关，故选举职员之权，不属之一般选民，而属之各该城镇议事会。此为总董、董事及名誉董事相同之点。惟任用之法，则各各不同。总董应由督抚于议事会所选正、陪二名中，任用其一；董事由该管地方官于议事会所选举者，核准任用之；至名誉董事，则概由议事会选举后，径行任用之。其区别如此。

第五十八条　总董、董事以二年为任期，任满改选。

第五十九条　名誉、董事以二年为任期，每年改选半数。若同时就任者，其半数即以一年为任满。

前项一年任满之半数，照第二十七条第二项办理。

第六十条　总董、董事均支领薪水，其数目以规约定之。名誉董事不支领薪水。

第六十一条　董事会职员任满再被选者，均得连任。

第六十二条　董事会职员，不得同时兼任该议事会议员。若有由议员当选者，应辞议员之职。

父子、兄弟不得同时任董事会职员。若同时当选者，照第二十五条第三项办理。

第六十三条　总董如有事故，以董事内年长者代理。年同，则以居本城镇较久者代理。若再相同，以抽签定之。

第六十四条　总董、董事因事出缺，及名誉董事因事出缺，至逾定额之半者，均即补选。

第六十五条　补缺各员之任期，照第三十二条办理。

第六十六条　城镇董事会，因执行各事，有应设各项办事员时，由总董遴选派充，不限以选民，但必经董事会之公认。其细则，以规约定之。

解释　应设各项办事员，不在下条文牍、庶务员之内。有临时事件发生，则设之。

第六十七条　城镇董事会，得设文牍、庶务等员。其员额、薪水，以规约定之。文牍、庶务员，不限以选民，由总董遴选派充。或按地方情形，即以议事会文牍、庶务员兼充之。

第二节　职任权限

第六十八条　城镇董事会应办事件如左：

一、议事会议员选举及其议事之准备；

解释　此项准备，分为选举、议事两层。如调查人口、编造名册、分割投票区域、管理投票开票，及拟订调查、选举各项细则，皆为选举之准备。若布置议场、编制议案，及筹画答覆议员之质问，皆为议事之准备。

二、议事会议决各事之执行；

解释　此为执行机关对于议事会最重要之职任。

三、以律例章程或地方官示谕委任办理各事之执行；

解释　执行机关一面为地方行政，一面为国家行政，故对于此等事项，皆当负执行之责。

四、执行方法之议决。

解释　董事会对于议事会负执行之责,而如何执行,必有一种方法。(有)〔其〕执行方法,即由董事会径行议决。

第六十九条　董事会于议事会议决事件,视为逾越权限,或违背律例、章程,或妨碍公益者,得声明缘由,交议事会覆议。若议事会坚持不改,得移交府厅州县议事会公断。不服者,照四十一条第二项办理。

第七十条　总董总理董事会一切事件,凡董事会公文函件,均以总董之名行之。

第七十一条　董事及办事员辅佐总董,分任董事会事件。

第七十二条　名誉董事参议董事会应行议决事件。

第三节　会　议

第七十三条　城镇董事会每月举行职员会议一次。

每届会议,董事会文牍员应将本届应议事【件】,距开会五日以前,通知各职员。

第七十四条　会议时,以总董为议长。

第七十五条　会议时,非董事会职员全数三分之二以上到会,不得议决。议决方法,照第四十六条办理。

会议时,办事员就该管事务,亦得到会与议。

解释　此项办事员,只能就所管事务到会与议,不列议决之数。

第七十六条　会议时,议事会议长、副议长、议员得到会陈述所见,但不列议决之数。

第七十七条　会议事件,有关系董事会职员本身,或其父母、兄弟、妻子者,该员不得与议。总董如有前项事由,照第七十四条第二项办理。董事、名誉董事全数三分之一以上有前项事由,因而不能议决者,将该件移交本城镇议事会代为议决。

第七十八条　凡议决事件,应随时报告议事会,并呈报地方官存案。

第四章 乡 董

第一节 员额及任期

第七十九条 各乡设乡董一名，乡佐一名，以本乡选民，由该乡议事会选举，呈请该管地方官核准任用之。

解释 乡董、乡佐虽当由该乡议事会选举，倘无乡议事会，乡选民会亦可以选举之。因乡选民会所以代乡议事会，条文虽未明言，不妨设为推定也。

第八十条 乡董、乡佐不得同时兼任该乡议事会议员。若有由议员当选者，照第六十二条第一项办理。

父子、兄弟不得同时为乡董、乡佐。若同时当选者，照第二十五条第三项办理。

第八十一条 乡董、乡佐以二年为任期，任满改选，再被选者，均得连任。

第八十二条 乡董、乡佐均支薪水，其数目以规约定之。

第八十三条 乡董如有事故，以乡佐代理。

第八十四条 乡董、乡佐因事出缺，均即补选。

解释 按乡董、乡佐各只一名，非若城镇地方有总董，又有董事，及名誉董事多名。故出缺后，立即补选，因执行机关不可一日停滞也。

第八十五条 各乡因执行各事，有应设各项办事员时，由乡董遴选派充，不限以选民，但须经乡议事会之公认。其细则以规约定之。

解释 本条与六十六条规定，城镇董事添设应设人员，须经董事会之公认者相同。如无乡议事会时，亦须得乡选民会之公认。盖乡选民会所以代乡议事会，条文虽未明书，不妨设为推定也。

第八十六条 乡董得设文牍、庶务等员。其员额、薪水，以规约定之。文牍、庶务员，不限以选民，由乡董遴选派充，或按地方情形，即以该议事会文牍、庶务员兼充之。

第二节 职任权限

第八十七条 乡董职任权限，照第六十八条第一至第三款及第六十九条办理。

第八十八条 乡董就应办各事定执行方法。

解释　城镇之执行方法，得于董事会公议决之。乡为单独制，故即由乡董定之。

第八十九条　乡佐及办事员辅佐乡董办理各事。

第五章　自治经费

第一节　类　别

第九十条　城镇乡自治经费，以左列各款充之。

一、本地方公款公产；

二、本地方公益捐；

三、按照自治规约所科之罚金。

第九十一条　前条公款公产，以向归本地方绅董管理者为限。其城镇乡地方向无前项所指公产，或其数寡少不敷用者，得议事会指定本地方关系自治事宜之款项、产业，呈请地方官核准拨充。

第九十二条　公益捐分为二种，如左：

一、附捐；

二、特捐。

就官府征收之捐税附加若干，作为公益捐者，为附捐。于官府所征税之外，另定种类名目征收者，为特捐。

前项附捐数目，不得过原征捐税定数十分之一。

凡以劳力或物品供给，办理自治事宜之需用者，得计其相当价值，以特捐论。

第九十三条　公益捐之创办，由议事会拟具章程，呈请地方官核准遵行。嗣后如有应行变更、废止之处，亦由议事会条议，呈请地方官核准。

第二节　管理及征收

第九十四条　自治经费，由议事会议决管理方法，由城镇董事会或乡董管理之。

解释　自治经费之管理方法，所以必经议事会议决者，一则为尊重议事会之议事权，二则为使管理方法之尽善也。所以必由城镇董事会或乡董管理者，以执行之权当归董事故也。

第九十五条　公款公产之内有系私家捐助，当时指定作为办理某事之用者，不得移作他用。其指定办理之事业，以律例章程变更废止者，不在此限。

第九十六条　附捐由该管官吏，按章征收，汇交城镇董事会或乡董收管。特捐由城镇董事会或乡董呈请该管地方官出示晓谕，交该董事会或乡董，自行按章征收。

解释　附捐性质，系就官府征租税附加，故仍由官府代征汇交。较诸由董事会及乡董自行征收，既甚简捷，又省开支。至特捐种类、名目，各就地方情形，另行规定，故以董事会及乡董自行征收为便。

第九十七条　凡于本城镇乡内有不动产或营业者，即本人不在本地方居住，亦一律征收公益捐。

解释　如本人为甲地方人，而在乙地方置有不动产或营业者，乙地方不能因彼人不在本地方居住，而不征收其公益，缘彼既享受此地方之公益，凡属维持此公益之款项，亦应一律担任，权利与义务，固相为联缀者也。

第三节　预算决算及检查

第九十八条　城镇董事会或乡董，每年应预计明年经费出入，制成预算表，于每年十一月议事会会议期内，移交该会议决。议决后，除照第三十七条办理外，应由地方官申报督抚存案，并于本地方榜示公众。

第九十九条　预算内除正额外，得设预备费，以备预算不敷，及预算各款外临时之支出。若预备费不敷支出者，非经议事会之议决，不得提用他款。

第一百条　城镇董事会或乡董，每年应将上年经费出入，制成决算表，连同收支细账，于每年二月议事会会议期内，移送该会议决。议决后，照第九十八条第二项办理。

第一百零一条　凡自治经费出入之检查，分为二种，如左：

一、定期检查；

二、临时检查。

定期检查，每月一次，由城镇董事会总董或乡董行之。临时检查，每年至少一次，由城镇董事会总董或乡董，会同该议事会议长、副议长及议员一名以上行之。

第六章 自治监督

第一百零二条 城镇乡自治职,各以该管地方官监督之。该管地方官应按照本章程,查其有无违背之处,而纠正之。并令其报告办事成绩,征其预算决算表册,随时亲往检查,将办理情形,按期申报督抚,由督抚汇咨民政部。其分属二县以上,或直隶州与县管辖者,由各该州县会同监督之。

解释 该管地方官者,指府厅州县之地方官而言也。监督之权,凡分三种:一为征收报告成绩,一为纠正违背章程,一为随时亲往检查。凡此规定,皆所以使尽监督自治之权。

第一百零三条 地方官有申请督抚解散城镇乡议事会、城镇董事会,及撤销自治职员之权。

解释 监督欲纠正自治机关,而无可纠正者,则得行使解散或撤销之权。惟亦无完全权力,必须申请督抚核准后,始得实行解散或撤销。

解散或撤销后,应分别按章改选。城镇乡议事会,应于解散后两个月以内;城镇董事会,应于解散后十五日以内,重行成立;乡应于撤销后十五日以内,重行选定。

解释 此条规定议事会或董事会解散撤销以后,重行成立之期限。董事会及乡董为执行机关,故成立及选定之期限尤为迫促。

若城镇议事会、董事会同时解散,或乡议事会乡董同时解散撤销者,应于两个月以内先行招集议事会。所有选举及开会事宜,由府厅州县董事会代办。其城镇董事会及乡董,应于议事会成立后,十五日以内,重行成立。

解释 此条系规定议、董两会同时解散或撤销,即责成府厅州县董事会代办。

第七章 罚则

第一百零四条 自治职员有犯赃私,及侵吞挪借款项者,除责令全数缴出外,仍按照律例治罪。

第一百零五条 自治职员有不受该管地方官监督者,应由地方官详请该管上司核准办理。

第一百零六条　自治职员有以自治为名，干预自治范围以外之事者，城镇乡议事会各员，及城镇董事会名誉董事于会议时，停止其到会三日以上、十日以下，城镇董事会总董、董事及乡董、乡佐停止其薪水半月以上、二月以下，其情节重者，均除名。

第八章　文书程式

第一百零七条　城镇乡议事会、城镇董事会，及乡董，行文该管地方官，用呈。彼此互相行文，及与府厅州县议事会、董事会互相行文，均用知会。地方官行文城镇乡议事会、城镇董事会，及乡董，用谕。城镇乡议事会、城镇董事会，及乡董，行文本省谘议局，用呈。本省谘议局行文，用知会。

第一百零八条　城镇乡议事会、城镇董事会，及乡董，各备木质图记，由督抚核定式样，通行各该管地方官刊发，仍由地方官申报上司立案。

第九章　附　条

第一百零九条　本章程施行之期，遵照钦定逐年筹备事宜清单办理。

第一百一十条　本章程内所定，应由府厅州县议事会、董事会办理之件，在府厅州县议事会、董事会未经成立以前，由各该地方官代办。

第一百十一条　本章程如有增删修改之处，得由议事会拟具条议，呈送本省谘议局。由谘议局审查后，呈请督抚，咨送民政部核议，奏明修改。

第一百十二条　本章程施行细则，由督抚酌定，仍咨报民政部存案。

吉林全省自治筹办处诠释城镇乡自治选举章程

第一章　总　纲

第一条　凡选举及被选举资格，按照城镇乡自治章程所定办理。

解释　按选举资格及被选举资格，皆于自治章程第十七条至二十条规定之。本章程系规定选举方法，故于资格一概不赘，以"按照"二字赅括之。

第二条　城镇乡议事会选举事宜，由城镇董事会及乡董、乡佐办理，城镇董事会及乡董、乡佐选举事宜，由城镇乡议事会办理。

解释　此条系规定议事会之选举，由董事会办理。董事会之选举，由议事会办理。

第三条　办理选举，应设调查及管理各员，由城镇董事会总董、乡董，或城镇乡议事会议长，各就自治职员内酌派充之。

解释　选举以前，应设调查员，调查居民口数、选民资格。选举之际，应设管理员，管理投票开票事宜。此项人员，总董、乡董及议长均可派充。惟派充之权，两方不得同时行使。所谓"各就自治职员内酌派"者，议长则就议事会内人员派充，总董、乡董则就总董、乡董以下人员派充。

第二章　城镇乡议事会选举

第一节　选举年限

第四条　凡选举议员，每年一次。于议员应届任满三个月前，由城镇董事会总董或乡董，预定日期举行。

解释　按照自治章程第二十七条，议员以二年为任期。每年改选半数，故选举议员，须每年举行一次。

第二节　选举等级

第五条　选举人分为两级，就选举人内择其年纳正税、公益捐较多者若干名，计其所纳之额，足当选举人全数所纳总额之半者为甲级；其余选举人为乙级。

解释　本条所定，系采两级选举制。如某城、某镇、某乡选举人总数共二千名，正税、公益捐总额共十万元，设有二百人皆系纳税捐较多者，合其总数为五万元，适及税捐总额之半，即以此二百人归入甲级，其余归入乙级。

第六条　选举人有所纳税捐之额，介于两级之间者，归入甲级。若两级之间有二名以上，所纳之额相同者，以年长之人入甲级。年同者，由城镇董事会总董或乡董抽签定之。

解释　所纳税捐之额，介于两级之间，归入甲级。例如总额之半为五千元，所纳较多者已共有四千九百元，尚少一百元，是必再将所纳较多者以足之。设有一人所纳税捐为二百元，其数在两级之间，应即归入甲级。

第七条　两级选举人，分别各选举议员半数，其被选举人，不必限定与选人同级。

解释　所谓"各选举议员半数"者，例如城议事会议员以二十名为额，分甲、乙两级，选举各选十名是也。于此当注意者，即选举人虽分级，而被选举人不分级。盖甲级选举人，选举在甲级者固可，或选举在乙级者亦无不可。故曰被选举人不限定与选举人同级。

若议员全数不能平分者，先按两级，各分半数。其所余单数，由甲级选举之。

解释　例如议员全数为二十一名，甲乙两级各选十名，其余一名归入甲级选举。

若甲级选举人数少于该级应出议员额数者，除举一名外，其余额归入乙级选举之。

解释　例如甲级应出议员十名，而该级选举人只有八人，则令此八人各举议员一名。共余二名，即归入乙级选举。

第三节　人名册

第八条　每届选举，应由城镇董事会总董或乡董派定调查员，按章取合格人员，造具选举人名册。所有选举人，及被选举人，均以列名册内者为限。其照《城镇乡自治章程》仅有选举资格，而无被选举资格者，应于本人姓名项下注明。

解释　仅有选举资格，而无被选举资格者，指自治章程第二十条而言。调查细则，由城镇董事会或乡董拟订施行。

第九条　选举人名册，应按名记载姓名、年岁、籍贯、住居年限，及完纳税捐年额。

解释　年岁及住居年限，均应记其实年。完纳税捐年额，应注明全数，不得仅注二元以上。因所纳税捐较多者，有应享之特别权利也。

第十条　选举人名册，应于选举期两个月以前，一律告成，存放自治公所，宣示公众。

第十一条　宣示选举人名册，以二十日为期。如本人以为错误遗漏，准于宣示期取具凭证，声请城镇董事会总董或乡董更正，逾限不得再请。

解释　取具凭证者，如税捐之额不符，别以税单捐票为凭。年岁、籍贯、住居年限不符，则以亲族左右邻为凭。

城镇董事会总董或乡董，据前项声请，应即日移知议事会公断。

第十二条　议事会自接到前条移知之日起，应于十日以内断定准否。若断定准其更正者，应由城镇董事会总董或乡董一律更正，即作为确定。

解释　断定准其更正者，即由城镇董事会总董或乡董更正。若断定不准其更正者，亦应对于声请者为明显之复答。

第十三条　选举人名册确定后，应由城镇董事会总董或乡董保存。如本届选举年限内，有当选举无效，及照章应行补选者，所有选举人及被选举人，仍以列名内者为限。

第十四条　选举人名册确定后，应分缮副本，申报地方存案，并交各投票所及开票所各一份备查。

第十五条　宣示选举人名册时，应刊印选举传单，一同公布。其应载事项如左：

一、选举日期；

二、投票所及开票所地址；

三、投票方法。

选举日期两级，应分两日，先乙级，次甲级。

第四节　投票所

第十六条　投票所设于自治公所。其自治区域较广，人口较多者，得由城镇董事会总董或乡董区划地段，分设投票所若干处。

第十九条　投票所之启闭，以午前八时至午后六时为率，逾限不准入内。

第二十条　管理员于投票毕后，应将投票始末情形，造具报告，连同投票匦，于翌日移交开票所，并报告城镇董事会总董或乡董。

解释　报告始末情形，如有违背章程，扰乱秩序，及投票人共有若干，未到者若干，皆须一一声明。

第二十一条　投票所自投票完毕之日起，十五日以内，一律裁撤。

第二十二条　投票所办事细则，由城镇董事会或乡董拟订施行。

第五节　投票簿、投票纸及投票匦

第二十三条　城镇董事会总董或乡董，应按照各投票所投票人数，分别造具投票簿，并按照定式，制成投票纸及投票匦，于选举期十日以前，分交各投票所。

第二十四条　投票簿应记载投票人姓名、年岁、籍贯及住所。

第二十五条　投票簿应将两级分别两册记载。

第六节　投票方法

第二十六条　投票人以列名各该役票所之投票簿者为限。

第二十七条　投票人届选举期，应亲赴投票所，自行投票，不得倩人代理。其照《城镇乡自治章程》第十八条第二项特许者，不在此限。但投票时，应将代理凭证，向管理员呈验。

第二十八条　投票人应在投票簿所载本人姓名项下签字毕，方准领投票纸。

解释　签字者，即在投票簿内，于本人姓名项下签一到字，以为记号。一可以稽查投票人已否投票，一可以防冒名投票之弊。

第二十九条　投票人每名只准领投票纸一页。

第三十条　投票用无名单记法，每票只准书被选举人一名，不得自书本人姓名。

第三十一条　投票人应准于选举票附记格内，将所选举人素行如何，公正附记一二事为众论所称道者，并得于附记格内注明所选举人官衔、职业、住所等项。此外，不准夹写他语。

第三十二条　投票人于投票所内，除关于投票事宜，得与职员问答外，不得涉及私言，并不得与他人接谈。

解释　投票事宜，如领票、写票等事是。

第三十三条　投票人投票毕，应即退出，不得逗留窥视。

第三十四条　投票人倘有顶替及违背定章等事，管理员得令退出。

解释　本章程第二十七条第一项规定，投票人不得倩人代理，第二项又云其照《城镇乡自治章程》第十八条第二项特许者，不在此限。是原则不许代理，而例外有之，本条言顶替，则冒名而非代理可知。违背定章者，如不守投票纪律，或不于投票簿签字，或多领票纸，凡与本章程所定有违背者皆是。

第七节　开票所

第三十五条　开票所设于自治公所。

解释　投票所因区域较广，人口较多，得割分地段，分设投票所若干处。至开票所必须集聚一处，故以明文规定，设于自治公所。

第三十六条　开票所有城镇董事会总董或乡董派定管理员，掌开票一切事宜。

解释　开票事宜，如检查票数及票纸所列之姓名，核算各被选举人所得票数之类。

第三十七条　开票所自各投票甄送齐之翌日，由城镇董事会总董或乡董酌定时刻，先行榜示。届时亲自到场，督同管理员，当众开票，即日宣示。

第三十八条　开票时，准选举人前往参观。若人众不能容时，管理员得以限制人数。

第三十九条　管理员应将开票始末情形，造具报告，于检点票数完毕之翌日，报告城镇董事会总董或乡董。

所有票纸，应分别有效、无效，一并于本届选举年限内，附送城镇董事会总董或乡董保存之。

第四十条　第二十一条、二十二条所定事项，开票所一律照办。

第八节　检票方法

第四十一条　检票时，应先将选举票与投票簿对照。如有票数与名数不符，及放弃选举权等事，均应另册记明。

第四十二条　凡选举票无效者，如左：

一、写不依式者；

二、字迹不可认者；

三、不用投票所所发票纸者；

四、选出之人不在选举人名册内者；

五、选出之人不合被选举资格者。

解释　写不依式者，如已写被选举人姓名，又写选举人姓名，或写被选举人姓名在二人以上者，皆为不依式。字迹不可认识者，如写行书、草书，凡字迹模糊之类皆是。选出之人不在选举人名册内者，因本章程第八条规定，凡选举人及被选举人均以列名册内者为限，故以不在册内者为无效。

第九节　当选决定

第四十三条　凡选举以得票较多数者为当选，按得票多寡，以次递推。票数同者，以年长之人列前。年同者，由城镇董事会总董或乡董抽签定之。

解释　本条规定，用比较多数之法。如议员总数为二十名，有得六十票者，比较为最多数。以下有得五十票或四十票不等，以次递推，至第二十名为十五票，比较仍属多数，其余不满十五票者，均属少数。若得十五票者有二人，则以年齿定之。年同者，以抽签定之。

第四十四条　当选人确定后，应即榜示，并由城镇董事会总董或乡董具名，分别知会各当选人。

解释　确定者，即确定为当选人，其所得之票，并无舛误之意。知会当选人，须用知会书。

第四十五条　当选人接到知会后，应自知会之日起，五日以内，答覆应选。其逾期不覆者，以谢绝论。

第四十六条　一人两级均当选者，应自知会之日起，五月以内答覆愿应何级之选。其逾期不覆者，亦以谢绝论。

解释　此条应参看本章程第七条，因被选举人不必限定与选举人同级，故有一人两级均当选，而愿应何级，仍由本人自行定夺。

第四十七条　前二条以谢绝论者，照《城镇乡自治章程》第二十二、二十三条办理。

第四十八条　凡应选者，由城镇董事会总董或乡董，呈请地方官，给予执照，并由地方官呈报督抚，汇咨民政部存案。

第十节　选举变更

第四十九条　凡左列各款，为选举无效：

一、选举人名册有舞弊作伪情事，牵涉全数人员，公断确实者；

二、办理选举，不遵定章，公断确实者；

三、照章解散者。

解释 选举人名册如有舞弊作伪情事，其关系止一人或数人，可照第六十九条罚则办理。若牵涉全数人员，其发觉在未举行选举之前，尚可更造。如在已行选举后，自当以其选举为无效。不遵定章者，所包甚广。自造册以至投票、开票、检票等，凡有违背章程所定者，皆在其内。照章解散者，谓照自治章程第一百零三条所定，为地方官申请督抚解散者是。

第九十条　凡左列各款，为当选无效：

一、谢绝；

二、告退；

三、身故；

四、被选举资格不符，断定确实者；

五、当选票数不实，断定确实者；

六、当选后失其资格，断定确实者；

七、受除名之处分者。

解释 谢绝及告退者，须按照自治章程第二十一、二十二条办理。惟既经谢绝当选，或于应选后告退，即可视其当选为无效。身故者，其人已死亡，其当选当然无效。当选票数不实，指开票、检票时，计数有差误而言。当选后失其资格者，如未当选前按照自治章程第十六条，具备各项资格，及当选后，忽失其资格，如入他国国籍，或移徙本城镇乡区域以外。当年纳税捐之额不及二元，受除名之处分，指就职后，犯自治程章第一百零六条而言，以及自治章程第十七条各项情事均是。

第五十一条　当选无效，如已给予执照，应令缴还，并将姓名及其缘由榜示。

第五十二条　每届选举年限，应行改选议员。出缺至定额三分之一者，应行补选。选举无效，一律改选，当选无效，一律补选。

解释 选举无效者，为全体无效。当选无效者，为个人无效。故有改选补选之别。

第五十三条　补选以得票最多者，补所出缺中任期未满最长者之缺。其余以次递推。票数同者，以年长之人列前。年同者，由城镇董事会总董或乡董抽签定之。

解释　本条规定补选，所谓以得票最多者，补所出缺中任期未满最长者。例如甲出议员，距任满之期为六个月，乙出缺议员距任满之期为五个月以下，或不及五个月，则以得票之补选当选人补甲议员之缺，次多者补乙议员之缺。余依次递推，至足额为止。

第五十四条　改选及补选一切应有事宜，均照本章程办理。

第十一节　选举争议

第五十五条　凡选举人确认有左列各款情事者，得提起选举争议：

一、选举人名册有舞弊作伪情事，牵涉全数人员；

二、办理选举，不遵定章；

三、被选举资格不符；

四、当选票数不实；

五、当选后失其资格。

第五十六条　选举争议，由选举人申诉城镇乡议事会公断。不服者，申诉府厅州县议事会公断。仍不服者，呈由地方官核断。如再不服，由地方官申请督抚，交谘议局公断。

第五十七条　申诉除第五十五条第五款外，应自选举之日起，三十日以内为限。

第五十八条　落选人员确信得票额数可以当选，而未经与选者，得照前二条办理。

第三章　城镇董事会选举

第五十九条　凡选举总董事二年一次，选举名誉董事每年一次。于各该员应届任满三个月前，由城镇议事会议长预定选举日期，招集议员举行，并呈请地方官亲临，或派员监督之。

第六十条　总董用无名单记法选举，以得票满议员总数三分之一者为当选。

董事及名誉董事用无名连记法，分次选举，以得票满议员总数三分之一者为当选。

解释　无名连记法者，不记选举人之名，而被选各人可并记为一票以投之也。分次选举者，即董事与名誉董事当分两次选举之也。

票数同者，以年长之人列前。年同者，由议长抽签定之。若得票无满议员总数三分之一者，应即如法再选，以选出为止。

解释　本条规定与议事选举不同，彼则采用比较多数制，此则有一定之票额，得票不足额，举行再选也。

第六十一条　总董选举完毕后，由议长将得票当选者，拟定正、陪各一名，开列姓名、履历及得票数目，造具清册，呈由地方官申请督抚，遴选一名，加札任用，咨报民政部存案。

第六十二条　董事及名誉董事选举完毕后，由议长开列姓名、履历及得票数目，造具清册，呈请地方官核准任用，并由地方官申请督抚，咨报民政部存案。

第六十三条　总董、董事及名誉董事，均由地方官给予执照。

第六十四条　城镇董事会选举一切细则，由城镇议事会以规约定之。

其选举争议，应申诉府厅州县议事会公断。不服者，呈由地方官核断。如再不服，由地方官申请督抚，交谘议局公断。

第四章　乡董及乡佐选举

第六十五条　凡选举乡董及乡佐，二年一次，于每届任满三个月前，由乡议事会议长预定选举日期，招集议员举行，并呈请地方官亲临，或派员监督之。

第六十六条　乡董及乡佐用无名连记法，分次选举，各以得票满议员总数三分之一者为当选。

第六十条第三、第四两项所载各节，本条一律照办。

第六十七条　乡董、乡佐选举完毕后，由议长开列姓名、履历及得票数目，造具清册，呈请地方官任用，给予执照，并由地方官申请督抚，咨报民政部存案。

第六十八条　乡董及乡佐选举一切细则，由乡议事会以规约定之。

第六十四条第二项所载各节，本条一律照办。

第五章　罚　则

第六十九条　以"诈术"获登选举人名册，或变更选举人名册者，处三元以上、三十元以下之罚金。

解释　"诈术"云者，即本不合选民资格，而诈称合格，如捏报年纳税捐数目，或虚报年岁及住居年限之类。

办理选举人员知情者，处一月以上、二月以下之监禁，或三十元以上、六十元以下之罚金。

解释　或监禁，或罚金，二者必科其一。

第七十条　冒用姓名投票者，处一月以上、六月以下之监禁，附加五元以上、三十元以下之罚金。

解释　冒名即顶替之谓。附加者，罚金与监禁并科。

第七十一条　以财物利诱选举人，或选举人受财物之利诱，及居中周旋说合者，处一月以上、二月以下之监禁，或三十元以上、六十元以下之罚金。财物入官，已用去者，按价追缴。

第七十二条　以暴行胁迫妨害选举人，及选举关系人者，处一月以上、三月以下之监禁，或三十元以上、百元以下之罚金。

解释　暴行胁迫，或用言语，或用腕力，足以生人恐怖之念者，皆是。

第七十三条　选举人及选举关系人携带凶器者，处一月以上、二月以下之监禁，凶器入官。

第七十四条　加暴行于办理选举人员，或搔扰投票所、开票所，或阻留毁夺选举投票匦，及其他有关选举文件者，处一月以上、六月以下之监禁，附加五元以上、三十元以下罚金。

第七十五条　办理选举人员漏泄选举票上之姓名者，处一月以上、六月以下之监禁，附加五元以上、三十元以下之罚金。

其所漏泄非事实者，罚同。

第七十六条　办理选举人员，违法干涉选举人之投票，或暗记被选举人之姓名者，处一月以上、三月以下监禁，或三十元以上、百元以下之罚金。

解释　违法干涉者，即不合法律之干涉也。如使选举人以应举何人，或斥其不应举何人，凡非分内应为之事，皆是。暗记者，或密识姓名，或暗画符号，凡有漏泄之预备者皆是。

违法擅开投票匦，或取出投票匦中之选举票者，罚同。

第七十七条　凡犯本则所定各条者，于处罚后一年以上、五年以下，停止其选举权及被选举权。

第七十八条　凡犯本则所定各条者，由审判厅审理执行。其未设审判厅地方，由地方官审理执行。

第六章　附　条

第七十九条　本章程与《城镇乡自治章程》同时施行。

第八十条　本章程如有未尽事宜，应行增改者，照《城镇乡自治章程》第一百十一条办理。

第八十一条　城镇乡自治开办时，第一次议事会选举所有办理选举人员，应由地方官遴派官绅充之。

札发各府厅州县规定居民资格说明书并调查规则饬转各自治筹办公所分别研究以备调查由

为札发事。照得本处前定各处分办明细表内开：宣统二年二月，由本处诠释部颁自治章程，规定调查通则，及各项表式，札发筹办公所。三月，由该公所派员研究调查方法；四月，派员调查本城居民口数，及选民资格。盖以人口实数，非先调查，则城镇乡自治区域难以确定，而议事会议员、董事会职员额数，亦无凭核定。又办理自治选举事宜，非先调查选民资格，亦属无从著手。现在该项调查规则，调查居民选民册式，并填注体例，业由本处确定，刷印成册。惟诠释《城镇乡地方自治章程》及《选举章程》，正在排印之间，一时尚难并发。然又未便因此迁延，致误调查期限，兹特于章程内，将规定居民及选民资格各条揭出，另作说明书，连同各项规则册式，一并刊发，以资研究调查之用。除分行外，合亟札发。札到该□，即便转饬该城筹办公所，迅即遴派妥员，将说明书及规则等项，分别研究，了无疑义，即行指定地段，限定期日，饬该员等切实调查，依限竣事，毋得宕延。切切。此札。　三月

吉林自治筹办处刊发居民及选民资格说明书 城镇乡地方自治章程摘抄

第十五条　凡于城镇乡内，现有住所或寓所者，不论本籍、京旗、驻防或流寓，均为城镇乡居民。

说明　此条规定居民，析言之：（一）"于城镇乡内"，则知本城镇乡以外者不得为本城镇乡居民。（二）"现有住所或寓所"，住所、寓所括言之，即为住居地方，则知无住居地方者，虽其人在本城镇乡内，不得为本城镇乡居民。即住居地方而非现有者，仍不得以居民论。如其人在本城镇乡内现有住居地方，则本籍、京旗、驻防、流寓，皆所不问，概认为城镇乡居民。

"住所"二字，自无疑问。惟寓所者指暂时寓居而言，抑指永久寓居而言耶？就"居民"二字寻绎之，寓所者，必其人现时寓居其地，而后仍继续居住者，乃得为本城镇乡居民。如此始于行人往来旅居，有所分别。又条文称，"不论本籍、京旗、驻防、流寓"，似本国、外国亦无区别，因规定居民内外界限，自不宜分。虽我国尚无许外国人杂居内地之制，然事实上往往有之，暂时调查地方居民，如遇有外国人杂居之地，不妨同时调查入册，将来户口章程发布，必能解决此问题也。

第十六条　城镇乡居民，具备左列资格者，为城镇乡选民。

说明　左列四种资格，缺一即不得为选民，玩条文"具备"二字之意自明。

一、有本国国籍者；

说明　本国对外国言，本国国籍对外国国籍言。必"有本国国籍"者，则非本国人及本国人而失本国国籍者，均不得为选民。

二、男子年满二十五岁者；

说明　言男子，则女子无选民权可知。言年满二十五岁，则未满二十五岁者无选民权可知。但满与未满，计算如何，以本年执行选举时为断。

三、居本城镇乡接续至三年以上者；

说明　居民在本城镇乡住居三年以内，无有间断，而后仍接续住居者，乃合于本款资格。

四、年纳正税（指解部库司库支销之各项租税而言）或本地方公益捐二元以上者。

说明　正税系指解部库司库支销之各项租税而言，例如地丁钱粮、厘金关税，凡归经征局、统税局等所征收者皆是。（但须执有印串、印照、印票以为凭证者，方可作纳税论。）本地方公益捐者，如对于本章程第五条所列自治各事宜，以及凡关于本地方公益，纳有捐费者皆是。二元以上者，特悬此一定之额，以为限度。盖于二元以上尽可加增，不能于二元以下再行加减。如有两项并纳者，仍当合计。（例如有纳正税一元后，公益捐又一元者，即为合格。）若仅纳其一，满二元，亦为合格。年纳云者，即一年以上，输纳税捐，而后继续纳之者是。

（附电）宪政编查馆覆闽督电：凡钱粮、盐酒均作为正税，每年纳税如额者，作为选民。

二项　居民内有素行公正、众望允孚者，虽不备第三、第四款之资格，亦得以城镇乡议事会之议决，作为选民。

说明　此项意义易明，即其人在本城镇乡内虽未住满三年，（不符第三款资格），完纳捐税（不符第四款资格），而素行公正，人皆信仰，如能得本地方议会全体议员之承认，即可作为选民。

（附注）但城镇乡自治开办时，办理第一次议员选举，议事会尚未成立，此项资格无相当议决之处，部议暂时从缺。（电文录后）

三项　若有纳正税、公益捐较本地选民内纳捐最多之人所纳尤多者，虽不符第二、第三款之资格，亦得作为选民。

说明　所谓较本地选民内纳捐最多之人所纳尤多者，此以税捐比较，即能明了。前第二款规定，谓必男子年满二十五岁者，兹云不符第二款之资格则知女子及依法律所设立之公司，于其他法人（据民政部电释）又虽未满二十五岁之男子，均包含之。前第三款之资格，则凡在本城镇乡内具有本项纳税资格者，住居年限概置弗问，惟视其有本国国籍，即作为选民。

（附电一）民政部覆广西电：数人合营一种商业，年纳税捐满二元者，即由数人公选一人为选民，至各种公司可以援用第十六条第三项办理。

（附电二）民政部覆本省抚台电：年纳正税以二元以上为合格。如纳正税或公益捐并计在二元以上，亦可。又同条第二项所指资格，定章既以城镇乡议事会议决为准，现在议事会尚未成立，应即暂缺。又同条第三项所指资格，凡照法律所设之公司，及其他法人，均应在内。又第十七条第三款营业不正者，未经以规约指定范围以前，应比照贵省选举谘议局议员时，调查营业不正者办法，一律办理。（按此电系综计各条项汇绎，因附载于此。）

第十七条　有左列情事之一者，虽具备前条第一项各款，及合前条第三项所定资格，不得为选民。

说明　于左列情事有其一，则前条第一项及第三项所定资格均被消除，故虽为选民，而不得以选民论。

一、品行悖谬，营私武断，确有实据者；

说明　品行悖谬，指宗旨歧衺，干犯名教者。言营私武断，指讼棍土豪而言。确有实据，谓必经人控实，判决有案者。

二、曾处监禁以上之刑者；

说明　监禁以上之刑，系赅军、流、徒等罪而言。盖定律，男子犯徒罪，即应收禁，但有初被冤诬，继经昭雪者，不在此限。

三、营业不正者；（其范围以规约定之。）

说明　此项营业不正之范围，俟将来议事会成立，以规约明定。现时办法，照上年谘议局选举议员办理。如现在开设妓馆、烟馆、赌场，及制造烟具、赌具，凡为现行法律所禁止者皆是。（据民政部电释。）

四、失财产上之信用，被人控实，尚未清结者；

说明　以侵吞倒骗，及负债不偿，被控有实据者为断。如被控不实，及虽实而已清结，不在此限。

五、吃食鸦片者；

说明　以现在吃食者言，已戒断者不在此限。

六、有心疾者；

说明　指有疯狂、痴騃等疾，精神已异常人者而言。

七、不识文字者。

说明　指全不识字，不能自书选举票者而言。

第十八条　城镇乡选民，按照本章程所定，有选举自治职员，及被选举为自治职员之权。

说明　城镇乡居民备具十六条一项，所列各种积极资格，而又不犯十七条所列各种消极资格者，即为城镇乡选民。既为选民，即有选举权及被选举权。

此与《谘议局章程》将选举权、被选举权分别规定者微有不同。

二项　以第十六条第三项资格作为选民者，有选举自治职员之权。若不能自行选举权者，得遣代理人行之。

说明　此项规定，即对于较本地选民内纳捐最多之人所纳尤多者，明示以有选举权而无被选举权。其不能自行选举者，如女子或幼年男子，又照法律所设之公司，及其他法人，得遣人代理。但代理人依《选举章程》二十七条第二项规定，投票时须有代理凭证，以备查验。

三项　代理人以具备第十六条第一、第二款之资格，且不犯第十七条所列各款者为限。

说明　此项专为规定代理人之资格，所云具备第十六条第一、第二款之资格者，即：（一）必有本国国籍者；（二）男子年满二十五岁者。又云不犯第十七条所列各款者，即前释品行悖谬等项。此外如住居年限及税额多寡，均不必问。

第十九条　左列人等，不得选举自治职员，及被选为自治职员。

说明　左列四项人等，虽具备十六条所列各种积极资格，而又不犯十七条所列各种消极资格，均不得有选举及被选举权。

一、现任本地方官吏者；

说明　现任官吏者，指现充本地方行政、司法各种官吏而言。（候补及前任退职人员，不在其内。）本地方者，指本府厅州县管辖区域而言。

二、现充军人者；

说明　军人者，自将校以至士卒之统称。凡现在任职服役中者，即受此条之限制，不以本地方为限。

三、现充本地方巡警者；

说明　本地方（解同前）巡官、巡弁、巡士，均包含之，以现充者为限。

四、现为僧道及其他诸宗教信仰。

说明　僧道,即僧为道者是。其他诸宗教师,如回教之老师、天主耶稣之神甫、司铎等皆是。(地方传布各种邪教之人,亦当然受此条之限制。)俱以现务为限,教民不在此例。

第二十条　现在学堂肄业者,不得被选为自治职员。

说明　现在各学堂(不论大、中、小)肄业未卒业者,如合于选民资格,止许其有选举权,不有被选举权。

(但如有自治研究所及其他传习所等,无永久性质者,不在此限。)

此条亦与《谘议局章程》第七条规定并停止其选举权者不同。

城镇乡自治筹办公所调查员规则

第一条　调查员应按各该城镇乡自治筹办公所指定地段,挨户调查。

第二条　调查范围以居民口数及选民资格为限。

第三条　调查员均由各该公所发给调查证书,以资凭信。

第四条　调查员车马公费,照全省自治筹办处详定自治筹办公所通则第九条办理。

第五条　调查时应携带之物件如左:

一、部颁《城镇乡地方自治章程》、《选举章程》,经全省自治筹办处诠释者;

二、调查员规则;

三、调查居民册;

四、调查选民册;

五、选民资格一览表;

六、笔墨信纸及记事簿。

第六条　调查员按日调查,应将执行职务时间,并调查手续,随时记入记事簿上，以资考核。

第七条　调查员每至一户调查，应先将选民资格一览表发给一纸，并说明其理由，以免填注选民资格时互起争执。

第八条　调查员调查进行中，如有须有襄助之处，得商请该区绅董或乡约等帮同办理。

第九条　调查员对于一户或一人，如有因意外障碍，致一时不能调查或调查明确者，应行补查。

第十条　居民中如有一家关系数姓，及其家有异姓寄居者，应分别登记，并于表册备考栏内注明。

第十一条　调查选民时，如有无选民资格而捏称选民，及有选民资格而按照部章十七条之规定，不得为选民者，均应访查明确，毋令滥竽。

第十二条　调查员如因调查选民资格于地方人民互起争议，应由各该公所据理判决，不得有所偏倚。

第十三条　地方人民如有妨害调查，及侮辱调查员情事，该调查员得报告各该公所核办。

第十四条　调查员分派地段，遇有毗连之处，应彼此接洽商定，分析调查，以防重复。

第十五条　调查员如有循私舞弊情事，经人告发，或所董察知者，由各该公所照章与以应得之处分。

第十六条　调查期限，依照全省自治筹办处详定各处分办明细表，以一月竣事。

第十七条　调查员调查既毕，应将调查居民口数、选民资格，分别填注表册及记事簿，呈报各该公所，并将证书缴销。

第十八条　调查员填注之表册，如有误载、遗载及记载模糊之处，仍应责成该员补查更正。

第十九条　调查员之职务，以调查既毕，呈报表册，经各该公所接收确定时，始为完竣。

调查证书式

| 府 厅 州 县 | 城 | 镇 乡 | 自治筹办公所 |

发给证书事。照得本公所现因调查居民曰数及选民资格，特派该员，前赴后开区域，切实调查。限一月内造册呈报，毋得稍有延误。为此发给证书，以资凭信。须至证书者。

调查区域列左

　　　　　　　　右给调查员　　　　　收执

宣统　　　　年　　　月　　　日

调查居民册式

第号	家主姓名		年岁		籍贯		住所寓所	
	同居者	男女					合计	
	备考							

调查选民册填注体例

一、编号　依调查之顺序，挨户编次号数，以定户数之多寡。如有已设巡警各地方，立有门牌者，即依门牌号数，挨户照填。

二、家主姓名　一家之中，不问人口多少，必有为之主者，是曰家主。宜于家主栏内，将其氏名填注。其余家内同居之人，则姑从略。

三、年岁　家主年岁大小，于选举资格有关，宜于年岁栏内，以实年填注。

四、籍贯　居民籍贯，当分满、汉、蒙、回、汉军、客籍，以及台丁、站丁、壮丁等，于籍贯栏内，分别填明。但各地方有外国人杂居者，亦宜记入。

五、住所或寓所　其人能构成一家，永居其地，谓之住所。暂时寄居其地，谓之寓所。住所寓所地名，宜于住所寓所栏内，分别填明。

六、同居者　一家家主之外，如亲族或戚友寓居其家者，均为其家同居之人。宜于同居者栏内，分别男女，惟记其多寡之数，不列姓名。但计算男口时，须将家主一并算入，再合计之。

七、备注　其家家主及家内同居之人，住居年龄、税额有合于选民资格者，即于备注栏内，简明记载。庶于调查选民时，藉资参证。又于其家或别有关系，应留异议者，亦可记入，以备查注。

调查选民册式

姓名		字		年岁		籍贯		住居　　年
年纳税额	正　税					合计		
	公益捐							
备考								

调查选民册填注体例

（一）姓名　选民姓名，为制定选举人名册，及选举人投票之根本，故填注务求正确，且须记载其人现行姓名。但旗人中往往有单以姓行，或单以名行者，就其现行之姓或名，记载其一，必姓名复写。又遇有单字，因选举人投票时，对于其所举之人，有书其名者，有记其字者。若不备书，则检票时，无从查考。

（三）年岁　选民年岁，部章规定必要满二十五岁以上。填注时，须将其人现有实年记载。例如有人年满四十岁，须于年岁栏内实填，不得混填二十五岁以上。

（四）籍贯　籍贯分别满、汉、蒙、回、汉军、客籍，以及台丁、站丁、壮丁等，于籍贯栏内填注。

（五）住居　部章规定选民住居，必接续至三年以上。然填住居时，仍须记其实居多少年岁。例如有人居吉林省城北大街已经十年，即以十年填注，不得混填三年以上。

（六）年纳税额　税分正税与公益捐两种。若其人仅纳正税，于正税栏内填明；仅纳公益捐，于公益捐栏内填明。若两种并纳者，即并填之，再于下栏合计。又填注税额，均宜记其实纳多寡，不得以二十元以上混填。例如有人纳正税十元，公益捐十元，即宜均以十元填注，合计为二十元。

（七）备考　填注时于对于选民名字、年岁、籍贯、住居、税额等有疑问，或于各栏内填注各项资格，非另附说明，不能明了者，均于备考内栏记入之。

注意一　选民资格，依部章规定，有不识文字者不得为选民一条，故调查选民时，原则须本人自己填注。但有本人离家远出，一时不能回家，亦可由调查员或与该选民有关系者代为填注。

注意二　填注人须先将《城镇乡选民资格一览表》详细看明，于合格栏内所载各项有一条合格，而又于不合格栏内所载各项无一条不合者，始行填写。

城镇乡选民资格一览表

合格	（一）有本国国籍之男子，年满二十五岁，居本城镇乡接续至三年以上，年纳正税或本地方公益捐二元以上者。 （二）有本国国籍之男子，年满二十五岁，素行公正，众望允孚者。按此项资格，据部颁章程规定，须以城镇议事会之议决，作为选民。现在议事会尚未成立，部议暂行从缺。
不合格	（一）品行悖谬，营私武断，确有实据者。 （二）曾处监禁以上之刑者。 （三）营业不正者。 （四）失财产上之信用，被人控实，尚未清结者。 （五）吸食鸦片者。 （六）有心疾者。 （七）不识文字者。
无选举被选举权者	（一）现任本地方官吏者。 （二）现充军人者。 （三）现充本地方巡警者。 （四）现为僧道及其他宗教师者。
无被选举权者	（一）现在学堂肄业者。

札发选举人名册式三种并说明造册方法

为札发事。照得本处详定各属分办明细表内开，本年三月制定选举人名册式，并说明造册方法，札发筹办公所遵办。五月，繁盛之城自治筹办公所，造具本城选举人名草册，并宣布之各节。查此项人名草册，所以证明选举权之有无，为选民执行选举之根据，关系至为重要。现在本处业已制定选举人名册式三种，按式附以说明，并撰定造册方法□条，一并排印成册，亟应分别札发。札到该府/厅/州/县，即便转饬遵照办理。切切。此札。

计发选举人名册式四本，札繁盛及提前赶办之中等各属。　　四月

选举人名册式（一）

以自治章程第十六条第一项资格为选民者。

第号	姓名		年岁 籍贯		住居 年限	
	税捐年额	正税 公益捐		合计		

右选举人名册式，为一般选举人所通用者。其应行记载之事：（一）姓名；（二）年岁；（三）籍贯；（四）住居；（五）住居年限；（六）税捐年额（分别正税公益捐）。其填注方式，与前定调查居民册及选民册体例同。惟查《城镇乡自治章程》第二十条所载，现在学堂肄业之学生，即无被选举资格。填注人名册时，如遇此项学生，应于姓名栏内载明。

选举人名册式（二）

以自治章程第十六条第二项资格作为选民者。

第号	姓名		年岁		籍贯	
	品望					

右选举人名册式，系专为自治章程第十六条第二项资格而设。此项资格，重在素行公正，众望允孚。虽其人于本城镇乡内无住居年限及年纳税捐，亦得以城镇乡议事会之议决，作为选民。但议事会未成立以前，以自治筹办公所为此项资格议决机关。故右册式内于住居年限，又税捐年额各栏，概行从缺，另设品望一栏，以为该项资格填注之处。

选举人名册式（三）

以自治章程第十六条第三项资格作为选民者。（无被选举权）

第号	自然人姓名或法人之名		
	税捐年额	正税 公益捐	合计

右选举人名册式，系专为自治章程第十六条第三项资格而设。此项资格专重税捐，故不问为自然人（包女子、男子言），或法人（公司），只视其纳捐比本地选民内纳捐最多之人所纳尤多者，即作为选民，俾一律执行选举。故右册式内，于年岁、籍贯、住居，及住居年限，概行从缺。即姓名一栏，亦复记载迥异。如系自然人，则以姓名填注，自无疑义。若系法人，则记其法人之名，须并记其总掌者一人之姓名。以法人执行选举，当以此总掌者为代理人也。

造具选举人名册方法

一、选举人名册式，分为左之三种。（式见前）

（一）以自治章程第十六条第一项资格为选民者之册式；

（二）以自治章程第十六条第二项资格作为选民者之册式；

（三）以自治章程第十六条第三项资格作为选民者之册式。

二、造具前三种册式，宜依式分制，一式一纸，庶有讹误遗漏之处，易于变更。

三、造具前三种册式，以第一种为原则，其数宜多。第二、第三两种，系属例外，其数宜少。至于大小长短，均应一律，不得彼此参差。

四、造具选举人名册时，应先就册式散页，分别各项资格，依式填明，然后集齐，编订成册。

五、册式虽分三种，至于编订成册，概以纳税年额之多寡，定先后之等第。多者列前，少者殿后。惟列入第二种册式之选举人，实无税捐可以比算，当然列入乙级。

六、编订选举人名册式，宜按页编号。其记载数字，应用壹贰叁、贰叁拾等字，不得用一二三十等字，以防舞弊。凡册内记载数字之处，一律仿此。

七、编订选举人名册，宜先定草册，俟宣示更正之后，作为确定，然后依据部颁《城镇乡地方自治选举章程》第五、第六两条规定，造具甲、乙两级选举人名正册。

八、选举人名正册编定之后，应于册面署"吉林省　府州县城（或镇或乡）甲级（或乙级）选举人名册"。但未经确定以前之草册，并未分级，则甲级（或乙级）二字，当然从缺。且宜于册字，加一草字，以示区别。

抚帅致宪政编查馆民政部电

据地方自治筹办处呈称，现在调查选民资格，亟应依据部章，明白解释，以免误会。惟查《城镇乡自治章程》第十六条第一项第四款云，年纳正税或本地方公益捐二元以上者，所谓年纳正税者，不知是否与日本市町村制纳地租者不设限制额相同，抑或仍须纳至二元以上。如必须纳至二元以上，则譬若有人年纳正税，或本地方公益捐，并计在二元以上，是否亦可认为合于第四款资格。又同条第二项云，居民内有素行公正、众望允孚者，虽不备第三、第四款之资格，亦得以城镇乡议事会之议决,作为选民。现在城镇乡议事会尚未成立,此项资格,自无从议决。然亦未便概置不问,究应如何变通办理,似非预先指定,难免争执。又同条第三项云,若有纳正税或公益捐,较本地选民内纳捐最多之人所纳尤多者,虽不备第二、第三款之资格,亦得作为选民。此项资格,照章程文义解释,似(从)〔依〕法律所设之公司,及其他法人,均应在内。但无明文,未敢妄决。又第十七条第一项第三款云,营业不正者,其范围以规约定之。现在议事会既未成立,规约自无从发生。调查之初,究应由何处指定范围,以为标准,呈请咨询前来。统祈电示,以便饬遵。

民政部复抚帅电

电悉。年纳正税以二元以上为合格。如纳正税或公益捐,并计在二元以上,亦可。又同条第二项所指资格,定章既以城镇乡议事会议决为准,现在议事会并未成立,应即暂缺。又同条第三项所指资格,凡照法律所设之公司及其他法人,均应在内。又第十七条第三项,营业不正者,未经以规约指定范围以前,应比照贵省选举谘议局议员时,调查营业不正者办法,一律办理。希即饬遵。 二月

录民政部电覆选民资格办法通饬各属由

为录电通饬事。案照本处于三月初六日,呈请督抚宪电询民政部文曰,《城镇乡自治章程》第十六条第四款云,年纳正税或本地方公益捐二元以上者。查税捐一项,我国情形与他国不同,因国税与地方税均未确定,且税目亦极简单,故有每年所得及不动产甚多而无税者。若以吉省言之,又较关内迥异。每有居民财产甚多,不独无正税可纳,即公益捐亦无之者。如谓此项居民,即不能有选民资格,其财产上之利害关系,未免忽视。且有选民资格者,亦即未免过少。拟请变通办理,暂为吉省设一例外。如有不动产满五百元以上者,亦可作为第四款资格。同条第二项所指资格,前章钧部覆电云,现在议事会尚未成立,应即暂缺。

查吉省地广人稀，能有选民资格者殊少，而各城镇乡自治筹办公所，现已饬属依次设立，可否即以该公所暂为此项资格议决机关，庶免此类居民向隅，而各地选民亦可加增额数等情。呈请电咨前来，是否可行，伏祈电示，以便饬遵等因。电发后，兹于三月十七日奉督抚宪发交，准民政部条电覆称："鱼电悉。查选民资格，定章既以纳税捐为要件，自愿捐助本地方自治经费，年至二元以上，即与纳公益捐无异，应一律列入选民【资】格，请特设例分之处，应即暂以各城镇乡自治筹办公所为此项资格议决机关。希即饬遵。"等因。奉此，合亟录电通行札饬，札到该□，即便遵照办理。切切。此札。　三月

札知民政部电覆山东抚台电询选举区董事宜由

为通饬事。宣统二年四月初二日，奉督抚宪发交，准民政部感电开："现准山东巡抚电询选举区董事宜，本部业经电准，以本城镇乡选民由该城镇议事会选举，以归一律。其分区，则办理区内自治事宜，仍按照规约所定细则行之。应行通电各省，免涉两歧。希即查照。"等因。奉此，除分行外，合亟札饬。札到该□，即便转饬各该管城镇自治筹办公所遵照。切切。特札。　四月

批吉林府自治筹办公所据呈疑义五条文

据呈选举疑义五条，兹已分条答释，仰即遵照办理可也。原折发还，抄录备案，仍缴。抄由批发。　三月

附录：本处答释选举疑义五条

（一）居民既以住所寓所为标准，则凡官吏公馆、商号商人在本地有住所寓所者，自应一律视为居民。

（二）年纳正税，章程既未规定纳在何处，自不必以本地方为限。惟调查税额之时，须令其人出示纳税证据，以昭核实。

（三）以第十六条第三项资格作为选民者，本人已无被选举权，而代理人不过代理本人投票而已，其无被选举权，更无庸议。

（四）此条顷据民政部回电称，选民资格，定章既以纳税捐为要件，自未便任准变更。其居民有财产甚多，而并无税捐可纳者，如自愿捐助本地方自治经费，年至二元以上，即与纳公益捐无异，一律列入选民。所请特设例外之处，应无庸议等语。按此，则吉省居民有财产甚多，无正税又无公益捐者，可以照部电办理。如能捐助本地方自治经费二元以上，嗣后仍按年捐助者，即一律认有选民资格。

（五）按民政部覆晋抚电有云，纳捐最多者，照章列入甲级，不得将捐款匀配，令父子、兄弟分有数选举权。据此则知，父子、兄弟既属同居，虽其所纳税捐之额，足以分配，只准以其家内之一人行使其选举权。至第二十五条之规定，系指父子、兄弟分居，各有独立财产者言，与同居者显有区别。又父子、兄弟同居者，其选举权既以一人行使，其税捐总数亦归一人，不得均行照填同数。

函覆伊通州自治筹办公所函询画区暨选民疑义逐条指示由

函悉。按《城镇乡地方自治章程》第二条称，凡府厅州县治城厢地方为城，玩"城厢"二字之义，则知城之自治区域，包举城内及附城以外之地方而言，已了无疑义。然立法者犹惧人之误会其意，于是，又于第三条申言之，谓城镇乡区域，各以本地方固有境界为准。盖以我国地方习惯，凡府厅州县治城之区划，常有不限于城厢，而扩张范围于近城各地方者。如果原来区划限于城厢，即以城厢为其固有境界。该州依巡警区域，定城自治区域，据称原属固有境界，既符定章，当可照办。况奉省怀仁、辽中等县，以附城村屯归并城厢，已奉部电，准其变通。该州城厢区划，即或略有出入，亦可援照办理。惟此关系境界变更，为事实上与法律上最多争议之问题，苟非万不得已，切勿任意更张为要。至"居民"一节，本处前次刊发之说明书内，业已明白解释。凡得为本城镇乡居民者，必在本城镇乡内现有住居者为断。各衙门局所，以及营队、学堂之类，皆地方或国家所有之公共建筑物，并非各种官吏、兵弁、职教员、学生自有之住居地方，其不宜在此次调查居民范围之内，已无俟深论。惟各商铺之商人，彼固居然构成一个商店，于本城镇乡确有住居地方，其应视同居民，一律调查入册，自无庸疑。至应如何填注表册之处，则须问明该商号有主东者，即以主东视同家主。如无主东者，则必有一执事人，足以代表主人之资格，即以该执事人视同主东，填注家主姓名栏内，余皆作为同居者，填注同居者栏内可也。况本处前次刊发《调查居民册式》，原设有"备考"一栏，调查时遇有此项商民，但于"备注"栏内叙明，以资查考，自无混淆之处。又填注各种公司，及其他各种法人，自应将公司或法人之名，及其活动机关之自然人（指总办、总司理人言）姓名，一并填注，方归详晰。如果犹有疑义，亦当于"备注"栏内叙明。查本处现又刊发《选举人名册式》，已将此项公司或法人另列一种，颁发到时，可即查照办理。又数人合营一种商业，年纳税捐满二元者，由数人公推一人为选民，遵照部电办理，最为正确。至称大小商号，皆不得为财团法人，尤为不成问题。夫所谓财团法人者，必在法律上纯粹为一公益法人，乃合今各商号，即有合于钦定《公司律》之规定者，亦只可认为社团法人之一种，不得认为财团法人。盖其创设之目的，全为私人利益者也。况此种商号之设立，多由社会习惯而来，非具有法律上公司之条款，故不独不可以言财团法人，且并不可以言社团法人。即使强欲言之，亦仅为法律上之一种组合而已。准是以推，则省垣日升当，系牛姓一人所设，已不得称为组合，而何有于法人。但能依照钦定《商人通例》，作为一商人营业可也。此覆。　四月

本处派员考核繁盛中等各属筹办自治事宜成绩由

为呈报/札委饬/移知事。窃维/照得自治初基，造端宜慎，以研究分所为养成之地，以筹办公所为组织之区。本处前经拟定分年进行顺序，排列为明细一览表，详奉宪台/督/抚宪监察，咨部核准，通饬遵行在案。查吉省本年筹办次序，各属繁盛之城，应设立城自治筹办公所；又繁盛及中等之城，应设立自治研究分所。迭经电牍交催，饬令依限举办，于三上月间始据陆续报齐。其原列入中等而提前筹办城自治者，则有依兰府、滨江厅、敦化县、磐石县，并吉林府乌拉镇自治。原列入偏僻而提前设立研究分所者，则有蜜山府、方正县。当准变通办理，以励进行。所有各公所，一应章程册式，暨各分所教授科目、讲义，均由本处编撰札发。其有办理未当者，并随时批饬更正。按照现在情形，筹办尚无贻误。惟念自治事属并举，官民均非素习，各属之是否实力奉行，与奉行之是否合法，若仅据公牍申报，往返驳查，不特按日程功，易滋迟误，抑且循名核实，难语完全。本处忝司总汇机关，不得不慎之又慎。查分年筹办自治一览表内开，宣统二年三月，派员考核繁盛及中等城之研究分所。前因各属尚未报齐，暂缓遴派。兹拟将考核之事，扩充范围，凡各属已设城自治公所之处，一并饬令考核，并将宣讲所、阅报所等有关自治者，为附属调查类，由法制、讲习两科，分拟视察纲领，系以总分各表，选派视察员，周历各属，会商地方官及各该所之所董、所长等，将应行办法，切实声明。如有错误，立即纠正，一面随时编成日记，报告本处，备案查核。如此内外一气，脉络贯通，实于筹办前途，不无裨益。此项视察员，以通晓法政，夙有经验者为合格。查有本处讲习科员匡熙民，堪以派委，月给薪水，官价银一百两。所有川资旅费等，拟照民政司调查员例，分行、坐日支给，行日每天中钱十二吊，坐日每天中钱九吊，计日给领，汇案照报。除札委外，理合检同视察纲领，备交呈报宪台，鉴核施行。须至呈者云云。此项视察员，以通晓法政，夙有经验者为合格，查有该员堪以派委云云，汇案造报，除呈报督抚宪，暨通行外，合行札委。札到该员，即便遵照，克日起程，前往各属，认真考察，毋负委任。切切。此札。札科员匡熙民云云。／此项视察员，以通晓法政，夙有经验者为合格。查有本处讲习科员匡熙民，堪以派委。所有薪水及川资旅费等，均由本处发给，各属毋庸供应。除呈报督抚宪暨札委外，合亟札饬。札到该□，即便遵照。俟该员前往时，务将筹办自治事宜，妥与接洽，藉觇成绩。本处有厚望焉。切切。特札。云云。／此项视察员云云，各属毋庸供应。除呈报督抚宪暨通行外，相应备文移知贵司／道，请烦查照施行。须至移者。

四月

函致繁盛中等各属本处派员前往考察自治各事酌择学堂公所房屋为该员办公之用由

径启者。筹办自治，关系宪政，极为重要。馆部考核綦严，本处忝司总汇机关，尤愿于我寅僚共励进行，克收成效。兹详已悉，准督抚宪由本处遴派视察员匡熙民，前往各属，实地考察，业经另札通行在案。事当创办，不厌求详。如该员查得有与定章不符者，可以随时商令更正。或有重要事项，仍饬禀报本处，再行核办。该员川资旅费，均已由本处发给，毋庸供应。惟旅舍喧阗湫隘，不适于办公，即希酌择学堂公所僻静之地，暂借一廛，以便该员考察之暇，从事编辑，实所至盼。耑此　函颂时祉　五月

考察各属自治研究分所之纲领

一、就组织察之，为目凡八：

甲、开办年月；

乙、设立地址；

丙、职教员人数；

丁、职教员资格；

戊、学员人数；

己、学员资格；

庚、常年开支细数；

辛、筹集经费方法。（表附）

二、就学科考察之，为目凡八：

甲、学期年限合定章否；

乙、每星期教授若干点钟；

丙、教授科目于定章有无增减；

丁、教授课本现用何种，或由教员自编讲义；

戊、现在教授何科，每科授至何章何节；

己、就已授各科中择其最浅近者，设为问答，以观程度；

庚、学员有无笔记；

辛、各属如有第一班已经毕业者，酌延数人，与之讨论。如程度实在不足，应饬补习；

附总表一。

考察各属宣讲所之纲领

一、开办年月；

二、设立处所；（新建者，原有者，附设者，租赁者）

三、讲员人数；

四、讲员资格；

五、听讲平均人数；

六、宣讲书籍；

七、常年开支细数；

八、筹集经费方法；（或公款，或官捐，或绅捐，或营业捐，或田亩捐）附总表一。

考察各属阅报所之纲领

一、开办年月；

二、设立处所；

三、各报种类；

四、开报人数；

五、通行各报及期销数；

六、有无将各报张贴通衢，纵人观看者；

七、经费如何筹集；

八、常年需用经费若干。

考察各属自治筹办公所之纲领

一、就组织观察之部分目为五：

（甲）公所开办时日；

（子）已报者；（丑）未报者；（寅）逾期未开办者。

（乙）公所设立地址；

（子）新建者；（丑）原有者；（寅）附设者；（卯）租赁者。
（丙）组织公所职员

职员	员额	姓名	年岁	出身	籍贯	住居年限
所　董						
副所董						
名誉参议						
文　牍						
庶务会计						
调查员						

（丁）职员薪费

职员	员　额	费　别	月　支
所　董			
副所董			
文　牍			
庶务会计			
调查员			

（戊）书记夫役

役别	人　数	薪　工	合　计
书　记			
杂　役			
厨　丁			

二、就职务考察之部分目为五：

（甲）公所事务之整理；

（子）设备（如办公室画到簿、治事簿等类）；（丑）筹办章程；（寅）办事规则。

（乙）关于调查各种事宜；

（子）调查区域；（丑）调查方法；（寅）调查表册；（卯）居民调查；（辰）

选民调查；（巳）填注体例；（午）调查起讫；（未）调查种种问题。

（丙）关于制定选举人名册各种事宜；

（子）造具选举人名草册；（丑）选举人名册式；（寅）选举人名册内记载；（卯）选举人名草册成立日期；（辰）宣示选举人名草册；（巳）宣示选举人名草册时日及场所；（午）选举人名草册有无声请更正；（未）更正选举人名册方法如何；（申）选举人名册确定时期；（酉）造具甲乙两级选举人名正册；（戌）呈报甲乙两级选举人名正册；（亥）选举人名册种种问题。

（丁）关于选举各种事宜；

（子）刊发选举传单（选举日期，投票所及开票所地址，投票方法）；（丑）应否分视投票所；（寅）投票、开票管理员；（卯）投票所、开票所办事规则；（辰）投票簿、投票纸及投票区；（巳）投票一切事宜；（午）开票一切事宜；（未）检票方法；（申）当选决定；（酉）选举变更（选举无效，当选无效）；（戌）选举争议。

（戊）关于议事会成立各种事宜；（附乡选民会）

（子）成立日期；（丑）现任议事额数；（寅）候补议员额数；（卯）议长、副议长选举事宜；（辰）文牍、庶务员之选任；（巳）召集开会日期，按右列丁、戊二者，尚不在此次考察范围之内。

三、就经费考察之部分目为四：

（甲）经费筹集；

（子）固有；（丑）新筹；（寅）已足；（卯）未敷。

（乙）开办经费预算；（附预算表）

种 类	数 目	备 考
合 计		

（丙）常月经费预算（附预算表）

种　　类	数　　目	备　　考
第一款（办公费）		
一		
二		
三		
第二款（薪金）		
一		
二		
三		
第三款（以下类推）		
一		
二		
三		
合　计		

（丁）临时经费种类、数目叙列均与前同。

第五编　暂不确定日期档案散件

吉林行省谘议局呈为提议录用毕业员生以励人材一案由

宣统元年

　　谘议局为呈请公布事。窃查局章第二十五条所载，除二十一条第二、三款外，谘议局亦得自行草具议案等语。遵此兹经本局提议录用毕业员生以励人材一案，于本月十三日开议，已经全体公决，除呈报资政院鉴核备案外，理合将议决理由，缮折附文，呈请督部堂/抚部院鉴核公布施行。须至呈者。

　　右呈督部堂、抚部院

吉林谘议局覆议矿产兴废案

宣统元年九月

覆议：

查矿产为生财之源，生之众者用自足，源之远者流乃长。吉省矿产富饶，自当急于开采，况值此经济困难，财用奇绌，尤以开矿为刻不容缓之事。倘不急求办法，力图振兴，外人将起而干涉之，如皖之铜官山矿，其前鉴也。惟办法必求妥善，提倡必须有方，方无利权外溢之患。如原拟第一、第二两条办法，均属可行。至第三条，则纯属管办性质，核之预备立宪时代，尚应斟酌办理。考东西各国，皆用人民自由开采主义。日本现在矿山率听人民自由开采，惟英、法二国尚有归官办理者，此亦从前相沿，尚未改革。推原其故，盖古时非立宪国体，故矿权专在国家，人民不得私开。近世皆知官办之弊，不如准人民自由开采，藉可广其矿税，此其中有种种理由，西人已详言之。一谓矿山官办，辄不认真，徒饱私囊，无补公益。民办则资本攸关，必能详细管理。此矿业不如归民办者一。一谓开矿需巨大资本，古时人民资力微薄，不能担任，民情涣散，苦难团结。近世则以社会上之经济发达，富民日多，集合之力正大，政府之财力间有不足以敌之者。此矿业不如归民办者二。一谓矿物零星复杂，以之出售，亦正繁琐。国家既难经理，且易滋生流弊。人民则众筹易举，无虑复杂繁琐。此矿业不如归民办者三。一谓矿业之获利，变动无常，甲年之所获，不能作为乙年之比例。且对于资本，危险颇多，如归国家，倘有亏折，则于政团上经常之经费，必大有妨碍。此矿业不如归民办者四。据各国之学说，仿东西之办法，本局议决，采用人民自由开采主义。凡吉省境内所有之矿产，无论何处何项，其土地或为官有，或为私有，均可由本省人民开采，外人不得而干涉之。或集股，或专办，均属可行。应请札饬各府厅州县，出示晓谕，凡吉省人民有能备具资本，采掘某处某项矿业者，准其来劝业衙门呈请立案，查验资本，官家担监督之责任，开采者负纳税之义务。至其详细办法，及纳税额数，悉遵部定章程办理。兹将预备会已经调查明确之矿产数处，详细列表备查，并将全境未经调查之矿产，拟定保护章程如左：

一、吉省矿产不准外国人开采。

二、吉省矿产凡系本省及他省之中国人皆准开采。

三、凡中国人开采者，不准与外国人合股。

四、凡中国人开采者，亦不准借使外债，以作资本。

五、中国官吏对于吉省矿产亦不得私许外国人开采及招集外股。

六、中国人如与外国人合股及借用外债开采吉省矿产者，从严惩办，并禁止其开采。

七、中国官吏如有私许外国人开采及招集外股，吉省全体人民概不承认。

八、吉省矿产繁富，现就调查明确者先行报部立案。其未经发见者，俟后随时调查，随时呈报。

吉林谘议局覆议征收大租权用官帖通省画一以剔积弊案

宣统元年九月

覆议：

租赋之条，全国一致。征收之法，各省不同。吉省向用银款，地有上、中、下之别，银有米、地、丁之分，征收手续，弊窦丛生。自清赋放荒以来，将以前之米、地、丁均改为大租名目。定章载明，每垧地大租，以中钱六百文交库，以六十文小租，作为办公经费，共计六百六十文。其清赋后，发交民旗各户执照，亦注明每垧地六百六十文之数。惟近来各属钱法不同，因之征收租赋亦异。如五常、宾州两厅，均照官帖六百六十文征收，固属不背定章。至于新城府、榆树县、磐石县、伊通州等处，每地一垧，仍以现银一钱九分八厘征收。按照现时银行，并加以库平加耗、加羡等项，再加以票钱二三十文不等，统行核算，约每地一坰，竟有征至一吊二三百文者。再重者，更有征至一吊四五百文者。拉杂纷乱，莫可究诘。应请饬下各府厅州县及各旗署，自今年起，所有征收大租，一律遵照定章，每地一坰以官钱六百六十文为率，暂以官帖交纳；其零数，则以银圆、铜圆权宜办理。俟数年后，吉省币制大定，再行以已定之币，核照交纳。其六十文之小租，为一切办公经费，自足敷用，并不得额外再有他项勒索，庶可杜积弊而昭画一。

吉林行省批谘议局覆议租额弊端由

宣统元年九月

吉林行省总督锡、巡抚陈批：议案阅悉。查该局以各府厅州县征收大小租，弊窦丛生，请饬民旗各署，自今年起遵照定章，每地一坰以官钱六百六十文为率，暂以官帖交纳。其零数则以银圆、铜圆权宜办理等语。自系廓清积弊，画一办理起见。惟查民间完纳大小租，凡地在二十坰以上，征收八成银款，二成钱款；二十坰以下，听民自便。前此奏定六百六十文之额者，按之彼时市价，每银一两，不过易钱二吊数百文，以钱六百六十文核除银一钱九分八厘，尚有平余，为地方官办公之地。今之市价，每银一两，易钱五吊有奇，相去悬殊，万难相提并论。夫民力固宜体恤，公款尤宜慎重，至地方官经征租税，虽不能听其浮征，而一切因公支销，岂六十文小租所能敷用？似宜代为设法酌增，画一征收经费，俾资办公而免赔累。如明定经费以后，各属敢有浮收，即按法科以应得之咎。该身任者，亦万喙无辞。应再平议定章，使官民两昭平允，庶可垂诸久远，而无偏畸之弊。希即查照。抄由批发。议案存。

吉林谘议局覆议拟设农会议案由

宣统元年九月

覆议：

查农工商部奏定章程，各省应于省城地方设立农务总会，原为整理农业，开通民智，培养富强根本起见，应遵照办理。其办理一切方法，部章具在，应谨遵行。至经费一节，前已遵示会同商务会、教育会公同核拟，将本地所有各宗公产何项可以应用，调查明确。并省城江南向有熟地约十余垧，亦调查究有若干，租粮若干，斟酌拨用。仍拟将已撤前将军衙门前锋营众兵摊扣开销余款，约数千吊，作为开办之资。以上江南熟地并裁撤前锋营余款，业由本局用正式公文，分头调查去讫。其各项公产，一俟商务、教育两会调查清楚，声覆到后，即为实行。

吉林谘议局覆议改省城自治研究所办法案

宣统元年九月

覆议：

查议员提议将省城自治研究所改为吉林省府自治研究所，外府厅州县各就本地设立自治研究所，勿庸将学员送省，摊解学费各情。考之定章，既不背谬，揆诸事实，亦简易可行。伏观宪政编查馆奏定《自治研究所章程》第十一条：自治研究所，以讲授八个月为毕业期，俟第二届或第三届毕业，即行裁撤。而自治筹办处所定顺序表，系招考学员六班，核与定章，已多三届。如研究所专归省城办理，各属每学期担任经费，为数不赀。迨至毕业时，而各地方仅得三五少数学员，讲授自治，易于普及。况查顺序表内开，宣统元年下半年，即派毕业学员赴各府厅州县研究所为所长。是本年各处府厅州县均应遵照定章，一律设立研究所。本地既已收考学员，似未便又选送学员来省肄业，多费周折。应请将省城研究所候现在第二班学员毕业后即行裁撤，改为吉林府自治研究所，规模既已缩小，经费亦开支无多，自勿庸外府厅州县考送学员，摊解膳费。即以应解公费留充本地办理自治研究所之需，其不足之数即由本地官绅另筹。应请饬下各地方官，自本年起，皆令同本地士绅妥速开办本地研究所，招考学员，选用本省法政、自治研究所两项毕业学员，充当所长、教员，以期学员无烦跋涉，学款不致虚糜。学员、教员皆系土著，自能熟悉本地情形，以本地人材研究本地自治，休戚相关，自无不实事求是。至其详细办法，以及毕业日期，即遵定章办理。

谘议局筹办处第一次会议草案

宣统元年

本处第一次核议办法大纲

一、选举区域

按宪政编查馆奏定《议员选举章程》第二条："初选举以厅州县为选举区，复选举以府、直隶厅州为选举区。又直隶厅州之本管地方，及府之有本管地方者，均作为初选区。直隶厅无属县，以附近之府为复选举区。"云云。查吉省府厅州县共只二十二属，中如绥芬厅、五常、延吉、双城各厅皆无属县，亦不隶于府。其府厅中之有属县者，如吉林府、长春府、依兰府、宾州厅等处，则又皆有本管地方。若照定章办理，未免参差，难期如法。且去冬奏请添设蜜山府、濛江州、长岭县、桦甸县时，曾于折内声明，嗣后府厅州县均令各治其地，不相统辖。虽未即时实行，然自本年三月行省公署成立之后，各州县公牍文件，均直达公署，不由府厅核转。是各州县之于本管府厅已属无大关系，自宜量为变通，庶归一律。拟无论府厅州县，均令作为初选举区，举办初选事宜，即以本管官为监督。复选则分五路，以本管司道、副都统为监督。兹假定其区域如下：省城为中路，以民政司为监督，属以吉林、伊通、磐石、敦化各府州县；长春为西路，以两路兵备道为监督，属以长春、农安、长岭、新城、榆树各府县；哈尔滨为北路，以滨关道为监督，属以滨江、宾州、五常、双城、长寿各厅县；三姓为东路，以三姓副都统为监督，属以依兰、蜜山、大通、临江各府州县；珲春为南路，以珲春副都统为监督，属以延吉、绥芬、濛江、桦甸各厅州县。其同属于一路者，并照定章，准其互选，不必限于本属之人。

一、选举时期

恭读上谕，各省谘议局统限一年一律办齐，而逐年筹办事宜清单项下，亦以选举议员列入第二年。又查谘议局常年大会，定期以九月初一日为始，而初选、复选之人名册，均须于选举时三个月前宣布。及复选举选出以后，当选人员齐集省垣，又须一月，始先将谘议局组织成立。……（整理者案：原件模糊，从略）

一、选举职员

谘议局筹办处之设，以筹办选举为第一件事。筹办选举，必有司选人材。司选得人，斯事集矣。此直隶筹办处章程，于监察员、管理员之外所以另添司选员也。盖因初选虽以州县官为之监督，然使办法各异，复选举时必多窒碍，非此不足以统一云。法良意美，允为导师。但其所派司选各员，皆以本籍士绅之曾习法政及自治者分任其事，故仅讲习章程，十日即可遣用。每员各司数属不等，且不开支薪水。吉省人材缺乏，此项士绅不多觏，只能参用外籍人员，以资分派。而讲习章程，尤非旬日所能明晰，亦宜酌加，始臻完善。惟有一端，吉林差胜于直隶者，则以府州、厅、县无多，可以每属各派一人，办理必较易易。现拟即速开一讲习章程会，选明达官员三十五人，令其赴会讲习。现以一月讲习完毕，即行派赴各府厅州县，会同各地方官办理选举事宜。并即于此讲习时间，由筹办处订一司选员办事规则，札发各府厅州县，令先择地设立选举事务公所。并就所辖划分区域为若干区，择其区中可任选举调查员者若干人，先日齐集，俟司选员到，即当开办。由司选员授以章程，分赴各区实行调查，既免顾此失彼之虞，又无往返讲习之劳，计无更善于此者矣。但此项人员，既参外籍，则与选举调查员之以本地士人担任义务者迥然不同，自应由筹办处酌给薪水，以示体恤而励廉能。

又如选举调查员，照章应由初选监督选派。惟司选员既帮同各府厅州县筹办一切事宜，并讲演章程，是此项选举调查员应与管理员、监察员同在讲习之列。而章程第三节第五条中，只言管理员不拘官绅，均可派充，监察员应以本地绅士为限，未指明选举调查员当用何等资格，拟照管理员、监察员资格所定，归为一律。

长春府人王皓民为官绅营利舞弊陈请建议书

宣统二年二月

具陈请建议书长春府人王皓民　敬陈者，窃查长春为东省枢纽，列强视线所集，凡一切内政外交，有关国计民生者，在事官绅宜如何设法维持，共图竞进于文明，方不负列宪之付托，众民之仰望。何意当局者孳孳为利，上下交征，结成一种抱定金钱之政策，长此以往，虽竭尽吾民脂膏，何能填无穷欲壑？民偏居乡隅，少见寡闻，本宜自谋生计，何必干预政事，然一念及吾国之时局，地方之窳败，几至搔首问天，继思天下治乱匹夫有责之义，又何可自外生成，故安缄默。是以不揣冒昧，分条缕述。

一、不恤灾荒也。查光绪十七年及二十四年间，长郡先后劝捐积谷二万余石，分存地方大户，备济荒年之需。迨至宣统元年，府属驿马河两岸被潦，经许前府守将积谷每石按十三、十五、十八等吊如数变价，闻以三成赈济被灾之户，以七成发商生息。民间传说，许太守升任时，由此款内提吉钱万吊，充作府署办公经费，并将卷宗改毁等情，曾经绅户李权向毕维垣质问，不知如何罢诊。今年伊、新两河三次涨发，平地水深四五尺，田禾尽被淹没，计抚安乡十一甲，居民受灾者共二十余屯，几至颗粒不收。民户赴府报灾请款赈济，迄置未理，不知前捐积谷变价移作何用，因何不肯拨赈。现在被灾者纷纷流离他所，而狡黠者难保不迫于饥寒，挺身走险。民村屯相望，殊为可虑，此何能安于缄默也？

一、教育未普及也。自光绪三十三年筹办新政，按府属租地计垧收捐，充为学费。原议每甲设立小学堂一二处，以谋教育之发达，乃抚安乡十一甲迄未设立一处，不知每年由此甲所收学费五千余吊，归于何用？若云拨充中学经费，试问不遍设小学，则中学之生何由招？不入中学，又何能躐升于中学？去年因十一甲地面逼近农安县城，经全甲人民详具理由，呈请划归农治，以期便利。曾奉吉林民政司批，据称该甲年纳学费五千余吊，未设一校以普及教育等情，如果属实，自系官吏之过。本署司当督饬该府，切实举办，以慰民心，决非拨归农安，或可举办，在长春即可任令不办也等因。孰意事已经年，仍未遵批筹设一校，致令全甲之儿童无处就学，将来知识薄弱，生计必艰，地方事何望发达？民为社会文野起见，此何能安于缄默也？

一、放弃主权也。府属新政，需款浩繁，曾经筹办营业税，以为补助。而民户卖粮，多有赴日占地，希图免税者。迨宣统元年冬间，经绅商禀准，在占地外，要路设卡收税，俾免愚民绕越。虽经日人相争数次，终以无理作罢。其时民奉委赴省造报决算表册，路经郡城，闻知此事，深为庆幸。现闻赴长卖粮商民纷纷传说此项税权已归日人掌握，民闻之惊骇非常，详询情由，佥称系何太守送与日人者，细情未能尽悉等语。于是稍有知识者，咸以何太守为卖国。事虽传闻，谅必确实。查税务系属国家之主权，岂可任意放弃？其间有无贿卖情事，碍难悬揣。惟去此税权，我郡少进一分公款，而民之担负必重。民有负税之义务，此何能安于缄默也？

一、任用私人也。财政为地方要务，必须遴选明正士绅与地方痛痒相关者，方能委用，乃何太守竟用私人傅乃弼，办理全郡财政，又恐地方反对，嘱托私恩相结之城议事会长薛景周，私以议、董两会印信出具保结。试问倘有侵吞等弊，可由两会赔补乎？抑由薛某个人赔补乎？其余差缺，凡薪优者均为府守之私人。不特此也，所用私人傅乃弼竟用其弟傅宝臣充第三分卡收税委员，匿报罚款若干；又用其子傅东甲充屠兽场医官，不知依据何章，而兄弟父子同在一处当差。质言之，长郡新政为行政官任用私人之窟，财务处又为傅乃弼任用辽阳人之窟，其间狼狈为奸之处，何可思议。民有公民之责任，此何能安于缄默也？

一、私挪公款也。查地方公款，应为地方公益之用，妇孺皆知。乃何太守既委私人傅某主办财政，遂得恣其贪欲。每月由公款内提钱三千六百吊，作为府署两科办公经费。又每月开支统计处薪工费钱七百余吊，法制调查员薪工费钱五百余吊。查府署办公,每月由度支司领银千两,前两科并统计处及法制调查员均应由所领公费内开支,屡奉大宪三令五申,不准丝毫挪移地方公款。而府太守一若未寓目者,计自到任以来,共私挪地方公款七八万吊。此项挪款,将来应归何项报销?可否遵照定章,饬于所领公费内拨还,以重公款而戒贪婪。民以天赋人权不可放弃,此何能安于缄默也?

一、滥用财权也。傅乃弼既充财政主计,念及薛议长保结之情,常存酬报之心。即于本年六月初一日,私将牛马市场押款,借给薛议长一万吊,月息一分,贩卖粮石,获利无算,并无商会连环保结,似此借款,何异影射?及至劝学所用款甚急,而财务处转以一分二厘息借世增庆钱三万吊。借出者息轻,借入者息重,不知理财诸君有何卓见?回思薛议长以议、董两会钤记之担保,诚非无因,议长为地方代表,断不宜网利营私。今既如此不端,似宜肃其公权,另行选举。民享公民之权利,此何能安于缄默也?

一、虚糜款项也。地方公款,乃民之脂膏集聚而成者,即应开支,亦须撙节动用,何可故意浪费。乃财务处竟用员役七十余人,每年耗款至十万吊之多。城厢自治公所,除议员外,员役亦三十余人,每年耗费四五万吊。而正、副议长系名誉职,尚自定薪水,按月支领,议员亦按月支领伙食。其总董、董事照章应领薪水,尚且毋论也。更有骇人听闻者,本年自治筹办公所预算用款,竟达至十五六万吊之巨,虽经全省自治筹办处两次批饬核减,而在事官绅置若罔闻,意似不宜核减者。查自治之设,原为谋地方公益之发达,今自治职只图私利,不顾公益,地方前途尚可问乎?将来府及镇乡自治职,若均效法此辈,恐吾民等不仅脂竭膏尽,而皮与骨将被剥蚀耶!民以庐墓田产之所在,有痛痒之关系,此何能安于缄默也?

以上数端,均系确凿可据。若不禀揭查究,何以肃官箴而儆将来?况值此天灾流行,伏莽蠢动之际,如再任此等贪官劣绅朋比为奸,剥削民财,其如国家安危、地方民生何哉?除径禀督抚宪核办外,为此仰祈大局诸君,俯念民急,代表舆论,据情呈请公署,准予派委正直专员查办,实究虚坐。并乞统筹全局,严加厘定限制,俾有遵循,则全郡人民受福不浅也。肃陈,不胜蟇首翘盼之至。

谨请公安,伏乞建议施行。

宣统二年二月

长春中学堂为本堂学生与清赋局构衅事
启呈谘议局开会提议或代转极峰

宣统二年五月

长春府中学堂全堂学生等谨启呈省谘议局钧鉴：兹因敝堂学生等与本城清赋局构衅，或据极峰派员调查，或据报章逐日登载，大略情形，固早在贵局洞鉴之中。然风闻纪事，语焉不详。查核失实，事滋偏袒。故昨奉有提学开革学生之札饬也。学生等既被吏胥之欺凌，复膺嚣张之指斥，忍无可忍，诉将何诉，因思贵局为舆论之代表，此为学生等名誉攸关，因不揣冒昧，将颠末原由，据实为贵局觑缕陈之。此事之起衅也，因于四月二十三日，敝堂学生一名，往清赋局纳租，而该员司等以征入时每铜子一枚作钱十文，找出时每铜子一枚作钱十四文计算，又除交租款外，所余之钱计两元有奇。该员司等亦揩不给，我学生以为，纳租向有定例，额外何容扣索。铜币分量一致，出入焉有涨缩，因相诘问。乃该员司等不容理论，只言应该如此。学生言，纳租固属应该，而纳租之外又何以如此也？该员司等以为言刺其弊，即肆口逐骂。是时也，稍有血气者，亦不能受其凌侮，况学生怀直未伸，能不与之理论乎？于是该员司等便言扰乱局章，势将用武吓逐，学生见势奋怒，厉声相向，该员司等乃动手殴打，学生抗触不敌，因受重伤。比回堂时，同学等目击情奋，即行赴该局，进门时只有理论之言，并无格斗之势，乃该员司等不容讲理，越窗夺门，蜂拥而上，连放手枪，幸学生等急避回堂，未遭弹毙，然受其殴伤者又有二人焉。学生等本拟禀诉极峰，以判曲直，乃昨遽奉提学饬开革学生，是极峰所派员查核者之失其真，而办法自不能不失其平。在提学厅一方之查报，惟有开革学生之一法，岂知学生等被开革无足惜，而全堂解散亦无足惜，所惜者长春中学之如此，何以立？而该清赋局有不可解之理由也。夫纳租为正当国课，征收定额，丝毫不容盈绌，而何以该员司等于额外多扣余钱？此不可解之理由一。铜币为国家铸造，分量一致，尽人信用，虽因时因地以制宜，间有行使价值之增减，断未有如该清赋局之定纳租例，登时之出入增减大异者。此不可解之理由二。该清赋局为纳租处所，非同拔舌地狱，而何以该员司等不容言语理论，骂而且逐，逐而且殴，横逆犹是？此不可解之理由三。学生等再到清赋局，无非欲伸理论，口无斗言，手无斗具，而何以该员司等蜂拥齐出，如临大敌，开枪即打？此不可解之理由四。此四理由，学生等愚昧莫解，恳乞贵局或开会提议，或代转极峰，俾该清赋局提出其不可解之四理由，而两造之是非自明，则学生等之名誉幸甚，长春中学之前途幸甚！为此启呈贵局鉴核施行。

宣统二年五月
中学堂学生等具

吉林行省批谘议局覆议农安女学管理员陈请审判推事破坏公益一案

宣统二年七月

吉林行省总督锡、巡抚陈抄由批查，谘议局收受人民建议，例不得干预诉讼。前接宪政编查馆来文内开，谘议局收受人民建议一项，以通达民情，指陈得失为主。若纯然诉讼事件，自应由法庭审判，该局不得干预，以杜侵越等语。盖以规定谘议局事项之中，尚有易于含混之处，故特于权限所关，确立范围，深切著明，无可假借。乃阅来牍，以此案事涉学务，竟指为陈请建议之事，谓与个人诉讼截然不同，殊属误会。地如果为原典主李芳所有，经张文浚查明，断归学堂，就学堂一面而言，固属公益事件。惟现在既有孙、卢二姓出头承认，是该地为谁所有，争议尚未决定。乃纯然个人诉讼，何能牵入公益问题？况审判厅四级三审之制，原为上级纠正下级之用，即使不服该厅判断，该张文浚等亦应照章待判决后，将不服理由，于原检察厅呈请上诉，以符司法独立之旨。即不然，委任代理人亦无不可。是该绅等尽有申诉冤抑之地，无须遽为代陈。所请澈究原案，分别惩处，应毋庸议。此答。

吉林谘议局筹办处呈报吉林省各区复选当选议员情形并议员名册伏乞鉴核由

宣统二年七月

为呈报详请咨报事。窃查吉林各复选区，均照章依限将议员及候补议员选举足额，先后造册申报前来。惟依兰一区路程既远，且有再三选之烦，以故迟迟尚未册报。昨自已电催赶速造送，先据该区电禀，议员及候补议员亦皆当选有人。本处复核，各区议员年岁资格均属相符。复选事宜大致完竣，日前已通饬各复选事务所于七月十五日一律裁撤，司选员随时回省销差，薪水即发至七月底止，以期节省经费而重公款。兹特将各区复选当选议员及候补议员姓名，并有当选无效及递补情形，缕细陈之。

吉林府复选区议员八名

姜宗义　徐穆如　松毓　庆康　李芳　福咸　祝华如　穆锡侯

候补议员四名

庆山　孙树棠　张文翰　杨敬修

查松毓一名，系已被参革之员，其参案字样綦为严重，恐与选举名册所填资格相犯，曾经呈请抚宪，允电咨宪政编查馆，可否准其当选。兹奉发交宪馆覆电，指参案字样，即系营私武断，照章应削除被选举权等语。随即函知该区复选监督，将松毓一名宣布当选无效，以候补最前列之庆山顶补。

长春府复选区议员十名

何印川　郭善成　吕鸿声　郑雨人　王乃钦又名张云五

赵韫璞　林宝兴　姜云鹏　于汇东　王延世

查吕鸿声一名，据该区复选监督呈称，当检票时，查选举名册载年二十九岁，因系去年调查，推算至今日当合格，继查入武痒年代，迄今仍二十九岁，照章无复选被选资格，理宜剔除，以候补最前列之张云五顶补。

又据电称，王乃钦、王成典二名，届呈明情愿应选之时未到，以候补次前列之赵韫璞、林宝兴顶补，即发执照。该二人始行到所，自知误期，愿领候补执照，并请列于他候补之前，可否照准等情，请示前来。当日电覆该监督，准予照办。

新城府复选区议员七名

于源浦　谷嘉荫　富克精阿　关毓谦　沈景佺　么瑞峰　王耀晨

候补议员五名

王景云　赵成庠　范殿栋　庆发　兼文荟

均无更动。

宾州厅复选区议员四名

王叔槐　富克兴阿　姜维岳　丛钟廷

候补议员三名

冯舜生　任在幹　费文藻

查费文藻一名，先据该区来电，并无其名，此次申报，声称费文藻亦满当选票额。因司选员等狃于宪处鱼电内有"仿照江苏办法，候补议员照各该区应出议员之数折半预备"一语，而忽于定章"凡得票满复选当选票额，而当选人额数已满者，作为候补当选人"一条，遂以二名即足议员折半之数，系属误解，仍请将费文藻加入候补当选。

依兰府、绥芬厅、延吉厅三复选区议员一名

福裕

候补议员一名

张春霖

该区名册虽未送到，约亦无所更动。

此各复选区当选议员及候补议员，并有当选无效及递补之情形也。除将确定议员及候补议员姓名职衔及年岁资格造具清册四份（详请抚宪鉴核，并恳咨送宪政编查馆、资政院、民政部立案外，理合另备清册一份）呈请宪台鉴核施行。须至呈者。

计呈吉省当选议员名册。

右呈督宪云云。除另备议员清册一份，呈报督宪鉴核外，理合将确定议员及候补议员姓名职衔及年岁资格，造具清册四份，详请宪台鉴核，并恳咨送宪政编查馆、资政院、民政部立案，实为公便。为此备由具详，伏乞照详施行。须至详者。

计详当选议员名册四份。

右详督抚宪

吉林行省批谘议局议决交议修辟官道案由

宣统二年九月

吉林行省总督徐、巡抚陈批：来呈暨议案均悉。查平治道路为内政最要事件，无论中外古今，胥同此议。吉省土旷人稀，路途常为阻塞，况东北、东南一带正议招民实边，是修道一事，尤为第一要政。当本案交议之初，即认定此举势在必办，惟以经费为难，故有递年筹款之议，以工程浩大，故有择要兴工之议。原冀议员等预为经画，克襄大举，兹据来案，历举路款、土路、路线三难，认为不可，则古来凡大兴举，未有不至艰极难者，持之以恒，守之以断，久之乃见大效。若却进畏难，事何由兴？应候札由民政司，复将全省官道详晰规画，次第择要举行，以维路政而利交通。希即查照可也。此覆。议案存。

吉林谘议局为议决开民报以重舆论案

宣统二年九月

议决请开民报以重舆论案：

一、理由

查泰西诸国人民进化之速，几几一日千里。其组织之最有效力者，要不外出版自由与言论自由两事。盖出版自由则言者愈多，听者愈众，片纸风行，传闻捷于影响。言论自由则言者无嫌，听者无忌，一词褒贬，人心知所劝惩。我吉谘议局虽为舆论汇归之地，但一般人民智识未开，迄今已经一年，尚有不知谘议局司何事者。间有二三官员鼓吹提倡，而言权鲜少，仍属动力未宏。值此预备立宪时代，事事克期责效，若任全省人民久甘浑噩无知，则舆论无发达之日，议局即无补助之机，而新政前途亦难免有阻滞之虑。况值欧潮美浪，逼若急雷，尤应以民智民气为首先对待之方。是以议员等设法利导，拟由本局及各团体分担筹款，在本局附设《民报》一处，联络各自治团体，博访群论，以期上副朝廷急求立宪之至意，下通人民隐微之情悃，庶于宪政前途不无裨益。至于印字机器，为报社必需之物，一时尚难购置。查前自治会公置印字机器一份，自公民报社停版后，经西路颜道运赴长春，藉办《吉长日报》。既属官办，自应另购，应请将此项公置机器全副缴还，以备赶速开办。

二、办法

既命名"民报"，自与官报较异，仍应另拟简章，以备顺序进行。谨详其简章如下：

一、（宗旨）本报开通全省民智，以辅助谘议局言论为宗旨。

二、（命名）本报意在博采群论，搜集社会谈判，凡关于民生利病，悉数登载，故命名"民报"。

三、（地址）本报既为民报，谘议局系全省人民之代表，自无隔阂障碍，故拟附设于谘议局院内，以便机关敏活。

四、（组织）本报与谘议局同休戚，其一切组织并筹款方法，均由全体议员和衷筹办。

五、（体例）（甲）诏令；（乙）论说；（丙）专件；（丁）新闻；（戊）谘议局纪事；（己）自治谈；（庚）家业谈；（辛）各国政要；（壬）时评；（癸）插画。

六、（社员）本社除另聘主笔，并添雇印字工人外，余均由谘议局办事处人员分配担任。各处访员，均由谘议局议员并各处议事会、董事会担任。

七、（发行）本报价值，容俟开办后酌中订定。惟恐风气不开，销路太窄，除由本社分送各自治团分销外，请由行政官派销，以期畅旺。

八、（经费）本社既为民报，自未便请拨官款。年需若干，统由谘议局议员及自治各团体量为担任。倘有不足，再由谘议局及各团体酌拟相当之法，妥为筹办。

吉林行省批谘议局呈为提议请开民报以重舆论等由

宣统二年九月

吉林行省总督锡、巡抚陈批：来呈暨议案均悉。查开通民智，首在报章。议员等议拟另设《民报》，用意至善，但须查照《报律》，另定主任人，拟具细章，呈请民政司核办。至来案所称印字机器一节，查从前公民报社印字机器，系由前自治会向日本商销订购，计日币九千八百七十元。惟自治会停办以前，此款并未照付。自《公民报》改为《吉林日报》，该项机器即归该报应用。所有机器价银，遂由前谘议局筹办处于宣统元年五月垫付。按照当时市价，合吉平银八千八百二十三两七钱八分。嗣因西路颜道担任筹解前款，故该项机器即由颜道运往长春。此项机器既属前筹办处给价购备，未便交局应用。《民报》既由民立，应由该发起人筹款另购。希即查照。此复。议案存。

吉林谘议局议决交议拓殖银行募股案

宣统二年九月

议决交议拓殖银行募股案：

案拓殖银行以开拓农业、工业为宗旨，于振兴实业之中，寓移民实边之意，而行之于吉林，尤为当务之急。吉林幅员辽阔，近日之依兰、蜜山、长岭竞言垦政，然办理尚无起色者，因无此项机关为之提倡耳。原案说明书，引伸拓殖银行之利益及危害，至详且尽，洵为知言。本局对于此案极力赞成。第银行之创立不难，其募集股本难也。原议以股本百万为足额，除官股二十万外，余八十万用自由募集法，不足之数就全省有地二十垧者分配之，并就领荒各户按价加股，办法尚称简捷。第吉省土地肥硗不一，其有地二十垧者，不尽膏腴之田，于耕凿间仅能自食其力，即田地较多者，食用浩繁，未必遂有余裕。况乡愚无识之氓，未知银行为何物，而向称素封，竟无一亩之田者，则尤指不胜屈。此按垧分配一法之不可恃也。吉林放荒办法，向未完善。近年领荒之户，原属无几，措交荒价，多已费尽周折，并开垦之经费，且不能力任。其频年荒芜而坐纳空赋者，所在多有。至其承领零星地段者，非距己产较近，不肯任人侵占，尤多寒苦无力之人。于此而欲按价加股，徒滋烦扰，所得几何？此加价一法之更不足恃也。本局全体至再筹商，以为应用自由募集主意，如不足额，由全省商务总分各会担任劝募。重农正所以利商，未有农业不兴而商务能以发达者，相维相持之间，自由乐于赞成也。不宁惟是，比年以来，如昭信股票、国民捐等事，官家对于一般人民似亦稍失信用矣。此次骤起募股之议，人民懵于意义，未必慨然乐输。即间有认股者，办理不能踊跃。浸假之间，动经岁时，亡羊补牢之谓何，亦徒叹其有初鲜终矣。拟请将办理银行章程，先期拟就，对于股东应得之利益，格外予以优厚。由本局通过后，公布施行，俾人民晓然于利益之所在，似可收事半功倍之效。兹谨将简明办法内应请更正之处，胪陈如左：

（甲）官股三年内无须分配利息一节。谨按日本《拓殖银行章程》第二十六条，政府引受株式规定十年不配偿利益。再按度支部奏定《殖业银行则例》第二十七条，对于官股规定五年，其次五年且将额息半归公积，十年后始与常股一律分派。此次拓殖银行官股，应即援照部章规定。

（乙）银行总理及其他重要职员，由股东投票公举，惟所举职员须经行政官认可一节。谨按银行总办职员，既由股东内公举，即有多数股份为之保证，又经多数股东之公推，一经被选，似未便再令无效。况行政官认可之权，其根据之理由，未必能较多数股份保证及多数公举两项再占优胜。即商举合股此外之人，必其人信用素孚，殆经多数之公举，于此而不认可，公举失效，人心解体，于前途似无裨益。查日本拓殖银行，选任、取缔、监查各役，亦无必须政府认可之条。即《大清银行则例》，股东选举理事，亦不过选举后呈报度支部备案而已。此条拟请援照部章更正。

（丙）由行政官派监督一人，随时稽查其业务一节。谨按《殖业银行则例》第二十九条，殖业银行，度支部得派监理官监视一切。其责任专司稽查账簿、现款、准备金、债票发行额等事，不能干预银行各项职务，及妨害各项之利益。似应将此项权限于章程内规定限制，俾人民知其仅司监查，并不干涉内部业务，免致募股时诸多观望。并请援照部章，将监督名称改为监理。

（丁）贷款期间，可为五年以上、十年以下之长期一节。谨按贷款期限过促，终鲜实济。况贷款期内，子息既薄，贷款以后，实业顿蹙矣。即请延长期间，按日本拓殖银行五十年、殖业银行三十年成例，宽定期限，以收实效。

吉林谘议局呈为议决交议拓殖银行募股文议案由

宣统二年九月

谘议局为呈请公布事。窃奉督部堂、抚部院交议拓殖银行募股一案，于本月十八日已经全体议决，除呈报资政院鉴核备案外，理合将议决理由，缮折附文，呈请督部堂、抚部院鉴核，公布施行。须至呈者。

计附呈清折一扣。

右呈督部堂、抚部院

吉林行省批谘议局议决交议拓殖银行募股案

宣统二年九月

来呈暨议案均悉。查吉省议办拓殖银行，利害较然。现经一致赞成，实深嘉慰。惟办法不厌求详，造端尤宜审慎。来案所列各条，有可照行者，有尚须酌改者。兹逐条批覆如左。至来案所称，请将该银行章程先期拟就，由局通行公布施行一节，查是项章程关系重要，未便草率拟具。现距开会之期不过数日，尤未便仓卒从事。应候饬由度支司查照议决各条，详定专章，呈候交局存案，分别施行，并希查照。此覆。议案存。批答列后：

一、原案募股方法，采用自由、强迫两义。决议案改为自由募集，如不足额，由全省商务总分各会担任劝募，此条自可照行。惟应明定期限，自章程公布募股之日为始，扣至一年，为自由募集之期。届期如未足额，应仍采行按坰分配之法，俾易集事。

一、原案官股三年内无须分配利息，系因资本不多，贷款不能过长，故官息分配缩为三年，议决案改为五年。其次五年额息，半归公积。十年后，始与常股一律分派。本大臣/部院对于此举，但期其事之必成，官家损益与否，在所不计。此条应即照行。

一、原案银行总理及其他重要职员由股东投票公举，惟所举职员须经行政官认可。议决案改为选举及呈报度支部备案。惟原案"认可"字样，其意义本根据部章。且此项银行原有官股五分之一，必欲舍官不顾，亦非持理之平，应改为选举及呈准行政官，加札委派，以符部章。

一、原案由行政官派监督一人，随时稽查业务，议决案改监督为监理，自可照准。至所称限制业务，部章本有明文，自可毋庸置议。

一、原案贷款期间，定为五年以上、十年以下之长期，原以资本不充，如期限过长，则银行周转不灵，业务几乎停息，故酌定五年以上、十年以下，权衡彼此之间，方为得当。议决案拟改为三十年，自系援照部章，应即照行。

吉林谘议局议决请撤分卡以减民累由

宣统二年九月

查各府厅州县自设立统税局以来，各处所运货物，已无绕越偷漏之虞。乃从前所设各卡，仍分布于沿路之间，核其征收，率皆入不敷出，于税款无丝毫之补助，于商民增许多之扰累，终不如酌量裁减之为愈也。即以吉林府而论，统税分局既已按区设立，所有土产不入省局投税，即赴长春报纳。行途中间，又有分局稽查，征收土产各税，不虞有遗漏之弊也。其余各卡，如荒地河南屯、九台、段家屯、波泥河、放牛沟、马头台、小河台、新立城、伊通门、蓝家冈等处，如伊通州之关家屯、靠山屯，半税之赫尔苏门、赵家屯、大榆树、十三家子等处，如磐石县至长春沿途之松嘴、烟筒山、双阳河等处，所耗之经费甚多，而所收之税款甚少，不惟无补于公家，反致有累于商民。此不惟吉林、磐石各处然也，其余府厅州县沿路之侧，无不设有分卡。卡数太繁，一时不能缕指。要之，多设一卡，即多添一弊，层层招扰，皆足为斯民之累，又何贵此分卡为也？如有繁盛集镇必须设立者，固可仍旧存在。其余沿途各卡，当一律裁去。如谓各路分卡系为防范偷漏而令设，则府厅州县均有统税分局矣，无论如何绕避，终难逃稽查范围之外，又何必留此分卡，常为商民之障碍物也？故统税分局成立之日，正沿途分卡消减之期。至于乡村牲畜各税，有该局经理挂号征收，按季稽查，亦无漏税之弊。去年本局曾议裁减分卡一案，未蒙照行，诚以各处分卡实属公私两受其累，故不必烦渎。仍请各府厅州县沿途分卡尽行裁并，以节糜费而减民累。兹经全体议决，应呈督部堂、抚部院迅将沿路各卡尽行裁撤，以除民累施行。

吉林谘议局呈为提议请撤分卡以减民累一案由

宣统二年九月

谘议局为呈请公布事。窃查局章第二十五条所载，除二十一条第二、三款外，谘议局亦得自行草具议案等语。遵此兹经本局提议，请撤分卡以减民累一案，于本月十三日开议，已经全体公决，除呈报资政院鉴核备案外，理合将议决理由，缮折附呈督部堂、抚部院鉴核，公布施行。须至呈者。

右呈督部堂、抚部院

吉林行省批谘议局提议请撤分卡以减民累一案由

宣统二年九月

来呈暨议案均悉。查吉省各府厅州县虽均有统税局，然非扼要设卡，则奸商绕越偷漏，不能无虞。现在所设各外卡，固多循旧，其不得力者业已随时裁撤。本年六月改定新章之后，分卡司巡复大加核减，每卡仅留一司二巡，或司巡各一，开支已极减省。核计各卡收数，出入相抵，未尝不敷。其间收数畅旺各局，赖以增益比较者，尤更仆难数。税捐以每年腊月为最旺，即如伊通州所辖之靠山屯一卡，上年腊月收山海税银一百五十五两有奇，他项尚不在内。是外卡之设，于税务裨益实多。至外卡征收一切税捐，与各局同一照章办理。如为安分商民，何所扰累，不过多一路稽查，于奸商大有不便而已。牲畜税征较易，设卡本属无当。若仅一分局，而无分卡，恐查察难周。嗣后遇有收数无多，并非得力之卡，应由局随时查明裁减，此时未便遽议更张。所请将各路各卡尽行裁撤一节，碍难照议施行。希即查照。此覆。议案存。

谘议局呈覆改营业税为附加税以充地方自治经费由

宣统二年九月

为呈覆事。窃于九月初一日奉督部堂、抚部院发交关于民政案内，改营业税为附加税，以充地方自治费等因一案。当于本月初八日经本局全体开议，按照我国之税法章程未颁以前，碍难分定营业、附加各名目，仍以现在营业税充作地方自治费，各宗旨已经决议。除将所议案由缮折具呈，理合具文呈覆督部堂、抚部院鉴核施行。须至呈者。

计附呈议案清折一份。

右呈督部堂锡、抚部院陈

督部堂抚部院发交改营业税为附加税以充地方自治经费议案

宣统二年九月

考各国地方自治经费，不出附加税与特别税两种。附加税者，与国税、府县税同一课税之物件，而其税率以国税、府县税为标准者也。特别税者，于国税、府县税以外，用特别之课税对象所课之税也。此二者之得失利害，各有不同。然附加税之长处在于征收费用之轻，与夫课税之公平，因其以国税、府县税为标准，苟二者不失其公平，则附加税亦自公平，为学者所公认。吉林向有营业税，由地方自治会发起，由商会经理。其始仅行之于省城，其后始推广于各属，分归巡警、学务、商会及自治会四处之用。核其性质，与各国地方附加税之性质相近，而实非真正之营业税。现在筹办自治，凡设立城镇议事会、董事会，及各乡设立乡董，应用调查、筹备及常年经费，为数已属不赀。至自治成立以后，如学务、卫生、道路、工程、农工商务、善举等类，范围甚广，用款益繁。而部定章程内，指明本地方公款公产、本地方公益捐两款。吉省地方习惯向少此项公款公产，而公益捐一项，值此民智未开之时，亦未尽可恃。自应改营业税为附加税，以充地方自治之经费。从前谘议局筹办处请于各地方营业税内提解三成，以为自治经费，而综计以上各项自治事宜，不敷甚巨。究应将全数拨充自治经费，而另筹巡警、学务、商会的款，或仅以三成提解而另筹自治经费。此提出本案之指意也。

覆议：

查各国自治经费，均以附加税、特别税为经费之大宗。然附加税以国税、府县税为标准，其课税甚为公平。吉林向有营业税，由自治会发起，按买价一吊，由买主出捐一分。核其性质，实非真正之营业税。然各国所谓营业税，视人民营何职业，即课以国法所定之税率，与我省营业税迥乎不同。可知我省之营业税，名为营业税，实即各国之附加税也。即以营业税改为附加税，名实相符，未始不可。然预备立宪第四年颁布地方税章程，第五年颁布国家税章程，待地方税、国家税均已划清之后，再议变通营业税，庶觉有所遵循。然营业税之名目，虽未遽更改，而营业税之分用，则议量为变通焉。盖自治事宜，范围甚广，所有董事会、议事会以及学务、卫生、道路、工程、农工商务、善举、公共营业等，多办一事，即宜多筹一款。而吉林既乏公款公产，又无公益捐之可恃，势不得不将向有营业税之四成分配，酌为变通，以二成归自治经费，以二成归商务、学务，尚须扩充，未便遽行裁减。拟照旧章各分一成，惟警务经费，吉林、延吉均有官款救济；其余府厅州县均有地捐的款，尚可敷衍。兹经公同议决，将前拟一成警款亦改为自治经费。统计自治经费已居四分之二，比之原定章程加增一倍，撙节应用，以应目前之需，而立自治之始基。至前所拟外城营业税款，以三成提省，七成留备本地自治经费一节，应改以外城营业税全数留备外城自治经费，无庸提省。其省城自治筹办处系属官立性质，所需经费应由公家自筹。盖自治事宜，分年筹办，即自治经费亦应逐年筹划，现尚无需预筹多款也。至其征收之法，即各归各处商会经理，勿庸另立局所，免致虚糜。

吉林行省批谘议局呈覆改营业税为附加税以充地方自治经费由

宣统二年九月

来呈暨议案均悉。查地方自治事宜，分年筹备，未容稍缓进行。论其机关，则有议事会、董事会乡董等，论其事业，则有学务、卫生、道路、工程、农工、商务、善举、公共营业等。凡兹设施，诸赖款项，是以前次提出此案，欲以吉省现办之营业税改为附加税，以充自治经费，盖如此办理，则有数善存焉。一、部章第九十条所谓自治经费者，不外公款、公产及公益捐三项，而九十二条则分公益捐为特捐、附捐二种。即仿各国特别税与附加税之办法，改营业为附加税，实与部章隐合。二、吉省之营业税附加于厘捐而征收之，向皆以之办理各种公益，核其性质，实与各国之附加税相符。现正议七四九厘捐为真正之营业税，则现办之营业税势非改为附加税不可，循名核实，端在于此。三、营业税本为国税之种，吉省现征此税，名称实未相宜。若非在分别国家税、地方税年限之前，亟图改正，势必混入国税范围以内，转多缪辀。况查各省现止筹办特捐，而苦无从措手，吉省既有特捐之实，自应改就特捐之名，是亦驾轻就熟之道，而于人民之负担，仍属毫无妨碍。此营业税必宜改为附加税之理由也。该局谓俟国家税、地方税划清之后，再议变通营业税，不知此仅更改税名，并非增加税率，与上年颁布之《宪法大纲》所谓臣民现完之赋税，非经新定法律更改，悉仍照旧输纳者，不相违背。至其分配之法，该局请以二成为自治经费，以二成为学务、商务之用。外城营业税则全数留备本地自治经费，无庸解省等语，亦有未合。查巡警与学务同属地方行政，即皆与自治有关，似未便显分轩轾。现在巡警经费恃有垧捐的款，且加以营业税之补助，尚虞不足，若如所议，则警款更虞支绌，何以维持公安？应仍照旧将营业税分归巡警、学务、商会、自治之用。其外城营业税则以三成解省，为自治筹办处经费。其余七成，留备本地巡警、学务、商务、自治之用。盖自治筹办处为筹办全省自治之总汇，所筹之事甚多，即所需之经费亦甚繁，势不能任其毫无着落，停止进行。所请另由公家筹款之处，碍难照行。至办理各种自治经费，约计以上所得，不过四分之一，不敷尚巨。各地方究竟有无公款公产，足以补其所不足，该议员等熟悉地方情形，必能调查详确，见诸实行。其各悉心筹议呈覆。抄由批发。

谘议局呈送议决上届交议改营业税为附加税以充地方自治经费由

宣统二年九月

谘议局为呈请事。窃查本局上届议决交议改营业税为附加税，以充地方自治经费一案，曾奉督部堂、抚部院详述理由，批覆到局。本年会期，自应照章提出覆议。当于本月初五日已经全体公决，除呈报资政院鉴核备案外，理合将议决理由，缮折附文呈请督部堂、抚部院鉴核，公布施行。须至呈者。

右呈督部堂、抚部院

谘议局议决上届交覆议改营业税为附加税以充地方自治经费由

宣统二年九月

案上届交议大旨，谓吉省现有之营业税，纯属各国营业附加，并非真正之营业税，急应改名为营业附加税，以作地方自治经费，并于地方自治经费内提解三成，补助省城筹办处之经费。本局上届以国家税划清以前，不妨仍存其名，以充自治经费，毋庸遽行更改。其筹办处属国家行政，不应由地方筹款等因，议覆在案。旋奉督部堂、抚部院详述理由，批交覆议。是以本局照章提出，讨论表决，应即预为更改，俾免混入国家税范围以内。兹将更改之法条列如左：

（一）改名称不改税率。吉林自举行新政以后，加捐加税，民人担负已重。如更改之后，遽按各国附加税率，一律征收，民力实有未逮。应将现行之营业税改为附加税，其税率暂照旧章办理。

（二）改七四九厘捐为营业税，以作附加税之根据。查上届批覆，有将七四九厘捐改为真正之营业税等语。此次既改现行之营业税为附加税，应先将七四九厘捐公布更改，俾附加税有所附丽。

（三）附加税款应变通分配。前省城自治会发起营业税之原由，系因商、学、警暨自治会均无专款，故以此项积款分配四处。现在学务、巡警均有亩捐，惟自治与商会尚无专款，且以自治与商会比较，其城镇乡议事会、董事会将次成立，需款尤繁。应将此项附加税款各就各署，分作十成，以八成专作自治经费，以二成专作商会经费。

吉林行省批谘议局呈议决上届交议改营业税为附加税以充地方自治经费由

宣统二年九月

来呈暨议案均悉。查原案第一条营业税改为附加税，改名称不改税率，所议甚是，应即公布实行。原案第二条所称，既改现行之营业税为附加税，应先将七四九厘捐公布更改，自系正当办法，应即照行。惟现行之七四九厘捐并非完全之营业税，现正设订营业税草案，一以求税法之完全，二以均商民之担负，一俟此项草案订定后，即交由商会议决，呈候核行。原案第三条所称分配税款，上届批答文内，已声明三成解省，为自治筹办处经费，七成留备地方巡警、学务、商会、自治之用。今原案仍以变通分配为言，自应再将此项税款分配之法，详晰声答，以期共喻。查自治筹办处经费一项，原以事属省政，虽奏请作正开销，嗣经部驳，谓筹办自治应令就地筹款，不得已就本省特捐、附捐二者，设法筹拨。以现行之营业税实为附捐之一种，于是有省会二成五，省外三成，提作筹办处经费之议。继又以省外三成，均由提法司拟办审判厅，全数截留省会。亦因吉林府筹办自治经费无出，爰经筹办处集议，以省会原提二成五，兹再割出五厘，作为府自治之用；省外原提三成，兹再割出一成，留备地方他项之用。其余二成，照原议应归筹办处，至是始定。无论省内省外，凡现行营业税，一律提二成作为筹办处经费，先后均经议准有案。至警、学二者，正待扩充，现行亩捐，实难敷用。且其中亦多有为自治范围以内之事，似难遽为分离。所议变通分配之法，碍难照行。以上三条，兹已详晰批答，希即分别查照。再此案上届交局覆议之旨，系指自治经费不敷尚巨，究竟各地方有无公款公产，可以补其不足，应由局筹议呈覆，乃此次原案对于上届交议之点，未曾提及，应即再行查案具覆呈核，是为至盼。除饬度支司分别查照外，特此批答。议案存。

吉林行省批谘议局呈覆议本届交议改营业税为附加税以充地方自治经费由

宣统二年九月

　　来呈暨议案均悉。查此案前以上届交议地方有无公款公产，可充自治经费等情，来案未尝置答。是以批交覆议。前据案称，吉省地方习惯尚少此项公款公产，谅议员等于此项交议之件，未经详晰调查，应即姑置缓议。至该税分配之法，本大臣／部院迭经批答，文内均已宣示大概，此时国家、地方两税尚未划分，骤议更张，虑滋纷扰。所请未便准行，希即知照。此覆。议案存。

谘议局覆议本届交覆改营业税为附加税以充地方自治经费案由

宣统二年九月

查此案上届交局覆议，以营业税名称不改，难充自治经费，并以自治经费不敷尚巨，各地方究竟有无公款公产可以补其不足，应由局悉心筹议等语。当经审议至再，诚如原案所云，吉省地方习惯，尚少此项公款公产，是以本届议覆案内，仅列三条办法：一、改营业税名称，不改税率；二、先改七四九厘捐为真正营业税，以正附加之名；三、即分配自治经费，统按十成分配，以八成充自治费，以二成充商务费。盖以自治、商务会均无专款，非学务、巡警尚有坊捐及杂捐可比。且自治需款尤繁，商务原属自治范围，况该税未尽通行，尚须商会维持征收故也。曾经议覆在案。兹奉督部堂、抚部院批答，除原议第一条已经公布不计外，其第二条拟改完全之营业税率，交由商会核议，一俟商会议覆后，仍须照章通过本局，增删修改。惟第三条分配经费事项，不以为然，并声明大致缘由，交令覆议前来。奉此，惟查学务系在自治范围之中，将来学款不足，不妨由自治量为补助，固不必由此项税款之中指定分配。至巡警一项，既有坊捐为其经费，碍难再由自治费中拨充，不在自治范围，亦未便违章率认。至云筹办处经费无着，既奉部驳，责令就地筹款，该处现提二成，既已详准有案，本局自应认为可行事件。惟俟该处消灭后，其二成仍须提归各属自治费，不得移作他项开支。其余八成，以二成分归商务，以六成统归自治，似此变通分配，均无窒碍。复经全体议决，应即照章呈请公布施行。

吉林谘议局议决交议举办遗产所得两税案

宣统二年九月

议决交议举办遗产、所得两税案：

甲、遗产税请勿施行

原案称以吉林财政困难，入不敷出，舍举办新税，实鲜他策。拟仿英、法、德、日之相续税办法，举办遗产税等因。查遗产税为各国通行者，以社会主义既经发明，各种机关亦甚完备，自民法见诸实施，其相续人均有法律之规定，故能推行尽利。日本于明治二十三年实行立宪，以当时民法尚未分布，故至三十八年始行相续税，亦职此之由。中国夙重家族制度，旧例既与家督相继，与遗产相续，以及受遗产之明文，而逐年筹备大纲又载，宣统三年核定民法，宣统五年颁布民法。现在登记未立，法律不完，遽议施行，必致紊乱。是未有民法以前，决不可举办遗产税，以启讼端而招纷争。况遗产税纯为国家税性质，国家法律尚无此项规定，尤觉碍难举办。是以此项遗产税，经全体决议，请勿施行。

乙、所得税应由官提倡

原案称，所得税法，财政学家称为最良。盖以各国最通行之税法，吉省可行与否，希即详慎审议。第因查所得税系税其所得，非税其所未得，能使国人负担平均，可补其他租税所不及，且屈伸力最富，于经济上之交通，障害甚少，实为最良税法，故各国亦皆通行。惟其害有二：一则难确定所得之额，一则难区别所得之性质，手续且极难。查所得分资本、勤劳两项，其种类有三：一法人之所得，如官吏人等之薪俸是；二公债社债之利子；三个人之所得，如土地所得、营业所得是。吉省商情困敝，经济恐慌，即前称资本家者，刻已半就空匮。各城工艺，又均未发达，而农民亩捐尤复层累迭加，突逾正供倍蓰。如更骤添所得税，诚恐扰累实多，势必以烦苛相谇。然当此筹备伊始，在在需款之际，钦限声迫，庶政待举，财政困难，左支右绌。既不能饰词延宕，又未能无米为炊，再四思维，诚如原案所云，欲求收支适合，莫如举办新税。惟欲求所得税之推行无阻，宜先从第一种薪俸入手。由官吏作为提倡于前，俟试办有效，再行徐议及民，始克免生阻力。兹经公同议决，举办所得税，请先就第一种法人所得之官吏薪俸办起。凡通省各署、局、处、所、学堂、公会，其领有薪俸人员，无论官绅，均一律征收。惟试办之初，税率不妨从轻，如此则君子德风，使所得税名称意义洋溢乎人民心耳之中，庶几易生观感。二三年后，再议通行，国人自必乐输矣。

吉林行省批谘议局议决交议举办遗产所得两税案

宣统二年九月

吉林行省总督锡、巡抚陈批：来呈暨议案均悉。本案提议之理由，原以吉省财政困难，势必举办新税。而新税之中，惟遗产、所得两税专行于有力之人，其影响尚不及于贫民，于公有益，于民无损。是以有此提议。兹查原案，对于甲项否决所主张之理由，其他姑勿具论，惟谓民法未颁布以前不可举办，其理由颇为充足。此项应准照原议缓办。乙项所得税原案谓，宜先就第一种官吏薪俸办起。查税法以赋课均一为原则，此案如属可办，自应全体负担，既称诸多窒碍，亦应照原议缓办。至谓某部分既不可办，某部分又属可办，似于均一之旨不符，委难照行。希即分别查照备案可也。抄由批答。议案存。

吉林省谘议局议决各级审判检察厅经费案

宣统二年九月

议决各级审判检察厅经费地方不认筹款案：

谨案，司法独立为宪法精理，必要主义。诚以审判属于国家特权，必具特别独立之性质，以伸其法于行政官厅之外，方有守正不阿之精神。故文明各国，裁判经费必自国库支出，以维持司法权之独立，良有以也。我国宪政初开，法权尤宜培养。上年法部奏酌拟各级审判厅试办章程折，内称一切院厅设备，官吏俸糈，无非出自公家，其原理初不外此。吉林各属审判、检察各厅，现已按照分年筹备宪政清单，逐渐成立。惟经费一项，尚未规定。除吉林、延吉两府，由省库支拨外，其余各属，如长春、农安、宾州则均筹自民间，就地征粮捐、车捐、斗合捐，百端罗掘。而新城、双城、榆树等处审判尚未成立，先已筹指悬款待事，藉设局卡，迭税扰民，似此种种剥削，恐不待宣统八年各级审判一律成立之时，而吾民之脂膏亦已穷矣。查审判各厅既为国家司法行政之特权，其经费自应在国税中指定专款，由省库支出，断无使地方负担之理。兹经全体议决，认为不可行事件。请将各属现有各级审判、检察厅经费统自宣统三年起，一律由度支司支领。所有从前车、粮、斗合等捐，即全数移充各地方自治学务等项行政经费，以资扩充而明法理。谨述理由如左：

甲、事实上不能承认之理由

宪政既逐年筹备，地方经费亦必逐年加添。以有限之民力，供无数之征求，已有竭泽而渔之势。况复将此国权所寄之司法经费，而又勒其负担，民力实形未逮。

乙、性质上不能承认之理由

司法者使违反国家公正原则，使人民受法律上之制裁，知所苦痛，以行其惩戒与感化主义，其经费必由国库支出。职是之故，且权利义务原自两相对待，天下未有尽出款义务于斯，而复受惩罚苦痛于斯者。此亦公理人心之所不许也。

丙、学理上不能承认之理由

法律学为主权行使之要素，司法者应具完全独立之精神，以执法不阿，而平其不平。文明各国，所以定司法官为终身官，而尊崇之、护持之者，具有深意。故不可以寻常报酬之说，筹款地方，挫司法岳岳不群之气，以失法治国之真相，而与独立本旨相背。

丁、权限上不能承认之理由

国民有负担税收之义务，即有监督财政之权利。司法既于行政外独立，是将来行政官厅尚不能干涉过问，更何有于人民？然若筹款于地方，则自应受吾民之监督干涉，与地方行政同视，此尤障碍难行者也。

综上四端，同一不能承认之理由。而此种经费应在国家行政范围以内，已彰彰明矣。当此税则未定，预算未成之先，尤宜早为规定，以公布更正施行。

吉林行省批谘议局议决各级审判检察厅经费案

宣统二年九月

吉林行省总督锡、巡抚陈批：呈悉。查来案以各级审判检察厅经费现由地方担筹，列举不能承认之理由。揆之理论，谁不谓然。惟此时国家、地方两税尚未划分，何款不属国家？岂得强分彼此。如来案所云，则现以国税性质之款，移充地方行政之用者，事可列举，安得一一而变易之。且吉省税收有限，又各有指定支款，照宪政筹备清单，府厅州县城治各级审判即在明年筹办。如必取诸库款，势且出于加税。试问吉省民力能堪此加税义务否？本大臣/部院揆事度势，此项司法费用应俟国税、地方税分别厘定之后，归入国税征收。此时尚未能遽议更张，致滋窒碍。至称新城、双城、榆树等处审检各厅尚未成立，先已悬款待事一节，查明年本为筹办年限，此项经费自当先事绸缪。惟办理是否认真，有无苛扰，应候札饬各该府厅切实整顿，专款存储，不许丝毫动用。并将收入款项，按月册报，以昭核实。希即知照。此覆。议案存。

吉林谘议局汇报成立日期启用关防函一件

宣统二年九月

贵办公鉴：

敬启者，兹有八月二十九日准谘议局筹办处移开，于本月二十八日奉督抚宪札开，案查前准宪政编查馆咨开，谘议局开办后，与地方官吏来往公文体例，督抚用札行，司道以下用照会，谘议局均用呈文，并应由本省督抚刊给该局木质关防等因。准此，本省议长、副议长均经举定，本年九月初一日即为谘议局成立之期，应即刊发木质关防一颗，文曰"吉林谘议局之关防"，以昭信守。为此札由该处转发该局议长遵照祗领，并由该局将开用日期，具文报查等因，计札发木质关防一颗到处。奉此遵将奉发木质关防备文移送前来，当即接领，于九月初一日敬谨启用，遵章成立，并奉督抚宪召集开会，分应将成立日期备文分行，委以津、奉两省谘议局来函，因甫经设局，对于地方官往来文牍体制未定，未便骤用公牍，仅先用函布闻，容俟编查馆示准体裁，再行补发公文，从免歧异。耑此敬请公安，统希察照。

吉林谘议局公启

谘议局呈议覆改营业税为附加税以充地方自治经费一案由

宣统二年十月

谘议局为呈覆事。窃查上届交议改营业税为附加税，以充地方自治经费一案，已经本届议覆在案。兹奉督部堂、抚部院详细批答，兹于十月初三日复经开议，仍执前议，全体公决。除呈报资政院鉴核备案外，理合将议决理由，缮折附文，呈请督部堂、抚部院鉴核，公布施行。须至呈者。

计附呈议案清折一份。

右呈督部堂、抚部院

吉林谘议局覆议各级审判检察厅经费地方不认筹款案

宣统二年十月

覆议各级审判检察厅经费地方不认筹款案：

谨按本局前经全体议决各级审判、检察厅经费地方不能承认筹款一案，业经详述理由，呈请督部堂、抚部院公布更正在案。现奉批答，略谓：此时国家、地方两税尚未划分，何款不属国家？且国税亦有为地方行政移用者，不得强分彼此，一一变易。此项司法费用，如不承认，即须加税。揆时度势，应俟国税、地方税分别厘定之后，归入国税征收，未可遽议更张等语。查司法分权，为东西文明各国普通办法。所有审判厅全体经费，无不支自国库。本局原议不能承认之理由，既属正当。我督抚堂、抚部院即应公布施行，不得以国税、地方税尚未划分，遂听其含混。况国税、地方税既应划分，即各有性质。若谓暂未分晰则可，若谓尚未划分，何款不属于国家，则大不可。盖此两项税法，各有性质，亦自有天然界限，不难区别也。至谓现以国税性质之款，移充地方行政之用者，事可列举，安得一一而变易之，尤非笃论。夫筹备大纲内，税章既分年厘定，税款之支用即终有变易乎？不宁惟是，本局所提议变易者，审判一项之经费耳。以审判经费拨归国税项下，向来支拨地方之经费，如数划拨，辗转变易之间，如数相偿，有何窒碍，亦何至出于加税也？再原批谓，此项司法费用应俟国税、地方税分别厘定之后，归入国税征收一语，尤欠明晰。夫谓将来此项费用应归国税支拨则可耳，若谓应归国税征收，即如现充审判经费之车捐、粮捐、斗合捐、营业附加税，能充作国税乎？似此项捐税确系地方税性质，无论何时，万不能划归国税，致地方行政再益担负。此尤本局所以先事陈明者也。兹经本局公众覆议，仍认为不可行事件。乞即更正施行。

吉林行省批谘议局覆议各级审判检察厅经费地方不认筹款案

宣统二年十月

　　吉林行省总督锡、巡抚陈批：来呈暨议案均悉。查此案前以司法费用，应俟国家、地方两税分别厘定之后，再议更张等情，业经批答在案。兹查来案，复举不能承认之理由，揆之理论，固自充足。惟就事实论之，有难遽语及此者。向来一款一支，各有定案。今欲于两税未分以前，变更全体，则种种问题循环发省，新税既骤难增加，审判且势将停止。矧此因国会问题，朝廷正特允疆臣暨人民之请提。至宣统五年所有筹办各项，业奉明诏，饬各疆臣于议院成立以前，一律办竣。前案筹备司法费，尚系指九年预备而言，已苦不敷。现又提前数年，如因经费为难，未能如期举办，疆臣之过，抑不仅疆臣之过？议员等体念时艰，当能共谕此意也。希即知照。此覆。议案存。

吉林谘议局为议决各府厅州县请设理财所案

宣统二年十月

　　议决各府厅州县请设理财所案：
　　谨按行政各有常年之经费，而理财贵有统一之机关。查吉林各府厅州县财政紊乱，已达极点。以言收入，则商捐、亩捐、车捐、粮捐，以及各项杂捐，有分饬局处经征者，有由地方官直接经征者，侵欺挪移，丛生弊窦。以言支出，则巡警、学堂、自治、商会纷纭支领，稽查无人，虚糜任意，甚至界限不清，屡起冲突。尤思以民脂民膏输为地方行政经费，其关系至重且大，非设一独立机关，流弊将伊于胡底？即如吉林、长春、农安、新城、双城、榆树等处，虽间有设立财务局及公捐处者，乃或由官、绅、商合办，并立于同等地位，事权参差，终无统一之效果。或由地方官专派委员经理，以行政人员兼理财政，存款、用款悉经一人之手，尤易于舞弊营私，名目既属不齐，办法亦诸多未善。兹特仿日本地方制度，出纳吏专司财政办法，暨顺直议设理财所成案，参以本地现在情形，拟就理财所试办简章二十条，应请饬下各府厅州县，凡设有此等理财机关者，通行遵照改良。其未经设立者，统限于年内设齐，以归画一，庶理财有独立之机关，行政官厅既不致以出纳之事，分为筹备各种新政之志虑，致碍进行。而新政各机关支用款项，理财所亦得随时稽查，以洗从前冒滥。谨将议决理财所简章附呈，即请公布施行。

附：理财所简章二十条

第一条　府厅州县各设理财所一处，为经理财政独立之机关，以监察财政，力杜浮冒为宗旨。

第二条　凡关于本府厅州县各项行政款项，汇总于一处，而后分配者，皆归本所经理之。惟城镇乡自治各机关一部分自筹自用，不便强迫交出者，不在此限。

第三条　本所应设职员资格额数及选举方法如左：

一、监督一员，以地方官充之。

一、总董一员，以本地士绅用无记名法投票公举，由地方官呈请度支司加札委用，以家道殷实、素孚众望者为合格。

一、董事二名，由本地士绅投票公举，呈请地方官加札委用，以品行端方、信用素著者为合格。惟事繁款巨之处，准酌添董事二名。

一、司事一名，由本所总董选任之。

一、书记生及夫役无定额，以事之繁简，定额数之【多】寡。

第四条　本所职员，除监督一员系地方官兼充，不支薪金外，其总董以下各员司专役，均给以相当之薪金、工食。至其额数多寡，由各府厅州县官绅自行核定。

第五条　本所征收公款，用三联票式：一执照，发给纳户；一稽核，呈报地方官；一存查，存本所备查。

第六条　凡届收款之时，纳户如有延迟不纳者，由理财所呈请地方官催追。其由各自治各团体经手者，即知会各自治团体催缴。

第七条　各新机关领款时，皆具印领于地方官。由地方官批交本所，照数发给。

第八章　各新政机关于额支款项，按月领取。于活支款项，临时领取，本所酌核其活支当否，再为发给。

第九章　凡各新政机关所需经费，务先期将预算表呈由地方官核准后，发交本所，按表支发。其决算表，亦发交备查。

第十章　凡领款时，如本所认为滥支者，得说明理由，全部驳回，或驳其一部分。领款者如认为必要时，可详述理由，再行请领。

第十一条　本所为某项新政收入公款，即专归某项支出，不得挪移滥用。

第十二条　每月经本所将各项收入、支出款项，分类列表，报告地方官及本府厅州县议事会各一份。

第十三条　本所以每至三月为一届，将各项款目分类，造具四柱清册，分报地方官及议事会，并榜示通衢，以供众览。

第十四条　本所对于各新政机关，有随时稽查其用款当否之权。如查有弊端，得报告地方官及议事会。

第十五条　凡各机关领款已经本所认可发出者，其领款正当与否，本所应负其责任。

第十六条　本所应受地方官监督并议事会稽查，惟官绅无故不得侵其办事之权限。

第十七条　本所受地方官及议事会稽查后，如确有弊端，得随时更易其职员，由地方官知会本地士绅另举。

第十八条　本所受审查后，如毫无弊端，地方官及议事会亦不得擅议更易其职员。

第十九条　本所惟经理财政，不负筹款之责任。对于各项新政的款，亦无分合损益之权。

第二十条　凡各府厅州县皆须遵照设立理财所，其内部办事细则，由各府厅州县斟酌地方情形，自行妥拟，但不得与本章程宗旨相背。

吉林行省批谘议局呈为提议各府厅州县请设理财所一事由

宣统二年十月

吉林行省总督锡、巡抚陈批：来呈暨议案均悉。查行政经费本分为官治、自治两部，其在官治部分，则有度支司、清理财政局为之经理，地方未便干预。自治部分，如在议事会、董事未成立以前，应由地方官主持；成立以后，自有民政部会计章程，可以遵守。所请设立理财所一节，于事实有未符，于法理亦为不合，应即毋庸置议。至吉林、长春、农安、新城、双城、榆树等处，现设财务局、公捐处等项名目，仍由本管官自行主政，未便援以为例。希即查照。此复。议案存。

吉林谘议局议决节浮费以养财源案

宣统二年十月

议决节浮费以养财源案：

国家于地球之上，际生存竞争之世，有所恃以存而不敝者，财而已矣。在昔治财政学者之恒言，以国家之财政与个人不同，个人量入以为出，国家量出以为入。然当此民力凋敝之余，所谓个人财政者，正宜施之于国家。吉林自改建行省后，庶政繁兴，兼营并进，而度支奇绌，竟有傥焉不能终日之势。论者每归咎于财源之未辟，不知财源未辟尚属远因，至近因所在，得毋财流尚有未节者乎？夫天地生财，只有此数，用之于此，必绌于彼。事有缓急，行有先后，急其所缓，急者转废。溯自甲午、庚子两役后，东省之藩篱尽撤，一时报章之鼓吹、奏疏之敷陈，舆论之注重，竞焉主持，兴办屯垦，移民实边，藉杜外人之觊觎，俾保国家之领土，率以巨款难筹，迄于无济。而一时土木大兴，竞言建筑，坐耗数百万资财，以掷于虚牝。试举一端，已足见缓急之未分，浮费之未节矣。现在国会既经缩短，筹备事宜，计日责效，举凡地方经费，正方兴未艾，而人民不胜负担，已酿成民穷财尽景象。后顾茫茫，日暮途短，实业既未发达，开源一时无望，今则治标之要道，惟有节财之流耳。兹取简易办法，胪陈如左：

甲、建筑

计改建行省后，各处工程用款，实有数百万缗。公园江桥，阁诸水滨，不具论矣。他如吉林省狱，竣工未及二年，又复重议建造。一时官工，今日落成，明日坍毁，比比皆是。马路工程，连年修筑，迄无一路之告成，徒见交通之阻绝。而所有各工之岁修，尤需筹备。自今以后，但有公家建筑，概请极力节俭，不必过饰美观。其就原有官房开办者，更宜因就，以戒浮糜。

乙、员薪

近年以来，裁撤冗员之说几于聒耳。究之所裁无几，且旋即更易名目，呈请添派者，所在多有。现在陆军兵备处薪津之优，冠于通省，而一时所派各员，兼差者多实同虚设。其余各署局处，亦可类推。薪水既丰，无所事事，应请严加裁汰，以节糜费。

丙、夫役

现在局、处、堂、所林立，每处茶夫、使役动至数十名之多。在职司洒扫诸公用者，每处数名业经足用。余如各处员司使役，概归己募，不得役使公家人役。应请通饬裁减，以及半为度。此项节省公款，常年约有十余万缗之谱。

丁、膳费

吉省向章，各局处员司膳费，均归自备。自改行新政，凡创设局、处、堂、所，以各司道衙署人员，无不由官支给膳费。当此经济困难之时，应请通饬概归自备。常年节省，亦可得二十余万缗左右。

戊、活支

自清理财政局成立后，对于各署局处活支一款，极为注重。所订活支表式名目，亦极繁赜。而各署局处以财政局表内既有各项各目，亦遂不再删减，悉照原目开列，俾占款数。究之各署局处活支一项无不浮开者，盖挹彼注兹，人情大概相同耳。应请通饬核实删汰，常年撙节应得巨数。

以上节流办法五条，如能实力进行，常年撙节之数百余万缗当有把握。兹经本局公众议决，认为可行事件。【除上报资政院外】即请公布施行。

吉林行省批谘议局议决节浮费以养财源案

宣统二年十月

吉林行省总督锡、巡抚陈批：来呈暨议案均悉。查理财之道，节流亦其一端。来案建筑条内所列省狱一项，查法部通行各省，模范监狱应于本年一律成立，吉省尚付缺如，自应遵照筹设。前因库款支绌，故就旧有省狱改建，藉可节省经费。惟面积狭小，监房无多，众囚日众，势难容留，不得不量为扩充，既非原工不实，亦非过饰美观。且建筑等费，皆由司法部内历年积存各款动用，既未请领库款，亦未摊诸地方，实非他项不急工程可比，仍应赶紧兴修，以维狱政而恤众囚。马路工程一项，以款项无多，仅能分次修筑，均由民政司撙节动用，无取饰观。其余一切工程，如非确实难缓，虽经各署局一再呈请，均经核饬停办。员薪一项，迭经通饬裁减。其有委派兼差，而薪稍从优者，无非为得人任事起见。现经清理财政局切实预算，连同夫役各项，均予核减，奉准部覆，又复减之至再。委员膳费，并经查照前正监理官呈奉部准，凡得薪在五十两以上者，概令自备伙食，不复由官支给，准于宣统三年一律实行，分别报部通行在案。至各署局册报活支款项，或亦不无浮多，应由清理财政局随时按册严加审核，一面咨饬各署局核实删汰，以省经费。希即分别查照。此复。议案存。

吉林谘议局议决交议举办地方公债案

宣统二年十月

议决交议举办地方公债案：

按原案本旨，欲推广新政，大开实业，款无来源，拟仿各国公债事业，由本省募集五百万元，由银行银号为承办机关。当经全体审议至再，以募集公债事关重大，且对于原案颇多疑问：一为所以举办公债之原理；二为原案并未指明公债之抵当金，恐无以昭信用；三以原案仅谓推广新政，大开实业，究竟拟办何项新政，开办何项实业，曾经质问在案。兹奉督部堂、抚部院答复，以募集之原因，甚于天灾地变，系为内忧外患。公债之信用，指定牲畜税、官运余利、斗税、烟酒木税，各项提拨二三成，充作基本金。其公债作用，不外开办垦荒、林矿各项实业各等因，答复到局，具见开诚布公。本局全体自应力为赞成，况值吉省财政素称困难，际此内忧外患，时局危迫之时，各项实业如林矿、垦荒，急待振兴。此次举行公债，既以大清银行为承办机关，且指定牲畜税、官运余利、斗税、烟酒木税各项抽二三成，作基本金保证信用，自宜即早举办。惟办法手续仍请速行妥订章程，通过议决。至偿还期限，宜以二十年为度，以期逐渐发达。兹经本局议决，认为可行事件。应请公布施行。

吉林谘议局为议决学务病民宜求改良案

宣统二年十月

为议决学务病民宜求改良案：

按吉省创办学堂，以双城为最早。而学务之积弊，以双城为最深。该府中学堂自光绪三十一年七月开学，迄今已历五年。统计该堂常年经费八九万缗，半由就地各绅报效，半出自按地收捐。该府劝学所常年经费十余万缗，向由坰捐及车牌捐项下支发，由该所设立模范小学一处，初等小学四处，拉林小学一处，岁糜中钱亦有十余万之巨。在办学者宜如何认真教育，俾民间捐款不至虚糜，学生光阴不至虚掷。乃该府中学各生不但程度不能齐一，即国文一门，能以明白顺适者亦不多觏，而各种科学无论矣。每逢学期呈送学司表册教案，系由教员润色粉饰，以作掩饰地步。至各小学教员，半多轻薄少年，未尝学问。上年新设师范学堂，所招各生尤多市井恶少，及乡间无业之人。职教各员，多迫于情面，互相引援，行为龌龊。当此筹备宪政时代，振兴学务为第一要义，乃以办学未能得人，致种种弊窦因以丛生，辗转五年，毫无成绩。废弛学务，即为贻误宪政。现经本局全体议决，以为该府学务既如此腐败，仅恃学司派委视学员，按年往查各校，内容既未谙晓，教员学生复不能逐加试验，徒凭纸上分数以为优劣。且每到一城，匆匆小住，限之以时日，出之以敷衍，一城如是，通省皆然，学务前途尚堪问乎？自司法分权，而后各属地方官吏专任行政事宜，办学一项为地方官惟一专责，即各属学堂统以地方官为监督。应请饬由提学司派委专员，会同双城府，将该处各学重加整顿，与之更始。凡不胜任教员，悉行剔除，以期款不虚糜，事有实济，庶使通省学务有所观感，而人民义务担负尚有食报之一日矣。应请公布施行。

吉林行省批谘议局议决学务病民宜求改良案

宣统二年十月

吉林行省总督锡、巡抚陈批："来呈暨议案均悉。所有历述双城师范中小各学堂废弛情形，如果属实，自应切实整顿。应候札饬双城府按照来案所陈各节，力求改良，具覆核夺可也。希即查照。此覆。议案存。

吉林行省批谘议局提议议员兼任调查案由

宣统二年十月

吉林行省总督锡、巡抚陈批："来呈暨议案均悉。查宪政编查馆覆鄂督电谓，谘议局应议事项内，遇有必需调查卷宗及诹访事件，可径函请各署局抄交并答复。惟调取卷宗，限三日归档。"等语。是谘议局为全省议事机关，当开会期内，所有应议事项必须调查卷宗者，自可备具文函，直接调查。若议员回籍，则居个人地位。况查馆电，闭会期内，常驻议员且无议事之权，则议员之回籍者，自不便调查案卷。希即遵照馆电办理可也。抄由批发。议案存。

吉省谘议局议决议员回籍兼任调查案

宣统二年十月

议决议员回籍兼任调查案：

谨按各省谘议局，为采取舆论之地。其设立之宗旨，在指陈通省利弊，筹计地方治安。良以通省利弊，决非少数地方官厅之耳目所能周，即地方治安，亦非少数官厅之智虑所能及，势不得不假其指陈筹计之权，于熟习地方情形之议员。而议员之能以熟习地方情形者，尤恃其平日调查之力。本局上届会期提议议员回籍兼任兼务调查一案，经督部堂、抚部院批答，引宪政编查馆致鄂督电为解释，并以议员回籍居个人地位，闭会期内常驻议员且无议事之权为引证。夫议员之所以必需调查者，正为会期议事之预备，非于会期之外有所干预也。凡事不可无预备，以指陈通省之利弊，筹计地方之治安，其关系如何之重且大，以不屑政界之议员，而谓其不便调查，无须预备也，仅恃会期迫促之时日，何以凭藉以立言乎？亦何所依据而维持地方官厅之耳目所未周、智虑所未及乎？此引证会期以外常驻议员无议事权一案，不俟烦言而解矣。至议员性质，出自公众之选举，联以三年之任期。开会时间，固有言权，然闭会回籍，亦不得谓非议员。此任期内回籍之议员，决非个人之资格，其理甚明可断言者。且馆电调卷一项，不过仅对会期研究议案而言。若谓议事之例目，无非政治上之事项，故与参考卷宗章程加以取缔，亦犹之回籍议员，凡平日耳濡目染政治之得失、地方行政经费之盈亏，无不纤衡而审查之，以作将来发言及稽核预决算之资料地步。至于闻见所未能及，条例所未能悉，势不得不从事调查，以期洞澈原委，初非有监督官厅之思想，历取官吏经办之案卷而逐一稽查，以出于应有权限之外也。吉林自改行新政后，曾设政治调查局。自筹备自治后，各地方官厅亦无不注重于调查员。设立谘议局后，各省议员亦间负义务调查之责任。调查之郑重如此，不异繁费也。又如此而独于本省议员义务之调查，迟回慎重，若有靳焉，殊非本局公众所敢望于督部堂、抚部院者也。此建议乞即公布施行。

吉林行省批谘议局议决议员回籍兼任调查案

宣统二年十月

　　吉林行省总督锡、巡抚陈批：来呈暨议案均悉。查议员等于闭会回籍，担任义务调查事，仅关私人行动，有何不可。如必以议员名义，直向官署调阅卷宗，与宪政编查馆前覆鄂督电旨不合，未便准行。希即查照。此覆。议案存。

谘议局呈为议决发交常平仓积谷一案

宣统二年十月

为呈报事。窃奉督部堂、抚部院发交常平仓积谷一案，于十月初六日已经全体开议公决，除照章呈报督部堂、抚部院发交常平仓积款一案，于十月初六日已经全体开议公决，除照章呈报资政院鉴核备案外，理合将议决理由，缮折附文，呈报督部堂、抚部院鉴核施行。须至呈者。

计附呈议案清折一份。

右呈督部堂、抚部院

附：清折

谘议局交议劝募常平仓谷案疑问各条，呈悉。所有质问各条，业已另单分条答复，希即查照可也。此覆。单并发。计开答复质问第一条各项，吉林府常平仓，原本积谷变价银八千两，积存息银二万三千一百四十余两，分存铺商及大清银行，原谷二万石，足数买补。新城、榆树厅常平仓，原本积谷变价银六千两，积存息银一万七千三百余两，新分存本息五千八百余两，榆分存本息一万七千五百余两，原谷一万五千三百余石，足敷买补。农安存谷六千三百一十余石，分储天、理、良、心四仓，现在一仓拟归长岭，又变价钱三千三百余吊，发商生息，以息钱为看守仓厫人役、工食之用。答复质问第二条各项，各属所劝积谷现存数目，宾州六千五百五十余石，双城一千零二十余石，长春七千七百九十余石，敦化二千一百余石，五常二千零八十余石，又东关、意气两乡变价钱四千三百余吊，伊通二千零五十余石，又变价小数钱一万三千余吊。以上七属之谷，并变价钱文，均分存民间铺商，并无富者缴请若各项。吉林府义仓变价银四千两，其息钱经潘代理府详准（解过北洋、师洋、师范学费本）每年粥厂经费外，所余无多，（省自治学费，检验学习所经费及开支）实存款七百余石，存之民间，原额八千余石，变价四千余石。俄兵烧毁三千余石。新城、榆树义仓原捐买储积谷中钱十万吊，发商生息，向以息钱备充该处捕盗营兵官暨军火之需，现分存府厅两处铺商。

请批答交议劝募常平仓谷一案疑问各条，由谘议局为呈请批答事。窃奉督部堂、抚部院发交劝募平常仓谷一案，当经本局全体议员，一再开议，对原案诸多疑问，若不质问明确，碍难凭空置议。如原案所云，吉林惟农安一县谷尚存仓，他如吉林、新城两府、榆树一厅，悉皆变价生息，仓无颗粒之粮等语。查各属变价究有若干，有无实款，能否购足原额，原案仅提大旨，是本局必须质问者一也。如原案又谓，其余各属虽经光绪十七、十八两年劝办，当时因未建仓厰，劝捐之谷仍在民间等语。查该两年劝募究有若干处所，其处共募若干，富者缴请若干，而贫者尚欠若干，原案未及声叙，是必须质问者二也。如原案所谓，若义仓谷价成本虽未短少，而息额则大半挪作地方公用，即使将款提回，亦各为数无多等语。是义仓积谷全行出粜，究竟谷价原本若干，利息尚有几何，其挪办各项公益各若干，原案亦未及详叙，是又必须质问者三也。以上三大问题，是为本案之要点，若不详悉底蕴，遽议如何买补、提追，如何续筹劝募，必然茫无成算。是以本局未便含混决议，理合照章先行呈请督部堂、抚部院鉴核批答大致缘由，以备决议施行。须至呈者。

谘议局议决常平仓积谷案

谨按常平仓，为备荒要政，既为古昔名贤所注重，尤为吾国各省所同然。吉林各属仓谷，或已由官变价生息，或仍分存于各地民户，除农安谷尚存仓外，其余诚如原案所云，一遇饥荒，直同画饼。夫偏灾流行，何处蔑有，使于保息之政而急为讲求，一旦猝遇凶年，为患何堪设想？兹经本属集议，以为积谷变价，虽一时权宜办法，究不可要诸久长。若再提充别用，辗转之前，尤易生出枝节。本年正值丰稔，应即及早乘时饬下各属，其已经变价之谷，分别如额买补；其谷存民间者，迅即分别提追。俟两事办有端倪，再将不足之数设法续筹劝募，以为一劳永逸之计。兹述其理由如左：

一、买补之法。仓谷原以救荒，一遇饥馑渐臻，动关多数人民之生命，岂可任意变价，致忽荒政。自应通饬各该府厅州县，限本年按存谷额数，用原价本息一律买补。

一、提追之法。凡仓谷之存于富室及原户者，除确经乱失，或该户逃亡，暨现已贫无立锥者，应即取具绅富保结，免其提追，以免扰累。其余就此丰年，即行如数提追，毋任拖欠，俾免续筹劝募时，未经存款之户，有所借口。

一、续筹劝募之法。如买补、提追两事办齐，再行晓谕一般人民，使知仓谷之必要，及有备无患，无论官民，均当重视之原因。再由各属官绅，采用任意法向富室粮户随时劝募，即随时交仓，毋再存储民间，致将来多费周折。抑本局尤有进者，此项仓谷既已买补提追，且续筹劝募矣，则保存一法，亦是一大问题也。吉省各属现有仓房者，姑不具论。查本城北仓各廒，现经提法司改修监狱，吉林府常平仓复经李守改修发审处，双城仓廒为金守改作劝学所，其余各属谅亦不无修改之处，应饬令将前项改造仓房，如数择地补建，或觅空闲官房，先行分别存储。即一属之中，分储多处，不过稍费管理之劳。如遇歉岁，分路散放，似较简便。兹经公众议决，请即施行。

吉林行省批谘议局议决发交常平仓积谷案由

宣统二年十月

来呈暨议案均悉。查来议先就买补、提追两项，办有端倪，再行设法续劝，自属正办。惟原谷变价生息，已历年所，现议骤提谷本，恐非仓猝可以办到。其分存民间原谷，现议分别提追，势必从清查入手，虑滋扰累，复费日时。既据议决可行，应候札由民政司通饬各属，察度情形，分别办理。至仓廒一节，并候札由民政司饬属查明具覆，再行核对。希即查照可也。此覆。议案存。

吉林行省批谘议局议决各级审判仍请预审公开以杜流弊一案

宣统二年十月

来呈暨议案均悉。查审判制度，刑事诉讼有豫审、公判之别，民事诉讼则自始开庭至判结，无不公开者。吉林各级审判厅办事规则，本系如此规定。据呈外省各厅多有未能实行，是否属实，候札饬提法司重申定章，通行各厅遵照。惟查来文，有检察预审之语，系属误会。检察于提起公诉讼之前，必须搜集证据，自不能不讯问事实。既经提起公诉，照章对于审判厅应分别请求预审或公判，是预审之权仍属于审判厅之豫审推事，不在检察也。并附及。希即查照。此覆。议案存。

吉林谘议局议决各级审判仍请照章公开以杜流弊案

宣统二年十月

谨按各国裁判所制度，除检察预审并各判事认为应行秘密外，其余法庭均系公开，不禁旁听。我国自预备立宪以来，创设各级判审厅，取缔章程亦定为公开，向无概行禁止旁听条文，立法本极完善。乃吉省自设立各级审判以后，惟省城尚属照章公开，余如长春等处府厅州县，凡民刑诉讼事件，概行禁止旁听。且每值开庭公判时，必多派员警严加防卫。遇有绅商士庶之近前者，辄行无理之干涉，甚至辱骂鞭箠，有种种非理之待遇。查各级检察厅系属预审，遵守秘密，固其所有权。至各级审判厅，系范围人民于法律之机关，其目的在保全社会之和平，维持国家之安定秩序，无所用其秘密。况审判一归秘密，势必生出各种弊端，于司法上无一利而有百弊。原诸司法所以保全善良，藉以惩戒不善之本意，背道而驰，关系殊非浅鲜。按《钦定法院编制法》第五十五条："诉讼之言论，及判断之宣告，均公开法庭行之。"第五十八条："公开法庭，有应行停止公开者，应将其决议及理由宣示，然后使公众退庭。至宣告判断时，仍应公开。"第五十九条："停止公开法庭，审判长得指定尚无妨碍之人特许旁听。"参观各条，是法庭之应公开，其理甚明。而如以上所陈，添派员警，严加防卫，无理干涉，非理之待遇，不惟司法部内所不应有，实人民所不公认。应请饬由提法司遍饬各级审判厅，嗣后除检察厅预审认为秘密外，遇有民刑诉讼案件，均当照章公开法庭，不再禁止人民旁听，用资观感而杜流弊。即请公布施行。

吉林谘议局呈为提议各级审判厅仍请照章公开以杜流弊一案

宣统二年十月

为呈请事。窃查局章第二十五条所载，除二十一条第二、三款外，谘议局亦得自行草具议案等语。遵此，兹经本局提议，各级审判厅仍请照章公开，以杜流弊一案，于本月初七日开议，已经全体公决，除呈报资政院鉴核备案外，理合将议决理由缮折附文，呈请督部堂、抚部院鉴核施行。须至呈者。

计附呈议案清折一份。

右呈督部堂、抚部院

谘议局批伊通州附生黄景清为现任州官汪牧贪污病民陈请建议由

宣统二年十一月

愿书均悉。查照局章二十八条所载，本省官绅如有纳贿违法情事，本局固有纠举之责。但据该生所指，汪牧种种违法，虽属热心时事，痛陈无隐，奈纠举各款俱关重大，未便仓猝决议。究竟有无确据，势难悬揣，必须博访群情，方卜向背。如果舆论佥同，自为本案确据，本局必为呈请查办。是于通人民情悃之中，仍须留慎重言权之地。候由本局访实确据，再行协议公决。希即知照。此答。

谘议局呈送议决发交实业教育一案由

宣统二年

谘议局为呈请公布事。窃奉督部堂、抚部院发交实业教育一案，当于本月十一日，始经全体议决，除呈报资政院鉴核备案外，理合将议决理由，缮折附文，呈请督部堂、抚部院鉴核允准，公布施行。须至呈者。

计附呈议案清折一份。

右呈督部堂、抚部院

谘议局议决交议实业教育计划案

宣统二年

（甲）商业教员讲习所经费，应饬由商会筹设。

理由：原案以九年筹备表中，商业教员讲习所列入宣统三年，已为不容缓之件。预算已经编定，官款无可提拨，议就法政学堂附设。其全年经费约在八千两，可否由全省各商会分筹等因。现在商业师资，实待造就，万难因筹款维艰，遂寝其事。此项学款，各商会自应力任其难，和衷筹措。本局议决认为可行事件，请即施行。

（乙）四路中等实业学堂，应先列定校址，分筹经费。

理由：原案查照部章，中等实业学堂每府应筹设一处。惟吉省各府直辖区域，而州县不隶于府，专责各府，或难附立，拟就四路分设。应如何酌定校址，分筹经费等因，在督部堂、抚部院提议意见，一为振兴实业，开辟利源，一为洋货输入，利权外溢，不可不振兴实业，以图抵制。特吉林人稀地阔，民无素封，于开通实业之中，仍应寓体恤民艰之意。兹经决议办法如左：

一、区域。查此项学堂虽分四路，其区域即依四路兵备道所属区为区，勿庸另行分划，致涉歧异。

二、校址。（甲）西南路，应以长春为适中地点，先设农学堂一所。其工、商两项学堂，分年酌设。（乙）西北路，应以双城为适中地点，先设农学堂一所，其工、商两项学堂，分年酌设。（丙）东南之延吉，东北之依兰，为两路适中地点。现该路设治未久，地多荒僻，筹款维艰，应请缓设。该两路倘有合格学生，于未设之前，准入长、双两处农工商各学堂肄业，以广造就。俟本路三项学堂设齐后，再行限制区域。

三、建置。按原案以此项学堂比照普通学堂，规模迥异。凡营缮校舍，图画器具，均须设备。但创始之初，款无来源，势难诸求完备。除图书器具必需之物外，其一切校舍，应以地方公产庙宇，因陋就简，酌加修葺，以足敷驻用为限，以节糜费，勿庸必建新式校舍，徒壮观瞻。

四、经费。查此项学堂，一切建筑、开办、常年额支、活支各费，无论如何撙节，为数已属甚巨。本应由各属均摊，但各府厅州县情形不同，似难一律。应请援照自治筹办处分定繁盛、中等、偏僻三等成案，无论需款若干，均饬各府厅州县官绅，按年分等摊筹。其认款之多寡，即以学额之多寡为准。其外路来堂肄业学生，一律由各该处发给官费，藉资鼓舞。

五、推广。查此项学堂，先于西南、西北两路设起，不过因时因地，暂为变通。俟东南、东北两路渐臻繁盛，经费有着，再行酌量各处情形，推广添设，以期普及。

吉林行省批谘议局呈议决发交实业教育计画一案

宣统二年

来呈暨议案均悉。查原案甲项商业教员讲习所经费由商会筹设一节，既经议决认为可行事件，应候公布施行。原案乙项四路中等实业学堂选定校址，分筹经费各节，亦均可行。惟第二节校址条内先设、缓设各语，查吉省筹办农工商业各项学堂，业由提学司分年筹设，列为专表，报部核准有案。原表本年先行筹设农业学堂，核与原案相同。惟表列宣统三年先办西北一路，而原案则但云西北、西南先办，并未声言设立年份。又原案所请缓设各项学堂，按之原表筹设年限，本在宣统四、五两年，亦属相符，应即查照原表，分别筹办。至第四节经费条内，其外路来堂肄业学生，一律由各该处发给官费等语，查现在各处学款，均极支绌。其官费字样，应改作公费，较为允当。希即知照。此覆。表附存备阅。议案存。

谘议局呈为议决交议查禁私藏烟土并预定禁断期限由

宣统二年

谘议局为呈请公布事。窃奉督部堂、抚部院交议查禁私藏烟土，并预定禁断期限一案，于本月十六日已经全体议决，除呈报资政院鉴核备案外，理合将议决理由，缮折附文，呈请督部堂、抚部院鉴核，公布施行。须至呈者。

计附呈清折一扣。

右呈督部堂、抚部院

谘议局议决交议查禁私藏烟土并预定禁断期限案

宣统二年

案查吉林禁烟办法，已从禁种禁吸入手。禁种业有成效，惟官膏现未停卖，禁吸尚未实行。各处富家大户，私藏私吸，诚恐不免，固应严密设法查禁，以期早日断绝。但外土输入，源源不绝。哈尔滨道里、长春二道两商埠，皆公然卖吸。若不设法一律查禁，不但大害难除，外人将皆以本省为销售之场。对于本省之已经禁种禁吸一般人民，亦生不公平之结果。亟应于查禁私藏私吸外，另为拔本塞源之计，庶根株易尽，效果可收。兹特斟酌本省情形，谨拟对内、对外二种办法，胪陈如左。

一、对内办法

（甲）期限　查鸦片之罪，刑律綦严，即禁断稍事严苛，亦不为虐。请即以宣统三年二月初一日为禁断时期，逾限再犯，无论官民，一律照例加等治罪。

（乙）稽查　期限既定，各处私藏私吸，即责成地方官遴选本地公正士绅，督同禁烟人员，以及各处巡警，切实查禁，认真办理。其详细章程，应饬各处因时因地自行妥拟，免有窒碍难行之处。

（丙）禁藏　查禁既已实行，应出示晓谕，凡有私藏烟土者，务于定限以前，自行送官焚毁。逾限查出，重惩不贷。

（丁）纠举　官绅为人民表率，首应自戒，以作提倡。自禁令申后戒断者，固不乏人，而仍前私吸者，亦在所时有。若不先予查办，难免人民借口。应专责成各地方议事、董事会各议员、董事等，严密访查，倘有官绅私藏私吸者，一经查有确据，立即报告谘议局，援照定章第二十八条，呈请查办。

（戊）停卖　官膏一日不停，即私吸一日不断。应请自本年十二月底止，官膏即一律停卖。

（己）制药　官膏停卖，无处买吸，恐瘾深老病之人，或有伤生之累。应饬禁烟人员妥制保险戒烟药料，减价出售，以资补救。

（庚）禁种　禁种办法，虽已成效昭然，仍请重申禁令，严饬各地方严行查禁，俾免愚民再犯。

（辛）禁运　近日土价踊贵，皆由私吸者多，故私藏者居为奇货。现在私藏私吸既已悬为厉禁，其私藏之土，无处销售，必将潜运他往，亟应严密查拿，以免流毒。

（壬）责任　禁烟事体较重，办理亦极繁难，必使官绅同负责任，方能成效早收。倘该身任禁烟士绅有徇隐情事，地方官得照例惩治。其有地方官与禁烟人员奉行不力者，本地士绅亦得陈请谘议局，转请查办，庶官绅双方觉察，进行自必迅速矣。

（癸）罚则　定限已满，凡有私种、私卖、私吸、私运、私藏者，一经查出，或被告发，立即将烟土归公焚毁，按刑律加等分别治罪，绝不姑宽。

二、对外办法

（子）禁邻省输入　本省官绅对于禁烟问题，即同负责任，必能实力奉行，日起有功。应先期防邻土输入，以杜流弊。请一面饬各属严查，一面咨请邻省协助，限制输入，共维大局。

（丑）禁外埠藏吸　本省禁烟愈力，则土价愈昂，外人之藉以渔利者，亦愈甚。现在哈尔滨、长春各埠烟馆林立，华人吸烟者皆闻膻而集，竟成雅片之逋逃渊薮，故外人贩运，源源而来。若不设法查禁，与禁烟前途大受影响。应请与日、俄领事照约协商，订定禁烟办法章程，严禁私藏私运，凡有华人在该埠私卖私吸者，准我巡警得会同一律查禁，不得藉词干涉，以期外无来源，内土净尽。

吉林行省批谘议局呈议决交议查禁私藏烟土并预定禁断期限由

宣统二年

　　来呈暨议案均悉。所有原案对内外各种办法，均属可行。惟尚有商酌之处，暨应预为宣告者。查来案对内办法条内甲项"加等治罪"字样，应改为"照例治罪"。乙项"督同"字样，应改为"协同"。丁项来案所称，应责成各地方议事会、董事会各议员、董事等严密访查一节，查各属应设议事会、董事会，甫经先后分别筹设，其未设之处，应责成何人纠举，所议未尽完备。又所称倘有官绅私藏私吸者，一经查有确据，立即报告谘议局，援照定章第二十八条，呈请查办一节，查此项事属禁烟行政，如其报告谘议局，呈请查办，既于禁烟章程未符，且办事亦多歧出，应改为"责成乙项选派之公正士绅，以及禁烟人员，严密访查，倘有官绅私藏私吸者，一经查有确据，即报告本地禁烟公所或地方官，照例惩办"。戊项禁断时期，既以宣统三年二月初一日为限，而售卖官膏来案乃限于宣统二年十二月底停止，则宣统三年正月未曾禁断之先，民间应吸之烟如何办理，所议未尽允当，应改为自宣统二年正月底止，官商一律停卖。癸项加等加罪字样，与甲项同，应即从删除。查对外办法条内子项所称一节，查此条前由民政司详拟办法，业经交由行政会议处议决，分咨奉、江两省，严禁转运，应再通饬各属，一体查照。丑项所称一节，查俄罗斯种烟，潜运吉境，前经宁安府东宁厅禀报到省，当由交涉司照会俄领事，切实磋商。旋据海参崴桂领事复称，业经俄督认可，允为严禁。惟铁路经过处所，如长春、哈尔滨等处，尚有烟馆，应再照会俄、日两领事，商同查禁。总之，禁烟为目前要政，办法不厌周密。既经决议可行，应候查明来案，暨批正各条，分别公布实行可也。除饬民政、交涉两司分别办理外，希即知照。此缴。

谘议局为磐石县民陈请税卡横征苛敛请立禁革俾苏民困致度支司函

宣统二年

度支司公鉴：

近今帑项支绌，端赖地方人担负，以补时艰。奈以甫经开化，遇事必应由渐而入，方期效果，否则人民均视为危途。故自谨查开局以来，陈请捐税各案，日不绝书，本局虽为代表舆论之地，亦难一再代为烦渎。然如果置诸不议，又属闭塞下情。用免正式公文，仅函奉闻，用通权宜。兹有本局磐石县人民陈请该邑幅员未及三百里，添设税卡十四处，无论如何，星罗棋布，只求无累于民则可。惟郭家大桥税卡横征苛敛，擢发难数。罚朱永富一案，以线麻十斤，诬控七百斤，罚钱七十吊，外勒小柜钱五十吊。李广学、王栋等有麻楷、烟楂，辄照数倍勒令纳税。粉房定名湿磨眼，磨房定名干磨眼，月捐若干吊。并有陈万良豆腐房，月捐六吊，均为税章所无。若不立即禁革，必致商民交困。各等情。陈请前来。事在该分卡现行之弊，未便稽迟。谨以函恳大司体恤众情，从速办理，俾苏民困。不胜翘盼之至。耑此敬请公安。希唯查照。

谘议局公启

吉林谘议局为守卫警察在局勤劳呈请
民政司酌给奖励该长警等送回

宣统二年

　　为呈请事。案查本局常年会期，守卫警察，未及专设，曾经呈请由警局每年酌派十名，藉资守卫。当奉督部堂、抚部院批："呈悉。所请开会时拣派巡警十名，以资守卫，自应准派，候饬民政司转饬巡警局如数派送也。"各等因在案。旋由警局派到长警十名，专司内部警察，受议长之指挥。自开会到局，以至闭会，共计五十余日。该长警更番巡逻，昼夜不憩，深资得力。惟司本局内部警察，自与寻常职务迥异。其中实有勤劳足录，然本局系属社会性质，苦无奖赏，以资策励。仍请民政司优给奖励，遇有相当缺出，饬由该局提前升委，是为公便。除将该长警传饬回局销差外，相应抄粘呈请民政司，谨请查核给奖，赐覆施行。须至呈者。

　　右呈民政司

呈据长春府城议事会呈该城头道沟两处应分
营业附加税应饬仍均四份归警学自治及商会

宣统二年

　　为呈请事。窃据长春府城议事会，呈请以本年冬季会期议决该城头道沟两处应分营业附加税，各就收数分劈，由该府转移商会在案。旋因商会坚不承认，该会仍执前议，呈请前来。据此详查本局本届议案，此项附加税款分配之法，于学、警二成未曾公认，旋奉督部堂/抚部院答，大致除提省二成外，其余仍拟于商、学、警、自治均匀分配。此次该会所请，虽于本局议案不符，但以附加税款纯属自治经费，无论如何分劈，而自治究应占居多数，方符附加之名。该商会似难故违命令，以掣该城自治之肘。事关自治争议事件，自应照章公断，已经协议公决。理合抄录原案，附文呈请督部堂/抚部院鉴核施行。须至呈者。

札各属为谘议局调取各项章程规则文并章程

宣统二年

为札饬事。案据谘议局呈称，窃以吉省新政蔚兴，旧章频变，本局甫经成立，于各项章程悉力搜罗，仅见一斑，转瞬即届本年会期。若不统窥全豹，倘遇关于某项议案，必至茫无措施。并以第一期议案多奉批交到局，俟下届复议，如学务、警察、矿产、实业、租税、钱法诸大端，亦应按现行各章程，反复研究，斟酌尽善，俾立言不碍于执行。本属拟将下届议案提前预备，应请饬下各署局所，除关本年预决算听候交议外，所有部定通饬暨本省单行各项章程规则，由各该署从速径交本局，俾资参考，并另折开明调取各项章程规则等情。据此除批："呈、折均悉。所有调取各项章程规则，除先将行政会议处章程随批附发外，其余俟分饬各署局分别检齐，径行移送该局可也。抄由批答，并分行"外，合亟粘单札饬。札到该□，即便查照粘单，将应行调取章程规则检齐，径行移送谘议局可也。此札。

计粘单：

关于公署事项：行政会议厅各章程；法政学堂章程；全省公仓、义仓积谷槊银存储数目清单；全省府厅州县疆界图；陆军若干，常备军若干，巡防军若干，并各军驻扎分防处所；各衙署局所公产明细表。

关于民政司事项：警务通则；全省城乡巡数目表；济良所简章；禁烟公所章程；官膏统销数目表；贫民习艺所规则；工程局章程；婚书章程；高等巡警学堂

章程。

　　关于提学司事项：劝学所章程；教育会章程；两级师范学堂章程；图书馆章程；新设简易识字学塾章程；植物标本时习所章程；学务章程汇存；女学堂章程。

　　关于度支司事项：牛马税章程；车捐现行章程；统税局各项规则；烟酒、木税现行各章程；银元局各章程；车捐现行章程；统税局各项规则；烟酒、木税现行各章程；银元局各章程；永衡官帖局章程；官银钱号章程；经征局章程；全省租赋名称清单。

　　关于劝业道事项：大清矿务章程；全省矿务调查表；全省林业调查表；林业局章程；邮船局章程；领矿各条款；农事试验场试办简单农业学堂章程；公园规则；蚕桑局章程；各属商会章程；电灯处章程；电话局章程。

　　关于自治筹办处事件：本年城镇乡自治筹办公所一览表；各属自治研究分所通则；关于清理财政局事件；度支部奏清理财政办事章程；度支部奏定调查财政条款；清理财政局办事通则。

　　关于旗务处事项：全省旗户数目册；全省旗户地亩册；蒙务处章程；

　　关于官运总局事项：盐运现行各章程；关于交涉司事项；吉长铁路章程；开埠局章程；本省与各国所结各项单行约章；日俄战后俄人损坏本省人民财产数目表。

督抚宪批谘议局筹设东三省制造军械局由

宣统二年

　　来牍阅悉。所议修复本省旧有机器局，制造枪械子弹，专供东三省军队领用，以免利权外溢，按之时局，洵为要图。但原有制造局厂，仅火药局现尚空废，其旧机器局院内已设银圆厂，东院并设有师范、实业各学堂，应俟先饬军械局会同银圆厂，酌派精于建筑制造人员，调查原有之局厂尚余空闲厂房各若干，修复能否敷用，并需款若干，以及旧有之机器修补能否堪用，尚须添置若干，共需款若干，逐一调查明晰，统计约需开办费若干，然后再议筹款举办。希即知照存案。抄由批答，议案存。

批谘议局呈覆关乎教育五案并再行提议学堂利弊一案由

宣统二年

来呈暨各议案均悉。查兴学为今日要政，而经费支绌，实为兴学之障碍。吉省僻处边陲，文化初启，学堂经费，较之内地尤为支绌。惟以事关九年预备，未便稍缓进行，特将筹划经费各端，提交会议，冀于兴学教育之中，不失变通宜民之意。兹阅呈议各案，除第二案所议尚为妥洽，作为议决，毋庸再行交议外。其第一、第三、第四、第五各案，多无切实办法，业已逐条签注，亟应发交再议，以期经费有着，学务可兴。至另呈议案预备会移交之学堂利弊一案，其中有不合部章窒碍难行者，有现正整顿而尚未臻完善者，亦已逐条签注，希即分别查照所签办理可也。抄由批发。议案原折共五件发还，即照录签语，仍缴。

吉林行省批谘议局呈为胡毕二绅前后两电不符各节既经查明原由请免饬查原函由

宣统三年二月

来呈阅悉。此案既经覆查原函致误原由，与札内事理大致相同，毫无疑窦。所请免其声覆，以省周折之处，自应照准。惟查谘议局定章，民人陈请建议事件，概由议员介绍，如遇有捏名等弊，则介绍之议员自应担负责任。以后究有如何确实凭证，方允介绍，亦当协议规定，以为标准。应由谘议局根据局章，妥拟介绍陈请建议章程，呈候核定施行。业经会议厅审查科照章议决，希即知照。抄由批答。

吉林谘议局为将公众批依兰人民登舟售粮征收关税候饬滨江道会同税务司分别征收等因录批移覆商会

宣统三年三月

　　为移覆事。案查前准贵会移开，准依兰府商务分会牒称，宣统二年十月二十四日，接奉东北路道王照会内开，案准吉林西北路道移开，案查宣统二年九月十八日，准贵道移开，本年八月二十七日，据依兰商务分会呈称，据南屯农民刘庆德、张寡妇等十名到会声称，民等皆系南屯土城子一带地方庄稼小户，近因大小麦成熟，各家收获多少不等，共凑小麦八石三斗、大麦三石三斗，同雇邻家吕魁小船运到街，以备添换衣物，购买食盐，及购当还债之用。不意行至街南江沿，遇有数人驾船拦截，言系江关巡差，汝等运来之粮，应上关税。民等向言，此系吾等地内所出之粮，每家多少不等，并非贩卖，有何关税？讵该船上人凶横异常，硬将小船带至街口下边，逼要不容，民等无奈，任其核算，共索去羌钱七元三角，取有收税执据并报条为凭。伏思民等皆系贫寒小户，收得些小麦子不容易，运到街上，欲救得一时之急，不知此系何税？若果常常如此逼勒，民等再不敢来。男女哓哓到会，声诉等情。窃查依兰本地向无粮贩，其距小江较近之处，每届麦秋，各小户凑集多家，伙雇小船，运街售卖，历来如此，并非贩运谋利可比，似不在关章应征之内。若不呈请剔除，诚恐与关税名誉及地面均有滞碍，应如何办理之处，理合据情备文，呈请道宪核示遵。附报条十份，收税执据一纸等情。据此查本年七月二十五日，准三姓分关税务司送到税关新订章程一本，复于八月二十日准贵监督移送新订章程，只有稽查来往船只，及由三姓装货出境之税。其由商家买货回城，已在哈埠完纳关税者，及农民装运来城零售者，三姓分关并无收税明文。此项税钱，是否税务司误收，抑系巡差藉端讹索，敝道未便向税务司直接查询，相应备文移请鉴核，详细查询见覆。计报条十份，收税执据一纸等因。准此，当经敝道将报条、税据照送本关税务司查明照覆去后，兹于十月初五日准葛税务司覆称，当将该报条等札饬该发关详细查明禀复去后，兹据该发关禀报，覆称该商民等集麦多数，伙雇板船一只，装运到关，即遵照新定松花江章程税钞第五条"凡土货初次经过哈尔滨、三姓、拉哈苏分卡，即现在已设之关卡，须完纳出口全税一次"之办法办理，并无误设讹索情事，禀报前来。据此查此案该处农民雇用小船一只，运麦至五千数百斤，为数不可谓少，若公然免税放行，不独与新章不合，且难免无奸商勾串农民，贩运谋利，实于国课前途大有关系。嗣后该处农民装船运粮，经过该分关，无论如何，必须照章纳税，相应仍检同报条、税据，照覆转移等因前来。相应检同原报送报条、税据，备文移覆。为此合移贵道，请烦查照，饬知施行，计移还报条十份、收税执据一纸等因。准此，合行照会该会，转饬该农民等一体知照，计发还报条十份，收税执据一纸等因。奉此，敝会窃查三姓分关设立在松花江南岸，南距依兰府城四里许，依兰府城西街口即靠牡丹江沿，因其江狭水浅，俗呼为小江子。惟北流入松花江处约三里许，稍形宽阔。近来吉瀛轮船，每停泊于此。溯流南上百余里内，尚有农民沿江居住，百里外层峦夹岸，水中间有浮石，居民鲜少，小舟来往，亦属不易。此百里内两岸居民，贫寒者多。夏秋之际，车马难行，凑集零粮，装小舟运至府城售卖，以应急需，藉此一派之水，以免肩挑背负之苦，既不入松花，又不经过江关。其江关收税差役，每驾小舟逆收于十里之外。夫以本地之粮售诸本地，似与进口出口者不同。且该农民等凑集运城之粮，终岁计之，为数无多，决无奸商勾串、贩运谋利之弊。若不划明界限，分别征收，则此沿江农户固属倍形困窘，而弃舟登陆，亦与关税前途毫无补益之处。敝会为体恤沿江农民起见，是否有当，除呈报东北路道转详，其收税执据一纸、报条十份留会备查外，理合牒请总会鉴核，移请谘议局分别核议施行等因。准此，查依兰府为吉省东北重地，沿江农民亟应体恤，不宜苛敛，以为殖民实边者劝。兹该会所议各节，均属实在情形，相应文移，转呈见覆各情前来。准此，详查松花江关税暂行试办章程税钞第一款内载："松花江各关只收船只所载货物关税，其内地以及他项税捐概不征收。"等语，详二、三等款规定，亦均以出入口为征设关税之方针，并无征收他项税捐之权。兹查三姓商会所称，农民刘庆德等以自种大小麦十余石装载小船，运街出售，自非出口可比。该关征税无名，即属违背定章，该总关尤不应强为回护。如果刘庆德船只意欲出口，无论船脚如何低廉，以五千之斤之数，断无不亏赔之理。如云该农民意在本地销售，不应装船运载，查三姓三面环水，不经船渡，讵能运到？至今该总关所引第五条亦明以出口为自解，而该农民所载小船一不出口，二非赎卖，该关谓非误收讹索，断难昭信。嗣后急须划定界限，分别征收，于慎重国课之中，尚须厉体恤农民之意。凡非出口各土货，准予查验，一律蠲免关税，以符定章而免民累之处。经协议公决，代请在案。现奉督部堂、抚部院批：来呈阅悉。既据该商会等声称，以本地之粮售诸本地，似与进口出口者不同、亟须划定界限，分别征收，亦属实在情形。应候札饬滨江关道，会同该处税务司按照税关章程划清界限，分别征收，妥拟办法，呈候核夺饬遵。业经会议厅审查科照章议决，希即录批先饬知照，抄由批答等因。奉此，相应备文移覆贵会，请烦查照转行可也。须至移者。

右移吉林商务总会

吉林谘议局为奉省公署批陈请整顿预备巡警器械案

宣统三年四月

为奉公署批呈吉林府城议事会陈请整顿预备巡警器械一案，知会该会查照，为知会事。案据吉林府城议事会陈请，以预备巡警器械不精，籽药不足，虽欲备价承领，每苦于多方靳予，议请设法整顿。各等情，由该会议决呈请前来。据此详查，穷兵黩武，其在国家承平之世，固为人所讳言。现值边防多事，外患内忧，民无安枕，稍存国家之思想者，无不欲枕械荷戈，以戒不虞。是以预备巡警之举，全省人民咸资保卫，有事则敌王之忾，无事则寓兵于农，节财足兵之策，莫此为善。然今日之折冲御侮，非斩木揭竿者所能济事。倘不予以备价领枪，将俾无米为炊，人民讵能徒手缚贼？并以领枪之户，其在法律修明时代，似不必多方限制，应请饬下民政司多订枪械，悉准人民备价承领，俾预备巡警皆得实用等情。当经协议公决，代请在案。现奉督部堂、抚部院批：来文及议案均悉。原呈以预备巡警，器械不精，虽欲备价领枪，苦于多方靳予，请设法整顿等情。查备巡之设，原为民间保卫身家，有守望相助之意。如果不给枪械，讵能徒手御贼？迭经民政司订购枪弹，通饬各属备价承领。其第一、第二批所购之枪，业经各属争先价领，已无余存。吉林府备巡成立较迟，民间观望不前，未曾切实备价，乃谓官家多方靳予，殊属非是。现在民政司正拟定订购第三批枪弹，应由城议事会转知各乡绅董，迅速备价，呈由吉林府转详请领。一俟枪弹运到，即可照发，以资捍卫。惟查各属现在所办备巡，多则数千人，少或千余名，地方辽阔，既难稽查，官巡无多，亦难钤制。如果尽属良民，藉以保卫乡间，可补官巡之不及，倘有无业游民，或外来匪徒，溷厕其间，授以利器，转为地方之害，后患无穷，不可不防。诚如来呈所言，亟宜设法整顿之处，来呈并未提及，究竟此项备巡领枪之后，如何取缔，所充备巡长警，应有如何资格，均应妥为筹划规定，以杜流弊。谘议局为人民代表，应由该局查酌情形，妥拟取缔章程，及切实整顿办法，呈候核定施行。业经会议厅审查科照章议决，希即转行知照。抄由批答等因。奉此，相应录批，备文知会吉林府城议事会查照可也。须至知会者。

督抚宪札饬自治筹办处兼办谘议局第二次选举事宜等因分行各属从速举办

宣统三年

为移知/札移事。案奉督抚宪札开，照得谘议局选举年限，以三年为一次。宣统四年即系改选之年，自应预为筹办。当经札饬民政司分别拟定办法，呈候核夺去后。兹据该司呈称，窃查选举事体重大，非有专设机关，未易着手举办。司署人员，分科办事，各有专职，既不能付之一科，又不能强为割配，分派诸科。再四思维，迄无完善办法。查现在自治筹办处，系前谘议局筹办处所改设，处中人员于办理选举多有经验，且上届案卷俱存，该处若令兼办此事，尚属相宜。爰照上届办理情形，酌拟办法数条，分别开具清折，呈请核示前来。当经本大臣/部院批准照办，合亟粘抄清折札饬。札到该处，即便查照办理，并遵照宪政编查馆奏定《谘议局选举章程》，妥为筹划，次第进行，毋稍迟误。切切。特札等因。奉此，查清折内开，关于各属选举事宜约有二项：一、展缓选举期限。查定章初选举以正月十五日为期，复选举以三月十五日为期。初选举六个月以前，选举人名册应一律告成。吉省以火灾未及从早举办，现在为期已迫。且吉省各属，程途辽阔，调查繁难，尤不能如期办到。查上届选举，亦经展期，此次仍请奏咨缓限。拟以明年三月十五日为初选期，五月十五日为复选期，而于召集开会之期，仍无延误等语。一、酌定选举经费。查上届派员办理各属选举，大概分作三项：一为各属选举事务所，初选区准支银三百两，复选区准支银三十两。二为初选区派司选员二十二员，以八个月为期，复选区派司选员七员，以七个月为期。每员按月支薪水银二十六两。三为司选员派费分四等，头等一百两，以二十两递减，至四十两为止。此次拟酌为变通，初选区只支二十两，复选区仍支三十两。惟上届初选区仅二十二属，复选区仅七属，此次则初选区增至三十七属，复选区增至十三属。其中初选内尚有续办、初办之分，如原有二十三属为续办，有案可稽，筹办较易，应只支银二百两。此外十五属为初办，治地甫开，创办为难，应仍准支三百两之数。至司员，上届以事当初创，各属鲜有明晓法理之人，虑滋贻误，故每属俱派司选员，以资襄助。现在绅民程度渐高，且繁盛中等各属正在筹办自治，设有自治筹办公所，应令兼办，俱可无须再派司选员。惟偏僻各属，未经设有自治各机关者，则不得不另行酌派。现拟除新设之十五属各派一司选员外，余如临江、蜜山、濛江、长岭、长寿五属，虽属续办有案可稽，然地处偏僻，人才缺乏，仍须续派司选员各一人。共计须派司选员二十员，以一次遣派，以初选期至，又终以十二个月为期。其薪水，每人每月三十两。其川资约分三等，头等为一百两，二等八十两，三等六十两等语。本处奉札后，迅即照章筹画一切，除分行知照并候将各项表册等式分行知照，并候将各项表册等式另文札发各属，遵照办理外，相应备文，移请另文札发外，合亟检同《谘议局章程》二本，札饬札到该县、州、厅、府，即便遵照。所有续办之属，并已经设有前办公所者，先行将司选员派定，俟表册发到后，即可遵办。其初办及临江等五属，俟由处分派司选员，以资襄助。切切特札。

　　计发《谘议局章程》二本。

　　右移民政司劝业道、提学司旗务处、提法司四路道、交涉司

　　　札各府厅州县

吉林谘议局议决五常府议事会呈请厘订田房税价值以恤民艰案

宣统三年五月

　　议决厘订田房、牲畜税价值以恤民艰案：

　　按府属向来交易，并收纳官款，委无吉钱、市钱之别。自光绪三十年以来，府属市钱渐次减色，即田房、牲畜税两项言之，民间隐受亏折。譬如投税所报价值，系府属市钱数，而税款以吉市钱交纳。田房契价值市钱作银，而税款以吉钱作银，以此畸重畸轻，层递耗色，扰累之情，何堪言状，闾阎亦无可呼告。虽田房税一项，统按银钱价值，变通交纳，以示体恤，业经谘议局议决，呈请督抚宪核准，奏明照办有案，而府属迄未奉有明文实行。若牲畜税作价一事，不知贻累胡底。府属全境，凡百交易，订定价值，均以府市钱作本位，买卖田房、牲畜，何独不然？始而吉帖利轻，小民之累，尚可隐忍，现下吉帖利重，何堪损折。投税者所报价值之数，系府市钱之数，纳税之款，按吉钱核算，数数相差，虽言照章征收，详细核计，一转移间，已倍蓰于兹矣。蚩蚩何辜，竟受此无穷之折磨？兹查《城镇乡地方自治章程》第二章第二节第三十九条内载："地方行政有关系各件，议事会得条陈所见，呈请地方官核夺。"等语。遵此，本会查府属钱法之坏，愈趋愈下，竟有不可挽回之势。民间报买田房、牲畜价值，暨收纳税款，未免偏枯已极。本会职任，为民代表之责，即不忍坐安缄默，拟将此两项买卖价值，并按价收款，俱以吉市钱作本位。投税者所报价值，言明系府钱数，视钱利之低昂，扣成吉市钱核计，再按折成之数，照章纳税，似此变通办理，方所以昭公允而示体恤。倘有隐匿价值，以吉钱影射市钱，希图取巧者，查出宜从严惩

办。本会所议厘订田房、牲畜价值以恤民艰理由，兹经全体议决，呈请鉴核，公布施行。

谘议局呈据吉林府乌拉镇议董两会呈劝学所侵夺自治公款公产请查核由

宣统三年闰六月

吉林谘议局为呈请事。窃据吉林府乌拉镇议、董两会会衔呈称，窃查城镇乡施行细则第五十三条规定："凡城镇乡地方所有关于祭神赛会等公款公产，现归无用或可以废止者，得照本章程第九十一条第二项之规定，由议事会指定，呈请地方官核准拨充。"等语。吉林之公款公产条例第一条又复规定："各属所有公款公产，应照部章作为自治经费。"等语。遵此，凡系地方公款公产，悉应按条例第九条所定，自宣统三年正月起，一律责成自治职员管理之。是本镇现在所有公产，统归自治，法律已经明定，各公益机关似不容再生纷争。惟以本镇公款公产，仍被劝学所一再侵夺。自治每至调查一屯，辄有自称劝学所区董跟踪抵抗。并有劝学员刘广厚，遍到村屯，不以劝学为事，日以搜查公产为能，蛊惑乡愚，破坏自治，于本会殊多障碍。按照公产条例第四条，系在宣统三年以前归学务者，应仍照数拨用；其在宣统三年以后者，自应按第九条一律责成自治办理。其劝学所势不能于三年正月后仍复四处搜罗，屡经照章移知劝学所在案，迄未见覆，置诸不理。同此地方公益，未便自生龃龉。本会惟有谨守法律，勉事进行，但未悉各项章程规定之前，既经谘议局增删修改，现在足否有效。如认公布后即为实行之期，而学务于本年正月后有无再行调查本镇公款乡产之权，事关自治前途窒碍，未便苟安缄默。理合会衔呈请大局鉴核，转请分别饬遵，俾免误会。各等情。呈请前来。据此详查地方公款公产，已载明定章，全归自治经费。旋恐人民误会阻挠，又复于施行细则第五十三条详细规定。仍恐各地方公款公产向归各项公益者，自治再起纷争，是以又修订条例，于第九条规定年限，均经本局增删修改公布在案，各地方之公款公产，于宣统二年内未归学务者，于宣统三年正月后自应复归各地方自治经理学务。如再调查，与定章自有未合。兹经协议公决，理合具文呈请督部堂、抚部院鉴核，分别饬遵，俾守定章施行。须至呈者。

右呈钦差大臣、东三省总督兼管三省将军军务处、钦命副都统衔、吉林巡抚部院陈

吉林行省批谘议局呈据吉林府乌拉镇议董两会呈劝学所侵夺自治公款公产请查核由

宣统三年闰六月

来牍阅悉。查清查地方公款公产章程，并管理及处分条例，既经核实公布施行，自应一体遵守。来文所称劝学所自本年正月后于地方公款公产，乃复四处搜罗，未免有违章程，候行提学司转饬阻止。惟查学部拟订地方学务章程施行细则，各府厅州县自治职有负担义务之规定，是地方学务亦在自治范围之内，将来仍须和衷办理，不得少有争执，致碍进行。业经会议厅审查科照章议决，希即录批转行该议、董两会知照。抄由批答。

吉林行省批谘议局呈为本局议员郑雨人陈请书称长农领三属蒙荒肥瘠不一未能一律加征请鉴核由

宣统三年闰六月

来牍阅悉。长岭加赋一事，未便与长农一律年限，俟将来审判成立，再请一律征纳。是否可行，候札度支司核议详覆，再行札付。知照。抄。

吉林谘议局为各属粮捐不认充作审检各厅经费案

宣统三年九月

议决地方捐税不认充作审检各厅经费案：
理由

窃据五常府宾州、新城各属城议事会陈请，以各粮捐或地方各税，酌拨审判经费，于地方税性质实有未合，拟将各款现充审检各款，尽数拨充地方自治经费、学警各费等情，呈请建议前来。查审判经费，地方不认承担一案，本局上届会期曾经两次集议，分别事实、性质、学理、权限四项不能承认之理由，当奉批答，以为理论固自充足。惟国家、地方两税尚未划分，如议办理，则发生种种事实问题，新税既难骤加，审判且将停止，并以国会缩短，筹办司法亦宜提前。各等因。我督部堂、抚部院体恤民依，注重筹备，既不忍加税以病人民，复不能濡缓以误宪政。权宜审慎，亦固其所。然本局所以断断以争而不能承认者，仍执有二项理由：

一、谨按宣统元年七月初十日奉旨，法部奏筹办外省省城商埠各级审判厅补订章程办法折内，单开经费一节，筹款归督抚及度支司任之等语。又光绪三十三年十一月二十九日奉旨，法部奉酌拟各级审判厅试办章程折内开，一切院厅设备、官吏俸糈无非出自公家等语。是审判经费，支自国库，早已立有定章。况遍考东西各法治国，司法经费亦断无不由国库支出者。法理、事实既属的确，则地方税项下负担审判经费，是非地方应尽之义务。况本年交议全省岁入，既有粮捐各种，是为地方税无疑。以之提充审检经费，是不能承认者一也。

二、本年以来，始则防风，继则水患，岁收歉薄，薪桂米珠，嗷鸿遍野。近日川乱猝起，武昌继陷，金融奇紧，风鹤频惊，颙蒙维正之供，尚且无从筹措，再重以非法律之开支，负荷之力既有未逮，怨讟之虞，未免烦兴。况学警各捐，统须由地方担任，倘将此项粮捐量为划回，民力亦可稍纾。是地方行政各费，均虑竭蹶，安能兼担审检经费。此不能承认者二也。

综览以上二端，所有审判经费，筹之地方，按之法律、事实，固有万难承认之理由。即环顾时艰，亦须挹彼注兹，俾重地方急务。业经本局全体议决，不认地方各捐充作审检经费，仍请督部堂、抚部院迅即更正施行。

吉林谘议局议决交议变通筹办地方自治案

宣统三年九月

理由

查自治机关原为辅助官治之不足，泰西立宪各国，凡有官治之处，其人民皆争享自治权利。我国人民，数千年仅知有官治，而不知自治为应尽义务。自朝廷预备立宪而后，先予人民以自治权，由官府限年筹办，争求宪政实效。在人民更应争先恐后，似不能稍事因循，致误宪政之进行。故本局第一年议案，曾经要求缩短期限，一律提前筹办，原为鼓吹民气起见。迨至徐为研求，边省情形与内省有不同之点，仅依法律章程，诸多窒碍，似有不能不稍事变通者。以地方人民之程度及财产之程度之所致，原案筹办主旨，以地方人才经济为要义，而仍以人口为区别，分为已办、现办、拟办、缓办。其拟办者，限宣统四年一律成立；其缓办者，俟人口增加再行筹设，通盘筹策，似可免挢越迂缓之弊。按之法理事实，殊无不合。惟按地方现时情形，于原表所列四种符号，似尚有稍应变通之处。除已办、现办具有规模，勿庸置疑外，其拟办、缓办三级自治，详议办法如左：

办法

一、拟办　谨按原案所指拟办地点，系已划定区域拟即举办者而言。事关宪政，进行自未便稍涉迂缓。惟对于拟办范围，务须略为推广，宜将中等及偏僻之府厅州县，均纳入拟办范围以内。盖上级自治，本属府厅州县全境之关系，非若城镇乡之限于一隅力难举办者可比，似无论地方如何偏僻，以全境之人才财力，组织一自治团体，尚觉易于为力，上足为官治行政之补助，下足为下级自治之模范。此上级自治所宜提前赶办者也。惟实在偏僻，限于人才经济，委难筹办者，应准各该属声明请缓。

二、缓办　谨按原案所列之缓办上级自治，已议归拟办之列。其余偏僻之城镇乡，人才经济诸多困难，只得变通办理，统行归入缓办范围以内。如果各城镇乡人民能力充裕，仍拟提前筹办者，概不加限制，准予自由办理，似不必俟其人口增加数目为标准，庶于变通之中仍寓进行之意。

吉林行省批谘议局呈据四旗马厂佃户赵学敏等以马厂荒地请暂缓出放请转饬由

宣统三年九月

来案阅悉。候饬旗务处查照情形，核议详覆，再行札知。希即知照。抄由批答。

吉林谘议局议决储官粮以足民食案

宣统三年九月

理由

谨按吉林僻处边隅，地方消瘦，比年以来，虽受外交之觊觎，水疫之奇灾，而尤是闾阎安堵者，仅恃民食充裕，野无饥色，庶无思患之心。现值东南多事，人心惶恐，已足切肤之忧，复加以本年秋收无望，五谷减登。叩之道途之口，比比皆然，金谓本年五谷仅糊年前之口，转年十室九空，甚足为青黄不接之虞。考之全省四五百万口，除家计稍丰之半数不计外，其贫苦无告者总在二百万余口。

每口按月以斗米计，月需二三十万石之多。自明年正月至八九月，其间青黄不接之月，约需百余万石之食粮。如果求之本省而无备，籴诸外省而维艰，嗷鸿遍野，菜色为惨，实足为地方之隐祸。虽在督部堂、抚部院弭患预防，本年交议，有积谷备荒之案，但积谷期在五年，虽治本则有余，窃恐治标则难恃。议员等来自田间，痛悉民隐，天职所在，定宜知无不言，而言之又不敢不尽。现在弭患之策，莫先以足食为要，而足食之方，舍储备官粮而外，别无可恃之途。谨条议办法如左。惟冀公布施行。

办法

一、请由永衡银号印刷临时官帖一千万，除以五百万另案呈请作为备巡之用外，其余五百万专充储粮之资。

二、各府厅州县、城镇乡按所在人民口数发款购粮。

三、购买此项粮石，其自治成立处所，交由自治职，随各该外市行购买。自治未成立者，选委殷实正绅办理之。

四、此项粮石购买足额时，由各该处自行存放。俟青黄不接之月，各按原价出售，以资接济。

五、收买时既随市行，其价值低昂不等，自难画一。惟须于购齐后，合盘平均，将来以平均之价出售之，以免亏耗公款。

六、凡购官粮之户，须计口平均月需若干，不准逾额多购，以杜转售之弊。

七、收回此项储粮官款，以明年冬底为期。如果各处半欠不均，仍需分别宽缓。

八、凡各属领到储粮专款后，除准备买各色粮外，不准挪作别项支用。

九、凡各处殷实粮户，除预备自用外，均准随市行出售。不准故意居奇，或高抬价值。

十、各属储粮办法及散卖手续，由各该处议事会自定之。其自治职未成立处所，由地方士绅公议之。

吉林行省批谘议局为各属粮捐不认充作审检各厅经费案

宣统三年九月

　　吉林行省总督赵、巡抚陈批：来牍暨议案均悉。查此案已于上年明晰批答。兹来呈所陈各节，仍是偏于理论。若欲据此实行，则国库之艰窘，与宪政之进行，均不能不兼权并计。查行政经费虽有国家、地方之别，而要之同为人民之担负，谓地方税不能兼负司法费则可，谓人民不担负司法费则不可，谓国库当支给国家行政费则可，谓国库增支出而不增收入则不可。该处审、检二厅既开办于国家、地方两税未划分之前，业就地方款项开支经费。其时民人既无间言，该厅即赖以成立。此时欲为地方经费计，将该款划还地方，亦须为国家经费计，问国库能否支出？国库收支之款不敷虽巨，欲增加国库之支出，必增加国库之收入；欲增加国库之收入，必增加人民之担负也，亦事理之显然者。前批所以有如必取之库款，势且出于加税之说也。特民力已竭，加税固不能胜任，而时势多艰，军国费用倍于畴曩，竭力腾挪，尚苦不给，更安有余力匀拨此项司法费？至司法独立，宪政攸关，又碍难取已成之局隳于半途。际此艰难时会，与其变更现状，致滋障碍，何如维持现状，徐图更张。该局所呈，应请暂从缓议，若坚执理论，专就地方费一方面立言，而于国库之能否支给，宪政进行之能否中止，人民担负之能否增加，均置不问，似亦非统筹全局者所宜出此。希即知照。抄由批答。

吉林行省批谘议局呈议决交议变通筹办地方自治一案由

宣统三年九月

来牍暨议案均悉。查折开拟办一条,内称中等及偏僻之府厅州县均纳入拟办范围一层,按诸现在临江府、虎林厅、绥远州、饶河县等处情形,实难办到。如果定为拟办,仍准各属声明请缓,乃启推诿之渐,亦非妥善。究竟如何分别筹办之处,应候饬自治筹办处再行妥筹办法,呈候核夺。至绥远一条,内称城镇乡不必俟人口增加稍予变通一层,事属可行,应予照准。希即知照。抄由批答。

吉林谘议局议决交议初级完全师范学堂及中学堂应分路筹设案

宣统三年十月

理由

窃维吉林教育未能普及之缘起,一由于师资缺乏,一由于学校星稀。现欲扩充民知,俾全省人民识字日多,非培养多数师资不可。原案以吉省地广人稀,办学未久,应设初级师范及中学堂。如欲遵照部章遍设,诸多困难,于不得已之中,而欲分路合设,俾各偏僻州县之小学,不患师资缺乏,及各高小毕业各生,具有开学之阶,实为扩充教育之要点。所拟区域、学额、经费三项规划以及所列各款,由各属旧有校址稍加扩充,分为四路,诚属至当办法。按照普及教育,进行前途,本局自无异议。惟现值时局艰危,患在眉睫,似不能格于成章,自宜先其所急。况原案对于经费一项,又有增加坩捐之议。其饷捐不敷之处,又有另筹的款之说，增加人民种种负担，是非时局大定，断难筹办及此。故本局对于原案认为暂不可行事件，已经全体公决，应请暂从缓办。俟大局平定后，再行公布施行。

吉林行省批富锦县详设立谘议局选举事务所

宣统三年十月

据禀已悉。仰筹办处核饬遵照。缴。

吉林行省批谘议局呈据新城府绅民徐荫州等请愿书称为三年水灾恳恩援照大租成案蠲免垧捐

宣统三年十月

来牍阅悉。该绅民徐荫州等请愿书所称，迭罹水灾，民不堪命，恳请援照蠲缓大租成案蠲免垧捐，是否可行，候饬民政司、度支司查明灾区，会商核办，详覆候夺。希即知照。抄由批答。

督抚宪札付谘议局据自治筹办处详吉林府四属呈请审查自治文书程序一案转行各议事会知照文

宣统三年十一月

为札覆事。案据自治筹办处详称，九月三十日奉宪台札开，为札饬事，案据谘议局呈称，据吉林、伊通、长春、阿城各属城议事会，先后呈请，以《城镇乡自治章程》第一百零七条规定文书程序，比较《府厅州县自治章程》一百零一条规定文书程序，稍有出入。遵照《城镇乡自治章程》一百十一条，先后呈送审查前来。据此查我国各级自治章程，率皆取法日本，然考之日本府县郡市町村各制，仅以大小团体为阶级，殊不以公文体例分尊卑。而我国法规，于文书程序定为专章，列有明条者，迨以各项章程仅由宪政馆编纂，非经议院核定，未免隐存行政阶级。查《城镇乡自治章程》一百零七条，与《府厅州县自治章程》一百零一条行文之法，用谕用札，用照会、知会，层叠阶级，不过因一字之差，致俾地方正绅不敢屈躬托足，亦足为自治前途影响。究应如何审定，事关全国通行之件。谘议局尤为中国独有之点，未便迁就援引。用特照章收受，已经全体审查，除将各议会原文附抄处理，合照章具文呈请督部堂/抚部院鉴核，咨请民政部奏议修改施行。计呈原文四份等情。据此除批"来牍暨原文四份均悉，应准饬由自治筹办处拟具堂稿，呈候电请民政部核覆，再行札知，希即知照，抄由批答"等因，印发外，合亟检齐原文四份札发，札到该处，即便遵照，妥拟电稿，呈候电部核覆，以凭札付。仍将原文四份，呈缴备案。切切勿延。特札。计札发原文四份等因。奉此查改正自治文书程序一案，前湘抚杨曾电请民政部示，当奉部电：自治文书稿式已拟改正，一俟具奏，即行知照。现仍应查照定章，从速办理等因。吉省事同一律，应即照办，理合检同原文四份详覆，并请札饬遵照。计详送原文四份等情前来。除批"详暨原案四份均悉，候札谘议局转行知照，缴，原案四份存"等因，印发外，为此札付该局，希即转行各该城议事会知照，须至札者。

谘议局呈为提议长农岭地租加征请缓年限一案文清折并批由

宣统三年

谘议局为呈请公布事。窃查局章第二十五条所载，除二十一条第二、三款外，谘议局亦得自行草具议案等语。遵此兹经本局提议长农岭地租增加，请缓年限一案，于本月十三日开议，已经全体公决。除呈报资政院鉴核备案外，理合将议决理由，缮折附文，呈请督部堂、抚部院鉴核公布施行。须至呈者。

计附呈议案清册一份。

右呈督部堂、抚部院

谘议局议决长农岭地租加增请缓年限案

宣统三年

按长农一带系蒙古荒地，自开垦以来，每垧地定为纳公租钱四百二十文，奉行既久，早已视为定例。今以审判经费起见，稍为增加，不为无因，然事实上有不能加增之情由，理论上有不能加增之情由。以事实论之，人民近年以来，负担学捐、警捐、杂捐及各种租税，实为繁多，人民不堪其担负。综计每年之耕耨所入几何，又为加添租税，何以堪此？甚至薄田瘠地，多有子粒未收，而催租收租者已接踵而至，是人民之糊口之不能，复何能余力以纳租税也？是一方面固宜办地方之事业，一方面又宜顾人民之财力，此事实上所当缓征者也。以理论言之，国家之命令，须有继续进行之效力，万不能轻议变更之，使人民乏信用。长春有四十五年加增一次之明文，农安于咸丰六年加增一次，报效军饷六万吊。有札萨克公印文"永不加增"字样,光绪十九年复行加增一次,亦言永不加增。光绪十九年,经长军帅将所有夹荒又行加增一次,照契加增,业已奏明在案,永不加增。综观历任办法,均有不加增之明文。此无论至何时期,有不能轻言变通者矣。即云一般人民宜增租税之担负,亦须俟地方税、国家税厘定之后再行核定。此理论上所当缓加者也。是由事实、理论两方面观之,地租之宜缓加也,为已彰彰矣。然当财政困难之际,即欲增加租税,亦当通过本局,再行宣布施行。乃事前并未交议,事后亦未要求承认,兹经全体议决,认为不可行事件。应请督部堂、抚部院展缓年限,俟国家税、地方税厘定后再行增加。即乞公布施行。

吉林行省批谘议局提议长农岭地租加征请缓年限一案由

宣统三年

　　来呈暨议案均悉。查吉林全省地租,每垧均纳吉钱六百六十文。内蒙哲里木盟各旗地租,亦均仿此。惟长、农、岭三属蒙荒,从前每垧只纳租钱四百二十文,原因当时开垦遇旱,特予减轻租赋,以示体恤,系一时权宜之举,不得视为定例。现在长春蒙租业经奏准,每垧改征六百六十文,仍以四百二十文解归蒙旗,以二百四十文拨充审判经费在案。农、岭事同一律,自应一体照征,以昭平允。此仅可云改照普通定章征收,不得谓之加征,与迭次永不加征之明文并无窒碍。矧原领蒙荒之人民,所得浮多地亩,不加清丈,但令地主将浮多数目报局给照,听其管业,永免补偿,并许以报告浮多地亩升科之后,岁入租赋加多,即将警、学各捐酌减。虽目前出租稍多,而日后警学捐决可减少,得失相衡,于地户未始无利。总之,蒙租改征办法,系为均平赋税起见。且仅系补足应征租税,并非特别增加。且先经奉准有案,无事再行交议。所请展缓年限办理一节,未便照准。希即知照。此覆。议案存。

谘议局呈为提议请将本省单行规则照章交议案由

宣统三年

　　谘议局为呈请公布事。窃查局章第二十五条所载，除二十一条第二、三款外，谘议局亦得自行草具议案等语。遵此兹经本局提议，请将本省单行规则照章交议一案，于本月十七日开议，已经全体公决，除呈报资政院鉴核备案外，理合将议决理由缮折呈请督部堂、抚部院鉴核，公布施行。须至呈者。

　　计附呈议案清折一份。
　　右呈督部堂、抚部院

谘议局议决请将本省单行规则照章交议案由

宣统三年

　　考东西立宪各国，虽国体不同，法制互异，无不设立议院，以为人民参与立法之机关。我国当此预备立宪之际，各省设立谘议局，亦以参与立法为重要之职务。除全国通行之法律，及督抚行政之命令，本局未便侵越外，其余含有本省单行法规之性质，而为本局权限所能及者，自应交局议决，乃有公布施行之效力。查局章二十一条第六款案语极为明晰，谓为参与立法事宜，此即声明本省之单行法应由局议决之定例。据宪政编查馆王大臣奏陈谘议局权限折，各省风俗习惯不同，不能无特别之单行法。而施行法律之细则，各省情形不一，不能不令各省自定，凡根本于国家法律之单行章程规则，属于督抚权限内者，自应由谘议局参与，以收集思广益之效，此乃声明国家立法权以外，凡本省之单行法应由本局议决之定例。又宪政编查馆电覆两江总督饬江南调查局文，谓单行法与行政规章之区别，即宪法上法律与命令之区别。所有单行法，照谘议局第二十一条，须给谘议局议决，与行政规章不同。此即声明行政命令以外，凡含有法律之规定应由本局议决之定例。既查局章之解释，复观宪馆之覆奏，并馆电之通饬，凡本省之单行法，本局均有参与之权限，固已彰彰矣。盖行政、立法本宜互相维系，必言行相顾，乃有施行之效。本局虽非纯然立法机关，然细绎案语，于立法事宜确有参与之责任。自去岁以至今日，开会已两届矣。关于单行法，除自治施行细则通知本局外，其余如商埠购地之简章、长农清赋之规则，以及双城之加地基，长农之增地租，新城、榆树、双城之加粮捐，以上各端，均于本局成立之后，次第举行，事前并未交令议决，事后亦未要求承诺。是本局只有参与立法之虚名，并无参与立法之实效。盖本省单行法，关系人民之利害者至深且巨，而顾不令其干预，恐于风俗习惯多有窒碍难行之处。与其直接宣布，致生事后之障碍，何如预先通过，决于公论之为愈也。本局所以言之剀切，此为行政前途推行尽利起见。本局之权限所关犹小，政治之裨益所关独大也。嗣后凡关本省单行法，照章交局议决，再请施行。

吉林行省批谘议局呈为提议请将本省单行规则照章交议由

宣统三年

来呈暨议案均悉。查宪政编查馆奏覆王大臣谘议局权限折内，载明凡根本于国家法律之单行章程规则，属于督抚权限内者，由谘议局参与，以收集思广益之效等语。馆奏本有明文，自应由局参议施行。至行政规章，系属于命令范围，毋庸交局决议。来案列举商埠购地简章、长农清赋规则，以及双城之加地基，长农之增地租，新城、榆树、双城之加粮捐一节，均属行政规章，本大臣/部院不交议决者，义即本此。希即查照。此覆。议案存。

谘议局呈据长春府议事会呈城巡应分营业附加税均被商会溷入收款应仍饬照旧分劈文原案并批

宣统三年

为呈请事。窃据长春府城议事会呈称，本年冬季会期，提议城巡应分营业附加税，均被商会溷入收款暗销，计共十五万有奇，并未照章拨分城巡经费，由该会议决陈请建议前来。据此详查本局本届议案于营业附加税款，虽未认分配学警，而于本局提议之前，各处应仍照旧分劈，方符定章。兹据该议事会所陈，长春商会自光绪三十三年至宣统六年所收营业附加税，欠拨巡警一份，竟至十五万余吊。该商会溷充会费，实于前定营业税章不符，仍应照数补拨。事关本省自治陈请建议事件，自应照章收受，已经协议公决，理合抄录原案，附文呈请督部堂、抚部院鉴核施行。须至呈者。

计附呈原案一份。

议决城巡应分营业税溷入商会收款请覆议转呈案

查长春府城巡警自光绪三十三年创办，所需款项，由本城在会铺商按月筹钱一万一千四百五十六吊三百五十文，即由商会代收代交，历年指为定款。现在全省自治筹办处札发宣统元年惯习报告书，城巡表岁入栏内载有商会全年交纳铺捐确数十三万九千八百三十二吊五百五十文，此其历年代交商捐，为巡警之的款明证也。又查前营业税定章，除提省二成外，余按自治、商会、学堂、巡警四份均分，是营业税自有补助巡警一份之正款，原无疑义。乃查该商会所移送者，惟每月商捐一项，计钱一万一千四百五十六吊三百五十文，其营业税一项迄今未照交。自三十四年八月商会开办代交营业税以来，以巡警应分之一份计之，至去年底止，已共计应分钱十万吊有奇，继由本年正月起至十月底止，又应分五万吊有奇，通共应分一十五万吊有奇。该会既未移付巡警局分文，亦未拨交财政处转发。遍查巡警局、财政处文卷账簿，亦均无此项收款。及查宣统元年惯习报告书，商务会表岁入栏内营业税款计共二十万零四千零六十七吊九百六十文，以该商会每年应分一份之一十万零二千零六十三吊九百八十文数目计之，其多适加一倍。查与巡警每年应分营业税款一份之一十万零三十三吊九百八十文数目比较，两份相等。是该商会已有应分之一份，又将巡警应分之一份溷入其中，昭然可指。当此警款奇绌，岂容尚事混含，藉端乾没。应请照章如数拨归，以济要需而清款目。业经本会全体议员议决，理合据实胪陈，恳乞覆议，转呈示遵。

　　督抚宪批：呈暨来案阅悉。查此案长春城议事会呈称，自光绪三十四年八月开办营业税起，至宣统二年十月底止，所收营业附加款，应分城巡一份，计十五万有奇，该商会并未移交分文，各节如果属实，殊属违背定章。应候札饬西南路道暨长春府确切查明。如果营业附加税应分城巡一份，已敷城巡经费，则于宣统三年正月起应将商捐一项停止，倘仍不敷用，则商捐可仍照旧筹收。至此次该议事会所称，商会应分给城巡之款十五万吊有奇，应即勒令该商令速将此款拨还该府财政处，专作城巡经费，以符定章，不得任听自行溷入会费。业经会议厅审查科公同议决，希即转行知照。此答。抄由批发。

吉林行省批谘议局呈为质问本省加税未曾交议等情

宣统三年

　　来呈对于本省加税主张交议之理由，系据局章第二十一条第四、五、六三款为言。本大臣/部院所主张者，以为各属现办捐税，分别加增时期之在后，尚属第二问题。所最要者，即凡遇此等案件，此时应否交议是也。查宪政编查馆议覆于大臣奏陈谘议局章程权限折，内开：

　　（四）议决本省税法及公债事件。释之曰，税法公债，均冠以本省，乃系专指地方税与地方公债而言。又申之曰，当国家税、地方税未分以前，谘议局不得议减现行税率。

（五）议决本省担任义务之增加事件。释之曰，其指定本省譬如浚水、筑路、卫生、教育，本省应担之义务，为前此所无者，谘议局得视地方款项之盈虚，以为推行之准则。

（六）议决本省单行章程规则之增删修改事件。释之曰，凡根本于国家法律之单行章程规则，属于督抚权限内者，自应由谘议局参与。

究其范围有限，非所谓参与国家立法之全权。是全省加税问题，在国家税、地方税未分以前，并无国家税、地方税之名，本大臣/部院凭何交议？来案援局章第二十一条第四款，未为允当。现增各属粮捐，非如清河、筑路、卫生、教育诸端，担任增加义务之比。来案援前条第五款，亦为未合。议局本非纯为立法机关，即馆奏所指为参与者，仅限于根本国家法律之单行章程规则，而又属于督抚权限以内之事，与本案加税问题绝不相涉。来案所称与定章二十一条不无侵越一语，殊为失当。总之，本省加税问题，此时应行交议与否，议员等或误会局章，致滋论议。兹经明白解释，当可共喻。惟称新城、榆树、双城三处托词加捐，任意铺张，以及任用私人，广设局卡等情，事涉嫌疑，应札饬各该府厅明白具覆，凭候核办，以杜纷扰而昭公允。希即知照。此缴。

谘议局呈为质问本省加税未曾交议等情由

宣统三年

谘议局为呈请批答事。窃查局章第二十一条第四款有议决本省税法及公债事件。第五款有议决本省担任义务之增加事件，第六款又有议决本省单行章程规则之增删修改事件，其立法本意，无非俾人民以有监察财政之权，得参与立法事宜，故有此完全之法规定，方不使官民稍事侵越。乃上年为长农新知车捐一案，以未通过本局，碍难公认，曾经全体议决，呈请督部堂、抚部院更正在案。旋奉批答，因此项车捐是在谘议局未经成立以前批饬试解，并非以行政而侵立法之权等语。是本局成立之初，遇有三十一条四、五各款不经本局决议，行政官尚可兼施立法，本局未便溯及既往。惟于谘议局成立后，立法、行政判然两权，万难稍事侵越。曷各该地方官于税法之征收，义务之增加，任意禀请。如新城、双城、榆树各府厅新设粮捐局卡，其禀请之时，于添设之日，实在本局成立而后，究竟其如何宗旨，如何手续，未经通过，悉难窥其底蕴。第闻现在三处所加粮捐，或因审判经费，或为筹办新政，各该地方官托词加捐，异常苛扰，不问收数若干，均先任意铺张。总局分卡，星罗棋布，并将各府厅私人加派总理、会办等各目，希图虚縻巨款。其一切捐章，更称烦苛，或每卖钱一吊抽收入支，或卖钱一吊抽收二成，以一省之税法而变为各府厅单行规则，似与二十一条定章不无侵越。但新、双二处是否增加此项粮捐，究系何年月日办起，因何不通本局议决，全体颇多疑问，自应照章质问。理合具文呈请督部堂、抚部院鉴核，迅将各属私设粮捐缘由，详细批答施行。须至呈者。

右呈督部堂、抚部院

图书在版编目（CIP）数据

吉林谘议局/孙家红编．— 太原：山西人民出版社，2020.6

（清末立宪运动史料丛刊/胡绳武主编）

ISBN 978-7-203-10396-7

Ⅰ．①吉… Ⅱ．①孙… Ⅲ．①谘议局-史料-吉林-清后期 Ⅳ．①D691.2

中国版本图书馆 CIP 数据核字（2018）第 093754 号

清末立宪运动史料丛刊·吉林谘议局（上、下卷）

主　　　编：	胡绳武
副 主 编：	牛贯杰　戴鞍钢
编　　者：	孙家红
责任编辑：	张志杰
复　　审：	刘小玲
终　　审：	蒙莉莉
装帧设计：	谢　成
出 版 者：	山西出版传媒集团·山西人民出版社
地　　址：	太原市建设南路 21 号
发行营销：	0351-4922220　4955996　4956039　4922127（传真）
天猫官网：	https：//sxrmcbs.tmall.com　电话：0351-4922159
E - mail：	sxskcb@163.com　发行部
	sxskcb@126.com　总编室
网　　址：	www.sxskcb.com
经 销 者：	山西出版传媒集团·山西人民出版社
承 印 厂：	山西出版传媒集团·山西人民印刷有限责任公司
开　　本：	787mm×1092mm　1/16
印　　张：	69.5
字　　数：	1150 千字
版　　次：	2020 年 6 月　第 1 版
印　　次：	2020 年 6 月　第 1 次印刷
书　　号：	ISBN 978-7-203-10396-7
定　　价：	432.00 元（上、下卷）

如有印装质量问题请与本社联系调换